作者收集华侨史资料
（1984 年，长崎）

可儿弘明（右 5）、蔡史君（左 1）、卓南生（左 2）、山田辰雄（左 3）诸位教授与
作者（左 5）（1989 年，东京庆应大学）

陪同游仲勋教授（左）参观陈嘉庚故居（1989 年，集美）

陈德仁先生（左）与作者（1991 年，京都）

颜清湟教授（左2）、饶尚东教授（左1）与作者
（1992年，旧金山）

王灵智教授（右3）、麦礼谦教授（左3）与作者
（左1）（1992年，美国加州伯克利大学）

王赓武教授（左4）与作者（左5）和南洋研究所研究人员（1994年，香港大学）

周南京教授与作者（1996 年，台北）

安井三吉教授与作者（1996 年，神户）

廖建裕教授（中）与作者（右）和赵洪博士（左）（2002 年，新加坡）

辛亥革命与华侨学术研讨会发言（2011 年，北京）

中国华侨历史学会文库之三十九

中国华侨华人研究所资助出版

追寻华人移民足迹：历史与经济

◎ 李国梁　著

中国华侨出版社

·北京·

图书在版编目（CIP）数据

追寻华人移民足迹：历史与经济 / 李国梁著 . --
北京：中国华侨出版社，2021.8
ISBN 978-7-5113-8390-7

Ⅰ . ① 追… Ⅱ . ① 李… Ⅲ . ① 华人—移民—研究
Ⅳ . ① D634.3

中国版本图书馆 CIP 数据核字（2020）第 217735 号

● 追寻华人移民足迹：历史与经济

著　　者 / 李国梁
责任编辑 / 王　委
经　　销 / 新华书店
开　　本 / 710mm×1000mm　1/16　印张 / 31.75　字数 / 570 千字
印　　刷 / 北京天正元印务有限公司
版　　次 / 2021 年 8 月第 1 版　2021 年 8 月第 1 次印刷
书　　号 / ISBN 978-7-5113-8390-7
定　　价 / 98.00 元

中国华侨出版社　北京市朝阳区西坝河东里 77 号楼底商 5 号　邮编：100028
编 辑 部：（010）64443056　64443979
发 行 部：（010）64443051　传真：（010）64439708
网　　址：www.oveaschin.com
E-mail：oveaschin@sina.com

《中国华侨历史学会文库》总序

　　中国海外侨胞众多，侨务资源十分丰富。新中国成立以后，特别是改革开放以来，党和国家历任领导人都十分重视侨务工作，都对海外侨胞作出的贡献给予高度的评价和充分的肯定。

　　海外华侨华人和国内归侨侨眷是两个有着天然联系的独特社会群体。长期以来，海外侨胞在致力于求生存、谋发展的同时，为祖（籍）国的民族独立、繁荣富强，为住在国的经济和社会发展均作出了积极而重要的贡献。他们与祖（籍）国、与住在国的命运息息相关。截至目前，他们中的绝大多数已加入当地国籍，华侨华人已发展成为住在国民族大家庭中的重要一员。华侨华人，相对于住在国的其他民族或世界上其他移民群体，无论是其社会组织、文化习俗、宗教信仰，还是其整个发展历史均呈现出特有的风采。归侨侨眷虽生活在国内，却与海外有着千丝万缕的联系。不仅如此，广大归侨都曾在国外生活过，在国外的经历已成为他们人生中抹不去的浓重一笔。世界、国家、社会在变化，同样，华侨华人政治、社会、经济、文化生活也在变化。

　　对华侨华人进行研究，有助于人们深入了解他们的历史与现状，了解他们对祖（籍）国、住在国作出的贡献，同时，也能为国家制定侨务政策提供理论上的参考，使侨务决策建立在更加科学的基础之上。

　　中国的华侨华人研究自清末开始，至今已有一百多年的历史。经过一百多年的发展，华侨华人研究已取得可喜的成就。目前，全国的华侨华人研究已进入了一个新的发展阶段，这主要表现在如下几个方面：科研人员不断增多，年轻一代专家学者开始崭露头角；新的研究机构和学术团体相继成立，学术交流更加频繁；学术成果累累，出现了一批高水平的著作，有的以资料分析见长，有的则以论点论断著称，有的不仅在国内学术界闻名，甚至在国际也享有一定声誉；学术研究领域不断拓宽，研究所涉领域涵盖政治、经济、社会、文化、民族、人口、国际关系等方方面面，学术研究者来自不同的学科领域，研究的理论和方法也已广泛地涉及人文、社会、科学的诸多基础学科和分支学科；在一定程度上，华侨华人研究已成为多学科研究者共同参与的"交叉学科"。

中国华侨历史学会是由华侨华人研究专家学者和热爱者共同组织的全国性学术团体。自1981年成立以来，在中国侨联领导下，在侨界前辈、专家学者的关心支持和共同参与下，学会做了大量的工作。学会成立初期，在从事研究工作的同时，也在组织协调全国地方侨史学会和研究机构方面发挥了重要的作用，对华侨华人研究在全国的复兴起到了重要的引领和推动作用。学会成立以后，紧密团结海内外侨史学界朋友，积极谋划侨史、侨情研究，出版了一大批学术价值高、理论观点新的专著和研究成果；积极支持各级侨联、大专院校、科研院所开展华侨华人研究，会员不断增加，队伍不断扩大，在推动华侨华人研究事业不断向前发展方面做了大量的工作。

为了进一步推动华侨华人研究，中国华侨历史学会于2005年开始编辑出版学会文库。多年来，作为华侨华人专家学者和侨务工作研究者发表成果的一个重要阵地，文库编辑出版了大量的专著、论集，产生了一定的社会和学术影响。

时代在变化，侨情也在变化。当前世界美国一超独霸的格局正被打破，世界多极化的趋势愈发明显。全球化在向纵深发展的同时，反全球化、民粹主义思潮却仍在蔓延。中国在朝着中华民族伟大复兴的目标奋勇前进时，既迎来了难得的历史机遇，也面临着来自国内外的各种挑战。同样，侨情也发生了重大而深刻的变化，出现了一些新情况、新特点、新问题、新趋势。变化着的侨情和新的时代要求，无疑对华侨华人研究提出了新的课题。

当前我国正处于实现中华民族伟大复兴中国梦的关键时期。习近平总书记指出，实现中华民族伟大复兴，需要海内外中华儿女共同努力。把广大海外侨胞和归侨侨眷紧密团结起来，发挥他们在中华民族伟大复兴中的积极作用，是党和国家的一项重要工作。凝聚侨心侨力，使广大华侨华人参与到同圆共享中国梦伟大事业中来，离不开各方面的努力，华侨华人研究理应在其中发挥应有的作用。

我们将继续支持侨史研究和基础理论研究，同时我们也鼓励现实侨情研究和侨务政策、对策研究。

我们希望，在今后的编辑出版过程中，能够得到更多的批评、帮助和支持，以使文库更好地发挥应有的作用，出版更多更高水平的著作，进而推动华侨华人和侨务研究工作不断深入发展。

中国华侨历史学会

前　言

　　1965 年 8 月，怀揣刚走出校门的年轻人的热情和梦想，我从美丽的珞珈山来到东海之滨的厦门大学，此后一直在这里的南洋研究所（院）从事研究和教学工作。几十年来，在这所以研究华侨华人问题和东南亚问题为主的机构中，我的主攻方向是东南亚华侨华人历史以及相关问题研究，除了担任博士和硕士研究生课程，大部分精力都放在探索华侨华人史的理论和具体问题上，多少有些心得体会。我开始接触华侨华人历史研究，正好是共和国的改革开放之初，20 世纪 70 年代末至今，曾先后在国内外、境内外发表 120 余篇论文，以及多部专著和译著。现在出版的这本论文集，主要是从已发表的论文中选出，少数几篇是还未发表但自认为尚有参考价值的论文，此外还收录了两篇译文。时光荏苒，时代变迁，伴随中国崛起的步伐，国内的华侨华人研究经过几代人的努力和积淀，已有长足进步，无论是研究的视野领域和手段方法，还是资料运用和理论探索，都有深度、广度方面的拓展与突破，有分量的研究成果不断问世，为国内外同行侧目，我为自己能毕生从事这项研究工作而备感荣幸。但是我也清楚地知道，囿于时代条件的限制和自身能力，我做的研究十分浅显，往往提出了问题，研究却只能做到"浅尝辄止"，总体来说只是在当时历史条件下对华侨华人问题的一些初步探讨和认识，但字里行间也显现出我们这代侨史工作者的艰难求索。所以，这本论文集在一定程度上反映出改革开放后国内华侨华人问题研究者的成长步伐，以及研究工作的由浅入深、由表及里的过程，而这些涉及中国海外移民史许多重大问题的早期研究成果的集辑出版，只是国内华侨华人问题研究征程中的一个"脚印"，当然是"抛砖引玉"，希望能对专业研究者和有兴趣者提供些许参考。

　　感谢中国华侨历史学会和中国华侨华人研究所对出版这本论文集的鼎力支持，感谢诸位同事和同学对论文集出版的热切关注！论文错漏和不当之处，敬请批评指正。

李国梁（郭梁）
2019 年于厦门大学南洋研究院

目 录
CONTENTS

嘉庚精神

他山之石

侨乡一瞥

附 录

侨史探微

中国的华侨华人研究与学科建设

——浅议"华侨华人学"

中国的华侨华人研究，至今已有近百年的研究史。中国的改革开放，迎来了华侨华人研究的高潮期。在前人研究的基础上，近 20 年来，国内的华侨华人研究已有长足的进步，取得了许多重要研究成果。华侨华人研究的一个重要变化是，无论是在形式和内容上，还是在理论和方法上，都已从传统的偏于史学的研究走向了多学科的研究，凸显华侨华人问题本身具有的多方面的研究价值。在这样的形势下，国内学界陆续有人发出建立华侨华人学的呼吁，拟从学科建设角度探讨华侨华人研究如何更上一层楼的问题。例如，王季琛先生有《大力开展华人学研究》一文发表（《华人月刊》1992 年第一期）；周南京教授主编的《华侨华人百科全书》（总论卷）曾提及对于建立华侨华人学的某些看法；暨南大学华侨华人研究中心已将华侨华人学科建设列为重大科研项目。此外，台北"商务印书馆"于1987 年出版了陈烈甫先生著的《华侨学与华人学总论》一书。笔者在厦门大学南洋研究院长期开设硕士学位课程"华侨华人学概论"，也在历次学术会议上呼吁建立华侨华人学。以上说明，随着中国华侨华人研究活动的迅速增多、研究领域的扩展、研究成果的积累，学界对建立华侨华人学的关心度和兴趣日渐增加。然而，任何一门新学科的建立，都是一项长期的复杂的系统工程，毕竟不可能一蹴而就。"华侨华人学"的命题虽已跃然纸上，但是，对于建立华侨华人学的必要性和可能性，华侨华人学应该是怎样的一门学科，以及华侨华人学应该如何进行学科建设等重大问题，目前尚无系统、科学的论证，即使对于要不要提出华侨华人学一事，人们的认识也很不一致，这些都需要进一步深入讨论。笔者不揣浅陋，也想就上述有关华侨华人学的基本问题谈点看法，一管之见，敬请指正。

一、华侨华人研究的学术积累

从 20 世纪初梁启超先生在《新民丛报》上发表《中国殖民八大伟人传》开始，中国的华侨华人研究至今已走过了近百年的历程，其间曾经历过 20 世纪二三十年代的发展期，以暨南大学南洋文化事业部的一批学者为代表，为中国的华侨研究和国际移民研究做了大量开拓性和奠基性的工作。中华人民共和国成立后，20 世纪 50 年代中期以来，厦门大学南洋研究所、暨南大学东南亚研究所、中山大学东南亚研究所等单位的学者在封闭的条件下也开展了华侨研究工作，在华侨出国原因调查、契约华工调查、近代华侨对中国的投资史的调查，以及译介外国华侨著述等方面做了大量的工作，学术上的传承和拓荒之功不可埋没。1979 年中国实行改革开放后，由于研究大环境相对宽松，更由于开放后出现的新形势提出了诸多研究课题，以及海外华人社会发生了重大变化、东西方冷战的结束、经济全球化的发展等因素，使得中国的华侨华人研究在新的形势下出现了空前发展的新局面。

完全可以评价说，改革开放后的 20 余年，中国的华侨华人研究有了长足的进步，取得了许多重要成果，一幅崭新的研究图景已呈现在世人面前，"文革"前华侨研究成果的"三多""三少"（"外国的多，中国的少；台湾的多，大陆的少；历史的多，现状的少"）现象已有根本的改观。那么，"新图景"具体表现在什么地方呢？

（一）从现象上看

1. 研究机构和研究人员多（专业研究人员和涉侨研究人员）

除了原有的专门研究机构，又建立了如中国社会科学院华侨华人研究中心、全国侨联所属中国华侨华人历史研究所等 10 余所研究机构，研究队伍随之壮大。

2. 研究活动多

各级各地华侨华人历史学会或研究会纷纷建立，各类有关华侨华人问题研究的项目也先后开展，国际性、全国性和专题性的学术讨论会、讲座会多次召开，出国、出境参加华侨华人研究工作和会议的学者络绎不绝。

3. 研究成果和出版物多

据不完全统计，改革开放后已出版的学术专著、编著、译著、论文集和资料集等达 200 余种。历时近 10 年，总计 12 卷，总字数超过 1800 万字的大型工具书——《华侨华人百科全书》也已全部面世，这是华侨华人研究的一项标志性成果。

4. 培养的专业人才多

许多学校的中外关系史、华侨华人研究、国际关系等相关专业都培养研究华侨华人问题的硕士、博士，还有一批学有所成的年轻的"海归派"也成为研究华侨华人问题的新兴力量。

（二）从研究特点看

1. 从传统的史学领域研究转向多学科的综合性研究

20世纪80年代中期以前，研究的重点仍是"华侨史"，这是在当时国内"拨乱反正"形势要求下的产物，也是当时的华侨华人研究队伍的专业知识结构所决定的。此后，在中国改革开放越来越深入的背景下，由于领导的提倡、形势发展的要求，以及研究队伍专业知识结构的调整，华侨华人问题研究已涉及政治、经济、文化、社会、国际关系、哲学、法学、地理学、人口、民族等许多学科领域，华侨历史研究一枝独秀的局面不复存在，华侨华人研究已成为有多学科的专家学者共同参与的综合型研究，变成一门"边缘交叉学科"，并提出了努力创建"中国的华侨华人学"的建议。

2. 从长期的封闭式研究转向开放交流式的研究

华侨华人是生活在国外的中华民族群体，华侨华人研究的主要问题也集中在他们在当地的生存发展道路以及与中国的关系方面，因此，华侨华人问题研究绝大多数课题是属于外国问题研究、区域问题研究或国际关系研究。这样的研究仅在中国国内进行有很大的局限性，"文革"前的研究基本上属于"封闭式"的国内研究。改革开放后，大量的外国研究成果被介绍到中国的学术界，许多华侨研究者到国外交流、访问，甚至直接到国外、境外进行田野调查，更有不少的中国留学生选择了这方面的课题在国外或境外完成。这些交流使中国学者从研究理论、研究方法到研究内容都有很大提高，缩短了中国学者与外国学术前沿之间的差距。另外，海峡两岸学者近年来在华侨华人研究方面的交流日益频繁，合作研究也屡见不鲜。

3. 从狭隘的"中国中心论"立场转向海外华人的立场来开展研究

近代以来，华侨华人与中国（祖籍国）的关系一直是国内外学术界关注的焦点。第二次世界大战后，海外华人社会的巨大变化，中国的改革开放，东西方冷战的结束，世界经济的国际化潮流，促使传统的以"爱国爱乡"为主的研究立场逐渐改变，谋求华侨华人在居住地的生存发展利益成为研究的主旨，华侨华人与中国关系的研究只是双方互动互利关系研究的内容之一，单方面要求华侨华人为中国作贡献的时代已经过去。

4. 从学术研究扩展到政策实践领域的研究

改革开放后中国经济的迅速崛起，与海外华侨华人的资本投资、引进技术关系密切。同时，由于中外交流频繁，中国的留学生、移民人数急剧增长，所谓"新移民"群体已分布于世界各地，这些都给华侨华人研究提出了不少新课题，尤其是关系到政策制定和实践方面的课题更趋紧迫。例如，关于华侨华人投资的政策，法规的制定和完善，对待新移民的方针政策，等等，已与不少学者的研究结合起来，使改革开放后的研究成果，在实践性方面大为增强。

以上研究特点，归纳起来就是多科性、开放性、互利性、实践性。总之，改革开放后的研究有了新的发展和新的学术积累，也正是在这种形势和氛围下华侨华人学的构建问题浮上台面。

二、华侨华人研究的学科构建

华侨华人研究是否能作为一门独立的学科存在，是否可以建立相应的多学科交叉研究的边缘学科？笔者认为，经过近百年的中国学术界的努力（包括吸收国际学术界的研究成果），特别是改革开放二十几年来的华侨华人研究，有相当的成果积累，也有相当的理论探讨，当然也有不少问题，作为一个有特定研究对象的学术研究门类，需要从加强学科意识、建设新学科的目标出发，也就是说要强调华侨华人学的学科建设，从根本上去提高整体水平。既然提出了学科建设问题，就有必要就学科的一些基本问题进行一些探讨。

首先，建立中国的华侨华人学是否有必要和可能。

就必要性而言，①中国是一个人口大国，无论是在过去历史上的衰弱时代还是在当今的崛起时代，以及50年后达到发达国家的强盛时代，人口的国际移动都会是一个长期存在的现象，海外华侨华人的生存发展以及他们与中国的特殊关系是一个伴随历史发展而永远值得研究的现象。过去的理论认为，华侨出国的根本原因是贫穷，而到了当代，华侨出国有多种动因。我们看到，冷战结束后，经济全球化和区域合作进展迅速，各国经济愈来愈趋于开放，国际间联系更为紧密，各国间的贸易、资金、技术、信息与文化交流的推进，必然促进国际交流。中国人走向海外，外国人来到中国的国际移动现象会越来越多，这也给华侨华人研究提出了新的课题。②中国的移民与发达国家移民，与亚洲的发展中国家移民相比，又具有自身明显的特点，西方的一些社会科学理论和成果有很重要的价值，但并非都适应中国国情和文化，并不能完全解释海外华侨华人的有关问题。在华侨华人研究领域，中国学者应该有自己的声音，在吸收外国尤其是发达国家社会科学理论和研究成果的同时，应根据自己的实际和需要，开展自己的研究，而不仅仅是追随西方的学术传统和规范，因此，应考虑建立起有中国特色的华侨华人学。③任何学科的成立，都有它的社会价值取向，就是要对社会现实的需要作出分析、回答。例如，华侨华人与中国关系的重要性不言而喻，这也是中国会长期面临的重大问题，建立华侨华人学将会更加有利于理论和实践问题的研究，回答中国社会主义现代化过程中，如何正确处理与华侨华人关系的问题。

就可能性而言，先说学科的概念。所谓"学科"就是指学术专门的分类，指特定的科学领域。一门学科的确立，实际上是在科学的知识分类体系中为自己定位以区别他我。大量的、系统的专门领域研究成果的问世，强化了其学科特点，因此每门学科都有它形成和发展的过程。19世纪后半期以来，由于科学技术进步所提供的新手段、新方法，使社会科学有许多新突破，形成了许多新学科，例如社会学、人类学、民族学等。所以，学科的建立也会"与时俱进"，并非一成不变。学科的发展变化，也就意味着对研究对象认识的深入、知识的增加，也意味着知识的分化、整合和重组。过去没有华侨华人学，不等于说不应该有这门学科存在。一般形成一门"学科"应具有以下特征：

（一）内容的专门性

每一个学科都有其特定的研究对象，以区别于研究其他领域的其他学科。中国华侨华人学是系统研究、揭示海外华侨华人形成、发展、变化规律的一门学科，其研究对象和范畴就是华侨华人及其活动规律。研究的目的在于探求海外华侨华人的生存发展道路，预测未来发展趋向。

（二）对象的成熟性

社会科学学科的内容应该是关于对象成熟形态的认识，如果研究对象还处在萌芽或不成熟阶段，人们决不能获得对它的本质的、全面的认识。华侨华人的历史悠久，他们外在形态从华商—华工—华侨—华人华裔，经历了各个不同的历史时期，他的称呼也由古代的北人、汉人、唐人、中国人变为华侨华人、华裔、华族、Diaspora，他们的规模也早从历史上由"行商"变成的"住商"，到当今数千万遍布世界各地的炎黄子孙，历史上所比喻的"有海水的地方就有华人"，已修正为"有人类的地方就有华人"。更重要的是，今天他们成为居住国的重要群体，也是我国在海外的庞大亲和力量、友好力量，在世界经济全球化的今天，他们的作用日益重要。而且随着时代的变化，中国因素的影响，对他们研究的关注度正在增加。日本亚洲经济研究所出版的华侨华人目录中，有10400多项研究成果（到1995年为止）。这些可以说明研究对象的成熟性。可以这样概括华侨华人学研究对象的成熟性：华侨华人旅居海外，上溯至唐宋，兴盛于近代，千余年来延绵不断。时至当代，华侨华人遍布全球，人数之众，贡献之巨，影响之广，跻身于世界民族之林。

（三）学科的理论性

一门学科，重要的核心的特征是必须从理论形态上把握认识对象，即用概念范畴体系全面地、系统地揭示该领域的本质与规律，零星、杂乱、片段的知识并不构成一门学科。所以，建立本学科的理论体系便成为华侨华人学的重要标志。

从华侨华人研究来说，无论是史学研究阶段，还是现在的问题取向研究阶段，许多研究的成果并不局限于就具体问题而论具体问题，努力建构华侨华人研究的理论架子，也是众多研究者为之求索的方向，虽说理论研究总体来看十分薄弱，但在研究成果中也不难看到其踪影。例如《华侨华人百科全书》曾列举了与华侨华人研究有关的理论数十条，对多年来学界常用的理论作了介绍和归纳。笔者认为，这些理论大致来自三个方面：一是从马克思主义的理论宝库中找武器，例如用"阶级斗争""阶级分析"理论分析华侨出国原因，海外华人社会经济状况等。二是从相关学科汲取思想资源，引用其他学科的理论来诠释华侨华人问题，如国际移民理论、现代化理论、世界体系理论等，这在社会科学研究中是很正常的现象，华侨华人研究与一些学科有所谓"互为学科性"的一面。问题是要消化和融会贯通这些理论，做到理论创新就非常难了。三是从大量的、系统的研究中升华出来的观点提炼，成为有共识的华侨华人研究理论，例如华侨出国史的"和平移民论"，华侨经济研究的"民族经济性质论"等。

（四）知识的系统性

中国的华侨华人研究已有近百年历史，研究的主要内容可分为以下十大类：

1.关于研究对象、概念、范畴的研究，如华侨华人称谓的产生、变化及其意义等。

2. 华侨华人历史，如世界华人史、地区华人史、国别华人史、专题史（如华侨与抗战史、华侨华人经济史、华人文化史的研究、华侨华人历史分期研究）等。

3. 华侨华人与中国关系的研究，爱国主义、民族主义的研究，与中国在政治、经济、文化、教育方面关系的研究、人物研究。

4. 华侨华人在居住国的生存发展研究：对当地社会经济发展、民族解放事业的贡献，同化、融合、认同问题，参政问题，族籍关系研究，排华问题以及当地华侨史料的发掘整理，等等。

5. 海外华侨华人社会变迁研究：分布流向的变化，家族、婚姻、人口、社团、市镇乡村、唐人街的变化，等等。

6. 华侨华人经济研究：经济地位和性质，华侨华人部门经济，华人经济的当地化和国际化，华人经济网络，华人企业发展变化，华人经营学，华人企业家，等等。

7. 华侨华人教育和文化研究：华文教育、华侨学校、华人价值观、文艺、新闻媒介、宗教信仰、风俗习惯等。

8. 华侨华人法规和政策研究：居住国政策、国内政策、移民政策、归侨政策等。

9. 侨乡研究：广东、福建、广西、海南、浙江、湖北等地侨乡调查都已有成果，尤其是研究者采用社会学、文化人类学等方法，在闽粤浙桂等侨乡进行了大量调查，包括华侨出国原因，侨乡社会经济文化发展与海外华侨华人，开放后侨乡的变化，新移民调查，等等。

10. 国内外学术动态的研究：对欧美日澳和东南亚学术界华侨华人研究成果的翻译、评介，对国内外学术动态的综合性论述，著名学者的介绍，等等。

总之，经过长期的研究积累，海外华侨华人问题、华侨华人的知识，已不是零星的、片段的知识。最近，周南京教授主编的《华侨华人百科全书》就是华侨华人知识的集结和系统化。

（五）方法的科学性

一般的社会科学研究方法也有多种，许多研究方法在学科之间是通用的，或者是可借用的，但不同学科也有适合自己的独特方法。方法论问题，依笔者之见，现在主要问题不在于有没有自己学科的独特研究方法，而在于是否用科学的方法在进行长期、艰苦的研究。目前，华侨华人研究依研究的具体对象和内容不同，而选择了多种研究方法。例如，侨乡调查研究多采用社会学的研究方法；研究中国海外移民史，多采用历史比较法等，许多问题研究还采用了多学科的综合性研究方法等。在利用现成经验的基础上，相信经过研究者的总结、探索，华侨华人学也会有相应的适应自身的研究规范和研究方法。

三、华侨华人学的定位问题

在初步议论了建立中国华侨华人学的必要性和可能性后，必然要直面的另一个问题是华侨华人学要建成一门怎样的学科，即它的学科定位是什么。这是论证学科的核心问题，涉及的知识面十分广泛，而且需要经过长期的学理辩论和思索，才能达致一些共识。笔者的粗浅看法是：

其一，它应是中国社会科学研究诸多学科中的一门独立学科。作为社会科学的一个分支，它同样是研究某种社会现象，对其作出全面系统的科学考察和说明，探讨其发展规律的一门科学。但社会科学包括社会学、历史学、经济学、政治学、军事学、法学、教育学、文艺学、文化学、民族学、人类学、宗教学等诸多学科，因此，华侨华人学的架构除了它的特定研究对象、范畴以及理论和方法，还涉及它与相关学科、相关分支学科的关系等问题。长期以来，华侨华人问题研究都是划归于其他学科或分支学科领域，学界一般也习惯地认为，华侨史是中外关系史的重要组成部分，华人社会和侨乡变迁研究是属于社会学的部分，海外华人经济是世界经济或区域经济的研究范畴，海外华族的发展变化则分属于民族学、文化人类学等学科领域，华人教育是属于教育学的内容，等等，从"问题取向"的研究来说，这些"归属"理所当然；但如果把围绕华侨华人形成发展和变化的一系列问题综合起来研究，把华侨华人问题的整体作为特定的社会现象来研究，探讨其规律性问题，这样构建的"华侨华人学"则与相关学科是既有联系又有区别的。国内学界有人认为：社会学是关于社会良性运行和协调发展的条件和机制的综合性具体社会科学；民族是一门以民族为对象的社会科学，它研究民族发生、发展、变化的规律，研究处于不同发展阶段的民族共同体，是一门独立的学科；而人类学是一门主要通过分析田野工作所得的资料，运用跨文化比较的方法，从人的生物性和文化性方面来研究人类自身的学科。显然，华侨华人学的内涵决定了它无法单独归于上述某一学科之内。

为了促进学科建设的发展，规范国内科研、教学秩序的管理，国家有关部门出台了学科的专业目录，"华侨华人学"虽然不在榜上，但是，这并非意味着它不能成为独立学科，随着研究事业的发展，学科目录也会调整变化的，况且，现在中国的社会科学学科分类尚无完全统一的标准，教育部、国务院学位委员会、国家技术监督局分别采用了三套不尽相同的学科分类标准，国家社科基金项目申报，也有一套"学科分类法"。以与华侨华人研究关系较密切的社会学、民族学、文化人类学为例，《国务院学位委员会学科分类目录修订稿（1996年）》中，社会学之下有人类学，民族学之下有文化人类学；国家技术监督局和国家社会科学基金项目（申报表）则是民族学包括了文化人类学和民俗学。现在提出华侨华人学并非是马上要争一个"名分"，而是应将华侨华人学自身的发展问题即学科建设摆上议事日程。

其二，它应是一门综合性的多学科交叉的"边缘学科"。围绕海外华侨华人这一特殊群体的活动所发生的、衍生的各种现象，它既是历史的，又是现实的；既是国外的，又是国内的；既是经济、政治、国际关系问题，又是社会、民族、文化、教育问题；既有释疑研究、个案研究，又有理论研究、政策研究等，这些都不是社会科学的某一学科能分析解释清楚的，也不是某一学科的特定研究方法能解决的问题，华侨华人学因而带有明显的综合性、多学科交叉研究的特征。如果追踪中国人出国在海外定居成为华侨华人这一现象，就涉及国内侨乡的社会经济问题、移居地国家的社会、经济、民族关系问题，以及华侨华人所在国与中国的国际关系问题、中国的侨务政策等许多领域的研究，这些已为学界多年来展示出的研究成果所证明。

其三，它应是一门国际性很强的社会科学学科。这有两层意思，一是华侨华人学的研究对象是海外华侨华人这一特殊群体，他们生活居住在世界各国，从空间范畴来看，这样的学科也是外国问题、国际关系研究领域的一门学问，在研究的方法手段和效应上，与国内问题相比有其特色。二是华侨华人学的建构需要国际学术界的共同努力。长期以来，国外的华侨华人研究在许多方面一直走在中国同行的前面，他们的学术积累之丰富有目共睹，应该说国际学术界对华侨华人学科的形成已作出了重要贡献。例如，刘宏、黄坚立主编的《海外华人研究的大视野与新方向》一书认为，海外华人研究是在第二次世界大战之后才逐渐兴起的一门新兴学科，作为这一领域的开头人和导航人，王赓武教授对该学科的发展及成熟起着重要的领导作用。中国的华侨华人研究已取得的既有成绩，自然也包含了对外国研究成果的学习、吸收和批判。今后中外学者更要增进交流、相互切磋，共同提升学术水平，用于构建华侨华人学。

四、华侨华人研究的学科建设

经过几代人的努力，中国的华侨华人学正在形成之中，但还不能说已形成了独立的学科。目前存在的主要问题有两个方面：一是原创性研究不足，缺乏最基本的动力，例如研究课题老化问题，找不到、找不准新问题，低层次重复多。二是理论体系构建薄弱：一些研究缺乏理论指导，使得分量不够；新理论的创建最多只处于"中程理论"阶段。正因为这样，需要提出建立华侨华人学，才能将华侨华人研究作为一项长期的有战略意义的工作，才能够加强学科意识，强调学科建设，从根本上提高研究水平，形成学科特色。

学科与学科建设是不同概念，学科建设强调的是强化学科意识，其核心是学术建设，即怎么样使大量的带有学科特点的研究成果问世，除此而外，学科建设的内容还包括人才培养、调配，研究手段和设备建设，研究课题和领域的确定，机构设置以及科研管理等等内容。所以，要真正建立起华侨华人学必须把它作为系统工程来做，人才培养又是学科建设的基础环节之一，在这方面，高等学校的有关专业尤应加强学科意识，肩负起重任。如何稳定一支华侨华人的研究队伍并创造条件不断地提高他们的研究素质，亦是人才培养的应有要义。

（本文系 2002 年 10 月 14 日在"中国华侨历史学会五届二次常务理事会暨学术座谈会"上的发言，原载于《华侨华人历史研究》2003 年第 1 期）

近代华侨出国历史概述

从 1840 年鸦片战争至 1949 年中华人民共和国成立，是中国历史上半殖民地半封建社会时期。在这 100 余年中，中国沿海省份劳动人民以及边境地区的贫苦群众，以空前的规模大量涌出国外谋生，在这个时期出国的人数达 1000 多万，足迹所至，远远超出了亚洲范围而遍及世界各个角落，从而奠定了现代华侨的基础和规模。因此这一时期是华侨出国史上最重要的时期。

一、鸦片战争与华侨出国高潮

鸦片战争后，之所以出现了中国人长期地大量地移民国外的现象，首要的根本的原因在于，由于外国资本主义的入侵，生活在半殖民地半封建社会中的广大劳动人民，受到日益严重的残酷剥削和压迫，大量的失业破产，因此不得不远渡重洋，易地谋生。列宁在《资本主义和工人移民》一文中指出："毫无疑问，只有极端的贫困才迫使人们离开祖国，资本家正在肆无忌惮地剥削移民工人。"[①] 中国移民之所以要远离祖国，也首先是因为他们的"极端的贫困"。

鸦片战争前，在腐朽的清王朝统治下，社会生产的主要生产资料——土地，就已经掌握在地主，贵族和皇室的手里，而农民则很少或完全没有土地，以至形成兼并之家"一人据百人之室，一户占百户之田"。例如道光年间，在鸦片战争中向英国屈服投降的大官僚琦善就占有土地 256 万多亩，[②] 至于一般官僚，也几乎

---

① 《列宁全集》第 19 卷，人民出版社，1963 年，第 453 页。
② 李文治编：《中国近代农业史资料》第一辑，三联书店，北京，1957 年，第 69 页。

占有相当多的土地，富商巨贾也是这样，广东十三行中的殷实行商伍绍荣、潘正炜，他们用聚敛的财富购买了大量土地。土地的高度集中，使广大农民丧失了生产资料，使官僚、地主有可能更加残酷地掠夺广大的无地贫苦农民。清代的地租剥削十分苛重，地租率一般是在50%以上，佃户"每岁所入，难敷一年之口食"，更为严重的是，地租之外还有国家征收的苛捐杂税和各种无偿劳役的剥削。再加上连年的灾荒，广大农民只有在死亡线上挣扎。为了逃生，鸦片战争前内地有大量破产农民离乡背井跑到边疆、山区去垦荒，或者变成到处流离迁徙的"流民"，沿海各省是大批失业或半失业劳动人民冒险出洋，漂泊海外谋生，一些人成为野蛮的殖民主义者所拐卖的"苦力"的来源。林则徐在1839年的奏折中，就曾谈到1820年时有数以千计的出洋者被卖为"猪仔"。还曾提到澳门地方的一些"无业游民"，"受雇出洋……至该国则令开山种树，或作粗重活"[①]鸦片战争后，反动腐朽的清朝统治者和外国资本主义侵略势力交相为恶，给中国人民造成了空前严重的灾难。成千上万只英美轮船满载鸦片和洋货而来，使白银泄洪似地外流，银贵钱贱比战前更加厉害，劳动人民受害尤深，洋货充斥五口及其他市场，严重地破坏了中国东南地区的社会经济，造成了更多的农民和手工业者破产失业；清朝政府把偿付2000多万元赔款和支付总计7000万元的战费，也全部转嫁到劳动人民身上，贪官污吏往往又借此机会巧立名目敲诈勒索。地丁税是清政府的主要税收，在1841—1849年的八年间，这项税收就增加了330多万两，鸦片战争后不到10年光景里，劳动人民的实际负担比过去增加了好几倍。正像马克思所说的："中国在1840年战争失败后被迫给英国的赔款，大量的非生产性的鸦片消费、鸦片贸易所引起的白银外流，外国竞争对本国生产的破坏，国家行政机关的腐化，这一切就造成了两个后果：旧税捐更重更难负担，此外又加上了新税捐。"[②]在鸦片战争前就一直尖锐存在着的土地问题，在鸦片战争后兼并情况更为严重。据统计，当时全国土地有40%~80%集中在只占人口总数10%~30%的少数人手里。而占人口总数60%~90%的大多数农民则没有或很少有土地。例如，广州和广西的浔州地区，地主阶级占有总耕地面积的80%以上，而90%以上的农民则没有土地，他们被迫沦为佃户。地主阶级利用土地残酷剥削农民，地租率一般在50%以上，许多地方甚至高达80%。苛重的捐税和地租，各种超负荷的剥削，使劳动人民濒于绝境，农村和城市中的破产农民和手工业者大量增加。在资本主义关系已经发展起来的

---

① "林则徐奏查明外国船只骗带华民出洋情形折（道光十九年七月二十四日）"，转引自陈翰笙主编《华工出国史料汇编》第一辑"中国官文书选辑"，中华书局，北京，1985年，第6~8页。

② 马克思：《中国革命和欧洲革命》，《马克思恩格斯全集》第19卷，人民出版社，1963年，第109~110页。

封建社会中，农民破产后会被吸收到城市资本主义工业中变为雇佣工人。但是这时的中国社会，正开始向半殖民地半封建社会转变，资本主义关系没有发展起来，不能吸收和容纳从全国农村中继续不断排挤出来的大量破产农民。所以东南沿海省份尤其福建、广东的许多破产农民、小手工业者，便利用其有利的地理条件，相率渡海到外洋谋生。这正如恩格斯精辟分析的那样："对华战争给了古老的中国以致命的打击。国家的闭关自守已不可能……于是旧有小农经济制度也随之而日益瓦解（在旧有的小农经济制度中，农家自己制造必要的工业品），同时，可以安插比较稠密的人口的那一切陈旧的社会制度，并随之而崩溃。千百万人将无事可做，将不得不移往国外。"[①]

19 世纪中叶以来，西方殖民者为了开发他们在东南亚、美洲、非洲和澳洲的殖民地，加快原始资本积累的过程，正迫切需要中国廉价劳动力。如前所述，自 16 世纪初欧洲殖民主义者侵入东南亚后，就奴役驱使华侨从事开发，随着 19 世纪后期资本主义向帝国主义过渡，它们把大量资本输出到落后国家，更加紧了对殖民地原料的掠夺和商品倾销，也开始了它们"开发"殖民地的黄金时代。这一时期，东南亚锡矿的开采，橡胶园的开辟，烟草的种植，香料的栽培，还有城市、码头、港口、道路的大量建设，对中国劳动力的需求都成几倍、成十几倍地增加。至于北美、拉丁美洲和加勒比地区各殖民地，最初是靠残酷奴役当地土著民族印第安人，后来又从欧洲运来"白奴"以补印第安人之不足，这些人是英国、德国等国家无以为生的穷人、异教徒和罪犯，还有成千上万被拐骗和绑架去的人。随着资本主义的发展，世界市场对作为工业原料的经济作物的需求日益增长，大型种植园不断出现，劳动力需要就更加迫切，于是殖民者转向非洲，大规模贩运黑人为奴。非洲的奴隶贸易延续了约 400 年，使非洲大陆至少丧失了 6000 万人口。[②] 这种贩卖人类血肉的血腥贸易是欧洲资本主义原始积累的主要来源之一。19 世纪初，欧洲各国相继宣布禁止贩奴，1807 年和 1838 年，国际上的奴隶贩卖中心英国先后宣布废除奴隶贸易和奴隶制度，以至廉价的黑奴劳动力也获得解放，美洲各殖民地的劳动力供应就因此变得更紧张，他们不得不寻求廉价的劳动力取而代之。西印度群岛是欧洲砂糖的主要供应地。1846 年英国颁布砂糖法引起自由贸易危机，因为根据砂糖法，所有供应英国的砂糖，不论是外国产品或殖民地产品，都要课以同一的税率，西印度群岛各殖民地为了应付这一问题，除了获得廉价的劳动力外就别无良策了。殖民主

---

① 《马克思恩格斯全集》第 4 卷，人民出版社，1958 年，第 361 页。

② 威廉·福斯特：《美国历史上的黑人》（William Foster, *The Negro People in American History*, New York: International Publishers），1954 年，纽约，第 26 页。

义者从开发东南亚的过程中得出经验，吃苦耐劳、工资低廉的华工是他们取代黑奴最理想的对象，于是西方殖民主义争先招诱掠贩，用黄奴为其创造财富。1848年和1851年美国、澳洲先后发现金矿，南美洲和加勒比海各岛的种植园迅速扩大，几十万中国青壮年农民被贩到那里做苦工。再加上太平天国起义失败前后，闽粤劳动人民在清政府的疯狂镇压下，大量逃往海外避祸殃，所以促使鸦片战争后中国人大规模出国现象的形成。

鸦片战争后，清政府改变了过去的海禁政策，这也是华侨能够大规模出国的重要条件。清初承袭了明朝的海禁条例，《大清律》第225条规定："一切官员及军民人等，如有私自出海经商，或移外海洋岛者，应照交通反叛处斩立决。"清政府视人民出国为不法叛逆行为，要律以重刑，主要是害怕人民渡海支援郑成功在台湾的反清斗争。当然，在沉重封建压迫剥削下挣扎的沿海劳动人民，是不惜于违法，往渺茫不知的海外去寻找生路的，因此，即使在海禁的年代，中国劳动人民并没有停止过向海外发展，但毕竟要受到一定的限制。清代雍正以后，海禁政策稍有放松，但仍限制人民自由出国，对出国后偷偷回国的华侨仍然要律以重罚。1749年雅加达华侨陈恰老回到福建故乡，人遭流放，货物入官。海禁政策一方面阻碍中国人出国，一方面又迫使华侨有家不能归，促成华人在国外长期定居下来。鸦片战争打开了古老中国的大门，清朝政府的海禁政策有了根本的改变。1860年第二次鸦片战争中，英法联军攻陷北京，与清政府签订《北京条约》，清政府被迫承认准许中国人赴英法殖民地或外洋别地做工。这是清政府第一次明令废除海禁。1866年，英、法与清政府签订招工章程条约，允许英、法籍人，在中国任意招募劳工。1868年，清政府又与美国签订了《中美天津条约续增条款》（又称《蒲安臣条约》，是美国卸任驻华公使蒲安臣代表清政府签订的），其中第五款说："大清国与大美国切念人民前往各国或愿常住入籍或随时往来，总听其自便，不得禁阻。"它名义上规定两国人民有自由入境和长期居住的权利，实际上是使美国在中国掠取劳动力合法化。当时美国驻华公使田贝曾一语道破，说："这是一个取得廉价劳动力的条约。"自此以后，英美等国的资本家便以这些不平等条约为护身符，千方百计掠贩中国劳动力，因此中国人出国空前增加。到了洋务派当政时，更是极力鼓吹和提倡华工出国，既可达到"消除乱萌"的目的，又可从外国来华招工中抽取油水。所以，鸦片战争后，清朝政府与外国侵略势力签订的一系列不平等条约，就为外国资本主义掠夺和诱致中国劳动力大开了方便之门。在这个意义上说，鸦片战争后中国人以空前规模涌出国外，正是外国资本主义掠夺造成的结果。

二、契约华工血泪史

鸦片战争后，一直到 20 世纪初，大量华侨出国，虽然其中有一部分是以自由身份出洋谋生的，但是，大部分的中国人出国都是直接地或者变相地通过所谓"契约劳工"方式，被出卖、胁迫、诱拐甚至被绑架到外洋去的。契约华工构成了近代早期中国人出国的主要成分。

所谓"契约华工"，是指破产失业的国内人民，"应募"到海外做工，与外国资本家或华人工头订立契约，写明应募地点、工作性质、年限、工资数额及预付工资等。实际上，"契约"本身不过是一纸骗局，招募者从未履行，而对华工来说，这契约就是卖身契，签约后的华工完全丧失人身自由，沦为"会说话的工具"。"契约华工"又称"苦力"或"猪仔"，外文书刊或档案中所称的"苦力"，就是指被拐贩出洋从事繁重体力劳动的华工，"猪仔"是对契约华工的侮称，意思是把人比作畜类，也说明了华工任人宰割的悲惨命运。

"契约华工"的另一种形式是赊单工，也叫作"赊欠单工"。他们名义上是"自由出洋"，实际上是背了赊欠旅费的债务而外出谋生。为了偿还这些债务，他们到外洋后必须无偿地做工服役抵债，他们的身份从一开始就是不自由的，实际上只不过是契约华工的翻版而已。

"契约华工"19 世纪以前就已出现，不过数量和规模都很小。19 世纪以来，"契约华工"被弄出国外的人数逐年增加。鸦片战争后，西方资本主义势力到我国沿海省份大量"合法"招工，又进行非法的掳掠，而专门以贩运华工来牟取暴利的"苦力贸易"也随之兴盛起来。据统计，从 19 世纪 50 年代开始，平均每年有 10 多万华工被贩运到世界各地。

华工被运到南洋英荷的殖民地，在邦加、勿里洞开锡矿，在苏门答腊种烟草，在马来亚种橡胶，在婆罗洲开田辟荒，华工被运到南美洲各殖民地，在古巴种甘蔗，在秘鲁挖鸟粪，在巴拿马开运河，在巴西种菜，在墨西哥种棉花，华工在美国和加拿大修铁路、淘金砂、开矿伐木，华工在俄国开采阿穆尔金矿、修筑海参崴港口、兴建西伯利亚铁路；华工在澳大利亚、新西兰开挖金矿、种菜种烟，非洲的马达加斯加、南非、毛里求斯，太平洋上的塔希提岛（大溪地）、西萨摩亚、斐济、瑙鲁、夏威夷各岛，都有大量华工从事各种繁重劳动。总之，华工作为廉价劳动力而被贩运到了世界各地。

他们在挣脱了契约期的束缚后，往往在当地经营餐馆、洗衣店、瓜果摊贩，或做佣工、建筑工等低贱职业，艰难地生存下来，繁衍后代，浪迹天涯的中国人就是这样形成的。

到底有多少契约华工被贩运到海外呢？契约华工出国的高潮阶段是19世纪50年代至20世纪初，直到20世纪30年代才告结束。在这一期间，我国至少有700万契约华工到了世界各地。南洋各殖民地的契约华工最多、最集中。光绪三十二年（1906年），清朝政府驻新加坡总领事孙士鼎给外务部的报告中说，"每年从香港、厦门、汕头、海口等地到达新加坡的华人约10余万人，其中70%是猪仔"。[①] 新加坡是转贩华工最大的中心，据不完全统计，从1881年到1930年到达海峡殖民地（新加坡和马来亚部分地区）的华人共约830万人，契约华工占了近600万名。[②] 当然，其中大部分又被转运到南洋其他地区。在美洲等地的华工，运往秘鲁、古巴、智利、檀香山的契约华工，在1845年至1874年的30余年内，有数字可查的达到四五十万人，[③] 几乎是同一时期，运往美国的华工达13万多人。[④] 在非洲的华工，据统计，从1904年到1910年，运往南非开金矿的华工前后有7万多人。[⑤] 此外，还有大量华工被运到沙俄。从1906年到1910年，由我国山东、河北、东北等省到沙俄远东地区的华工，达到55万多人，平均每年11万多人。[⑥] 沙俄殖民主义者在中亚细亚的土耳克斯坦地区，同在远东地区一样，也招募了大量华工，1910年，在土耳克斯坦的华工和中国商贩，总数约"十余万众"。[⑦] 据南洋研究所和中山大学历史系联合进行的契约华工调查，1938年时还有"猪仔"华工被卖到邦加锡矿和苏门答腊种植园。总之，一直到20世纪30年代，才结束了契约华工大规模出国的历史。

契约华工的分布如此广泛，数量如此巨大，他们到底是怎样离开祖国而到了天涯海角？无数触目惊心的事实告诉人们，契约华工的出国史，完全是一部血泪史，这部历史是和一部殖民主义、帝国主义的侵华史，一部世界资本主义的发展史密切联系在一起的。

---

① 《外务部档》，光绪三十二年八月初二日驻新加坡领事孙士鼎为详呈华工出洋情形致外务部申呈，转引自陈翰笙主编《华工出国史料汇编》第一辑"中国官文书选辑"，中华书局，北京，1985年，第5页。

② 转引自彭家礼：《十九世纪开发西方殖民地的华工》，《世界历史》1980第1期。

③ 李长傅：《中国殖民史》，商务印书馆，上海，1937年，第258页。

④ 据美国第四十四届国会记录所称，由1853年至1873年的20年间，赴美华人总数为135399人。转引自陈匡民编：《美洲华侨通鉴》美国之部，美洲华侨社，纽约，1950年。

⑤ 陈翰笙：《猪仔出洋》，《百科知识》1979年第5期。

⑥ 南满洲铁道株式会社编译：《远东俄国领土内的黄种人问题》日文版，大阪，1929年；又见涂开舆：《华侨》，商务印书馆，1931年，第32~35页。

⑦ 转引自复旦大学历史系：《沙俄侵华史》，上海人民出版社，1975年，第468页。

鸦片战争后，中国门户洞开。英、美、法、荷、西班牙、葡萄牙等资本主义国家，都参与了贩运华工以牟取暴利的"猪仔"贩运活动。西方侵略者直接窜到我国沿海口岸，大肆进行掳掠拐骗华工的勾当。例如19世纪40年代中期，英商德商在厦门开设德记洋行，同另一家英商合记洋行共同包揽厦门及附近地方的苦力买卖。荷兰殖民者在汕头设有元兴洋行，垄断了汕头的"猪仔"买卖，专门向苏门答腊岛的荷兰种植园主输送华工。当然，西方资本家一般并不亲自出面收购"猪仔"，他们往往利用那些"专以贩人出洋为业"的华人猪仔头，在广大城乡进行拐掠。外国洋行与华人"猪仔头"订立合同，指定每船装多少名华工，要求如数收足，限期开船。而猪仔头每拐得一名"猪仔"，就可得到几十元甚至上百元的人头钱。因此猪仔头订立合同后，立即动员他雇佣的歹徒，四处找人，诱、拐、骗、绑架无所不用其极。由于这批歹徒极其阴险狡猾，谋生艰难的中国贫苦农民往往容易上当受骗，以至"乡隅竖子既每受其樊笼，村市贫民更多遭其蛊惑"，而他们的活动也越来越猖獗，"自是吴江楚水，以及粤境闽邦，不拘各处童男，纷将拐诱；渐至良家妇女，竟欲搜求。鬼蜮猖狂，蝎蛇充溢"。[1] 猖狂的拐贩华工活动，不仅弄得沿海城乡人人自危，而且使一些地区的青壮劳动力稀缺，例如在一个很长的时期内，广东四邑（台山、新会、开平、恩平）和中山县地区的农村，只有女人，没有男丁。发生没有儿子、到处买五六岁小孩为"螟蛉子"的怪状。

中国的厦门、澳门、香港、汕头、海口都是掠贩猪仔华工的重要港口、新加坡，槟榔屿则是海外贩运华工的最大集散地，设有许多囚禁华工的"猪仔"馆。国内和海外的猪仔馆又经常互通声气，勾结一致从事这些血腥的买卖。澳门是掠贩人口的老巢，1873年，仅葡萄牙、西班牙和秘鲁三国设在这里的猪仔馆就有300多家，靠苦力贸易为生的人多达三四万人。

被诱拐来的华工一进了"猪仔馆"，就完全失去了人身自由。"猪仔头"用酷刑强迫被拐华工承认，他们是自愿出洋做工的。然后押解上船。

运输契约华工的苦力船，被称为"海上浮动地狱。"[2] 当时，从中国澳门到古巴要航行147天至160天，至美国加州需要75天至100天，至秘鲁需要120天。在这漫长的航程中，华工受尽了人间折磨和迫害。"猪仔"华工上船后，就被锁在又闷又热的船下底舱。英美等商航为了多赚钱，本来装300人的舱位硬要塞进600人，华工日间只能并肩屈膝而坐，夜间交股架足而眠。在船还没有启航时，腿已经发酸了，何况还要带着痛苦熬过一百多个昼夜！船上空气窒息，饮食恶劣，粪

---

① 顺邑狮子潭警迷子：《戒拐贩人口出洋论》，同治十二年（1873年）正月十七日《申报》社论。

② Morse, *The International Relations of the Chinese Empire*, VII., Hosea Ballou Morse, p. 170.

溺随处，疾病流行，再加上船主、水手的百般欺凌虐待，病死、自杀者不计其数，每条船上都有大量华工在航途中被抛尸汪洋。例如 1850 年至 1856 年间，开往美洲的"猪仔船"，死亡率一般为 20% 左右，死亡率甚至低的也有 15%。[①] 华工的生命换来了西方航运商手中的花花白银，他们从"猪仔"贸易中赚得了惊人的利润。从中国香港和澳门开往美国的苦力船，实际船费每人还不到 5 元，而船票的售价为 70 元，装运一名华工的利润高达 13 倍。[②] 据计算，往秘鲁或西印度群岛的"猪仔船"，载运 700 名华工就可获得 5 万元的船票收入。由于有这样的暴利，以至当时连船价也高涨起来。

苦力贸易的血腥罪恶，引起了国际上公正舆论的关注与谴责。富有革命传统的中国人民，在遭受惨无人道的野蛮迫害下，也多次奋起反抗，去求得生的权利。1857 年恩格斯在《波斯与中国》一文中指出："连那些到外国去的苦力（指华工——引者注），也好像在事先约定了的那样在每一只移民船上起来反抗，夺取船只，他们宁愿与船身一起沉到海底或者在船上烧死而不愿降服。" 1850 年至 1872 年，从中国香港、澳门、汕头开往美洲的"猪仔船"上，曾多次爆发反抗野蛮压迫的武装起义，华工们杀死船主夺取船只，或者在海上放火烧船与强盗们同归于尽。

船到目的地后，更悲惨的命运又在等待着这些劫后余生的华工幸存者。

马克思指出："至于投在殖民地等处的资本，他们能提供较高的利润率，是因为在那里……由于使用奴隶和苦力等等，劳动的剥削程度也较高。"[③] 开发西方殖民地的契约华工，所受奴役和剥削的程度是资本主义发展史上罕见的，他们的契约劳工生活，是一幅真正的人间地狱图。

契约华工所受到的虐待比奴隶更为厉害。奴隶，作为主人的私有财产和劳动工具，如果折磨死了，还得花钱再买，因此，同对自己的牲畜一样，必然有一定程度的体恤。对契约华工则不然，华工只是在契约期内为主人劳动的奴隶，因此，那些灭绝人性的殖民者，通常采用最残忍的手段，要在契约期内榨尽华工的血汗。古巴、秘鲁华工的奴隶生活是几百万华工悲惨命运的典型写照。从 1847 年到 1874 年的 27 年之中，运赴古巴的华工共计 143000 多人，但真正到达古巴的只有 126000 多人，途中不堪虐待自杀者以及病死者达 17000 余人。到古巴的华工大多数都是被囚禁于甘蔗园中从事奴隶劳动，每天劳动至少在 14 小时以上，而每月工

① 参阅李长傅：《中国殖民史》，商务印书馆，1937 年，第 263~264 页。
② 转引自彭家礼：《十九世纪开发西方殖民地的华工》，《世界历史》1980 第 1 期。
③ 马克思：《资本论》第 3 卷，《马克思恩格斯全集》第 25 卷，人民出版社，1974 年，第 265 页。

资只有 4 元，只相当于当时古巴一般工人工资的 1/10 或 1/15。不仅如此，华工还遭受种植园工头的任意鞭打、折磨，以及各种惨无人道的刑罚，甚至枪杀。残酷的压榨和虐待，造成华工大批死亡，约有 75% 的华工在契约期未满之前就耗尽体力倒毙。据 1879 年随我国总领事出使古巴的谭乾初记载，被掠往古巴的 12 万身强力壮的华工，"今则仅存四万有奇，此外八万余人曾经回国者不过百中一二，余皆殒身异域，丘首难归，良可概已！"就是说，在 30 年的时间内，华工死亡 2/3，仅存 1/3。而这 1/3 的幸存者，据清政府派往古巴的使者陈兰彬等人亲自访查，"现时折手、坏脚、瞎目、烂头、落牙、缺耳、皮开肉裂指请验伤者已复不少，""各埠中瞽目残疾华人丐食者甚众。"① 近代诗人容纯祖写"猪仔诗八绝"云："肉破皮穿日夜忙，并无餐饭到饥肠，剩将死后残骸骨，还要烧灰炼白糖。"深刻揭露了古巴华工的骇人听闻的悲惨境遇。

在秘鲁山场、糖寮、铁路、农田劳动的华工所受虐待同古巴华工一样，特别是秘鲁近海钦查岛上挖鸟粪的华工死亡率最高，当地天气酷热，温度很高，而且终年无雨，华工每人被勒令一天挖四五吨鸟粪。一处工地上有 40% 的华工犯肿脚病，被迫跪着干活，先后运到钦查的 4000 多名华工，"有劳动过度而病毙者，有堕落鸟粪层中活埋者，有不堪苦役自绝壁上投海而死者，仅存之人数不过百人而已"。②

但殖民者对于他们迫害华工的罪行从来讳莫如深，1857 年 3 月，马克思在为《纽约每日论坛报》撰写的社论中写道："对那些卖到秘鲁沿岸去充当连牛马都不如的奴隶以及在古巴被卖为奴的受骗的契约华工横施暴行'以至杀害'的情形，我们一点也听不到。"③

东南亚地区的契约华工，处境同样悲惨。英属马来亚也是契约华工比较集中的地方，这里华工死亡率特别高。从 1910 年到 1920 年这 10 年中，华工的死亡率每年平均为 20%。比同一时期、同一地区的当地居民的死亡率要高 7 倍，比当地欧洲人要高 23 倍至 30 倍。④ 甚至到了 20 世纪 20 年代和 30 年代，邦加、勿里洞挖锡矿的华工在残酷剥削下仍然大量死亡。

至于到俄国去的华工，其命运也不比美洲、东南亚华工为好。他们在俄国远东大都充当矿工、农业雇工、土木建筑工，工资通常只及俄国工人工资的一半，因此被大量使用。而在俄国中亚地区土尔克斯坦的华工，一贯被沙俄"视为俎上

---

① 陈翰笙主编：《华工出国史料汇编》第一辑"中国官文书选辑"，中华书局，北京，1985 年，第 14 页。
② 李长傅：《中国殖民史》，商务印书馆，1937 年，第 226 页。
③ 马克思：《英人在华的残暴行动》《马克思恩格斯全集》第 2 卷，人民出版社，1957 年，第 15 页。
④ 郭威白：《马来亚中国人在发展当地经济中的地位》《中山大学学报》（社会科学版）1959 年第 4 期。

之肉，任意宰割"，"遇有口角细故，或债务争执，俄官不秉公理，动辄拘执囹圄，罚作苦工。含冤负屈，莫可申诉"。[1]

正是几百万华工用血汗和生命，对开发东南亚、美洲、非洲、大洋洲等地起了重要作用。"蓝缕起山林，邱墟变城郭"，[2] 华工披荆斩棘，无论在港市、铁路、公路、矿山、工厂、农庄，还是在香料、甘蔗、可可、橡胶、烟叶等种植园，都用艰苦的劳动创造了巨大的物质财富，甚至连殖民主义者也不得不承认这些铁的事实。英属海峡殖民地总督瑞天咸曾经详细地叙述过华工对开发马来亚的贡献，他在《英属马来亚》一书中写道："马来诸邦专门依靠锡矿税收维持……而从一开始就作锡矿工人的首推华侨，经过他们的努力，全世界用锡的一半数量是由马来亚供给的。他们的才能和劳动，造成了今日的马来亚。……英人初经营半岛时，着手建筑铁路及其他公共工程，皆成于华侨之手。至于开矿事业，完全是华侨充当开路先锋，他们深入蛮荒，开辟丛林，冒尽一切危险取得巨大成功。他们的生命常遭牺牲。此外为挖煤工、伐木工、木匠、泥水匠者很多，英政府修铁道，筑桥梁，全由华工承担。……英政府收入的十分之九，皆出华工之手。"[3] 另一个殖民官吏布赛尔也说，"假如没有中国人，就不会有现代的马来亚"，而"如果没有现代的马来亚的助力（橡胶），欧洲和美国的汽车工业就永远不会有这样巨大的发展"。[4] 而华工对开发美国西部所作的重大贡献，更是举世公认的。中央太平洋铁路用华工的血汗筑成，加利福尼亚的繁荣靠华工的双手创造。1877 年美国第四十四届国会参众两院调查华人入境问题联合特别委员会报告书承认：美国加州和太平洋沿岸的资源，由于华工作为劳动力的廉价而获得更为迅速的发展。就物质繁荣而言，毫无疑问，太平洋是最大的受惠者。资本家因为有了华工而获其利。这是确确实实的。……中国人入境的后果是大大增进了太平洋（指美国西岸）的物质繁荣。但是，一旦莽莽荒原开辟成功，他们就千方百计地排挤、迫害、屠杀华侨，其残暴行径令人发指。美国的华工，在修完太平洋铁路之后不久，遭受到种种限制、歧视、甚至暴徒的残杀。到 1882 年，美国政府又通过了一系列的排华法令，使华侨生计困难，不得不靠经营餐馆、洗衣，或做卖瓜水果等小生意维持生活，不少人被迫回国或转往他国。加拿大、澳洲、南美洲的华工，也遭到同样厄运。

---

① 复旦大学历史系：《沙俄侵华史》，上海人民出版社，1975 年，第 468 页。

② 黄遵宪：《逐客篇》，转引自阿英：《反美华工禁约文学集》，中华书局，1960 年，第 2~3 页。

③ 李长傅：《中国殖民史》，商务印书馆，上海，1937 年，第 212 页。

④ Victor Purcell, *Malaya*, Kuala Lumpur: Oxford University Press, 1967, p.128.

三、第一次世界大战期间的出国华工

1914 年，英、法、俄协约国与德、奥同盟国两个帝国主义集团之间，爆发了重新瓜分世界和争夺势力范围的战争，这是人类历史上第一次世界规模的大厮杀。战争爆发后，各交战国动员了一切可能动员的人力和物力投入战火之中，到 1916 年末，协约国的前后方军队为 2500 万人，同盟国集团也驱使了 1500 万人投入战争。因此，当帝国主义战争打得正激烈的时候，协约国集团各国都感到劳动力缺乏，为了获取廉价的劳动力，这些国家通过当时的北洋军阀政府在中国招募了几十万华工。从 1916 年开始，他们成批成批地被海运出国，以补充英法俄等国前方后方劳力的不足。他们从事掘土、伐木、采煤、筑路、凿石、开矿、挖战壕、搞运输、抬担架等各种苦役差事。什么地方最苦最困难，什么地方就有华工。

法国从 1916 年 2 月开始在中国招工，先后在山东、上海、天津、浦口等地招收华工 15 万人，[①] 多数为山东省籍，他们到法国搬运军火、修铁路、挖战壕，在兵工厂做工，也有一部分输往阿尔及利亚及摩洛哥。英国从 1917 年开始，在山东威海卫、胶济铁路沿线大量招募华工，到 1919 年时已招募 5 万多人。[②] 英国所招华工被运往巴尔干半岛及西部战线等处做工。当 1918 年 3 月德国军队进攻时，有许多华工用手中的劳动工具与德军搏斗，所以死亡伤残人数很多。在美索不达米亚的两河流域沙漠为英国修建军事工程的中国劳工，工作生活条件十分恶劣，而且面临着死亡的威胁，华工们忍受不了，只得不顾一切地逃往伊朗和俄国境内的高加索地区去谋生。

俄国在中国招募的华工最多，俄国人设立了义成公司、泰茂公司专司招募之事。自 1916 年开始，从中国东北三省的中俄边界一带，以及河北、山东等省，先后招募 20 多万华工。[③] 华工运到俄国后，在摩尔曼斯克铁路工程、在黑海港口、西伯利亚森林、乌拉尔铁矿、顿巴斯煤矿从事最笨重最危险的体力劳动，还有华工被运到东部战线，去做挖战壕等各种服务工作。俄国的华工受到资本家及沙俄

---

① 参阅李长傅：《中国殖民史》，商务印书馆，上海，1937 年，第 286 页。

② 参阅李长傅：《中国殖民史》，商务印书馆，上海，1937 年，第 286 页。

③ 第一次世界大战期间，运往俄国的华工至少有二十几万，其中在俄国欧洲地区的华工就有约十万人。参阅《全俄华工联合总会 1920 年 12 月 1 日致苏联外交人民委员会的信》，洛沃格鲁茨基、杜拉耶夫斯基：《中国战士同志》，解放军文艺社，1961 年，第 16 页；又参阅《红旗飘飘》（第 4 辑），中国青年出版社，第 3 页。

的残酷剥削和野蛮压迫。在出国前,资本家许诺的工作、工资和生活条件是可以接受的。按照条约规定,3个月可拿100卢布的工资,衣、食、住归雇主供给。俄国在中国东北农村的"招工"人员,一手拿着蒸笼,一手拿着厚实的棉衣服和毛皮靴,对农民大作宣传,说你们去俄国以后,吃这种蒸笼蒸的白馒头,穿这样的棉衣和皮靴,但是事实恰恰相反,俄国资本家根本没有履行契约条款,华工一到国外,就发现受骗上当了。华工不仅拿不到工资,而且还挨饿受冻,冬天不发棉衣、每日两餐黑面包,更看不到鱼肉蔬菜等副食品。在繁重艰险的劳动中,还要时常受到监工的打骂,甚至连沙皇军队在战争中捉到的俘虏兵,也任意欺凌华工。有一次,中国工人不堪虐待奋起反抗,杀死了7个沙俄兵,结果有300多名华工遭到枪杀。此外,在枪林弹雨中修筑工事的华工,因遭到德军袭击而死亡的达7000人。

列宁领导的伟大的十月革命给华工带来了自由和希望。华工们的阶级地位,决定了他们必然拥护布尔什维克党。数万受苦受难的华工参加了红军、游击队以及赤卫队,同俄国劳动人民携手并肩,为建立世界上第一个社会主义国家而英勇战斗,不少华工并为此献出了生命。当时,在苏联红军部队里,有中国排,中国连、中国营、中国团,也有中国红色国际大队的组织,有70多名华侨战士担任过列宁的卫士。中国战士以英勇善战、严守纪律而闻名,在西伯利亚和远东的森林中,在乌克兰的矿区和草原上,在北高加索的崇山峻岭中,到处都留下了他们同反革命军队作战的英雄事迹。华侨的革命精神受到革命导师列宁的热烈赞扬,1919年5月,列宁亲自接见了苏维埃第四团第三营全体中国同志,赞扬他们是"好样儿的"。不少华侨战士还荣获了"列宁勋章"和各类荣誉称号。内战结束后,大批华工战士转业到工农业战线上,继续为苏联的经济恢复和建设做出贡献。华工,为国际无产阶级革命事业,为列宁创造的第一个社会主义国家的建立和巩固,做出了可贵的贡献。

四、20世纪20年代至40年代的华侨出国

20世纪20年代至40年代,正是中国共产党领导下的新民主主义革命时期,中国人民同帝国主义、封建主义、官僚资本主义进行了不屈不挠的斗争,并终于推翻了蒋家王朝,升起了五星红旗,建立了社会主义的新中国。这一时期,中国人民经历了北洋军阀和国民党的反动统治,经历了在日本侵略军占领下国破家亡

的悲惨生活。在帝国主义、封建主义、官僚资本主义三座大山的统治压榨下，民不聊生，破产失业队伍越来越庞大，所以沿海省份出国谋生的人数达到了约500万，形成了近代中国人出国的又一次高潮。

残酷的经济剥削和政治压迫仍然是这一时期华侨大量出国的根本原因，1934年9月至1935年4月，中国太平洋学会曾对我国主要侨区闽南、粤东的10个县进行了实地调查，根据对905个华侨家庭的分析，华侨出国原因分类见表1。[①]

表1　华侨家庭调查表

出国原因分类	家数	百分数
（1）经济压迫	633	69.95%
（2）南洋的关系	176	19.45%
（3）天灾	31	3.43%
（4）企业事业的发展	26	2.87%
（5）行为不检	17	1.88%
（6）地面的不靖	7	0.77%
（7）家庭不睦	7	0.77%
（8）其他	8	0.88%
总　计	905	100%

表中得出的结果，十分清楚地说明，因经济压迫原因出国的人占了70%左右，而其中因个人无业或失业，以致冒险出洋谋生的又占了大部分（70%），属于家庭人口众多，收入微薄难以糊口的占30%。[②]对于侨居地华侨、华人出国原因的调查，也得出了同样的结论。新加坡是华人最集中的东南亚国家，据南洋大学历史系调查，华人移民中的61%是因经济困难而南来，16.7%是因政治混乱、政治迫害而南来。也就是说，近80%的华人移民是由于政治经济压迫而离开祖国的。沙捞越古晋被访问的华侨父老，他们南来的原因，也有八十巴仙（80%）是因为在家乡生活困难。[③]闽粤地区农村人多地少的情况本来就非常严重，据统计，20世纪30年代，福建晋江县和广东潮阳县平均每人占有耕地才0.6亩，[④]然而，这只是形式上的平均数字，实际上，在国民党官僚、地主、买办阶级大量兼并土地的情况之

① 陈达：《南洋华侨与闽粤社会》，商务印书馆，1939年，第48页。
② 陈达：《南洋华侨与闽粤社会》，商务印书馆，1939年，第48页。
③ 黄枝连：《马华历史调查的史观问题》，《南洋文摘》1971年合订本，香港南洋文摘社；田农：《砂捞越华族社会结构与形态》，联合文学出版社，新加坡，1977年，第51页。
④ 陈达：《南洋华侨与闽粤社会》，商务印书馆，1939年，第296页。

下，广大贫苦农民连立锥之地也难以得到。以 1933 年为例，福建的佃农占农村户口的 42%，半自耕农占 31%，广东的土地兼并现象更为严重，佃农占 58%，半自耕农占 24%。① 这就是说，完全丧失土地或缺乏土地的农民占 70% 以上。而极少数地主手中却集中了大量土地，例如抗日战争前，广东普宁县大地主和中小地主占乡村及居民的 5%，而占有土地却达到全部耕地面积的 45%。② 毛泽东同志指出，当时"国民党新军阀的统治，依然是城市买办阶级和农村豪绅阶级的统治，对外投降帝国主义，对内以新军阀代替旧军阀，对工农阶级的经济的剥削和政治的压迫比从前厉害。"③ 因此，生活在水深火热之中的劳动人民，积极投入了中国共产党领导下的革命斗争；闽粤等省部分劳动人民，在无以求生的情况下，沿着其先辈或父兄的足迹，出洋谋生，企图摆脱这种受剥削、受压迫的困境，另外，1927 年大革命失败后，由于国民党反动派的残酷镇压，部分革命人民在国内无法立足，也辗转到了海外。

这一时期，华侨出国又大量集中在 20 世纪 20 年代的 10 余年中，95% 以上都是到了东南亚各国。第一次世界大战后，东南亚地区曾出现了短暂的经济景气时期，由于西方殖民者的军事、经济扩张，对热带资源例如橡胶、锡的需要量大增，刺激了东南亚生产的进一步发展、对外贸易的扩大及各项建设事业的恢复。无疑，也促进了对廉价劳动力的极大需求，大量华侨涌向东南亚，也是在这一社会经济背景下发生的。

据统计，1918—1931 年，仅从中国汕头、香港两地出境的华侨，就达到了近 380 万人。④ 1931 年以后，东南亚各国受到世界经济危机的猛烈冲击，锡矿和橡胶市场消沉，工农业生产衰退，进出口值迅速下降，失业、半失业人数陡增。因此，暹罗、荷属东印度、马来亚、越南、菲律宾等地，都采取严格限制华侨人口的政策，或者猛增华侨入境税、居留税；各国排斥迫害华侨的风潮也到处发生。在这种经济的、政治的重重高压之下，各地华侨不是迫于生活困难不能再在那里立足，便是限于当地壁垒的森严不得其门而入，于是出国华侨人数大减。自 1931 年以后，从前出国人数超过返国人数几十万人，一变而为返国人数超过出国人数了。1931 年，自海外归国的华侨达到 28 万人，而出国人数只有十四五万人，1932 年，

---

① 章有义编：《中国近代农业史资料》（第三辑），生活．读书．新知三联书店，北京，1957 年，第 728~730 页。

② 章有义编：《中国近代农业史资料》（第三辑），生活．读书．新知三联书店，北京，1957 年，第 736 页。

③ 《毛泽东选集》（一卷本），人民出版社，1966 年 3 月第一版，第 49 页。

④ 福田省三：《華僑経済論》，岩松堂书店，东京：1939 年版，第 70~74 页。

自海外归国的华侨达到 27 万多人，出国的更少，只有 13.2 万余人。[①]1933 年，1934 年出国华侨数字仍然少于归国华侨数字。根据中国厦门、汕头、琼州三个口岸华侨出入口岸的统计数字计算，1930—1934 年，华侨归国者要比出国者多 35.4 万人。到 1935 年，这种华侨归国多于出国的现象才有了变化，这一年从三个口岸出国的华侨比归国的华侨多了 3800 人。[②]到 1937 年抗日战争爆发前后，由于国内民族危机威胁着人们的生存，华侨出国的人数又逐渐增多，但始终未达到 20 年代华侨出国极盛时期的规模。1941 年珍珠港事件后，日寇把战火扩大到东南亚地区，当地人民和华侨备受侵略者的屠杀和蹂躏，海路交通线被战争所阻隔，陆路交通充满艰难险阻，华侨出国更加困难。一直到 1946 年西方轮船公司恢复航行为止，华侨出入国基本上处于停滞状态。"二战"后几年，华侨出入国的现象又日见频繁，人数一度增长，但总的趋势是华侨出国数量越来越少。1949 年 10 月 1 日中华人民共和国成立，使近百年来受尽内忧外患的中国人民从此站起来了，中国人民受压迫、受剥削的历史一去不复返了。社会主义制度的建立，从根本上说消除了劳动人民大量出国的内部因素。所以，国内人民大量出国的长期历史现象就基本上结束了。

20 世纪 20 年代至 40 年代华侨出国的大体情况，还可以从进入暹罗（泰国）的中国移民情况为例而观其全貌。

1918—1955 年，中国人到暹罗可以明显地分为三个阶段：即第一次世界大战后的经济发展阶段（1918—1931 年），世界经济危机和战争阶段（1922—1945 年），第二次世界大战后的阶段（1946—1955 年）。在第一个阶段，有大量的中国人移居到暹罗，不仅入境的比率高，平均每年大约 9.5 万名，而且离境的比率也比较低，平均只占入境人数的 62%。与中国人移居暹罗的前一时期（1906—1917 年）相比较，当时离境人数要占入境人数的 78%。结果，1918—1931 年的 14 年中，移入暹罗的中国人净数（扣除离开暹罗的人数）达到 50 万人。这一入超数字大于在此以前 36 年间（1882—1917 年）入超数字的总和（451500 人），也比以后 24 年间（1932—1955 年）的入超数字大得多。据估计，20 世纪 50 年代初，生活在泰国的出生于中国的华侨至少有半数是在 1918—1931 年时间首次移入的。

1932—1945 年是中国人移居泰国的低潮时期，每年平均移入约 33800 人，而移出的比率也比较高，约占入境者的 80%。在经济危机高峰的两年（1933—1934

[①] 《星洲日报》1934 年 5 月 8 日，转引自吴泽霖、叶绍纯：《世界人口问题》，商务印书馆，1938 年，第 141 页。

[②] 根据 *The Maritime Customs：the Trade of China 1931—1935*；参阅福田省三：《华侨经济论》，东京：岩松堂书店，1937 年，第 75~76 页。

年度，1934—1935 年度）和战争时期两年（1942—1943 年），华人离境数超过入
境的人数，在这整个 14 年间，中国人移居泰国的净数（扣除离泰境的华侨）只有
92000 名。

"二战"后，饱受战祸之苦的中国人又开始大量移入泰国，而泰国大部分地区
避免了战争的损害，并正在进行经济的恢复和发展，需要人力。1945—1947 年，
有近 17 万中国人移入泰国。在此以后，一方面，由于泰国实行了较为严格的移民
限制政策；另一方面，由于新中国成立，劳动人民翻身得解放，广大农民得到了
土地等生产资料，他们的生活有了新的转变和开始，漂洋过番谋生路，已不是他
们唯一的希望了。相反，新中国吸引着他们，大批华侨怀着建设和保卫新中国的
火热之心，踏上了回归祖国的征途。所以，进入 20 世纪 50 年代以后，中国人大
批移居泰国的历史已告结束。

美国学者 C. W. 史金纳，对 1918—1955 年移入和移出泰国的华侨人数估计见
表 2。[①]

表 2　1918—1955 年移入和移出泰国的中国人数估计　（单位：千人，%）

年份	入境总数	离境总数	离境占入境人数的百分比	平均每年入境人数	平均每年离境人数	入境人的总超额
1918—1931	1327.6	827.9	62.4	94.8	59.1	499.7
1932—1945	473.7	381.3	80.5	33.8	27.2	92.4
1946—1956	267.8	107.8	40.3	26.8	10.8	160.0

从表 2 中数据可以清楚地看到，第一次世界大战后到 20 世纪 50 年代初期，
中国人出国的不同阶段的变化。其实，华侨移居东南亚的其他国家或地区，如马
来亚、印度尼西亚、越南、菲律宾等国的华人移入情况，在这段时间也都类似于
泰国的变化情况。至于这一时期中国人移居欧洲、美洲、大洋洲及非洲等处的人
数，则是很少的，东南亚地区的华侨占了世界华侨总数的 95%。

那么，20 世纪 20 年代至 40 年代，海外华侨到底有多少人呢？要准确地统计
出华侨总人数是很困难的，或者说是不可能的。但综合各类材料及学者、专家的
推算，至少可以做出如下比较接近事实的估计：20 世纪 20 年代末有 700 万 ~800
万人左右，20 世纪 30 年代末 800 万 ~859 万人左右，20 世纪 40 年代末有 1000 余

①　G. W. Skinner, *Chinese Society in Thailand An Analytical History*, Ithaca New York，1957，（G. W. 史
金纳：《泰国华侨社会：史的分析》），转引自厦门大学南洋研究所《南洋问题资料译丛》1964 年第 3 期，第
91~93 页。

万人，[①]其中95%分布在东南亚地区。最后应该说明的是，20世纪50年代至今天，华侨和华人的状况又有了很大的发展变化。从人数上说，20世纪50年代中期约为1200万人左右，其中亚洲1160万人左右（93%又聚居在东南亚地区），美洲25万人左右，大洋洲10万人左右，欧洲、非洲各为37000人左右。[②]而到了20世纪70年代末期，海外华侨、华人人数已达到2000余万，单是东南亚地区就达到1900万左右，美洲华人也增加到近百万的数字。其他诸如华侨、华人的国籍、职业、经济状况、教育状况、分布流向，以及华侨社会生活等，都有许多重要变化。总的看来，这些发展变化是适应华侨、华人在当地生存发展，并且有利于促进他们在当地生存发展下去的。不过，对这些问题的研究和阐述，已不属本文的范畴了。

五、小结

通过对近代华侨出国历史的初步考察，人们至少可以了解到下列几个重要事实：

第一，华侨是和平移民。中国人从很早的、交通很困难的时候起，就很勇敢地冒着困难与危险，依靠自身的力量而独立地到东南亚以及邻近中国的其他国家去谋生。近代的出国华侨，更是因为资本主义国家及其殖民地需要廉价劳动力，才招致中国人前往的。因此，华侨出国史清楚地表明，中国移民并没有本国政府武力作为强大后盾，对移民国不带有任何政治目的和动机，更没有把本国的政治经济制度乃至宗教、文化强加于他人。华侨无论到了什么地方，都是完全依靠自己的劳动，或垦荒种植，或从事手工业，或经营商业贸易，或作为廉价劳动力提供于各类生产活动之中，以谋取生计。他们并没有掠夺别人、奴役别人，相反，倒是属于被掠夺、被奴役的对象。华侨世世代代与当地民族友好相处，在生产、文化交流过程中，与当地人民互通婚嫁，子孙甚至与当地人民融为一体，千百年来形成了亲密的诸如"胞波"的情谊。这与欧美资产阶级国家凭借武力征服进行殖民，依靠政府的力量而来，在性质上是完全相反的。欧美殖民者是抱着统治和

---

① 参阅李长傅：《中国殖民史》，商务印书馆，1937年，第12页；巴素著，郭湘章译：《东南亚之华侨》（全上下册），第一篇，第一章，"国立编译馆"出版，正中书局印行，台北，1974年；杨震寰：《战后中国海外移殖事业》，侨光通讯社，福州，1946年；华侨志编纂委员会编印：《华侨志·总志》，台北，1956年初版，第136页。

② 北京华侨问题研究会编印：《华侨人口参考资料》，1956年。

掠夺落后国家的目的，挟持着新式的枪炮对外扩张殖民的。他们是官吏、士兵、教士、商人并驾齐驱，政治、军事、经济、文化、宗教的方法与手段多管齐下，作有计划的占领、统治、掠夺。他们与当地人民的关系是侵略与被侵略、统治与被统治的不平等关系，他们在殖民地干的是欺压、剥削、奴役、屠杀乃至种族灭绝的勾当，与当地人民处于对立状态，完全谈不上有什么友好关系的存在。

但是，长期以来，殖民主义、帝国主义总是居心险恶地在侨居国关系问题上大做文章，企图把华侨的和平移居也说成殖民行为，极力挑拨华侨与居住国人民的友好关系，并且在保护当地民族利益的幌子下，煽动民族沙文主义情绪，制造了许多次大规模的排斥、屠杀华侨事件。但历史说明，蓄意挑拨并不能动摇华侨与当地人民长期相传而来的友好关系的根基，并不能破坏他们之间的传统友谊。从华侨与居住国人民之间的长期历史关系来看，互相支持、友好相处仍是主流，这是华侨的和平移民性质所决定的，也是一个不可否认的事实。

20 世纪 20 年代，美国学者密亨利在研究了华侨的移民历史后，得出"华人自来非殖民者"的结论，[1] 连经常与华侨、华人打交道的殖民政府官员也无法否认华侨是和平移民这一铁的事实，例如布赛尔（Victor Purcell）博士曾在马来亚担任英国殖民政府负责华人事务的官吏 26 年之久，20 世纪 50 年代初，他以大量的材料写成了《东南亚的中国人》这部名著，书中批驳了某些攻击和责难华侨的观点，并在《结论》这一章中指出："大体而言，华侨是很守法的，对于统治的国家很少找麻烦。""南洋华侨从未掌握过政权，因此，他们从未享有任何政治责任。法律都是别人制定的，他们只是履行政府允许他们履行的职掌。"布赛尔还写道："在20 世纪初，东南亚各国政府业已意识到华侨在它们的经济体系上，为一'有用'的因素，虽然他们有些不大令人中意的社会特性，但他们绝不致造成危险或威胁。大量的华工被运入殖民地，并获得了赞誉，因为他们保持着一种有效的和驯良的作风。"[2] 布赛尔所阐明的华侨是和平移民的性质是十分清楚的。即使是日本军国主义的御用学者成田节男，在他 20 世纪 40 年代初所著的《华侨史》中，也得出结论说，华侨史中"没有勇壮的战斗……是一部流民的历史"，"是一个荒凉的沙漠"。[3] 成田节男是站在帝国主义的征战、掠夺、统治的立场去评价移民历史的，但这恰好从反面证明了华侨是和平的移民，因为他们移居国外绝不是去征服和掠夺别人，自然也就没有成田节男所说的那种"勇壮战斗"和赫赫战果了。

---

① 密亨利著，岑德彰译：《华侨志》，商务印书馆，上海，1928 年，第 152 页。

② 巴素著，郭湘章译：《东南亚之华侨》（全上下册），第 974~975 页，"国立编译馆"出版，台北：正中书局印行，1974 年。

③ 成田節男：《華僑史》，萤雪书院出版，东京，1942 年，第 445 页。

第二，华侨绝大多数是劳动人民。古代出国的中国人中，虽然有少数的封建士大夫阶级是因为政治避难移居国外，但大多数还是到国外去谋生的劳动人民，主要是农民、手工业者和商人。他们在西方殖民者东来之前，已在东南亚等地方进行经济开发和商业贸易活动，他们主要是依靠自己勤劳的双手在当地生活下来。中国人大量移居国外，是在中国沦为半封建半殖民地社会以后。近代出国的中国人，绝大多数是作为廉价劳动力到了东南亚、美洲及世界各地，一般具有劳动力输出或强迫输出的性质。他们在出国前是贫穷破产的劳动人民。可以说都是一文不名的无产者；到了侨居地，也是依靠出卖劳动力为主，是帝国主义殖民者廉价劳动力的来源。所以，他们和当地的劳动人民一样，是社会的生产者阶级，是创造价值和剩余价值的劳动人民。他们的辛勤劳动，为侨居地创造了巨大的物质财富，为开发东南亚、美洲以及其他地区都不同程度地贡献过力量。当然，随着这些国家商品经济的发展，当地的劳动人民以及华侨移民都必然会发生阶级分化，少数人逐渐上升为有产阶级，华侨的社会经济状况和阶级构成也在不断发生变化，但从大多数移民来看，从本质上看，他们仍然是社会的生产者阶级，是自食其力的劳动人民。即或是华侨资产阶级的资本，也与当地民族资本一样，是在帝国主义掠夺、压迫的缝隙中，在殖民地社会内部挣扎发展起来的资本主义经济，对当地社会经济发展起着强有力的促进作用。华侨或华人资本，实际上也是当地民族资本的一个组成部分。这与以政治、军事为后盾，通过商品输出和资本输出而把资本和劳动的剥削关系，从外部强加于殖民地的西方殖民主义、帝国主义的经济掠夺有着本质上的区别。

第三，中国人移居海外的最根本原因在于国内的经济剥削和政治压迫，而近代华侨的大量产生又是帝国主义的侵略掠夺造成的直接结果。这是因为：首先，鸦片战争后资本主义列强大举入侵我国，破坏了我国广大农村传统的自然经济，造成了成百万的破产失业者，从而为帝国主义掠夺中国劳力提供了可能，并使我国在19世纪中期以后成为廉价劳动力的集中供应地。其次，列宁的帝国主义学说指出，帝国主义是资本主义的垄断阶段，而"垄断是从殖民政策成长起来的"，"在殖民政治的无数'旧的'动机以外，金融资本又增加了争夺原料来源、争夺输出、争夺'势力'范围（即进行有利的交易、取得租让、取得垄断利润等等的范围）以及争夺一般经济领土的动机。"[①] 正如列宁的论断所说的那样，从19世纪后半期开始，西方资本主义在向帝国主义阶段过渡的同时，加紧了对殖民地的各种掠夺；到了帝国主义阶段，宗主国就不仅是把殖民地当成自己的商品市场和原料

---

① 列宁：《帝国主义是资本主义的最高阶段》，单行本，人民出版社，北京，1964年，第113页。

产地，而且是以大量输出资本为特征，这必然使西方资本在殖民地开设工厂、矿山，发展种植园，把资本主义的生产关系强加于殖民地国家。而要维持和发展这种资本主义的生产关系，首要的条件就是要有大量的廉价劳动力，这是资本主义的经济规律所决定的。资本对劳动力来说，必然以低廉的价格来购买劳动力商品，只要那里有廉价的劳动力市场，资本便在那里购买劳动力商品，而不论劳动力所有者是属于哪一个国家的公民。今天在东南亚及世界各地的两千多万华侨和华人，他们的众多先辈离开祖国，就是在封建关系统治下失去了生产资料，帝国主义利用了这一情况而进行廉价劳动力掠夺的结果。

（原载于《华侨华人史论文集（一）》海洋出版社，1989 年）

近代中国、印度两国
海外移民的性质与特点

一、移民的规模

　　19 世纪后半期开始至 20 世纪 30 年代，是国际移民规模最大的时期，但是，对于这一时期移民问题的研究，学术界历来比较注重欧洲移民的研究，而对于与欧洲移民规模不相上下的亚洲移民则缺乏研究，有的研究论著甚至连亚洲移民的事实也没有注意到，[①] 似乎一谈到移民就是指欧洲移民迁移到新大陆，可见"欧洲中心论"的影响之深。

　　实际上，19 世纪中期以后，特别是 19 世纪六七十年代以后，随着自由资本主义向垄断资本主义的过渡，以及帝国主义殖民体系的形成，世界上出现的空前的移民高潮是由下列四类移民潮流所组成的：第一，从先进国家往先进国家的移民；第二，从先进国家往不发达国家的移民；第三，从不发达国家往先进国家的移民；第四，从不发达国家往不发达国家的移民。在这四种类型的移民中，占主要地位的是第一种和第四种类型。

　　从先进国家迁移到先进国家的移民，主要是指从欧洲各国移向正在开发中的美洲、澳洲等新大陆，尤其是移向美国的移民。一般估计，从 19 世纪 50 年代至

---

　　① Brinley Thomas, *International Migration and Economic Development: A Trend Report and Bibliography*, 1961，p.12，转引自西口清胜：《マラヤの経済発展とインド人移民労働》，日本国际经济学会编《国際経済》杂志，第 35 号，1984 年 9 月，第 197、198 页。

20世纪30年代初，欧洲移向美洲、澳洲的移民达到4500万人至5000万人。[①]美国是一个典型的移民国家，从1861年至1914年的半个世纪中，美国移民达到2700万人，[②]几乎所有的欧洲国家都向美国提供了移民。从不发达国家往不发达国家移民的主流是亚洲移民潮流，亚洲移民的主要来源国是印度和中国。从19世纪中期到20世纪30年代，印度、中国两国的海外移民总数达到了5000万人以上，[③]与同一时期欧洲移民的数量不相上下，在近代世界移民史上占有同样重要的地位。据统计，1834年至1937年的百余年中，印度海外移民总数达到了3019.1万人，19世纪60年代以后移民规模尤为巨大，1861年至1937年的76年间，印度移民达到2848万人，年平均移民数达到374736.84人，[④]成为亚洲最大的移民国家。中国移民在鸦片战争以前早已存在，但是带有偶然的、非经常的性质，并且规模较小。1840年鸦片战争后，中国移民出现了空前的高潮，据初步估计，鸦片战争后的近百年间，中国海外移民总数至少在2000万人以上，[⑤]仅次于印度成为亚洲第二大移民国。当然，这一时期大量的欧洲移民和亚洲移民同时出现绝非偶然，是有着深刻的经济政治原因的。

二、移民的根本原因和性质

欧洲国家移民到新大陆是欧洲资本主义经济发展的内在要求，其主要原因是资本主义的发展，新技术的采用，欧洲相对过剩人口激增。正如马克思在分析英国移民时所说的那样，"人口过剩完全不是由于生产力的不足而造成的，相反，正是生产力的增长要求减少人口，借助于饥饿或移民来消除过剩的人口"。[⑥]与欧洲移民不同，近代中国、印度两国海外移民不是自身经济发展的内在要求，不是由

[①] Brinley Thomas, *International Migration and Economic Development: A Trend Report and Bibliography*, 1961，p.12，参阅游仲勋：《资本主义诸国における労働力の国际移动》，日本熊本商科大学《熊本商大论集》第30号，第4页，1970年3月。

[②] 转引自田方、陈一筠主编：《国外人口迁移》，知识出版社，1986年，第150页。

[③] 金田近二：《印侨概说》，日本神户市外国语大学《神户外大论丛》，创立10周年纪念特集号，第7卷1—3号，第324页。

[④] Kingsley Dayis, *The Population of India and Pakistan, Princeton*，1951（戴维斯：《印度和巴基斯坦人口》，普林斯顿，1951年），p.99；金田近二：《印侨概说》，日本神户市外国语大学《神户外大论丛》，第7卷1–3号，第324页。

[⑤] Brinley Thomas, *International Migration and Economic Development: A Trend Report and Bibliography*, 1961，p.12，参阅游仲勋：《资本主义诸国における労働力の国际移动》，日本熊本商科大学《熊本商大论集》第30号，第4页，1970年3月。

[⑥]《马克思恩格斯全集》第8卷，人民出版社，1961年8月第1版，第616、619页。

于"生产力压迫人口"产生的人口迁移，而恰恰相反，是由于在帝国主义的侵略掠夺下，中印两国原有的自然经济基础遭到破坏，民族资本主义经济遭到压抑、扼杀，因而产生的过剩人对生产力的压力所引起的，从根本上来说，是世界资本主义的发展、帝国主义的扩张掠夺所造成的必然结果。

第一，从国际背景来看，以 1833 年英国颁布南美殖民地的奴隶解放法令为肇始；法国于 1848 年、秘鲁于 1855 年、美国于 1860 年、荷兰于 1863 年、西班牙于 1870 年都先后废了奴隶法令。为了填补黑人奴隶劳动力的"真空"，英国等殖民主义者早在 19 世纪 30 年代就不仅在自己的殖民地印度大量招募劳工送往其他殖民地种植园，而且还转向中国等落后国家寻求廉价劳动力。19 世纪六七十年代以后，随着自由资本主义向垄断资本主义过渡，帝国主义国家之间争夺原料产地、商品销售市场和资本输出市场的斗争日趋尖锐，尤其是把大量资本输出到东南亚等殖民地，迅速扩展锡矿、橡胶、砂糖、咖啡、红茶等原料的生产，因而对劳动力的需求也极为迫切。正是在这种情况下，大量印度、中国的劳动人民作为资本主义劳动力被输送到了帝国主义的各殖民地。以印度移民为例，锡兰的印度移民几乎全部是茶叶种植园、橡胶园、咖啡园的种植工人；马来亚的印度移民 70% 以上在英国经营的橡胶园中做工；缅甸是印度移民最多的国家，其多数在仰光郊区等地从事大米生产和大米加工。

第二，从印度、中国的国内因素来看，这一时期中，印度移民的大量涌现，正是帝国主义破坏中、印原有的社会经济结构所造成的结果。

早在 1757 年，英国就开始用武力征服印度，经过一个世纪的吞并、蚕食，到 19 世纪末印度已全部沦为大不列颠帝国的一个组成部分。英国殖民者在印度一方面保存和利用封建土地所有制，实行柴明达尔制（永久租佃制）、莱特瓦尔制（农民租佃制）搜刮农民，使农村经济日益衰落，农民陷入可怕的赤贫状态；另一方面又大量倾销英国工业品，特别是机制棉纺织品，摧毁了印度的城市手工业和农村手工业，破坏了建立在农业和家庭手工业结合基础上的自给自足的基本社会经济结构，产生了大量失业、半失业人口。加之英国殖民者只顾残酷掠夺，严重破坏了印度的水利灌溉系统，使大量耕地荒芜，饥荒频繁，仅在 19 世纪后半期；印度就发生了 24 次饥荒，饿死 2000 万人口。[①] 在上述情况下，大量无以为生的人口的出路之一便是移向海外。

中国的情况也不例外，外国资本主义的入侵同样破坏了中国自给自足的自然经济的基础，特别是沿海通商口岸及其附近地区，在英国棉纺织品及其他工业品

---

① 《世界近代史》编写组：《世界近代史》（下册），上海人民出版社，第 166 页。

的猛烈冲击下，许多手工业者和农民被剥夺了生计。在资本主义关系已经发展起来的封建社会中，农民和手工业者破产后会被吸收到城市资本主义工业中变为雇佣工人。但是当时的中国社会正在沦为半封建半殖民地，资本主义关系没有发展起来，正在萌芽的中国近代民族工业又遭到外国资本主义势力的扼杀和排挤，因此中国国内不能吸收和容纳从农村中继续不断排挤出来的破产者。在这种情况下，大量破产者只好迁移到人迹罕至的边远地求生或者出洋谋生。山东、河北、河南等省的农民成批迁移到"关外"垦荒谋生，清末时，仅黑龙江省的移民就达到200余万人。[①] 福建、广东等沿海省份人民，便利用其有利的地理条件，利用与海外的传统联系，相继迁移到东南亚、美洲等地去谋生。这正如恩格斯在分析英国资本主义势力的入侵对中国造成的影响时所说的那样："……英国资本极力要修建中国的铁路。但是，修铁路意味着对中国小农经济和家庭手工业的整个基础的破坏；由于那里甚至没有中国的大工业来予以平衡，亿万居民将陷入无法生存的境地。其后果将出现世界上从未有过的大规模移民……"[②] 所以，外国资本主义的入侵，帝国主义的掠夺对中国、印度社会经济结构的破坏，正是造成中、印度移民涌向海外的直接"推力"。

第三，帝国主义采取有利于他们掠夺廉价劳动力的政策。

为了确保英国资本经营的种植园有充足的劳动力，马来亚的英国殖民政府在1903年明确提出了鼓励输入印度移民的政策，对他们实施特别的劳动立法。1907年又设立了半官方的印度移民委员会，下设"移民基金"，向印度移民资助经费，此委员会一直工作到1941年才结束。因此，马来亚的橡胶园中的印度劳工得以源源而来，从而保证了英国资本家在橡胶种植业上获得的巨大利益。

对于中国，帝国主义则是采取炮舰政策，利用军事、政治压力强迫中国输出廉价劳动力。清朝政府长期实行海禁政策，1860年第二次鸦片战争中，英法联军攻陷北京，与清政府签订《北京条约》，清政府被迫承认准许中国人赴英法殖民地或海外充当劳动力。这是清政府第一次明令废除海禁。1866年，英、法与清政府签订招工章程条约，允许英法籍人在中国任意招工。1868年，清政府又与美国签订了《中美天津条约续增条款》(即《蒲安臣条约》)，使美国在中国"招募"劳动力合法化。这一系列不平等条约终于迫使中国敞开了门户，为帝国主义获取中国廉价劳动力大开了方便之门。因此，这一时期移民到海外的人数也空前地增加了。

综上所述，世界资本主义的发展，帝国主义的扩张、掠夺，决定了这一时期

---

① 田方、陈一筼主编：《中国移民史略》，知识出版社，1986年，第127页。
② 《马克思恩格斯全集》第38卷，人民出版社，1972年8月第1版，第467~468页。

中，印度海外移民高潮的出现，也决定了中印海外移民的劳动力输出性质。

三、移民的特点

中印海外移民作为资本主义劳动力在国际上移动的这一基本性质，决定了中印移民在地区分布、移民方式、规模、发展阶段等方面都不得不同样受到世界资本主义发展进程的影响，因而具有许多共同特点。

第一，在地区分布上，中印海外移民都集中分布在东南亚地区。

由于英国殖民者在印度经营的时间最长，并且长期以来以印度为根据地向周围国家和地区进行殖民扩张活动，所以印度移民往往作为英国殖民者开发其他英属殖民地的劳动力，作为替英国殖民者服务的各类人员被送往国外，形成了印度移民主要是分布在印度邻近的各英属殖民地以及其他英属殖民地的分布格局。19 世纪后半期以后，印度移民事实上有 99.6% 是在大英帝国管辖的范围内移动的。[①] 印度移民人数最多的国家和地区是：缅甸、锡兰（现斯里兰卡），海峡殖民地，毛里求斯、圭亚那以及其他加勒比海诸岛地区，其中尤以缅甸、锡兰、马来亚最多，占了印度海外移民人数的 90 % 以上。[②]

中国移民在海外的分布，也以东南亚地区最为集中。以 20 世纪初期中国海外移民的分布为例，据不完全统计，当时马来半岛有 915883 人（包括新加坡华侨 222655 人），[③] 荷属东印度群岛有 563000 人，[④] 越南有 232000 人，[⑤] 暹罗有 270 万人，[⑥] 此外，美国有 75994 人，[⑦] 澳洲有约 30000 人，日本 8000 多人，[⑧] 拉丁美洲、非洲、欧洲等地总计约 20 余万人。即是说，在 600 余万的中国海外移民中，有 94% 左右的人分布在东南亚地区。当然，中国、印度两国移民在

① Kingsley Dayis, *The Population of India and Pakistan, Princeton*，*1951*（戴维斯：《印度和巴基斯坦人口》，普林斯顿，1951 年），p.99；金田近二：《印侨概说》，日本神户市外国语大学《神户外大論叢》，第 7 卷 1–3 号，第 324 页。

② Kingsley Dayis, *The Population of India and Pakistan, Princeton*，*1951*（戴维斯：《印度和巴基斯坦人口》，普林斯顿，1951 年），p.99；金田近二：《印侨概说》，日本神户市外国语大学《神户外大論叢》，第 7 卷 1–3 号，第 324 页。

③ 郁树锟主编：《南洋年鉴》，新加坡：南洋报社有限公司，1951 年，癸 58~59，系 1911 年数字。

④ 李长傅：《南洋华侨史》，上海：商务印书馆，1933 年，第 39 页，系 1905 年数字。

⑤ 李长傅：《南洋华侨史》，上海：商务印书馆，1933 年，第 117 页。

⑥ 《东方杂志》第四卷第 10 期，上海商务印书馆编辑发行，1907 年。

⑦ 陈依范著，殷志鹏、廖慈节译：《美国华人发展史》，香港三联书店，1984 年，第 350 页。

⑧ 李长傅：《中国殖民史》，商务印书馆，1937 年，第 307、344 页。

分布上也有一些区别。以东南亚的缅甸为分界线，缅甸及其以西的国家和地区中，印度移民的人数远远超过中国移民，而缅甸以东的国家和地区中，中国移民的数量又远远超过印度移民。造成这一区别的主要因素是印度移民作为英国殖民地的移民，其流动范围主要是在英属殖民地内。

为什么中国、印度两国移民都集中在东南亚地区？除了历史和地理上的原因，主要是因为帝国主义把大量过剩资本输出到东南亚的殖民地、半殖民地，重点掠夺这一地区的资源和初级产品，而资本流向哪里，工人便流向哪里，劳动力总是随着资本的移动而移动。正如马克思所揭示的那样："资本按自己的需要把他们时而调到这里，时而调到那里。"[①]

第二，在移民方式上，近代中、印移民都是以契约移民方式为主的劳动力输出。以中国的"苦力贸易"和印度的"契约苦力制"为肇始的中国、印度两国海外移民，在很大程度上带有劳动力强迫输出的性质。由于"苦力"移民方式的残酷性和不人道，受到中、印人民和国际进步舆论的坚决反对，经过几十年的反复斗争后，到19世纪末已渐衰退，但是"契约移民"方式一直到20世纪20年代才为"自由移民"方式所代替。

近代印度移民的绝大多数都是以"移民招募制"下"契约工人"形式移向国外的。印度移民中虽然也有另一类型诸如知识分子、商人那样的职业移民，或者叫作"自发移民"，但其数量极少，而且也绝不是近代资本主义的产物，只有在资本家"招募"下移向热带殖民地充作劳动力的印度人，才是大量的、典型的印度移民。

印度移民的招募制度又有"契约苦力制度"（或者叫作"负债移民"）、"堪加里制度"，（Kangany System）以及"劳务包工制"（Maistry System）三种方式。"契约苦力制"移民的实际地位无异于奴隶，没有什么人身自由可言。19世纪末以前往圭亚那、加勒比海诸岛以及东非毛里求斯等地的印度移民，绝大多数是以这种方式移出的。由于印度人民的不懈斗争，残酷的契约苦力制度终于在1921年被废止。所谓"堪加里制度"是一种以监工头为首在国外承揽季节性劳力或临时性劳力补充，然后招募移民前往的制度。"堪加里"为泰米尔语，意即"监工"的意思。通常的情况是"堪加里"在受到种植园主的委托后，回到自己的家乡，以口头契约方式，招募、带领亲戚朋友或同乡，到国外种植园做工，而"堪加里"则以长辈身份对自己带出来的劳动力进行生产监督和生活安排。这种方式下的移民具有一定的自由身份，因此它逐渐取代了契约苦力移民制度，在19世纪末以后逐

---

① 《马克思恩格斯全集》第23卷，人民出版社，1972年，第729页。

渐成为印度移民的主要方式。锡兰的茶叶种植园、马来亚的橡胶种植园中的印度劳工，大多数是这种方式的移民。所谓"劳务包工制"，实际上是一种更加近代化的"堪加里"制度，在本质上与"堪加里"制度无异，但在组织形式上却更为严密和完善。缅甸的印度移民大多数是这种形式的移民。

近代的中国移民与印度移民类似，虽然其中一部分是以自由身份出洋的，但是大部分人都是直接的或者变相的通过所谓契约劳工方式移民国外的，尤其是 19 世纪 80 年代以前，"苦力贸易"盛行一时，成百上万的"猪仔"华工被贩卖到世界各地，其地位无异于非洲黑奴，受到殖民者极其残酷、野蛮的压迫剥削。一直到 20 世纪 30 年代，契约移民才销声匿迹。据不完全统计，从 1845 年至 1930 年，到达海峡殖民地的华人共约 830 万人，其中契约华工占了近 600 万人。[①] 其中大部分又从这里转到东南亚各地。又据统计，1845 年至 1874 年的 30 年间，运往秘鲁、古巴、智利、檀香山的契约华工，至少也在 50 万人以上。[②] 总之，近代中、印移民的方式，充分反映了帝国主义、殖民主义掠夺、奴役落后国家人民的野蛮性、残酷性，是资产阶级文明史上血迹斑斑的一页。

第三，在移民规模上，中国、印度两国移民的数量主要是取决于殖民主义者对开发殖民地劳动力的需要量。近代中国、印度两国移民的最高潮，都是出现在第一次世界大战后到 1929 年世界经济危机爆发之间的资本主义相对稳定时期，尤其是在 1926 年和 1927 年，中国、印度两国移民人数都达到了最高峰。1921 年至 1980 年，印度移民的年平均数达 90 万人，[③] 同期中国移民的年平均数亦达近 50 万人，[④] 远远超过历年平均数。这是因为第一次世界大战后，东南亚地区曾出现了短暂的经济景气时期，由于资本帝国主义的军事、经济扩张，对东南亚的橡胶、锡、石油、粮食等重要资源的需求量大增，刺激了东南亚生产的发展、贸易的扩大和各项建设事业的恢复，因而也对廉价的中国、印度两国劳动力产生了更大的需求。1929—1933 年世界经济危机爆发后，东南亚经济作为帝国主义、殖民主义的附庸经济，也受到了严重打击，失业人口激增。于是，殖民主义政府纷纷采取严格的限制外围移民的政策，自此以后，中国、印度两国移民便急剧减少，进入了移民的低潮时期。

第四，中国、印度两国移民的定居率相对较低。中国、印度两国移民的主要成分都是农民、手工业者，他们带有强烈的小生产者意识，以到海外谋生挣钱、

---

① 彭家礼:《十九世纪开发西方殖民地的华工》,《世界历史》1980 年第 4 期。

② 李长傅:《中国殖民史》,上海:商务印书馆,1937 年,第 258 页。

③ Kingsley Dayis, *The Population of India and Pakistan,* Princeton, 1951, p.99.

④ 参阅游仲勋:《華僑経済の研究》,アジア経済研究所,东京,1969 年,第 24 页。

改善经济地位为目的。一般移民虽然收入很低，但如果能稍有积蓄也就满足了。再加上大多数移民为青壮年的男性单身移民，与故乡有着千丝万缕的联系，所以一旦挣到一些钱后便即返回国内。相比欧洲移民来说，中国、印度两国移民的定居率特别低，例如，1821 年至 1924 年间移入美国的欧洲移民，其回国率为 30% 左右，[1] 而印度移民的回国率却高达 80% 左右，1834 年至 1937 年印度移民的总数为 3000 万人，其中回国者约 2400 万人，净移民人数为 600 万人左右，[2] 而中国移民的定居率也仅为 16% 左右。[3] 中国、印度两国移民定居率较低当然还有许多原因，但根本的原因还是中、印移民出洋的目的和他们本身的雇佣性质。不过，尽管中国、印度两国移民的定居率低，但是由于移民的历史悠久，数量庞大，定居者的绝对数量亦是十分可观的，以至中国、印度两国移民定居者和他们的后裔，在居住国（尤其在东南亚）普遍形成了"华侨社会""印侨社会"，对当地社会的繁荣和进步产生了重大的作用。

四、移民的巨大贡献

近代中国移民及其后裔，以勤劳刻苦，聪明能干而著称于世。他们用若干代人的生命和血汗，为居住地的经济开发和社会进步做出了重大贡献。东南亚各地的开发，美国、加拿大横贯大陆铁路的修建，巴拿马运河的开凿，非洲、澳洲金矿的开发，湄公河三角洲和婆罗洲荒野的开拓，马尼拉、新加坡、吉隆坡、曼谷、雅加达等大城市的建设和繁荣，都离不开中国移民的光辉业绩，而对东南亚的锡矿业、橡胶业、糖业、米业，中国移民所做的巨大贡献更是举世公认的。英属海峡殖民地总督瑞天咸曾这样评价："马来诸邦专门依靠锡矿税收维持……而从一开始就作锡矿工人的首推华侨，经过他们的努力，全世界锡的一半数量是由马来亚供给的。他们的才能和劳动，造成了今日的马来亚。"[4] 另一位英属马来亚的殖民官员布赛尔说："假如没有中国人，就不会有现代的马来亚"，而"如果没有现代的马来亚的助力（橡胶），欧洲和美国的汽车工业就永远不会有这样巨大的发

① A. M. Carr-Saunders, *World Population,* 1936, p.19.
② 游仲勋：《東南アジアの華僑》，根据第 8 页第三表数字计算，アジア経済研究所出版，东京，1983 年 2 月。
③ Kingsley Dayis, *The Population of India and Pakistan, Princeton,* 1951, p.99.
④ F. A. Swettanharm, *British Malaya,* London, 1929.

展"。①美国是一个移民国家，美国的繁荣是世界各国移民共同劳动的结果，其中也包括了中国移民的贡献。19世纪后半期，先后有几十万中国移民到美国，他们修筑铁路、开发矿藏、垦殖荒地和建设工厂。1868年，在受雇佣修建美国中太平洋铁路的14000名铁路工人中，有9/10是华人劳工。②马克思认为通往加利福尼亚的铁路的建成是和输入了中国苦力分不开的。③美国统治阶级也承认华工对开发美国西部的重要作用，"没有华工，就没有西部的垦殖"，华工"使整个加利福尼亚变成一座花园，一个果木园"，"给白人带来了牛油和面包"。④

印度移民大规模移向东南亚，以及东非、加勒比海地区，对这些地区的开发、发展同样做出了重要的贡献。马来亚的橡胶种植园、锡兰的茶园、咖啡种植园、东非和加勒比海诸岛的甘蔗种植园，基本上都是依赖于印度移民开垦出来的。马来亚到1910年时，已成为世界首位橡胶生产国，占世界橡胶净出口量的51%，而印度移民一直是大型橡胶种植园工人的主要成分。又如圭亚那的印度移民占了该国契约劳工移民总数的70%左右，最多时达到近24万人。他们把种植稻米和甘蔗的传统农业技术带到了圭亚那，开辟了大量稻田和甘蔗园。他们在契约期满后，大部分留在圭亚那继续务农，在种植甘蔗的同时，他们以家庭、亲戚关系为纽带建立了许多中、小型稻米农场。1905年至1906年间，圭亚那从稻米进口国一跃而成为稻米出口国。现在，稻米和甘蔗仍为圭亚那两大传统农作物，占其全部耕地面积的80%。圭亚那的开发和发展，印度移民起到了重大的作用。

总之，中国、印度两国移民作为资本主义劳动力，为居住地创造了巨大的物质财富，为世界的繁荣和进步贡献过巨大力量，应该充分肯定近代中国、印度两国移民的历史地位和作用。

五、小结

综上所述，近代中国、印度两国移民的出现实质上是资本主义廉价劳动力在国际市场上的流动，属于经济性质的和平移民。这与欧美殖民者抱着征服和掠夺的目的，依靠军事政治力量到落后国家进行殖民扩张，具有根本不同的性质。

在帝国主义时期，资本主义已经成为世界体系，中国、印度等亚洲国家都卷

---

① Victor Purcell, *Malaya*, Kuala Lumpur: Oxford University Press, 1967, p.128.
② 陈依范著，殷志鹏、廖慈节译：《美国华人发展史》，香港三联书店，1984年，第95页。
③ 《马克思恩格斯全集》第32卷，人民出版社，1975年2月第1版，第340页。
④ 《美国参议院档案报告第680号》，第48、53页。

入了世界资本主义市场。帝国主义要掠夺殖民地、半殖民地，首先必须以低廉价格购买开发殖民地的劳动力，为达到这一目的，帝国主义使用各种手段（甚至军事侵略）强迫中国等亚洲国家自由输出劳动力。而资本对劳动力来说，只要哪里有廉价的劳动力市场，资本便在哪里购买劳动力商品，而不论劳动力是属于哪一个国家的公民。那么，殖民主义帝国主义为什么不在东南亚"就地取材"、购买当地原著民族的廉价劳动力，而要舍近求远去获取中国、印度两国的移民劳动力呢？笔者认为，除了中国、印度两国在地理上与东南亚邻近，在历史上有传统的交往关系以外，最主要的原因有以下两方面：第一，19世纪六七十年代之后，随着西方列强对东南亚掠夺的加剧，东南亚国家除泰国勉强维持半殖民地地位以外，其他都先后沦为不同形式的殖民地。但帝国主义并不是要使东南亚走上资本主义发展道路，他们的目的仅仅在于使东南亚变为投资场所和原料产地，为此，他们与这些国家处于前资本主义阶段中的土著统治阶级结成同盟关系，保留了相当浓厚的封建生产关系，直到第二次世界大战前，东南亚国家的农村仍是封建、半封建地主占统治地位，商品经济的发展相对落后，民族资本主义的发展十分缓慢、软弱，因此没有直接促使农民阶级的迅速分化和农村中大量相对过剩人口的形成，大量的当地原住民族的雇佣劳动也就无从产生。在这种情况下，殖民主义只有从外部输入劳动力以满足需要。第二，中国、印度两国移民劳动力价格低廉和相对容易管理。移民劳动力来到异国谋生不能取得政治权力和经济资源，因此也缺少讨价还价的能力，况且，劳动力的再生产费用由本国移民负担，劳工在移居前就在本国学会了一定的生产技能，而在他们丧失了生产能力之后又可返回本国。在经济景气时可以大量招雇他们，榨取其剩余价值，而当经济衰退时又可以将负担转嫁到移民劳动力输出国身上。1929—1933年世界资本主义经济危机发生时期，东南亚的华侨工人、印侨工人曾被大量遣回其祖国就是一例。至于移民劳动力容易管理，那是因为各国的移民法对移民的行为都有严格的限制，稍许"越轨"就会被驱逐出境。总之，正因为资本家雇用移民劳动力比之雇用当地民众劳动力在政治上、经济上都更为有利可图，所以5000余万近代中国、印度两国移民才能来到东南亚和世界其他地方。

（原载于《厦门大学学报（哲社版）》1987年第4期）

近代中国、印度、日本三国海外移民的比较研究

　　移民或人口迁移并不是世界历史上的新奇现象。自从人类进入阶级社会以来，民族迁徙或人口迁移无论是在同一个国家内部，或是在国与国之间，都是屡见不鲜的。15 世纪末地理大发现后，随着资本主义在全世界范围内的扩张，曾出现过几次跨越国界、洲界的移民浪潮，特别是 19 世纪后半期以后，随着自由资本主义向垄断资本主义过渡，帝国主义时期的到来，更出现了空前规模的国际移民浪潮。从 19 世纪 50 年代至 20 世纪 30 年代初，欧洲移向美洲、澳洲的移民达到 4500 万人至 5000 万人左右，而几乎是在同一时期，以中国、印度为主的亚洲移民总数亦达到 5000 万人以上，与欧洲移民的数量不相上下，在近代世界移民史上占有同样重要的地位。但是，对于 19 世纪后半期至 20 世纪 30 年代的国际移民问题的研究，长期以来存在两个偏向。一种偏向是在传统上从来比较注重欧洲移民问题的研究，而对于与欧洲移民规模不相上下的亚洲移民则缺乏研究，有的研究甚至连亚洲移民的事实也没有注意到，[①] 似乎一谈到移民就是指欧洲移民迁移到新大陆，反映了"欧洲中心论"的影响之深。另一种偏向是忽视了在世界移民史的总体范围中去考察研究国别或地区移民，往往把移民史作为一个国家或民族的海外延伸内容去研究，只偏重于从移民国的内部因素去探讨移民诸问题，结果也同样限制了对一个国家移民问题本质的认识。例如有学者在谈到中国近代移民高潮时认为："1842 年之后华人的大量移民，无论如何，并非由于英国人和其他欧洲人独特的活动；更重要的一个原因是中国经济本身的崩溃。"[②] 显然，这种看法过分强调了中国社会

---

　　① Brinley Thomas, *International Migration and Economic Development: A Trend Report and Bibliography*, 1961, p.12, 转引自西口清胜：《マラヤの経済発展とインド人移民労働》，日本国际经济学会编《国际经济》杂志，第 35 号，1984 年 9 月，第 197、198 页。
　　② 王赓武著，张奕善译：《南洋华人简史》，水牛出版社，台北，1969 年，第 107 页。

内部的因素，忽视了资本主义的发展，尤其是帝国主义的侵略扩张对近代中国移民出现所发生的决定性作用，因而值得商榷。

19 世纪中期以后的移民浪潮，并不是哪一个国家出现的孤立现象，而是世界性的普遍现象，探讨近代移民的原因以及移民的性质、特点，都不能不放在世界历史总的发展进程中去研究；因而首先应该弄清近代移民浪潮与世界资本主义发展史、帝国主义发展史之间的必然关系。同时，研究近代移民亦应该摆脱"欧洲中心论"的传统影响。

针对以上两个偏向，本文以中国、印度、日本三种不同类型的移民为例，进行分析比较，既探讨亚洲移民在近代世界移民史上的地位，又探讨亚洲移民的根本原因和性质、特点。

一、殖民地移民类型——印度移民

印度是世界文明古国之一，有悠久的对外交流的历史，因此印度人出国的历史亦可以追溯到印度古代历史，但作为资本主义劳动力移民，则开始于 19 世纪二三十年代，到 19 世纪后半期，特别是 19 世纪 70 年代以后，印度移民达到了高潮阶段。据统计，1834 年至 1937 年的百余年中，印度的海外移民总数达到 3019.1 万人，其中 1834 年至 1860 年的印度移民为 171.2 万人，每年平均移民 65846 人，而 1861 年至 1937 年的 76 年间，印度移民达到 2848 万人，年平均移民数达 374737 万人，[①] 成为亚洲最大的移民国家（参见表 1）。

表1　印度移民人数　　　　（单位：千人）

时间范围	出国人数	归国人数	净移民数
1834—1860	1712	1230	481
1861—1870	1769	1372	396
1871—1880	2740	2191	549
1881—1890	3006	2412	593
1891—1900	4288	2804	1484
1901—1910	3292	2439	854
1911—1920	4570	3735	835
1921—1930	6060	5073	988

① Kingsley Davis, *The Population of India and Pakistan,* Princeton，1951，p.99；金田近二：《印侨概说》，日本《神户外大論叢》，第 7 卷 1~3 号，1956 年 6 月，第 324 页。

续表

时间范围	出国人数	归国人数	净移民数
1931—1937	2755	2848	–93
合计	30191	24104	6087

资料来源：Dayis：*The Population of India and Pakistan*，Princeton，1951，p.99.

印度之所以从 19 世纪 30 年代开始向外输出劳动力，到 19 世纪后半期出现大规模的移民浪潮，完全是由于世界资本主义发展所造成的结果。

第一，从国际背景来看，以 1833 年英国颁布南美殖民地解放奴隶法令为肇始，法国于 1848 年、秘鲁于 1855 年、美国于 1860 年、荷兰于 1863 年、西班牙于 1870 年都先后废除了奴隶法令。为了填补奴隶劳动力的"真空"，英国殖民者在自己管辖的殖民地印度大量招募劳动力送往种植园。19 世纪六七十年代以后，随着自由资本主义向垄断资本主义过渡，帝国主义国家之间争夺原料产地、商品销售市场和资本输出的竞争日趋尖锐，英国资本在其殖民地经营的初级产品如砂糖、咖啡、红茶、橡胶等生产规模迅速扩展，因而对劳动力的需求也极为迫切。正是在这种情况下，大量印度劳动人民被作为劳动力输送到了大英帝国的各殖民地种植园中。

第二，从印度国内来看，这一时期大量印度移民的出现，是英国殖民者的侵略掠夺彻底破坏了印度基本社会经济结构所造成的直接后果。早在 1757 年，英国就开始用武力征服印度，经过一个世纪的吞并、蚕食，到 19 世纪末印度已全部沦为大不列颠帝国的一个组成部分。英国殖民者在印度一方面保存和利用封建土地所有制，实行柴明达尔制（永久租佃制）、莱特瓦尔制（农民租佃制）搜括农民，掠夺农产品，使农村经济日益衰落，农民陷入可怕的赤贫状态；另一方面又向印度大量倾销英国工业品，特别是机器棉纺织品，摧毁了印度的城市手工业和农村手工业，破坏了建立在农业和家庭手工业结合基础上的自给自足的基本社会经济结构，产生了大量失业、半失业人口。加之英国殖民政府只顾残酷掠夺，严重破坏了印度的水利灌溉系统，使大量耕地荒芜，农业衰落，饥荒频繁，仅在 19 世纪后半期，印度即发生了 24 次饥荒，饿死 2000 万人口。[①] 大量无以为生的劳动人民只好转向海外谋生。

第三，英国殖民政府对印度移民采取的鼓励政策。为了确保英国资本经营的种植园有充足的劳动力，马来亚的殖民政府在 1903 年明确地提出了鼓励印度移民

---

① 《世界近代史》编写组：《世界近代史》（下册），上海人民出版社，第 166 页。

输入的政策，对他们实施特别的劳动立法。1907 年又设立了半官方的印度移民委员会（Indian Immigration Committee），下设印度移民基金，提供移民经费，此委员会一直工作到 1941 年才结束，因此，马来亚橡胶园中的印度劳工得以源源而来，从而保证了英国殖民者获得的巨大利益。

印度经济是殖民地经济的典型，印度移民是从属于英国移民者利益的移民，具有典型的殖民地移民的特征：

第一，反映在印度移民的地区分布上。由于英国殖民者在印度经营的时间最长，并且长期以来以印度为根据地向周围国家和地区进行殖民扩张活动，所以以印度移民往往作为英国殖民者开发其他殖民地的劳动力，作为替英国殖民者服务的各类人员到了国外，形成了印度移民主要是分布在与印度邻近的各英属殖民地国家以及其他英属殖民地的分布格局。19 世纪后半期以后，印度移民事实上有 99.6% 是在大英帝国管辖的范围内移动的。[①] 印度移民人数分布最多的国家和地区是：缅甸、锡兰（今斯里兰卡）、海峡殖民地、毛里求斯、圭亚那以及其他加勒比海诸岛地区，其中尤以邻近印度的缅甸、锡兰、马来亚最多，占了印度移民人数的 90% 以上（参见表 2）。

表2　印度移民的分布
1834年至1937年的移民平均数　　　（单位：千人）

地区	1834—1900 年		1901—1937 年	
	年平均数	百分比	年平均数	百分比
亚洲	186.0	92.2	4437	98.4
非洲	8.6	4.3	32	0.7
美洲	6.9	3.4	26	0.6
大洋洲	0.2	0.1	12	0.3
合计	201.7	100.0	4507	100.0

资料来源：Dayis：*The Population of India and Pakistan*, Princeton, 1951, p.100.

第二，反映在印度移民的职业特点上。印度移民有两多：种植园的不熟练工人多，短期季节工人多。锡兰的印度移民几乎全部为茶叶种植园、橡胶园、咖啡园的种植工人；马来亚的印度移民主要是充当橡胶种植园工人。据统计，19 世纪末至 20 世纪 20 年代，以英国人为主的欧洲人经营的橡胶园占整个马来亚橡胶园面积的 3/4，而这些橡胶园中雇佣的工人有 80% 为印度工人。缅甸是印度移民最多的国家，印度移民的大多数在仰光郊区从事农业劳动，生产大米和从事大米加

[①]　金田近二：《印侨概说》，《神户外大论丛》第 7 卷 1~3 号，1956 年 6 月，第 324~331 页。

工，这是因为缅甸沦为英国的殖民地后，其经济结构也改变为以大米生产和加工为中心的单一出口经济，为了增加大米生产以供给西欧出口，英国殖民政府奖励印度人往缅甸移民。缅甸的印度移民除了从事农业劳动外，还有相当比例的人数充当搬运、港口、铁路、人力车等行业的非熟练或半熟练工人。当然，缅甸的印度移民的经济地位并非一成不变，在 20 世纪二三十年代，他们中的部分人已从劳动者阶级中分化出来，成为地主、高利贷者、工商业者，在缅甸经济中占有一定地位。例如 1931 年仰光市税收的 55.5% 是印度移民所负担的。[1] 尽管如此，缅甸的印度移民大多数仍属于劳动者阶级。以 1931 年缅甸印侨的职业为例，在总数为 53 万人的男性就业者中，非熟练或半熟练工人占 20.6 万人，农业、渔业者 14 万人，商业从业人员 8.2 万人，工业从业人员 4.8 万人，另有职员、事务员 2 万人。[2] 锡兰、马来亚和缅甸的印度移民的职业结构，充分说明了印度移民实质上是殖民地国家为大英帝国提供的资本主义劳动力。

正因为印度移民绝大部分是往邻近各国而不是洲际移民，出入国比较方便，所以印度移民出国作短期工人或季节工人的特别多，相比欧洲移民来说，他们的定居率特别低。例如，1821 年至 1924 年间移入美国的欧洲移民，其回国率为 30% 左右，[3] 而印度移民的回国率却高达 80% 左右，1834 年至 1937 年印度移民的总数为 3000 多万人，其中回国者约 2400 万人，净移民人数仅为 600 万人左右。[4] 这一特点也反映了不发达国家移民的外出谋生性质，他们以谋求改善经济地位为目的，一旦挣到一些钱后便很快回国了。

第三，反映在印度移民的来源地上。印度移民的来源地十分集中，与华侨多来自南中国的广东、福建一样，印度移民多来自南印度各省，尤其集中在泰米尔纳德邦的马德拉斯地方。从移民的民族构成看，又以泰米尔族人最多，占移民人数的 90% 以上。据统计，仅 1891 年至 1914 年的 25 年间，印度移民从马德拉斯地方移向缅甸、锡兰、马来亚的人数即达到 6638458 人。[5] 占同一时期印度移向国外人数的 70% 左右。[6] 南印度马德拉斯地方的商品经济相对比较发达，农业的商品化也越来越明显。由于英国殖民者把大量廉价的稻米运到南印度，破坏了南印度原有的稻米种植经济，农民破产者队伍不断扩大，因此受雇的劳动力比较容易

① 金田近二：《印侨概说》，《神户外大论丛》第 7 卷 1~3 号，1956 年 6 月，第 324~331 页。
② 金田近二：《印侨概说》，《神户外大论丛》第 7 卷 1~3 号，1956 年 6 月，第 324~331 页。
③ A. M. Carr-Saunders，*World Population*,1936，第 49 页。
④ A. M. Carr-Saunders，*World Population*,1936，第 49 页。
⑤ 转引自杉原薰：《インド人移民とブランテーション経済》，日本社会经济史学会《社会经济史学》第 47 卷第 4 期，1981 年 12 月。
⑥ Kingsley Davis, *The Population of India and Pakistan, Princeton*，1951，根据第 99 页计算。

寻求，特别是外出作季节工的农民更多。

第四，反映在印度移民的移民方式上。作为殖民地国家的移民、印度移民的绝大多数都以"移民招募制"下的"契约工人"形式移向国外的。印度移民中虽然也有另一类型诸如商人那样的职业移民，或者叫作自发移民，但其数量极少，而且也绝不是近代资本主义的产物，只有在资本家的"招募"下移向热带殖民地充作劳动力的印度移民，才是典型的印度移民。

印度移民的招募制度又有契约苦力制度（或者叫作"负债移民"）、堪加里制度（Kangany System）以及劳务包工制（Maistry System）三种方式。"契约苦力制"移民的实际地位无异于奴隶，没有什么人身自由可言。19 世纪末以前往圭亚那、加勒比海诸岛以及东非毛里求斯等地的移民，绝大多数以这类移民方式移出的。由于印度人民的坚决斗争，残酷的契约苦力制度终于在 1921 年被废止。所谓"堪加里制度"是一种以监工头为首在国外承揽季节性劳动或暂时性劳力补充、然后招募移民前往的制度，"堪加里"为泰米尔语，即"监工"的意思，相当于英语的foreman。通常的情况是"堪加里"在受到种植园主的委托后，回到自己的家乡，以口头契约方式，招致带领亲戚朋友或乡里，到国外种植园做工，而堪加里则以长辈身份对自己带出来的劳动力进行生产监督和生活安排。这种方式的移民具有一定的自由身份，正因为如此，它逐渐取代了契约苦力移民制度，在 19 世纪末至20 世纪 40 年代成为印度移民的主要方式。锡兰的茶叶种植园、马来亚的橡胶种植园中的印度劳工，大多是采取这种方式。所谓"劳务包工制"，实际上是一种更加近代化的堪加里制度，在本质上与堪加里制度无异，但在组织形式上却更为严密和完善。缅甸的印度移民有相当比例是采取这种方式。

印度移民大规模移向东南亚、东非和加勒比海地区，对于开发和发展这些地区的经济做出了重要贡献。马来亚的橡胶种植园、锡兰的茶叶、咖啡、种植园、东非和加勒比海诸岛的甘蔗种植园，基本上都是依赖于印度移民的辛勤劳动才开垦出来的。例如马来亚到 1910 年时已成为世界首位橡胶生产国，占世界橡胶净出口量的 51%，而印度移民一直是橡胶园种植工人的主体。又例如圭亚那的印度移民占了该国契约劳工移民总数的 70% 左右，最多时达到近 24 万人，他们把种植稻米和甘蔗的传统生产技术带到了圭亚那，开辟了大量稻田和甘蔗园。他们在契约期满后，大部分留在圭亚那继续务农，在种植甘蔗的同时，他们以家庭、亲戚关系为纽带建立了许多中小型稻米农场。1905 年至 1906 年间，圭亚那从稻米进口国一跃而成为稻米出口国。现在，稻米和甘蔗仍为圭亚那两大传统农作物，占全部耕地面积的 80%。圭亚那的开发和发展，不能不归功于印度移民和其他劳动人民的辛勤劳动。

二、半殖民地移民类型——中国移民

与印度移民具有悠久的历史一样，中国海外移民史最早亦可以追溯到 1000 年前的唐代。16 世纪初西方殖民者东来以后，移居东南亚的中国人逐渐增加，到 19 世纪前期，东南亚国家的港口城市已形成了中国移民的居住区，华侨社会已初具规模。

1840 年鸦片战争后，中国逐渐沦为半封建半殖民地社会，在资本主义和封建主义的双重压迫剥削下，中国沿海和边境地区的劳动人民大量涌出到国外谋生。据初步估计，从鸦片战争到第二次世界大战爆发前的近百年中，中国海外移民总数至少达到 2000 万人以上。[1] 汕头、厦门、香港是中国海外移民的主要港口，仅 1876 年至 1939 年的 64 年间，经由这三个港口流向东南亚和其他地区的中国移民即达到 15284226 人，其中经由汕头出国的移民达到 5697297 人，经由厦门出国的移民达到 4130250 人，经由中国香港出国的移民达到 5456679 人。[2] 鸦片战争之后中国海外移民不仅人数众多、规模巨大，而且分布范围超出了东南亚，遍及美洲、大洋洲、非洲等数十个国家和地区，从而奠定了现代华侨、华人社会的基础，成为中国海外移民史或华侨史上最重要的历史时期。

鸦片战争后，大量的中国移民涌向世界各地，并不是中国社会经济发展的内在要求，而是外国资本主义、帝国主义侵略掠夺中国所造成的必然结果。

第一，外国资本主义的入侵破坏了中国自给自足的自然经济的基础，破坏了城市的手工业和家庭手工业，大量农民和手工业者破产失业。特别是沿海通商口岸及其附近地区，在英国棉纺织品及其他工业品的猛烈冲击下，原有的手工业者、农民被剥夺了生计。在资本主义关系已经发展起来的封建社会中，农民和手工业者破产将会被吸收到城市资本主义工业中变为雇佣工人。但是，当时的中国社会正在沦为半封建半殖民地社会，资本主义关系没有发展起来，正在萌芽的中国近代民族工业又遭到外国资本主义势力的扼杀和排挤，因此不能吸收和容纳从农村中继续不断排挤出来的破产者。在这种情况下，大量破产者只好迁移到外地或海

---

[1] 游仲勋：《資本主義諸国における労働力の国際移動》，日本熊本商科大学海外事情研究所《熊本商大論集》第 30 号，1970 年 3 月。

[2] 游仲勋：《華僑経済の研究》，日本アジア経済研究所，东京，1969 年，第 24 页。

外谋生。山东、河北、河南等省的农民大量迁移到关外谋生，清末时，仅黑龙江省的移民就达 200 余万人。[①] 福建、广东等沿海省份的人民便利用其有利的地理条件和与海外的传统联系迁移到海外（南洋、美洲）去谋生。这正如恩格斯在分析英国资本势力对中国造成的影响时所说的那样："……英国资本极力要修建中国的铁路。但是，中国的铁路意味着中国小农经济和家庭工业的整个基础的破坏：由于那里甚至没有中国的大工业来予以平衡，亿万居民将陷于无法生存的境地。其后果将出现世界上从未有过的大规模移民……"[②] 所以，外国资本主义入侵后对中国传统社会经济结构的破坏，是造成中国移民涌向海外的直接"推力"。

第二，正当中国在沦为半封建半殖民地的过程中产生大量失业人口时，世界资本主义正处于向帝国主义过渡的阶段，亚洲绝大部分国家都卷入了资本主义的世界市场。帝国主义直接把大量资本输出到落后国家，加紧了对东南亚、美洲等殖民地的原料资源掠夺，因而正是它们需要在世界市场上"购买"劳动力的时候。殖民主义者从开发东南亚的过程中得出经验，华工吃苦耐劳，工效高、工资低，正是他们解决劳动力问题的理想对象。例如，"过去在西印度需要 500 名黑人（奴隶）劳动力才能生产出来的糖，在古巴只需要 190 名中国苦力就够了"。[③] 因此，除了东南亚地区以外，美国、加拿大、加勒比海各国、南美洲、澳洲、南太平洋诸岛，甚至非洲都竞相招募华工去从事开发。

第三，鸦片战争后，腐朽的清政府在西方的武力胁迫下签订了一系列不平等条约，为外国资本主义掠贩和招募中国劳动力打开了方便之门。清朝长期实行海禁政策，视人民出国为不法叛逆行为。1860 年第二次鸦片战争中，英法联军攻陷北京，与清政府签订《北京条约》，清政府被迫承认准许中国人赴英法殖民地或海外做工。这是清政府第一次明令废除海禁。1866 年，英、法与清政府签订招工章程条约，允许英法籍人在中国任意招工。1868 年，清政府又与美国签订了《中美天津条约续增条款》（即《蒲安臣条约》），使美国在中国掠取劳动力合法化。由于欧美列强强迫中国打开门户，中国人移民到海外的数量也空前地增加了。

中国移民在海外的分布，以东南亚地区最多、最为集中。英属海峡殖民地（新加坡和马来亚部分地区）是中国移民的中心集散地，1881 年至 1930 年到达这里的中国移民约 830 万人，其中契约华工占了近 600 万名。[④] 大多数中国移民往往从这里被转送到南洋其他地区。从 19 世纪末 20 世纪初中国移民在南洋各国的大

---

① 田方、陈一筠主编：《中国移民史略》，知识出版社，1986 年，第 127 页。
② 《马克思恩格斯全集》第 38 卷，人民出版社，1972 年 8 月第 1 版，第 467 页。
③ 陈翰笙主编：《华工出国史料汇编》第六辑《拉丁美洲华工》，中华书局，1984 年，第 58 页。
④ 彭家礼：《十九世纪开发西方殖民地的华工》，《世界历史》1980 年第 4 期。

致分布，可以窥见中国移民的流向。据不完全统计，当时马来半岛的中国移民及其后裔有 915883 人（包括新加坡华侨 222655 人），[①] 荷属东印度群岛有 56.3 万人，[②] 越南有 23.2 万人，[③] 暹罗有 270 万人，[④] 此外，美国有 75994 人[⑤] 澳洲有约 3 万人，日本有 8000 多人，[⑥] 拉丁美洲、非洲、欧洲等地总计约 20 余万人。中国海外移民总共约 600 余万人。第一次世界大战后，在 1918 年至 1928 年世界资本主义相对稳定时期，中国移民流向东南亚出现又一个高潮，到 1931 年中国海外移民人数已达到 800 万人。[⑦] 总之，中国移民一直到第二次世界大战爆发前才基本上结束了大规模移向东南亚的历史。

近代中国移民及其后裔，以勤劳刻苦、聪明能干而著称于世。他们用若干代人的生命和血汗，为居住地的经济开发和社会进步做出了重大贡献。东南亚各地的开发，美国、加拿大横贯大陆铁路的修建，巴拿马运河的开凿，非洲、澳洲金矿的开发，湄公河三角洲和婆罗洲荒野的开拓，马尼拉、新加坡、吉隆坡、曼谷、雅加达等大城市的建设和繁荣，都离不开中国移民的光辉业绩，而东南亚的锡矿业、橡胶业、糖业、米业，中国移民所作的巨大贡献更是举世公认的。英属海峡殖民地总督瑞天咸曾这样评价："马来诸邦专门依靠锡矿税收维持……而从一开始就作锡矿工人的首推华侨，经过他们的努力，全世界用锡的一半数量是由马来亚供给的。他们的才能和劳动，造成了今日的马来亚。"[⑧] 另一位英属马来亚的殖民官员布赛尔说："假如没有中国人，就不会有现代的马来亚"，而"如果没有现代马来亚的助力（橡胶），欧洲和美国的汽车工业就永远不会有这样巨大的发展"。[⑨] 美国是一个移民国家，美国的繁荣是世界各国移民共同努力劳动的结果，其中也包括了中国移民的贡献。19 世纪后半期，先后有几十万中国移民到美国，他们修筑铁路、开发矿藏、垦殖荒地和建设工厂。1868 年，在受雇修建美国中太平洋铁路的 1.4 万名工人中，有 9/10 是华人劳工。[⑩] 马克思认为，通往加利福尼亚的铁路的建成是和"输入了中国苦力"分不开的。[⑪] 美国统治阶级也承认华工对开发美国西部的重要作用："没有华

① 郁树锟主编：《南洋年鉴》，新加坡：南洋报社有限公司，1951 年，癸第 58~59 页。
② 李长傅：《南洋华侨史》，商务印书馆，1933 年，第 39 页。
③ 李长傅：《南洋华侨史》，商务印书馆，1933 年，第 117 页。
④ 《东方杂志》第四卷第 10 期，上海商务印书馆编辑出版，1907 年。
⑤ 陈依范著，殷志鹏、廖慈节译：《美国华人发展史》，香港三联书店，1984 年，第 350 页。
⑥ 李长傅：《中国殖民史》，商务印书馆，1937 年，第 307、344 页。
⑦ 福田省三：《華僑経済論》，岩松堂书店，东京，1939 年，第 82 页。
⑧ F. A. Swettenham, *British Malaya*, London, 1929.
⑨ Victor. Purcell, *Malaya*, Kuala Lumpur: Oxford University Press, 1967, p.128.
⑩ 陈依范著，殷志鹏、廖慈节译：《美国华人发展史》，香港三联书店，1984 年，第 95 页。
⑪ 《马克思恩格斯全集》第 32 卷，人民出版社，1975 年 2 月第 1 版，第 340 页。

工，就没有西部的垦殖"，华工"使整个加利福尼亚变成一座花园，一个果木园"，"给白人带来了牛油和面包。"①

综上所述，中国移民作为半殖民地国家的移民，与殖民地国家印度移民在基本性质上并无区别，而且中、印移民在地区分布、移民方式，规模、发展阶段等方面都不得不同样受到世界资本主义发展进程的影响，因而具有许多共同特点，第一，中、印海外移民的根本原因，都是由于资本主义、帝国主义的侵略掠夺破坏了中、印两国原有的自然经济基础、抑制和扼杀了中、印两国民族资本主义经济的发展，因而产生的过剩人口对生产力的压力所引起的。第二，中、印海外移民都集中分布在东南亚地区，又各有重点分布区域，缅甸及其以西的国家和地区中，印度移民人数远远超过中国移民，缅甸以东的国家和地区中，中国移民的数量又远远超过印度移民。第三，近代中、印移民的主体是以契约移民方式为主的劳动力输出。第四，在移民规模上，中、印两国移民的数量主要是取决于西方殖民主义者对开发殖民地劳动力的需求量。因此，近代中、印移民的最高潮，都是出现在第一次世界大战后到 1929 年世界经济危机爆发之间的资本主义相对稳定时期。第五，相比欧洲移民来说，中、印移民的定居率都比较低。第六，中、印移民作为资本主义劳动力，为居住地创造了巨大物质财富，为东南亚等地的经济开发和社会进步做出了重大贡献。

三、资本主义国家移民类型——日本移民

日本在资本主义诸强国中是一个后进的国家。在 1868 年明治维新以前，日本是一个落后的封建制国家，与中国、印度一样，也面临着沦为西方殖民地的危险. 1868 年日本明治维新后，实行全面的资产阶级改革运动，日本从此由封建社会进入资本主义社会，避免了沦为西方殖民地的危机。到 19 世纪 80 年代，日本政府推行"殖产兴业"政策，产业革命进入高潮。经过 1894 年的中日甲午战争，日本从中国勒索了巨额赔款，得到了割地和种种通商特权。1894 年至 1904 年，日本近代工业的主要部门都建立起来了，产业革命有了惊人的发展。其后经过 1904 年至 1905 年的日俄战争，到 1910 年前后，日本资本主义工业化全面实现，资本主义形成并向垄断资本主义过渡，与此同时，日本不断发动对外侵略战争，侵略欺

---

① 美国参议档案报告第 680 号，第 48、53 页。

凌亚洲近邻弱小民族，使朝鲜和中国台湾沦为其殖民地，中国东北沦为其控制的半殖民地。在第一次世界大战中，日本垄断资本又趁西方国家忙于战争的有利时机，大做战时生意发了横财，成为举世公认的"帝国主义暴发户"，挤进了屈指可数的几个帝国主义强国的行列，俨然以"东洋的霸主"自居。但是，日本毕竟是后起的资本主义国家，资本主义发展的起点很低，比起欧美帝国主义，它在经济实力、技术水平以及其他方面都有重大弱点。西方国家都是原始资本积累过程在前，产业革命在后，日本的产业革命和原始积累几乎是同时进行的。其原始积累前期主要以内部积累为主，后期则依靠其殖民政策，这就使日本资本主义在确立过程中，对国内工农劳动群众首先是对农民的剥削来得特别残酷，政府征收的高额地税，寄生地主的高额佃租，加上天灾人祸丛生，广大农民被迫弃农进城，产生出大批雇佣劳动力；其中一部分人不得不出国谋生，另一方面，日本也是依靠对外侵略战争为其资本主义发展输血的，日本对中国、朝鲜的几次战争掠取了巨额战争赔款、获得割地和通商权益。为了进一步控制和掠夺朝鲜、中国东北等地，日本政府向这些地方有计划地组织了大规模移民。正是在上述历史条件下，19 世纪后半期至 20 世纪二三十年代，日本先后出现了两类不同性质的移民。20 世纪 10 年代以前，主要的移民类型是到海外去谋求生计的劳动力移民，在本质上与同一时期中国、印度到海外出卖劳动力的移民没什么区别；20 世纪 20 年代以后，主要是在日本政府殖民政策指导下的政治移民，实际上是以日本的军事力量为后盾的占领性移民，从劳动力移民到政治移民的变化，充分反映出日本从落后的亚洲国家跻身到资本主义列强这一历史过程的特点。

（一）劳动力移民

从明治初期到第一次世界大战爆发前，日本移民的主要流向是往夏威夷、美国本土、澳洲以及东南亚部分地区，其大多数是种植园劳动力移民、农业和渔业移民。稍后，移往南美、墨西哥、秘鲁的日本移民，也属于这类移民。

夏威夷是明治时期日本移民的主要地区。1885 年至 1900 年，日本移民的重点是移向夏威夷，移民的方式主要有"政府契约移民"和"私人契约移民"两种方式。

所谓"政府契约移民"，又称"官约移民"，是日本政府与夏威夷王国在 1884 年签订了《日本人民夏威夷渡航议定书》、在 1886 年签订了《日本渡航条约》以后实行的。1885 年至 1894 年，经由日本政府办理的"官约移民"先后共 26 次，共输出 3 万人到夏威夷的甘蔗种植园做工，因此，夏威夷的日本移民主要是"官约移民"。

"官约移民"主要来自日本的广岛、山口两县，占压倒多数，其次来源于熊本、福冈县，这四个县的移民约占官约移民总数的96%。[1] 这是因为：

第一，这几个县人多地少，又是棉花等经济作物的集中种植区，但在廉价的进口棉花打击下，种棉业严重衰退，产生了许多过剩劳动力。

第二，当时的夏威夷糖业生产需要大量劳动力。1876年，夏威夷王国与美国签订了互惠条约，美国对进口夏威夷砂糖不征关税，因而刺激了夏威夷的砂糖生产，成十倍左右地飞跃增长。在本地劳动力匮乏的情况下，夏威夷王国曾在1886年以前从中国输入了28408名华工，[2] 1885—1894年又继续从日本输入"官约移民"。在产业革命与原始资本积累同时进行的日本资本主义的确立过程中，劳动人民的收入微薄，生活困苦，到夏威夷作工，往往成为农村贫苦农民改善经济地位的一条出路。据明治二十四年（1893年）底对广岛县移民进行的调查，该县已移居夏威夷的6528名移民中，有74.9%的人往日本的家乡汇款，该年汇款总额达到270732日元，相当于广岛县明治二十四年预算支出总额的54.3%。明治二十四年的调查还表明，人均汇款累计额50日元以内的在全体移民中占43.4%，50日元至100日元的占32.5%，100日元至150日元的占13%，150日元至200日元的占5.7%，350日元以上的汇款者占1.6%。明治二十四年时，广岛县农业雇工（年雇工）男工的月工资仅1.50日元，机织工人男工的月工资为5日元，而普通米一石的售价为6.55日元。[3] 与上述的工资、物价相比，日本移民的汇款算是相当大的数目了，因此，夏威夷成为对日本人民有巨大吸引力的移民地区。

所谓"私人契约移民"，又称"私约移民"，是指由日本民间的移民会社经办、组织的对外移民。明治二十四年底，日本建立最早的民间移民公司——吉佐移民会社，开始在广岛、山口、福冈等地招募移民。此后，东京、横滨、神户等城市亦相继设立了移民会社，1893年以后，往夏威夷的"官约移民"已被"私约移民"所代替。

夏威夷的日本移民在三年契约期满后，占很大比例的人数继续留在当地谋生。据火奴鲁鲁日本总领事馆报告，1897年底，期满后留下谋生的移民占官约移民总

① 儿玉正昭：《明治期アメリカ合衆国への日本人移民》，日本社会经济史学会《社会经济史学》第47卷第4期，第75页，1981年12月。
② 山田信夫编：《日本華僑と文化摩擦》，岩南堂书店，东京，1983年，第437页。
③ 儿玉正昭：《明治期アメリカ合衆国への日本人移民》，日本社会经济史学会《社会经济史学》第47卷第4期，第88页，1981年12月。

数的 45.6%，回国者占 47.8%，死亡者占 7%，转往美国谋生者占 3%。[①] 由于日本移民人数的增加以及移民人口的自然增殖，到 1925 年时，夏威夷的日本移民已达 128068 人，占当年夏威夷总人口数 323645 人的 40%。[②]

1901 年至 1908 年，日本移民的重点逐渐转往美国本土。美国在 1882 年颁布了"排华法案"，禁止华工进入美国，事实上禁止中国人移民到美国，于是日本移民便取而代之。1894 年中日甲午战争后，前往美国本土的日本移民显著增加，尤其是以青年为主的海外移民趋势大为增强，还有以非移民方式往美国，或者从加拿大、墨西哥、夏威夷转道去美国的日本移民人数亦迅速增加。据广岛县统计，1907 年该县赴美国的移民计 3786 人，其中前往夏威夷者 2542 人，往美国本土者 1244 人。[③] 移民中前往美国本土的比例已大大提高。到 1913 年，日本移民在夏威夷达 88526 人，在美国本土达 77696 人，[④] 人数已渐趋接近。

日俄战争后，日本羽翼渐丰，与美国的矛盾日趋加深。为了对抗日本，美国加紧排斥美国国内的日本移民。1907 年至 1908 年，日美进行了关于限制移民问题的会谈，缔结了所谓"君子条约"（又称"绅士条约"），除了已定居在美国的日本移民的家属外，"君子条约"事实上并不承认新的劳动力移民进入美国本土。从移民的职业来看，这一时期移入美国的日本人主要从事农业种植。例如在加利福尼亚州的日本移民，主要职业是种植葡萄、蔬菜，纽约的日本移民也主要是生产蔬菜，所以仍属于劳动力输出的性质。

除了夏威夷和美国本土是这一时期日本移民的主要地区以外，19 世纪末开始，日本还向墨西哥、秘鲁、加拿大等美洲国家转送移民。1899 年，日本有第一批移民 790 人到达秘鲁。到 1913 年，美国、加拿大以及墨西哥的日本移民总数已达 181212 人。[⑤]

在大洋洲，从 1883 年开始，有少量日本移民往澳大利亚的星期四岛从事珍珠贝采集业，到 1897 年时，星期四岛的日本移民已达 1270 人，其中有约 900 名是采贝业者，形成了"三千里外澳洲一角的日本社会"。[⑥] 此外，还有少量日本移民在昆士兰州种植甘蔗。1897 年后，澳大利亚政府采取禁止日本移民经营采贝业的政策对日本移民的入境开始加以限制。

---

① 《日本外交文书》第 36 卷，第 828 页。

② 安里延：《日本南方发展史》，三省堂，东京，1941 年，第 462 页。

③ 儿玉正昭：《明治期アメリカ合衆国への日本人移民》，日本社会经济史学会《社会经济史学》第 47 卷第 4 期，第 95 页。

④ 小野一一郎、前田昇三：《日本の移民問題》，日本《经济评论》1955 年 8 月号。

⑤ 小野一一郎、前田昇三：《日本の移民問題》，日本《经济评论》1955 年 8 月号。

⑥ 入江寅次郎：《明治南进史稿》，井田书店，东京，1943 年，第 177 页。

第一次世界大战爆发前，东南亚地区的日本移民情况有些特殊。一是这一时期日本移民在东南亚为数不多，到 1913 年时，总数近万人左右。[①] 二是移民队伍中除了劳动力和商人外，还有数量庞大的娼妓，形成了一种畸形状态，日本的劳动力移民在菲律宾最为典型，他们多是从事农业、渔业和土木建筑的劳动者。例如他们在达沃（纳卯）种植马尼拉麻，在马尼拉一带捕鱼，在吕宋岛修建房屋，在本格特省修建公路，等等。1913 年，菲律宾的日本移民达到 4894 人，[②] 其中大部分为从事土木建筑的工人，尤其木工人数最多。在东南亚，日本移民较为集中的另一地区是新加坡、马来亚。从 1877 年开始，日本天草、岛原一带贫穷的渔村村民和农村妇女源源不断被送往新加坡等地，被迫沦为娼妓、艺妓，并以她们为中心形成了日本移民的商业、服务行业，主要经营旅馆、餐馆、理发店、游乐场所以及服装店、杂货店等。日本妇女大量输出到国外做娼妓，这是日本资本主义发展史上极其丑恶的一页。据 1902 年统计，新加坡的日本人计 851 人，其中娼妓 611 人。[③] 到 1914 年新加坡、马来亚的日本移民总数达到 2327 人，其中娼妓 1684 人，[④] 仍然呈现以娼妓为主、以为她们服务的商业和服务业人员为辅的畸形移民状态。第一次世界大战中，日本趁西欧宗主国无暇东顾之际，大力开拓东南亚市场，南来东南亚的日本商人迅速增加，日本移民成分开始发生变化。到 1920 年时，日本为了维护"一等国"的荣誉，在东南亚厉行"废娼"，从此，日本移民便变成以商人等为主要成分了。

从上述日本移民的状况可以看出，第一次世界大战以前，日本移民的大多数仍属于劳动力移民，与印度、中国的劳动力输出相比较，日本移民又具有以下特点：第一，日本的劳动力移民是在日本资本主义确立过程中产生的，基本上属于经济性质，且多是出自移民本身的意愿，相对地说移民方式亦比较自由。而日本政府作为资产阶级国家的政府，对本国移民提供了一定的资助与保护，不像印度和中国那样，其移民带有劳动力强迫输出的性质，缺乏近代国家权力提供的援助与保护。第二，中国、印度两国移民的主要流向地是落后国家，日本移民的主要流向地是美国等发达国家和地区，国外较高的收入和待遇是吸引日本移民的主要动力。第三，从数量上说，日本移民与同一时期的中国、印度两国移民相比是微不足道的。随着日本资本主义的发展、军国主义的扩张，日本移民队伍中又产生

① 小野——郎、前田昇三：《日本の移民問題》，日本《経済評论》1955 年 8 月号。

② 安里延：《日本南方发展史》，三省堂，1941 年，第 462 页。

③ 绫部恒雄、永积昭编：《もっと知りたいシンガポール》，弘文堂，东京，1984 年，第 196 页。

④ 清水元：《战前日本人经济在新加坡、马来亚的进出形态》，《アジア経済》1985 年第 3 期，アジア经济研究所出版，东京，第 16 页。

了另一种性质的移民，使早期的劳动力移民性质发生了根本的变化。

（二）政治性移民

1894 年甲午中日战争以后，日本在使用武力向朝鲜和中国进行侵略扩张的同时，开始计划移民，到 20 世纪 30 年代，日本已向其占领下的朝鲜、中国台湾、中国东北（满洲）以及库页岛等地移民 1753322 人。[1] 这种移民虽然也打着"友好亲善""经济开发"的幌子，但绝不同于早期的日本劳动力移民。它是日本政府组织的向海外殖民地的移民，它是以日本的殖民统治为基础，以日本的军事力量为后盾，由日本政府提供资金、训练，有组织、有计划的集团性移民，这种移民的根本目的在于巩固日本的殖民统治和加强殖民掠夺，带有强烈的军事殖民性质。

1904 年 5 月，日本提出了所谓《关于对韩方针的决定》，在其详细纲领中拟定：要通过大批日本移民控制朝鲜农业。1909 年，日本在着手进行"日韩合并"的过程中，又提出"尽可能多地向朝鲜移民，以加强日本势力"。[2] 据统计，1910 年朝鲜的日本移民达到 17 万多人，[3] 日本帝国主义正式吞并朝鲜后，于 1912 年进行所谓"土地调查"，要重新确认土地所有权。在此过程中，日本殖民者不断强行吞并和霸占朝鲜人土地，组织大批日本移民移入朝鲜获取掠夺来的土地。到 1919 年，朝鲜的日本移民达到近 35 万人。[4]

日本帝国主义也有计划、有步骤地向中国东北移民，企图永久"经营满洲"。早在 1906 年，满铁株式会社刚刚成立，就提出了要在 10 年内向"满洲"移民50 万人的计划。于是，日本移民首先向南满进发，后又逐步扩大到黑龙江地区。1907 年，中国东北的日本移民有 37885 人，在 1917 年已达 10 万人。[5]1931 年"九一八"事变爆发前，东北的日本移民已增加到 24 万人。[6]"九一八"事变后，随着整个东北沦于日本统治之下，日本移民更加横行无阻地大规模进入东北地区。1934 年和 1936 年，日本殖民政府在长春先后两次召开"移民会议"，提出了《满洲农业移民百万户移居计划》草案，计划 20 年内向东北移民 100 万户，计 500 万人。该计划并被列入日本政府确定的"七大国策"之中。此后，打着各类旗号的日本移民便纷纷进入东北各地，主要有下列几类移民：① "集团开拓民"，是移民

---

① 小野一一郎、前田昇三：《日本的移民问题》，《经济评论》1955 年 8 月号。
② 万锋：《日本近代史》，中国社会科学出版社，1981 年，第 437 页。
③ 井上清著，宿久高等译：《日本帝国主义的形成》，人民出版社，1984 年，第 251 页。
④ 井上清著，宿久高等译：《日本帝国主义的形成》，人民出版社，1984 年，第 251 页。
⑤ 井上清著，宿久高等译：《日本帝国主义的形成》，人民出版社，1984 年，第 261 页。
⑥ 石方：《民国时期黑龙江地区的外国移民》，转引自田方等编：《中国移民史略》，知识出版社，1986年，第 165 页。

的主要形式，是由日本政府直接组织的，每一移民农户可以得到890日元的旅费和津贴。这类移民的前身是日本的武装移民，后改为"集团移民"，主要成分为退役军人和经过军事训练的青壮年，每200户或300户组成一个开拓团或开拓村，重点安置在中苏接壤的2000公里地带，因而带有明显的政治、军事目的。②"集合开拓民"，为一般性移民，或称自由移民，由民间自己组织，政府补贴较少，其成分有退伍军人，也有一般的老百姓，一般以50户至100户为一单位，这种移民通常被安置在所谓"开拓第二线地带"，即在集团移民区的后面。③"分散开拓民"，三五十户为一单位的分散移民，其成员多为日本国内的失业者。④"铁道自警村"移民，由"满铁"组织，这种移民在从事农业的同时，兼有"保护"铁路的任务。⑤"义勇军开拓团"，主要是青少年义勇队成员，经过训练和学习后，大部分被安置在战备地区。

然而，随着日本对华侵略战争的节节失败，所谓"五百万移民"的计划根本不可能实现。据日本外务省调查资料，1945年日本投降时，在东北的开拓团有1131个，日本移民人数计有270428人。①战后，这些依靠日本军国主义势力进入中国的"移民"纷纷返回日本，日本殖民者庞大的侵略性移民计划也以彻底破产而告终。

四、小结

综上所述，近代中国、印度两国移民实质上是资本主义廉价劳动力在国际市场上的流动，属于经济性质的和平移民，这与欧美殖民者抱着征服和掠夺的目的，依靠军事政治力量到落后国家进行殖民扩张，具有根本不同的性质。可以说，近代中国、印度两国移民是典型的东方移民。

日本移民与中国、印度两国移民又有区别。日本是后起的亚洲资本主义强国，它的移民兼具东方落后国家移民和西方列强国家对外殖民的双重特点。但是，日本移民人数极少，对外移民的历史也很短，又受到本国政府的资助与保护，后来甚至成为日本帝国主义对外侵略扩张的工具，它不足以代表或说明东方移民的真实情况，中国移民、印度移民才具有典型的意义。

在帝国主义时期，资本主义已经成为世界体系，中国、印度等亚洲国家都卷入了世界资本主义市场。帝国主义要掠夺殖民地、半殖民地，首先必须以低廉价

---

① 《满蒙终战史》，第812页，转引自姜念东等编：《伪满洲国史》，吉林人民出版社，1980年，第345页。

格购买开发殖民地的劳动力，为达到这一目的，帝国主义使用各种手段（甚至军事侵略）强迫中国等亚洲国家自由输出劳动力。而资本对劳动力来说，只要哪里有廉价劳动力市场，资本便在哪里购买劳动力商品，而不论劳动力属于哪一个国家的公民。那么，殖民主义、帝国主义为什么不在东南亚"就地取材"、购买当地原住民的廉价劳动力，而要舍近求远去获取中国、印度的移民劳动力呢？笔者认为，除了中国、印度两国在地理上与东南亚邻近、在历史上有传统的交往关系以外，最主要的原因有以下两方面：第一，19世纪六七十年代之后，随着西方列强对东南亚的加剧掠夺，东南亚国家除泰国勉强维持半殖民地地位，其他都先后沦为不同形式的殖民地。但帝国主义并不是要使东南亚走上资本主义发展道路，他们的目的仅仅在于使东南亚变为投资场所和原料产地，为此，他们与这些国家处于前资本主义阶段中的土著统治阶级结成同盟关系，保留了相当浓厚的封建生产关系，直到第二次世界大战前，东南亚国家的农村仍是封建、半封建地主占统治地位，商品经济的发展相对落后，民族资本主义的发展十分缓慢、软弱，因此没有直接促使农民阶级的迅速分化和农村中大量相对过剩人口的形成，大量的当地原住民族的雇佣劳动也就无从产生。在这种情况下，殖民主义只有从外部输入劳动力以满足需要。第二，中国、印度两国移民劳动力价格低廉和相对容易管理。移民劳动力来到异国谋生不能取得政治权力和经济资源，因此也缺少讨价还价的资本；况且，劳动力的再生产费用由移民本国负担，劳工在移居前就在本国学会了一定的生产技能，而在他们丧失了生产能力之后又可返回本国。在经济景气时可以大量招雇他们，榨取其剩余价值，而当经济衰退时又可以将负担转嫁到移民劳动力身上。1929—1933年世界资本主义经济危机发生时期，东南亚的华侨工人、印度工人曾被大量遣回祖国就是一例。至于移民劳动力容易管理，那是因为各国的移民法对移民的行为都有严格限制，稍许"越轨"就会被驱逐出境。总之，正因为殖民者雇用移民劳动力比之雇佣当地原住民劳动力在政治上、经济上都更为有利可图，所以5000万近代中国、印度两国移民才能来到东南亚和世界其他地方。

（原载于《华侨华人历史研究》1988年第1期）

海外华侨对辛亥革命的贡献

　　海外华侨是中华民族的一部分，他们和祖国人民一样，不仅以勤劳勇敢著称于世，而且具有光荣的革命传统和爱国传统。早在中国近代史上，海外华侨就曾和祖国人民一道，前赴后继，英勇奋斗，进行过反帝反封建的伟大革命斗争。海外华侨曾积极支持和参加了孙中山先生领导的辛亥革命运动，以自己的爱国行动和革命行动在中国革命的史册上写下了光辉的篇章。

　　华侨大多是离乡背井的破产农民、手工业者、穷苦知识分子，其中很多人是被西方殖民主义者及其爪牙作为"猪仔"拐卖到海外当奴隶做苦力的；有的则是国内反清斗争失败后，逃亡海外的志士。他们在海外过着"欲饮无浆，欲饭无粮，霜欺雪疟，风雨徬徨"[①]的苦难生活，因而具有强烈的爱国情绪，他们盼望祖国强盛，以摆脱"海外孤儿"的深重灾难。当孙中山在辛亥革命的酝酿阶段，许多华侨就参加和赞助了孙中山领导的革命活动，对辛亥革命无论在人力物力上都有过重大贡献，是辛亥革命的强有力的支持者。孙中山先生对华侨在辛亥革命中的贡献曾经有过高度的评价，他说"华侨为革命之母"，这是有一定道理的。

　　孙中山先生最初的革命活动就开始于华侨。1894年冬，他在檀香山联合华侨中经营商业和农牧业的反清人士20余人，组成中国最早的资产阶级革命团体——兴中会，并立即筹募经费，准备回国发动武装起义。孙中山先生的哥哥孙眉在檀香山经营畜牧场，他热心支持革命，"自愿划拨财产一部以为助"，贱售牛牲"以充义饷"。[②]还有华侨邓荫南"亦尽变卖其商店及农场，表示一去不返之决心"。[③]

---

　　① 阿英：《反美华工禁约文学集》，中华书局，北京，1960年，第5页。
　　② 冯自由：《华侨革命开国史》，商务印书馆，上海，1947年，第26~27页。
　　③ 冯自由：《华侨革命开国史》，商务印书馆，上海，1947年，第27页。

参加兴中会的华侨工人夏百予、宋居仁等毅然决定回国参加广州起义。1895年春，香港成立了兴中会总部，其中也有不少与华侨有密切联系或者本身即华侨的志士"首贷其议"。在这一时期，日本、越南的华侨和留学生中也建立了兴中会组织。后来，兴中会会员发展到300人，成分可考者有279人，其中海外华侨占78%（219人），有华侨中小商人、职员、知识分子、工人以及资本家。[①] 随着帝国主义列强瓜分中国的危机不断加深，清政府的卖国嘴脸进一步暴露，国内革命形势的迅速发展，海外华侨倾向和参加革命的越来越多了。1902—1905年间，孙中山先生进行了一次环球旅行，从越南河内取道日本、檀香山，前往美洲和欧洲，到处在华侨中宣传革命思想，发展革命组织，进一步扩大了革命影响。他回顾这段历程时说："海外华侨亦渐受东京留学界及内地革命风潮之影响，故予此次漫游所到，凡有华侨之处，莫不表示欢迎，较之往昔大不同矣。"[②] 在孙中山先生为首的革命派的宣传影响下，美洲的华侨会党组织洪门致公堂，新加坡和马来亚半岛的华侨组织中和堂，在联络和动员广大华侨特别是下层华侨群众参加革命方面，也都起到了一定的作用。

1905年8月，孙中山把几个分散的革命团体联合起来，在日本东京成立了同盟会，明确提出"驱逐鞑虏、恢复中华、创立民国、平均地权"的资产阶级民主革命纲领，首先得到华侨人数最多、最集中的东南亚各国华侨的热烈响应和赞助，到1906年，孙中山先后在越南、新加坡、槟榔屿等地建立起同盟会分会的组织。新加坡华侨前后加入同盟会的达500人左右，其中包括著名爱国华侨陈嘉庚先生。当时，华侨非常拥护孙中山先生提出的革命主张。1906年，孙中山先生以"李竹痴"的化名到吉隆坡时，同情革命的华侨都打着旗子去欢迎他。老华侨阮英舫已70余岁高龄，在听了孙中山先生的演讲后，欣然带领他的两个儿子一起加入同盟会组织，一时传为革命佳话。到1908年，东南亚地区英、荷两属地同盟会的分会已达百数十处之多。此外，暹罗、菲律宾的爱国华侨经过努力和斗争，也都在困难的境况下成立了同盟会分会。于是，东南亚各国"凡华侨所到之地，几莫不有同盟会员之足迹"。[③] 1910年在旧金山也正式成立了美洲同盟会总会，并在美国西部成立了15个同盟会分会。

东南亚和美洲等地同盟会的建立，不但为国内革命运动培养了大批骨干力量，而且也成为在华侨中扩大革命宣传、发动武装起义和筹款购械的基地，在辛亥革

---

① 冯自由：《革命逸史》第4集，商务印书馆，上海，1947年，第25~65页。
② 孙中山：《建国方略》，《孙中山选集》（上卷），人民出版社，1956年，第175页。
③ 冯自由：《开国前革命史》（下册），世界书局，台北，1971年，第42页。

命运动中起了不小的作用。

随着革命组织在华侨中的建立发展，革命的宣传活动也在华侨中开展起来。爱国华侨在大造革命舆论、传播资产阶级民主革命思想方面，发挥了重要作用。当时，资产阶级革命派在海外受到清廷官吏、资产阶级保皇派和帝国主义殖民主义的三面围攻，尤其是保皇派在海外华侨中的活动十分猖獗。他们建立保皇组织，出版保皇报纸，鼓吹"保皇即革命"的邪说，蒙蔽欺骗了相当一部分华侨。在这种情况下，爱国华侨与保皇派展开了针锋相对的斗争。1903年，孙中山到檀香山改组华侨报纸《檀山新报》（又名《隆记报》）为兴中会机关报，与该地的保皇派报纸——《新中国报》展开论战，并亲自撰文批驳保皇派恶毒攻击革命的种种谬论，夏威夷各岛侨胞因而"耳目为之一新"，纷纷脱离保皇党，加入兴中会。1905—1907年，在国内革命派报刊与保皇派激烈论战取得重大胜利的鼓舞下，各地华侨革命报刊纷纷投入战斗。新加坡的《图南日报》《中兴日报》成为东南亚华侨宣传革命的重要阵地，特别是1907年出版的《中兴日报》，与保皇派的《南洋总汇报》大开笔战，痛驳保皇派"立宪论"的反动政治主张，戳穿保皇派高唱保护华侨为名，行"窃取荣禄"之实的无耻伎俩，保皇派理屈词穷，屡战屡败。"革命"与"保皇"在海外的论战促进了华侨革命意识的高涨，保皇派所宣传的改良主义越来越不得人心。1907—1910年期间，各地爱国华侨所出版的革命报刊如雨后春笋，先后竞起。如在荷属东印度（印度尼西亚）出版的《泗滨日报》和《民锋报》《苏门答腊报》《吧城报》，在暹罗（泰国）发行的《华暹日报》《觉民报》，缅甸的《光华日报》以及美国华侨办的《大同日报》《少年中国晨报》等，也都曾经为宣传孙中山的民主革命思想大声呼吁。除了报纸以外，东南亚的爱国华侨还在各地设立了许多"书报社"，表面上这是公开合法的社团组织，实际上它是联络华侨、宣传革命的重要阵地，许多书报社本身就是变相的同盟会组织机关。此外，爱国华侨在介绍和翻印国内革命刊物、书籍方面，也做了大量工作，如《中国报》《浙江潮》《湖北学生界》等刊物，章炳麟的《驳康有为书》、邹容《革命军》等著作，海外华侨争相购买，设法翻印，并秘密运送各地广为宣传。当时"邹容《革命军》一书传到外洋，争相购阅，一时人心奋兴，舆论沸腾，华侨有志之士，知非追随中山先生，不足以救祖国之危亡，于是华侨之革命思想日炽"。[①] 还有不少爱国华侨从海外带回大量宣传民主革命的著作，在国内动员宣传。这些都对扩大革命影响起了积极的促进作用。

孙中山先生从建立"兴中会"开始，就把武装夺取政权作为革命的首要任务，

---

① 《开国前美洲华侨革命史略》，建国月刊社《建国月刊》第6卷4、5期合刊，1931年，南京。

爱国华侨是孙中山先生领导的多次武装起义的骨干力量之一。为了实现"武力颠覆清廷，建立民国"的理想，爱国华侨抛头颅、洒热血，有很多事迹英勇壮烈可歌可泣。

从兴中会发动的乙未广州之役（1895 年）起，一直到辛亥年（1911 年）广州黄花岗起义，孙中山先生领导的革命党人前后发动了 10 多次武装起义，特别是同盟会成立后，在沿海和边境各省连续发动了多次起义。每次武装斗争，都有爱国华侨参加。1907 年 5 月华侨许雪秋领导的潮州黄冈起义，同年 6 月华侨邓子瑜领导的惠州七女湖起义，都是以华侨为主干的武装起义。1908 年的钦廉、上思起义，以爱国华侨为主力的短枪队 200 余人是起义的主力。尤其是 1911 年的广州黄花岗起义，海外华侨更是付出了巨大的牺牲，是华侨支持辛亥革命的最光辉的行动。为了发动这次起义，孙中山于 1910 年 10 月在槟榔屿华侨的协助下在该地召开了同盟会重要成员会议，一方面在华侨中为起义筹款，一方面决定从东南亚华侨及日本留学生中间挑选 800 人，组成敢死队，准备发动一次大规模的武装起义。东南亚华侨及日本、美洲华侨都群起响应，纷纷捐款或购买武器弹药送回国内支持革命起义，许多华侨回国准备和清王朝决一死战。在起义之前，炸死清政府广州将军孚琦的温生财烈士就是马来亚的华侨矿工。起义时，华侨敢死队数十人和国内各地志士，在同盟会领导人黄兴的率领下进攻总督衙门，他们奋不顾身英勇杀敌，表现出舍身救国的英雄气概。新加坡华侨印刷工人李文楷抱定"致志祖国"的决心回国参加起义，在战斗中"僻众人奋勇前进，与清军巷战，……毙敌甚多"，虽然"身中数弹，犹奋力直前，血流如注，率以伤重仆地而死"[1]。越南华侨机器工人罗迈坤、罗进在攻打总督衙门的激烈战斗中杀敌甚多，后因弹尽援绝被清兵俘虏，最后慷慨就义。许多华侨敢死队员为革命流尽了最后一滴血。轰动中外的广州黄花岗起义失败后，在已知的烈士中有三分之一是海外华侨，他们从马来亚、新加坡、越南、缅甸、印度尼西亚回国参加起义，其中华侨工人最多，占 11 名，其余的华侨烈士有商人、记者、学生、职员、传教士，年龄最小的仅 18 岁，最年长的已 52 岁。正如董必武同志在辛亥革命 50 周年纪念大会上所评价的："他们是中国人民的优秀儿女，是全体爱国华侨的光荣！"[2]

1911 年武昌起义的消息传到海外，广大海外华侨奔走相告、欣喜若狂，为了以实际行动推进革命的发展，他们组织了北伐队、炸弹队、总统宪兵队、华侨革命飞机队等参加革命队伍，当时"自备川资回国从戎"的华侨"前后相望

---

① 邹鲁编著：《中国国民党史稿》第四册，中华书局，北京，1960 年，第 1364 页。
② 《人民日报》1961 年 10 月 10 日，第 2 版。

于道"①。许多华侨在光复斗争中表现十分英勇，每战必打先锋。

热心捐资筹款，从经济上大力支援革命斗争，是海外华侨对辛亥革命的主要贡献之一。孙中山在回忆他所领导的多次武装起义时说，"其慷慨助饷，多为华侨"②在钦廉、镇南关（今友谊关）、河口各次武装起义中"旅越侨工各界或募集饷糈，或入伍从军，舍身捐产，以参加实地工作者，大不乏人，……"③1911年广州黄花岗起义前，孙中山先生在东南亚华侨中筹款，"一夕之间，则醵（音据，凑集）资八千有奇。……数日之内，已达五六万元"；到美洲华侨中筹款，"到美之日，遍游各地，劝华侨捐资以助革命，则多有乐从者矣"。④仅加拿大华侨就捐助了7万多元。这次起义，共筹得款项18万元，起义用的枪械弹药和其他经费，全为海外华侨所出。武昌起义后，海外华侨继续积极筹款支援祖国革命斗争，云南、广东、福建等省光复的起义军，都得到海外侨胞的巨款支援。南京临时政府成立后，财政困难，不得不依赖海外华侨资助一部分，当时只要需款的电报一到海外华侨中，"巨款立应"，仅在辛亥这一年，海外华侨就捐助了五六百万元的巨款。

海外华侨不仅为辛亥革命做出了重大贡献，在中国共产党领导下的新民主主义革命时期，更有大量海外华侨积极支援革命，回国参加革命。中华人民共和国成立后，海外华侨热爱毛主席、热爱党，心向伟大社会主义祖国，继续发扬光荣的革命传统和爱国传统，在支援和参加祖国的社会主义革命和建设事业方面发挥了积极作用。

（原载于《光明日报》1978年4月6日史学版）

---

① 国立暨南大学南洋美洲文化事业部编辑出版《南洋研究》第三卷第一期，上海，1930年1月1日，第14页。

② 邓文仪主编、国防部新闻局印行：《中山先生全集》（下集），新中国出版社，南京，1947年，第674页。

③ 冯自由：《华侨革命开国史》，商务印书馆，上海，1947年版，第49页。

④ 《孙中山选集》（上卷），人民出版社，1956年，第181页。

南洋闽籍华侨与辛亥革命运动

一、辛亥革命时期的南洋闽籍侨胞

辛亥革命时期，海外华侨的总人数约五六百万。据《东方杂志》估计，1907年华侨总数达6317389人，[①] 又据清末官方估计，散处世界各地的华侨人数"不下五百余万"，[②] 其中90%以上分布在东南亚地区，其次分布在美洲、日本、澳洲、南非等地区。华侨籍贯几乎全为广东、福建籍，其他省籍的华侨人数所占比例极小。福建籍侨胞人数约占华侨人数的38%，[③] 约200多万人，主要分布在菲律宾、缅甸、英属海峡殖民地（现新加坡和马来西亚的马六甲、槟榔屿、吉隆坡等地）、荷属东印度（今印度尼西亚）、婆罗洲等地，侨居在暹罗、印度支那和其他地区的闽籍华侨相对较少，但也有一定数量。

福建人移居东南亚的历史悠久。宋代以来，福建人到海外贸易，由"行商"而"住商"，定居海外之事有所记载；明代中叶之后，沿海大批居民移向菲律宾、马来西亚、印度尼西亚等地。1840年鸦片战争以前，尽管封建王朝厉行"海禁政策"，但旅居国外的闽籍华侨已达到几十万人。[④] 鸦片战争打开了中国的大门后，福建沿海特别是闽南各县人民大批相率渡海去南洋。他们之中大体有两种情况，一种是国内破产失业的劳动人民，因经济压迫或天灾人祸往海外谋生路，由亲族

---

① 《东方杂志》1907年第10期，上海商务印书馆编辑出版，转引自林金枝主编：《华侨华人与中国革命和建设》，福建人民出版社，1993年，第78页。

② 李文治编：《中国近代农业史资料》，第一辑，三联出版社，1957年，第941~942页。

③ 福田省三：《華僑经济論》，岩松堂，东京，1939年，第91页。

④ 福建省地方志编纂委员会：《福建省志·华侨志》，福建人民出版社，1992年，第1页。

相互牵引协助来到南洋，也有大量的"契约华工"被贩卖到南洋做苦工。据统计，1880—1909年的30年中，从厦门、汕头、香港三地出境的移民达到6327398人，其中仅从厦门出去的移民就有2107012人。[①]另一种是国内反清起义的志士及其后代，在反抗斗争失败后，逃往海外谋生。例如新加坡华侨、孙中山的同学吴杰模的父亲，还有爪哇糖业大王黄仲涵的父亲黄志信等人，就是因为参加1853年的闽南小刀会武装起义，响应太平天国失败后逃往南洋的。[②]永春人林俊会组织红线会，起兵响应太平天国革命失败后，其弟弟与儿子逃往印度尼西亚，又组织天地会，后合入于义兴会。辛亥革命前夕，新马地区的"三生馆"领袖戴炎、蔡永应等人，原来都是泉州的三点会（即三合会）成员，后来逃亡出国的。[③]总之，闽籍华侨中的大多数人，是因为经济贫困、政治迫害在国内无法立足而离乡背井的。他们移民海外的具体动机不尽相同，但是都有着不满现实的情绪和敢于冒险的性格。到了东南亚以后，他们披荆斩棘、流血流汗，对侨居地的开发建设和经济发展做出了重要贡献。一小部分华侨，通过多年的辛勤经营、刻苦奋斗，在经济上建立了基础，甚至跻身于中小资产阶级。但是，他们长期遭受当地殖民主义、帝国主义和种族主义分子的歧视、排挤和迫害，在居住地充其量也只不过是二三等公民。清朝政府曾长期视华侨为"背弃祖宗庐墓"的"化外之民"，不仅对海外华侨的利益不予保护，反而对归国华侨和华侨眷属进行巧取豪夺。清末时期，清政府对海外华侨的政策有所变化，有意保护海外华侨，以利用华侨经济力量，却没有实力去真正做到"护侨"。

19世纪末，随着帝国主义列强对中国侵略步步深入，清王朝的国势日衰，华侨在国外的处境更如江河日下，苦不堪言。因此，海外华侨对清政府的统治有着强烈的不满，迫切要求改变祖国现状，希望有一个强大的祖国作靠山，改变寄人篱下的地位。他们的处境和地位，决定了他们容易受孙中山等革命党人提出的革命反满思想。著名的同盟会员黄乃裳（闽清人）在谈到自己入盟以前的思想状态时说："回想自三十七岁至四十七岁十余年中，见夫外力之侵迫，国势之屡弱，民治之腐败，社会之颓落，妄希效力于国家。"[④]黄乃裳曾是变法维新派，但是百日维新的失败使他猛醒，"知非革命不足以救亡拯毙也"。[⑤]黄乃裳的思想有代表性，华侨中不乏有识之士，他们正是在内忧外患中思考用什么办法挽救祖国前途的。

---

① 福田省三:《華僑経済論》，岩松堂，东京，1939年，第64~70页。
② 林金枝主编:《华侨华人与中国革命和建设》，福建人民出版社，1993年，第75页。
③ 陈允敦:《辛亥革命前后的南洋华侨》（回忆录），油印本。厦门大学南洋研究院资料室收藏。
④ 刘子政:《黄乃裳与诗巫》，中国华侨出版公司，北京，1991年，第106、108页。
⑤ 刘子政:《黄乃裳与诗巫》，中国华侨出版公司，北京，1991年，第106、108页。

著名闽籍华侨、缅甸同盟会会长庄银安谈到自己投身革命阵营的原因时说："年十八渡缅甸、耳目所及，始恶外人之所以欺我侮我者，皆我国势不振有以致之。余因是革命思想油然而生，盖非革命不足以强国，非革命不足以唤醒侨民。"[①] 华侨从爱乡爱国走向革命，对革命寄予无限希望，对革命党人宣传的革命反满思想自然比较容易接受。再加上华侨生活在国外，接受西方资产阶级文化较早，又处在清政府反革命暴力无法直接达到的地区，所以许多华侨在国内革命风潮的影响下，在革命派宣传教育下，成了辛亥革命运动的积极追随者和支持者，这正如孙中山先生所指出的那样："华侨的思想开通较早，明白本党的主义在先，所以他们辛亥革命也在先。"[②] 福建籍侨胞中，就有许多"革命在先"的志士，他们在辛亥革命运动中建立的功勋永彪史册。

二、发展革命组织的中坚力量

1894 年，孙中山在海外华侨中建立了中国第一个资产阶级革命团体——兴中会，之后又连续在日本横滨、中国香港、越南河内等地成立了兴中会分会。原籍海澄县（现厦门海沧区霞阳村）的港澳同胞杨衢云（飞鸿），早在 1890 年与友人谢缵泰发起建立了香港的"辅仁文社"，以"开通明智，讨论时事"为宗旨。1895 年孙中山先生自檀香山抵香港发展兴中会组织时，杨衢云等欣然赞成，且愿取消旧社名义，成为协助孙中山在香港建立兴中会分会的主要骨干，在 1989—1900 年期间，担任兴中会总会的首任会长。1895 年，他协助孙中山先生筹划和领导兴中会成立后的第一次武装起义（即乙未九月广州之役），并积极为起义秘密准备武器弹药，"驻港为之转运，数月来未之或失"。[③] 不幸的是，由于计划不周，举措不当，这次起义刚要发动就遭到清政府的血腥镇压，到广州参加起义的兴中会员不少人被捕牺牲，官厅通缉孙中山和杨衢云的告示贴遍广州城内外。在危险、残酷的环境中，杨衢云面无惧色，坚持革命活动，后来"乃家人及戚友苦劝离境，不得已奔赴南洋"避难。[④] 不久又辗转到了印度、南非、欧洲、菲律宾、新加坡、日

---

① 《庄银安先生七十晋三寿言·自序》，转引自林金枝主编：《华侨华人与中国革命和建设》，福建人民出版社，1993 年，第 79 页。

② 中华书局编辑部编：《纪念辛亥革命七十周年学术讨论会论文集》（上册），中华书局，北京，1983 年，第 405 页。

③ 冯自由：《革命逸史》，第 5 集，商务印书馆，上海，1947 年，第 10 页。

④ 冯自由：《革命逸史》，第 5 集，商务印书馆，上海，1947 年，第 11 页。

本等地，"所至皆专向华侨为我们民族革命之鼓吹"，[①]同时也在这些地区的侨胞中发展兴中会组织。1901年11月，杨衢云在香港被清政府派遣的凶手暗杀。当时孙中山正在日本横滨，接到他遇害的电报后非常悲痛，随即通告在横滨的同志，集会追悼，印刷讣告，发寄中外，并在革命党人中募款以抚恤他的家属子女。孙中山先生在写信给兴中会员、杨衢云的战友谢缵泰的一封信中，说"先友杨君在港遇害之事，弟得接电者，即向同志周知，弟与各同志皆深为惋惜哀悼之情，有非笔墨所能尽者矣"。[②]可见，孙中山及兴中会员们与杨衢云之间的革命感情。

1905年，孙中山领导建立了全国统一的革命政党——同盟会，革命形势迅速发展。1906年开始，孙中山以及他委派的革命党人先后到南洋各地建立同盟会，发展革命力量。在革命思想的教育启发下，有许多福建华侨投入到革命阵营中，成为南洋各地同盟会组织的骨干和中坚。

侨居新加坡的华侨陈楚楠（厦门人）是南洋同盟会的创建者之一，担任过南洋英荷两属同盟会会长，被誉为"南洋革命党第一人"。孙中山在南洋开展革命发动工作，他是得力助手，曾受孙中山的委派到南洋各地建立同盟会分会。到1908年，仅南洋英荷的殖民地就有同盟会的分会和通讯处100多个。同盟会组织在南洋侨胞中得到如此迅速的发展，"楚楠之力为多焉"。[③]另一侨居新加坡的闽籍华侨林镜秋（厦门人），也是较早加入同盟会的会员之一，曾被举为南洋同盟会书记，以后又担任同盟会中的福建帮长，"对于革命进行，奋斗费懈"。[④]

事实上，在马来亚各地，许多闽籍侨胞成为当地同盟会组织的领导人或骨干。槟城华侨吴世荣（海澄县人）被公举为当地同盟会会长，黄金庆（同安县人）为副会长。1910年，孙中山将同盟会南洋支部迁往槟城，任命黄金庆、吴世荣为支部负责人。[⑤]马六甲华侨沈鸿柏（晋江人）是当地同盟会负责人，他在1907年发起组织的"救国十八友"华侨爱国团体，于1908年被纳入同盟会马六甲分会，到1911年武昌起义前已发展为200余人。此外郑螺生（同安人）是同盟会怡保分会会长，闽侨陈新政、邱明旭是槟城同盟会的主要骨干，李振殿（厦门人）是沙捞越同盟会骨干。

在南洋其他地区，侨居缅甸的闽侨庄银安、徐赞周、陈仲赫、张友福、徐甘

① 冯自由：《革命逸史》，第5集，商务印书馆，上海，1947年，第11页。
② 冯自由：《革命逸史》，第5集，商务印书馆，上海，1947年，第16页。
③ 冯自由：《革命逸史》，第3集，商务印书馆，上海，1947年，第187页。
④ 傅无闷、郁树琨主编：《南洋年鉴》，新加坡南洋报社有限公司，1951年，癸第100页。
⑤ 颜清湟著，李恩涵译：《星马华人与辛亥革命》，联经出版事业公司，台北，1982年，第261页。

泉等人为在缅甸华侨中建立同盟会组织起过重要作用，庄银安被推举为同盟会缅甸分会会长。缅甸的同盟会自1908年建立后，仅一年多时间就在20多个城镇建立了分会组织。据统计，1908—1911年，缅甸华侨参加同盟会组织的达到2343人，[①]其中许多是福建侨胞。菲律宾的同盟会组织成立于1911年春天，虽较其他地区为迟，但在此前几年，福建华侨郑汉淇、杨豪侣等人"均时常向侨众抨击清政，不遗余力，闽粤同胞多为感化"。[②] 他们的活动已为菲律宾建立同盟会组织奠定了基础。当孙中山派人来发展同盟会时，郑汉淇等人马上响应，协助革命党人迅速顺利建立了分会组织，郑汉淇当选为会长。暹罗同盟会成立于1908年冬，由华侨报纸《华暹日报》社长萧佛成（南靖县人）任会长。

为扩大革命组织，南洋同盟会通过各种渠道物色革命青年，吸收到基层组织中来，例如陈楚楠等人就曾介绍新加坡基督教长老会的闽籍牧师郑聘廷（惠安人）加入同盟会，而郑聘廷又利用传教布道的机会，广泛宣传革命思想，"尽量介绍其教会中有名誉的信徒，如李镜仁、庐礼朋等多人入党。于是吾党中往往多为教会中人"。[③]

南洋的闽籍华侨除了在海外侨居地积极参加和支持同盟会外，也十分关心家乡的革命发展。新加坡、泗水、马尼拉等地的同盟会组织，都曾派人回到福建沿海城市，联络归侨，发展组织。1906年在新加坡加入同盟会的黄乃裳，曾经在厦门担任主盟人，福建同盟会负责人郑权就是由他主盟，在厦门入会的。[④] 泗水同盟会员王振邦（南安人）于1910年回到厦门，在挂着外籍招牌的万成客栈建立秘密据点，暗中进行宣传、联络，建立了同盟会组织，先后有30多名归侨入盟。[⑤] 王振邦还设法通过关系，"联合厦门水口、禾里山、磐石各地炮台以及营盘防勇"。[⑥] 在驻厦清军中开展策反，扩大革命力量。新加坡华侨黄蕴珊回到厦门发展革命组织时，甚至到警察中开展活动，发展总巡官及分局巡长为同盟会员。[⑦] 同安县归侨庄育才等人加入同盟会后，积极在灌口建立同盟会地方组织，并发动成立"公益社""农务分会"及"天然养生畜牧公司"，吸收200多人参加"革命军"，暗中进行军事训练，

①　冯自由：《华侨革命开国史》，商务印书馆，上海，1947年，第100页。
②　冯自由：《华侨革命开国史》，商务印书馆，上海，1947年，第118页。
③　张永福：《南洋与创立民国》，转引自中国社会科学院近代史研究所近代史资料编辑组编：《近代史资料专刊：华侨与辛亥革命》，中国社会科学出版社，1981年，第119页。
④　孔立等：《华侨与辛亥革命》，《厦门大学学报》（社科版）1981年第4期。
⑤　厦门华侨志编纂委员会：《厦门华侨志》，鹭江出版社，厦门，1991年，第124页。
⑥　王振邦：《光复厦门漳泉永纪界》，引自中国人民政治协商会议福建省泉州市委员会文史资料研究委员会《泉州文史资料》，第9辑，1981~1982年，第36页。禾里山应为现胡里山。
⑦　孔立等：《华侨与辛亥革命》，《厦门大学学报》（社科版）1981年第4期。

为武装起义做准备。缅甸归侨陈仲赫、陈育才和印尼日里归侨李增辉，协助灌口同盟会，以立宪派在同安设立的"自治研究所"为掩护，成立同盟会的外围组织"同安青年自治会"，发展革命力量。①

泉州的同盟会组织也是在南洋的同盟会员的帮助下建立起来的。泗水同盟会员蒋以麟（泉州人）曾于1908—1910年两次回国考察革命形势，1911年4月又受同盟会委派，秘密携带枪支回国，在泉州地区发展革命组织。他与当地的革命党人以及从南洋各地归国的华侨吴文楚、杨光练、庄汉民、盛九昌等人陆续取得联系，共同开展秘密工作，争取一般群众，于辛亥年九月初成立了泉州同盟会，设机关于泉州小开元寺西隅学堂，蒋以麟被举为会长。值得指出的是，闽籍华侨以饱满的革命热情相率加入同盟会组织，曾出现不少动人的事迹。例如泗水华侨蒋报策之子蒋以麟、蒋报科之子蒋德卿又都是同盟会组织的骨干分子。1911年，他们四人同时回国，在厦门、泉州一带从事革命活动，"为了辛亥革命，毁家输将，兄弟子侄，同为革命健将"②，一时传为佳话。

三、宣传革命思想的舆论先锋

任何革命的发生，总要先造成革命舆论。在传播革命思想，揭露保皇派，启发侨胞的革命觉悟方面，闽籍华侨也发挥了重要作用。

1907年7月，上海发生了"苏报案"，清政府向英租界要求引渡宣传革命思想的章炳麟、邹容两人归案，激起全国人民的反对，海外华侨为此也同清政府进行了坚决斗争。陈楚楠、张永福等声援《苏报》主笔，用小桃源俱乐部名义致电驻上海英领事，"请援保护国事犯条例，勿引渡章邹于清廷，以重人权"。③由于革命派的斗争，挫败了清政府引渡的阴谋。1903年以前，以康梁为首的保皇派在海外华侨社会中十分活跃，他们的保皇主张阻碍了革命思想的传播。为了启发侨众的革命思想，陈楚楠等人自筹资金印刷革命书刊报纸。他们曾翻印邹容的名著《革命军》，改名《图存篇》，印刷1万册散发南洋各地，甚至带回国内广事宣传。1904年，陈楚楠、张永福出资5万元创办《图南日报》，这是南洋地区进行革命

---

① 厦门华侨志编纂委员会：《厦门华侨志》，鹭江出版社，1991年，第124页；中国人民政治协商会议福建省厦门市委员会文史资料研究委员会：《厦门文史资料》，第14辑，1988年，第85页。

② 中国人民政治协商会议福建省泉州市委员会文史资料研究委员会：《泉州文史资料》，第9辑，1981—1982年，第94页。

③ 冯自由：《革命逸史》第3集，商务印书馆出版，1947年，第184页。

宣传的第一个言论机关。该报行销南洋英荷两属各埠，销售达 2000 余份。"由是革命思潮始渐传播于南洋群岛"，[①]在华侨中产生了较大影响。1905 年，华侨冯夏威为抗衡美国禁止华工入境、排斥华工的罪行，自杀于上海美国领事馆前。《图南日报》发起了追悼冯夏威的大会，到会的华侨达数千人。革命党人登台演说，广大侨胞情绪激昂。这次集会有力推动了南洋华侨抵制美货运动的开展，提高了华侨的爱国主义觉悟。《图南日报》受到孙中山的极大关注，他经常通过战友尤列了解情况，并且利用路过新加坡的机会，亲自与陈楚楠、张永福等人联络。1905 年，《图南日报》刊印了宣传推翻清廷、预言革命必胜的月份牌，上书"文字收功日，全球革命潮，图开新世界，书檄布东南"，以及"忍令上国衣冠沦于夷狄，相率中原豪杰还我河山"等震撼人心的字句，很受华侨欢迎，孙中山也很欣赏，特邮寄 20 美元购买 20 份作纪念。《图南日报》因经费困难等原因停刊后，陈楚楠等人又于 1907 年在新加坡创办了《中兴日报》，与康梁等保皇党人所控制的报纸大开笔战，成为这一时期南洋华侨进行革命宣传的主要阵地。孙中山先生也常用"南洋小学生"笔名撰文刊登于该报，痛斥种种攻击革命的谬论。《中兴日报》最高销售量曾达到 4000 余份，"各埠侨众直接受到其感化，实非浅鲜"。[②]该报在启发华侨革命觉悟方面起过不小的作用。此外，1908 年时，闽侨庄银安、徐赞周等在仰光创办了宣传革命的《光华报》，"大倡革命排满，尤抨击康梁，不遗余力"。[③]1910 年，清政府勾结英国殖民政府迫害《光华报》，于是庄银安避难到槟榔屿，在当地同盟会员、闽籍华侨陈新政等人支持下重组《光华报》。该报继续出版发行后，也成为当时颇具影响的革命派报纸，其"崇论宏议，与新加坡之《中兴日报》前后辉映"。[④]

除了办报纸，各地华侨还利用书报社等形式传播革命思想，联络革命党人，许多书报社本身就是同盟会机关所在。南洋各地的书报社可溯源于华人牧师郑聘廷于 1903 年创办的"星洲书报社"，革命派陈楚楠、张永福等人都曾利用书报社宣传民族主义与革命思想。1905 年孙中山到新加坡时，肯定这种书报社可对革命作更大贡献，郑牧师后来也加入了同盟会，于是南洋各地革命派争相效仿，纷纷设立书报社。据统计，在武昌起义爆发以前，新加坡、马来亚地区和荷属东印度地区各有 50 多家华侨书报社，[⑤]对于向一般侨众宣传革命道理起了重要作用。例如

① 冯自由：《华侨革命开国史》，商务印书馆，1947 年上海版，第 72 页。
② 冯自由：《华侨革命开国史》，商务印书馆，1947 年上海版，第 88 页。
③ 冯自由：《华侨革命开国史》，商务印书馆，1947 年上海版，第 100 页。
④ 冯自由：《华侨革命开国史》，商务印书馆，1947 年上海版，第 87 页。
⑤ 冯自由：《华侨革命开国史》，商务印书馆，1947 年上海版，第 89~92 页。

星洲书报社，郑牧师等人，"利用该社为宣传革命之园地，陈列国内外报章暨革命群书，琳琅满目，任人阅览，以开通明智，唤醒同胞"。①该书报社还定期组织演讲会，请当时活跃于南洋一带的著名同盟会员胡汉民、黄乃裳等人到会演说，"以种族观念革命主义，灌输侨众，慷慨激昂，闻者感动，冠盖往来，一时称盛"。②民国建立以来，1912年3月1日，孙中山以临时大总统名义特地为该书报社颁发优等旌义状，以资表彰。③

福建同盟会员还积极地回国回乡进行革命宣传发动。黄乃裳六十高龄时，不畏清廷的查禁，自告奋勇把5000本《图存篇》（即《革命军》）带回广东潮州、福建厦门、福州等地散发，足迹遍及潮州、漳州两府的10多个县，对开启闽粤社会的革命风气起了推动作用。新加坡同盟会的组织者之一张永福回忆这段历史时写道："黄君自是先到潮州与许雪秋、林受之两兄弟认识，送以《图存篇》引以革命宗旨，又因许而联及黄冈诸友，于是漫及潮中报界学界，……革命宗旨全潮几为布满，黄冈起义君为之先河，启导之功，至大至宏，信不可没也。"④黄乃裳从潮州回到福州养病期间，利用同窗、故旧、师生等各种关系进行宣传和动员。他"家住省垣，闽中闻人萨镇冰、黄培松均为同寅，绅衿则故交，青年多门下士，故随时随地皆可自由散播革命种子，将所携之《图存篇》各密赠至罄，闽中有志之士相借传观，或手持一书以熟诵，弥漫全闽，人心一变"。⑤在辛亥"三·二九"起义之前，黄乃裳动员他最信任的学生们赴粤参加举事，在黄花岗起义失败后，20位闽籍死难烈士中有半数是他的学生，例如著名革命烈士方声洞、黄忠炳、卓秋源等人。还有一些普通的华侨同盟会员回到家乡，直接深入到城乡基层群众中去进行发动。他们"有的是由当地同盟会组织派来的，有的是自告奋勇而来的"。新加坡同盟会员施明于1907年回到厦门，"因病住在鼓浪屿救世医院，结识医生，利用外国医院掩护进行活动"⑥，暗中宣传革命，发展王兆培等革命青年加入同盟会。王兆培后于1910年赴中国台湾入台北医学校学习，同时积极发展会员，为中

① 傅无闷、郁树琨主编：《南洋年鉴》，新加坡南洋报社有限公司，1951年，癸第100页。
② 傅无闷、郁树琨主编：《南洋年鉴》，新加坡南洋报社有限公司，1951年，癸第100页。
③ 福建省地方志编纂委员会：《福建省志·华侨志》，福建人民出版社，1992年，第152页。
④ 张永福：《黄乃裳君传》，转引自中国社会科学院近代史研究所近代史资料编辑组编：《近代史资料专刊：华侨与辛亥革命》，中国社会科学出版社，1981年，第123页。
⑤ 张永福：《黄乃裳君传》，转引自中国社会科学院近代史研究所近代史资料编辑组编：《近代史资料专刊：华侨与辛亥革命》，中国社会科学出版社，1981年，第123页。
⑥ 中国人民政治协商会议福建省委员会文史资料编辑室编：《福建文史资料》，第6集，福建人民出版社，1980—1981年，第110~111页。

国同盟会台湾分会的成立起过重要作用。^① "漳州辛亥革命思潮，是从在海外工作和留日归国的青年传播的，同盟会也是由他们推进的。"^②1909 年，菲律宾华侨庄玉奉孙中山先生之命回国，将在上海筹组华侨联合会，返经漳州时，与其妻共同筹资创办技术专修学校，另一革命青年郑无涯在他的影响下，创办了普及阅书报社和普及业余夜校，"作为宣传革命和教育青年的机构"。^③在泉州、晋江一带从事革命宣传活动的盛九昌（南安人），1906 年在新加坡加入同盟会，是有名的牙医和摄影师。盛九昌认为革命应从家乡搞起，于是束装回国，以补牙为掩护，进行革命活动。他随身背带补齿、照相工具，走访安海、石狮、永宁、深沪等镇，遍及泉州南门外的大小村落，表面上是招揽生意，实际上是挨家挨户地进行革命宣传，他 "随机应变，见缝插针，讲述了清王朝的黑暗历史，祸国罪行，兼及社会上的恶风陋习，如缠足、留辫、赌博等，深入群众，启发民智，传播同盟会的革命思想"。^④此外，厦门归侨仿效南洋华侨创办了阅书报社，购买新书刊，向各界人士传播革命思想，同时还设立 "中华理发店"，免费为人们剪除发辫，并且散发传单，用这种方式宣传反清思想，扩大革命影响。^⑤

四、慷慨捐款助饷的重要贡献

从经济上支持辛亥革命斗争，是海外华侨的主要贡献之一。孙中山从创办兴中会开始，发动历次武装起义和进行各项革命活动的经费几乎全部来自华侨。孙中山评价革命过程中各阶层所起的作用时说："慷慨助饷，多为华侨，热心宣传，多为学界，冲锋破敌，则在新军和会党。"^⑥福建籍华侨在 "慷慨助饷" 方面的表现十分突出。1907—1908 年，孙中山领导的同盟会曾经在粤、桂、滇三省连续发动多次武装起义，如丁未（1907 年）年四月十一潮州黄冈之役，农

---

① 中国人民政治协商会议福建省漳州市委员会文史资料研究委员会：《漳州文史资料》，第 2 集，1982 年，第 7~8 页。
② 中国人民政治协商会议福建省委员会文史资料编辑室编：《福建文史资料》，第 6 集，福建人民出版社，1980—1981 年，第 120~121 页。
③ 中国人民政治协商会议福建省委员会文史资料编辑室编：《福建文史资料》，第 6 集，福建人民出版社，1980—1981 年，第 120~121 页。
④ 中国人民政治协商会议福建省泉州市委员会文史资料研究委员会：《泉州文史资料》，第 9 集，1981—1982 年，第 109 页。
⑤ 孔立：《厦门史话》，上海人民出版社，1979 年，第 123 页。
⑥ 孙中山：《中国革命史》，见胡汉民编：《总理全集》，第 1 集（下册），上海书店，1990 年影印本，第 923 页。

历七月钦州防城之役，九月惠州汕尾之役，夏历十月底广西镇南关之役，戊申（1908 年）二月钦州马笃山之役，三月云南河口之役等。每次起义，孙中山均令陈楚楠等筹款接济，"楚楠恒踊跃输将，惟恐不力"。[①]1908 年云南河口起义失败后，大部分起义军将士退入越南境内，后又被转送到新加坡安置，孙中山"乃令楚楠等设法收容，各给相当工作，使免冻馁。楚楠于是开设中兴公司于蔡厝港，以安插彼等，且介绍槟榔屿、吉隆坡、吡叻（霹雳）、文岛各埠工厂矿场农场，使各得所，而众心始安"。[②]陈楚楠由于长期捐款革命事业，花费了巨额款项，以致发生了兄弟之间的分产案件。庄银安也像陈楚楠一样，不遗余力地从经济上支持各次武装起义，"当时同盟会军事计划，欲以云南为根据地。同志之由缅甸、越南潜入者，每就先生擘划一切"。[③]

1908—1911 年这四年间，同盟会先后多次派员到缅甸华侨中筹款，也是庄银安等人"每次均以数千元助之"。[④]1911 年"三·二九"起义用款最多。为了购买武器弹药，革命党人分头到各侨居地向华侨募款，槟榔屿华侨陈新政（厦门禾山人）"即其中呼号奔走最力者之一"。[⑤]怡保同盟会主要领导人物郑螺生、李源水带头各捐叻币 1000 元，甚至变卖股票以充革命军饷。这次起义，南洋和美洲华侨共筹款 187000 元，[⑥] 仅马来亚华侨就合计捐款 47600 多元。[⑦]

武昌起义爆发后，捷报传到海外，广大侨胞莫不欢欣鼓舞，随即出现了筹款支援各省光复斗争和革命政权的热潮。"马来亚广大的侨众投身于实际的反满行动之中，成千上万的人剪去了辫子，焚烧代表清的龙旗，并蜂拥而出向革命军捐献款项。"[⑧]1911 年 11 月，福建光复后，闽军政府建立，百废待举，需款孔急。军政府建立了专事筹款的"筹饷局"，由黄乃裳兼任局长；闽都督孙道仁发表"致南洋兄弟父老书"，请求南洋支持新政权，"更集巨款，克日汇闽"。新加坡华侨积极响应，1911 年 11 月 3 日，新加坡福建会馆在天福宫召开群众大会，成立"福建保安捐款委员会"，选出以陈嘉庚为主席的 20 人委员会，并将会上当场捐得的 2 万元叻币汇往福建新政府应急。此后，陈嘉庚领导的保安会负责"筹款 10 余万元，

---

① 冯自由：《革命逸史》，第 3 集，商务印书馆，1947 年，第 188 页。
② 冯自由：《革命逸史》，第 3 集，商务印书馆，1947 年，第 188 页。
③ 中国社会科学院近代史研究所近代史资料编辑组编：《近代史资料专刊：华侨与辛亥革命》，1981 年，第 175 页。
④ 冯自由：《华侨革命开国史》，商务印书馆，1947 年上海版，第 100 页。
⑤ 陈宗山：《陈新政传》，转引自刘继宣、束世澂：《中华民族拓殖南洋史》，国立编译馆，1934 年，第 310 页。
⑥ 邹鲁：《广州三月二十九革命史》，国民图书出版社，1944 年，第 17 页。
⑦ 冯自由：《华侨革命开国史》，商务印书馆，1947 年上海版，第 88 页。
⑧ 颜清湟著，李恩涵译：《星马华人与辛亥革命》，联经出版事业公司，台北，1982 年，第 281 页。

汇交闽督作救济用途,并倡募民捐 20 万"。[1] 马来亚怡保、槟城、雪兰莪、霹雳等地的同盟会也纷纷集会筹款,迅速汇款支持福建、广东和其他省市的光复事业。在新的革命高潮到来之际,连闻名的保守维新人物、锡矿大王胡子春(永定县人)也剪掉辫子,捐献了 5000 元叻币巨款支持革命。1911 年 10 月 11 日至 1912 年 2 月 12 日,仅仅 4 个月时间,新加坡、马来亚华侨支援国内革命的汇款总数已达叻币(或港币)87 万多元,其中 27 万元汇往福建的革命政府。[2] 武昌起义的消息传到仰光,缅甸华侨也于 10 月 11 日设立了"筹饷局",举徐赞周为局长。缅甸同盟会发出"告全缅侨胞书",号召捐款支援福建光复。庄银安还被推举为南洋华侨代表,回闽协助进行光复事业。据担任福建革命政府筹饷局长的黄乃裳记述,光复后的新政府共计"得华侨汇款 70 余万"。[3] 除了汇款外,闽籍华侨还推派代表回到福建慰劳,并带回各阶层侨胞的捐款。陈新政"受同志推任代表回国,抵闽后,即电南洋各埠乞将伯,应者又收十万"[4] 庄银安、丘廑兢携带仰光华侨捐款来厦门主持临时筹饷局,协助地方财政。泗水派庄以卿、庄少谷、王少文带 2 万元到厦门,支援光复斗争。[5] 武昌起义后,大笔捐款源源而来,华侨对辛亥革命经济上的支援达到了最高峰。据估计,福建光复前后得到的华侨捐款,总数"不下 200 万元",[6] 闽籍华侨捐献的巨款,不仅支持了革命力量光复全省各地,而且使故乡土地上刚刚诞生尚十分脆弱的革命政权得以稳定,从而有利于建立新的政权体系。

五、参加光复起义的壮举

闽籍华侨对辛亥革命运动的另一重要贡献,是他们中有不少人直接参加了光复福建各地的武装斗争。福州、厦门、泉州等地的光复起义,都有归国华侨参与发动和领导。

---

① 中华全国归国华侨联合会编:《陈嘉庚先生纪念册》:"陈嘉庚先生年谱",1962 年。

② 颜清湟著,李恩涵译:《星马华人与辛亥革命》,联经出版事业公司,台北,1982 年,第 353 页。

③ 刘子政:《黄乃裳与诗巫》,中国华侨出版公司,1991 年,第 123 页。

④ 陈宗山:《陈新政传》,转引自刘继宣、束世澂:《中华民族拓殖南洋史》,国立编译馆,上海,1934 年,第 310 页。

⑤ 陈宗山:《陈新政传》,转引自刘继宣、束世澂:《中华民族拓殖南洋史》,国立编译馆,上海,1934 年,第 310 页。

⑥ 国立暨南大学南洋美洲文化事业部编:《南洋研究》,第三卷第 1 期,上海,1930 年 1 月 1 日,第 16 页。

在福州的光复起义中，黄乃裳是重要领导成员。早在黄花岗起义失败后，黄乃裳就利用他担任福州英华、福音、培元三个书院教务长的机会，积极在学生中组织炸弹队，为在福建举行武装起义做准备。武昌起义爆发后，正在南洋的黄乃裳立即乘船返回福州以响应。农历九月十八日夜十一点，福州英华、福音、培元三书院的 30 名学生炸弹队员，聚集在黄乃裳家里正装出发。十九日清晨，黄乃裳亲自举起"十八星大红旗"（当时革命军的旗帜，取十八省同时革命之意），率领他们和体育会百余人、商团百余人以及社会青年 30 余人，由仓前山桥南公益社（即同盟会会址）出发开进城内，分守于乌石山、于山、越王山一带。下午，同盟会骨干身先士卒，驻闽新军革命派英勇进攻，几千名群众自发支援，终于占领道台衙门，福州庆获光复。1911 年 11 月 13 日，在福州建立了"中华民国军政府闽都督府"，又组织临时参议会。黄乃裳积极参加新政权的建设工作，任交通司司长，后又兼任都督府下设的政务院筹饷局局长，为新政权开辟财源，对于稳定福建光复后的局势立下了汗马功劳。在福州光复不久，还有一支由革命热血青年自发组建起来的"福建学生北伐军"，成员有福州英华、开智等学校的学生、闽清县青年以及南洋华侨青年，计 500 余人，华侨许逸夫、廖国炎担任学生代表。黄乃裳关注和支持这支队伍的发展，千方百计筹款并个人捐款维持学生军的开销。1912 年 1 月 17 日学生军出发北伐时，黄乃裳高举"祈战死"的大旗走在队伍最前列。①

厦门是福建华侨的主要进出口岸，一向是同盟会进行革命活动的重要地区。在厦门的光复斗争中，南洋华侨发挥了重要作用。印度尼西亚泗水华侨王振邦是辛亥光复厦门之役的主要领导人，负责组织联系和经费筹措。在光复过程中，"林衡可、施明、黄蕴山分别占领各机关，清吏皆逃遁，民众鸣炮鼓舞欢迎！"陈天赐、黄金安、陈清池以及华侨炸弹队的杨有本、蒋赢洲、蒋德卿、蒋报安、蒋以钦、王克昌、蒋世春、陈子山等 56 位归侨，都参与光复厦门之役。此外，还有 47 位华侨青年自筹川资，分别从缅甸仰光、印度尼西亚日惹、马来亚的吉隆坡、槟城、太平以及新加坡返回厦门，为新政权效力，其中有 26 人前往湖北参加敢死队。福州光复的消息传来，归国华侨庄育才、陈仲赫、陈延香、陈飚臣、庄惠然、陈少荣等带领同安县和灌口两地的同盟会会员，配合原先组织的革命军发动进攻同安县城，驻军反正，革命军顺利进城，同安知县投降缴印，同安宣告光复。②

---

① 中国人民政治协商会议福建省委员会文史资料编辑室编：《福建文史资料》，第 6 辑，1980~1981 年，第 65 页。

② 厦门华侨志编纂委员会：《厦门华侨志》，鹭江出版社，1991 年，第 125 页；中国人民政治协商会议福建省泉州市委员会文史资料研究委员会：《泉州文史资料》，第 1 集，1984 年。

泉州的光复斗争也有华侨参加和领导。蒋以麟于1911年5月受泗水同盟会委派回泉州进行革命活动。他与当地革命党人许卓然、叶青眼和从海外回来的侨界同志取得联系，开展革命活动，发展同盟会员，争取革命群众。福州、厦门先后起义成功后，蒋单身前往会见泉州防军统制唐万胜，晓以大义，喻以利害，劝唐起义。唐终于接受革命党人所提出的条件，宣告反正，泉州遂得光复。[①]

在光复漳州的斗争中，同盟会员、华侨郑绍三等人曾暗中约集石码、角尾、福浒等地的农民百余人，各带刀、棍、鸟枪等武器，抵达漳州城郊支援。[②]

总之，1911年武昌起义后，在福建沿海主要城市进行的光复斗争，既有南洋华侨直接参与组织领导，又有赖于他们在经济上的大力支持，闽籍华侨对家乡辛亥革命运动的贡献是巨大的。

六、几点看法

首先，从南洋闽籍华侨参加孙中山领导的辛亥革命的诸多表现来看，他们无论是在南洋侨居地或是在中国故乡之地，都在发展革命组织、宣传革命思想、筹捐革命经费和参加武装起义方面作出了重要贡献，尤其是在武昌起义后革命高潮中，闽籍华侨对福建光复运动的巨大援助，更是十分突出。毫无疑问，南洋闽籍华侨参加辛亥革命的事迹也充分表明了广大华侨的爱国主义热忱。

其次，南洋华侨对辛亥革命的贡献，当然不能以华侨的省籍或方言集团所属来区别其热烈程度，总的来说，各省籍、各方言群的华侨，都对辛亥革命有所贡献。但是，也不能不看到，由于南洋华侨在各地的分布与方言群体有极大的关系，华侨社会的地缘、血缘、业缘纽带十分强劲，孙中山先生及革命派在南洋地区发动华侨参加革命时，又与以"三缘"为主的华侨团体有密切关系，所以，不同省籍或方言群体的华侨对辛亥革命的贡献又显现出某些特点来。就南洋地区福建籍的华侨来说，大多数人是说闽南方言的厦门、漳州、泉州人士，少部分是属于福州方言、兴化方言和客家方言群体的人士，他们比较集中地分布在新加坡、马来亚、印度尼西亚、缅甸和菲律宾，而新加坡、马来亚正是海外华侨支援辛亥革命的中心和基地之一，所以上述地区的闽籍华侨中出现了一大批忠实追随孙中山先

---

① 张希哲、陈三井主编：《华侨与孙中山先生领导的国民革命学术研讨会论文集》，中国台湾"国史馆"印行，台北，1997年，第238页。

② 福建省地方志编纂委员会：《福建省志·华侨志》，福建人民出版社，1992年，第153页。

生的革命骨干分子。

最后，闽籍华侨在南洋多从事于商业贸易，其中不乏富商、资本家，他们有的原来就是当地华侨社团的领袖，具有号召力和影响力。如陈楚楠、陈嘉庚、吴世荣、黄金庆、陈新政、郑螺生、李源水、庄银安、徐赞周、萧佛成等著名革命骨干，都属于这一阶层。因此，闽籍华侨在建立革命组织和筹款助饷方面能有特别重要的贡献，应当充分肯定华侨资产阶级在辛亥革命中所起的重要作用。

（原载于赵红英、张春望主编《中国侨史学界纪念辛亥革命100周年学术讨论会论文集》，中国华侨出版社，2011年）

华侨对五四运动的响应和声援

　　1919 年爆发的五四运动，不仅在国内各地各阶层，而且在海外华侨中也引起了巨大震动和反响，引发了空前规模的抵制日货运动，写下了华侨爱国运动史上重要的一页。但迄今为止，在国内有关五四运动的著述中，几乎完全没有涉及五四运动在海外华侨中的反响，在近年出版的几本华侨史专著中，对这一段历史亦鲜有提及。国外学者倒是作过零星研究，如新加坡国立大学崔贵强先生的《海峡殖民地华人对五四运动的反响》，日本学者菅野正先生的《五四运动与南洋华侨》，算是比较有代表性的论文。本文在参考国内外有关文献和资料的基础上，拟对华侨响应和声援五四运动的历史作初步的探讨、补充。

　　1918 年第一次世界大战结束，1919 年 1 月，巴黎和会开幕，中国代表团作为战胜国代表出席，国内各界人士及人民群众对之都抱有幻想，希望德国在山东的权益和卖国的"二十一条"得以取消，海外华侨也强烈关注着巴黎和会的动向。在巴黎和会开会过程中，中、日代表团因山东问题在会上发生争执，日本驻华公使于 2 月初向北京外交部施加压力，引起了中国人民的极大愤慨。1919 年 2 月 8 日，美国最大的华侨社团中华会馆召开会议，决议"致电顾（维钧）、王（正廷）两使坚持到底。致电在欧洲之美总统请转致各国代表，主持公理。致电南方军政府务为严行拒绝。致电北京政府，此次切不可受其恐吓，稍为退让，再贻国耻"。[①]1919 年 3 月，菲律宾马尼拉中华商会也拍电回国，"请本国息内争，以全力为出席欧洲和平会议我国代表后盾，力争国际平等地位"；又"通电拥护出席和平会议诸代

---

　　① 《中华会馆议案簿》，民国八年二月八日，转引自刘伯骥：《美国华侨史》（续编），黎明文化事业有限公司出版，台北，1981 年，第 505 页。

表，力争公理，并请为国努力"。[①]

由于中日密约的宣布及美国总统威尔逊对牺牲中国利益所表示的"无能为力"，中国各界和侨胞对帝国主义者的幻想开始破灭，同时也更加痛恨卖国贼。1919年4月16日，上海的华侨联合会、华侨平和期成会、上海民议联合会等许多团体代表，召开团体联合大会，其决议写道："段祺瑞、曹汝霖、徐树铮、陆宗舆、章宗祥、靳云鹏等种种卖国行为，日益加厉，为全国所不容，应请决议惩办，以除祸根。"[②]

五四爱国运动爆发的消息传到海外，首先起而响应的是侨居在南洋各地的华侨。北京五四学生运动，提出"外争国权、内惩国贼"斗争矛头指向日本帝国主义和亲日卖国的皖系军阀的政客，激起了华侨社会的共鸣与同情。从5月中下旬开始，一个以抵制日货为主要手段的制裁日本的爱国运动，也在南洋和其他地区的华侨中爆发了。

一、英属马来亚

英属马来亚华侨率先呼应北京发生的五四爱国运动。5月下旬，以槟榔屿著名华侨领袖吴世荣为首的47人，联名致电北京政府，要求释放参加示威游行的被捕学生。电文说："北京大总统国务院鉴：京津学生，爱国心切，致有举动。值国家多故，需才方殷，宜加爱惜。略迹原心，深望当局，为国矜才，俯首舆情，量子省释，免生枝节，以全大局。"[③]

吉隆坡华侨商学界最早掀起抵制日货运动。5月下旬，10余名福建籍学生来到吉隆坡，与当地的华侨学生一起展开演说宣传，他们报告国内运动的状况，揭露日本帝国主义的侵略野心，并得到了当地中华总商会的同情与支持。从5月底开始，吉隆坡华侨已对日货公开抵制，并拒绝与日本人合作。华侨商店不进日货，也不卖日货，原来的订货被取消。华侨人力车夫不拉日本人，搬运工人不装卸日货，使当地的日本人"不仅不可能进行贸易，甚至连购粮、市内交通也明显感到不方便"，[④]驻吉隆坡日本领事颇感事态严重，要求当地殖民当局采取戒严措施保护日本人利益。

① 《菲律宾岷里拉中华商会三十周年纪念刊》，甲编，马尼拉：1936年出版，第62页。
② 上海《民国日报》1919年4月18日。
③ 上海《民国日报》1919年4月18日。
④ 菅野正：《五四运动与南洋华侨》，《奈良大学纪要》第10期，1981年12月21日，第73页。

1919 年 7 月 19 日至 21 日，英国殖民当局为签订对法条约举行庆祝活动时，马来半岛各地的华侨一致拒绝参加。吉隆坡工商学界侨胞不挂旗，并统一行动，在傍晚 5 点钟关闭门窗，熄灭灯火，造成市区一片黑暗。为此，英国殖民当局对华侨采取了行动，7 月 28 日，他们搜查了抵制日货运动的中心——吉隆坡华侨学校，接着在 29 日拘留了该校校长宋森、华侨报纸《益群报》编辑主任吴纯民，以及救国储金团的发起者等 6 人。华商和律师联名要求保释被捕华侨，但遭到拒绝。于是，当地华侨在 8 月 1 日举行了罢工、罢市、罢课，以示抗议。10 月 24 日夜，当殖民当局暗中把宋森等六人强制遣回中国时，事先得悉消息的华侨不畏军警阻拦，纷纷前去送行，人数达数千人。[①]

新加坡华侨抵制日货的行动更为激烈。自 5 月 4 日以后，一些富有煽动性的、挑起仇日情绪的标语，便出现在新加坡各角落。同时，许多经营日货的华商以及日本公司的华人雇员，都先后接到匿名的恐吓信，警告他们如果不即刻与日本断绝关系，将面临严重后果。有的匿名信写道："亲爱的先生，我们知道，在巴黎和会上，我们的外交宣告失败了。我们海外华侨，深恐长此以往，国家终要沦亡。（国内）学生的激愤以及商人的杯葛，是国人爱国运动的模范。你是华人一分子，我们相信，你必然赞成我们的策略。几天以前，我们已经通知你，应该辞职不干。可是你至今仍充耳不闻。我们给你最后一次警告，限你在一星期之内辞职，否则，我们将会以严酷的手段来对付你。希望你接受我们的劝告吧，不然的话，将以血相报。"[②]

6 月 2 日，去吉隆坡发动抵制日货的闽籍学生们返回新加坡，他们向各华侨学校教职员工散发传单，号召抵制日本。6 月 3 日，在禧街（Hill Street）启发学校集会，提出了"教育界共同排日"的口号，动员华侨学校教职员工和学生，并与华侨报社联络以抵制日货，[③]5 日发布了抵制日货的檄文。在学界和报社的鼓动下，于是华侨商店停止出售日货。到 6 月 16 日新加坡的人力车、牛马车、舟船等也拒绝为日本人服务。18 日和 19 日两天，许多华侨商店的日货被抛掷街头销毁。[④]排日情绪的不断高涨，终于导致了暴力事件的发生。19 日下午 8 时半许，示威者冲进牛车水区的史密街（Smith Street）的部分华侨商店，捣毁店内日货。不久，参加的人数越来越

①　菅野正：《五四運動と南洋華僑》，《奈良大学纪要》第 10 期，1981 年 12 月 21 日，第 74 页。

②　*The Singapore Free Press*,1919–06–26，转引自崔贵强：《海峡殖民地华人对五四运动的反响》，《南洋学报》第 20 卷，第一二辑合刊本，新加坡。

③　东亚研究所：《第三调查委员会报告书——南洋华侨抗日救国运动的研究》，1945 年印刷，第 12 页；菅野正：《五四運動と南洋華僑》，《奈良大学纪要》第 10 期，1981 年 12 月 21 日。

④　菅野正：《五四運動と南洋華僑》，《奈良大学纪要》第 10 期，1981 年 12 月 21 日，第 74 页。

多，骚乱区域愈益扩大，连有些市民住宅的日货（甚至非日货）也被捣毁或付之一炬。一直到 20 日凌晨，牛车水区的骚动未曾停止过。在史密街和福建街，情绪愤激的群众与警察发生冲突，警察开枪，造成二死二伤。[①] 在小坡的武疑士街（Bugis Street）一带，也发生示威者与前去镇压的警察之间的激烈冲突，警察总监被愤怒的群众用硬物冲击头部，差点丧命。后因援军赶到，群众逐渐散去。示威者也强行进入日本人商店，捣毁一切。惹兰勿刹（Jalan Besar）的日本人肥皂厂，成百箱肥皂被焚。在骚乱中，日本人为防不测，大多闭紧窗户，足不出户，日领事馆也警卫森严，闲人不得出入。为平息事态，英殖民当局派遣海军陆军战队进入市区，在 20 日凌晨 3 时半左右驱散群众，恢复平静，并实行戒严。据事后统计，事件中有 4 人死亡（华人、印人各 2 人），8 人受伤，因参与骚乱被控于法庭者，达到 130 余人。[②] 关于事件中日本人的实际损失，新加坡日侨的记载称："华人暴徒蜂拥聚集，……破坏日本人房屋。高桥药房、盐崎药房受害尤甚，其他 25 家日本商店受到不同程度损害，曾有数千名华人暴徒高呼口号冲进日本街……"[③] 据估计日本商人在这次事件中总计损失达 1.3 万元叻币。[④]

但是，6 月 19 日事件被平息下去以后，抵制日货的运动并未停止。6 月 29 日，新加坡华侨杂货商会做出决定，在日本归还青岛以前，其会员停止与日本的全部贸易，如有违犯，罚款 500 元。7 月 1 日，棉布商会也做出了同样的决议。以后，华商与日本商人之间的公开贸易便处于停滞状态。抵制运动使日货在新加坡的销售量一度锐减。与往年同期比较，7 月和 8 月的日本药品销售量减少了七至八成，啤酒的销量减少了五至七成。到了 9 月，甚至出现了日本杂货商的破产现象。[⑤] 在新加坡开业的日本医生松村竹郎，生动地记载了在 6 月 19 日之后一个月内的收入情况，他写道："这一个月的收入总计还不到往常两天的收入"，"对日杯葛该是多么厉害呀！"[⑥] 另外，还有些日货受损事件也可能与抵制日货运动有关。例如，这一期间日本商人的椰仁干在舢板（驳船）运输中遭烧毁、流失达五次之多，原因不明，所受损失高达 10 万元叻币，以至当地的保险公司也不愿为驳船运载的日本商

---

① *The Singapore Free Press*，1919 年 6 月 26 日，转引自崔贵强：《海峡殖民地华人对五四运动的反响》，《南洋学报》第 20 卷，第一、二辑合刊本，新加坡。

② *The Singapore Free Press*，1919 年 6 月 26 日，转引自崔贵强：《海峡殖民地华人对五四运动的反响》，《南洋学报》第 20 卷，第一、二辑合刊本，新加坡。

③ 西村竹西郎：《シンガポール三十五年》，1941 年出版，第 194 页，转引自菅野正：《五四運動と南洋華僑》，《奈良大学纪要》第 10 期，1981 年 12 月 21 日，第 81 页。

④ 菅野正：《五四運動と南洋華僑》，《奈良大学纪要》第 10 期，1981 年 12 月 21 日，第 74 页。

⑤ 向井梅治：《マライ政治経済論》，1943 年出版，第 369 页，转引自菅野正：《五四運動と南洋華僑》，《奈良大学纪要》第 10 期，1981 年 12 月 21 日，第 81 页。

⑥ 东亚研究所：《第三调查委员会报告书——南洋华侨抗日救国运动的研究》，1945 年印刷，第 195 页。

品保险了。

槟榔屿是另一个华侨人数集中的城市，6月份这里也开始抵制日货。到了6月21日，在新加坡事件的影响下，示威群众也袭击了当地的日本商店及近旁的娼寮，马路上的东洋手车也被愤怒的群众付之一炬。由于当地米源短缺，米价腾涨，在槟城的骚乱中发生了抢夺仓库米粮，与警察流血冲突的事件。一连数天的骚动，商店歇业、工人停工、交通瘫痪，槟榔屿几乎成了死城。[1]

吉隆坡、新加坡、槟城三大城市的华侨抵制日货运动，必然影响和波及马来亚的其他城市，到了7月中旬，马来亚各地华人都发生了程度不同的抵制日货运动。一直到11月底，马来亚的抵制活动才基本上平静下来。[2]

二、荷属东印度

荷属东印度华侨对五四运动具体响应的时间稍迟一些，抵制日货主要发生在华侨人数集中的巴达维亚（现雅加达）、泗水、三宝垄等地。

巴达维亚从7月中旬开始发生抵制日货运动。在新马华侨抵制日本运动的影响下，当地经营日货的30名华商联名，通告当地横滨正金银行、台湾银行分行，今后不接受他们的期票，要求提兑现款。在爪哇的台湾银行有三个分行，华侨存款合计约1500万荷盾，提兑现款自然对这些日本银行构成威胁。在抵制日货方面，华侨商人决定在7月15日后停止与日本商人签订新的贸易合同，即停止对日贸易。到了8月，日本棉布的贸易除了在暗中进行以外，几乎是不可能的了。此外，商人还宣布，自8月15日开始，拒绝接受与日本商人有关的票据支付、受入和以往合同商品的交易。到了9月，华侨抵制运动便对日本商人产生了实际影响，资本较小的日本批发商困于资金周转，被迫关闭了两三家。[3] 到了10月，巴达维亚的抵制活动仍在继续，署名"铁血团"的华侨组织警告那些把房屋出租给日本人的房东，要他们驱退日本房客，否则，房东的家属就会有危险。11月，仍然可以看到报纸上公布的华商名单，他们因继续经营日货而受到警告。[4]

---

① *The Singapore Free Press*，1919年6月26日，转引自崔贵强：《海峡殖民地华人对五四运动的反响》，《南洋学报》第20卷，第一、二辑合刊本，新加坡。

② 东亚研究所：《第三调查委员会报告書——南洋华侨抗日救国运动の研究》，1945年印刷，第14页。

③ 日本外务省保管文书：《南洋贸易同盟会丹沢幹事より斎藤第一课长宛　8月12日》，转引自菅野正：《五四運動と南洋華僑》，《奈良大学纪要》第10期，1981年12月21日，第81页。

④ 菅野正：《五四運動と南洋華僑》，《奈良大学纪要》第10期，1981年12月21日，第74页。

泗水的抵制日货运动始自 7 月下旬。名为"铁血团"和"救亡团"的华侨组织在当地华侨报纸《泗滨日报》上刊登公告，声明从 8 月 1 日起，停止与所有日本商人的贸易来往，并不顾部分有实力华商的反对，开始了抵制行动。但是，荷兰殖民政府出面干预，《泗滨日报》因为连载排斥日货的檄文而受到警告。8 月 5 日，该报记者被当局传唤，以"鼓吹扰乱治安罪"强制该报中止刊载排日檄文，否则，该报将被停刊，人员将被遣回中国。在这种压力下，该报社不得不发表声明说："自即日起，本报对排斥日货的传单不予刊登，敬希各界原谅。"①

但是，抵制日货的运动并未停止，除去日本棉布的贸易避开排日团体暗中进行以外，有的日本商品则完全中止了贸易。日本啤酒一直是通过华商经销的大宗日货，华侨的抵制运动使其销量锐减。抵制开始前，每月的销量大约为 2000 箱，到 7 月销量减少了一半。到 8 月时，销量几乎等于零，其他的日货，药品、火柴等销量也减少了七八成。②

三宝垄也发生了小规模的抵制日货活动。7 月时，华商与日商的贸易受到阻止，到了 8 月，公开的对日贸易已完全停止，但华商中部分人采取各种手段暗中经营日货的事情，却为数不少。

总之，与英属马来亚地区的抵制日本运动相比，荷属东印度发生的华侨抵制运动规模较小，日商所受到的损失也并不严重。

三、暹罗

国内爆发五四运动的消息传到曼谷，在华侨社会迅速地引起了反响。由著名中华革命党人萧佛成主办的《华暹新报》从 5 月下旬起，连续发表文章鼓吹抵制日本，并大量报道中国各地抵制日货运动的发展形势。5 月 31 日，还刊登了必须惩办卖国贼、收回青岛的电讯。6 月 4 日，《华暹新报》发表了题为《根本的救国方法》的社论，明确地提出了声援国内运动的口号和办法。社论提出：第一，拥护国会；第二，运动军队，晓以大义，使他们不做徐（世昌）、段（祺瑞）的鹰犬；第三，暗杀卖国贼；第四，提倡国货，禁止进口日货。华侨的行动受到当地舆论界的支持，由暹罗籍锡兰人德勒克任社长的英文报纸《暹罗评论》(*The Siam*

---

① 《中华民国八年大事记 8 月 5 日》，转引自菅野正：《五四运动与南洋华侨》，《奈良大学纪要》第 10 期，1981 年 12 月 21 日，第 81 页。

② 政尾藤吉《南洋排货运动の教训》，《南洋协会杂志》第 5 卷第 10 号，转引自菅野正：《五四运动与南洋华侨》，《奈良大学纪要》第 10 期，1981 年 12 月 21 日，第 81 页。

Observer）详细报道了中国各地的运动状况，指出"中国政府把中国人民卖给了日本"，在 6 月中旬发表的社论中，又鼓动中国学生起来扫除所谓身居要职的卖国贼，主张排斥日货。对于这些动向，日本领事请求暹罗当局予以制止。于是泰国外交部长告诉华侨总商会不要排斥日货，并警告报社不得发表鼓动排日的文章，另外还采取了防止日本人生命财产受到侵犯的措施。自此以后，上述两家报刊的言论便变得小心了。

可是，当 6 月 19 日新加坡发起抵制日货冲突事件的消息传来后，曼谷的抵制日货运动便不只是停留在宣传舆论阶段了。6 月 22 日，自称"三十二人通讯社"的组织向华商发出恐吓信，要他们不要买卖日货，并发生了三名华侨商人被刺伤的事件。[①]另有一部纷华侨青年学生从新加坡来到曼谷，利用华侨报纸、华侨学校做阵地宣传抵制日货，他们以"青年爱国党"名义，警告华商不得买卖日货。[②]于是，华侨商人中止了与日商的生意，华侨顾客自觉地不买日货。暹罗的抵制日货行动也使日货的销路受到影响，最明显的是日本药品（主要为仁丹）、啤酒、罐头的销量大为减少。据统计，1919 年 6 至 8 月，暹罗的日货转入额为上一年度同期的 50% 左右。[③]

暹罗当局一直密切注视华侨的抵制活动，严密防范。8 月 3 日，200 余名华侨药品商集会，决定抵制日货，但会议组织者、《华暹新报》编辑许超然被暹罗当局逮捕，并被驱逐出境。[④]另一方面，暹罗当局对日本使馆、日本商店和日人住宅，以及与日本人关系密切的华侨商店，都加派公开或便衣警察加以保护，市区里也加强警戒出动巡逻队。所以在暹罗的抵制日货运动中，并未发生如英属马来亚那样的冲突暴力事件，到 8 月以后，抵制活动便很快平静下来。为了感谢暹罗当局对华侨抵制日货所采取的弹压和防范措施，驻暹罗日本领事让日本商人捐款 2700 铢给警察厅，用作警员福利。[⑤]

四、菲律宾

马尼拉的华人报纸和华侨学生首先起来响应国内五四运动。华侨报纸《平民

① 菅野正：《五四運動と南洋華僑》，《奈良大学紀要》第 10 期，1981 年 12 月 21 日，第 73 页。
② 东亚研究所：《第三调查委员会报告书——南洋华侨抗日救国运动的研究》，1945 年出版，第 14 页。
③ 东亚研究所：《第三调查委员会报告书——南洋华侨抗日救国运动的研究》，1945 年出版，第 14 页。
④ 满铁东亚经济调查局：《タイ国における華僑》，东京，1939 年出版，第 199 页。
⑤ 满铁东亚经济调查局：《タイ国における華僑》，东京，1939 年出版，第 200 页。

报》于 6 月 21 日发表题为《华侨急起》的社论，提出抵制日货的六条办法，后又在《抵制日货中的重要问题》一文中，提出组织救亡团体，实行彻底抵制，并提出应发展中国实业，培养人才，国货增加，日货便日趋减少，这才是应该谋求的"久远之计"，而不仅仅是"五分钟热度"。[1] 华侨学生组成了"学生联合会"，并出版一种不定期的刊物《晨钟》，分送同胞，宣传救国，一时成为华侨社会有影响的读物。[2] 6 月 22 日，华侨学生二三百人集中在华侨会馆开会，讨论响应国内爱国运动的号召，抵制日货、焚烧日货。6 月 23 日，学生们再次集会，决定向已建有华侨总商会的宿务、怡朗、黎牙实比、和乐等地的华侨进行宣传，开展抵制日货。广东军政府派来菲律宾筹款的两名代表，也对《马尼拉时报》记者发表谈话，动员华侨抵制日货。在华侨学生和舆论界的宣传支持下，华商开始了抵制活动。

8 月 4 日，菲律宾当局召开庆祝大战胜利的庆祝大会，菲律宾华侨各团体拒绝参加，以表示他们对巴黎和会中几个胜利大国牺牲中国、偏袒日本态度的愤慨。马尼拉中华商会致函菲律宾总督，"表示因山东问题，不愿参加欧战胜利的庆祝"。[3] 菲律宾华侨学生联合会通过中国政府驻马尼拉李照松副领事向总督呈交决议书，决议说："我们学生坚决反对将山东半岛权益归于日本人支配。为了忠于我们国家，我们拒绝出席在胜利的幌子下举行的庆祝会。对我们来说，参加这样的会议除了失败、除了违背威尔逊总统的十四条以外，什么也得不到。"[4] 铿锵有力的抗议，充分表达了华侨青年学生的爱国热情。甚至连美国人办的《马尼拉时报》也不得不承认说："从这次学生的行动中已感觉到了一个新的中国、年轻的中国的气息。"[5] 的确，华侨学生一直站在运动的前列，他们还组织了华侨学生戏剧社、演出爱国戏剧筹款，汇回国内支援爱国斗争。

五、其他地区

海外华侨起而响应五四运动的，除了南洋上述地区，还有美洲、婆罗洲以及

---

① 日本外务省保管文书：《在マニラ相原総領事代理より内田外相宛》，6 月 27 日，转引自菅野正：《五四運動と南洋華僑》，《奈良大学紀要》第 10 期，1981 年 12 月 21 日，第 82 页。

② 华侨革命史编纂委员会：《华侨革命史》（下），正中局出版，台北，1981 年，第 392 页。

③ 前揭，《菲律宾岷里拉中华商会三十周年纪念刊》，甲编，第 62 页。

④ Antonio S. Tan，*The Chinese in Philippines, 1898~1935, ——A Study of their National Awaking*, 1972, pp.237~238.

⑤ Antonio S. Tan，*The Chinese in Philippines, 1898~1935, ——A Study of their National Awaking*, 1972, pp.237~238.

印度孟买等地的华侨。他们以各种方式抵制日货，强烈抗议巴黎和会牺牲中国权益的行径。日本大阪商船公司的轮船在婆罗洲停靠时，沙巴的华侨工人拒绝为其装运煤炭；加拿大温哥华等地的华侨，亦有抵制日货的行动。素有革命爱国传统的美国华侨，坚决反对巴黎和约的签订，1919 年 7 月，中华会馆、同源会、耶教联会等华侨社团，分别致电巴黎和会、美国总统、各国代表以及美国国会议员力争，反对和会决定。[①] 当美国总统威尔逊决定于 9 月到旧金山市演讲时，中华会馆于 9 月 14 日议决，派麦纳律师为代表，届时向其质询。[②]

从上述海外华侨响应五四运动的经过情形来看，它是以抵制日货为中心的抵制日本运动，是一种自发的、缺乏组织的爱国运动。但它表现出海外华侨强烈关注祖国命运、民族前途的爱国主义精神，是辛亥革命运动以来华侨爱国意识空前增长、民族主义觉悟不断提高的必然结果。

这次海外华侨对五四运动的迅速反响，在一定程度上表明了华侨民族意识的新觉醒。

这次抵制运动主要发生在南洋殖民地国家，虽然宗主国英国、美国在巴黎和会中的态度和利益并不完全与日本一样，荷兰也并不是巴黎和会的当事国，华侨的抵制活动矛头是直接指向日本的，从根本上讲，并不妨碍英、美、荷在南洋的利益，但却都受到了殖民当局和当地政府的镇压取缔，使这场抵制活动并未持续多久便被平息下去。究其原因，当然最根本的一条是当时的中国贫弱落后，华侨没有强大的靠山可依傍，在海外受支配、受歧视的地位未曾改善过。但是，下列三个原因则是造成华侨抵制日货运动受到镇压的直接原因。一是殖民地宗主国与日本有利害关系；二是日本倚仗其"亚洲强国"的地位进行外交恐吓干涉，或者通过驻南洋的机构进行收买，迫使甚或诱使当地政府镇压抵制日货的活动，采取保护日本人利益的措施；三是华侨抵制运动属自发性质，既没有坚强的领导，更没有核心的有号召力的组织，因此运动多是在爱国热情支持下一哄而起，力量单薄，谈不上对华侨各不同阶层尤其华商阶层作细致有效地发动，虽然有部分华侨工人和商人也积极投入了抵制运动，但也有相当部分的华侨商人抵制日货是迫于压力；有一些华侨商会组织甚至秉承当局旨意，劝阻华侨不搞抵制日货；为数众多的华商是靠经营日货运营的，为利所趋，也不可能长时间对抵制日货抱合作态度。因此，一旦运动遭到取缔镇压，便很快停止下来了。

---

① 《少年中国晨报》，民国八年七月廿二日，转引自刘伯骥：《美国华侨史》，黎明文化事业公司出版，台北，1982 年，第 505 页。

② 《中华会馆议案簿》，民国八年九月十四日，转引自刘伯骥：《美国华侨史》，黎明文化事业公司出版，台北，1982 年，第 505 页。

这次运动中，华侨运用的主要武器是经济上的"杯葛"，具体形式是抵制日货。在近代史上，抵制外货常常是落后的中国抗议帝国主义侵略的"不二法门"，但却未必是真正有效的手段。在第一次世界大战期间，南洋华侨经济有较大的发展，商业流通中华商举足轻重，日商虽然发展迅速，但其力量根本无法与华商抗衡。南洋华侨效法国内爱国运动，在当地抵制日货，经济主动权在握，按理说应取得比国内更大的成绩，但结果是：对日货在南洋的销路暂时有所打击，尤其是使日本药品和啤酒等消费品的销量一度锐减，但是，几个月后日本商品的总销量又扶摇直上了。究其原因，除上述政治因素外，恐怕还有更为深刻的经济因素。第一次世界大战期间，欧洲国家忙于战争，日本以其迅速发展的产业为后盾，趁机挤进东南亚市场。与欧洲商品相比，日货价格低廉，适合当地居民消费水平，因而向南洋地区的出口增长很快。在日本商品的海外贸易攻势面前，华侨的经营要有足够的国产商品与之竞争抗衡，并取代日本商品市场，才是真正的、彻底的"抵制"。但是，当时中国正处在内忧外患之中，军阀混战，经济凋敝，工业落后，无法做到这一点。从这点来说，缺乏强大国力作后盾的经济抵制，失败的命运是不可避免的。

当然，在当时的历史条件下，海外华侨闻风响应国内爱国运动的壮举在政治上的意义远大于经济上的意义，它促使更多的海内外中国人在政治上觉醒，使屡遭欺凌的中华民族增强了凝聚力，提高了民族自信心，为后来的更大规模的海外华侨爱国运动作了思想上的准备。

（原载于《华侨华人历史研究》1990 年第 1 期）

华侨与抗日战争

    抗日战争是中国近代历史上最伟大的民族解放战争，是以国共两党合作为基础，包括工农商学兵各界各族人民、各民主党派、抗日团体、各阶层爱国人士和海外侨胞在内的全民族抗战，显示了处在进步时代的中国民族觉醒和民族团结的巨大力量。抗日战争的胜利，是中华民族团结抗战的胜利。毛泽东同志在评价这场战争时说过："中国军队的广大官兵在前线流血战斗，中国的工人、农民、知识界、产业界，在后方努力工作，海外华侨输财助战，一切抗日政党，除了那些反人民分子外，都对战争有所尽力。"[①]

    正如毛泽东同志所提出的那样，海外华侨也是这场全民族抗战中的重要力量。历史证明，海外华侨以空前的民族热忱支持和参加祖国抗战的丰功伟绩，不仅是中国近现代史上的光辉篇章，而且是永远激励中华民族爱国热情的伟大精神力量。

一、抗日战争前的华侨社会

    抗日战争爆发前，全世界的华侨华人有1000万人左右，[②]其中800多万人分布在东南亚地区，即华侨通常所说的"南洋"。华侨领袖陈嘉庚先生在抗战时的讲演、著作中多次提及"我南洋八百万侨胞"的数字。

    从1931年九一八事变开始，一直到1941年年底太平洋战争爆发，在长达10

---

    ① 毛泽东：《论联合政府》，《毛泽东选集》（一卷本），人民出版社，北京，1966年3月第一版，第1033页。

    ② 延安《解放日报》1941年12月12日社论。

年的时间里，海外华侨自始至终以这种大团结的精神和高涨的爱国热情投入抗日斗争，绝不是偶然的，是与这一时期海外华侨社会所具有的政治思想基础、经济基础和组织基础分不开的，也就是说，是与这一时期华侨社会所具备的历史特点有密切关系的。那么，战前的海外华侨社会具有什么特点呢？

第一，"二战"前的华侨社会具有抗日救亡运动的深厚群众基础。华侨背井离乡去国万里，受尽居留地帝国主义或殖民主义政府的压迫、欺凌，被视为劣等侨民，因此热切希望祖国昌盛强大，成为他们的有力靠山。这是海外华侨爱国爱乡思想产生和发展的原动力。同时，战前的华侨社会中第一代移民数量巨大，决定了他们爱国爱乡的思想感情特别浓烈。据统计，1931 年时马来亚华侨人口中，第一代移民占 71.9%，新加坡占 64.6%，[①]1932 年泰国的华侨人口中，第一代移民占 45.7%，[②] 印度尼西亚从 1920 年到 1930 年，在第一次世界大战后的新移民浪潮中，移入的中国人每年在 4 万人以上，[③]1930 年时印尼华侨中第一代的华侨移民占 37%。[④] 菲律宾 1931 年的统计，第一代移民占华侨总人数的 32.7%。[⑤] 在法属印度支那，1921 年至 1931 年因为商业的发展，大力修筑铁路和公路，开发荒地，有大量中国移民进入该地区，华侨人数从 29.3 万人剧增到 41.8 万人。[⑥] 这些出生在中国、不久之前才从中国南来的移民，与故乡、祖国有着不可分割的联系，亲人的饥寒使他们系念担忧，家乡的安危与他们息息相关，民族的兴亡与他们利害一致，他们很自然地特别关注祖国的命运，注视祖国所发生的一切。这部分第一代移民人数众多，在他们影响下的第二代、第三代移民人数更多，构成了抗日救亡运动的强大生力军，是轰轰烈烈开展抗日运动的基本群众基础。

第二，海外华侨民族意识的高涨。辛亥革命后，海外华侨的爱国主义觉悟大为提高。海外华侨曾经热烈地支持和参加辛亥革命，被孙中山先生誉为"革命之母"，而这次资产阶级民主革命也进一步唤醒了华侨的民族觉悟，极大地激发了华侨的中华民族自豪感，成为一次伟大的爱国主义思想教育运动，使爱国观念深入侨心，因此，声援祖国的抗日斗争成为他们自觉的行动。

① 傅无闷主编：《南洋年鉴》1939 年版，南洋商报社出版，新加坡，丙第 29~30 页。
② 斯金纳：《泰国华侨社会，史的分析》第 6 章第 2 节"泰国中国人人口的增长"。转引自厦门大学南洋研究所《南洋问题资料译丛》1964 年第 3 期，第 98 页。
③ 帕塞尔：《东南亚的中国人》卷七，第 46 章，转引自厦门大学南洋研究所《南洋问题资料译丛》，1958 年 2、3 期合刊本，第 150 页。
④ 《荷印 1930 年人口调查》综合篇，转引自福田省三：《華僑経済論》，岩松堂书店，东京，1939 年，第 96 页。
⑤ 《菲律宾统计年鉴》1946 年版，马尼拉印刷局，1946 年，根据第 231 页提供的数字计算。
⑥ 王文渊：《法属印度支那与中国之关系》，转引自：厦门大学南洋研究所《南洋问题资料译丛》1958 年 2、3 期合刊本，第 4 页。

辛亥革命后，祖国爆发的每一次群众性的反帝反封建斗争，都得到海外华侨的响应和支持。例如，1915年反对袁世凯接受卖国"二十一条"的斗争、1919年的五四爱国运动、1925年的"五卅惨案"、1926年开始的北伐战争、1928年反对日本制造济南惨案的斗争，华侨都配合祖国在海外发动了抵制日货的斗争，或者捐款捐物支援祖国人民。1931年九一八事变，日本侵略军公然强占中国东三省，更激起了华侨的无比愤慨，他们的救国热情像火山一样爆发了。华侨所具有的强烈的民族感情和爱国主义觉悟，是他们支持和参加祖国抗日救亡斗争的坚实思想基础。

第三，海外华侨具有强烈的反日情绪。日本自明治维新走上资本主义道路以后，军国主义日渐发展，处心积虑地对外扩张。一方面，日本在甲午海战后充当了侵略中国的元凶，几乎所有重大侵华战争都是日本帝国主义所发动和参与的，给中国人民造成了严重灾难；另一方面，日本帝国主义早就鼓吹"南进"，先经济扩张，后军事政治侵略，以逐步实现其称霸太平洋的计划。第一次世界大战期间，西欧殖民者无暇东顾，日本财阀在日本政府支持下乘虚而入，将其经济势力扩展到东南亚各地。到1931年时，日本对东南亚的贸易已占其对外贸易总额的9.5%，[1]到1936年日本对东南亚的进出口额为1915年的8.6倍，[2]速度增长尤其迅速。日本还投资于橡胶、锡、铁矿石、石油等东南亚战略物资的生产。除了大规模的商品输出和生产投资，日本政府还设立所谓"南洋拓殖会社"，鼓励协助日本人移民南洋定居，又广泛设立商店经营，以便组成日本人的商业流通系统，妄图取代华侨在商业上的地位。因此，无论在祖国还是在侨居国，华侨都亲身感受到日本扩张侵略的威胁，他们对日本帝国主义得寸进尺的贪婪野心十分憎恶和愤慨，因而具有强烈的反日情绪。这也是抗日救亡运动具有深厚群众基础的重要原因。

第四，华文教育和宣传手段的普及，为抗日救亡运动的广泛开展准备了有利条件。

华侨移民南洋以前，绝大多数没有机会受教育，粗通文墨者也甚为罕见。随着他们在南洋的发展，华侨教育特别是华文教育事业逐渐兴起。辛亥革命前后，华侨海外办学渐成风气，到20世纪30年代，华文学校普遍设立，华侨学生人数大量增加。特别是中国抗战爆发后，许多青年知识分子南渡到东南亚执教，华侨教育蓬勃发展。以1937年为例，英属马来亚的华侨学校达到1189所，教员人数4050人，学

①　松村今助著，刘士木译：《日本之南生命线》，中南文化协会出版，上海，1935年，第4~7页。
②　黄警顽：《华侨对祖国的贡献》，棠棣社，上海，1940年，第327页。

生人数 94521 人。[①] 荷属东印度（印尼）在 1935 年时华侨学校达 450 所。[②] 泰国的华侨学校由于受到当地政府同化政策的限制，在 1937 年时不足 30 所，但在 1931—1932 年最盛时期，也有 270 所华侨学校。[③] 菲律宾 1936 年时有华侨学校 61 所，同年缅甸的华侨学校有 130 所，沙捞越有 141 所，法属印度支那有 255 所。[④] 华侨子弟就读于华文学校，例如马来亚华侨子弟有 70% 就读于华文学校，有 30% 进入马来亚的公立学校或者教会学校，而后一种情况多为在当地出生的、被称为"峇峇"的华侨子女。[⑤] 由于华侨学校的普遍设立，不仅传播了优秀的中华文化，增强了华侨的民族感、认同感，而且由于受教育的人多，华侨人口中的识字率明显提高，他们中的许多人可以通过报纸书刊了解祖国救亡动态，了解世界大事，接受抗日道理的宣传，成为抗日救亡运动的积极支持者和宣传者。

随着华侨教育程度的提高，华侨办的报纸、刊物也如雨后春笋般纷纷出版，因此，20 世纪二三十年代也是南洋华侨新闻事业的重要发展时期。据初步统计，七七事变前南洋各地华侨办的报纸达 59 种，其中华文报纸 41 种，英文报纸 3 种，华文马来文混合版报纸 10 种，荷兰文报纸 1 种，泰文报纸 4 种。[⑥] 在抗日救国运动最为活跃的马来亚，20 世纪 30 年代时有《南洋商报》《星洲日报》《新国民日报》《总汇新报》《星中日报》《马华日报》《中华晨报》《光华日报》《槟城新报》《现代日报》《星槟日报》等多种有影响的华文报纸，此外还办有《南洋周刊》《文艺长城》《青年月刊》《人生月刊》《现代周刊》《胜利半月刊》《南潮月刊》《文化丛报》《星岛期刊》《学习青年》《热带文艺》等刊物。这些报纸杂志尽管背景复杂、立场不一，但在国难当头、大敌当前之时，在揭露日本侵略者的野心与暴行方面，在宣传群众、动员群众进行抗日救亡活动方面，却都能有所尽力，达到大目标上的一致，为大造抗日救亡舆论做出了贡献。

第五，华侨社会具有雄厚的经济力量。据 1930 年统计，南洋华侨中从事商业

---

① *Annual Departmental Reports of the Straits Settlement for the year 1937, Singapore 1939,* Vol. II，pp.254, 347.

② 东亚研究所编印：《第三调查委员会报告书——南洋華僑抗日救国運動の研究》，东京，1945 年 7 月，第 102 页。

③ 东亚研究所编印：《第三调查委员会报告书——南洋華僑抗日救国運動の研究》，东京，1945 年 7 月，第 103 页。

④ 东亚研究所编印：《第三调查委员会报告书——南洋華僑抗日救国運動の研究》，东京，1945 年 7 月，第 103~105 页。

⑤ 东亚研究所编印：《第三调查委员会报告书——南洋華僑抗日救国運動の研究》，东京，1945 年 7 月，第 131 页。

⑥ 东亚研究所编印：《第三调查委员会报告书——南洋華僑抗日救国運動の研究》，东京，1945 年 7 月，第 171 页。

者占 52%，工矿业者 23%，农业者 17%，其他行业 8%，[①] 尤其在商业流通领域占有举足轻重的地位。据统计，抗战前南洋华侨资本至少有国币 800 亿元至 900 亿元。[②] 例如橡胶业，马来亚橡胶园面积 300 万亩之中，华侨所经营的占 100 万亩以上，投资额达叻币 8000 万元；新加坡的橡胶厂几乎全由华侨经营，投资达叻币 1.5 亿元以上；荷印的糖业，华侨投资达到 2.22 亿元；马来亚的锡矿产量居全世界 1/3，其中 60%~70% 由华侨经营，投资总额达 5000 万元以上；暹罗的碾米业也几乎全为华侨所经营。在金融业方面，华侨经营的银行在 20 世纪 30 年代也有初步发展。例如新加坡的"华侨""国民""四海通""利华"等银行，印度尼西亚的"黄仲函银行""中华商业银行"，菲律宾的"中兴银行"，越南的"东亚银行""富滇银行"，泰国的"广州银行"等，其银行资本都在 1000 万元至 2000 万元以上。[③] 此外，华侨在流通领域所起的中介商作用，其经济地位难以用数量估计，但已构成南洋各国民族经济中的重要组成部分，华侨所具有的经济实力为他们开展抗日救亡运动提供了重要的物质基础和经济基础。

第六，华侨社团组织增强了广大华侨的凝聚力，为华侨抗日救亡运动的开展准备了组织基础。长期以来，华侨身处异域，得不到祖国的保护和声援，反被历代封建王朝政府视为"贱民"。为了在海外得以生存发展，早在 18 世纪中叶，他们就在侨居地开始结成血缘、地缘、业缘等各类团体，以加强团结、相互扶持、增强奋斗求生的能力。清朝末期，政府开始在国外设领护侨，华侨社团与中国政府的关系逐渐密切起来。辛亥革命以后，华侨社团受到中国政府的支持、帮助，各类团体如雨后春笋发展迅速。据国民政府侨务委员会 1935 年统计，海外华侨团体总数达 1069 个，其中绝大部分是南洋地区的华侨团体。从其种类来看，有宗族团体、同乡团体、同业团体、文化团体、娱乐团体以及其他类型的团体。这些团体通过不同的渠道和形式把大部分华侨结成一体，进行有组织、有领导的活动。因此，在新形势下，华侨社会较容易结成新的抗日救国团体，来统筹统办华侨的抗日救亡工作，使海外华侨的抗日救亡运动从一开始就是有组织、有领导地进行的，显示出团结的威力，而不是个别的、自发地进行。例如九一八事变后，新加坡中华总商会立即召开紧急会议，马来亚各地华侨迅速在各中华商会组织下建立起筹赈会，负责筹款等救亡工作。又例如七七事变后，菲律宾马尼拉的中华商会召集所有的华侨团体，举行紧急联席会议，决定成立"菲律宾华侨援助抗敌委员

---

① 福田省三：《華僑経済論》，岩松堂书店，东京，1939 年，第 88 页。
② 引自延安《解放日报》1941 年 12 月 12 日。
③ 黄警顽：《华侨对祖国的贡献》，棠棣社，上海，1940 年，第 51~58 页。

会"。这种通过原来的华侨社团组织出面，建立新的救亡组织，在抗战时期的华侨社会是普遍现象。也正因为原有的华侨社团发挥了组织作用，使抗日救亡运动步步推向前进。

总之，在 10 余年中，海外华侨能以空前的规模和热情支持祖国的抗日运动、支持抗日战争，绝不是偶然的、孤立的事件，而是与这一时期华侨社会本身所具有的政治、经济、文化、人口结构、社会结构的特点密切相关的。

二、华侨与九一八事变、一·二八事变

毛泽东同志指出："中国人民的抗日战争，是在曲折的道路上发展起来的。这个战争，还是在 1931 年就开始了。[①] 华侨对祖国抗日救亡运动的巨大支援，实际上也是从 1931 年九一八事变就开始了。

1931 年 9 月 18 日，日本侵略者制造事端占领了沈阳，接着便对东三省发动了野蛮侵略。国民党政府一心要打内战，采取了不抵抗政策，以至在几个月内，东北大好河山迅速沦入日寇统治之下。全国人民抗议国民党政府的不抵抗政策，掀起了声势浩大的抗日救亡运动。同时，东三省的人民、东三省的一部分爱国军队，在中国共产党的领导或协助之下，组织了东三省的抗日义勇军和抗日联军，开展游击战争。

九一八事变的消息传到海外，广大华侨义愤填膺，群情激昂，强烈抗议日寇的侵略行为，并立即开展了声援、支持国内抗日运动、支援东北抗日义勇军的活动。

在新加坡，几家主要华文报纸发行九一八事变的号外，详细报道事变经过，并纷纷撰写社论，谴责日本帝国主义的侵略行径。新加坡中华总商会在九一八事变后的第四天，召集紧急会议，定于 9 月 23 日为"国耻日"，停止娱乐活动，华侨商店下半旗，并且每个华侨佩黑纱致哀。新加坡华侨还电请南京政府实行抗战，电请日内瓦国际联盟主持正义、制止日本的疯狂侵略。接着，华侨迅速掀起了抵制日货运动，到 10 月 21 日，华侨商人和一般华侨消费者已完全断绝了与日商的关系，不买日货，不卖日货，坚持两月之久。当时，日本驻新加坡领事馆向外务

[①] 毛泽东：《论联合政府》，《毛泽东选集》（一卷本），人民出版社，北京，1966 年 3 月第一版，第 1034 页。

省报告："华人购买日货事实上已经绝迹。"[1] 在抵制日货过程中，华侨学校师生还在校内组织了特别委员会，以促进购用国货。

在菲律宾，以马尼拉中华商会为中心，于9月28日召开华侨会议，决定发动捐款、抵制日货。据统计，截至1932年1月，菲律宾华侨汇给东北马占山部队40万元，其他救国捐35万元，[2] 抵制日货的运动一直坚持到1932年的3月，使日本1931年的对菲出口额比上一年减少26%。[3]

在荷属东印度（印度尼西亚），于1931年10月13日在雅加达成立了包括50多个华侨团体的"救国后援会"；在棉兰组织了"抗日执行委员会"，并且像新加坡华侨那样确定"国耻日"致哀，举行总罢市，在泗水和三宝垄也掀起了抵制日货的斗争。尽管荷兰殖民当局压制、镇压华侨的抗日救亡运动，但印尼华侨并没有停止救亡工作。

在泰国，九一八事变后不久，曼谷中华总商会召集各同业公会开会，讨论抵制日货和向祖国捐款。于是一些经营日货为主的华侨商店立即停售日货，华侨米商禁止大米对日出口。结果，从1931年10月1日起，泰国对外贸易额急剧下降，1931年日本对泰国的出口额比上一年减少了一半左右。[4]

在法属印度支那，九一八事变后，西贡、堤岸的华侨组织了"越南经济联合后援会"，开展抵制日货的运动，对那些继续贩卖日货的华侨商人进行罚款和打击。

九一八事变后，南洋华侨抵制日货的斗争持续了近半年时间，给日本和南洋的贸易以沉重的打击。

值得指出是，九一八事变后，华侨抵制日货运动是在世界经济危机冲击南洋、华侨经济不景气的情况下进行的。许多华侨商店过去经营价廉日货，明知抵制日货于经营不利，但是还是从民族大义出发，忍痛牺牲，不与日商往来。他们的爱国主义热情是应予高度评价的。

九一八事变同样激起了美洲华侨的爱国义愤。当事变的消息传到美国，华侨"热血沸腾，奔走呼号，集会要求蒋介石抗日，痛斥亡国灭种的不抵抗论"。[5]

---

① 日本外务省通商局第二课：《满洲事变后二十天在中国、南洋发生的抗日运动》，东亚研究所编印，东京，第79页。

② 梁上苑：《菲律宾华侨抗日战争历史概述》，中国华侨历史学会《华侨历史学会通讯》，北京，1985年第3期，第5页。

③ 东亚研究所编印：《第三调查委员会报告書——南洋華僑抗日救国運動の研究》，东京，1945年7月，第40页。

④ 东亚研究所编印：《第三调查委员会报告書——南洋華僑抗日救国運動の研究》，东京，1945年7月，第40页。

⑤ 司徒美堂：《祖国与华侨》（上册），香港文汇报社，1956年，第89页。

旧金山市中华会馆、侨团、留学生、同源会、教会皆纷纷通电声讨日本侵略，促请停止国内内战；并组织华侨拒日救国会、妇女拒日救国会等，举行反日示威。旧金山华侨最为活跃的组织是"旅美中国战事救济联合会"，它联合华侨各社会团体，开展民间外交活动，争取美国人士的支援。该会曾促请美国国会授权罗斯福总统禁止向日本运送军火，并向美国友好人士募集救济款 100 多万美元。① 当东北马占山部队首先违背蒋介石的不抵抗命令、奋起抗击日寇时，海外华侨受到鼓舞，积极捐款给予支援。美国纽约华侨成立了接济东北义勇军筹款会，对华侨团体、商店进行募捐，并通过非官方途径把款汇回祖国。11 月 16 日中华会馆电汇（由万国宝通银行电汇哈尔滨华商总会转交）马占山将军 30070 银圆，接着 12 月，三邑会馆又电汇 5300 银圆。② 在当时美国受到经济危机打击的情况下，华侨失业人数很多，而主要从事餐馆、洗衣业的华侨经营并不景气，能取得这样的捐款成绩也是很不容易的。在南美洲，华侨也积极行动起来，捐款支持东北抗日义勇军，仅古巴华侨就捐助了 1 万美元。③

1932 年 1 月 28 日，日本军队进攻上海，国民党第十九路军在全国人民反日运动的推动下，在蔡廷锴将军指挥下奋起抗战，坚守一个多月，迫使日寇三易主帅仍不能得逞。"一·二八"抗战得到了海外华侨的全力支持。新加坡、马来亚华侨正式成立了"救济上海伤兵难民筹赈委员会"，用沿门劝捐、游艺募捐、团体募捐、月薪抽捐等方式，在几个月内为十九路军筹捐经费 24 万元叻币，约值当时"国币"100 万银圆。④ 日本侵略者进攻上海时的狂轰滥炸，激起海外华侨的强烈愤慨。为了建设中国自己的空军抗击日军的空中优势，菲律宾华侨首先热烈响应中国航空建设协会发起的献机运动，除了各地华侨商会捐资献机外，连华侨中小学生、妇女界也各献飞机一架，命名为"学生号""妇女号"。菲律宾华侨共捐购 15 架飞机，送给十九路军助战。⑤ 在美国，几乎天天有华侨个人或团体拍发电报，支持坚守的十九路军，华侨社团更是积极募款支援。据十九路军蔡廷锴司令部统计，在总收捐款 1068 万元之中，有 3/4 为华侨捐款，⑥ 而美国华侨捐款达 50 万美元以上。⑦ 美东侨团在筹款同时，还购买钢盔赠送十九路军。除此而外，美国华侨对那些浴血奋战的将士表示极大的敬佩和爱戴。参加淞沪空战而牺牲的美国志愿

---

① 华侨革命史编纂委员会：《华侨革命史》（下），正中书局，台北，1981 年，第 655 页。
② 刘伯骥：《美国华侨史续编》，黎明文化事业有限公司，台北，1981 年，第 565 页。
③ 国民政府侨务委员会华侨周报社：《华侨周报》第 1 卷第 2 期，南京，1932 年。
④ 转引自黄福銮：《华侨与中国革命》，亚洲出版社，香港，1955 年，第 227 页。
⑤ 华侨革命史编纂委员会：《华侨革命史》（下），正中书局，台北，1981 年，第 696 页。
⑥ 转引自北京《华声报》1985 年 8 月 13 日。
⑦ 司徒美堂：《祖国与华侨》（上册），香港文汇报社，1956 年，第 89 页。

飞行员肖德（Shaw），其母伊里普斯夫人赴沪料理丧事完毕返抵旧金山时，中华会馆和各侨团、学校前往迎接，并在中华会馆召开欢迎会，以表示不忘其子为中国抗战建立的功劳。1934年，抗日将领蔡廷锴将军为蒋介石所逼"出访"美国，当迎接他的车队到达唐人街时，华侨夹道欢呼、盛况空前，充分显示了华侨坚决要求抗战的力量。

在淞沪抗战中，还有华侨组织起来参加战斗的动人事迹。华侨青年在上海组织了"华侨抗日救国义勇军"，共约150人，由队长陈庚尧率领，在沪担负守卫任务，后被编入十九路军61师。[1]

自1931年九一八事变至1937年卢沟桥抗战全面爆发，海外华侨在抵制日货、捐献钱物、支持抗战方面取得了很大成绩。仅就捐款而言，海外华侨通过各种渠道汇回祖国的捐款虽然无法精确统计，但仅从南洋华侨的部分捐款数字，可以看出华侨踊跃输财的高涨热情。据统计，1931年至1933年，南洋华侨捐款134万元国币，银两69万两，合计达国币240万元之多。[2]

九一八事变和"一·二八"淞沪抗战在海外华侨中引起的巨大反响，充分表明海外华侨与祖国的抗日救亡运动是紧密配合的，他们对蒋介石政府的不抵抗政策表示强烈不满。同时，各地华侨筹款组织的建立、募捐队伍的形成，表明九一八事变后的华侨救亡运动已是有组织、有计划的行动了。不过，这一时期各地建立的筹赈会及其他救亡团体的活动还比较分散，彼此缺少互通声气、联合行动，各地区运动的发展也不平衡，华侨的各个阶层还有待于进一步发动。随着日本侵华战争的不断升级，到1937年七七事变标志着抗战爆发后，海外华侨的抗日救亡运动又发展到一个新的阶段，达到了新的规模和水平。

三、华侨与八年浴血抗战

1937年7月7日，日本帝国主义发动了卢沟桥事变，接着又于8月13日大举进犯上海，对中国领土开始了全面进攻。在全国人民的压力下，在中国共产党的推动下，国民党政府被迫宣布抗战。抗战全面爆发后，从1937年至1945年，海外华侨焕发的极大民族热忱，表现出的热烈爱国行动，成为祖国抗日军民坚持抗战的宏

---

[1] 华侨旬刊杂志社《华侨旬刊》，创刊号，1932年，上海。
[2] 中国国民党中央执行委员会党史史料编纂委员会《中国国民党年鉴》（1934年），南京，第20页。

大精神力量和物质力量，曾被誉为"中国对日抗战的四大支柱之一"。[①] 概括起来，华侨对抗日战争的巨大贡献有以下几方面。

（一）广泛组织抗日救亡团体

海外华侨的援华救亡活动，是在各地华侨救亡团体的领导组织下进行的。在东南亚，七七抗战爆发后，新加坡华侨迅速行动起来组织抗日救亡团体，接着南洋各地的救亡团体也纷纷建立起来。上海"八一三"事变后的第三天，即8月15日，新加坡中华总商会召集了新加坡侨民大会，有1000余人参加，代表当地118个华侨团体。会上成立了"马来亚新加坡华侨筹赈祖国伤兵难民大会委员会"（简称"新加坡筹赈会"），陈嘉庚先生被推选为主席，办事处设在怡和轩俱乐部内。建立该委员会的目的"专在筹款，而筹款要在多量及持久"。陈嘉庚先生带头认常月捐（每月捐款）2000元，直至抗战胜利为止。华侨叶玉堆先生自动认捐10万元巨款。新加坡华侨的爱国行动得到南洋各地华侨的热烈响应。1937年10月，马来亚12个区的华侨筹赈会代表在吉隆坡召开"谈话研究会"，公推陈嘉庚担任马来亚各区会通讯处主任。由于统一步骤和统一行动，捐款工作迅速地取得了巨大成效。菲律宾马尼拉中华商会在卢沟桥事变后不久，召集各华侨团体成立"菲律宾援助抗敌委员会"，由著名华侨李清泉担任主席。该会提出"策励侨众开展爱国运动，以人力物力援助政府抗敌御侮"的宗旨，并在各省市设立分会，积极开展工作，成为最有权威的救亡团体。与此同时，菲律宾华侨还组织了"菲律宾华侨各劳工团体联合会"（简称"劳联会"）、"全菲华侨学生联合会"等专业性的抗日救亡组织。这些侨团都拥护"援助抗敌会"的领导，积极参与抗敌会的各项工作，在抗日救亡运动中起了突出的作用。荷属东印度华侨原有组织"巴达维亚华侨捐助祖国慈善事业委员会"在8月2日召集巴达维亚（今雅加达）各侨团开会，决定立即开展抗日救亡活动，并于8月12日成立了茂物、丹格朗等8个城市的分会，以及"望加锡筹赈灾民委员会"等组织。缅甸华侨也于7月23日成立了"缅甸华侨救灾总会"。七七抗战开始后，东南亚地区华侨迅即普遍建立的华侨救亡组织，以及各组织进行的共同的抗日救亡活动，为南洋华侨抗日团体的大联合奠定了基础。随着日军侵华战争的扩大，祖国人民苦难的加剧，南洋各地华侨也深深感到，只有实行南洋华侨的大团结、大联合，统一步骤、统一行动、统一力量，才能更有效地支持祖国的抗日战争。正是在这种客观形势发展的要求下，"南侨总会"应运而生。

---

① 中华全国归国华侨联合会编《陈嘉庚先生纪念册》，1961年，北京，第41页。

1938 年 5 月厦门沦陷后，菲律宾"抗委会"主席李清泉致函电陈嘉庚，提出召开南洋各地侨领会议，以讨论"援救华南事宜"。[①] 印尼侨领、巴达维亚"慈委会"主席庄西言亦向陈嘉庚建议在新加坡召开会议，组织一个统一的募捐领导机关。国民政府行政院长孔祥熙为在新加坡建立统一的华侨领导机构一事致电陈嘉庚，并电令驻南洋各地的中国领事协助此事。陈嘉庚先生支持这一建议，并作为东道主负责筹备大会。1938 年 10 月 10 日，"南洋各属华侨筹赈祖国难民代表大会"在新加坡华侨中学大礼堂胜利召开，来自马来亚、新加坡、菲律宾、印尼、越南、沙捞越、缅甸、泰国、中国香港的华侨代表 168 人，代表 45 个城市的华侨救亡组织，共商抗日救国大计，成为南洋华侨史上空前的盛会。

与会代表一致赞同成立"南洋华侨筹赈祖国难民总会"，作为南洋华侨抗日救亡的最高领导机关。大会选举陈嘉庚担任主席，庄西言、李清泉为副主席。总会办事处设在新加坡。大会讨论通过了大会《宣言》，历数日本帝国主义近代以来侵略中国的罪行，指出中国人民的抗日战争是"为了争取领土主权的独立完整、争取国家民族的平等自由"，是"中华民族与人类公理生死存亡"的正义战争，呼吁侨胞发扬"革命之母"的优良传统，为祖国"输财纾难"。《宣言》表达了海外侨胞坚决支持祖国抗战到底的坚强决心："盖国家之大患一日不能除，则国民之大责一日不能卸；前方之炮火一日不能止，则后方之刍粟一日不能停。吾人今后宜更各尽所能，各竭所有，自策自鞭，自励自勉，踊跃慷慨，贡献于国家，使国家得藉吾人血汗一洗百年之奇耻。"[②]《宣言》还号召华侨在大敌当前之际要实现大团结，"愿我八百万同胞自今日起，充大精诚，固大团结，宏大力量，以为我政府后盾，则抗战断无不胜，建国断无不成。"[③] 为了指导各地筹赈会的募捐工作，大会还制定了"各埠筹赈会办法举要"，让各基层分会"尽量采用"，会上，各地代表还做出了每月为祖国捐献国币 400 万元的重要决议，直到抗战最后胜利为止。

"南侨总会"的成立，标志着南洋华侨产生了自己的抗日救亡运动的最高统一战线组织，南洋华侨的抗日救亡运动已发展到一个新的更高的阶段。从南侨总会的领导人来看，都是久经考验的受到侨胞爱戴的爱国侨领；从南侨总会的组成结构来看，有各地筹赈会为基础，是自成体系的，既有广泛的群众基础，又有完整的系统，各项号召容易奏效；从南侨总会发表的宣言来看，它的主张是有远见的、鼓舞人心的，同时它要求团结抗战、一致对外，也完全代表了国内外侨胞的抗战

---

① 陈嘉庚：《南侨回录忆》，南洋印刷社，新加坡，1946 年，第 48 页。
② 陈嘉庚：《南侨回忆录》，南洋印刷社，新加坡，1946 年，第 57 页。
③ 陈嘉庚：《南侨回忆录》，南洋印刷社，新加坡，1946 年，第 58 页。

主张。因此可以说，南侨总会是一个比较成熟的华侨自己领导自己的抗日运动领导机构。从此，800 万侨胞在抗日救国的旗帜下，第一次不分地域帮派、不分政治倾向、不分阶层地团结起来，为挽救中华民族的危亡而共同奋斗，真正做到了"工农兵学商，一起来救亡"。到 1940 年，南侨总会领导的基层救亡组织已达 702 个，为推动南洋华侨的抗日救亡运动作出了重大贡献。

美国华侨在七七事变后，也迅速组织了各种抗日救亡团体。《华侨日报》记述当时纽约华侨的反响时写道："1937 年 7 月 7 日卢沟桥事变发生以后，数十年来积聚在中国人民心中的怒火和失望情绪终于立即爆发出来了。从这一点看，举国上下，不论是什么党派和阶级，都像兄弟般团结起来了。这种迎头反击外来侵略的精神霎时间影响到整个华侨社会。我们一听到打响了第一枪，爆发了中日战争，我们在几小时里就把整个华侨社会动员了起来。"[1]7 月 7 日晚，纽约华侨闻讯立即召开了各侨团的特别会议，决定成立救济总委员会。8 月 21 日，中华会馆又召开全侨大会，有 91 个华侨团体参加。大会正式成立了"旅美华侨统一义捐救国总会"，下辖 47 个分会，分布于全美洲 300 多个大中小城市；其中美国有 29 个分会，墨西哥有 15 个分会，洪都拉斯和萨尔瓦多各有 3 个分会。

接着，1937 年 10 月 13 日正式成立了纽约华侨抗日救国筹饷总会，各城市设有分会。据不完全统计，七七事变后，美国华侨组织的救国会达 92 个。凡聚居华侨百人左右的城镇，都有救国会组织。华侨人数较少的城市，则参加相邻城镇的救国会组织。没有参加救国会的华侨，也常常闻讯自动捐输。

为了增进团结、统一行动，以加强抗日救亡工作的成效，1943 年 9 月 5 日，在纽约华侨公立学校举行了全美华侨抗日救国筹饷机关代表大会，出席代表 71人，包括了美国全境的 36 个大城市的救国会组织。大会通过规定旅美华侨普遍捐款细则 17 项，并指定纽约、芝加哥、波士顿、旧金山、圣安东尼、西雅图等六处的救国会为大会决议的执行机关，并统一各地的筹饷会名称，一律改为"华侨救国会"。出席代表当场捐款 11650 美元汇回祖国支援抗战。此次大会集全美华侨于一堂，统一步调，是美国华侨史上空前团结与合作的会议。

抗战开始后，侨居在美洲其他国家的华侨，也组织了许多抗日救亡团体。加拿大各地华侨纷纷组织华侨救国会、抗敌后援会、义捐救国会等，积极劝销救国公债及募集捐款，尤以温哥华及维多利亚两地的抗敌后援会搞得有声有色。墨西哥华侨组织了"抗日救国后援会"；古巴华侨成立了"旅古华侨抗日后援总会"，

---

① 纽约《华侨日报》1940 年 7 月 8 日，第 7 版；转引自［美］邝治中著，杨万译：《纽约唐人街》，上海译文出版社，1982 年，第 119 页。

下设 59 个抗日分会；牙买加华侨也建立了华侨抗日救国会。这些华侨救亡组织，在推动华侨捐款、争取国际支持方面起到了重要作用。

欧洲华侨早在九一八事变后和淞沪抗战期间，已先后建立了抗日救国会、中国救亡会等各种抗日救亡团体。1936 年 9 月，又在巴黎成立了"全欧华侨抗日救国联合会"。这是以欧洲为中心组织的抗日救亡团体，参加成立大会的有英国、德国、法国、瑞士、荷兰等国家华侨团体代表，旅居比利时、苏联、意大利、土耳其等国的华侨皆致函祝贺。大会通过致国内同胞"立即武装抗日通电"。全欧抗联成立后，创立了全欧抗联会刊——《联合战线》，出版了西文半月刊《中国与世界》，及时介绍国内抗日斗争的真实情况。除此而外，还积极推动提倡国货、抵制日货的运动，法国巴黎、英国利物浦以及德国的一些城市，在华侨集中区设立了国货介绍所，组织抵制日货会。西安事变发生后，全欧抗联一面致电张学良、杨虎城将军，要求坚持八项主张；同时发表宣言坚决反对内战，要求南京政府"恢复张学良军职"，一致对外。七七事变后，巴黎各侨团举行群众大会，发表快邮代电，要求全国总动员，"坚持抗战到底"，同时发动各国侨团积极参加和"扩大发动募捐运动"。7 月 23 日，全欧华侨抗日救国联合会联合巴黎中国书报社、巴黎中华民国国民抗日救国会、旅法华工总会等五大侨团，派出代表到国民政府驻法使馆请愿，要求"迅速实行国共合作及其他党派之合作，动员全国兵民，一致抗战"，并且指出："就国家民族而言，生死存亡在此一举；就政府当局诸公而言，为功为罪亦在此一举。"[①]

非洲华侨虽然人数极少，但在七七事变后，也迅速组织起抗日救国团体。毛里求斯华侨人数仅几千人，由华商总会发起，成立了华侨救国委员会，以后更名为华侨抗敌后援会，包括华商总会、仁和会馆、南顺会馆、培英学校、新华学校及各区护商会等。抗敌后援会成立后，立即从六个方面开展救亡工作，即捐款、宣传、捐首饰运动、购买伤兵医院药物、征集麻袋和旧衣、抵制日货，救亡运动开展得有声有色。[②] 南非华侨也纷纷建立抗日救国组织。马达加斯加华侨成立了全岛统一的华侨抗战救国总会。华侨还建立了"华侨剧团"为抗战举行义演，受到侨胞的欢迎。

澳洲华侨在七七事变后，组织赴华医药救护队委员会，募捐基金，购买救护车及药品捐赠祖国。

---

① 巴黎《救国时报》1937 年 8 月 5 日。
② 陈伊美：《模里斯华侨的爱国热》，《华侨战士》第 8 期；转引自蔡仁龙、郭梁主编：《华侨抗日救国史料选辑》，中共福建省委党史工作委员会、中国华侨历史学会出版，福州，1987 年 7 月，第 650~654 页。

身处逆境的日本华侨，七七事变后受到日本警察特高课的严密监视，但他们没有退缩，组织了秘密的抗日救亡团体，并利用遍布日本各地的中华会馆进行联络，暗中进行募捐和发动青年回国抗战，在动员青年回国效劳时，特别注意动员台湾爱国同胞，取得了相应成效。随着中日战争的升级，日本政府下令关闭了所有的中华会馆，并逮捕了130余名会馆工作人员，强行投入监狱。还有更多的日本华侨，因反抗日本政府强迫他们捐"国防费"，反对日本"拿中国人的钱杀中国人"的恶毒伎俩，被日警私刑拷打、没收财产，直至驱逐出境。[①]

综上所述，在祖国全面抗战爆发后，海外华侨立即在各大洲建立了各种援助祖国抗战的救亡组织。据国民政府委员会统计，至1940年年底，世界各地组织的大型救国团体达到649个。[②]

这些救亡团体再加上原有的数以千计的各类华侨社团，在海外团结着数百万侨胞，在抗日救国的旗帜下组成浩浩荡荡的抗日大军，成为支持祖国抗日的强大力量。

（二）踊跃捐款献物

华侨救亡团体建立以后，首要任务是开展各种形式的募捐活动，为祖国募集抗战资金和其他物资。20世纪三四十年代的中国，是一个半封建半殖民地的弱国，而日本是东方第一号帝国主义强国，双方实力差距很大。加之国民党政府统治的黑暗腐败，连年发动内战，致使国内经济崩溃，民不聊生，抗战财力、物力匮乏。海外华侨急祖国之所难，齐心协力，首先在财力、物力支援抗战方面做出了重大贡献。

1. 财力的贡献

抗战开始后，在当时国破家危，许多省份被日寇占领的困境下，在当时国际援助十分有限的情况下，华侨捐款、购买公债款以及侨汇是国民政府外汇收入的主要来源，是支持抗战的重要财源。太平洋战争爆发前，南洋华侨贡献了巨款；太平洋战争发生后，南洋沦于日寇铁蹄之下，美洲华侨又贡献了巨款。

据国民政府财政部统计，华侨在抗战期间的捐献，以国币计算达13.26亿元，其中各年度捐献数额如下：

1937年　　16696740元

1938年　　41672186元

---

① 黄警顽：《华侨对祖国的贡献》，棠棣社，上海，1940年，第176~177页；又见《新华日报》1938年2月12日。

② 转引自《近代史研究》杂志，北京，1984年第2期。

1939 年	65368147 元
1940 年	123804847 元
1941 年	106481499 元
1942 年	69677147 元
1943 年	102266536 元
1944 年	212374205 元
1945 年	584251321 元

除此之外，"八一三"事变后，淞沪会战开始，国民政府发行了 5 亿救国公债，华侨认购一半，最后全部作为捐款献给抗战事业。[1]

陈嘉庚先生领导的"南侨总会"在动员南洋各国华侨捐款方面发挥了重要的作用。在总会的统一领导下，在各地抗日救国团体的宣传动员下，捐款筹赈工作步步深入，出现了"风起云涌，山呼海啸，热烈情形，得未曾有"的大好形势。[2]侨胞们通过特别捐、常月捐、年捐、货物捐、节日捐、娱乐捐等 10 多种捐款形式，以及义卖、义演、购机、购公债等多种方式筹款，无论哪种形式，大家都热烈响应，尽其最大努力捐献。例如义卖运动，是将售货的钱全部捐献，而义卖的价格却不是平常的价格。菲律宾华侨在义卖运动中，"理发一次国币千元，一个面包二十元"，"甚至一位爱国小贩在半天之内，义卖零食共得菲币 200 万元"。[3]正是因为华侨各阶层的共同努力，才为抗战汇集了巨款。据估计，南侨总会从建立到太平洋战争爆发，4 年中筹交给国民政府的捐款，总数达国币 4 亿元。[4]据陈嘉庚先生估计，1939—1941 年间，南洋华侨每人的月平均捐款额，菲律宾华侨为 5 元，马来亚华侨为 1.75 元，缅甸华侨为 1.2 元，印尼华侨为 1 元，越南华侨为 0.5 元，仅南洋华侨筹款每月在 700 万元以上。[5]

除了汇交给国民政府的捐款以外，南洋华侨的许多救亡组织还通过八路军办事处，把大批捐款物资直接送给英勇杀敌的八路军、新四军和华南抗日纵队。不少地区华侨还建立了援助八路军、新四军的专门筹款组织。例如新加坡华侨发起扩大援助八路军运动，发表《为援助八路军告侨胞书》，称赞八路军是争取抗战胜利的"铁军"，号召侨胞踊跃支援。[6]马来亚华侨组织了援助八路军、新四军

---

① 华侨志编纂委员会编印《华侨志·总志》，台北，1978 年 1 月增订三版，第 584 页。
② 陈嘉庚：《南侨回忆录》，南洋印刷社，新加坡，1946 年，第 79 页。
③ 重庆《新华日报》1938 年 10 月 2 日。
④ 《南侨筹赈工作概况》，南洋华侨筹赈祖国难民总会编：《大战与南侨》，新南洋出版社，新加坡，1947 年，第 47 页。
⑤ 陈嘉庚：《南侨回忆录》，南洋印刷社，新加坡，1946 年，第 344 页。
⑥ 重庆《新华日报》1938 年 6 月 30 日。

的"援八援新四委员会"，为捐助冯白驹领导的琼崖纵队，建立了"援冯委员会"。菲律宾华侨组织了"陕北公学捐募基金委员会"，等等。随着国内战局的变化，越来越多的华侨把抗战胜利的希望寄托在中国共产党领导下的人民抗日武装力量身上，并冲破国民党的禁令阻挠，加强支援工作。1939年2月底，"南洋惠侨救乡会"第二次代表大会就决定把捐款的40%献给新四军，40%献给惠宝人民抗日游击队，另外20%作为惠州难民救济费。菲律宾华侨为支持创办"陕北公学"，先后两期募捐，共得16300余元，"菲律宾妇女慰劳会"和"马尼拉中国妇女救济分会"都各捐万元慰劳八路军。越南侨胞还派出代表，专程回国到武汉八路军办事处献旗赠款，表示慰劳。华南人民抗日武装在建军初期，无固定军费粮饷，经济非常困难，除依靠当地自筹伙食费外，其他的经济来源主要依靠港澳同胞、南洋侨胞资助。1939年年初，海外华侨寄给宋庆龄转交曾生抗日游击队的捐款，一次就达港币20万元。[1] 总之，对中共抗日武装的支持，是南洋侨胞捐款支持抗战的重要部分。据大约估计，南洋侨胞向中国共产党领导下的抗日武装捐款至少有国币1000万元左右。[2]

美洲华侨在七七抗战开始即迅速动员起来，开展多种形式的募捐。捐献的种类有军需募捐、筹赈难民、认购公债、救济伤兵捐献、征募寒衣等，募款的办法有额捐（每人每月额捐15元）、散捐、游艺捐、劳军捐、航空建设捐、义卖义演捐、棉衣捐、卖花捐、救济运动、节约运动（如一碗饭运动）、献金运动等。还有一种自由捐，在唐人街的华侨商店门首、柜台，设置小木箱以接受自由捐款。此外，逢年过节，都举行献金运动，例如新年献金、"七七"献金、"双十"献金等等。从这些献金的形式种类，可以清楚地看到美洲侨胞是如何千方百计地为祖国抗战筹款，其爱国精神多么感人。据统计，抗战期间，美国华侨捐款达到5600万美元以上，加拿大500万美元以上，墨西哥200万美元以上，古巴240万美元以上，牙买加21.5万英镑以上，美洲其他国家的侨胞月平均捐1美元。全美洲8年捐献共计6916万美元以上，[3] 认购公债尚不包括在内。

海外华侨以国家民族利益为重，在捐款抗日中表现的慷慨牺牲、毁家纾难的事例不胜枚举，充分表现了华侨的爱国主义觉悟。正如陈嘉庚先生所评价的那样，在这场捐款的洪流中，"富商巨贾，既不吝金钱，小贩劳工，亦尽倾血汗"。[4] 泰国

---

① 转引自北京中国华侨历史学会编：《华侨历史学会通讯》，北京，1985年第3期，第17页。

② 东亚研究所编印：《第三调查委员会报告书——南洋華僑抗日救国運動的研究》，东京，1945年7月，第366页。

③ 华侨革命史编纂委员会：《华侨革命史》（下），正中书局，1981年，台北，第660页。

④ 陈嘉庚：《南侨回忆录》，南洋印刷社，新加坡，1946年，第79页。

华侨陈子谷，是上饶集中营暴动 5 人领导小组成员之一，为了给新四军筹款，他曾专程返回泰国卖掉全部家产，为新四军筹得 3 个月军饷。[1]马来亚侨胞陈锦生，一次捐献国币 50 万元。[2]菲律宾侨领李清泉 1940 年在美逝世时，念念不忘祖国抗战，将其遗产一部分 10 万美元捐助抗日和救济难民。[3]

在捐款运动中，广大华侨妇女、儿童的表现也极为突出。美国密歇根州华侨简夫人，丈夫早逝，孀居养大两个孩子，经济并不宽裕。但在抗战消息传来时，立即捐献了辛勤积蓄的 15000 美元，此后又多次捐献，并卖掉自己住的房子作路费，到美国的 10 多个州去宣传演讲，发动侨胞捐款，受到盛大欢迎和支持。[4]华侨叶莲英女士，拍卖全部金银首饰，得 3 万余元，慷慨捐献。[5]天真可爱的华侨小朋友，也为抗战献出童心。例如马尼拉一个六岁小童，将平日积蓄的糖果钱 210 元，悉数献出。[6]马来亚巴株峇辖华侨小朋友，集体捐献叻币 1000 元。

广大华侨劳苦阶层群众节衣缩食为国捐献，事迹尤其感人肺腑。澳大利亚美军华人服务营内一位老华侨，年近古稀，倾其养老用的 300 余金镑，悉数捐献。[7]美拖地煮饭佣妇刘瑞芝，每月工薪仅 6 元，在缩食献金活动中，一次便捐款 20 元。[8]南非华侨刘福南先生，年届 75 岁，尽献一生积蓄 900 英镑。[9]还有"像缅甸土瓦的侨胞矿工，每采钨一斤，捐银二分；像马六甲和新加坡的人力车夫，或与车主协议，每日各捐一分，或自己尽捐一天的所得；像香港的瓜果小贩，首先发起义卖运动；像美国和加拿大侨胞的献金，80% 以上却是由那日夜在油烟熏炙的餐馆厨房里，太阳蒸曝下的农田中，以及各洗衣店、各工厂、各商店里的工人侨胞们捐集出来。"[10]

正是由于各阶层侨胞千方百计地、坚持不懈地捐款，才能给祖国抗战贡献巨大的财力。这好像涓滴之水，聚成细流，然后循不同的溪谷，汇成长江大河，发出惊天动地的力量！

侨汇是海外华侨寄回祖国赡养亲属的汇款，平时国内有数百万侨眷依靠侨汇为生活费来源。抗战期间，侨眷对侨汇的需要更为迫切。从历史上看，侨汇是平

① 《华声报》1985 年 8 月 13 日，北京。
② 《现代华侨》，第二卷第 1 期，1941 年，重庆，第 22 页。
③ 重庆《新华日报》1940 年 10 月 13 日。
④ 黄警顽：《华侨对祖国的贡献》，上海棠棣社，1940 年，第 193~195 页。
⑤ 黄警顽：《华侨对祖国的贡献》，上海棠棣社，1940 年，第 193~195 页。
⑥ 国民党中央海外部华侨先锋半月刊社《华侨先锋》第二卷第 4 期，重庆，1940 年，第 24 页。
⑦ 国民党中央海外部华侨先锋半月刊社《华侨先锋》第七卷，第 11、12 期合刊本，重庆，1945 年。
⑧ 《现代华侨》第一卷 3 期，1940 年，重庆，第 26 页。
⑨ 《现代华侨》第二卷 2、3 期合刊，1941 年 3 月 15 日，重庆，第 22 页。
⑩ 东方杂志社《东方杂志》，第 37 卷第 13 号"抗战三周年专号"，1940 年 7 月，第 52~53 页。

衡我国外汇收支的主要手段；抗战时期，侨汇作为主要外汇来源，对加强抗战的经济力量更有巨大作用。七七事变后，侨汇数额在最初几年不但没有减少，反而大增。1937 年侨汇达 47350.2 万元，1938 年增加到 64407.4 万元，1939 年更增加到 120717.3 万元，1940 年达到 132861 万元。1941 年后，闽粤侨乡已相继沦陷，邮汇不通，加之中国海陆交通又遭日寇封锁，所以侨汇额开始锐减，1941 年仅达到 27880 万元，1942 年虽然增高至 43204.1 万元，却是因为国内通货膨胀造成的假象，并不是真正的增加。1943 年侨汇又有大幅度增加，达到 100750.2 万元。1937—1943 年的侨汇总额达到国币 557070.2 万元。[1] 这 55 亿多元的侨汇仅是银行汇款统计数字，尚不包括经过民信局或商号途径汇回的"寄批"数额。"寄批"虽不把钱直接献给政府，而寄给侨属，同样加强了祖国的经济力量，对国家外汇有极大裨益。抗战时期，国民政府用外汇抵偿国际贸易差额，1937 年为 12 亿元，其中侨汇占 42%；1938 年为 11.8 亿元，其中侨汇占 56%；1939 年为 9.2 亿元，其中侨汇占 22%；1940 年为 40 亿元，其中侨汇占 10%。[2] 上述数字足以表明，华侨的侨汇在抗战的经济中居有何等重要的地位。

2. 物力的支援

抗战中海外华侨购赠了大量药品、衣物、粮食以及飞机、汽车、坦克、弹药等军事器械，源源不断运往祖国。这些抗战急需物资，既支援补充了抗日战场的需要，又救济了战火中的伤兵难民，对祖国人民和抗日将士来说，既是物质上的巨大支援，又是精神上的莫大激励。据不完全统计，截至 1940 年 10 月，海外华侨已捐献飞机 217 架，坦克 27 辆，救护车 1000 辆，大米 1 万包（泰国一地），以及大量的药品、雨衣、胶鞋等杂用品。[3] 从 1937 年下半年至 1940 年初，华侨捐赠的各种物品总数在 3000 批以上，平均每月 100 批左右。[4]

与捐款抗日一样，海外华侨在捐献物资方面也有许多动人的爱国事迹。例如，缅甸侨胞约 30 万人左右，救亡组织十分活跃，除了捐款以外，还发动华侨妇女募捐布匹棉花，自己动手缝制棉衣，捐赠祖国难民同胞。仅从 1937 年 10 月至 1939 年 9 月，缅甸华侨就捐献了衣服 32.52 万件，新棉衣 1.16 万件，麻袋 18.35 万件，以及 69 箱药品，14 架飞机。[5] 1939 年 6 月，"缅甸华侨号"战斗机在重庆上空与

---

[1] 国民党中央海外部统计室：《海外党务统计辑要：抗战以来华侨汇款数额一览表》和中国银行国外部侨汇组统计，转引自郁树锟主编：《南洋年鉴》，南洋报社有限公司，新加坡，1951 年，癸第 39 页。
[2] 延安《解放日报》1941 年 12 月 12 日。
[3] 张荫桐译述：《南洋华侨与经济之现势》，商务印书馆，1946 年，第 64 页。
[4] 《现代华侨》第一卷第 8 期，1940 年，重庆，第 8 页。
[5] 华侨革命史编纂委员会：《华侨革命史》（下），正中书局，台北，1981 年，第 699~700 页。

敌机空战，功绩卓著，旅缅侨胞尤为振奋，掀起更大捐献热潮。

1938 年，马来亚柔佛斯乃区华侨汽车司机服务团一行 15 人，驾驶侨胞捐献的两辆雪佛兰牌救护车，带着绷带、药品等救济物资，从香港经过广州、长沙，到达武汉，将一辆救护车交八路军驻武汉办事处转新四军，然后驾驶另一辆汽车北上，经过襄阳、西安，长途跋涉 1.4 万余里，历时约 3 个月，终于在 11 月 1 日安全抵达延安，受到延安各界人民的热烈欢迎。[①]美国纽约"华侨衣馆联合会"购赠了大批棉衣、医药和 4 部救护车送回国内，特别指明其中一部分医药和 2 部救护车捐赠八路军。

抗战时期，国内尤其缺乏药品及医疗用品，华侨千方百计赠购支援，对补充抗日军民需要起了重要作用。南侨总会购买了大量金鸡纳霜、阿司匹林、仁丹及救伤绷带供应祖国，如通过印尼华侨向爪哇万隆制药厂一次购得金鸡纳霜药丸 5000 万粒，后寄仰光交由西南运输公司转交国民政府。1939 年 12 月，南侨总会还邀请新加坡医疗界名流，商讨在新加坡建立制药总厂，并选择了厂址，准备生产药品长期供应祖国以助抗战，[②]后因欧洲战场英国对德宣战，新加坡、马来亚严禁物资出口，以致未能实现。著名华侨企业家、"万金油大王"胡文虎也曾捐赠大批药品、药棉、纱布送回国内，仅 1939 年一年内，捐献重庆"中央赈务委员会"委员长许世英转发的"虎标良药"达百万包左右，价值叻币 4 万元。此外，胡文虎还捐献了救护车等送回国内。

上述事例仅是海外华侨捐款献物运动中的几个侧面，但已足以说明华侨各阶层对祖国抗战事业的财力、物力上所做的巨大贡献。

（三）回国参战，不怕牺牲

卢沟桥事变的炮声，震惊了海外华侨社会。在中华民族危亡关头，"有钱出钱，有力出力，驱逐东洋，收复国土"，广大侨胞除了以巨额财力物力贡献给祖国以外，还亲自回国投入抗日洪流。特别是许多热血华侨青年，毅然放弃了在海外的学业或职业，告别了温暖的家庭，纷纷回到祖国参军参战。仅据广东省侨务委员会统计，抗战期间归国参军参战的粤籍华侨约 4 万人，其中南洋各地约 4 万人，美洲和澳洲等地约 1000 人。回国华侨或驰骋疆场杀敌，或捍卫领空鏖战，或前线慰劳将士，或深入敌后宣传；他们有的在千里运输线上日夜奔忙，有的为救死扶伤流血流汗。他们以自己的血肉之躯，为中华民族的独立解放做出了杰出的贡献。

---

① 北京《华声报》1985 年 8 月 27 日。
② 重庆《新华日报》1940 年 1 月 17 日。

1. 拿起武器直接参战

抗战时期，国民党中央军校设有华侨特别班，专门招收归国从戎的华侨青年。还有许多华侨青年在受训后被编入国民党部队，例如1939年菲律宾100多名华侨青年返国从军抗日杀敌，被编在福建军政部第十三补训处受训。[①]

特别难能可贵的是华侨青年大批加入八路军、新四军，投奔抗日根据地。陕甘宁边区施政纲领第十八条，曾明文规定："欢迎海外华侨来边区求学，参加抗日工作，或兴办实业。"在中共的号召下，许多华侨优秀儿女冲破重重阻力，来到抗日圣地延安。仅1938年5月至8月，经八路军驻西安办事处介绍前往延安参加抗日的华侨青年，就有78名，参加新四军的华侨更多。1940年9月5日，留在延安学习、工作的300多名归侨成立了"延安华侨救国联合会"。为了动员更多的侨胞参加抗战事业，为了搞好海外宣传工作，延安华侨分别参加了活跃在西北前线的华侨服务团，深入敌后的战地服务团，以及出生入死担任战地新闻采访的华侨记者团。华侨为陕甘宁边区的抗战救亡运动、医疗卫生工作、科学技术、经济建设做出了贡献，得到党和边区人民的高度信任和好评。例如，在延安时，毛泽东主席的汽车司机是华侨，总司令部王家坪的司务长是华侨罗让道同志。更多的华侨青年在中国共产党的培养教育下，经过战火考验，成长为忠诚的无产阶级革命战士。

当然，有奋斗就会有牺牲，也有许多华侨青年在抗日前线献出了宝贵的生命。他们的英勇壮烈，值得后人永远敬仰和学习。著名的八路军女英雄李林便是其中的一个典型。李林，福建龙溪人，幼年时侨居爪哇，20世纪30年代回国求学，1936年加入中国共产党。1937年到山西抗日前线工作，先后担任雁北抗日游击队第八支队政委、八路军一二〇师独立第六支队骑兵营教导员，率铁骑驰骋雁北、绥南，横扫敌寇，屡建战功。由于李林智勇双全、骁勇善战，日寇闻风丧胆，曾以5000元重金悬赏其首。而她在晋绥边区抗日军民心中，是一个热爱人民、能征善战的传奇式女英雄。1940年4月，在山西平鲁县的一次反扫荡战斗中，李林为掩护战友和群众，率领骑兵猛冲猛杀，虽身负重伤数处，仍英勇抵抗，毙敌数名，一直打到最后一颗子弹时，壮烈殉国，年仅24岁。李林同志牺牲后，中共中央妇委发唁电，称她为"女共产党员的光辉模范，全国女同胞所敬爱的女英雄"。

菲律宾华侨沈尔七，1938年1月率领"菲律宾华侨救国义勇队"回国，从厦门上岸后，经过艰难曲折的斗争，最后达到参加新四军的目的。以后，沈尔七又两次回到菲律宾，为新四军筹款，购买药品。1939年5月，他任菲律宾华侨回国

[①]　福建中南旅运社总社编辑、出版《闽侨月刊》，1939年第4期。

慰问团政治顾问，率领队伍从香港过河内、桂林、辗转到达江西上饶，受到新四军军长叶挺的接见和欢迎，并护送到安徽泾县新四军军部。慰劳团在战地慰问新四军部队，任务完成后，全部参加新四军，后来大部分人员不幸在皖南事变中牺牲。1941 年沈尔七率领第三批菲律宾爱国华侨回国参战时，正值"皖南事变"，他在不能返回新四军军部的情况下，转往广东参加东江纵队。1941 年，他在一次战斗中壮烈牺牲，年仅 28 岁。由于沈尔七同志舍生忘死致力于抗日斗争，以至无暇顾及家中事，多次回国都无法回故乡省亲。他在 1938 年给母亲的一封信中这样写道："儿为了革命——抗日救国，多年来未寄分文到家，致母亲生活更苦，心殊不安，唯今如不抗日救国，民众将永无翻身之日，故儿愿牺牲一切奋斗到底。'家中甚然困苦'，不言而知，望母亲能以儿为光明事业而努力，勿怪儿之不肖，并安心教养弟弟……"[1] 铿锵数语，海外赤子的报国之心跃然纸上。像沈尔七这样的优秀华侨青年，又何止千万！

回国参战的华侨青年，还为保卫祖国领空屡建功勋，其贡献值得大书特书。回国从戎的华侨，有许多人在海外接受了专门的航空训练，他们是飞行员、航空机械人员，为国防科学技术落后的祖国增添了新鲜血液，大大地加强了国内的抗日空军力量。美国华侨在这方面的贡献尤为突出。自 1931 年九一八事变开始，美国华侨中的许多人抱着"航空救国"的决心，在踊跃捐献飞机的同时，积极利用美国的有利条件为祖国培训造就空军人才，并先后向国内输送了 100 多名飞行员。美国俄勒冈州波特兰市仅有华侨 2000 余人，九一八事变后，这里的华侨组织了"华侨航空救国会"，创办了"美洲华侨航空学校"，购置两架飞机，聘请外籍教师。学员除学习飞行技术以外，还开设"国耻史"课程，以培养爱国主义觉悟。该校举办两期，招收 30 余名华侨子弟，学成后全部返回国内服务，其中有 4 人因为战功卓著被提升为飞行大队长。1933 年 7 月，旧金山华侨又创设了"旅美中华航空学校"，用租机训练办法培训飞行员等技术人才，到 1939 年，共招收三期学员，向国内输送航空人员 69 人。此外，美国华侨还组织了"航空救国义勇团"，在芝加哥、底特律、纽约、匹兹堡、波士顿等城市训练华侨飞行人员，先后有 30 余人回国服务。此外，菲律宾、印度尼西亚等南洋各地华侨青年，回国参加空军者也不乏其人。

由于华侨航空人员多批回国加入空军抗战，因而在中国空军的驱逐机飞行员中华侨几占 3/4，广东空军从队长到队员几乎全是华侨子弟。华侨空中健儿多次驾机与日本空军激战，为保卫祖国领空立下战功，也有的在空战中血染长空，壮烈

---

① 郑山玉：《抗日旌旗到江南——菲律宾华侨救国义勇队回国参战记》（油印稿）。

殉国。黄泮杨、陈瑞钿都是美国波特兰"美洲航空学校"第一期毕业生，1932年回国编入空军。抗战中分别击落敌机8架和6架，名震一时，号称虎将，双双被升为飞行大队长。印尼华侨梁天成、陈镇和、刘盛芳在与日机空战时先后牺牲。刘盛芳的父亲刘长英侨居雅加达（当时称巴达维亚），当他接到国民政府的慰问信和抚恤金后，化悲痛为力量，立即作复说："当兹抗战需要之际，噩耗传来，五内痛伤，爱子之悲。承政府俯赐之恤金一万元，值此抗战时期，国家经济上正待张罗之际，实不敢受领，拟请将盛芳恤金，全部捐赠祖国，为抗战军费。"[1] 救国之心，赤诚无瑕，感人至深。

2. 技术人才回国效力

抗战时期有许多华侨专门技术人才回国，或到抗日战场服务，或到大后方参加支前工作。

从交通运输、工程技术方面说，有南侨总会组织的3200名华侨机工（司机和修理工）回国参加大西南运输，有冯维、刘茂桂率领的暹罗华侨汽车司机工友归国服务团，有王又松为团长的新加坡机器工程回国服务队，有非洲汽车工友服务队，吉隆坡华侨机工回国服务队，还有10余名缅甸华侨木工组成的义勇工程队，等等。

活跃在滇缅公路上的3000余名华侨司机和技工，是抗战时期运输线上的劲旅，其爱国事迹尤其感人。抗战开始后，祖国沿海口岸和码头先后被日本侵略军占领或封锁，新开辟的滇缅公路成为我国对外交通的主要线路，大批抗战物资要从这条路运回国内，但是缺少熟练司机和修车技工。国民党官办"西南运输公司"委托南侨总会代为招聘，当号召发出后，许多华侨机工报名应征，出现了极为动人的父送子、妻送夫的场面，"数月之间，热诚回国者3200余人"。[2] 每个华侨机工回国参加抗战的经过，都有一段感人的史实。有的机工"在洋十余年，每月收入坡币200余元，自甘牺牲，并招同伴十余人，带其全副机器前往"。而当时"机工等待遇，照国币核算薪水，不及南洋半数，然因热诚回国，均甘愿牺牲……"。[3]华侨回国效力的爱国壮举受到侨胞的钦敬、鼓励。在泰国，"每当轮船一批批地把爱国志士满载回去共赴国难的时候，湄南江头送别的侨胞莫不人山人海，或赠予鲜花以示鼓励，或奖予旗帜以壮行旌！"[4]

滇缅公路全长1146公里，要跨越高耸入云的横断山脉，穿过怒江、澜沧江、

[1] 《捍卫祖国的华侨空军战士》，载美国《三民晨报》1940年5月30日，转引自《华声报》1985年8月27日。
[2] 陈嘉庚：《南侨回忆录》，南洋印刷社，新加坡，1946年，第85页。
[3] 陈嘉庚：《南侨回忆录》，南洋印刷社，新加坡，1946年，第119~120页。
[4] 黄警顽：《华侨对祖国的贡献》，棠棣社，上海，1940年，第158~159页。

110

漾濞江三条急流大河，沿途崇山峻岭、深山峡谷，加之新开辟的公路还是土路，每遇风雨，道路泥泞、坑洼不平，满载军火的卡车行进在这样的道路上稍一不慎就会车毁人亡。不仅如此，而且沿途毒蛇袭人、疾病流行，日军飞机又常在头顶盘旋追袭，不少华侨机工牺牲在运输线上。面对如此恶劣的环境，经受如此艰苦的生活，华侨机工们毫不退缩，响亮地提出"一个华侨能出力，十个敌人九不回"的豪迈口号。[1]他们踊跃参加华侨义勇抢运大队，前赴后继，拼命地为祖国抢运物资，使这条国际运输线的军事物资输入量，能保持在每日300吨的水平，为支援祖国抗战做出了重要贡献。

从医护服务来说，抗战开始后，华侨组织了许多批救护医疗队，自筹路费，自己携带药品、医疗用品回国服务。他们大多数活跃在祖国的南方战场，经常参加战地救护。比较重要的华侨救护队有：

缅甸华侨救护队。全队36人，由优秀青年华侨医师陈雅云任队长，在广东从化、西江一带冒着枪林弹雨从事战地救护工作。后在深圳设立救伤医院，并派员开展惠阳、东莞一带的战时医疗救护工作，成绩很大。该队的惠阳分队下乡工作，"仅两月间，医愈者万余人"。[2]

安南华侨救护队。全队66人，其中有女队员10人，团长林鹭英，回国后在惠州、博罗、增城、龙门、从化、新作塘地区从事救护宣传工作，其中半数以上队员在转战中牺牲或失踪。

爪哇华侨救护队。全队20余人，多愿赴前线工作，后来主要从事金鸡纳霜等药品的购买供应工作。

东江华侨救护队。由南洋各地的惠州华侨救乡会组织，在惠州一带服务。

此外，还有星洲华侨救护队，槟城华侨救护队，棉兰华侨女子救护队，暹罗华侨西医救护队等，先后回国服务。

3. 宣传抗日，回乡服务

在成千上万名回国投身抗日的华侨中，有一支生气勃勃的力量，那就是活跃在华南战区的华侨回乡服务团。

以叶锋为团长、刘宣为副团长的"东江华侨回乡服务团"是最大规模、最有影响的华侨回乡服务团。1939年1月，该团在"南洋惠侨救乡会"领导、支持下成立了惠阳、海陆丰、博罗、紫金、河源、龙川、和平7个分团，以及东莞宝安队、增城龙门队、两才队（马来亚爱国华侨黄伯才、张育才共同资助组织

---

[1] 《新华日报》1941年1月27日，重庆。
[2] 黄警顽：《华侨对祖国的贡献》，棠棣社，上海，1940年，第215页。

的"南洋惠侨救乡会两才歌剧队"，简称两才队）、文森队（爱国侨领官文森先生独资组织的回国服务队）、吉隆坡队等 5 个队以及一个东江流动歌剧团，人数发展到 500 余人，遍及东江地区的 13 个县。"东团"带回大量救济物资、药品，在宣传抗日救国的同时，给各地饥寒交迫、伤病呻吟的难民分发救济粮食、御寒衣物，护理伤员、医治疾病，特别是解除了成千上万群众患疟疾的痛苦，深得广大群众的信任。"东团"各分团、队还发动群众建立了青年抗日同志会、青年读书会、抗敌后援会等群众组织。在有条件的地方还建立了抗日自卫队、抗日随军杀敌队等农民抗日武装，英勇阻击日寇的侵扰。他们在日寇压境、国民党军队溃逃之际，知难而上，勇敢奔赴东江各地，有力地推动了东江地区抗日救亡运动的蓬勃发展，深得广大人民群众和社会各界爱国人士的赞扬。当"东江华侨回国服务团"被国民党顽固派非法解散后，广大团员毅然参加了中国共产党领导的东江抗日游击队，继续战斗，不少人成为东江纵队的骨干力量，部分队员为中华民族的独立解放事业献出了宝贵生命。东江华侨回乡服务团的光辉战斗史，是广大爱国华侨的骄傲。

在南洋华侨同乡会馆组织的回乡服务团中，还有许多典型的例子，他们都像"东团"那样，从人力、物力各方面全力支援家乡人民抗战。例如海南岛籍华侨，组织了"琼侨回乡服务团"，全团 240 余人冲破日军的海上封锁，回到战火纷飞的家乡帮助抗战。1939 年至 1940 年间，服务团先后在文昌、琼山、琼东、乐会、万宁等县开设医疗所，为抗日军民看病治病，救护了大量的伤员。

（四）开展经济斗争，削弱日本军事力量

七七事变后，华侨在财力、物力、人力直接支援祖国抗战的同时，还在海外掀起了声势浩大的抵制日货运动以及罢工、不供给等经济制裁运动。"支援"和"抵制"互相配合、彼此呼应，形成一股强大的力量，削弱了日本的军事侵略势力，声援了祖国的抗日斗争。

1. 抵制日货运动

日本自从明治维新走上资本主义道路以后，积极向外争夺市场，拥有丰富经济资源和广大消费市场的东南亚正是其"南进"扩张的目标。第一次世界大战后，日本输往东南亚地区的商品增长很快。例如，1928 年日本对南洋的出口占其对外贸易总额的 6.7%，到 1931 年增加到 9.5%。[①] 到 1936 年时，日本对南洋的输出总

---

① 松村金助著，刘士木译：《日本之南生命线》，中南文化协会出版，上海，1935 年，第 4~7 页。

额达到 5.6 亿元，较之 1918 年又增加一倍。[①] 战前，日货在南洋各国已占有很大市场，日本纺织品在南洋市场占有压倒优势，此外，服装、陶瓷器、玻璃、电器、鱼产品等也占有一定市场，华侨经营日货者遍及各城市。

抗战开始后，南洋华侨激于爱国义愤，自动抵制日货，拒买拒卖日货，提倡国货。许多华侨商人断绝与日本的经济往来，不再订购日货，原有的日货予以登记查存，或者售完不再贩卖。与此同时，几乎南洋各地都建立了专门的抵制日货组织，各组织制订了抵制日货惩治奸商的条例、公约，并召集抵制日货的会议，使抵制日货运动一浪高一浪地向前推进。

马来亚是日货在南洋的主要市场之一，抵制日货运动异常活跃。从新加坡文冬华商货物研究委员会所订的抵制日货公约，可见一斑：

①凡一切来货卸落时，须暂放骑楼，候本会值日员检查，检验后方可入店，如未经检验入店者，无论未拆及已开拆者，作不遵守公约论，由本会提交华侨大会讨论，请求值日检查员时不得迟过十分钟。

②值日检查员验货时，如发觉该货确有嫌疑者，即将货样呈交本会开会研究，如证实劣货（日货）无疑，第一次即将该货全数充公，第二次照该货价值加倍处分，第三次将办货商号用本会名义公布侨众。

③凡外埠汽车贩客来招旧货物者，须有本会值日检查员签给证明书后方准交易，如敢故违照第二项办法处分。

④由本会请求筹赈会授权罗厘车巴士工人，帮同侦察，如发现私办劣货（日货）者，将该货充公变卖，以一半奖赏该人，以一半拨归筹赈会。[②]

从以上 4 条公约，可以清楚地看到华侨在抵制日货运动中的高度热情，以及他们对抵制日货的坚决态度，对惩治奸商的毫不留情。南洋地区的抵制日货运动正由于得到了广大侨胞的自觉支持和响应，才形成波澜壮阔的群众运动。

在菲律宾，马尼拉华侨各同业公会及有关商号多次召开联席会议，采取共同行动抵制日货。1938 年 2 月，菲律宾华侨援助抗敌委员会又设立了"抵制仇货委员会"的专门机构，制定了详细的"抵制仇货实施办法"20 条。同年 5 月厦门沦陷后，菲律宾各地掀起了新的抵制日货高潮。为了适应新的形势，抗敌后援会又于 10 月 6 日颁布了更为严厉更为全面的"全菲华侨抵制仇货条例"。与此同时，菲律宾华侨还组织国货展览会；对于不执行抵制仇货条例的华商，采取种种办法警告、处置，

①　黄警顽：《华侨对祖国的贡献》，上海棠棣社，1940 年，第 327 页。

②　林芳声：《抗战中的马来亚华侨》，载《南洋商报》1938 年 7 月 7 日，转引自柯木林、吴振强编：《新加坡华族史论集》，南洋大学毕业生协会出版，新加坡，1972 年，第 144~145 页。

甚至禁止他们与华侨通婚，禁止他们死后葬身华侨义山（华侨公墓）。

缅甸华侨抵制日货的组织最为严密，抵制日货的斗争有声有色。1937年10月成立的"缅甸华侨抵制日货总会"，负责统一领导全缅抵制日货运动。它采取了一系列行之有效的措施。第一，严惩奸商，抄没其原有财产；第二，举办国货展览会，鼓励侨商竞售国货；第三，举办日货与沦陷区所产、假冒国货之样品的陈列所，以供侨民识别和根绝日货；第四，组织日货侦缉队，严查奸商偷售各类日货。为了壮大抵制日货的声势，缅甸华侨还联合缅甸人和旅缅印度人，组成了一个"中国、印度、缅甸联合抵制日货委员会"，它"按周轮流出发，实地劝导各民族，对日经济绝交，以制敌人死命"。①

泰国华侨虽然处在暹罗政府的高压政策和严密监视之下，但在抵制日货方面并不逊色。"华侨商家均先后秘密议定，宁愿忍痛牺牲丰厚的利润，实行与日商断绝往来"。②还有"部分爱国分子，秘密监视一般商人，如遇奸商暗中交易仇货，即提出警告，有时竟出诸武力对付，因此割耳朵或被行刺重伤毙命，时有所闻，被警告者往往声明登报道歉"。③由于侨胞万众一心共同行动，日商日货受到重大打击，曼谷市"往昔推销劣货车如转轮马如龙的力察旺大马路，今已成为门前冷落车马稀的死市"，而在泰国内地，"北起青迈南至合艾，华侨商店俱舍劣货而转办省港或欧美货了"。④

美国华侨抵制日货的运动，得到了美国人民的支持。纽约市华侨妇女，与美国人民一道，举行了拒买日本长筒丝袜的示威游行，两千名妇女举着"我们宁穿纱袜，不穿丝袜"的标语，浩浩荡荡前进。连美国一些电影明星也参加了游行队伍。结果，"许多妇女开始穿起纱袜或者不穿袜子"。⑤

如上所述，抵制日货的顺利开展与浩大声势，是与爱国华侨对奸商进行严厉有效的惩治分不开的。由华侨青年组成的"热血团""锄奸团""除奸队"等组织，对那些继续出售日货、暗中与日商往来的华侨"奸商"，有种种惩治办法。诸如破坏抵制日货者被割耳朵；售卖日货商店的招牌被涂乌油、大便；运送日货的货车被割破胶轮；或者闹市公布购买日货者的姓名；或由侨团直接致函奸商，予以严厉警告。这样雷厉风行进行惩治，足使奸商胆寒、仇货绝迹。

---

① 黄珍吾编著：《华侨与中国革命》，"台湾国防研究院中国文化研究室"，台北，1963年，第350页。
② 黄警顽：《华侨对祖国的贡献》，荣棣社，上海，1940年，第158页。
③ 黄警顽：《华侨对祖国的贡献》，荣棣社，上海，1940年，第158页。
④ 谢犹荣：《泰华报业小史》，泰国译报社，曼谷，1964年，第24页。
⑤ ［美］邝治中著，杨万译：《纽约唐人街——劳工和政治（1930—1950）》，译文出版社，上海，1982年，第123页。

抵制日货运动是抗日救亡运动中最有成效的运动之一，它给日本经济以重大打击。据 1939 年"美国太平洋国家友善会"的报告，抗战以来，日货在东南亚销路大减，每月损失 2000 万元。在 1938 年、1939 年抵制日货的高涨时期，日本对东南亚地区的贸易总额急剧减少。以日本对马来亚、菲律宾、荷属印度、泰国、英属婆罗洲等国的出口总额来比较：1937 年为 386739000 日元，1938 年为 202917000 日元，下降了 48.6%。1939 年为 202940000 日元，也比 1937 年下降 45.7%。[①] 与此同时，中国货在南洋一带销路大增，中国对南洋的出口额迅速增长。据统计，在上海的出口总额中，对南洋地区和香港的出口额在 1936 年时占 9.87%，1938 年时已上升到 28.61%，1939 年和 1940 年又分别上升到 29.74% 和 30%。[②] 其实，香港作为转口贸易港，有许多来自中国的货物是转销东南亚的，因此，中国对南洋的出口实际增长应更大。无疑，抵制日货的结果，在一定程度上削弱了日本的经济力量，从而牵制了它的军事侵略力量，在经济上、政治上都具有重要意义。

2. 集体罢职，不为敌人服务

南洋是日本所需的战略物资的重要原料产地，这里丰富的橡胶、石油、铁矿石、锡等资源，对日本维持战争机器运转有着重要价值。

铁矿石是日本在马来亚的主要投资，战前，日本人几乎操纵了马来亚的铁矿开采业。战争爆发前，日本每年需铁矿石 250 万吨，其中 90% 依赖进口，由马来亚进口的铁矿石达到 100 万吨；到战争来临，每年增加到 200 万吨以供军事需要。[③] 这些日本铁矿公司主要雇佣华人从事开采，也雇佣少量的印度人和马来人。抗战开始后，马来亚的华侨抗日团体到铁矿进行宣传，当华工们知道他们开采的原料正是用来制造枪炮屠杀自己的同胞时，感到无比愤怒。他们宁愿受失业之苦，也不昧爱国良心，于是集体罢职，全体自动离开矿山，表现出崇高的民族气节。

马来亚峇株巴辖日本原铁矿的 2000 名华工，最先采取集体罢职行动。"当时一般救国华侨，鉴于铁山矿业的开发，有利于敌人军事资源，乃一方面鼓励工人罢工抵制，一方面用有效的办法，爆炸其机器，使铁山无法生产。"[④] 华侨矿工的义举，得到了华侨抗日团体和群众的支持鼓励。华工离开矿场后，各地华侨纷纷伸出援助之手，或赈济失业工友，或帮助回国川资，或代为安排工作。例如，有 500 名华工被安排在新加坡建筑公司任职，新加坡福建会馆也募捐叻币 6 万元支

① 根据日本《国外贸易年表》计算，见内田直作：《東洋经济史研究》，千仓书房，东京，1970 年，第 151 页。
② Shanghai Annual Returns of Foreign Trade 1937~1940, Shanghai 1938—1941, pp.4~6.
③ 新加坡《南洋商报》1938 年 3 月 2 日。
④ 南洋华侨筹赈祖国难民总会编：《大战与南侨》，新南洋出版社，新加坡，1947 年，第 153 页。

持罢工，等等。

马来亚的龙运铁矿，是日本官商合办的企业，也是日本在马来亚经营的规模最大的矿场，雇佣矿工4000名左右，其中华工2700余人。平时，华工就受到日本资本家的残酷剥削和虐待，"工人之死亡，除疟疾恶病以及虐待致死外，每年死于石炮者，不下百人"。[①] 抗战开始后，林谋盛、庄惠泉等人来到矿山宣传抗日，华工们积极响应，坚决不为敌人服务，于是一批批相率离开矿山，或到新加坡另寻职业，或者在南侨总会协助下回国抗战。

峇株巴辖和龙运铁矿罢工罢职的斗争，迅速影响到马来亚各地，许多华工都采取了不为敌人做工、不给敌人服务的行动，不但使日本人的铁矿完全瘫痪，而且由于华人女佣、华人司机拒绝为日本人服务，华人房东拒绝出租住房给日本人（或将房租提高50%），使日本人在新马的经济活动也受到了很大打击和限制。

3. 反对运铁资敌运动

自1937年日本发动全面侵华战争后，美国政府实际上采取坐山观虎斗的两面政策。表面上它打着"中立"旗号，实际上却把大量军火物资输往日本，支持日本对华侵略战争。据统计，日本侵华战争头3年内消耗的4000万吨汽油，有70%是美国供给的。1938年美国输日作战物资占日本全部消耗的92%。美国华侨虽不足10万人，但华侨高举反对侵略战争的旗帜，在美国人民的支持下，为反对把钢铁等物资装运日本，展开了声势浩大的斗争。

1938年12月16日，停泊在旧金山港口的希腊货轮"斯拜罗司"号，将2500吨废铁装船，欲运往日本。当地华侨得知后，群情激愤，奔走呼号，顷刻闻有3000多名华侨到码头游行示威，并将该轮包围，阻止外运。与此同时，华侨派代表分别向美国总统罗斯福和中国领事馆呼吁，请求禁止将废铁运往日本。在美国友人的协助下，经过华侨不懈的斗争，美国当局采纳了华侨的意见，这场抵制斗争获得了胜利。当地报刊以显著篇幅报道了华侨的示威斗争，可见华侨爱国行动影响之大。

在反对资敌的斗争中，美国华侨表现了高涨的爱国热情和顽强的斗争精神。1939年3月4日，俄勒冈州波特兰有1200余名华侨齐集码头，阻止希腊货轮"安斯塔拉哈脱司"号装运7500吨废铁往日本，在4日至16日的13天时间里，华侨冒雨纠察，不分昼夜，直到最后。

同样的抗议示威还在洛杉矶、威明顿、艾威特、西雅图、埃士多利等许多港口发生。"得道多助，失道寡助"，华侨支持祖国抗战的正义行动，得到美国人民

---

① 南洋华侨筹赈祖国难民总会编：《大战与南侨》，新南洋出版社，新加坡，1947年，第188页。

以及旅居美国的外国侨民的同情和支持。1939年2月17日，停泊在西雅图港的日本船"海安丸"号欲装废铁运往日本时，遭到了华侨、美国工会组织、妇女耶教会组织以及旅美朝鲜侨民等700余人的共同反对，他们联合起来共同布置纠察线，侨校学生歌声远震，声势壮大，直至该轮空船离岸，示威者才收队而归。

在外国货轮上工作的华侨海员，在反对资敌斗争中表现得尤为英勇果敢，请看这些光荣记录：

1938年，英国货轮"科度路"号上的华侨海员29人，反对该轮载运废铁往日本，于是全体罢工上岸，被美国移民局拘留于天使岛，1月19日取道欧洲回国。

1939年3月，挪威商船"挪威贵妇人"号华侨海员20人，因拒绝载运废铁往日本而被解雇，后乘船回国。

1939年9月，希腊船"伊拉都女神"号华侨海员8人，因抗议该船在西雅图装运废铁前往日本，愤而辞职，后乘船回到中国香港。[①]

在美国籍"黑生轮"工作的33名华侨海员，抗议该船满载炸药原料硝盐运日本，集体罢工，离船上岸。

华侨海员的斗争得到了美国华侨社会的坚决支持。每当华侨离船登岸被美方拘留时，都是当地华侨与美国当局交涉，出金保释，并购买船票，使他们安全返抵祖国。

总之，海外华侨抵制日货的斗争，罢工罢职不为敌人服务的斗争，反对资敌的斗争，虽然都是用经济手段制裁、打击敌人，但其实际意义却不仅仅限于经济方面，而是在政治上造成了巨大影响，大灭了日本侵略者的气焰，大长了海外同胞的志气，同时也争取了国际友人的帮助，推动了抗日的国际统一战线的发展。

（五）反对分裂，维护抗日统一战线

抗日民族统一战线是坚持抗战并取得最后胜利的重要保证。中国共产党早在1935年就发表了著名的"八一宣言"——《为抗日救国告全国同胞书》，呼吁由工农军政商学各界，一切愿意抗日救国的党派和团体，以及海外侨胞和中国境内各民族的代表组成领导抗日救亡的国防政府，提出了抗日民族统一战线的主张。1938年3月18日，毛泽东同志在给马来亚华侨抗敌后援会代表团的题词中说："全体华侨同志应该好好团结起来，援助祖国，战胜日寇。共产党是关心海外侨胞的，

[①] 刘伯骥：《美国华侨史续编（1912–1961）》，黎明文化事业股份有限公司，台北，1981年，第575~577页。

愿意与全体侨胞建立抗日统一战线。"[1] 海外华侨拥护团结抗日的主张，为抗日统一战线的形成和发展做出了可贵的贡献。

抗战开始后，海外华侨对国共两党就明确表示了"深望国内能团结对外"的态度。1937 年 9 月，实现第二次国共合作的消息传到海外后，侨胞们衷心拥护。"菲律宾侨胞劳工抵贷大会"拍电报给国共两党表示祝贺，并"恳请两党同志，贯彻亲密合作，共同御侮，共同建设独立、自由、幸福的新中国"，表示"誓与全体侨胞手携手肩并肩的追随两党同志共同奋斗"。[2] 在已经建立的抗日统一战线出现暗流、曲折时，海外华侨旗帜鲜明地站在坚持抗战、团结进步的一边，同一切危害统一战线的行为作不妥协的斗争。

在广州、武汉相继陷落的紧急情势下，国民党副总裁汪精卫与日本帝国主义密切往来，公然主张对日和谈，一时妥协气氛弥漫重庆，出现了抗日统一战线中的最大危险。陈嘉庚对此十分愤慨，连续三次致电汪精卫，怒斥汪为秦桧、张昭。1938 年 10 月下旬，陈嘉庚眼见汪精卫不可救药，便以参政员身份，在重庆第二届国民参政会上，提出"敌未出国土前言和即汉奸"的提案，获得一致通过，给妥协投降派当头棒喝。这件事震动了重庆山城，邹韬奋先生称这十一个字是"几万字的提案所不及其分毫，是古今中外最伟大的一个提案"。[3]

1938 年 12 月，汪精卫一伙公开叛国投敌，激起海外华侨无比义愤，各地掀起了声讨汪贼，反对卖国投降的运动。陈嘉庚代表南洋华侨致电蒋介石，强烈要求"宣布其罪，通缉归案，以正国法，而定人心"。看到只开除汪精卫国民党党籍，未宣布国法处分，又致电追究到底："今日前方将士浴血挥戈，后方民众卧薪尝胆……而独容汪贼与其党羽逍遥法外，实南洋八百万侨众所莫解！"[4] 马来亚各地还进行了声势浩大的"反汪宣传周"活动，举行反汪群众大会，参加讨汪活动的侨胞达 170 万人之多。在缅甸仰光，爱国侨胞除通电集会、游行之外，还筹款 100 万元作为缉拿汪贼经费。[5] 在欧美，侨胞讨汪大会遍及各侨居城市，受聘在汪精卫创办的《纽约民气日报》工作的爱国华侨，将汪的题字拆毁，发表声明"誓与汪逆不共戴天"，充分表现了海外华侨鲜明的爱憎和抗战到底的决心。

在抗战初期武汉失守以前，尽管国民党军队的抗战还是片面抗战，但是"国

---

① 转引自华东师范大学主办《历史教学问题》，上海，1982 年第 1 期，第 20 页。
② 《新华日报》，1938 年 5 月 20 日。
③ 陈嘉庚：《南侨回忆录》，南洋印刷社，新加坡，1946 年，第 77 页。
④ 《回忆陈嘉庚》，北京文史资料出版社，1984 年，第 11 页。
⑤ 《新华日报》，1940 年 9 月 27 日。

民党政府政策的重点还放在反对日本侵略者身上"。①自武汉沦陷以后，蒋介石政府一方面采取了对日消极作战以保存军事实力的政策，另一方面又制造摩擦，妄图消灭中共领导下的人民抗日武装力量，使抗日统一战线面临新的危险。

当国民党顽固派掀起反共高潮时，海外华侨以鲜明公正的态度抨击国民党之不当，维护团结抗战的大局。1939年底至1940年3月，国民党顽固派掀起了第一次反共高潮，陈嘉庚先生率领的"南洋华侨回国慰劳视察团"正在这时回到国内慰劳抗日军民。陈嘉庚不顾国民党要人的游说包围，一再向国共两党领导人陈述广大侨胞的希望："抗战一定要坚持下去，团结要加紧，汉奸汪精卫分子一定要铲除，只有这样，才能激励侨胞爱国之心，积极帮助祖国抗战。"②"兹若不幸国共两派意见日深，发生内战，海外华侨定必痛心失望，对义捐及家汇，不但不能增加，势必反形降减"。③10个月内，慰劳团不辞劳苦，遍历祖国西北、西南、中南、东南各地，慰劳抗日将士，会见各界人士，呼吁团结抗战。特别难能可贵的是，陈嘉庚先生亲率慰劳团往延安访问。在延安8天，他会见了毛泽东主席、朱德总司令等中共领导人，参观了边区，亲眼看见了陕甘宁边区的光明景象，一扫他在重庆等国统区参观慰劳时产生的悲观失望情绪。他回到重庆后，据实报告观感，高度赞扬边区军民对抗战的贡献，赞扬中共政治清明，并用事实驳斥了国民党顽固派对八路军、新四军的诽谤，并且警告说："至若欲消灭共产党，此系两党内战，南洋千万华侨必不同情……"④当然，顽固派对包括华侨在内的进步力量的警告是置若罔闻的，越来越多的海外侨胞对他们的反共升级越来越反感，甚至公开正告他们："离间、挑拨、中伤、压迫、制造摩擦的种种阴谋手段，必定遭受全民的反对，必定陷国家民族于万劫不复之境；只有民主、团结、合作，力求进步，才受到民众的欢迎，才能争取抗战胜利。"⑤

1941年1月，国民党在第二次反共高潮中制造了震惊中外的皖南事变，消息传到海外，广大侨胞对这种破坏团结、破坏抗战的倒行逆施极为愤慨，群起谴责。

南洋地区的多家华侨报纸如实登载了事情经过，抨击国民党顽固派的卑鄙无耻，使侨胞明白事实真相。1月17日新加坡《南洋商报》社论尖锐地指出："祖国抗战进入于最后重要阶段，民主团结则生，反共分裂则亡。"⑥槟榔屿《现代日报》

① 毛泽东：《论联合政府》，《毛泽东选集》（一卷本），人民出版社，北京，1966年3月，第1037页。
② 《新华日报》1940年6月19日。
③ 陈嘉庚：《南侨回忆录》，南洋印刷社，新加坡，1946年，第121页。
④ 《回忆陈嘉庚》，文史资料出版社，北京，1984年，第131页。
⑤ 秘鲁利马《华商日报》1941年1月1日。
⑥ 新加坡《南洋商报》1941年1月17日。

就皖南事变的真相与国民党把持的海外报纸展开激烈论战，指出所谓"军令"问题实际是党派问题、政治问题，[①] 使越来越多的华侨站到正义一方。为了维护团结抗战局面，槟城《现代日报》呼吁立即实现中共提出的十二条办法，认为"要解决国共间的一切问题，恢复并巩固国共的政治合作，就必须根据这些条件，实现这些条件"。[②] 南洋地区的 31 个闽侨社团，在"皖南事变"发生后，火速召开联席会议，坚决支持中国共产党提出的解决"皖南事变"的十二条办法，一致决议："向中枢当局作紧急呼吁，恳其立即释放全国爱国政治犯，明令保障言论、出版、集会、结社之自由；火速撤销一切防共部署，承认一切抗日党派之合法地位，援助敌后方之抗日的民主政府，恢复抗日有功之武装。"[③] 此外，皖南事变后，蒋介石对国内抗日进步力量大肆镇压，一部分进步的文化人逃至香港，南洋华侨和香港同胞对他们极为同情，在精神上、物质上支持他们，鼓励他们继续进行爱国文化工作。

皖南事变的消息传到美洲，纽约《华侨日报》揭露事实真相，并联合纽约致公堂的《五洲公报》、旧金山的《世界日报》以及加拿大、古巴等地的 10 多家华侨报纸联合谴责反动派的暴行，呼吁团结，反对分裂。纽约《华侨日报》的一篇社论指出："自国内团结发生问题的消息传来，我全体侨胞，莫不谈虎色变，为抗战前途抱无限的隐忧，盖深恐团结若果不能继续，而堕入敌人反共防共毒计，则内战之旧局行将出现，而数年抗战之功，即废于一旦。我侨胞于惶恐之余，奔走号呼，呼吁团结，请双方自加约束，听候国人的调停，其目的无非是劝摩擦者悬崖勒马，而以国家民族之利益为前提，勿再演煮豆燃豆萁的故事，以自趋于灭亡，至沦我四万万五千万同胞为日寇汉奸之牛马。"[④] 表达了海外华侨对国民党破坏团结抗战的深恶痛绝。与此同时，司徒美堂先生等爱国华侨，发动美洲侨团侨领，发出"保卫团结"的通电数十封。[⑤] 直到 1942 年夏天，司徒美堂先生代表美洲华侨回国访问时，还曾面对蒋介石痛陈歧视、迫害八路军、新四军之不当。在蒋介石特务的重重封锁和严厉警告下，他仍然出席重庆中共代表周恩来同志的欢迎会，发表反对分裂坚持抗战的讲演，斥责国民党制造内战。

正是由于坚持团结、抗战到底的强烈民族意识已经深入人心，中国共产党又始终坚持了"以斗争求团结"和"有理、有利、有节"的斗争原则，在海内外同胞的共同斗争下，国民党顽固派的反共高潮不得不收场，使团结抗战的大局得以维持下去。

① 马来亚槟城《现代日报》1941 年 1 月 20 日社论。
② 马来亚槟城《现代日报》1941 年 2 月 25 日评论。
③ 《新华日报》1941 年 1 月 19 日。
④ 纽约《华侨日报》1941 年 1 月 20 日社论。
⑤ 司徒美堂：《华侨与祖国》（上册），香港文汇报社，1956 年，第 89 页。

（六）艰苦斗争，争取当地民族支持

华侨在海外开展的波澜壮阔的救亡运动，为祖国抗战的胜利做出了巨大贡献。然而华侨的救亡工作却并不是一帆风顺的。他们除了要同日汪势力、国民党顽固派进行斗争外，还要同帝国主义的破坏、侨居地政府的干涉限制甚至镇压作艰苦的斗争。他们是在斗争中把救亡运动一步步推向前进的。我们只有了解了华侨救亡运动的艰巨性，才能更深认识到海外华侨对祖国的赤诚，以及他们为中华民族建立的殊勋。

南洋的殖民地政府对华侨的抗日救国运动曾进行种种限制甚至镇压。马来亚的英国殖民当局为了保护自己的利益，一方面在外交上奉行所谓"中立国"政策，避免刺激日本情绪；另一方面则又害怕华侨社会的抗日运动，"很可能改成排日与抗英的运动"，[1]恐惧华侨救亡组织的力量。因此，抗日战争爆发后，1937年7月14日，当新加坡华侨即将举行侨民大会声援抗战时，新加坡华民政务司佐顿急忙约见陈嘉庚，对大会作了四条所谓规定"要旨"：（1）不得表明筹款助买军火，此乃中立国应守规例。（2）不得提议抵制日货。（3）款须统筹统汇，不得别设机关。（4）款汇交国内何处，由总督指定。此后，又多次迫害抗日积极分子。1938年10月，日本方面派遣了大批特务，化装深入马来亚沿海各地，搜集情报，绘制地图，为日军侵略马来亚做准备。马来亚华侨"抗援会"遂与英殖民政府政治部商量，派王炎之等4人为代表，前往政治部共商反对日本侵略活动的问题。不料当这4位代表依约到达时，英殖民政府却当场撕毁协议，宣称他们成立非法组织，抵制日货，影响所谓英日邦交关系，并以此拘捕他们，宣布驱逐出境。[2]1939年12月底，新加坡英殖民当局又以"反英嫌疑"和"暗助非法团体有关治安"等罪名，将"南侨总会"主要人物侯西反驱逐出境。至于法国殖民政府和荷印殖民政府，以及受美控制的菲律宾政府，都是对日采取绥靖政策，以保护他们自身的利益。荷印政府对华侨抗日救国的言论行动多方阻挠，例如禁止进口宣传抗日的书籍，积极宣传抗日救国的华侨报纸被警告、停刊，华侨社团和学校的负责人因抗日救亡被驱逐出境，甚至竭力阻挠华侨救国慈善机构汇款达3个月之久。[3]菲律宾总统奎松曾以妨碍菲国贸易利益为名，对华侨抵制日货运动进行取缔，抗日救亡运动进行压制。[4]

在上述种种困难、干扰面前，华侨没有退缩，他们一方面与殖民地政府进行

① 杨进发：《战前星华社会结构与领导层初探》，新加坡南洋学会，1977年，第136页。
② 转引自北京《华声报》1985年8月27日。
③ 蔡仁龙等主编：《印度尼西亚华侨史》，海洋出版社，北京，1985年，第346页。
④ 市川健二郎：《日中戦争と東南アジア華僑——日中戦争と国際的对応》，日本《国際政治》第47号，1972年12月，第75页。

有理有节的公开斗争，一方面又充分注意斗争策略，尽量化消极因素为积极因素，努力建立共同对日的联合战线。例如在新加坡，英殖民当局驱逐侯西反一案发生后，陈嘉庚一面向当局提出质问，一面召集"南侨总会"开会，为侯西反鸣冤，并号召所属各组织要更加努力工作。"马来亚抗敌后援会"王炎之等4人被驱逐出境，引起马来亚华侨的极大愤慨，于是华侨各界罢工、罢课、罢市一天，以抗议英殖民政府的倒行逆施，营救华侨领袖"四君子"。同时，马来亚华侨也注意多做宣传工作，揭露日本南进的野心，将一些抗日宣传品印成英文，争取英国人的理解和支持，还尽可能避免示威游行及其他事端发生，不使殖民地政府在维护治安秩序上感到难堪。1939年10月，当英国对德宣战后，新加坡、马来亚华侨多次举行援英募款运动，得到英人赞扬。此后英殖民当局对华侨抗日救亡运动的态度有所转变，甚至允许华侨公开抵制日货。

为了破坏南洋华侨的抗日救亡运动，日本人使尽各种手段挑拨离间南洋土著民族与华侨的关系，企图拉拢土著民族向华侨开刀。但是，华侨在抗日救亡运动中，积极开展民间国际宣传活动，注意争取当地民族的支持、合作，避免为日本所利用。例如，缅甸华侨积极向缅甸各民族、各阶层宣传中国抗日的意义，争取他们站到支持中国一方来。缅甸华侨和旅缅印度人、缅甸青年社会党成立了"华、印、缅抵制日货委员会"，统一领导缅各族人民开展抵制日货的斗争，并取得了良好的效果。在马来亚，华侨争取当地马来民族、印度人的合作，一方面揭露日本侵略南进的政治野心，讲明华人与马来亚各族人民的共同利害关系；另一方面华侨主动加强与各民族的联系，遇到马来亚各州苏丹的诞辰和马来人、印度人的重要节日，华人总是热烈庆祝。抗战期间，华侨曾经几度为苏丹诞辰搭造牌楼，张灯结彩，以示庆祝。华侨的努力，使马来亚各民族对华侨的抗日救亡运动采取同情、支持态度，各民族间的团结也得以加强。例如，峇株巴辖日本矿山的华工集体辞职后，日本当局曾雇三四百名印度籍工人开矿，但他们工作不到1个月，便伸张正义支持华侨，全体辞职，其他少数爪哇籍工人也相继辞职。[①]1938年4月，龙运日本铁矿百余名印度籍工人同情华人抗战，也辞职另寻他业。马来亚华侨支持他们的壮举，而且竭尽所能为他们安排工作。[②]在南洋华侨的抗日救亡运动中，暹罗华侨的处境是最为艰难的。1938年12月，銮披汶上台执政，推行对外亲日、对内排华的反动政策。尤其对华侨开展的抗日救亡运动，更是采用高压手段予以取缔。他先后下令将9家华文报纸停刊，封闭华文报馆，逮捕华侨社团领袖、新

---

① 新加坡《南洋商报》1938年1月31日。
② 新加坡《南洋商报》1938年4月1日。

闻记者、华侨教师多人下狱，华侨捐助的救济祖国难民款也被扣留，华校被迫用泰语教学，每天只能上 2 小时中文课，同时封闭了大量华校。到太平洋战争爆发时，有几千名华侨被銮披汶政府驱逐出境。[①] 但是，暹罗华侨的爱国热情丝毫不亚于其他国家，抗日救亡运动一天也没有停止过。他们用秘密方法筹款，例如在清迈，几乎所有的华侨商人都秘密进行"月捐"。1939 年的"七七"献金运动，也是在毫不声张的情况下募集了 140 万元，由华侨、广东两间银行汇到国内。虽然后来有 2000 多名献金的华侨遭暹罗政府拘捕，两家银行也被封闭，但暹罗华侨并没有屈服或退让，他们的爱国热情是任何力量也无法压制的。

中国的抗日战争是中国现代历史上最伟大的民族解放战争，又是世界反法西斯战争的重要组成部分，为世界反法西斯战争的胜利做出了不可磨灭的历史贡献。在这个意义上，海外华侨的抗日救亡运动，不仅支援了祖国的民族解放运动，也为世界反法西斯战争的胜利建立了功勋，是华侨史上光荣的篇章。同时，1941 年底太平洋战争爆发后，华侨又与侨居国人民同生死共患难，奋起抗击日寇侵略，为保卫第二故乡，为捍卫自由独立甘洒热血。例如，华侨组建的"马来亚人民抗日军""菲律宾华侨抗日支队"都成为当地重要的抗日武装力量，给日寇以沉重的打击。因此，华侨的抗日斗争直接成为世界反法西斯战争的组成部分，华侨抗日斗争的光辉历史是具有国际意义的。应该公正评价华侨在第二次世界大战中的地位和作用，应该让它们在中国历史乃至世界反侵略斗争史上占有一席之地。另一方面，华侨对抗日战争的贡献是华侨爱国主义精神最突出的表现。辛亥革命曾经得到了华侨的很大支援，而在抗日战争中，华侨无论在人力、物力、财力的支援上，在华侨社会动员的深度上、广度上，还是在海外华侨所表现出的团结精神方面，都远远超过了辛亥革命，是现代史上最热烈、最广泛的华侨救国运动，也是华侨爱国爱乡优良传统空前的大发扬。华侨在抗日救国斗争中所表现出来的爱国主义精神和行为，是中华民族的骄傲，热爱祖国的典范，至今仍是鼓舞中华民族腾飞前进的动力，更是向中国人民进行爱国主义教育的生动教材。

（原文连载于福州《福建党史通讯》1987 年第 1、2、3、4 期）

---

① 斯金纳：《泰国华侨社会：史的分析》，转引自厦门大学南洋研究所《南洋问题资料译丛》，1964 年第 4 期，第 59 页。

"华侨与抗日战争"研究的几个问题

福建人民出版社于1993—1994年出版发行了《华侨华人与中国革命和建设》《东南亚华侨通史》两部著作。这是厦门大学南洋研究所承担的国家社科基金项目成果，由几位学者共同完成。著作中有关"华侨华人与抗日战争"的章节由笔者承担。而在此之前，蔡仁龙教授和笔者曾主编《华侨抗日救国史料选辑》，作为福建党史资料出版，但发行面较广，至今已为海内外学者多次引用。另外，笔者也写过华侨与中国抗战、南洋华侨与太平洋战争、陈嘉庚与抗日救国运动等论文发表。因为有这样的研究经历，很自然地一直对华侨抗日战争史的研究抱有兴趣，对其研究动态比较关注，当然也有些期许。下面就自身研究中的体会，对华侨与抗日战争研究中的若干问题谈点粗浅看法，只是有感而发，敬请批评指正。

一、华侨抗战史研究与侨史工程

长期以来，有关华侨与抗日战争的研究一直为世人所关注。早在抗日战争年代，就有林云谷著《抗战与华侨》、陈拔群著《抗战中的祖国与华侨》、黄警顽著《华侨对祖国的贡献》以及傅无闷主编的《南洋年鉴》等著述，战后有陈嘉庚著《南侨回忆录》，南洋华侨筹赈祖国难民总会《大战与南侨》等著述出版，及时地记录下海外华侨开展抗日救亡运动、支持和参加抗日战争的光辉篇章。20世纪60年代至70年代，有"台湾华侨志编纂委员会"编纂的《华侨志》，"台湾侨务委员会"侨务研究室编印的《华侨爱国自动捐献》等。

20世纪80年代以来，随着华侨华人史研究的逐渐热络，海内外有关华侨与抗战的研究成果也大量涌现。

（一）专著类，例如，综合性著作有曾瑞炎著《华侨与抗日战争》，黄慰慈、许肖生著《华侨对祖国抗战的贡献》，任贵祥著《华夏向心力——华侨对祖国抗战的贡献》和《华侨与中国民族民主革命》，黄小坚、赵红英著《海外华侨与抗日战争》等，专题性著作有林少川《陈嘉庚与南侨机工》，邱荣章等编著《菲律宾华侨与抗日战争》，等等，都是论述华侨与抗战的专门著作，较为系统地论述了华侨为抗日做出的重大贡献。

（二）华侨专题史中有关华侨与抗战的内容，例如，林金枝主编《华侨华人与中国革命和建设》，任贵祥著《华侨与中国民族民主革命》，"台湾华侨革命史编纂委员会"编纂的《华侨革命史》，李盈慧著《华侨政策与海外民族主义（1912-1949）》等，有关华侨与抗战的论述占有一定篇幅。

（三）华侨通史类（尤其是地区、国别华侨史）著作中有关华侨与抗战的章节，例如陈碧笙著《世界华侨华人简史》，赵红英、张春旺主编《华侨史概要》，朱杰勤著《东南亚华侨史》，吴凤斌主编《东南亚华侨通史》，李春辉、杨生茂主编的《美洲华侨华人史》，黄昆章著《澳大利亚华侨华人史》，李明欢著《欧洲华侨华人史》，李安山著《非洲华侨华人史》等。国别华侨史更有大量华侨与抗战的详细史料，例如蔡仁龙、温广益等著《印度尼西亚华侨史》，李学民、黄昆章著《印尼华侨史》，林远辉、张应龙著《新加坡马来西亚华侨史》，黄滋生、何思兵著《菲律宾华侨史》，冯子平著《泰国华侨华人史话》，杨国标等著《美国华侨史》，美国麦礼谦著《从华侨到华人——二十世纪美国华人社会发展史》，加拿大魏安国（Edgyr Wickberg）等著、许步曾译《从中国到加拿大》，黄昆章、吴金平著《加拿大华侨华人史》，等等。

（四）华侨抗日史料类，大约可分为以下五种史料：

一是华侨抗日专题史料，例如杨建成主编《南洋华侨抗日救国运动始末（1937—1942）》、许云樵主编、蔡史君编修《新马华人抗日史料1937—1945》，蔡仁龙、郭梁主编《华侨抗日救国史料选辑》等。

二是近年来各地出版的《华侨志》和华侨、侨务档案选辑，也有丰富的华侨抗日史料。例如，广东、福建、广西、浙江等省编写的华侨志或侨务志，侨乡地区编写的华侨史，福建省档案馆编《福建华侨档案史料》，广东省档案馆等合编《华侨与侨务史料选编》，赵和曼编《广西籍华侨华人资料选编》，等等。

三是参加过、经历过抗战的人士的回忆录或口述历史资料等，例如，中国侨联文化工作部等编《风雨同舟——纪念世界反法西斯战争暨中国抗日战争胜利五十周年》，张存武等《菲律宾华侨华人访问记录》，等等。

四是有关华侨华人研究的工具书，例如周南京主编的《华侨华人百科全书》历史卷、人物卷等。

五是日本军国主义为"南进"需要对华侨抗日救亡运动进行的调查研究资料。例如，崔丕、姚玉民、孙承、李文等译《日本对南洋华侨调查资料选编（1925—1945）》（第一辑、第二辑、第三辑），共约150多万字，内有日本政府机构和各类"国策会社"（如南满铁道株式会社、台湾拓殖株式会社）以及研究机构对于南洋华侨反日和抵制日货运动的调查、华侨抗日社团和侨领的调查资料等。实际上，在20世纪三四十年代，日本已全面搜集了南洋华侨的政治、经济、文化、教育、社会组织、侨团领袖以及华侨与中国关系的情报，相当详尽。虽然他们站在军国主义的敌对立场观察华侨抗日救亡活动，但用作佐证、对比，也可以从中看出华侨抗日的力量和强烈的爱国主义精神，不失为研究华侨与抗战问题的重要参考资料之一。

（五）论文集和论文类。例如，黄小坚主编《海峡两岸"华侨与抗日战争"学术研讨会文集》，"台湾华侨协会总会"主编《华侨与抗日战争论文集》（上、下）等。论文类的数量巨大，包括已发表于学术期刊和报纸的有关华侨与抗日的文章，点击百度网搜索达千余篇。此外，还有若干篇近年来研究华侨与抗战问题的硕士、博士论文，普遍在资料收集下了功夫，研究方法得当，深度和广度比之此前同类研究有所拓展。

从以上描述可以看出，近30年来华侨与抗战史的研究成果初步呈现出下列特点：（1）在数量上有井喷式增长的同时，真正有新意、有特点的研究成果尚待努力；（2）整体性、综述式的研究和区域性、国别研究占有最大分量，是华侨抗战史研究的基础性成果；（3）研究视角有新的拓展，例如对非洲、南美洲华侨支持抗战的研究，国共两党在抗战时期华侨政策的研究，华侨抗战人物的研究，等等；（4）华侨抗日史料的挖掘、搜集、整理有很大进展，例如海峡两岸的档案资料、海外华人整理的资料，还有日本军国主义当时的调查资料，等等；但还有许多中外文档案资料、报刊资料以及研究成果有待收集、整理；（5）海峡两岸学者关于华侨与抗战研究的共识度有待增添，大陆学者在这方面有突出的进步。当然两岸学者存在的分歧是与整体抗战史的看法相关联的。如何从民族大义出发，以客观、理性的态度还原这段历史，保留住民族的记忆，正是海内外炎黄子孙所期待的。希望有一天能诞生一部海峡两岸和海外华人有更多共识的华侨抗战史著作。

基于以上原因，很有必要组织海内外力量、增加投入，继续深入研究。笔者认为，应将华侨与抗战的研究作为国家级重大研究工程项目实施，有许多开拓性、开创性的工作值得去做。具体研究计划，首先有必要编纂一部大型的《华侨与抗日战争史料集》，可以按照不同专题、国别、文种以及图片音响等分多卷出版，这是真正的、基础性的大型"侨史工程"，功在当代，利在千秋。

二、东方主战场的"海外战场"

中国抗日战争，是中国人民反抗日本军国主义侵略的正义战争，是世界反法西斯战争的东方主战场，也是中国近代以来抗击外敌入侵第一次取得完全胜利的民族解放战争。中国人民用自己的顽强奋战和巨大牺牲，彻底粉碎了日本军国主义殖民奴役中国的图谋，彻底洗刷了近代以来抗击外来侵略屡战屡败的民族耻辱。从此，再也没有侵略者可以在中国的土地上横行肆虐。[1] 这场战争实际上是从 1931 年九一八事变开始，到 1945 年日本投降结束，经历了长达 14 年艰苦卓绝的斗争。前六年为主要发生在东北、华北和上海等地区的局部抗战，1937 年七七事变开始的"八年抗战"，是以国共两党合作作为基础进行的全面抗战时期，也是抗击和最终战胜侵华日军的决战时期。无论在哪个时期，包括工农商学兵各界、各族人民、海外侨胞都为这场空前规模的全民族抗战付出了巨大牺牲、做出过重大贡献。

笔者认为，作为世界反法西斯东方主战场的抗日战争有正面战场和敌后战场，应该说还有一个由世界各地华侨开辟的、范围更为广阔的"海外战场"，在太平洋战争爆发前，虽然它不像前两个战场那样炮火连天、碧血横飞、与日军短兵相接，但斗争也极为激烈和艰苦，他们在居住国复杂的政治、社会环境中，以各种方式反对日寇对中国的侵略，是抗日战争的重要组成部分。[2] 太平洋战争爆发后，东南亚沦陷区的华侨高举武装抗日的大旗，美洲等地的华侨继续为中国抗战输财输力，更是直接对世界反法西斯战争做出了不可磨灭的贡献。

概括起来，由海外华侨开展的"海外战场"有以下明显特点：

（1）广泛性。分布于世界各地的华侨，不分地域、帮派，不分职业、阶层，不分党派、信仰，不分年龄、性别，在中华民族危亡关头，被迫发出最后的吼声，在海外开展一场空前的、轰轰烈烈的抗日救国的群众运动。

（2）自发性。救亡图存的民族觉醒焕发出惊人的爱国力量，海外华侨的抗日

---

① 李文：《正确认识中国抗日战争史三个重大问题》，《人民日报》2015 年 8 月 15 日。

② 参阅魏宏运：《抗战时期的华侨捐输与救亡运动》，《近代史研究》1999 年第 6 期。

救亡运动一开始具有明显的自发性，他们对日寇的残暴侵略行径义愤填膺，自发地捐献巨款和物资，自发地抵制日货和惩治奸商，自发地宣传抗日救国主张，自发地回国参军、劳军，在物质上支援国内抗战军民、在精神上鼓舞前线将士。海外侨胞以危难之际报效祖国为己任，"母亲叫儿打东洋、妻子送郎上战场"和抗战花木兰的动人事迹同样也出现在海外华侨社会。

（3）组织性。以南侨总会、旅美华侨救国会、全欧华侨抗联会三大侨团为代表的各种华侨救亡团体数以千计。他们是宣传抗战、组织救亡运动的中流砥柱，海外侨胞超越帮派，团结在他们周围，显现出空前的组织性，爆发出全民族团结抗战的伟大力量。特别是陈嘉庚先生领导的"南洋华侨筹赈祖国难民总会"在南洋各国的筹赈会达80多所，其下属的分会或支会达千余所，号召和团结了近千万东南亚华侨，为中国抗战的财力、物力、人力做出了巨大贡献。

（4）持久性。从1931年九一八事变到1937年的全面抗战到1941年12月太平洋战争爆发，世界各地华侨的抗日救亡活动此起彼伏，从未间断。太平洋战争爆发后，美洲等地华侨继续支持中国抗战，而东南亚各国兴起的华侨抗日武装斗争和地下斗争是当地抗击日寇的先锋力量，直接为世界反法西斯战争的胜利做出了重要贡献。

我们今天重温这段血与火的历史，应该将华侨与抗战提升到世界反法西斯战争东方主战场的"海外战场"这样的高度，来认识华侨对抗战和世界反法西斯战争的贡献。迄今为止，对海外华侨支持和参加抗战的历史已有大量的记录和研究，可谓成果丰硕，但是，这场运动持续时间之长、涉及面之广，时代背景之复杂是空前的，尚有许多问题值得研究，有许多史料可以发掘，我们应该继续加强、深化对华侨"海外战场"抗日战争史的研究，全面认识华侨在中国抗日战争中的地位和作用。铭记侨胞在抗日战争中建立的丰功伟绩，不仅是研究华侨史、中国近现代史以及世界反法西斯战争史的需要，也是中华民族实现伟大复兴、实现"中国梦"时需要吸取的可贵精神力量，而且这种精神力量要一代一代传下去。目前，我们在这方面的认识还不够，例如，研究"华侨与辛亥革命"的国际学术研讨会已多次召开，但"华侨与抗日战争"的研讨会只是局限在侨史学界召开的会议上，期盼也能有国家级国际学术研讨会讨论"华侨与抗日战争"这一有重大意义的课题。

三、华侨捐输数字的背后

海外华侨对抗战的财力支持，是诸多研究首先关注到的重大贡献。早在1945年，毛泽东的《论联合政府》评价抗日战争中各界做出的贡献时，就特别指出"海外华侨输财助战"的贡献。2015 年 8 月 15 日《人民日报》发表了重要文章"正确认识中国抗日战争史三个重大问题"，高度评价了华侨对抗日战争做出的伟大贡献。文章说，海外华侨出钱出力，以各种方式为祖国抗战和世界反法西斯战争作贡献。所以，海外华侨捐输的财力支持，是摆在首要地位的抗战功勋。财力支持主要是指捐款（义捐）、侨汇、认购公债、企业投资以及献机献衣献药等运动。

第一，捐款。1931 年九一八事变和 1932 年"一·二八"事变接连发生后，海外华侨义愤填膺，纷纷捐款支持抗日。仅一年间直接汇交、转交给东北义勇军和上海十九路军的华侨捐款就达到国币一千七八百万元以上。[①]抗战全面爆发后，由于筹集和接收捐款的机构、组织（甚至个人）众多，捐款名目繁多，捐款统计不可能统一进行，难免失漏，加之捐款币种复杂，外汇价格变动频繁，折合国币数字难以准确，而有关档案又涉及当时国民政府的多个部门，资料不全。因此，从现有的研究来看，对华侨捐款的数量众说纷纭，差异很大，华侨为中国长达 14 年的抗战到底捐献多少钱，恐怕没人能说得清楚。有的著作对此含糊其词，只说"数量巨大"，有的著作只是以国别或团体捐款为例进行论证，比较多的研究是采用国民政府财政部的统计，即抗战中华侨的捐款以国币计算达十三亿两千两百多万元，这一说法是出自台北出版的《华侨革命史》（下），[②]实际捐款数当远超此数字，虽然无法做到准确，但具有相对权威性，已被广泛引用。另外，根据陈嘉庚的《南侨回忆录》估计，南侨总会从成立到太平洋战争爆发，4 年时间交给国民政府的捐款总数达国币 4 亿元，月平均筹款达 700 万元以上，[③]这也是比较权威、准确的数字。那么，13 亿元国币或 4 亿元国币捐款是什么概念呢？1937 年的国民政府财政总收入为 21.03 亿元国币，一年的军务费用需近 14 亿元国币。[④]可见，华侨捐款在抗战中的地位与作用。

第二，侨汇。据国民党海外部和中国银行海外部统计，1937—1943 年侨汇总额达 55 亿元国币，[⑤]约占同期军费开支总额 123 亿元的 43%，[⑥]战时的巨额侨汇，

① 蔡仁龙、郭梁主编：《华侨抗日救国史料选辑》，中国华侨历史学会、中共福建省委党史工作委员会出版，1987 年，福州，第 130 页。

② 华侨革命史编纂委员会编：《华侨革命史》（下），正中书局，台北，1981 年，第 660 页。

③ 陈嘉庚：《南侨回忆录》，新加坡南洋印刷社，1946 年，第 344 页。

④ 中国第二历史档案馆编：《中华民国史档案资料汇编》，第五辑第二编《财政经济》（一），江苏古籍出版社，1997 年，第 316~317 页。

⑤ 吴凤斌主编，郭梁等著：《东南亚华侨通史》，福建人民出版社，1994 年，第 184 页。

⑥ 任贵祥：《华侨与中国新民主主义革命——兼论民主革命时期华侨与中国共产党的关系》，中国华侨出版社，2006 年，第 355 页。

极大地增强了抗战经济力量，及时垫付和抵消了大量抗日军火进口所需资金。抗战的爆发，国民政府马上就被庞大的军费拖进了赤字财政的泥潭，国民政府用外汇抵偿国际贸易差额，其中侨汇占有很大比例，1937 年占 42%，1938 年占 56%，1939 年占 22%，1940 年占 10%。[①]

第三，认购公债。国民政府为了筹措抗战经费，在抗战时期发行的公债有 22 种之多，包括救国公债、国防公债、金公债、军需建设公债、节约建国储蓄卷等，政府派员在海外华侨社会"劝募"。1937 年抗战爆发后发行的救国公债 5 亿元，华侨担负推销其中一半，[②] 据救国公债劝募总会的报告，1937 年 10 月至 1939 年 3 月，南洋华侨认购达到国币 126188544.79 元，[③] 华侨还认购了数量巨大的其他多项公债。实际上这些公债大多等于无偿捐款。

第四，回国投资。抗战时期华侨在抗战后方有不少投资，集中在工矿业、农牧垦殖业和金融业。为解决战时物资匮乏、经济困难和支援战场发挥了一定作用。例如，马来亚华侨投资的中南有限公司，1940 年起先后在昆明、贵阳、重庆等地建立橡胶厂，专门翻修旧的汽车轮胎和制造各种机器橡胶配件以及胶鞋、雨衣等生活用品，供应军工和百姓，"对抗战颇多贡献"。[④]

第五，中国政府临时发动的"献金运动"，如七七献金、国庆献金、国父诞辰献金、空军节献金、教师节献金、民族复兴节献金等运动，积少成多，华侨的捐献也有相当数额，还有诸如献飞机、献车、献衣、献药品等运动，华侨大多献出的并不是实物，而是现金。

有的研究认为，华侨从经济上支援祖国抗战是最实惠的行动之一，也是他们最易做到的实际行动。笔者认为，一般研究只停留在财力捐输的量化数字上，如果了解一下海外华侨捐款数字的背后故事，研究一下华侨捐款的背景、办法、过程、纷争以及捐款运动遭遇的困难，可以知道，他们的捐款是多么不容易，是多么伟大的行动，是多么崇高的爱国主义精神。所谓"最易做到"的说法是想当然的。在华侨捐输数字的背后，有下列几点特别值得进一步研究。（1）部分华侨富商大贾，特别是爱国侨领曾为财力捐输发挥了重要作用，如陈嘉庚、李清泉、胡文虎等人，但从整体看，捐输的主力仍是华人社团中广大的中下层群众。南洋华

① 张荫桐译述：《南洋华侨与经济之现势》，商务印书馆，上海，1946 年，第 64 页。
② 华侨志编纂委员会：《华侨志 总志（增订三版）》，台北，1978 年，第 584 页。
③ 杨建成主编：《南洋华侨抗日救国运动始末（1937—1942）》，中华学术院南洋研究所，台北，1983 年，第 74 页。
④ 任贵祥：《华侨与中国新民主主义革命——兼论民主革命时期华侨与中国共产党的关系》，中国华侨出版社，北京，2006 年，第 356 页。

侨在南侨总会的统一领导下，响应常月捐、年捐、特别捐、货物捐、节日捐、娱乐捐等多种捐款号召，努力捐输，出现了"风起云涌，山呼海啸，热烈情形，得未曾有"的动人景象。[①] 以常月捐为例，是南洋华侨为了保证捐款行动的持续性，由侨胞大会自发决定设立的逐月捐款办法。华侨领袖陈嘉庚率先垂范，在所属企业已经收盘的情况下，仍然坚持每月捐出 2000 元，直到抗战胜利。新加坡、马来亚、菲律宾、荷属东印度等地的店员、机关职员、教员、人力车夫等每月捐出月薪的十分之一。美国华侨还开展节约捐款的"一碗饭、一元钱"运动。正是千百万侨胞的同心协力、集腋成裘，才有源源不断的捐款支援祖国抗战。侨胞捐款也有许多感人肺腑的故事，见于报道的如卖子捐款、卖屋捐款、卖家产捐款、乞丐捐款等就是典型的事例。（2）1929—1933 年发生的世界经济危机，沉重地直接打击了南洋华侨经济，加之危机期间殖民政府为保护西方资本对华侨的限制愈加苛刻，华侨受到经济危机和殖民政府政策的双重打击，[②] 华侨经济的支柱性产业首当其冲，例如华侨从事的橡胶业、锡矿业、大米加工和贸易都受到打击，许多企业倒闭，大量华侨失业。从 1931 年九一八事变开始的大规模华侨捐款，正是在华侨经济不景气的背景下开始的，显得特别难能可贵。这是研究华侨抗战捐献尤其不能忽视的问题。（3）华侨在海外的捐输救亡运动并不是一帆风顺的。首先要组织力量、运用智慧同日本帝国主义的破坏、侨居地政府的干涉、限制甚至镇压作艰苦的斗争。还要同侨社中的汪伪势力、汉奸亲日派进行斗争，同日本人在南洋的经济扩张进行争夺战等。华侨正是在艰苦的斗争中把救亡运动一步步推向前进的。我们只有了解救亡运动的艰巨性，才能更加认识到海外华侨对祖国的赤诚和他们为挽救中华民族危亡所建立的特殊功勋。历史的记忆不会被磨灭，华侨的抗战精神将永远激励着海内外的炎黄子孙。

（原文为 2015 年 8 月 28-30 日在福州市召开的"华侨与抗日战争"学术研讨会提交论文，研讨会由《福建华侨史》编撰委员会主办，福建省侨办、福建社会科学院、福建省侨联、福建省侨史学会共同承办）

---

① 陈嘉庚：《南侨回忆录》，南洋印刷社，新加坡，1946 年，第 79 页。
② 郭梁：《东南亚华侨华人经济简史》，经济科学出版社，北京，1998 年，第 111~119 页。

日本"军政"统治下的东南亚华侨

日本帝国主义发动太平洋战争侵占东南亚地区后，迅速建立起由入侵日军进行各地行政管理的"军政"统治系统，被占领地区分别划由陆军、海军实行"军政"管理。为了确保东南亚重要物资的攫取和"大东亚战争"的战略地位，日本又将东南亚划分为甲、乙两类地区，甲类地区包括菲律宾、马来亚、印度尼西亚、文莱等地，日军直接实施"军政"统治；乙类地区包括印度支那、泰国等地，名义上为日军与当地政权"合作"进行统治，实际上也是由日军占领当局一手操纵局面。

日本军政统治时期，是东南亚历史上最为黑暗和恐怖的时期之一，东南亚各国的历史教科书也认为，打着"解放殖民地"幌子的日军统治，比之欧美的殖民统治更为残酷。[①] 在这样恶劣的环境中，东南亚华侨的命运如何？

一、日本"军政"采取的华侨政策

日本帝国主义企图把东南亚变成自己的殖民地蓄谋已久，这是它建立亚洲太平洋地区新霸权进而谋求世界霸权的重要步骤。1938 年，日本政府提出建立"东亚新秩序"的口号，1940 年 6 月起，日本制定了以武力南进为基本内容的作战指挥方针，接着又提出建立"大东亚新秩序"即"大东亚共荣圈"的主张。被日本政府称之为"生存圈"的"大东亚共荣圈"不仅包括中国、朝鲜，还包括印度支

---

① 倉沢爱子编：《東南アジア史のなかの日本占领》，早稻田大学出版部，1997 年 5 月 30 日初版，第 456、464、478 页。

那、马来亚、印度尼西亚、菲律宾、泰国、缅甸、澳大利亚、新西兰，以及西南太平洋上的所有岛屿。这个"圈"实际上是要建立一个以日本为宗主国的殖民大帝国，是一个野心勃勃的扩张计划。太平洋战争爆发后，日本完成了对东南亚和西南太平洋的征服，连同以前已被侵占的地区，基本上实现了"大东亚共荣圈"的计划。

日本军方在阴谋发动太平洋战争之前，已于 1941 年 1 月 20 日制定了《南方占领地行政实施要领》，提出了要在"占领地""实行军事管制，恢复治安、迅速获得重要国防资源以及确保作战部队的就地自给"等目标，很清楚，掠取物资和资源保证日本侵略战争的需要，正是日本的主要目的。① 而要做到所谓恢复治安，获得重要资源确保作战需要，就必须面对有强烈抗日情绪又有重要经济力量和社会组织的广大华侨，因此，围绕这个总的战略目标，日本军方在侵占东南亚前夕，讨论了对付华侨的政策，基本上确定了以下两点策略：第一，"需要绝对诱使华侨和日本实行经济合作，利用华侨的商业才干，以期实现日本战时的经济目标"；第二，"采取一项适当和坚决的行动，对付有害于我们的华侨，以便展示我们的威力"。② 当日军侵入南洋广大地区之后，日本政府和帝国大本营联席会议即于 1942 年 2 月 14 日制定了"华侨对策纲要"，提出"采取措施，使华侨背离蒋政权，并积极配合我国迅速完成大东亚战争"的方针，企图切断华侨对祖国抗战的支援，逼使他们转而支持日本的侵略战争。"华侨对策纲要"还提出了六项要点，进一步明确指示要使广大华侨处于日军的"掌握之下"，"对帝国国防必需物资的生产和取得方面做出贡献"。为了达到这一目的，日本政府在"纲要"中特别强调，"在占领区以使他们服从、归顺帝国的行政管理为主"，要按情况需要对华侨"施加政治压力"，要随着形势的发展"控制华侨的社会势力"。③ 这清楚地表明，日本政府和军方在占领初期对华侨政策的根本出发点是：首先用高压手段强迫华侨服从日本占领军的殖民统治，然后利用华侨的经济力量为日军的侵略战争、掠夺政策服务。

1942 年 6 月中途岛海战，同年 8 月开始的瓜达尔卡纳战役，很快使太平洋战场局势发生了根本性转变，日军失去了太平洋的制海权和制空权，1943 年日军在太平洋战场被迫转入战略防御。此时，亚洲各国人民的抗日斗争彼此呼应，

① 小林英夫：《日本軍政下のアジア—大東亜共榮圈と軍票》，岩波书店（岩波新书 311），东京，1995 年 6 月 5 日，第 81~82 页。
② 明石阳至：《日本对马来亚华侨的政策》，《东南亚研究》第 1 卷第 2 期，新加坡，1990 年。
③ 参谋本部编：《杉山笔记》（下卷），1967 年，第 28~29 页，转引自复旦大学历史系编译：《日本帝国主义对外侵略史料选编》，上海人民出版社，1975 年，第 391 页。

空前高涨，严重地威胁着日本法西斯的殖民统治。这就迫使日本对东南亚的统治手段不得不有所变化，1943 年 5 月 31 日通过的《大东亚政略指导大纲》，又提出了对南洋占领地区的新方针，规定"马来、苏门答腊、爪哇、婆罗洲、苏拉威西等地作为资源供给地极力开发，并努力掌握民心，适应当地居民的文化程度，尽力使其参与政治，但当前仍然继续实行军事管制"。[1] 在这种形势下，日本军政当局对华侨的高压政策不得不作有限的修改，涂上一些温和色彩，以争取和拉拢华侨为其战争机器服务，例如马来亚的日本军政当局在形势急剧恶化的情况下，为加速建立"以战养战"的经济自给体制，不得不借重华侨的力量，提出"集中华侨民力、掌握华侨民心、畅达华侨民意"的口号，调整前期那种屠杀、排斥华侨的政策。到 1943 年 4 月，日本军政当局已采取了下列措施：有限地允许华侨汇款回乡；委任一些华侨参加咨询委员会，表示承认他们的地位，同时放宽日本公司对各项经济事业的垄断，使部分华侨参与经济事务等等。此外，在槟榔屿还设立了所谓"阅报所"，让华侨在这里提出所谓意见和建议。[2] 总之，日本军国主义在太平洋战争后期从政治上、经济上、思想上全面拉拢华侨，企图诱使华侨与日军合作。但是，事与愿违，日本侵略者在东南亚各国犯下的种种罪行，尤其是对广大华侨的暴行和掠夺行径是无法掩盖的，绝大多数华侨坚信日本军政的残暴统治决不会长久，除极少数汉奸败类外，整个华侨社会事实上与日本军政当局始终处于对立状态。

纵观日本军政时期对华侨的政策，尽管在后期有些变化，但基本上都是采取"先打击、后怀柔"和镇压为主、拉拢为辅的高压政策，其残酷性、掠夺性尤为明显。这是由日本称霸亚洲的侵略战争本质所决定的，是日本要在短期内最大限度地掠取战略物资和劳力，实行"以战养战"的目的所决定的，也是日本对华侨多年来开展抗日救国运动的报复性所决定的。当然，日本军政的华侨政策也是其占领、统治东南亚总的方针、政策的组成部分之一。

二、日军对华侨的残酷镇压和疯狂掠夺

在日本军政实行的华侨政策之下，日军在各占领地对华侨大施淫威，在政治、经济、文化教育、社会、民族关系等各个方面采取了许多具体政策和措施，使东

---

① 服部卓四郎：《大东亚战争全史》第二册，商务印书馆，1984 年，第 796 页。
② 内田直作：《東洋経済史研究 1》，千仓书房，东京，1970 年，第 192 页。

南亚华侨遭受了被屠杀、监禁、压制和超经济的剥削、掠夺，超体力的奴役。日军犯下的罪行，罄竹难书。

（一）蓄意制造"大检证"屠杀惨案

新加坡是南洋地区华侨抗日救亡运动的中心，沦陷后，华侨受到日寇的屠杀、蹂躏也最为惨烈。1942 年 2 月 15 日新加坡沦陷后，被改名为"昭南市"。日本占领军第二十五军团司令官山下奉文下令集中全岛华侨，进行肃清抗日华侨的所谓"大检证"，与此同时，制造了骇人听闻的大屠杀惨案。日军在进行这次屠杀的"实施要领"中指出，必须"肃清"的对象是："一、华侨义勇军；二、共产党员；三、属于抗日团体的分子；四、捐献给中国政府和资助抗日军的分子。"[1] 山下奉文下令，限 2 月 21 日至 23 日肃清全岛华侨"抗日分子"。整个新加坡被划为五个所谓"检证区"，命令所有 18~50 岁的男性华侨，一律自带粮食到指定地点接受检查。从 2 月 21 日开始，日军便在各集中地点盘诘查问华侨居民，稍有怀疑即被扣押。被拘留的华侨居民大部分被押上货车，送到海滨或海上，惨遭杀害。2 月 25 日，第一阶段的"检证"宣告结束，接着又进行了第二次、第三次"检证"，直到 3 月 10 日结束。在这次惨绝人寰的新加坡"大检证"中，至少有 7 万余名华侨居民被逮捕扣押。[2] 据当时目击者和虎口余生的幸存者揭露，成批成批的被捕者以货车载往海滨或山中，先以铁索绑缚，四五人一串。被押往漳宜海滨及加东安路的，均迫令下滩涉水，然后以机枪扫射，尸体任海潮漂没；押往榜鹅海滨及漳宜三百依葛村的，以机枪扫射、投埋坑中；押往巴诗斑让的，以小舟载至海面，驱之入海，更以机枪扫射。日本投降后，"大检证"案公之于世。1947 年 3 月间开庭审讯检证案战犯，但负责检证的日本战犯只承认杀了 5000 人；甚至到了 1974 年，在日本政府审订出版的中学历史教科书，也只是含糊地承认"夺走了六千以上的中国籍居民的生命"。[3] 这完全是掩盖罪责，欺瞒后世。战后，新加坡学者根据史料和调查，认为大检证中被屠杀的华侨有 5 万人。[4]

日军在马来亚内地各城镇，均先后集中华侨，进行所谓"检举"。1942 年 4 月 6 日，日军在槟榔屿搞初次大检举，分 7 个区进行，被捕者 2000 余人。次日继

---

① 筱崎护：《星洲日军暴行录》，香港蓝天书屋，1975 年，第 61 页。

② 家永三郎：《戦争責任》，岩波书店，1995 年第 20 版，第 84~88 页；《朝日东亚年报》1942 年"大东亚战争档案"。

③ 《朝日新闻》1983 年 5 月 30 日。

④ 小林部雄次、林博史、山田朗著：《キーワード日本の戦争犯罪》，雄山阁出版株式会社，东京，1995 年，第 41 页。

续在郊外检举，由蒙面人指认后又逮捕 2000 余人。两次共 5000 余人，除少数获释外，均遭屠杀。据日军统治时期柔佛军政部长郡正三供认，新山华侨被害者达 3000 余人，哥踏丁宜、小笨珍等地亦各以千数，其余各地千余人、数百人不等，总计柔佛一区，华侨遭害者在万人以上。[①] 印尼沦陷后，日寇对华侨和侨团领导人进行大搜捕，仅爪哇一岛，就抓捕华侨领袖 500 余人。加里曼丹和望加锡的抗日华侨被捕后，被枪杀、活埋者达上千人。[②] 在菲律宾，日寇逮捕了马尼拉华侨领袖 42 人和中国驻菲领事馆人员，并枪杀了侨界领袖黄念打、洪清机等 9 人，甚至公然践踏国际公法，秘密杀害了总领事杨光泩、领事莫介恩等 8 名外交官。在日军占领菲律宾的 3 年半中，华侨牺牲者估计达 1 万人。

关于日本在太平洋战争时期屠杀华侨的具体数字，除新加坡、马来亚地区在南侨总会的主持下完成了部分调查以外，其他各国难以统计。不过，据战后各国正式发表的数字，在太平洋战争期间，仅越南、印度尼西亚、菲律宾、马来亚、新加坡、缅甸等国的死亡人数即达 735 万人以上，[③] 华侨人口占东南亚地区人口总数的 10% 左右，[④] 华侨受害的惨烈程度更甚于当地民族，因此可以推断，华侨牺牲人数至少也有 60 万到 70 万人以上。

（二）强迫交纳巨额"奉纳金""献金"

日寇占领东南亚大肆屠杀之后，立即转入对华侨的勒索、搜刮，为此在各地胁迫成立"华侨协会"等亲日的伪组织，作为控制和掠夺华侨的工具。在新加坡、马来亚，日寇于 3 月初通过华侨协会向广大华侨勒索 5000 万元叻币的"奉纳金"，以"献财赎命"。除此而外，日军还向华侨勒索名目繁多的"献金"（捐款），使华侨经济雪上加霜。如在槟榔屿，日军下令华侨商店呈报原资本额，然后按照资本额勒令"献金"；马六甲的日本占领军则在天长节前，命令华侨进出口商"献金" 340 余万元，作为所谓"巩固防务基金"。[⑤] 1943 年到 1944 年，日本军政当局还多次通过伪华侨协会威逼华侨"奉纳"战斗机以及购机的献金。[⑥]

---

① 李学民、黄昆章：《印尼华侨史》，广东高教出版社，1987 年，第 143~168 页；《南洋商报》1947 年 3 月 21 日，转引自庄惠泉原出版，许云樵原编，蔡史君编修：《新马华人抗日史料 1937~1945》，文史出版社私人有限公司，新加坡，1984 年，第 88 页。

② 李学民、黄昆章：《印尼华侨史》，广东高教出版社，1987 年，第 416~417 页。

③ 小林部雄次、林博史、山田朗：《キーワード日本の戦争犯罪》，雄山阁出版株式会社，东京，1995 年，第 41 页。

④ 《解放日报》1941 年 12 月 11 日。

⑤ 李学民、黄昆章：《印尼华侨史》，广东高教出版社，广州，1987 年，第 39 页。

⑥ 倉沢爱子编：《東南アジア史のなかの日本占领》，早稻田大学出版部，1997 年 5 月 30 日初版，第 348 页。

在东南亚其他国家，华侨也同样遭到被强迫"献金"的厄运。日军侵占菲律宾后，即命令当地华侨缴纳 2400 万比索的献金，结果共得菲币 400 万。日军在印尼强迫进行"外侨登记"，华侨每人纳费 100 盾，妇孺减半，仅此一项，华侨被搜刮的现金便达 2 亿余盾。[①] 此外，日军政当局在占领区发行五花八门的"彩券"，美其名曰"节约""建设"，实际上与上述"奉纳金""献金"一样，是一种赤裸裸的搜刮手段，目的是为了吸收现款，以挽救其占领地区的恶性通货膨胀，满足侵略战争的需要。

（三）强制垄断经济资源和金融

日本侵略者对东南亚人力、物力、资源的掠夺，是赤裸裸的超经济榨取，为了掠夺南洋的丰富资源，日军在政治上使用高压手段，在经济上采取由日本会社强制垄断的政策。在日军的陆军管辖区，尾随日军进入的日本会社达到 1290 家，其中不乏大财阀、大公司，如三井、三菱、住友、安田、大仓、日产、古河、浅野、野村等 9 大财阀即达 550 家，占 42.6%；在海军管辖区，也有多达 270 家日本公司涌入被占领地区掠取战略资源。这些公司在日本军政的纵容、包庇下，很快占有和控制了战前的主要产业和贸易，自然也取代了华侨在经营领域中原有的地位。例如在马来亚，受日本军部委托的日本"会社""组合"横行霸道，可以任意收买民间的产业和商业，而民间的一切产品，均需按官价售给日方。马来亚的重要工业，都由日本军部委托"会社"或"组合"管理。在泰国，华侨经济面临"日泰合作"的双重打击。1943 年 1 月，日军为加强防务，通过亲日的泰国政府宣布，泰国北方六府为外侨不得进入的"禁区"，数以千计的华侨在短期内被迫迁移，华侨的经济利益大部分都落到了日本公司手中。

在金融业方面，1943 年日本在东南亚占领区发行所谓"南方开发金库券"（南发卷），以控制金融市场。这种由日本侵略军直接带来的"军用票"，被指定为与当地货币等价的流通货币，并规定了军用票与当地货币的"兑换率"。日军滥发这种没有保证金的纸币，是为了搜购大量物资以补充其侵略战争的需要，结果造成恶性通货膨胀，使东南亚国家经济濒于崩溃。

（四）肆意捕掳华侨劳工服苦役

为了掠夺东南亚的战略资源，维护侵略战争机器的运转，日寇在东南亚占领区推行所谓"勤劳奉仕"运动，强抓、胁迫劳动力去开矿、垦荒，建筑码头、

---

① 转引自黄福銮：《华侨与中国革命》，香港亚洲出版社，1955 年，第 246 页。

机场、铁路以及军用设施。在非人的待遇和暴力驱使下，仅印度尼西亚就有200万以上的劳动者死于日军的苦役。他们大批被抓去开采石油、金矿、锡矿，去伐木、修机场、修铁路。为了缩短印缅境内日军与后方的交通线，日本决定修建泰国班蓬（Bampong）到缅甸边境义谬（Thanbu Sayat）的战略铁路——泰缅铁路，全长415公里，以连接新加坡、曼谷和仰光。铁路线穿越被热带丛林覆盖的崇山峻岭，环境极为恶劣，人迹未至。该铁路从1942年11月正式动工，到1943年10月完成，其间日本军政在东南亚各地以"勤劳奉仕队""劳务者"形式强行征募劳工，铁路建成后为保证运输，仍继续强征劳工，包括在泰缅铁路作苦役的6.4万名英澳盟军俘虏在内，先后使用了30万名劳力。[①] 修建过程中因劳役繁重、饥饿和疾病，死亡了10万名亚洲劳工和1.6万名战俘，因而被称为"死亡铁路"。[②]

（五）"以战养战"竭泽而渔

为迅速获得物资以"确保作战军的自给"，日军不惜大肆破坏当地原有的生产事业。马来亚的经济以锡和橡胶为两大主干，华人经营者甚众。日军南侵后，海上运输实际上成为其维持战争机器运转的"动脉"，但在盟军的攻击下，日军船舶在太平洋海域的运输能力大减，造船、修船的速度远远跟不上船只被击毁的速度。于是，日军大量拆卸马来亚锡矿场的铁船发动机，用来装置小汽船，以补运力不足，这给锡矿开采造成极大破坏。至于橡胶小种植园，在沦陷后的3年半中，大量被荒芜停止割胶，一些胶树被砍伐作柴薪，还有更多的橡胶园被日军政当局命令砍树后改种杂粮，以应付日军占领东南亚后出现的严重粮荒，还美其名曰"增产运动"。

在马来亚，日本军政当局开展的移民垦荒运动是实施"以战养战"政策的又一举措。为了对付日益严重的粮荒，保证实现军事政治目的，军政当局强制华人转往农村、山林地带垦荒种粮（当然也有少数马来人、印度人去山林垦荒），军政当局指令各地华侨协会"捐助"垦荒经费，实际上是再次通过"华侨协会"搜刮一般华侨。但移民垦荒运动一直持续到日本战败投降，垦荒区不仅没有做到自给自足，连维持生存也很困难。

---

① 仓沢爱子编：《東南アジア史のなかの日本占领》，早稻田大学出版部，1997年5月30日初版，第196页。

② 庄惠泉原出版，许云樵原编，蔡史君编修：《新马华人抗日史料》，文史出版私人有限公司，新加坡，1984年，第343页。

（六）挑拨族群关系煽动排华

日军进入东南亚后，极力自己打扮成"亚洲民族的解放者"，在"共存共荣"的口号下鼓吹当地民族与日本的共同利益，因此对原住民采取一些怀柔的措施。在《日本陆军当局南方军政实施纲要》《南方占领地军政之现况及其基本方针》等文件中，日本军方一再指示日本军政当局："关于民族指导，对于治下诸民族，务切彻底了解大东亚战争之意义，以同甘苦之精神，各本其所能，欣然协力诸般建设，助长其对帝国之信仰感，善为指导。"[①] 而在原住民与华侨间，则采用挑拨、离间的手段，扩大原住民与华侨民族矛盾，转移斗争视线，以收渔人之利。例如在马来亚，日军政当局宣传日军是为"解放"马来亚民族而打"圣战"的，提出"马来亚是马来人的马来亚"等蛊惑人心的口号，并尽量在马来亚人面前表现出亲马恶华的态度。在具体措施上，日军政不对马来人"检证"，先恢复马来人学校，实行"原住民参政"，任用少数马来人为日军监督下的行政官员，粉饰其法西斯统治，对华侨则主要采用暴力镇压手段，并使用马来人警察部队镇压华侨，蓄意扩大民族冲突。

（七）强制实行日本奴化教育

日军当局为了建立以日本为中心的新的殖民秩序，在南洋占领区推行一整套旨在服从日本统治、奴化人民思想的文化教育政策。鉴于南洋各国基本上都是欧美的殖民地，又有各民族的多种文化渊源，日本当局首先要切断西方文化的强烈影响，于是动员一切公共传播媒介手段，狡猾地利用当地人民反殖民统治的民族情绪，大肆宣扬"东方文化"（实际是日本文化）比西方文化优越，宣传"大东亚共荣圈"的好处，使当地民族敌视西方势力，并用日本文化来填补这一"真空"。

为实现日本化，日本当局首先在占领区不遗余力普及日语。在爪哇，日本军政当局于 1943 年 11 月公布了《日本语普及教育纲要》，小学授课时间的 70% 用于学习日语，严格规定教学媒介语只能用日语或印尼语。[②] 课程内容则以实现"大东亚共荣圈"的教育为主题。在马来亚，日本当局把华侨学校一律改成男子或女子普通学校，禁止用汉语作教学媒介，课程内容几乎全是学习日语，汉语则改为"辅助语言"性质的方言课，每周两节，每节 40 分钟，课本由日本人编写，原有的中文书籍被禁止使用。更有甚者，日本宪兵在槟榔屿收缴了各书店的中文书 20

---

① 新加坡《昭南日报》1943 年 20 日。
② 早稻田大学大隈社会科学研究所编：《インドネシアにおける日本軍政の研究》，纪伊国屋书店，1959 年，第 217 页。

万册，除字典、地图外，全部付之一炬。日本实施的奴化教育并不仅仅以推广普及日语为满足，还在学校中厉行日本化，例如勒令华校师生早上上课前必须举行宫城遥拜式（面向东方致敬），学校实行日本的节假日制度，时间标准亦以东京时间，纪年则写"昭和"或"皇纪"。日本的奴化教育政策受到广大华侨的坚决抵制。在新加坡，许多华校教员拒不登记，华校也没有按日本当局通告的日期开学。在三年半的沦陷期间，华侨学校的学校数及学生数只有 1941 年的 6%，大大低于同一时期英校、马来学校的校数和学生数。

三、小结

第一，在太平洋战争期间，日军在东南亚建立法西斯"军政"统治，对各国人民和华侨进行残酷的镇压、奴役，对南洋的丰富资源进行肆意的掠夺。在军政统治下，东南亚国家经济全面崩溃，人民生活极端恶化，几百万人惨死，华侨的悲惨处境也从一个侧面说明了日本帝国主义标榜的"共存共荣"完全是骗人的鬼话，所谓"大东亚战争肯定论"也在铁的历史事实面前不攻自破。今天，在全世界纪念反法西斯战争暨中国人民抗日战争胜利 60 周年的时刻，日本国内右翼歪曲历史、否认侵略战争罪行的歪风却愈演愈烈，这种逆时代潮流而动、公然践踏人类共同价值准则的行径，必然引起各国人民对日本军国主义复活的警惕。

第二，华侨和华裔作为东南亚国家民族的一个组成部分，与居住国各族人民一样，在太平洋战争期间都受到了日本侵略者的残酷屠杀、奴役和掠夺，日本军国主义是东南亚各族人民包括华侨的共同敌人。由于华侨问题对日本来说又是一个特殊的问题，华侨的民族意识和经济、社会力量，华侨对中国抗日救亡运动的支援，以及在东南亚进行的抗日活动，足以使日本感到巨大的威胁，为了顺利地进行"大东亚战争"，建立起日本为中心的新的殖民帝国，日本军政在政治上对华侨采取了更为狠毒的高压手段，在经济上采取了竭泽而渔式的疯狂掠夺政策，在民族关系上采取的挑拨离间、分而治之的政策，在文化上采取了奴化教育政策，所以日本军政的华侨政策具有明显的残酷性、掠夺性、奴役性和报复性，在日本占领时期，东南亚华侨所受的苦难在程度上比当地原住民更为惨重。

（原载于《八桂侨史》2005 年第 4 期）

日本的"二战"史观剖析

第二次世界大战结束至今已整整 50 年了。这是一场伟大的反法西斯战争，世界反法西斯盟国和人民赢得了战争的最后胜利。作为战争的元凶和帮凶，一些欧洲国家逐渐正视了历史，主动反省本国在"二战"中的行为，并以国家名义承担在战争中的责任。德国政府首脑代表其国家再三向受到过纳粹侵略和残害的各国人民赔罪，态度诚恳。1994 年 5 月，德国众议院修改了刑法，规定不论以任何形式否定屠杀犹太人的事实都将被判有罪。除了战争发动国德国以外，连奥地利、匈牙利、瑞士甚至战胜国法国，也就"二战"中各自应负的历史责任做出了明确表态。反观亚洲，"二战"的元凶日本却至今没有以国家和政府的名义就战争责任问题认真悔罪。在"二战"结束 50 年之际，日本不仅没有以此为契机认真反省、正视历史教训，反而刮起了一股否认当年侵略罪行的歪风，而且有愈演愈烈之势。6 月 9 日日本国会通过的《战后决议》就直接反映了这股歪风的影响之大，《决议》对战争责任问题含糊其词、避重就轻，全文只字不提"道歉""谢罪"，更未写上"不战"的字眼，反而提出什么"必须超越对过去战争历史观的不同"。战争史观有是非之分，有正确与错误之别，诸如那种在日本列岛阴魂不散的"大东亚圣战"史观、"自存自卫战争"史观，完全是自欺而不足以欺人的"二战"史观，又如何能"超越"呢？

一

尊重史实，客观地反映和分析历史问题，是产生正确历史观的前提。战后日本的"二战"史观不能不唤起被侵略国家和人民的痛苦回忆。

近代日本是世界列强中凶恶的一员，在明治维新后的 70 多年里，日本曾发动和参加 14 次侵略战争，其中 10 次是对华战争，给中国人民造成了空前浩劫。尤其是 1931—1945 年中日战争期间，日本侵略者犯下的罪行更是罄竹难书。据不完全统计，在这场战争中，中国无家可归的难民达 4200 余万，被日军屠杀和作战牺牲的中国民众、军人 2000 余万，加上负伤者达 3500 万人。[1] 另一项不完全统计表明，从九一八事变到 1945 年 8 月，按 1937 年的比值计算，日本侵略给中国造成的直接经济损失达 1000 亿美元，间接经济损失达 5000 亿美元，掠夺钢铁 3350 万吨、煤 5.86 亿吨、粮食 5.4 亿吨、木材 1 亿立方米。1000 亿美元相当于 1936 年中国工业总产值的 26 倍，是自鸦片战争以来历次帝国主义侵华战争所索要赔款总额的数十倍。[2] 日本侵略军在中国的凶狠残暴也是世所罕见，充分显露出日本的军事封建帝国主义本质。侵华日军之暴行，致使日本人在世界舆论中被称为"披着文明的皮而带有野蛮筋骨的怪兽"。[3]

"二战"中日军入侵东南亚，建立新的殖民统治，同样罪责难逃。日军铁蹄所至，生灵涂炭，遍野哀鸿，东南亚各国人民处在被任意宰割和掠夺的地位，全然没有日本所说的什么"共存共荣"局面出现。日本用恐怖的军事专政手段维持其统治，死在日军枪口、刺刀以及皮鞭下的东南亚人民（包括华人居民）近 1000 万。据不完全统计，其中印尼人 400 万（印尼代表在旧金山商讨和约时透露）、越南人 200 万（《独立宣言》中提及），新加坡、马来亚仅华人居民被害者近十数万（《新马华人抗日史料》资料、日本《赤旗报》记者采访），以及印度 150 万人（政府任命的饥饿调查委员会推算孟加拉地区的饿死人数）。[4] 其残暴行径令人发指，新加坡大检证（大搜捕）中至少有 2.5 万名华人居民惨遭杀害，[5] 7 万余名华人被扣押。[6] 当时华人被害者"腐尸漂浮，腥血遍野，令人毛发悚然，恐怖景象，前所未有"。[7] 菲律宾大屠杀是日军在"二战"中制造的另一起屠杀和平居民大惨案。日军占领菲律宾后宣布，如有一名日本人受到伤害，就要处决 10 名菲律宾人质作抵

---

① 转引自《人民日报》1995 年 7 月 7 日第 3 版。
② 转引自《人民日报》1995 年 7 月 7 日第 3 版。
③ 信夫清三郎：《日本外交史（1853—1972）》，每日新闻出版社，东京，1973 年，第 179 页。
④ 陆培春：《日本又向史实挑战》，新加坡《联合早报》1995 年 4 月 6 日。
⑤ 吴凤斌主编：《东南亚华侨通史》，福建人民出版社，福州，1994 年，第 734 页。
⑥ 庄惠泉原出版、许云樵原编、蔡史君编修：《新马华人抗日史料》，文史出版私人有限公司，新加坡，1984 年，第 869 页。
⑦ 许钰：《昭南时代检证大屠杀案始末记》，新加坡《南洋杂志》第 1 卷第 6 期，1947 年 4 月 15 日。

偿。[①] 战争结束之际，日军连续几个月有计划地屠杀和平居民和俘虏。马尼拉日军岸防长官命令：“处决菲律宾人时，要把他们尽量集中到一处，这样可以节省弹药和体力。”10 多万人惨死在这次行动中。[②] 除了公开的屠杀镇压以外，在东南亚的日军强征数百万青壮年劳力修建军事工程也造成大批劳工累死、病死、饿死。1942 年 11 月至 1943 年 10 月抢修的泰缅铁路，日军强迫奴役 20 多万名亚洲劳工和 6.5 万名盟军俘虏突击施工，有半数的劳工和 1 万多名盟军战俘丧生，因此，泰缅铁路被称作“一根枕木一条命”的“死亡铁路”。[③]

日本在经济上采取了“竭泽而渔”的掠夺政策，提出“大东亚战争的关键，一方面在于确保大东亚的战略据点，一方面在于把重要资源地区收归我方管理和控制之下”。[④] 也就是说，日本搞的“大东亚共荣圈”根本目的在于掠夺东南亚的丰富资源和财富。于是，日军占领当局强制垄断各国重要经济部门，滥发“金库券”搜购战争物资，强迫新加坡等地华人居民向其交纳“献金”，还改变东南亚原有农业结构，强制种植军需作物，掠夺手段花样百出。仅发行毫无价值的所谓“南方开发金库券”一项，就从东南亚掠占了无数财富。据有关资料，从 1941 年至 1945 年战争结束，日军在东南亚发行的“金库券”从 3000 万日元激增到 194 亿日元，增加 646 倍之多，[⑤] 结果造成物价飞涨高达 100~2000 倍，老百姓民不聊生，国民经济全面崩溃。

在文化教育方面，日本在东南亚占领区推行了一整套旨在服从日本统治、奴化当地人民思想的文化教育政策。一方面极力禁止任何反日的言论和书报，另一方面大肆鼓吹以日本为中心的“泛亚主义”。在学校教育中，不遗余力突击普及日语和日本文化，以“大东亚共荣圈”为课程主题，灌输日本法西斯精神、武士道精神，同时厉行“日本化”，实行日本节假日制度，用日本时间、日本纪年，举行日本仪式，强迫学生搞“宫城遥拜式”（向东京致敬）。这一切，都是为了建立以日本为中心的“大东亚”新殖民统治秩序，把当地青少年和居民奴化为“天皇的臣民”。

对于日本在侵华战争和太平洋战争中所犯下的罪行，战后受到东京远东国际军事法庭的严正审判。东京审判持续两年半之久，开庭 818 次，419 人出庭作证，779 人书面作证，受理证据达 4336 件，公审 370 次，审判英文记录长达 48412 页，

---

① ［菲］格雷戈里奥·F. 赛义德：《菲律宾共和国》，商务印书馆，北京，1973 年，第 541 页。
② ［苏］Л.Н.斯米尔洛夫等著，李执中等译：《东京审判》，军事译文出版社，北京，1988 年 8 月，第 509 页、516 页。
③ F．C．琼斯等：《1942~1946 年的远东》（上册），上海译文出版社，1979 年，第 76 页。
④ 复旦大学历史系日本史组编：《日本帝国主义对外侵略资料选编（1931~1940）》，上海人民出版社，1975 年，第 380 页。
⑤ 樊亢等编：《外国经济史（近现代）》，第三册，人民出版社，1980 年，第 203 页。

真可谓指控历历，证言凿凿。长达 1212 页的东京审判宣判书，列举了日本军国主义分子的滔天罪行，将法西斯头目东条英机等战犯押上了断头台，为人类伸张了正义。虽然时光的流逝使历史远去，但这桩铁案是翻不了的。

二

如上所述，日本在"二战"中的侵略历史和罪行是不容否定的。战后以来，日本的进步力量一直为清算过去日本军国主义的罪行而进行不懈的斗争。如历史学者家永三郎控告文部省的书刊检查，揭露其在审定教科书时歪曲、隐瞒历史事实的重大错误；著名记者本多胜一无情揭露日军侵华暴行，不屈不挠追究本国政府责任；诺贝尔文学奖获得者、著名作家大江健三郎多次表示日本"应该对战争谢罪，清算过去的历史"。[①] 他们是正义呼声的代表，也是日本人民利益的真正代表。令人遗憾的是，日本反省战争罪行不像德国那样由国家元首在议会上进行，而是由与文部省的书刊检查作斗争的历史学家进行的。日本官方，包括日皇、历任首相和一些政界要人，对战争责任采取回避和不肯正面承认错误的态度。例如战后以来在日本执政的 23 名首相中，只有前首相细川护熙曾经明确承认过"这场战争是侵略战争，是错误的"，而他却因此遭到国内强烈反对，不得不改口为"有侵略行为"。今年在是否通过"不战决议"的关键时刻，日本政治家又有多次"失言"表现，甚至日本右翼势力还为"反对道歉"决议而征集到 450 万人的签名。这说明，时过半个世纪，日本与亚洲国家对"二战"历史的认识和评价仍然有条深深的鸿沟，至少在以下几个方面存在着尖锐的对立。

第一，承认和否认的对立。究竟是承认历史事实，不让侵略战争的悲剧重演；还是无视历史事实，一再推卸侵略罪责，这是"二战"史观的最根本的大是大非问题。而在这点上，日本的"二战"史观与亚洲被侵略国家是格格不入的。日本一些人通常采取的手法是对其侵略罪行一概否认，或者强词夺理、肆意抹杀，或者模棱两可、淡化其事。从否认的具体内容来看，又有两个方面：

一是否认侵略过程中的具体罪行，重点否认事关战争性质的重大事件和史实。对日本蓄意挑起的卢沟桥事变，竟然有人提出所谓"第一枪问题"，妄图以此把责任推向中国方面。举世震惊的"南京大屠杀"，已有大量来自国内外的人证、物证

---

① 《韩国时报》1995 年 2 月 5 日。

等确凿证据，表明这是一场有预谋、有组织、有计划的大规模的屠杀暴行，但日本一些人矢口否认，前法务大臣永野茂门说什么所谓南京大屠杀等是捏造出来的。日本一家有影响的杂志《文艺春秋》发表文章说，南京大屠杀是日本的敌对势力虚构的历史。还有人在南京大屠杀的被害人数上做文章，或者否认"那是有组织的行为"，企图减轻侵略罪责。前不久，某些势力又公然对以亲身经历证实南京大屠杀的旧军人东史郎攻击恫吓，甚至诉诸法庭。

二是公然否定整个侵略战争的性质，提出"是不是侵略战争，要留待后世史家裁判"的谬论。第二次世界大战以及作为其一部分的太平洋战争，爆发的主要原因是法西斯国家德、日、意的对外侵略，他们进行的是非正义战争，这已是历史的公论。但时至今日，在日本政界人士和一般民众中，还有相当多的人认为，日本对东南亚的战争是"解放亚洲"的战争，是保卫日本生存的"自卫战争"。这种侵略等于解放、侵略等于自卫的"侵略有理"论，人们并不难寻其版源，1941年12月8日天皇发布的"宣战诏书"，就是如此标榜为"自存自卫计"。[1]日本军国主义阴魂不散，不能不引起亚洲国家的高度警惕。新加坡资政李光耀回答日本《朝日新闻》记者提问时说："重要的是日本对上次战争所持的基本态度，这个态度将决定日本未来对于可能产生的冲突所持的态度。"[2]可见，对战争侵略性质的确认，并非纠缠历史旧账而是事关亚洲乃至世界的长远和平事业。

第二，有罪和有功的对立。日本在侵略战争中的累累罪行，早已一笔笔记载于亚洲近代史和世界现代史上，更深深铭刻在中国人民和亚洲人民的记忆深处。在纪念"二战"结束50周年的今天，正是日本总结历史教训、与过去的战争罪行决裂，实现与亚洲国家真正和解的最佳时刻。然而，日本却未能这样做，国会通过的"战后决议"仍没有正视历史，也没有在决议中使用日本人赔罪时的用词"谢罪"二字。更有甚者，日本一些势力反而在今天再次宣扬"侵略有功论"。自民党鹰派首领奥野诚亮等人宣称：大东亚战争不是跟亚洲作战，而是与英美之间的战争。其结果是亚洲各国从白人的殖民统治中站立起来，取得了独立。这不仅是当年由日本取代欧美势力、建立"大东亚共荣圈"理论的翻版，也是为日本发动太平洋侵略战争进行公开翻案。按照他们的战争史观，日本发动战争对亚洲有功，东南亚各国获得独立日本有份，简直可以把日本军国主义的"罪行榜"改成"功劳簿"了。然而，亚洲人民决不会感谢日本皇军的刺刀，"有功论"也是不值一驳的歪论。

---

① 复旦大学历史系日本史组编：《日本帝国主义对外侵略资料选编（1931—1940）》，上海人民出版社，1975年，第380页。

② 新加坡《联合早报》1995年1月4—5日。

近代史上，日本逐渐强盛的过程同时也是对外侵略扩张、奴役亚洲邻国的过程。日本早就吞并了原来并非欧美殖民地的朝鲜和中国的台湾，在那里建立直接殖民统治数十年，难道这也是把他们从白人殖民者手中"解放"出来？东南亚国家虽然长期处于英、美、法、荷等国的殖民统治下，但日本南侵绝不是为了改变他们的殖民地处境，而是为了以暴易暴，更换霸主，建立新的殖民霸权。日本在东南亚国家犯下的滔天罪行也早已戳穿了所谓"解放者"的假面具。所以，日本在太平洋战争中虽曾与老殖民主义国家打过仗，但这并不能改变其侵略的实质。至于东南亚国家的独立，完全是东南亚人民前赴后继、流血牺牲换来的果实。日本的侵略促使被侵略国家更坚决地奋起与新老殖民者作坚决的斗争，直到最后取得胜利。日本的侵略，只是作为反面教员产生了与其主观愿望相悖的客观作用，这就是历史的辩证法。

在"侵略有功论"的迷雾下，日本国内的一些动向更引起亚洲国家的反感。日本内阁成员有不少人，每年去参拜供奉战犯亡灵的靖国神社；1994年秋天至今，日本的47个都道府议会中有18个议会通过了向战争中死难者表示追悼和感谢的决议，爱媛县议会决议居然称亚洲国家的独立和发展，"皆赖阵亡日本军人所赐"；日本政府对侵略战争中死亡的旧军人"遗族"，则付出巨额抚恤金。从1950年至1994年，日本政府共向战死者遗族提供了约38万亿日元的抚恤金，这个数字是日本向外国支付的各种赔偿费的57倍。[①] 上述认识和做法，说明了日本仍无意正视其在"二战"中犯下的罪行，有意无意地回避和掩饰其侵略的历史，这与亚洲国家在"二战"史观上的鸿沟难以填平，也严重伤害了亚洲国家的民族感情。日本要真正取信于亚洲人民，还得从正视历史做起。

第三，加害和被害的对立。日本在"二战"史观上的另一个误区是颠倒了加害者和被害者的关系。战后，日本的一些政客往往片面强调日本是"受害者"，举出日本在战争中有200多万"殉难者"，日本是原子弹的唯一受害国等理由。可是，对于日本侵略中国和亚洲的真实历史，其200多万"殉难者""殉难"的缘由，以及日本帝国主义在中国和亚洲的暴行，却从未正面反映，连教科书也要将"侵略"一词改用"进入"；日本在控诉原子弹灾难方面狠下功夫，但对于"日本为什么会被原子弹轰炸"的问题则避而不谈。这种片面的宣传、教育，也是日本回避和掩饰其侵略历史的别有用心的手段，其目的是使一般民众和青少年更容易接受"日本是战争受害者"的看法，否认其侵略罪行。

作为侵略元凶，日本首先是不折不扣的加害者，而日本的受害只不过是其加

---

① 转引自裴仁俊：《日本右翼势力活动抬头》，韩国《东亚日报》1995年5月15日。

害的结果。日本著名作家大江健三郎说得透彻："我们不要再只觉得自己是原子弹的受害者。我们是受害者，但也是罪犯。我们发动了战争，才造成了投掷原子弹的原因。我们在 50 年中还没有接受这一事实。"① 日本许多有正义感的学者也对此发表了深刻的看法。原长崎大学教授岩松繁俊在他的著作中指出："从日本人民大众来说，一方面是日本帝国主义的受害者，另一方面却在忠于天皇、八纮一宇、灭私奉公的号召下成为日本帝国主义加害于别国人民的帮凶，直接参与了对朝鲜、中国、东南亚、太平洋诸岛的侵略和暴虐行为。"② 日本著名学者、前一桥大学教授藤原彰写道："作为日本人，承认自己是战争加害者绝不是愉快的事。然而，历史的事实是无法抹杀的，我们要做的是将事实如实地、正确地告诉人们，搞清楚事情发生的原因。既然许多日本人都去过战场，更需要搞清侵略战争的史实和其中加害者的经历。这才是真正的和平友好之路。"③ 这些认识，无疑是经过清醒反思历史的真知灼见和客观对待历史的正确态度。

三

经历了战后 50 年的"反思"过程，日本并未能彻底认罪、树立应有的正确的"二战"史观，其原因何在呢？

第一，美国占领当局留下的后遗症。"二战"结束后，日本作为战败国受美国的军事占领达七年之久。占领初期，美国为日本的非军事化、民主化以及经济复兴起过重要推动作用。但是，随着东西方冷战格局的明朗化，美国占领当局在政治、经济、军事上公开有意扶植日本，使日本成为远东地区阻挡共产主义势力的"防波堤"。从美国自身战略利益出发，天皇被保留，日本大小战犯也没有全面清查和惩罚，结果造成了后患。战前，天皇是日本的最高统治者，对日本发动的侵略战争有着直接的不可推卸的责任；战后，仍然保留天皇作为"日本国及国民统合的象征"，没有追究天皇的战争责任。天皇制政府的一些官僚战后仍然掌握着政治实权。这实际上是让天皇成为没有责任的象征。既然他们的最高领袖都未受到惩罚，还有什么必要自觉清算过去的战争罪行呢？天皇的精神影响和其战争责任，是讨论日本"二战"史观时不可回避的问题，对此，现代日本史学者千本秀树在其著作《天皇制的

---

① 德国《明星》画刊 1995 年 6 月 22 日。
② 岩松繁俊：《反核と戦争責任："被害者"日本と"加害者"日本》，三一书房，东京，1982 年，第113 页。
③ 刘大年主编：《中日学者对谈录》，北京出版社，1990 年，第 289 页。

侵略责任和战后责任》中指出：裕仁虽死，但追究天皇个人和天皇制所造成的侵略及战后责任仍是当务之急。同样出于美国自身利益的需要，处理日本战犯很不彻底。美国占领当局并未认真执行严惩战犯的决议，除对东条英机等 28 名甲级战犯进行审判外，还有许多战犯受到包庇，该起诉的没起诉，该判刑的没判刑，已判刑的被提前释放。一些军国遗臣和战犯又重新返回政界、军界、财界，形成了一股有影响的势力，他们遇有机会就跳出来洗刷罪责、为侵略战争历史翻案。

第二，从经济大国走向政治大国的需要。日本在 20 世纪 60 年代末成为西方世界第二经济大国，随着以后经济实力的膨胀，日本踌躇满志，利用经济外交"重返国际社会"，而且加快了走向政治大国的步伐，谋求在国际社会中发挥更大作用。近年来，日本政府谋求成为联合国安理会常任理事国，要求删除联合国宪章中的"旧敌国条款"，还派兵到海外执行"维和任务"。在这种形势下，具有强烈"大国意识"的民族主义政治势力抬头，他们力图尽快甩掉"侵略者"帽子，多方设法洗脱罪名，企图以此来重塑日本形象。殊不知，欲盖弥彰者只能惹得更加臭名昭著。

第三，狭隘民族主义心理意识的作祟。近代日本在对外扩张侵略的同时，在国内厉行国家主义、军国主义教育，这种教育的精神与日本民族长期积淀下来的神国观念、天皇崇拜等思想相结合，强化了岛国"大和"民族的优越感和狭隘性。战后，日本民族的思想观念和心理趋向虽然有了很大变化，但这种思想意识的影响还明显存在。就民族优越感而言，对战败不肯认输，连书刊上的用语也由"败战"改成了"终战"。某些人抱着"侵略有功论"不放，也与民族优越感的心理状态不无关系，认为日本有能力"拯救"落后民族、有能力领导亚洲的潜意识仍在作怪。就狭隘性而言，不少日本人是站在只要维护日本利益的自我价值观立场上考虑问题的，因此在评价"二战"的性质时就出现了双重标准：对于日本侵略造成的几千万亚洲人丧生，仅用"添了麻烦"予以交账；面对于长崎、广岛在原子弹爆炸时有 30 万人丧生，则认为投掷原子弹的罪行比日本在亚洲的战争罪行严重得多，以此强调日本是"战争受害者"。既然不能站在客观、公正的立场上认识日本的战争责任，就不可能有正确的"二战"史观。因此，从某种意义上讲，日本树立正确"二战"史观的过程，也是日本民族心理意识反思和自新的过程。

（原载于《厦门大学学报（哲社版）》1995 年第 4 期）

战后东南亚华侨华人认同研究的共识与分歧

一

对战后东南亚华侨华人的变化及其发展趋势问题，学术界近年来进行了认真的探讨和热烈的讨论，其焦点是华人的认同和同化问题。通过研究和讨论，大多数学者已基本取得了共识。人家认为，华侨在战后40余年间经历的变化，是华侨历史上最深刻、最剧烈的变化。概括起来，主要的变化是：

第一，国籍的变化。短短的二三十年内，两千多万具有中国国籍的华侨，有90%的人已选择了居住国国籍，变成了当地公民，华侨社会也转变成为华人社会。这是最基本、最明显的变化，也是一个历史性的变化。这种变化，在客观上已决定了华侨、华人的命运与居住国的政治、经济、文化和教育政策不可分割了；同时，也带来了海外华人在政治、经济、教育、文化甚至心理状态等实质性的变化。

第二，认同（identity）的转变。战前，华侨一直是以中国为本位的认同。具体地说，中国是他们心中的祖国和归宿地，中国所发生的事情，也是海外华侨最为关心的事情。他们大多数人眷念中国，没有认同于当地。战后，华侨在认同观上经历了从"叶落归根"到"落地生根"的变化，过去以中国为依归，现在则以居住国为依归。尽管华人也殷切希望中国繁荣富强，但是他们的根本利益不在中国，而是在居住国，所以主要关心的是当地居住国的政治、经济与社会的发展，所谓"他乡变故乡、故乡成他乡"，就是这种变化过程的生动写照；战后至今，东南亚华人首先都是从国家认同开始。所谓"国家认同"（National identity），就是华侨随着入籍变为"华人"，便把入籍国作为永久的归宿，树立了在当地生存发展的思想。因此，他们对入籍国（居住国）不仅表现了归属感，更重要的是有了责任感和参与感，为居住国的利益而努力。

第三，华人社会结构的变化。其一，战后至今，随着时间的推移，自然规律的作用，在中国出生、同中国有近亲关系和受中华文化教育影响较深的老一代华侨、华人，将逐渐退出历史舞台。而在当地出生、受当地教育成长起来的年轻一代，无论在人数上，或是在政治、经济、教育等方面的影响力上，都渐渐超越了老一代。又由于新中国成立后，东南亚国家接纳的中国移民为数极少，或者说从中国出去的移民很少移往东南亚国家，因此在海外出生长大的新一代华人逐渐成为华人社会的主流或主体。他们对中国故土是陌生的，在感情上远不如老一代华侨、华人对中国有"亲近感"，具有强烈的当地化倾向。其二，东南亚华人与异族通婚的现象日渐增多，对过去那种比较封闭的社会结构形成冲击。而由于通婚，许多华人家庭已不是纯粹的中国血统了。其三，维系华侨、华人社会的重要纽带——华侨、华人团体组织，无论在形式上、作用上都已发生了重要变化，血缘、地缘关系发生的实际作用日渐削弱，社团趋向于松散化，在功能上逐渐向联谊作用、慈善事业方面转化。

第四，经济地位的变化。除了印度支那三国华人经济的特殊处境以外，总的来说，战后东南亚华人经济的发展比较迅速，主要表现为华人经济经过40余年的竞争、调整，逐渐适应当地社会经济和国际经济发展的需要，从过去传统的经济部门（商业）向多元化发展，从小规模的家族式经营向大企业化发展。东南亚华人经济已是当地民族经济的组成部分，本地化倾向日趋明显；同时，华人经济关系亦日趋国际化，华人资本越出了本国范围，成为国际资本的一个组成部分。

第五，华人教育水准的变化。战前，华侨大都来自中国沿海省份的贫苦劳动人民，许多人不识字，能算账记账、粗通文墨者已属不易，总的来说，受教育的程度比较低。战后，随着华侨经济地位的提升，华人受正规学校教育的已很普遍，教育程度大为提高，还出现了一大批跻身于现代科技高级人才之林的华人科学家和其他知识分子。与此同时，华人的教育和文化也趋向于本地化或西方化，传统的华文的教育影响正在明显减弱。

第六，政治觉悟的变化。战前，华侨在政治上多卷入中国国内政治的漩涡，或者处于"在商言商"不问政治的状态。战后至今，成为居住国公民的华人越来越意识到，必须以主人的身份参加居住国的政治活动，甚至要求参政，以争取华人公民的平等合法权利。但是，尽管华人的参政意识在逐渐增强，华人在居住国参政的道路将是艰难曲折的。

第七，分布流向的变化。战前，东南亚华侨主要是在中国与东南亚居住国之间移动，或者是在东南亚各国之间流动。战后至今，由于国际政治经济形势的巨大变化，尤其是某些居留国政府的政策压力，华人移民的重点地区不再是东南亚，而是美国、加拿大、欧洲和澳大利亚等西方国家，即使东南亚华人也出现向上述地区移动的"再移民"现象。这种分布流向上的明显变化，在客观上扩大了华人经济与文化在世界范围内的影响，有利于中西交流。

以上七点变化，说明了战后至今的东南亚华人社会已发生了迅速的实质性的转变。这种转变的总趋势是：与居住国的关系越来越密切，与中国的关系则趋于淡化和薄弱。这是不以人的主观意志为转移的发展趋势。

二

华人经过战后近半个世纪的剧烈变化，到底在认同和同化的道路上走了多远，今后将如何走下去？国内学者对此也有不同看法。争论主要集中在以下几个问题：

1. 是否存在"华人社会"的问题

1988年，泰国华人学者江白潮先生在《泰国华侨、华人现状》的文章中认为，泰国并不存在什么"华人社会"。他说，20世纪50年代至60年代期间，著名华侨研究家英国的巴素（Victor Purcell）、美国康奈尔大学教授斯金纳（G. William Skinner）认为泰国社会存在华侨社会的观点是错误的，即使在20世纪五六十年代，所谓"华侨社会"也只是一种假象，实际上并不存在一个不依附于泰国社会整体的族群，或与泰人相隔绝的中国人社会。到了20世纪七八十年代，泰国华人明显地表现出了"四化"，即华侨人口老龄化，后代子孙迅速泰化，华族语文危机严重化，落地生根观念普遍化。这就是说，泰国华人已更容易接受泰国社会"同化"，不存在什么另外的华人社会。

江先生的观点，引起了国内学者的讨论，提出了两种看法。一是不同意江先生的观点，认为"华人社会"指的是海外某一地区形成的、具有中华民族传统文化特征的、以外籍华人为主体的文化群体。它只是附属于泰国社会整体结构中的一个文化群体，其存在、发展或者消亡，都受到泰国人文环境的限制和制约。它既融汇于泰国社会，又带有中华文化的传统、精神和特点。鉴于"社会"是各种人类文化形式的综合体，所以当人们观察泰国是否存在华人社会时，必须以泰籍华人为主体的文化群体是否仍然具有中华民族传统文化特征为主要标准。以这样的概念和判别标志来考察，泰国华人社会是实质性存在着的。二是则赞同江先生的观点，认为在现实中的泰国华人社会是虚构的、表象的、不存在的。持这种看法的人认为，按照马克思主义的观点，社会是人们相互交往的产物，是各种社会关系的总和，就是说人们在生产、分配和交换过程中发生经济交往，在经济交往的基础上发生政治沟通和思想沟通，从而建立与生产相适应的政治关系和意识形态，所有这些关系的总和构成为社会。而华侨、华人在融于当地社会的过程中，尽管有经济交往以及在此基础上产生的思想意识沟通，在文化习俗上保留有中华传统，但是在华人群体内部不可能建立起独立于泰国社会之外的生产关系，以及与之相适应的政治关系和意识形态。在这方面，华人是完全依附于泰国社会的。既然没有华人社会存在，那么如何看待华侨、华人相对集中居住的区域（如泰国曼谷的唐人街）呢？如何看待华侨、华人保留的中华文化、习俗特征呢？他们认为这些可以叫作华人社区（Community）或华人群体，并不是严格意义上的华人社会。华人社区或群体一开始就是作为构成居住国社会经济基础的生产方式的组成部分，只能是属于居住国社会的一部分。持这种观点的人认为，"华人社会"之说既不符合当今东南亚的现实，又具有很大的危害性。它只会加剧华人社区或群体与居住国的隔阂，而对华侨、华人的认同和在当地的长期生存发展是不利的。

对于今天的印度尼西亚是否存在华人社会的问题，中国学者也有不同看法。一种观点认为，印尼现政府实行强制同化政策长达20余年，华人同化于当地社会的速度很快，除了国籍归化、政治和经济认同以外，大多数华人都长期受当地教育，尤其中、青年华人、华裔，他们即使在语言、文化方面也显现不出与原住民有何不同之处，可以说昔日的华人社会基本上已不复存在。另一种观点则认为，华人社会仍然客观存在，华人虽然已成为印尼公民，但远没有从心理上、文化上、宗教上被当地民族接受，客观上还有华裔、华族的意识，还保留着固有的中华传统文化，同化将是一个相当漫长的过程。

2. 华文教育现状与前途问题

华人的认同和同化程度如何，语文是明显的标志，因而华文教育的地位尤其令人关注。而对华文教育的现状与前途，也有不同的看法。

一种观点认为，经过战后几十年的变迁，如今东南亚华人的华文教育面临全面而深刻的危机，华文教育急剧地衰落了。其原因主要是：第一，东南亚华侨绝大多数已是当地华人，华文教育的宗旨和对象都发生了根本变化，在一般情况下，华文教育不再是培养具有祖国意识的中国公民，而是为了培养多少保持中华文化传统和特性的当地公民，这就使华文教育对海外华人子子女丧失了吸引力；第二，一些东南亚国家采取了限制、排斥甚至消灭华文教育的政策；第三，"华文无用论"在战后第二、第三代的华人青年中越来越流行，具有很大的自我腐蚀性；第四，华文教育本身存在着不可克服的困难与矛盾，如师资缺乏、资金困难以及政治派别斗争等现象。持这种观点的学者还认为，近年来有些地区和国家，非华人的华文教育得到发展，甚至兴起了"华文教育热"，但不能据此认为海外华文教育又出现了"新高潮"。其实，20世纪50年代以前的华侨华文教育，主要是指华侨、华人的全日制学校那样的华文教育，现在欧、美、澳较热门的华文教育，要么是这些国家的外语教育科目，要么是补习华文或周末学习班式的业余华文教育，二者有很大的区别。

另一种观点则认为，华人的华文教育没有衰落，更不会消亡，而是发生了教育上的转向，即战后的华文教育已从过去的面向中国改变为面向当地，以适应华侨、华人在当地生存发展的需要。例如过去的华侨、华文学校绝大部分已经转变为华人学校，并纳入了所在国的教育体制。一些国家虽然限制、排斥华文教育，但也有一些国家推行多元文化政策，华文教育将朝着多元文化并存，沿着民族融合的方向发展。

还有一种类似的观点认为，不能把华文教育仅仅理解为海外华人开办的学校向华人子女传授中华文化，即不能理解为仅仅是正规的学校教育，凡是用中文向全世界的华侨和外国人（包括外籍华人）传授中华文化的教育，都是"海外华文教育"。它至少包括以下几个方面：

①现在仍由华侨、华人开办的独立中小学校；

②原由海外华侨、华人开办的现已纳入居住国国民教育体制的学校。这类学校由政府提供经费，还保留原来华文学校的一些特点，开设中文课程，师生大部分是华人、华裔等；

③外国学校作为外语课程开设的有关中文课程教育；

④华侨、华人开办的业余华文学校或补习班；

⑤中国大陆、中国台湾、中国香港和澳门为海外华侨和外籍人士举办的各类形式的中文教育等等。

以这种"国际性"的、"大教育"的观点来看待当今的海外华文教育现状，就不难得出这样的结论：华文教育不是在走下坡路或正在萎缩，而是正在出现新的转机，处在蓬勃发展时期，有着光明的前景，不必悲观。

3. 东南亚华人的同化问题

东南亚华人在战后已发生了根本性、巨大的变化，但是东南亚华人问题也是客观存在的。如何解决这些问题，是东南亚各国的内政，但作为学术问题来探讨，也有两种看法。

一种是"同化论"观点。认为东南亚华人与当地民族同化的道路是历史的必然之路，只有同化于当地民族才是解决华人问题的根本办法。战后东南亚华人正以较快的速度与当地民族同化，从泰国、菲律宾的同化进程来看，这也绝不是一条走不通的道路。这里所说的同化，包括强制同化和自然同化。自然同化是民族的融合（例如通婚），在历史上已有许多华人融合于其他民族的先例，对这样的自然同化方式一般人都持赞成的态度。问题在于东南亚一些国家过去和现在常常采取强制同化政策来解决华人问题，对此应如何看待？有一种观点认为，强制同化政策在东南亚一些国家已见成效，其结果符合历史发展的总趋势，具有一定的积极意义。事实上，一些国家的同化政策已起着推进华侨、华人同化进程的决定性作用。例如印尼现政府实行的华人同化政策，在某些方面达到了预期的目的，有利于印尼华人与土著民族的接近与融合。另一种观点认为，强制同化政策从局部看可能促进同化的作用，但不利于从根本上解决华人问题。因为它强化了华人的民族意识，反而阻碍了华人与当地民族同化的进程。事实证明，在东南亚严厉实行强制同化政策的国家里，华人没有平等权利，处于被歧视的地位，反而造成了华人与当地民族的隔阂。而对华人采取平等宽容政策的国家，民族关系融洽，华人与当地民族同化的进程较快、程度较深。

另一种是"多元文化论"（Multiculture Reason）观点。持这种观点的学者认为，华人问题的实质是民族问题，而同化政策在解决民族问题上并不是成功的政策。20世纪70年代以来，加拿大、澳大利亚等国家放弃了过去实施的同化政策，转而采取多元文化主义政策（Multiculture Policy），取得了明显的成效。现在西方流行用 ethnic group 这个英文词组表示民族族群，指一切具有共同文化传统、血缘关系和集团意识的人们共同体。东南亚华人具备了自己的民族特征和民族意识，已成为所在国的一个民族集团，一般称之为"华族"。民族不论大小，形成以后便很难同化或消失，想靠那种"民族熔炉政策"、同化政策来解决华人问题，同样是不可取的。华人加入了当地居住国，国籍不等于加入当地族籍，国家认同也并不意味着必须放弃华人的语言、文化，而且语言文化认同比起政治认同要缓慢得多。只有承认现实，尊重各民族平等权利，采取多元文化主义政策，允许保留民族文化传统，才能最终妥善地解决华人问题。

4. 东南亚华人与中国的关系

一种观点认为，自 1978 年中国实行改革开放政策以来，海外华侨、华人以及港澳同胞与中国内地的往来日趋密切，有许多人来中国旅游探亲，也有许多人到中国进行商业贸易甚至投资，这是华侨、华人爱国爱乡的表现。随着中国进一步开放、经济的发展，他们与中国的联系将会愈来愈密切和广泛，其爱国情绪也会越来越强烈。持这种观点的人甚至认为，华侨、华人到中国来投资，主要动因是他们不忘故土，其指导思想是"爱国第一，赚钱第二"。

另一种观点认为，在中国近代史上，"爱国主义"旗帜确曾在动员海外华侨为中国作贡献方面起过不可估量的作用，但是战后的华侨社会已转变为华人社会，华人在政治上认同于居住国，首先效忠、热爱的祖国是他们赖以生存的居住国。今天，仅以"爱国主义"解释海外华侨华人在国内投资行为，不仅不符合他们的实际，也不符合中国的外交方针，不利于华人在居住国长期生存发展。中国改革开放以来，华人与中国的联系日趋增多，原因是多方面的，但他们是以亲戚、朋友的身份关心和支持中国建设的。他们中一部分人到中国投资，与一般外资一样，主要还受到资本规律的支配，即哪里有利润资本就往哪里流动。当然，不可否认，由于华人与中国的亲缘关系、文化传统上的联系，其资金往往比其他外资容易流向中国，但绝不能夸大这一因素，绝不能说是"爱国主义本质"在起作用。再者，自中国实行开放政策以来，东南亚华侨、华人的投资仅是中国利用外资的一个部分，在中国吸收的外资中所占比例很小。据中国对外经贸部外资局公布的数字，1979—1987 年实际吸收国际投资 85.5 亿美元，其中来自中国香港和中国澳门的达 43 亿美元，占 50.4%；美国 19 亿美元，占 22.2%；日本 14 亿美元，占 16.4%；欧洲 5.7 亿美元，占 6.7%；亚洲、澳洲、加拿大合计 3.7 亿美元，占 4.3%。很清楚，港澳资本是中国大陆吸收利用的国际资本的主要部分，东南亚华人资本所占比例很小。据有的学者研究，除港澳资本以外，其他各地华人约占 1979—1987 年外商投资总额的 5% 左右。所以，对东南亚华人与中国的关系应作具体分析，不能看表面现象，更不能用过去那种以中国为本位的观点去看待这种关系。

（原载于《福建学刊》1992 年第 1 期）

长崎华侨史迹若干考察

在中日两国经济文化交流史上，日本长崎占有极其重要的地位。在长崎人的生活习俗中，至今仍保留着许多中国人的古风遗迹，而在长崎各地，又到处都可以看到中日两国经济文化交流的遗迹和文物。长崎还是日本华侨的发祥地，世代居住在长崎的华侨就是进行中日交流活动的主角。本文通过对长崎华侨若干史迹的考察，探讨长崎华侨在中日交流史上的作用与地位。

一、唐船与唐人坊

长崎位于日本最西端，九州岛的西北部，距上海仅 460 海里，堪称一衣带水之隔。自古以来，九州就是日本同中国进行交往的窗口。从 1639 年德川幕府实行锁国政策，及至 1859 年"开国"，其间长达 220 年，长崎是日本对外开放的唯一港口。在长崎的对外关系中，幕府只允许中国船和荷兰船来贸易，而同中国的贸易又占有最重要的地位。中国船被称呼为"唐船"，同中国的贸易因而被称为"唐船贸易"。初时唐船系乘季节风，初秋入港，办妥交易，越年春季回国。随着唐船贸易发展，唐船来往频繁，中国商人寓居长崎的人也越来越多，他们除了带来中国的商品以外，还带来了中国的文化。

唐船最早何时来到长崎？虽然没有明确的记录可查，但据西川如见的《长崎夜草话》（成书于 1720 年）所载，早在日本永禄五年（壬戌），即 1562 年时就有唐船来到了长崎港入口处的户町海岸，船上装载着瓷器、棉布、食品、砂糖等等货物。其时正值中国明朝嘉靖四十一年，海禁尚未开放。另据田边茂启的《长崎实录大成》卷十记载，唐船开始到长崎贸易的时年要稍迟一些，但也是在明朝的嘉靖、隆庆之际（日本永禄、元龟年间），即在 16 世纪 50 年代和 60 年代。到了日本的宽永年间（即 1624 年至 1643 年），中国人已在长崎建立了稳固的地盘。1637 年到达长崎的唐船达 64 艘，1639 年达到 98 艘，以后每年平均约 50 艘。长崎人口在日本元和、宽永之交（1615 年至 1624 年）约 25000 人，而长期逗留在此的中国人几乎占了一半以上。到了明末清初，由于国内战乱迭起，我国东南地区的沿海城市或地区，同长崎之间的民间贸易迅速发展起来。中国赴日"唐船"以中国产的生丝易铜谋取厚利。康熙二十三年（1684 年）废除海禁之后，赴长崎贸易的唐船更是急剧增加。仅在康熙二十七年（1688 年）一年中进入长崎港的唐船累计达到 193 艘之多。而随船到长崎的"唐人"——中国商人是年达到 9128 人次的规模。面对入港急剧增加的中国商船，日本江户幕府不得不于 1689 年和 1751 年先后颁布了"贞享令"和"正德新令"，对中国赴日的商船数量和贸易额进行限制。"贞享令"实为长崎贸易限制令，限定每年赴日商船为 70 艘，贸易额最高为白银 6000 贯；"正德新令"又进一步限制，规定每年赴日商船数减为 30 艘，贸易额仍为 6000 贯白银，每年限购铜 300 万斤，并实行"信牌"制度，规定凡是来长崎贸易的船只，必须持有预先发给的通商照票——信牌，凭牌进港贸易。此后，中国对日贸易受到日本方面的限制。但由于中国对日本铜需求量大，鼓励铜的输入，以及商船的大型化弥补了船数的减少，因此实际贸易额仍有所增加。长崎港的对外贸易，唐船占据着绝对优势地位。

另一方面，随着唐船来到长崎的中国人迅速增多，日本政府也逐渐加强了管理。最初，中国商人被允许散居在长崎市内。此后，又在特定区域划定"宿区"，叫作"指宿"，由中国商人指定住宿地点，并给房东一定的手续费和货物交易佣金。1640 年（日本宽永十八年）又开始实行"宿町"制度，依次安排中国商人轮流住宿。1666 年（日本宽永六年），长崎又实行"宿町、附町"制度，轮到中国人住宿的街区叫"宿町"，下一轮住的街区叫"附町"，执行这种制度的好处是可以平均分配宿费或商品交易佣金，因为当时中国船所载货物有 2/3 是在宿町和附町进行交易，佣金等收入相当可观。住宿制度的明显改变，证明了"唐船"贸易所带来的大量利润，关税和佣金滋补了长崎市民的生活。

为了垄断对中国贸易和防止走私贸易，也为了禁止西方天主教的传入，德川幕府于 1688 年（日本元禄元年）下令禁止中国人居住在市内，实行迁荷兰人出岛那样的政策。1641 年，幕府曾将长崎平户荷兰商馆、商人全部迁出岛（又称为"出岛兰馆"），这个面积只有 3900 坪的小岛仅有一小桥与长崎市街相连，住在这里的荷兰人实际上无法与日本人民自由交往。1688 年，幕府在长崎市郊十善寺乡特建"唐人屋敷"（或称"唐人坊""唐人馆"），面积为 9300 坪（一坪 =3.3 平方米），翌年即将长崎的中国商人全部迁居于此。唐人坊的管理十分严格，据《硃批谕旨》雍正六年八月八日李卫奏折称，当时的唐人坊"重兵把守，不许外出闲走，得知消息。到时，将货收去，官为发卖。一切饮食，皆其所给。回掉时逐一清算，扣除交还"。除设有守卫以外，还有一名执行管理的官员、交易中间人、领班、码头管理人、医生，也有药材、唐货鉴定师等。幕府通过严格管理，保证其专卖制度的实施，包销了唐船上的全部货物。

据记载，1689 年迁来唐人坊居住的中国人约 5000 人。一直到 1859 年（安政六年）日本开港后，唐人坊的性质才逐渐起了变化。例如唐人坊的中国人自由出入得到默认，在坊外进行贸易和居住的中国人逐渐增多，并发展了"广马场""新地"以及"大浦""浪平"等新的唐人聚居区，并有部分华侨离开长崎向日本的其他城市发展。明治维新后，日本政府撤除了对唐人坊的专门管理人员，作为限制中国人活动的专门住地，这时在实际上已不复存在了。根据 1868 年（明治元年）4 月的调查，唐人坊内的中国人计有 284 人，其中 76 人为女性，也包括了老人和儿童，可见唐人坊的景况已很萧条了。

今日的长崎市内，仍有"唐人屋敷"遗址供人参观，地图上也标有这一地名。那些具有中国特色的红砖和白灰建起的天后宫、观音堂，可以使人想见"唐人坊"当年的风貌。"唐人坊"所在地区，仍然保留着"馆内町"的街名，意即"唐人馆"领地的意思。除此之外，还有移存在长崎兴福寺内的"旧唐人屋敷门"，这是 1784 年 7 月 24 日长崎大火后残留下来的唐人坊房子大门，如今被列为国家重点文物。

今日长崎华侨的聚居地中华街在长崎的新地町。这里离昔日的"唐人坊"不远，由过去唐人坊内商人的仓库用地发展而来。如今，新地町中华街居住着 30 多户福清籍华侨，经营着有中国特色的餐馆和商店，"长崎华侨总会"的会所也设在中华街内，是市内 600 多名华侨唯一的社团组织。1986 年，新地中华街的四个街口全都新建了金碧辉煌的中华门，门上的巨幅匾额"长崎新地中华街"几个大字由中日友好协会名誉会长王震题写，它们作为中日人民友好的新象征屹立于长崎市内。

二、华侨巨商"泰益号"

1870 年，福建省金门籍华侨陈孝永在长崎新地町开设"泰益号"商行，到了

19 世纪末 20 世纪初，第三代经营者陈世望开始经营时，"泰益号"得到迅速发展，成为经营粮食、土特产、中药、杂货以及海产品等进出口贸易的著名侨商。清末时，陈世望曾经获得"监生""同和"等名誉头衔，被推举为代表日本长崎地区的福建省谘议员，同时，陈世望从 1910 年开始担任长崎中华商协务总会董事长、福建帮正副董事，1924 年就任长崎中华总商会会长，是一位在长崎华侨近代史上颇有影响的人物。1916 年日本九州日出新闻出版的《大典纪念名鉴》将陈世望作为华侨领袖载入其中，并评价他"居留日本 46 年之久，与中国上海、台湾、厦门、香港以及新加坡等地都有贸易，是最为可靠的贸易商"。《名鉴》还介绍了陈世望"自祖父一代就开始经营贸易"，"父亲国梁氏于嘉永年间来到日本，在长崎町、新地町海岸经营贸易，是具有德望的中日商人间的仲介商。君（陈世望）继承其父遗志颇具慈善心，励精业务，使店铺逐年兴旺发展"。"泰益号"的经营一直升到 1938 年才告结束，是长崎华侨商业中颇有代表性的商行。

1982 年 5 月，陈世望的孙子陈东华先生向长崎市立博物馆捐赠了保存下来的有关"泰益号"的全部资料，共计 3368 册。这些资料记录了该商号从 1901 年（明治 34 年）至 1938 年（昭和 13 年）的经营状况和贸易往来关系，还有许多福建会馆、寺院、华侨学校的资料，对研究日本长崎华侨社会具有重要参考价值，可说是近代日本华侨经济史资料的一大发现。据日本学者和长崎地方史学家的初步整理研究，这些资料可以分为以下四大类：

第一类："泰益号"的记录、文书，包括总账目、补充账目、账单、往来书信、电文、贸易客户地址总目录等，共计 1053 册。从这些资料可以看出，"泰益号"的贸易对象遍及中国台湾、中国香港、上海、厦门和日本、新加坡。甚至朝鲜，其中仅台湾一地就有 120 家商号，经营范围除工业品外，几乎无所不包。

第二类："泰益号"以外其他 9 家商号的账簿，总计 368 册。值得注意的是，这 9 家商号中除去一家为广东帮的商号外，其余均为漳、泉、永帮（闽南帮）的商号。从这里既可以看出同乡关系（地缘语言集团）在华侨贸易中所起的作用，也可以反映出闽南帮在 19 世纪末至 20 世纪 20 年代于长崎华侨社会中所占的地位。

第三类：有关长崎福建帮华侨会所的各种记录等资料，总计 45 册。其中有关福建会馆的传单记录、议事记录、会馆总簿等计 40 册，其余为八闽会所、福建联合会、福建长生会、漳泉永联合会的资料等。"泰益号"主人长期在福建帮中居于领导地位，这些福建帮社团的资料才得以在他的商号中保存下来。

第四类：有关长崎华侨学校"时中学校"的资料，以及与长崎华侨寺庙福济寺、悟真寺关系的资料等，总计约 557 册。其中也有长崎华侨与中国领事馆之间关系的资料。以上都是了解当时长崎华侨社会的第一手资料。

从"泰益号"的资料中，也可以初步反映出清朝末年至20世纪30年代，这一期间日本华商的发展轨迹。第一时期为创始和确立基础的时期，自清末至第一次世界大战爆发，"泰益号"贸易范围不断扩大，与中国台湾、中国香港、上海、厦门以及新加坡之间的贸易往来十分密切，基本上形成了以"泰益号"为中心的闽南语帮华人贸易圈。第二时期为"泰益号"发展的鼎盛时期，自第一次世界大战开始至20世纪20年代初，"泰益号"创了营业的最高纪录，仅1917年一年的收入，即相当于过去八年间的收入。据1916年"泰益号"的"各埠诸号住处册"统计，该号的贸易伙伴301家，其中日商占20.9%，华商占79.1%；从地区来看，中国台湾商号占49.6%，居于首位，东南亚地区商号占22.2%，中国大陆商号占15.3%，日本、朝鲜商号占12.9%。第三时期为"泰益号"的经营波动期。1922年至1930年，由于受到第一次世界大战后日本经济不景气以及关东大地震的影响，长崎华侨贸易商的不少商号已经改营他业。另外，20世纪20年代由于日本对华侵略扩张活动引起的抵制日货运动，也使华商的进出口贸易受到一定影响。所以在这一阶段"泰益号"的经营状况比较一般，仅处于维持状态。第四时期是"泰益号"的经营衰退期。1930年以后，由于受到世界经济危机的影响，以及接踵而至的日本侵华战争的影响，经营进出口贸易的"泰益号"受到重大打击，不得不于1938年停业。

现在，有关长崎华商"泰益号"的资料正由日本学者、长崎地方史学家和长崎华商共同合作进行研究，并在1984年1月成立了"长崎华侨研究会"。近年来，陆续发表了原宫崎大学市川信爱教授的《长崎华商"泰益号"关系文书简介》《近代长崎华侨社会的变迁》，原大阪大学文学部东洋史料博士研究生许紫芬的《泰益号主要经营账簿的分析》等论文，相信不久还有新的研究成果问世。

三、长崎四大唐寺

长崎的四大唐寺闻名日本国内外，既是中国文化的象征，更是中日文化交流的象征。

明末清初，由于长崎中日贸易的发展，中国国内战乱迭起，流寓长崎的中国人迅速增多，长崎华侨社会就在这一时期形成。当时日本政府绝对禁止西方天主教的传入，为避免日方对天主教的疑忌，长崎华侨自建佛寺，以表示不与天主教发生任何关系。这些佛寺被称为"唐寺"。

第一，长崎华侨自建佛寺是由各帮华侨集资分别建立。1623年，三江帮华侨建立了"兴福寺"，俗称"南京寺"。1628年，闽南帮华侨建了"福济寺"，俗称"泉州寺"或"漳州寺"。1629年，福州帮华侨建立了"崇福寺"，俗称"福州寺"。半个世纪以后，广州帮华侨于1677年建立了"圣福寺"，俗称"广州寺"。从此，以"寺"为中心，以同乡关系为基础的长崎华侨自治团体也确立起来。几百年来，各帮华侨凡丧葬、祭祀、联谊、救济、仲裁、调解等事项，几乎集中在各帮的唐寺办理。所以，各帮唐寺的建立，其最重要的意义在于以寺为中心，实现本帮华侨的联合，维护本帮华侨的发展。

第二，唐寺的建立也反映了海外华侨宗教信仰上的特点。以上四大唐寺虽是佛教寺庙，但在供奉的神明上，却有中国民间信仰神祇，实际上是一种混合信仰的庙寺。唐寺在佛殿之外，都设有"妈祖堂"，内祀"天后圣母"，并供奉关帝（关羽）和三官大帝。"天后圣母"是保佑航海安全的"海神"，渡海而来的华侨和华商，无不尊崇信奉；关帝是三国时代蜀汉大将，在移居海外的明朝遗民心目中，关羽是忠义勇烈和复兴汉室的精神象征，华侨无不顶礼膜拜。

第三，长崎唐寺的建立对传播中国文化起了重要作用。唐寺建立后，都从中国延聘高僧来主持，他们既是精通佛法的禅师，又是对中国文化极有造诣的学者，他们在传法布道的同时，也传播了中国文化。福建福清黄檗山万福寺隐元和尚就是他们中的杰出代表。隐元和尚姓林名隆琦，福清县上迳乡东林村人，曾两次住持福清黄檗山万福寺，长达17年之久。在长崎唐寺的多次邀请下，隐元及其弟子30人于1654年在郑成功部护送下东渡长崎，先后在兴福寺和崇福寺传法。1659年隐元赴京都主持新建的宇治黄檗山万福寺，开创了日本佛教的黄檗宗，并为振兴日本禅风做出了重要贡献。此外，隐元还在日本传播了中国的建筑、雕刻、绘画、书法、医学等文化知识和技术，对日本文化的发展做出了贡献。日本甚至把围绕黄檗宗所带来的文化，称之为"黄檗"文化。

今天，这些兴建于日本江户初期的唐寺，虽然历经变迁，但仍然屹立在长崎市内。它们不论在中日宗教文化交流史上，或是在旅日华侨发展史上，都作为重要的文化遗产而引人注目。

福济寺坐落在筑后町，兴建时最为辉煌壮观，被日本政府指定为"国宝"，不幸在第二次世界大战期间被炸毁。战后，重建该寺，并于1969年在寺中建立了一座高30米的观音塑像，以表示对和平的祈愿，对亡灵的安慰。

圣福寺坐落在玉园町，寺内保留有铁心椿和铁心大钟，以纪念该寺的开创者铁心和尚。铁心原是福建漳州巨族陈朴纯之子，其母是日本人，铁心生于长崎，自幼学习中国话，后师从福济寺开法僧本庵，归依黄檗宗。

兴福寺坐落在寺町，寺内大雄宝殿被日本政府指定为重要文化遗产。寺内还有山门、妈祖堂、钟鼓楼等重要建筑，以及隐元和尚的遗发塔，中国僧人如定的墓等等。

崇福寺是当今长崎市内最具有代表性的唐寺，经过几百年的风风雨雨，它仍然完整地保中国庙宇当年的风貌，成为长崎旅游的一大景观。崇福寺的开山住持是福州高僧超然禅师，从他开始一直到第十一代住持伯珣照浩和尚（任职到1750年），全都是福州籍。崇福寺内的佛像、佛具也皆出自中国名匠之手，匾额、柱联皆为中国的高僧墨迹，寺庙山门的斗拱式建筑则是典型的华南建筑风格。今天，寺内的第一峰门（也称唐门、赤门、海天门）和大雄宝殿被日本政府指定为"国宝"，寺内的妈祖堂门和护法堂（供奉关帝和观世音）、钟鼓楼都被列为"重要文化遗产"，寺内的妈祖堂也被列为长崎县的"指定史迹"（重点文物）。

作为长崎华侨举行宗教、祭祀活动和联络乡情的中心，崇福寺至今仍在发挥作用。长崎华侨的传统节日和纪念日，一年中有多次：每年旧历一月十三日和五月十三日为"关帝纪念日"，旧历一月十五日为"元宵节"，公历四月五日为清明节，旧历三月二十三日为"妈祖纪念"，公历五月二十日又是崇福寺的"开山纪念"，但该寺一年中最盛大的祭祀活动是旧历七月二十六日至二十八日，这三天的"盂兰盆会"（即普度），当地社会又称之为"中国盆"。盆会期间，古老的唐寺装饰一新，供品、祭物琳琅满目，香烛烟火云雾缭绕，在举行祭祀活动时，还有中国传统的舞狮等节目助兴，吸引了大量当地居民，外地游人涌向崇福寺参观，盆会期间全日本的福州籍华侨（绝大多数为福清人）云集长崎，参加盛会，他们食宿在崇福寺内，除祭祀先祖以外，还借此每年聚会之机，联络感情，增进乡谊；还有不少华侨带着自己的子女来赴会，在这同乡聚会的场合里为年轻人的婚姻"穿针引线"。总之，四大唐寺作为中国文化的象征、长崎华侨的史迹，如今已深深扎根于长崎人民的生活之中，而崇福寺作为福州帮华侨的聚会祭祀场所继续发挥作用，反映了华侨社会中地缘关系纽带的强韧性。

四、长崎孔子庙

长崎市大浦町，有著名胜迹孔子庙，有闻名的华侨学校——时中学校，还有新建立的"中国历史博物馆"，大浦町因而以"长崎境内的中国缩影"而知名，成为介绍中国文化的据点。

1893 年（明治二十六年），长崎华侨在清政府驻长崎领事馆的推动下，自己动手兴建了孔庙，由于孔庙的建成，开始奠定了长崎各帮华侨大团结的基础。1905 年，在清政府驻长崎领事卞綍昌的倡议下，又在孔庙中建立了培养华侨子弟的"时中学堂"，成为长崎市也是九州地区唯一的华侨学校，其校名"时中"在校歌中得到说明："大哉孔子圣之时，中庸大道应尊崇"，时中学校建立至今，已培养了大批华侨子弟，在日本华侨学校教育史上占有重要地位。

1945 年 8 月 9 日，长崎遭受原子弹轰炸时，孔子庙也受到破坏，以后几乎崩毁芜废。1967 年 9 月，长崎华侨利用地缘关系，动员了全九州的福建籍华侨力量，重新修建和修整孔庙，使之成为华南文庙式的孔子庙。1972 年中日邦交实现正常化后，旅日华侨在中国政府侨务办公室、文化部、中国历史博物馆和中国驻日使馆的全面支持、协助下，对孔庙建筑继续修整和装饰，并在 1983 年纪念孔庙建立 90 周年之际，在孔庙后面新建成一座中国历史文物的展览馆，即"中国历史博物馆"，与整个孔庙建筑群浑然一体。

今天，长崎孔子庙正以崭新的面貌迎接来自日本各地和世界各大州的游客。走进孔子庙，首先看到仪门前一对英姿勃勃的华南石狮，距石狮不远，矗立着一对龙蝠石碑，分别刻有唐代名画家吴道子的《孔子赞》和北宋书画家米芾的《颂孔诗》。穿越仪门是一片广场，广场的东西两厢排列着孔子高徒七十二贤人的汉白玉雕像，高与人齐，形态各异，是 1982 年修整孔子庙时由北京美术工厂雕刻的艺术品。石像后面的两厢壁上，刻有《论语》全文，楷书工整有力，广场的正面就是孔子庙的主建筑——大成殿，雄伟壮观，古色古香。在殿前的雕龙御石台阶两侧，安放一对雄伟的华北石狮，在殿前的正中央，还有一块巨大石碑，正面刻有《大学》全文，背面刻有唐玄宗的颂孔诗篇，十分引人注目，大成殿内金碧辉煌，供奉着孔子塑像，孔子门生的石像站立于殿外两侧。大成殿的后面就是中国历代博物馆，两座建筑以石桥相连，构成一体。中国历史博物馆是一座现代化建筑，采用全封闭式的中央空调设备。展品由北京的中国历史博物馆提供，这些展示中国各历史时期文化的真品文物，一律用现代化的玻璃套柜陈列，照明讲究，明暗度鲜明，展出效果颇佳。人们不仅可以从这里学习中国历史文化，还可以得到一种艺术上美的享受。

1986 年，孔子庙又恢复了祭孔盛典。每年逢孔子诞辰纪念，孔庙都依照古代形式举行祭典活动。本地的官员和居民，各地来的华侨，纷纷汇集到孔子庙，热烈而隆重地举行仪式。孔子诞辰纪念，已作为一个新的节日交融于长崎的习俗之中。

五、中岛川和眼镜桥

在长崎市中心，有一条名为"中岛川"的小河横贯其间，它从东北流向西南入海。中岛川的中游建有十几座石桥，十分壮观。追溯历史，这些石桥有的已经经历了 300 年的风雨洪水，至今保留着当年风貌，仍在长崎市民生活中发挥着重要作用。在这石桥群中，有好几座是江户时代旅居长崎的华侨所建立的，其中最著名的就是"眼镜桥"。

"眼镜桥"建于 1634 年，因是日本第一座拱形石桥而闻名，与当时江户的日本桥、岩国的锦带桥一起被称为"日本三桥"。眼镜桥的修建者就是长崎兴福寺住持默子如定禅师。默子如定是江西建昌县人，1632 年（日本宽永九年）东渡长崎，担当三江帮兴福寺的第二代住持，长达 12 年之久。兴福寺距离中岛川很近，他到长崎后的第三年，在过去只有木桥供使用的中岛川上修建了坚固的石拱桥，即现在的"眼镜桥"。远远望去，双石拱还真像眼镜似的架在中岛川上，果然名不虚传。受眼镜桥的影响，此后中岛川上的木桥陆续改建为石桥，总共修建过 21 座石桥。眼镜桥的架桥技术对日本建桥产生过重要影响，九州各地的石匠中间一直流传、保存着这种石桥技术，1702 年在长崎平户岛架起了一座石桥，后来又在各地架起了大大小小的石桥，留下了许多石拱桥技术的结晶。据说明治时代东京皇宫的万世桥、皇宫正门石桥和东京的日本桥，都是采用眼镜桥的拱形石桥技术建造，可见影响之大。如今，眼镜桥既是长崎市民生活中的必经之路，也是长崎市内观光旅游的景点之一。1960 年，眼镜桥被定为国家的"重要文物"，受到保护。1982 年，由于受到特大洪水袭击，该桥部分损坏。1983 年已全部修复，所用石料均从中国福建省运来。

除了眼镜桥以外，中岛川上还有"常盘桥""阿弥陀桥""光来桥"等都与华侨有密切关系。常盘桥是明末东渡长崎的华侨魏尔潜在 1679 年架设的，但在 1913 年时已改建为钢筋水泥桥。阿弥陀桥是华侨商人和慈善家园山善尔在 1690 年架设的，他并于 1691 年在桥头兴建了供奉佛像的阿弥陀堂，因此才有阿弥陀桥的名称沿用至今。"光来桥"原意为欢迎光临，1652 年由长崎华侨建造，桥头立有巨大的石雕灯笼，以祈祷中国船航海的安全。如今，光来桥也已改建成钢筋水泥桥。这些桥虽然改建，不似眼镜桥那样保持当年的风貌，但作为旅日华侨的史迹，中日交流的珍贵纪念，仍然具有历史的意义。

六、郑成功遗迹

　　长崎县所辖平户岛南北约 40 公里，东西约 9 公里，现有 665 米长的现代化跨海大桥与九州本土相连。岛上最大的城市平户市，自古以来就是日本遣唐使出发的港口之一，今天，平户港口有一艘仿造唐船作为游船，专供人们领略当年日本遣唐使的风采。17 世纪前后，平户岛成为欧洲商船和中国商船停泊的地方，郑成功的父亲郑芝龙，就是 1612 年来到日本肥前国平户的。后来，郑芝龙娶平户川内浦武士田川氏之女为妻，于 1624 年生下了郑成功。郑成功在 7 岁时被父亲接回中国读书，郑成功的母亲田川氏（史书又称"翁夫人"）一直到 1645 年才来到中国泉州。时清兵入关，郑芝龙降清后，田川氏自缢身亡，享年 44 岁。因为上述原因，至今在平户岛川内浦一带，还留有民族英雄郑成功的多处遗迹，可供人们凭吊。

　　从平户市向西南，越过川内峰，沿着 383 号国家公路行走约 4 公里，就到了郑成功的旧居地川内浦。据说这里在历史上是平户港的副港，停泊着等待起航的中国船、荷兰船。而现在的川内浦，只不过是一个海边小渔村，显得有些荒僻。民族英雄郑成功的旧居地就在川内浦港的小山丘上。经过几百年的历史变迁，郑成功的旧居屋其实早已荡然无存，现仅有一块旧木牌标示这里曾是郑成功幼年时住过的地方。还有可资纪念的是旧居地前空地上的一棵竹柏树，据传乃是郑成功亲手栽种，如今长得挺拔高大，枝叶繁茂。

　　在渔村的尽头，有一片丘陵地，山丘上郁郁葱葱，林木覆盖，现已辟为丸山公园。郑成功香灵庙就坐落在山丘顶上，兴建这座庙是平户市长山鹿光世先生的建议，20 世纪 60 年代初，他在《郑成功与平户》一文中提出，将台湾台南市开山庙香火分灵平户，得平户市民和台湾有关人士的响应。后来由平户市提供经费，由川内町居民提供义务劳动力，建成了这座庙，郑成功分灵庙并不大，但却是日本的第一座纪念郑成功的庙，它的建成，也表达了日本平户人民对郑成功的崇敬和钦仰。

　　离川内浦丸山公园的山丘不远，有一望无际的白砂海滩，矶浪万顷，蔚为壮观，这就是千里滨海滩。据说，当年郑成功的母亲田川氏到千里滨拾贝，突然感到阵阵剧疼，分娩在即，来不及回家，就倚在海滨的一堆岩石上生下了郑成功，并取乳名"福松"。日本人丸山正彦著《郑成功》一书说："（郑成功）以生于青松下，遂名之曰福松。"今日的海滩，虽不见青松，但这堆岩石还在，最上面的一块石头上还系着绳子，表示这里就是发生奇迹的地方。真难想象，当年郑母在痛苦之中是如何爬上这堆怪石的。紧靠在这堆岩山旁边，立有一块不高的直石碑，上面刻有"郑成功儿诞石"几个字，字迹工整、清晰，标示这里就是郑成功的"诞生石"。在郑成功诞生200多年以后，千里滨海边又树了一块纪念碑——"郑延平王庆诞芳踪碑"，通称"郑成功庆诞碑"。这座碑是平户第三十五世主藩主松浦观中建立的，碑的正面上段刻有他的横书篆字，"郑延平庆诞芳踪"碑名，下面下段刻有全文32行，每行49字楷书碑文。在1500余字的汉文碑记中，全面地、精炼地叙述了郑成功的生平事迹，以及对他的高度评价。最末处署有"嘉永五年壬冬十月二日中瀚，平户亲卫队长领社曹，叶山高行谨撰"，表明嘉永五年（即公元1852年）立碑，叶山高行是碑文的作者。关于建碑缘起，据有关史料记载，松浦藩候为振兴风气，用忠孝义勇来补益世道人心，决定为这位"忠孝义勇高名的和汉英雄"撰文勒石，以存古迹流芳。最初，松浦候命属下名儒朝川善庵撰碑文。朝川奉命后广泛搜集资料，探访郑氏遗迹，起草了"郑将军成功传碑"，全文达5000余字。但当时无法找到一块大石材刻记全文，于是松浦候又命删减字数，朝川善庵未完成删改任务就去世了。松浦候再命平户名儒叶山高行删改，稿成后约1500字，这就是刻于石上的碑文了。石碑刻成后，于1852年举行了盛大的立碑仪式，并从此每年都举行祭祀活动。今天，平户市在每年的6月8日举行"郑成功祭"的各项纪念活动，表达日本人民对他的敬仰和怀念。

七、结束语

以上华侨史迹的考察，从一个侧面反映了长崎华侨的历史地位和作用，同时也反映了中日经济文化交流对长崎的重要影响。其实，长崎的华侨史迹远远不止这些。例如，今日长崎市的名胜古迹可以说大都与中国有关，该市被列为"国宝的历史文物"有三项，其中两项是华侨史迹，该市被列为国家指定重要文化遗产的共计24项，其中有7项为华侨史迹，至于长崎县、市级指定的文物和文化遗产，与华侨有关的就更多了。又例如，在长崎市民的重大节日活动中，"放河灯"、赛龙舟、舞龙灯等都是由华侨直接传入的，而今成为长崎名菜名点的卓袱料理、长崎汤面、碟子线面，以及中华果子、金钱饼等，更是出自早期的福州籍华侨之手而后才传开来的。这些来自中国的文化，已经融为长崎地方文化的一部分，并给长崎增添了不少异国风采。

历史在发展，过去由无数仁人志士和艰苦奋斗的华侨所创造的中日交流史，延续到今天又揭开了新的篇章。中日邦交正常化后，长崎县与福建省结成了友好省县，长崎市与福州市、厦门市与长崎县佐世保市都已结成姊妹城市，长崎与中国的文化交流活动正与日俱增，中国人民与长崎人民、日本人民的友谊也将会进一步得到发展。

（原载于《华侨华人历史研究》1990 年第 1 期）

试论战后菲律宾政府的华侨政策

菲律宾于 1946 年 7 月 4 日宣布独立，至今已经 40 年了。如同战后东南亚其他国家的华侨一样，旅居菲律宾的华侨也在这 40 年中发生了根本性的变化，而这些变化与菲律宾政府采取的华侨政策有着最为直接和密切的关系。究竟独立后的菲律宾政府采取了什么样的华侨政策，这些政策对菲华社会发生了什么样的影响，以及菲华社会又是如何适应这些政策、发生自身的转变等，是探讨战后菲律宾华侨社会生存条件的历史性变化时不可不了解的基本问题。

一

与东南亚其他国家的华侨基本情况相比较，菲律宾华侨具有以下特点：

1. 华侨人数较少，无论在人口的绝对数方面，还是在菲律宾总人口中所占比重方面，都比东南亚其他国家少得多和低得多。菲律宾政府公布的华侨人口数字从来没有超过 15 万人，即使按照 1973 年菲华商总把华侨、华人一起计算为 60 万人的说法，那也不过只占当时菲律宾总人口的 1.5%，不仅赶不上泰国同类比重的 10%，马来西亚的 40%，甚至也不及印度尼西亚的 3%。[1] 目前，有人估计菲律宾的华侨、华人已达 80 万人至 100 万人，即使以此计算，在菲律宾总人口中也只占 2% 的比例，低于其他东南亚国家华人人数比例。因此，菲华社会首先是寓于菲律宾大社会中的小社会。

2. 菲华社会基本上是一个商业社会，华侨的职业形态高度集中于工商业，绝

---

[1] 戴国煇编：《东南亚华人社会的研究》（下卷），アジア经济研究所出版，东京，1974 年，第 106 页。

大多数从事于贸易和小型制造工业。以战前为例，1932年菲律宾政府农商部统计，华侨总投资为菲币 5 亿余元，半数以上投入零售商业；以战后初期的 1948 年为例，华侨总投资中有 2/3 投于商业；[①] 而从业员中从事商业者占 58.8%，[②] 到 1971 年，华侨、华人仍占菲律宾商业总投资的 40%。[③] 菲律宾华侨经商的特点，不但在各大都市营商，而且深入各岛穷乡僻壤。华侨开设的零售店，许多是小本经营的"菜籽店"（Sari Sari Store），这种食品杂货店中的货品，日常生活必需品几乎无所不包，对于菲律宾人民特别是一般劳动人民，堪称便利。加之这种"菜籽店"营业时间长，只博蝇头小利，还给予赊欠便利，所以很适合当地农村的经济发展水平。可以说，遍布各地的华侨零售店，长期以来已经成为城乡交流的基本渠道。

由于美国于 1898 年在菲律宾建立统治后，援用在美国实行的"排除华工法案"（Chinese Exclusion Act），禁止华工移民菲律宾，同时扶植菲律宾人劳工取而代之，促使华人大量转入商业。经过多年的转业淘汰，菲律宾华侨社会不像马来亚、印尼那样，存在一个广泛的华人劳工阶层，因此呈现了高度集中于商业贸易的职业形态。

3. 菲律宾华侨在历史上遭受殖民主义者的屠杀和迫害最早、最为残酷，时间长达 3 个多世纪，经历了极其艰难的发展道路。由于长期在比较严酷的环境中生活，菲华社会形成了较强的抗争性和适应生存能力。在西班牙统治菲律宾的 300 多年中，对华侨的屠杀、迫害，史不绝书，自 1603 年（明万历三十一年）至 1819 年（清嘉庆二十四年）曾发生 6 次大屠杀，1603 年的一次屠杀达 2.5 万人，占当时华侨人口的 98%。直到 18 世纪中叶，还有过所有华侨被驱逐出境的经历。在东南亚华侨中，很少有像菲律宾华侨那样遭受多次大规模屠杀的悲惨境遇。尽管如此，华侨人口仍在屠杀迫害之后得以恢复发展，其主要原因固然是菲律宾社会经济发展的需要，但另一方面也反映了菲律宾华侨适应恶劣环境的生存能力。这正是日本学者成田节男在《华侨史》中指出的那样："这些不期望能够得到本国政府保护而出洋的移民，真正是一些不屈不挠、不畏强暴的人，这是他们最后能够取得成功的原因。"[④]

4. 由于地理、历史的原因，菲律宾华侨绝大多数为福建南部泉州及邻近各县的移民。据统计，菲华社会中闽南人占 80% 左右，广东人占 15% 左右（多为开平、台山人），其他省籍人约占 5%。这种华侨祖籍高度集中于闽南的现象，也是

① 黄明德：《菲律宾华侨经济》，台湾"侨务委员会"印行，台北，1956 年，第 123 页。
② 《菲律宾统计大全》（1948 年）第三卷。
③ 東南アジア調査会编《東南アジア要覧》，东京，1972 年版。
④ 成田節男：《華僑史》，萤雪书院，东京，1941 出版，第 319~320 页。

东南亚其他国家所没有的。菲律宾华侨有半数左右居住在马尼拉地区，闽南话成为菲华社会尤其是商业流通中的共同语言。由于中菲民族的长期相处、交流，菲律宾的民族语言泰伽洛语中也吸收了不少闽南语词汇。华侨籍贯的一致、语言的通用、居住区域的相对集中，为菲华社会内部产生各种组织社团创造了客观条件。据估计，菲华社会至今仍有各种类型的社团1200个左右，但它们却有一个集中了政治、经济、文化和福利于一体的，有着悠久历史和权威的"菲华商联合总会"组织。它是菲华社会的最高领导机构，也是代表菲华社会对外抗争联络的机构。菲律宾华侨需要共同抗争进行"民间外交"时，主要是通过这一机构实现的。菲政府也往往借助该组织管理华侨、华人事务。

上述菲律宾华侨的若干特点，决定了他们在战后经济民族主义的风暴中，要比其他国家华侨经受更为严酷的考验，同时，这些特点也决定了他们能够在艰难的环境中适应和生存下去。战后40年的历史也恰好证明，菲律宾华侨经历了时代的考验，在适应菲律宾经济发展的过程中，沿着民族同化的道路迈进，发生了自身的重大转变。

二

从菲律宾独立到现在，先后有7位总统执政，他们是罗哈斯（Roxas）、季里诺（Quirino）、马克赛赛（Magsaysay）、加西亚（Garcia）、马卡帕加尔（Macapagal）、马科斯（Marcos）以及现任总统科拉松。从罗哈斯至马科斯执政的40年中，菲律宾政府采取的华侨政策可以分为两个时期。

（一）1946—1965年：菲化运动时期

这一时期经历了罗哈斯到马卡帕加尔的执政时期。战后，政治上获得独立不久的菲律宾，谋求经济上的独立，因此这一时期菲政府对华侨经济政策的特点，就是在"菲律宾人第一主义"的口号下，实施了一系列的菲律宾化政策，全面排斥华侨在菲经济事业中的地位，欲使菲律宾人依靠这些菲化律的特殊保护与支持，取华侨经济地位而代之。在独立后的近20年间，菲化浪潮迭起，华侨经济遭到很大打击与损失。这一时期是狭隘民族主义经济政策时期。

其实在菲律宾独立以前，菲化的法规就已存在。例如1921年的西文簿记法，规定菲国内所有商人都必须用英文、西班牙文或当地文字记账。华侨反对这一规定，向美国最高法院提出控诉，美国最高法院判决此项法令违犯宪法，但是菲律宾议会还是通过了一项具有上述效果的修正案。又例如 1935 年菲律宾自治政府宪法，就有关于天然资源开发、经营公用企业和土地所有权菲化的条文。不过，其影响远不及独立后的菲化律普遍。

菲律宾独立之后，先后实施的菲化律有：1946 年 10 月，罗哈斯总统任内，有"公共菜市摊位菲化律"（菲律宾共和国法令第 37 号），规定全菲公共菜市，只有菲律宾人才有资格承担摊位营业。此项法令迫使数以千计的菜市华侨摊商，退出摊市改营生计。仅马尼拉的 10 个菜市中，华侨承担了 7000 余摊位的 1/3，如此数量众多的小本经营者退出营业，其影响可想而知。

1948 年的"银行菲化律"（菲律宾共和国法令第 337 号）：规定新设立银行的董事 2/3 以上应为菲公民，资本的 60% 以上应属菲律宾公民所有。

1951 年的"入口统制律"（菲律宾共和国法律第 650 号）：规定外侨入口商的一半入口货应以半价留售给菲律宾商人。到 1955 年时，菲律宾国会制定"菲律宾零售商贷款法"，规定外侨入口商应留 30% 入口货售给菲律宾商人。

对华侨社会震动最大，对华侨经济影响最大的是 1954 年实施的"零售商菲化律"（菲律宾共和国法律第 1180 号）和 1960 年实施的"米黍业菲化律"（菲律宾共和国法律第 3018 号）。

（1）零售商菲化律

1954 年 6 月 19 日，菲律宾总统麦克赛赛签署实施的"零售商菲化律"，其主要内容可归纳为以下各点：

①只有菲律宾公民，或全部资本为菲公民所有的组织、合伙公司或股份公司，才有资格直接经营或间接经营零售业。外国侨民除享受平等优待权的美侨以外，必须全部退出零售业。

②从 1954 年 6 月 15 日起，禁止外侨开设新零售店；对于此前已在经营零售业的外侨，属于个人经营的，准其继续营业至死亡或自愿休业时为止；属于合伙或公司经营的，准予继续营业 10 年。

③"零售商业"的范围，系指经营直接发售商品、货物或货品予大众消费的任何行动、工业或行业。但有下面两种情况不在此例，第一，资本不超过菲币五千元的厂家或制造家，工人或劳工，售卖其制造品、加工品或生产品；第二，农民或园艺经营者售卖其产品。[1]

---

[1]　黄明德、薛约翰编著：《菲律宾法律大全》（第二辑），菲律宾法律大全出版社，马尼拉，1958 年，第 2~4 页。

从以上规定可以看出，除了农场、小餐馆和小工场（作坊）以外，其他直接销售货品给大众消费的，上自大规模的百货公司，下至小本经营的"菜籽店"，都在零售业范围之内，也都在菲化之列。这对于以商业为主、以零售业为基盘的华侨经济带来了全面危机。在此法公布时，菲律宾全国有 20268 家（马尼拉及其郊区占 11432 家，其他城市 8836 家）华侨经营的各种零售店，[①] 如此之多的零售店，都成为零售菲化律的施政对象，自然成为一个严重问题。

菲政府在颁布法律禁止外侨（主要是华侨）经营零售业的同时，又采取具体措施扶植菲律宾人经营零售业。根据共和国法律第 1345 号，1955 年菲律宾成立了国营贩卖公司（National Marketing Corporation），简称 NAMARCO。该公司由政府拨款作为营业资本，享有免税输入日用商品的优待。菲律宾零售商可向国营贩卖公司采购享有免税优待的货品，因此货价便宜，有较强的竞争能力；另一方面，该公司设有专款，低利贷给菲律宾零售商。

在禁止华侨经营，扶植菲律宾人经营的方针政策下，华侨零售店迅速减少。据菲律宾政府工商部公布的数字，到 1964 年的限期为止，依法已经停止营业的外侨零售店有 9190 家，自该法案颁布之日起经过 17 个年头到 1971 年底为止，马尼拉市及郊区有 2740 家华侨零售店在继续营业，其他城市也只有 4884 家在继续营业，合计有 7624 家，[②] 为菲化前的三分之一。

（2）米黍业菲化律

稻米和玉蜀黍（玉米）是菲律宾的主要粮食作物，全国有 48% 的农户种稻，有 70% 的人口以大米为主食。玉米是仅次于稻谷的第二大粮食作物，全国已耕地面积的 20% 种玉米，有 25% 的人口以玉米为主食。[③] 菲华社会俗称玉米为"大麦"，因此碾黍厂（Corn Mill）被称为"麦绞"。米黍行业是以华侨经营为主体的领域，菲律宾华侨经营米黍业已有 300 余年历史。据菲华商总统计，1961 年华侨经营米黍业的零售商有 2845 家，批发商有 1231 家，米绞、米栈 390 家。[④] 遍布各地的米麦碾，一面向农民零星收购米黍，一面以碾出的米黍售予粮食批发商，起着农村粮食市场中间流通环节的重要作用。

1960 年 8 月，菲律宾总统加西亚任内，通过并签署了米黍业菲化律，并自 1961 年起开始实施。该法律是继 1954 年零售商菲化律之后对华侨经济事业的又一次严重打击。该法律的主要内容可以概括为：

---

① 李国卿著，郭梁、金永勋译：《华侨资本的形成和发展》，福建人民出版社，1985 年，第 215 页。
② 转引自"台湾侨务委员会"编：《华侨经济参考资料》，第 394 期，1972 年。
③ 汪慕恒、沈红芳编：《菲律宾》，上海辞书出版社，1985 年，第 135~136 页。
④ 何若庸：《菲化十二年与华侨》，香港东南亚研究所出版，1966 年，第 24 页。

①只有菲律宾公民或百分之百资金为菲律宾公民拥有的公司，才被准许经营米黍业。

②在本法律实施后，从事零售、批发、垦殖、运输、推销或买卖米黍及其副产品的外侨商人，可准予继续经营 2 年后停业（即到 1962 年 12 月 31 日止），从事碾绞或储藏米黍及副产品制造者，准予继续营业 3 年，直到 1963 年 12 月 31 日止。

③外籍公民不得在经营米黍业的任何菲律宾人企业中任职。

④菲律宾国家发展银行拨出菲币 5000 万比索，贷款给愿意经营米黍业的菲律宾人，菲律宾国家银行拨出 5000 万元的资金低利放贷给米黍业生产者。

米黍业菲化律的内容，比零售业菲化律要严厉得多。零售菲化律规定，外侨如为个人经营的，可以继续到店主死亡，如为合伙或公司组织，准许继续经营 10 年。米黍业如为买卖、运输或出入口，只准许继续 3 年。如此迅速、彻底的菲化措施，使长期经营米黍业的华侨面临转业的困难，而菲律宾人缺乏资本和经营经验，短期内无法填补华侨米黍商退出后的"真空"，造成米价波动上涨。因此，米黍业菲化律在 1960 年通过前后，曾引起菲国内一片反对声，菲律宾消费者协会、生产者协会、稻农，米黍业职业协会都曾向菲总统请愿，指出华侨商人退出米黍业，不但对华侨米黍商不利，而且吃亏的是菲律宾农民和一般消费者。

在马克赛赛和加西亚总统任内（1954—1961 年），菲律宾化达到高潮阶段。菲律宾每年百日国会（会期 100 天）期间，各种菲化提案都有，少则 10 余件，多则五六十件，不但木业、锯木、家具、面粉、药品、出入口业等等要菲化，甚至木屐制造、养鸭生蛋、舞场舞女等，也都有菲化的提案。这一方面说明，菲律宾有要求加速经济民族化的愿望；另一方面又说明，菲律宾在寻求经济独立的道路上，走到狭隘经济民族主义的极端上去了。

到了马卡帕加尔执政时期（1962—1965 年），菲化运动由高潮转入了低潮。这一方面是由于前几任总统任内，已在主要经济领域中实现了菲化，效果如何，还需要时间来检验；另一方面，作为经济学博士的马卡帕加尔，看到了发展菲律宾经济的当务之急，不在于排挤外侨经济事业，而在于发展生产以治穷。因此，在他任内没有新的菲化律出现。

不过，总的来说，自菲律宾独立的 1946 年至 1965 年，菲律宾政府采取的华侨政策是排斥性的，除了上述经济上的菲化浪潮汹涌而来以外，还有如"禁侨案""逾期游客案""华侨登记案""入境特别手续案"（盖手印）等，都带有明显排斥华侨的意义。这种情况一直到马科斯总统执政时期才有了改变。

（二）1965—1986 年：放宽入籍、利用华侨力量时期

在 1965 年 11 月马科斯上台执政后，特别是 1975 年中菲建交后，菲政府对待华侨、华人的政策朝着与五六十年代不同的方向发展。这一时期的华侨政策可以概括为：经济上利用、入籍上放宽、教育上同化三个方面。这给华侨创造了比较稳定的生存环境，既有利于华人经济发展，也有利于华侨的同化。马科斯政府之所以采取这样的政策，有其深刻的政治经济背景，并不是如有些人所认为的那样，是由于马科斯具有华人血统，因而对华侨比较开明和公平。

第一，国内发展经济的需要。马科斯以前的历届政府虽曾提出经济发展计划，但缺乏持续长期的经济开发目标。战后初期主要任务是医治战争创伤、恢复经济。20 世纪 50 年代和 60 年代，菲律宾主要是发展"代替进口"的消费品制造，没有发展基础工业和面向出口的工业，马科斯执政后，开始制定有连续性的经济开发计划，从 1966—1982 年止，菲律宾已执行了 3 个四年经济开发计划和 1 个五年经济开发计划。特别是 1973 年至 1980 年经济改革时期，实行所谓"新经济政策"，进入了发展面向出口工业的时期，经济建设规模有了发展，所需资金较前一时期相比大为增加。作为发展中国家，菲律宾要解决这一问题，除了争取外援和引进外资以外，在国内不得不借重华侨、华人的经济力量。这就必须放宽对华侨经济事业的限制，利用华侨的资本和有利条件，一方面发挥他们建设菲律宾国家经济的作用，一方面通过华侨、华人加强与中国大陆、中国台湾、中国香港的经济联系，以改善菲律宾的经济状况。早在 1966 年 8 月 21 日，马科斯执政不久，他就在菲华商联总会第六次代表大会的演说中，明确表示在发展菲律宾社会经济计划中，"要重视华侨扮演的重要角色"。[①]

第二，国际环境的变化。20 世纪 60 年代末 70 年代初，菲律宾的对外关系面临着大转折。独立后到 20 世纪 60 年代末期，菲律宾推行亲美的外交政策，不与共产党国家发生外交关系。1971 年中美关系开始解冻，同年，中华人民共和国恢复在联合国的合法席位，1972 年中日建交，1975 年美国从越南战场撤退。为适应 20 世纪 70 年代以来国际形势的迅速变化，1973 年菲政府提出在美、日、苏和中国之间求生存并与所有国家建立友好关系的"多极平衡"外交。1975 年 6 月 9 日，菲律宾与中国正式建立了外交关系，这就意味着 80% 祖籍闽南的菲律宾华侨，在与中国故乡疏离了 20 余年后，有可能恢复他们对祖国的浓厚感情和重新建立关系，如何慎重处理这个问题，必须改变过去那种排斥华侨经济、限制华侨入籍的"离

---

① 香港南洋文摘社《南洋文摘》第七卷第 12 期，第 813 页。

心力"政策，寻求一种新的民族主义，即采取放宽入籍、加速同化过程的政策，以加强华侨、华人对菲律宾国家的认同感。菲律宾观光部长亚斯比拉斯在1975年颁布放宽入籍法令时说："菲政府在与共产国家建立外交关系之前，必先顾及本地华侨，它绝不致使华侨成为一个无国籍的集团。"①

第三，国内问题的进一步严重化。前几任总统执行的菲化经济政策，并未收到以菲律宾人取代华侨经济地位的预期效果，反而打乱了传统的经济秩序，破坏了经济流通环节，堵塞了就业门路，加深了菲律宾社会的两极分化。菲化政策既不利于华侨也不利于当地人民，唯一得到好处的是利用菲化政策敲诈勒索的贪官污吏。

正是在上述背景下，马科斯政府采取了不同于以前历届总统的华侨政策。

（1）没有实施新的菲化法律，对已经实行的米黍业菲化律，进行了内容上的修改，使华侨商人能在法律限度之内、参与米黍业的经营。

（2）放宽华侨入籍条件，准许华侨集体转籍，使华侨取得菲律宾国籍问题得到合理解决。②1975年4月11日，菲政府发布了总统第370号命令，放宽外侨入籍条件，简化外侨申请入籍程序，并成立总统领导下的特别归化委员会，专职接受外侨的入籍申请。③1977年1月5日，菲政府又发布总统第491号命令，明显地放宽了以往所规定的必须在菲律宾居住10年以上才能申请参加菲律宾籍等主要条件。表1列示了新、旧入籍规定的主要区别，放宽的条件对华侨入菲籍非常有利。

表1　新、旧菲律宾归化案中的主要内容比较

项　目	过去的条件	新放宽的条件
申请的年龄	21岁以上	凡在菲律宾居住五年以上者，只要具备18岁以上，在菲律宾出生等条件即可入籍
居住期限	10年以上	
拥有财产的价值	要拥有五千比索以上的资产，并有确定的职业	拥有职业并能维持家庭生活的收入者
子女的教育	要让子弟到政府批准的学校就学	应承担让子女接受教育的义务
作为菲律宾公民的义务		守法公民（新规定的条款）
语　言	能阅读、书写英语或西班牙语、当地语	没有再特别加以强调
申请时的登记要项	必须登记原籍	不一定要注明原籍

① 菲律宾《联合日报》1975年4月23日。

② Puriticacione Valera Quisumbing, *Beijing Manila Detente: A Study in China — Asia relations Manila*: U.P.Law Center，1983.

③ 菲律宾《联合日报》1975年4月22、23日。

因此，新的入籍规定很快为广大华侨所接受，申请入籍的华侨越来越多。仅1980年华侨入籍人数就达38912人。到1982年底，华侨整批入籍的和他们的成年子女随父母转籍的合计10万人左右。[①] 按菲华商联总会统计，目前保持中国籍的华侨为数已不足原有华侨的10%，这就是说，90%的华侨已改变了他们的法律身份，成为菲籍华人了。

放宽入籍条件，准许集体转籍，是菲政府在华侨政策方面的重要决策，符合菲律宾国家和民族的利益，顺乎历史发展潮流，对战后菲律宾华侨的同化具有重大意义。

如前所述，自从战后菲政府实施各种菲化律以来，国籍即等于经济权益，不少华侨为谋生必须选择加入菲律宾国籍的道路。然而，在马科斯政府修订入籍法以前，入籍的条件是十分苛刻的，执行过程中又因腐化的司法制度而弊端丛生。其结果，只有财力充裕、受过相当教育的人才能通过，一般华侨对入籍之门是可望而不可即的。从根本上来说，那时的归化政策具有明显的反归化性质。例如，要取得菲籍除了入籍法令本身很复杂以外，还有下列难处：第一，费时。从申请入籍开始到正式批准为止，需要有200次签名，至少需要3年或更长时间；第二，费钱。找律师、托人办手续，都要付高价。据菲律宾一位大学教授估计，入籍手续通常需要花费3万到5万比索，这些钱足够买一部新汽车。[②] 第三，费事。要能使用英文或菲文阅读菲律宾宪法，唱菲律宾国歌。这对于来自闽南农村、教育程度十分有限的广大华侨来说，无疑是一个难题。1975年以后，逐步改变了上述不切实际的程序或要求，准许华侨以简易的手续、节省的开支、较短的时间，集体入籍，这是菲政府华侨政策的重大进步，具有深远的意义和影响。

（3）加强教育上的菲化

从1973年1月17日起生效的菲律宾新宪法，第八节第15条明确规定"私人学校必须全由菲律宾人拥有，一切学校必须由菲律宾人管理"，根据新宪法，1973年5月9日菲律宾政府发布了总统第176号学校管理施行细则命令书，规定从1973—1974年学年开始付诸实施。1975年菲政府要求全菲138所华校都在1976—1977学年度菲化，禁止使用中国台湾出版的华文教科书，规定从1976年开始，华侨学校董事会董事和教员全部只限于具有菲律宾国籍的人担任，私立学校的财产所有权必须有60%以上转归菲律宾人所有，入学学生中菲籍学生要占

---

① 陈烈甫：《马可仕治下的菲律宾》，商务印书馆，台北，1983年，第258页。
② 《菲律宾新一代华人的动向》，日本《海外市场》1977年10月号。

70%，外籍学生不得超过 30%。接着，在 1976 年 4 月 4 日发布新的法令，华文只能作为外国语文教授，禁止在其他场合教授华文。

遵循上述规定，到 1976 年菲化学校达到 124 所，而且原有的华人学校也发生了实质性的变化。例如学校中挂菲律宾国旗，使用菲律宾人编写的教科书（其内容基本上都是反映有关菲律宾事情的），还有歌曲、舞蹈甚至过节日，都按照菲律宾的传统习惯。教育菲化政策的效果是明显的。受菲化教育熏陶的华侨、华人青年一代，思想和菲律宾人一样倾向西化，语言上菲语比闽南语流行，而且能说中国话的人一代比一代少，能写会读华文的人就更少了。很显然，教育菲化的结果，中华文化的要素正在消失，有利于华人同化于当地社会。

除了上述主要的华侨政策外，马科斯政府还于 1975 年解决了长期悬而未决的"逾期游客案"，准许近 2000 名只有"临时游客"身份的华侨成为有永久居留权（Permanent Resident）的外侨，这些人从此解脱了长达 25 年的临时身份，可以居住下来正常谋生。另外，马科斯政府在 1980 年 12 月 5 日颁布了总统第 1093 号命令，解除实行了 27 年的禁令，允许中国公民往菲律宾探亲旅游，这些做法减少了对华侨的限制，从长远看，对华侨、华人在菲律宾落地生根会起到积极的促进作用。

三

过去的殖民地国家在政治上取得独立后，必然要寻求经济上的独立，这是一条真正独立的道路，我们也一贯支持第三世界国家取得政治上、经济上的完全独立，这是没有疑义的。问题是怎样实现真正的独立，即在寻求经济独立的道路上，什么是必须扫除的主要障碍？是帝国主义还是华侨？矛头所向，引人注目。打击的对象弄错了，只能适得其反。菲律宾独立后 40 年所采取的华侨政策，在前 20 年中有很大的失误，根本原因就在这里。应该说菲律宾政府前 20 年的华侨政策是付出了代价的。

第一，菲律宾的外侨人数，华侨占绝大多数；而从外侨的经济势力来说，原宗主国美国的势力最大。但是，谋求提高民族经济地位的菲化政策对美侨不起任何限制作用。原来菲律宾独立时就接受了"美菲贸易协定"（1955 年修改为"劳雷尔—兰利协定"），承认了美国与菲律宾经济上保持所谓"特殊关系"，美国人及其企业可享有与菲律宾人同等权利的地位。菲律宾政府的一系列"菲律宾化"

法案，虽然是对所谓"外侨"而言，但实际上全面受到限制和排斥的是华侨经济活动。美国资本不仅免受菲化律的限制，而且得以利用与菲人有同等优惠权利的特权地位，进一步渗透到各经济部门，包括收买和吞并在菲化过程中无法与之抗衡的华侨资本。据统计，20 世纪 70 年代末期，美国在菲律宾的资产总额达 30 多亿美元。另据估计，1940 年美国资本在菲全部外资总额中占有 58% 的比例，而从战后到 1960 年，美国资本所占的比例通常都在 80% 左右。直到 20 世纪 70 年代和 80 年代，美国资本仍是外资中比例最高的，美国人控制着菲律宾的经济命脉。事实说明，菲化的目标指向华侨，并不能解决菲律宾实现民族经济独立的愿望。

第二，据日本学者游仲勋教授研究，直到 20 世纪 60 年代初，菲律宾华侨中的资产阶级只占 3.4%，小资产阶级占 19.2%，而无产阶级等下层劳动人民占了 75% 以上。[1] 对菲律宾华侨社会来说，实行菲化政策的结果，真正受到打击的不是那些资力雄厚的富有华侨，他们入籍并不困难，归化后也就不再受菲化律的限制。真正受到打击的是那些勤俭谋生的广大穷苦华侨。菲化政策的实施，加深了华侨社会的两极分化，那些无能力改营他业的小商小贩在 20 世纪 60 年代陷入困境。更为重要的是，这些中下层华侨所从事的经济活动，无论是生产领域还是流通领域，长期以来已成为菲律宾民族经济中的有机组成部分，打击他们的事业，并不符合维护、发展菲律宾民族经济的根本利益，这已为事实所证明。例如 1960 年米黍业菲化，禁止了散布在广大农村收购米黍的华侨小商的活动，长期形成的菲律宾农村粮食市场遭到破坏，农民也得不到华侨小商过去予以赊欠借贷及预付谷价的种种便利，农村粮食市场一度呈现真空状态，影响到 1962 年和 1963 年粮价发生波动。又例如马克赛赛执政时期，曾对碧瑶附近的华侨菜农排斥驱逐，想以菲律宾人代之，结果在短短三四个月内，蔬菜生产锐减，市场供应脱节，不但菜价飞涨，而且几乎断菜。而蔬菜种植区则田地荒芜，农业工人生计无着，地方秩序亦发生问题。在这种情况下，马克赛赛政府只好改变态度，让被驱逐的菜农回到菜园，重操旧业。这些例子是很能说明问题的。

第三，战后东南亚国家都有经济民族化运动，受影响最大的都是华侨。但菲律宾的菲化运动有不同之处，即一面推行菲化政策，一面严格限制加入菲籍，使华侨陷入无路可走的窘境。不像有些国家那样，一面实现民族化，一面实行使外侨容易归化的政策，不致使华侨的生计发生问题。

在入籍困难、菲化运动不断的双重夹击下，菲律宾华侨为了适应环境生存

---

[1]　游仲勋：《華僑経済の研究》，アジア経済研究所出版，东京，1969 年，第 309 页。

下去，分别走着不同的道路。一是上面已说过的有财力的华侨走归化的路子；二是与有菲籍有资本的华人合作经营，由菲籍华人出面投资，原来的经营者则变成雇员，而在实际上负经营之责；三是与菲律宾人有亲戚关系的人，邀亲戚合作，由其出面经营；四是许多小本经营者的华侨采用雇菲律宾人为傀儡的方式，让他们充作店东，自己暗中掌握，以至菲律宾制定了反傀儡律（共和国法律第 1130 号）来对付这种做法；五是不少华侨与菲律宾女子通婚或同居，由妻子一方出面领执照经营。由于有这些适应变化的办法，在菲化运动时期，华侨虽然遭受了不少困难，但最终得以渡过难关，并没有大批退出他们的传统经济领域。另一方面，在菲化律面前，不少有眼光、有财力的华侨在商业经营受到限制后，转向于对工业的投资，因此，菲化的结果在另一方面促进了华侨经营活动从商业转入工业。到了马科斯执政时期，华侨、华人工业适应菲律宾经济发展的要求，在制造业和新兴工业方面取得了较大的进展，经济地位得到了进一步提高。据统计，华侨、华人在制造业占 10%，碾米业占 80%，纤维纺织占 60%，木材、制材工业占 50%，烟草工业占 70%，华侨的资本投资额占菲律宾的产业资本投资总额的 36%。[①] 此外，在建筑业、食品业乃至金融业方面，都有举足轻重的地位。所以，如果说菲化运动的目的在于以菲律宾原住民去取代华侨的经济地位的话，那么这种狭隘民族主义思想指导下的华侨政策，并没有达到预期的目的。也就是说，经过几个世纪建立起来的华侨、华人的经济势力，不是用简单的办法可以排除的。那么，独立后的菲律宾采取的华侨政策有没有积极的方面呢？笔者以为，纵观 40 年来菲政府的华侨政策，尤其在马科斯执政时期，对促进华侨同化方面是成功的。菲化政策虽然没有实现经济上的目的，但是也迫使华侨改变过去那种不愿选择菲律宾国籍的传统观念，促进了他们与菲律宾人在经济上的合作和婚姻上的结合，客观上对华侨的同化是有利的。到了马科斯执政时期，采取了利用华侨经济力量和放宽入籍的重要政策，使华侨希望入籍的愿望变成了现实，促使绝大部分华侨改变了外侨身份，以菲律宾公民的身份从事经济活动，这是在华侨同化方面迈出的关键性步伐。今日的菲律宾华侨社会已变成了华人社会，华人作为菲律宾多民族社会中的一个少数民族，正与当地各族人民合作共建菲律宾。正如菲律宾华人本身所认识到的那样，"惟有整个国家经济的进步和发展，华人才能获得工商事业的利惠。"[②] 菲律宾国家的利益，也是他们的根本利益所在。菲律宾战后 40 年实施的华侨政

① 李国卿著，郭梁、金永勋译：《华侨资本的形成和发展》，福建人民出版社，1985 年，第 214 页。
② 菲律宾《联合日报》1980 年 12 月 17 日。

策清楚地说明：简单的、狭隘的民族主义政策并不能真正解决华侨问题，只有给予华侨、华人公平合理的待遇，才能加强他们对于居留国的认同感，从而加速民族同化的进程。

（原载于《华侨历史（试刊）》1986 年第 3 期）

华侨对美国经济文化发展的贡献

中国与美国虽然隔着浩瀚万里的太平洋，但早在 1795 年以前，美国还处在刚刚建国时期，两国人民之间就开始了互相交往的历史。1784 年，美国轮船"中国皇后"号首次由纽约驶赴广州进行贸易，满载着瓷器、茶叶、丝绸等货物运回美国。1786 年，到广州黄埔的外国船只共有 45 艘，其中悬挂美国国旗的有 5 艘。这些是中美间最早的航海通商记录。此后，美国商船经常航行于印度洋航线或太平洋航线，把人参、皮毛、檀香木、银元等载往中国，再把中国的丝绸、茶叶、瓷器、南京棉布等源源不断地运往美国或其他地方。

随着中美之间贸易的发展，中美各方面人员来往和交流逐步增加，中国人移居美国也开始了。中国人最早到美国始于何时，目前还没有定论，有些美国历史学家从考古中发现，早在 1571 年就有中国人在加利福尼亚地区造船，还传说 18 世纪 80 年代，有中国的劳工出现在美国西部。但据美国移民局的正式记载，第一个到达美国大陆的中国人是在 1820 年。此后 20 年间，曾经有 40 名中国人到达美国，他们是最早的旅美华侨。然而大量的中国人移居美国，却是 1848 年以后的事情，考察华侨、华人在美国经济文化发展中的作用，还得从这时说起。

一、金山"淘金"话沧桑

19 世纪中叶的美国，是一个新起的地广人稀的发展中国家。1848 年，美国西部加利福尼亚州发现金矿，"淘金热"轰动一时，欧洲、澳洲和南美洲的许多劳动力蜂拥而至，当时中国广东沿海数县的大量劳苦人民，深受沉重的封建压迫剥削，找不到生活出路，成批成批地被资本家贩运到美国去开发金矿，因此这一时期赴美的华工激增，出现了中国人移向美国的第一次高潮。当时，国内称赴美华工为"金山客"，在香港经办他们赴美的营业商号称为"金山庄"。1852年，加州的华工达到25000人，占全州人口的1/10以上。从1852年到1855年，每年又大约有3500名华工到美国。1865年美国南北战争结束后，资本主义工农业生产发展迅速，急需廉价劳动力敷设铁路和开发西部广阔的荒地。1868年美国政府诱致清政府签订了天津条约续增条款（即"蒲安臣条约"），规定两国人民有自由入境和长期居住的权利。该条约签订后几年，中国人赴美的人数陡然增加，每年超过1万人，又有大量中国破产农民作为"契约华工"漂洋过海，被诱骗到美国西部去筑路开矿、垦荒种植。出现了中国人移向美国的第二次高潮。据美国第四十四届国会记录所称，1853年至1873年的20年间，赴美华工总数达到135000多人。到1878年冬，清政府驻美公使陈兰彬曾奏称，在美国各州的华侨有14万多人，仅旧金山一地，已有华侨6万多人。

华工初来美国时是受欢迎的，但不久就遭到严重迫害，美国资产阶级多次挑起种族纠纷，煽动排华风潮，以转移国内阶级斗争的视线。1882年，美国国会通过了禁止华侨入境及禁止华侨入籍的提案，此后又接连颁布了一系列的排华法案。因此19世纪80年代以后，中国人在美的人数急速减少，华侨被迫大量回国，或者聚居于美国各城市中的"唐人街"以求生存。1900年，在美国的华侨降至93000名，此后40余年里，华侨人数一直在七八万之间徘徊。到了1943年，美国华侨仅有78000人。美国实行的这种排华歧华政策，直到第二次世界大战时期才有了改变。

第二次世界大战中，数以千计的美国华人到美军服役，中国又是美国的盟国，中国人民在战争中作出的伟大贡献和牺牲，加深了美国人民对中国人民的友谊和同情，在国内外舆论的谴责压力下，美国政府在1943年罗斯福总统执政时期，对歧视华人的移民政策作了改革，废止了所有排华法令，规定华人每年入境定额为105人，并允许华人享有入籍的权利。1946年8月，美国国会通过法案，准许美籍华人的配偶入境。1965年，美国又制定了新的移民法令，规定亚洲各国移民的定额增至每国每年为2万人，法令还规定高级工程技术人员、医生、教授等享有优先入境的待遇。此项法令于1968年生效。因此，战后30余年来，特别是1970年以后，移居美国的华人又有了迅速地增加。据美国商务部统计，1970年时美国华人总数为43万多人。到1979年初，估计遍布于美国50个州的华人已达70万以上，其中近1/4是1970年以后到美国的。

综上所述，华侨、华人在美国至少有 150 余年的历史。在这漫长而又曲折的岁月中，他们在美国始终保持着中华民族勤劳勇敢的优良传统，发挥炎黄子孙的聪明才智，和美国各族人民一道，在开发建设美国的过程中起了重要作用，在科学文化等领域也有杰出的成就。今日的美国，已是工农业生产和科学技术都高度发达的资本主义强国。美国的发达，完全是世界各国移民和北美原住民共同开发的结果，其中自然也包括了广大华侨、华人所作的艰辛努力和贡献。

二、华工与加州的繁荣

早期到美国的华工，绝大部分集中在太平洋沿岸的加利福尼亚州地区。19 世纪 50 年代的加利福尼亚州，归并美国版图不久，亟待开发。而这里人口稀少，平均每一平方英里中，只有两三个美国人。1848 年后大批华工来到加州"淘金"，淘金热过去后，华工又活跃在国民经济的各部门，他们用双手奠定了加州工农业生产的基础，建设了旧金山、洛杉矶、奥格登等繁华的城市，成为加州早期开发建设的生力军。美国历史学家莱特写道："加州因为有了中国人的协助，才得以繁荣，这是我们深知而相信的事实。"

在矿业和工业方面。加州的金矿很多是由华工开掘的。开始时，华工往往追随白人开矿者，担任开掘工作，或者继续开采白人摒弃的矿坑、矿尾。不久之后，华工掌握了采金技术，知道运用淘金器、洗金槽来淘洗金沙，勤劳智慧的华工还把中国古老的水车用于淘金，大大提高了劳动效率。据记载在加州怀里卡河流的克拉马思河岸，长期保留有一具大型的中国水车，作为华工淘金的纪念。1850 年，美国颁布了条例苛刻的"外籍侨民开矿纳税法"，根据这个法令，当时胼手胝足开矿的华工每年所交税捐达 500 万美元之巨，一直到 1870 年，这个法令才告废止。在这 20 年间，加州政府财政收入的一半是向华工征收的，如果没有华工的这笔税款，加州的各级行政机构几乎是无法维持下去的。

美国西部的工业，也几乎是靠华工建立起来的。加利福尼亚州本来没有什么工业，华工成为这里主要工业建设的先锋。19 世纪 50 年代至 70 年代，在加州的毛织业、皮革业、罐头食品业、制烟业、服装业、火柴业、玻璃制造业、制白铁业、家具木器业、建筑材料业等部门，都有许多华工在工作。一个美国作家在 1869 年描述旧金山工厂的情况说："每天下午六点钟时，如你站在克莱街与山森街间，就可以看见大队中国工人，由美国工厂鱼贯而出。再看看昃臣街、太平洋大道与杜邦街各中国人居住区，又可见中国工人自己在室内工作。"当时尤以从事制雪茄烟、罐头、毛织等行业的华工最多。纸烟业差不多全是由华工发展起来的。据美国官方统计，1862 年，制雪茄烟的中国工人多至 7000 名，1866 年时华人和白种人制雪茄烟工人的人数为 10：1。加州初期的罐头工业，也几乎是中国工人在工作。1865 年，加州毛织厂的全部工人中，有 80% 为华工。据美国《晨唤报》1873 年 4 月 27 日记载，到 1872 年底，除炼铁厂和机器厂外，旧金山市各工厂的工人几乎有半数是中国人。此外，华工还发挥中国传统的手工技术特长，从事刺绣花边、拖鞋、手套等手工艺品的制造。华工的辛勤劳动，给正在开发中的美国创造了很大的物质财富，然而华工受到的资本主义剥削，也是极其严重的。当时加州凡是赢利多的工厂，大多数是雇佣华工的结果。从 1856 年到 1876 年，美国资本家从华工身上剥削去的利润，每年达到 2000 万美元以上。

在农林业和园艺业方面。远渡重洋到美国的华工，绝大部分是沿海贫苦的农民，他们把中国传统的农作技术带到了美国，对加州早期的农林园艺发展，有过不小的贡献。据记载，仅萨克拉门托河流域一带地区，每季收获水果，伐木整田，就需要雇佣中国工人 2500 名以上。直到 19 世纪 80 年代，加利福尼亚州的农业移民中华工仍然占了最大多数。加州沿海多沼泽低温地，内陆多山峦丘陵，本来农业生产很不发达。华工在旱地上修挖渠道，在萨克拉门托河沿岸建堤防，在桑奥乾地区填平沼泽。长着大蔺草的疟疾传染地，白种人望而却步，勤劳的华工不顾一切，整天立在泥水没腰的沼泽中工作。经过华工的开拓，大片荒土变成了沃野，据估计，华工开垦的土地面积达到 550 万英亩（合 3300 万市亩）。1860 年以后，加州的农业一日千里，遍地青葱可爱、麦菽滚滚成浪，小麦产量当时就跃居美国的首位，成为小麦的输出州。"没有华工就没有美国西部的垦殖"，华工给白种人"带来了牛油和面包"，这是美国参院档案报告中公开承认的客观事实。

华工还把从广东带去的蔬菜种子播种在加州的土地上。华侨种的芹菜闻名遐迩，华侨生产的洋白菜和南瓜也特别大，据记载洋白菜要比欧洲的品种大几倍，南瓜藤如水管一般粗。华工从事果树栽培的人也很多，他们在纳帕、索诺马等丘陵地区栽植葡萄，酿制成酒；华工还精心培育了双蒂甜橙和樱桃的优良品种。又据一位波兰作家记述，19 世纪 70 年代，旧金山中国园丁种植的木莓、草莓都大得出奇，草莓竟有小梨那么大。美国历史学家承认，"加州果树种植的发展，如无中国人的勤劳，则将延迟 25 年"，"华工使整个加利福尼亚变成一座花园、一个果木园，给白人及白人的妇孺来居住"。

在林业方面，华工多从事采伐和保护森林等工作，他们培植了大量优质杉树，为美国西部的建筑业提供了大量木材。

此外，华工还在内地草原从事畜牧业，在加州的港湾河溪之间从事捕鱼业。据记载，加州的渔业也是华工所首创。当时捕鱼华工自成团体，不同其他种族移民混合，有一时期仅在旧金山港湾内捕虾的中国人就有1500人。捕获的大量鱼虾除在当地销售外，还经过晒干加工，每年都有一定数量的鲍鱼、虾米运往中国。

在饮食和服务性行业方面。中国的烹饪技术，也随华工一起传到美国。华人精于烹调，名厨辈出，西部大旅店中的厨师，往往都是中国人，有些有名的饭馆也是华人开设的。特别是"杂碎"菜，是以豆芽、芹菜、冬菇、葱头等拌以鸡肉烹调，价廉物美，深为美国各族人民所欢迎，长期享有盛名。加州的"淘金热"结束之后，也有许多华工在猖獗的排华风潮中逃到城市，转营被认为是"低贱"的洗衣业。当时，开发西部的移民多是单身汉，妇女很少，华人洗衣店收费低廉，每天专人收送，颇为方便，很受欢迎，因此华人洗衣业发展特别迅速。1876年，单是旧金山一地，华人开设的洗衣店就有近300家。当时的报纸评论说："华人的努力，使白人衣冠整齐，被褥清洁。"

三、美国的真正开路先锋

华工在美国早期开发过程中的突出功绩，就是修建了美国第一条横贯大陆的中太平洋铁路。美国工人运动的杰出领袖福斯特1958年写给毛主席的信中，高度评价了华工在美国西部开发中的发挥的作用，指出华工铺修中太平洋铁路是一个"英雄的成就"。

中太平洋铁路是美国交通的大动脉，横跨美国东部和西部，联结着大西洋和太平洋，沟通了人烟稠密的东部13州和有丰富资源的太平洋沿岸边陲地区。它的建成促使移民西进，对加速美国经济的发展起了十分重大的作用。这条铁路要穿过高山峡谷、沼泽沙漠等各种复杂的地形，修筑中又遇到险恶的气候，当时美国报纸把它的建成称颂为"本世纪技术上的奇迹"，而创造奇迹的正是不畏艰难险阻的广大华工。

1862年和1864年，美国国会通过了两项有关建筑横贯大陆铁路的联邦法律。决定该铁路由东西两段组成，东段叫联合太平洋铁路，由内布拉斯加州的奥马哈起到犹他州的奥格登止；西段即是中太平洋铁路（今南太平洋铁路），由加州的萨克拉门托起一直往东修至奥格登与东段接轨。东段由联邦太平洋公司负责，西段由中央太平洋公司修建，两个公司要展开竞赛。1863年中央太平洋铁路破土动工，开始时，中央太平洋公司雇用大批爱尔兰移民，但开工两年，铺轨不到50英里，这不仅远远落后于联合太平洋公司，而且照这样的速度，也是无法按国会法令要求的时间完成工程的。公司想多请5000名工人以加快进度，只有1000人报名。在这种情况下，公司开始试用华工，结果非常成功。华工们迅速而灵巧地学会了铁路修筑中的各种不同工种，成为铁路公司的"理想人选"。于是，公司派出篷车在加州大规模招募，并在广州设立办事处专司招募华工。1865年年底，有3000名华工加入铁路公司，以后迅速增至1万多人。

华工筑路大军使缓滞的工程阔步向前。1866年春，筑路大军来到塞拉山。打通这座高山，是中太平洋铁路最艰难的工程。首先要征服叫作号角峡的大峭壁，这地带到处是悬崖绝壁，山下河流湍急，峡谷深有千尺。华工们毫无立足之处，他们只得置身于大箩筐，自悬崖吊下，在山壁凿眼钻洞，放进炸药，点着引信，然后上面的人拼命把箩筐拉上，配合稍为不慎，立刻就会粉身碎骨。当时又是使用硝化甘油炸药爆破，更谈不上什么安全设备，工人在爆破中时常发生死亡事故。在如此艰险的劳动中，华工一寸一寸地在悬崖上挖凿出一条狭长的小道，其宽度先是够人们走动，之后能让一部独轮车通过，最后达到能安放8英尺宽的枕木，使得铁路能沿山壁横切而过。

1866年秋天，华工筑路队伍来到海拔七千英尺的塞拉山唐纳峰，要打出一条隧道穿过这座峻岭。当隧道工程正向前进展之时，提早到来的暴风雪袭击了筑路队伍，1866年的风雪是有历史记录以来最大的一次，当时狂风卷着大雪铺天盖地而来，强风造成的积雪甚至高达15英尺，华工营地帐幕安上风管才能透气，从营地至工地，要在雪中掘出通道。尽管高山上风雪交加，空气恶劣，但华工每天的工作时间仍然长达12小时。为了征服这段天险，成千的华工葬身在雪崩下，直到第二年春天，才挖掘出尸骸。在开凿塞拉山隧道的艰巨工程中，华工还表现出高度的劳动技巧。华工先从两端开挖隧道，然后又在隧道的中点挖井穴，从井穴里向相反的两边挖回去，也就是从四面同时挖掘这条隧道，一天24小时轮班进行。经过近10个月的艰苦施工，华工提前打通了这条长达1600英尺的隧道，接着又克服重重困难完成了这一带的路基和铺轨工程。整个塞拉山长约百里的蛇岩通道，华工以刚强的毅力用了两年之久终告完工。

1868年夏天，华工筑路大军又随着铁路线的伸展来到内华达州。有一段工程是在沙漠地带施工，那里烈日似火，温度高达华氏120度，但华工仍以日进1英里的速度向东推进。1869 年正月，华工筑路大军把铁轨铺向了盐湖平原。1869 年 5 月初，全长 690 英里的中太平洋铁路工程全部竣工，正式与东段接轨。

建筑这条中太平洋铁路，华工占了筑路工人的 4/5，华工人数最多时达到 14000 人。没有华工的参加，这条铁路是难以完成的。当时的中太平洋铁路公司各董事公开表示，如果不是招雇华工，他们实难不敢负责完成如此艰巨的工程。中太平洋铁路完成后，有一大批华工转赴加利福尼亚州寻找别的工作，也有很多华工继续纵横在美国西部，在加利福尼亚州、俄勒冈州、华盛顿州及犹他州等地方扩展美西铁路网，1870 年至 1880 年间，由埃尔帕索展筑至圣安多里斯的铁路、圣菲、卡森、科罗拉多等铁路线的建筑，华工都流下了不少血汗。

对于华工在建筑美国西部铁路中所起的作用，尽管当时美国一些抱有民族偏见的人不愿正视，但美国进步人士以及态度比较客观的美国人却予以正确评价。美国著名的现实主义作家马克·吐温，在 19 世纪 60 年代和 70 年代，写过一系列有关华工的论文、札记、特写和短篇小说，肯定和赞扬华工修建铁路等功绩，揭露剥削华工的罪恶，痛斥污蔑华工的谬论，表达了美国劳动人民对中国工人的深切同情。横贯大陆铁路接轨时，铁路公司不让华工参加通车典礼，一个美国法官克洛科尔在庆祝大会上指出："我要提醒各位，这条铁路之所以能及早完成，大部分应归功于那些贫苦而被人蔑视的中国工人，他们忠诚勤奋，表现卓异。"一些采访新闻，目睹中国工人披荆斩棘、开山穿岩的美国记者，更把华工誉之为"美国的真正开路先锋"。

一百多年后的今天，美国人民仍然高度评价华工的历史功绩，怀念为美国建设事业流血牺牲的华人先驱。1964 年美国内华达州举行建州一百周年纪念时，特在弗吉尼亚市设立华人纪功碑，纪念华工对建筑美国西部铁路的重要贡献。1976 年，美国《生活》杂志庆祝美国建国二百周年纪念特刊，列出美国历史上影响最巨大的事件一百件，其中一件就是早期的华工参加建筑横贯美国大陆铁路的贡献。

四、檀香山的糖和米

华工在开发美国大陆的同时，也对夏威夷岛屿的早期开发有过可贵的贡献。

美丽富饶的夏威夷群岛，由瓦胡岛等八个主要岛屿和一连串小岛组成，绵延 1600 英里，犹如镶嵌在中太平洋上的一串明珠。1898 年美西战争爆发后，夏威夷纳入了美国版图，1959 年它成为美国的第 50 个州，檀香山市（火奴鲁鲁）是州的首府。

中国与夏威夷之间早在 18 世纪末叶就有了贸易往来。夏威夷出产名贵的檀香木，到 19 世纪初，檀香木的交易已在广州占了很重要的地位，因此中国商人和华侨就用"檀香山"的名称来代替夏威夷和火奴鲁鲁等那些难念的名称。也就在这一时期，中国人开始向檀香山移居，1794 年英国航海家乔治·温哥华经过夏威夷时，就看见有中国人在那里居住。然而，大量的中国人到达檀香山，却与大量的"金山客"涌向美国大陆是同时的，这与夏威夷蔗糖业的发展直接有关。

夏威夷的气候、土壤适合甘蔗生长，早期在檀华侨见这里甘蔗茂盛，于是就把中国的制糖技术介绍过来。1828 年，中国种蔗工人张宽、唐叙等从广东请了 6 名制糖师傅到檀香山，并携带石磨、汽甑等工具，在拉尼岛办起了檀香山的第一个糖厂"鸿泰号"，当时是用石杵捣蔗，取出蔗汁再用铜锅熬制成糖。到 19 世纪中叶，华侨陈芳创办的糖厂规模之大，在檀香山首屈一指。后来，美国糖厂主和农场主逐渐控制了檀香山的糖业，并用新法制糖。糖业的发展，也要求夏威夷的甘蔗种植业有一个大的发展，但当地人口少，缺乏蔗业需要的大量劳动力，缺乏懂得甘蔗种植技术的工人，于是在华工大批被运往美国大陆"淘金"之时，檀香山皇家农业公司决定到中国招收农业工人。1852 年 1 月，首批华工 199 名乘"特的士"号船从厦门到达檀香山。自此以后，中国南部沿海的许多破产农民，就被雇运到夏威夷各个岛上去种植甘蔗。檀香山蔗糖最大的销路是在美国，1876 年美檀签订了互惠条约，规定蔗糖输美免除关税，因而刺激蔗糖事业进一步发展，受雇到檀香山的华工也因之大量增加。从 1876 年到 1885 年，10 年间平均每年有 2600 名华工到檀香山，是中国人到檀香山最集中的时期。到 1886 年，檀香山的中国人占了全群岛人口的 1/4，其中在蔗园工作的，达到 5500 人。1898 年夏威夷归入美国版图后，执行美国排华法案，华人移檀从此便告停止。

从 1852 年到 1898 年，先后共有 4 万名华工到檀香山，他们多为"契约工人"，约期一般 5 年，每月工资 3 元。在资本家的重重剥削下，在烈日的炙烤下，几万华工一锄一斧地把那些荒凉的小岛变成了蔗园。正是华工的血汗，才使檀香山的蔗糖业得到迅速发展，以至后来成为该岛最大的生产事业。直到今天，檀香山仍是美国蔗糖生产的重要基地之一。

除糖业以外，华工对檀香山的大米生产也起过重要作用。中国南方沿海农民有着悠久的种稻历史，有传统的耕作技术，夏威夷的气候土壤又适合稻米生长，所以在 19 世纪初的时候，已有华侨在夏威夷种稻米。1852 年大量华工来檀后，除到蔗园工作外，也有许多人从事种稻、种咖啡等农业劳动，种稻华工最多时超过 5000 人。他们将大量弃置的荒地辟为稻田，生产的大米不仅满足本地需要，还远销美国大陆以及远东地区。1890 年，檀香山大米的出口量达到 1000 万磅。华侨不仅是稻米的生产者，也是食米的主顾，可以说实际上控制了米的产销。华侨开办的星形、昇昌公司，曾是檀香山资本最大的米业公司，拥有稻田 4000 多英亩，生产了檀香山大米总产量的一半左右。

在其他农作物的引进栽培方面，华工也很有成绩。他们发展了檀香山的菠萝、咖啡、香蕉、芋头生产，菠萝至今是夏威夷的主要农产品之一。此外，檀香山的蔬菜、水果、花卉有几十种是由中国人传去的，例如黄芽菜、菠菜、芥菜等蔬菜，龙眼、桃子、新会橙等水果，菊花、茉莉花、水仙花、夜来香等花卉，这些中国种子在檀岛开花结果，促进了当地农业园艺的发展，丰富了当地人民的生活。

华侨在夏威夷早期开发中所作的贡献，得到了美国各界人士的肯定和赞誉。1969 年，檀香山市市长哈士在一次会议上指出：中国人大批前来夏威夷是从 1852 年开始，他们首先受雇于甘蔗农场作劳工，然后进入各种农业领域发展，而后又从事各种商业；不论哪一方面，中国人都以辛勤的劳动为夏威夷的开发作出过卓越的贡献。

五、发展美国经济和文化的重要力量

一百多年以来，华侨、华人对美国社会发展与进步所起的作用已为历史所证明，华侨、华人的表现与成就赢得了美国人民的友谊和尊重，历尽沧桑的"金山客"已在美国土地上扎下根来。今天，华人在美国虽然仍属人口比例较少的"少数民族"，但他们继承华人先辈的优良传统，发挥中华民族的智慧才能，正在继续为发展繁荣美国的经济文化和科学事业作出新的贡献。

现今居住在美国的 70 多万华人，70% 以上已取得美国国籍，又被称作"美籍华人""华裔美国人""中国血统美籍人"。他们多数是在美国生长的华裔，还有相当部分是第二次世界大战后"调整身份"加入美国籍的知识分子，以及近年来从中国香港、中国台湾、东南亚源源不断移居美国的华人。由于华人移民身份的变化，他们所从事的职业比较过去也发生了明显变化。早期美国华侨开始都从事于筑路工、农场工、矿工，后来又逐渐转向于洗衣、饮食及杂货等服务业，例如全靠人力手工的洗衣店，在近一个世纪里是典型的中国侨民职业。第二次世界大战后，美国华人的第二、第三代，受教育的程度与英语能力都大为提高，据美国商务部人口调查局 1970 年调查，25 岁或者 25 岁以上的华人中，有 58% 完成中学教育，25 岁以上的华人中完成四年或四年以上大学教育者占 20%，受高等教育的人数比例甚至超过美国其他种族。新的华人移民中又有大量留学生、学者、专业技术人员，由于美国移民政策自 1968 年起大为放宽，近 10 年来这一部分人员增加特别迅速。于是在美国从事各种专门职业的华人便愈来愈多，脑力劳动者人数比例不断上升。大量的华人担任了工程师、会计师、医师、律师、教授以及各类高级技术人员，也有的华人担任了美国各级行政职务，如国会议员、部长、厅长、市长、局长、市议员、大学校长乃至高级军官等。当然，传统的服务性行业仍是华人从事的主要行业之一，但总的趋势是这部分华人的人数比例正在不断下降，从 1950 年到 1960 年，从事服务性行业的美籍华人从 28.8% 下降到 18.8%，1970 年略有回升约为 19.6%，而 1970 年从事专业或技术工作的美籍华人占 26.5%，同年，从事这种工作的白人只占 14.8%。据粗略统计，1970 年在美国华人中有将近五万名专业人员和技术人员，包括教授、科学家、医生、律师、工程师等。又据美国统计，现在他们国家第一流的科学家、工程技术人员有 12 万多人，其中美籍华人约 3 万人，差不多占 1/4。

有许多华人科学家、教授、专业技术人员在科学、文化、教育等项事业中作出了重要贡献，真可谓人才辈出。在科学技术领域中，著名美籍华人物理学家杨振宁、李政道、丁肇中都以杰出的贡献荣获了诺贝尔奖金，美籍华人科学家吴健雄、陈省身曾获得美国国家科学奖，这是美国对科学技术方面有重大成就者的最高奖誉，著名华人建筑家贝聿铭也获得了美国最高的荣誉。其他还如著名华人学者任之恭、张捷迁、牛满江、林家翘，以及许多华人电子学家、建筑工程学家、化学家、宇航专家、医学家、农业专家等，都活跃在美国许多重要的科技领域，例如在实现月球登陆研究计划的科学家队伍中，就有华人科学技术专门人才几千人。也有许多华人科学家、技术人员在技术上有所发明创造，从而获得美国的各种专利。在美国的文化和教育事业方面，华人也有许多优秀人才，出现了一批有影响的文学家、历史学家、教育学家、翻译家、音乐家、美术家以及各类专门人才，他们中因成绩卓著而获得各类奖金或奖誉的不胜枚举。

在美国经济发展的过程中，华人从事的经济事业范围也日趋扩大，现在，除从事餐馆业外，比较普遍的是从事食品杂货和手工艺品贸易，同时，从事服装加工业、国际贸易业、金融业、旅游业、医药业、房地产业乃至广播电视等行业的华人也日渐增加。华人经营的经济事业已成为美国经济的一个有机组成部分。

美国总统吉米·卡特在 1979 年春节时，曾向对于美国"国家进步与发展不断做出贡献"的美籍华裔公民致祝贺说："对于我们全体美国人来说，在这个时候大家都会回顾起我国人口中这个非常重要组成部分的伟大成就及其丰富的文化遗产；我们对此深深感到自豪。历史悠久的中华文化，对于我们永远是一种启示；中国的艺术，使我们的生活更加丰富多彩；许多华裔同胞在活跃和加强我国社会生活方面做出了不可估量的贡献。"美国总统代表美国人民公开承认和表扬了美国华人的功绩，这说明华人对于美国社会经济和文化的进一步发展是一支不容忽视的重要力量，而且可以预料，随着历史的发展，美国华人将会做出更多的新贡献。

（原载于厦门大学南洋研究所《华侨问题资料》1979 年第 3 期）

华人经济

近年来华侨华人经济问题研究的
进展和思考

一、研究进展概况

华侨华人经济研究历来是华侨华人问题研究领域中的薄弱环节，改革开放以来，随着华人问题研究整体水平的提升，可以看到其研究有了不少进展。一是出版了一批有关华人经济问题的研究著作，对华侨经济中的若干重大问题或专题进行了系统论述，填补了若干研究空白。据不完全统计，1980年以来，出版有专著36种，研究内容涉及华侨华人经济史、战后华人经济社会变化、华人企业集团、地区或国别的华侨华人经济、华人商贸网络、侨乡发展与海外华人经济、著名华人企业家传略、华人资本与中国改革开放等。如果将其他的华侨华人问题研究著作中有关华人经济问题的论述考虑在内，数量就更多了。二是在国内召开了多次以海外华人的经济为讨论主题的国际、国内学术研讨会，发表了数量可观的论文，讨论了诸如华人经济的性质和特点、华人资本与东南亚国家工业化进程、海外华人经济网络、华人经济发展与中华文化的关系、海外华人经济的多元化和跨国经营、华人在中国的投资等许多重要问题，有不少观点取得了进展。这些论文，已分别被收入一些有影响的学术讨论会论文集（如1990年出版的《战后华人变化国际学术讨论会论文集》、1996年出版的《世界华侨华人经济国际学术研讨会论文集》等），或散见于有关杂志、书籍之中。三是介绍翻译了一批海外出版的华人经济研究专著，也出版了有分量的资料集。出版的译著约有15种之多，其中如《华侨资本的形成和发展》《华人在东南亚经济发展中的作用》《华侨华人的经济透视》

等译著已被广泛引用。就资料集而言，最新出版的《华侨华人百科全书·经济卷》资料新颖、内容丰富，其学术价值、实用价值为学界公认。《世界华商经济年鉴》《华人经济年鉴》等已出版多年，积累了世界华商活动和华人经济研究的许多文献、资料，正日益受到国内外学术界和商贸界的关注。

二、若干热点问题探讨

（一）关于"华人经济"的概念

由于战后 50 余年海外华侨华人发生了根本的变化，尤其是东南亚华侨社会已演变成为华人社会，"华人"一词已普遍使用，在很多场合并且涵盖了"华侨""华人""华裔"的用词，因此，华人社会、华人历史、华人经济、华人文化等等冠以"华人"的提法也顺其自然地出现，并为研究工作者和新闻媒体等所沿用。但是，对这些用词也并非所有的人都能认同，早在 20 世纪 80 年代中后期，关于泰国的"华人社会"是否存在的问题，就有过一场争论。到了 20 世纪 90 年代中期，尽管华人经济的提法已习以为常，仍有学者非常尖锐地指出这一概念是有问题的，这样的提法不可取。其主要根据是，华人经济活动从来是居住国的国民经济活动的一个组成部分，不可能出现独立于所在国家国民经济之外的"华人经济"，这种观点认为，各国经济的发展也说明，在一个统一的国民经济体系中，任何族裔的经济活动都不可避免地要融入本国的国民经济体系中，都不可能将它的国民经济划分为各个民族的或种族经济。从华人所在国家的国民经济中划分出"华人经济"，无论以理论上或从各国的实际情况来说，都是不符合实际的。

笔者认为，首先，从华人所在国实际情况来看，"华人经济"的概念主要是从海外华人——族群的民族性去理解的，战后的华侨华人已逐渐融于当地社会，但是除新加坡外，都只是当地多民族中的少数民族，他们所经营的经济事业由于历史原因、民族文化背景而显现出自身的特点，这个特点就是经济活动的行为主体——华人某种程度的中华属性，使之与当地土著民族、外资所从事的经济活动显示出一定的差别。所以，"华人经济"的提法是可取的。从经济学的理论来看，在多民族国家中侧重于研究少数民族经济，即围绕民族因素在经济活动过程中的地位与作用来研究民族经济变化与经济关系，进行民族经济学的研究，在理论上是讲得通的。其次，就华人经济的历史演进过程而言，实际上是由战前的移民经济、侨民经济演变而来的，战前的华侨经济在当地经济结构中是区别于殖民经济和土著经济的，其中华属性尤为明显，经过战后几十年的变化，华人经济已逐渐融入当地，成为当地民族经济的重要组成部分，但是民族间的经济融合过程远没有结束，东南亚各个国家的统一民族形成也将是一个长期存在的问题，"华人经济"处在这样的转变过程之中，其自身特点没有完全丧失，自然有其特定含义可以研究。这正如日本学者岩崎育夫指出的："现代东南亚的华人资本，具备两种的政治经济性格。其一是'东南亚当地资本'的性格，在东盟各国的统计中，华人资本均被当地资本处理。其二是与各国的土著民族资本相对而言的'华人资本'性格。在东南亚各国，许多的华人资本至今依然聚集于传统的中华总商会旗下，努力主张并保持其民族性。"也许，随着东南亚的历史的变迁，经过漫长的岁月，"东南亚华人"一词也会随着民族间的融合的进程、统一民族的形成而被废弃，到那时自然也不会有"华人经济"的说法了。

（二）关于华人经济的性质

正确认识华侨华人经济性质与否，关系到华人在海外的生存发展，也关系到华人居住国政府和中国政府制定华人经济政策的依据，因此，这一问题的讨论并非只是理论的学术的探讨，也有其实际意义。在近年来的讨论中，对于华侨经济性质的看法大致有以下三种观点：第一，东南亚华侨经济早在战前便已经成为当地民族经济的一个组成部分，而不是"殖民经济结构的组成部分"。从华侨经济的形成过程看，从东南亚华侨经济的地位和作用来看，都可以论证这一结论。战后几十年来，华人绝大多数已成为居住国公民，华人经济不仅在实质上而且在法律上成为当地民族经济的重要组成部分，在国家工业化和现代化建设中发挥着积极作用。第二，认为东南亚华侨经济在战后随着华侨国籍的变更，变成了华人经济或华人资本，基本上割断了与中国民族资本的必然联系，自然而然地成为当地民族经济的组成部分。第三，华侨经济是具有两重民族属性的特殊经济形式，它是由移居海外的中国移民利用侨居国的社会经济条件，并经过长期艰苦奋斗才建立起来的，既具有中国民族经济属性的一面，又具有侨居国民族经济属性的一面，因而具有两面性。

以上看法都肯定了华侨、华人经济具有当地民族经济的属性。但是长期以来，居住国主体民族或政府一直把华人经济当作外来经济，甚至是"殖民主义经济残余"，加以限制、排斥甚至打击，只是在排华使国民经济蒙受重大损失后，他们中的有识之士才认识到华人经济是当地社会生产力发展的客观需要，是当地社会不可代替的宝贵资源，是当地民族经济的有机组成部分，根本无法像对待殖民经济那样把它排挤出去。所以，从 20 世纪 70 年代起，东南亚各国政府先后改变了他们对华人的经济政策。正确认识东南亚华人经济的属性，特别是获得当地主体民族的共识，对于东南亚社会的稳定、发展无疑具有重要意义。

近年来，关于海外华人经济性质问题，有一种观点认为是"全球化背景下的华人移民族群经济"，指出其内涵有"国民经济""族群经济""网络经济"和"全球化经济"四个层次。这种说法与上述三种观点没有根本不同，从本质上来说都是肯定了华人经济具有当地民族经济性质，但是，此提法强调了"移民族群"，而没有强调"移民"已成为当地"公民""移民族群"是构成当地民族的组成部分，因此容易发生误解，不如"华人经济是当地民族经济的组成部分"所表述的规定性那样明确。至于说"四个层次"都是华人经济性质的表现，更难于使人分清主次，难于确定海外华人经济的性质到底是什么。判断一个事物的性质，首先应找出其主要矛盾。在复杂的事物的发展过程中，有许多的矛盾存在，主要矛盾的存在和发展，规定和影响着其他矛盾的存在和发展。影响海外华人经济发展的主要矛盾是华人少数民族经济与当地主体民族经济或原住民经济的矛盾，因此，把"华人经济"划在东南亚国家经济体系之内、当地民族经济体系之内，或是之外，就成为华人经济性质的焦点，这在现实生活中也成为华人经济生存发展的根本前提，战后相当长时期内东南亚一些国家的执政者以"外来经济"为借口，排斥打击华人经济的做法就是一个很好的例证。

（三）关于华人经济与居住国经济发展

战后，东南亚国家为了加速社会发展，缩小与发达国家的差距，普遍实施了加速国民经济发展，向现代化工业社会转变的工业化政策。华人经济作为当地民族经济的组成部分，与当地的工业化、现代化进程又是什么关系呢？

以马来西亚为例，有的研究者认为，华人经济在现代化进程中的作用至少有四个方面：①经济现代化启动的先驱者；②市场经济的主要参与者；③经济结构升级的主要驱动力之一；④华族的人才资源在马来西亚现代化进程中发挥了主要的、不可替代的作用。但关于华人经济与东南亚国家现代化进程的研究，更多的则是侧重于战后以来华人经济在居住国经济发展中的地位与作用的一般性探讨。

关于华人经济在居住国经济发展中的地位与作用，是一个长盛不衰的课题。近年来，随着东南亚国家经济和华人经济的迅速发展，对这一问题的研究也深入到对 20 世纪七八十年代以来华人经济的讨论，其中以对印尼和马来西亚的讨论最多。以印度尼西亚来说，战后以来排华事件时有发生，直到 1998 年金融危机期间仍出现反华暴乱，其中原因之一便是原住民认为华人操纵了他们的经济命脉。然而事实如何？在印度尼西亚的石油、重要矿产、农业、大型种植园等关键产业及邮电、通讯、铁路等重要产业掌握在国家手里的情况下，又有一批批原住民经济集团出现，华人经济不会也不可能支配印尼的国民经济。但也不可否认，某些华人企业集团在个别行业形成垄断地位，或至少是拥有某些行业的经营优势。但从印尼的整个国民经济来看，华人经济并不是支配的力量。

那么，华人经济在印度尼西亚经济发展中到底起了什么具体作用呢？第一，印度尼西亚华人经济是印度尼西亚民族经济的组成部分，华人经济力量的增强，实际上是印度尼西亚国民经济发展的重要内容。华人经济在制造业、化工业、林业、金融业、服务业等方面得到发展，也推动整个印度尼西亚国民经济车轮的运转，为印度尼西亚从以农业为主体的经济结构走向农、工并举的经济结构，进而走向经济起飞阶段做出了一定贡献。第二，华人经济充当了印度尼西亚民族经济现代化的先锋。印度尼西亚实行引入外资的政策后，有经营经验和商业网络的华人企业往往成为外资合作的首选对象；而华人企业走向集团化、国际化后，吸收了发达国家的管理经验，发挥着引进外资和先进科技的桥梁作用，为印度尼西亚企业走向现代化起了开路先锋的作用。第三，20 世纪 70 年代以来，印度尼西亚政府始终采取调动华人资本参与其实现历次五年计划的措施，华人企业集团直接参与第四和第五个五年建设计划国家预算的投资，为国家建设提供了资金来源，有利于国民经济的稳定发展。第四，华人财团以合作或资助形式扶持原住民经济的发展。以上几方面可见印度尼西亚华人经济在国内经济建设中起着不可代替的重要作用，其他东盟国家华人经济也起着类似的作用。

笔者认为，除了上述作用的探讨外，不能忽视在经济全球化背景下华人经济的特殊作用，当前，东盟重视内外经济合作，东盟国家华人经济在区域经济合作中的地位也正在加强。由于华人移民背景的宗族性、地缘性等原因，东南亚各国华人社会之间、东南亚华人与中国之间，历来有着密切的经济往来和文化联系，早在殖民地时期就自然形成了联结国内外华人的商业网络。战后，这种相互信任的关系网络并没有削弱。随着亚太地区特别是西太平洋地区的经济联系和相互作用日益加强，随着中国改革开放的深入、经济高速增长，东南亚华人经济在东盟国家之间，或与亚太国家、与跨国公司之间的合作中，都将发挥出更大作用。尤其在东南亚与中国的双向交流合作中，扮演着最为重要的角色。

（四）关于东南亚华人企业集团的研究

东南亚华人企业集团早在战前殖民地时期业已出现，但其数量极少，规模也很有限。战后，东南亚国家独立建国，殖民主义经济的垄断地位已不存在，国内民族资本（包括华人资本）的生存发展条件发生了重大变化。20世纪70~80年代，随着东南亚国家经济的迅速发展，当地的工业化进展，东南亚华人企业集团的规模随之迅速扩大，同时涌现出许多新兴的华人企业集团，在某些国家形成了华人企业集团群，他们在华人居住国的经济发展和区域经济合作中都有十分重要的地位，在我国改革开放后的外资投资中也占有一定的地位。

对于华人企业集团的发展特点，有的学者认为：尽管东南亚各国华人企业集团具有不同的发展道路，但有着以下共同特点：①大多数企业集团以经营国内外贸易或银行保险业起家，是东南亚各国民族资本主义经济迅速发展的产物；②大多数是以银行、控股公司或投资公司为核心，经营主体产业与经营多元化产业相结合的企业集团；③以家族经营为主，形成自身的企业集团系统；④与居住国的国家资本形成互相渗透和联合的经济关系，与官僚资本关系密切；⑤与外国跨国公司资本有千丝万缕的联系，在资金、技术和市场等方面都不同程度地依赖于外国资本；⑥跨国经营，积极开拓海外市场，海外投资地区分布较广。

关于华人企业集团的处境，一般认为他们尽管在不断发展，但也面临着国家资本和公营企业、土著私人企业以及外国跨国公司的压力与挑战。尤其是居住国采取保护和扶植土著私人资本的政策，都将程度不同地影响到华人企业集团的生存与发展。1997年爆发的东南亚金融危机，对东南亚华人企业集团的打击是沉重的，尤其是危机的重灾区印度尼西亚和泰国，华人企业集团经过危机的"洗礼"已发生了重大变化。不过总体来看，由于东南亚国家在危机后实行了经济调整的政策，国际资本开始回流该地区，以及华人经济自身所具有的特点等原因，在浴火重生后，华人企业集团已进行了调整和重组，有的集团实力正在恢复，有的已获新发展，从长远看，对华人企业集团的发展前景不必抱悲观态度。

关于东南亚华人企业集团面临的问题，学者们也开始研究以下现象：居住国政府对华人企业集团经营活动的态度和政策；家族企业经营方式的优点和弊端；华人企业家的企业经营管理思想和精神，目前华人企业集团领导决策层的"新老交替"已达到高潮，新一代企业接班人的状况如何，等等。当然，在华人企业集团所作的研究中，个案分析的研究文章也占相当大的比例。例如对林绍良企业集团、郭鹤年企业集团、谢国民的正大企业集团、大华银行集团等企业集团所作的研究，对战前的印尼华人企业王国——黄仲涵总公司（Oei Tiongham Concern）从兴旺到衰亡的历史分析，等等。这些说明了对海外华人经济的研究已深入到企业研究的层面。

（五）关于华人经济网络

近年来，有关海外华人经济网络（或称华商网络）的研究方兴未艾。战后建立在亚洲经济发展基础上的海外华人经济的发展，中国改革开放后内地与港澳、世界各地华人经济联系的增强，以及 IT 革命带来的网络经济浪潮，使人们对海外华商网络的实用性格外关注。

目前，关于华商经济网络的研究主要集中在以下四个方面：①关于华商网络形成的历史过程和原因。有两种看法，一种意见认为，至迟在明初已初步形成了东亚、东南亚地区的华商海上网络；另一种意见认为，海外华人网络是在 19 世纪资本主义扩展到全球，许多国家的经济网络也扩展到世界各地这一背景下，由中国移民在中国境外建立起来的。②关于华人经济网络的特点。一般认为，以中国移民的地缘、血缘为纽带所形成的同乡会、宗亲会组织，是华人经济网络的基础，而传统的中华文化则是华人网络的精神支柱，例如，正是儒家思想所主张的人际信用等优良传统支撑着华人网络得以不断发展，资金、人才、信息都是经过人际信用关系进行流通的。所以，华人网络的特点与中华文化紧密相连。③关于华人网络的功能。"网络"就具本质意义来说，是通过多种资源的结合，巩固既有关系，建立新的关系，强化相互联系，以达到最佳效益。有的学者认为，在殖民化时期，主要是发挥华人企业"中介商"的作用；在东南亚国家独立后，则主要发挥华人的"引进外资和先进技术，发展民族经济"的作用，起着一种"把发展中的经济体与工业化的西方结合起来"的黏合剂作用。在世界经济的全球化浪潮下，海外华人经济的国际化和本地化趋势日益明显，华商经贸网络的发展以各自所在国或地区为基础，逐步扩大，从企业内部资源的结合，到企业之间的结合，进而超越国界，在世界市场内将经营资源优化结合，形成一种开放式的"蜘蛛网"式的国际近年来华侨华人经济问题研究的进展和思考经贸网络。这种网络把国与国之间、区域乃至世界的经济合作具体化、实际化，而且对华人居住国的经济发展，乃至区域经济合作的发展，都将有推动作用。④关于华人经济网络的新内涵和发展前景。在世界经济全球化、信息化、市场化日趋明显的今天，在以电子网络为代表的信息技术革命突飞猛进的今天，传统的华人经济网络已被赋予新的内容与意义，例如，新加坡李光耀资政倡议的"世界华商电脑网络"已开通，世界华商的联络有了专门的电子信息系统，华人经济网络的运用也越来越多地由被动转为主动，由自发转为自觉，华人经济网络也在更加开放的过程中实现自身的现代化。

（六）关于海外华人资本与改革开放后的中国经济

严格意义上的"海外华人资本"是指中国领土范围以外的华人资本，港澳台地区资本并不包括在内，但由于国内政府机构的多种统计数据都将港澳台资本列入"外资"范围，所以也有不少人采用这种"广义的外资"定义，用"海外华人资本"统称港澳台和华侨华人资本。

自中国改革开放以来，港澳台地区资本和海外华侨华人资本一直是中国"外资"的主要来源，也是外资向中国投资的排头兵。据《中国对外经济统计年鉴》《中国对外经济贸易年鉴》各年版统计资料计算，1979—1994 年的外资投资额中，港澳地区资本占 60.76%，台湾地区资本占 8.83%，东盟地区国家资本占 3.68%，美国资本占 15.76%。如果认定东盟国家资本主要是来自该国的华人资本的话，那么，广义上的"华人资本"则占了中国的外资投资的 73.27%，其重要性不言而喻。邓小平同志的南方谈话和党的十四大明确提出建立社会主义市场经济体制之后，外资对中国的投资更呈迅速地、大幅度地增长，1993 年以来中国获得的外来直接投资额连续多年居于世界第二位。据中国国家统计局公布的数字，1979—2000 年外商直接投资实际使用额累计已达 3467.72 亿美元，其中 1979—1991 年为 233.48 亿美元，占累计额的 6.4%；1992—2000 年为 3234.24 亿美元，占了中国改革开放以来外商直接投资累计额的 93.6%，可见，已利用外资的绝大部分是在 1992 年后进入中国的。港澳地区资本、台湾地区资本、东南亚资本也是遵循国际资本的流动规律，在 1992 年后大举进入中国大陆的。据《中国对外经济统计年鉴》等官方资料，1994—1998 年，中国实际利用外商直接投资额为 2037 亿美元，其中中国香港资本达 995 亿美元，占同期外资额的 48.86%，中国澳门资本为 23.5 亿美元，占 1.15%，中国台湾资本为 162 亿美元，占 7.97%，东南亚五国的资本为 153 亿美元，占 7.5%。广义上的华人资本占了同期外商直接投资实际使用额的 65.5%。尽管此比例与 1979—1994 年相比稍有下降，但可以看出，华人资本仍然是改革开放后外商投资的主要力量，其积极作用值得充分肯定。但是，近年来在大量利用以华人资本为主体的外资的同时，有一种看法认为今后应该多引进欧美大跨国公司的资本和技术，以提高利用外资的质量和水平，似乎华人资本质量低，就不应该再提倡引进。笔者认为，这样的看法是片面的。第一，由于华人的共同历史渊源和中华文化背景，在国际资本的流动中，只要中外有大致相同的投资环境，华人资本比之洋人外资更容易流向中国，这是我们在引进外资中将会长期存在的现象，而这也正是我国改革开放的优势之一，邓小平同志就曾明确指出："海外关系是个好东西"，中央领导也多次强调指出海外侨胞是建设社会主义市场经济的宝贵资源。所以，无论是属于哪类外资，只要符合我国吸收利用外资的基本要求，能达到互利互惠，就应该鼓励引进。第二，海外华人资本在长期形成和发展过程中呈现了一些弱点，如产业结构不够合理、科技开发能力欠缺等，但是华人资本从来就不是统一的资本类型，也并非是中小资本和劳力密集型企业的代名词，他们中不乏在国际经济中有影响的跨国集团，从事高新技术产业的也越来越多。问题的关键在于，我们的外资政策如何进一步深化和完善，能有力地引导来华投资华人资本，让其更好地做到数量与质量、规模与结构、速度与效益的统一，不断提高投资项目的质量。也可以引导一些劳动力密集型产业从沿海发达地区向内地经济不发达地区转移，使不同产业的投资在中国广大的土地上都可以找到用武之地。总之，我们应该在坚持改革开放中，提高吸收利用华人资本的水平。

与海外华人在中国投资相联系的另一个问题是，如何正确地估计海外华人资本额。弄清这个问题非常困难，或者说是不可能的。中国学术界对这一问题素来缺乏研究，多引用外国学者或报刊发表的"华人资本"或"华人资金"数字。但是，有两个估计引起了中国国内学者的疑问和批评，一是1983年10月号日本《选择》月刊发表的文章，认为分布在世界五大洲的华侨华人资金力量至少可以达到2000亿至3000亿美元的规模；对此，国内学者早在20世纪80年代中期就发表论文提出质疑和反驳。二是1992年7月18日伦敦《经济学家》杂志的一篇文章，认为大陆以外的华人拥有的流动资产总额（不包括有价证券）达到了1.5万亿美元至2万亿美元。对此估计数字，1993年12月在汕头大学召开的"世界华人经济国际学术研讨会"上，又有多位中国学者认为上述说法缺乏根据，过分夸张了华人的经济实力。当然，中国国内也有一些文章或报刊似乎是同意以上说法的，他们把"二三千亿美元"的估计数额和"二兆美元"的估计额作为根据，试图从一方面论证中国大量吸收华人资金从事经济建设的可行性。不过，大多数学者一贯认为，海外华人来中国投资的多少，并不决定于他们拥有多少资金，而是决定于中国的投资环境和政策。

（七）关于海外华人经济发展与儒家文化

战后50年的亚洲经济经历了这样的发展轨迹：20世纪五六十年代是日本经济崛起的年代，20世纪六七十年代是亚洲"四小龙"经济腾飞的年代，而20世纪 90 年代是东盟国家和中国经济后来居上、高速增长的年代，而海外华人经济与"四小龙"、东南亚国家和中国的经济发展都有密切关系，在这些国家和地区的经济增长中发挥了重要作用，其自身的经济实力也随之迅速壮大。因此，前几年人们在探讨东南亚经济繁荣的根本原因时，也很关注儒家文化在战后海外华人经济发展中所起的作用，一时间"儒家文化致胜论"流行起来。1997 年爆发了东亚金融危机后，对儒家文化的评价又出现相反的说法，一些论著将金融危机的发生归咎于儒家文化传统的消极影响（如"家族主义""过于重视亲情和人际信用"等等），认为儒教资本主义失败了。

那么，所谓儒家文化到底对海外华人经济的发展、华商的成功起了什么作用呢？近年来发表的论著不少，大致上有以下三种代表性观点：

第一，认为华人经济在战后迅速发展的主要原因，在于华人所在国（或地区）推行了实施工业化的政策，华人经济是在当地经济发展的基础上"飞"起来的，例如东南亚国家的华人企业集团的兴起与发展就是当地国家推进工业化、发展本国民族经济的产物。也可以说，是华人企业抓住了当地工业化和国际经济分工合作带来的机遇。因此，华人经济发展主要应从当地国家所处的具体的政治、经济、社会条件去找原因，至于其他因素诸如文化的影响等等，不能说没有影响，但主要原因在于当地政治经济的发展造成有利于华人经济成长的大环境，主次应该分清，不能把儒家文化夸大到对华人经济发展起决定性作用的地步。即或是"四小龙"中经济最发达的新加坡，其成就也不能轻言为儒家文化成功影响经济发展的例证。

第二，强调华人经济中最具有生命力、最活跃的部分是千千万万的华人企业，而主宰华人企业的华人企业家的精神内核就是儒家文化，认为华人企业家的核心是重伦理，崇道德，讲仁义，倡境界。他们摒弃西方那种唯利是图、尔虞我诈、金钱至上的丑陋现象，信奉"君子爱财，取之有道"，坚持"仁中取利，义中求财"。华人企业家用自己的成功证明了东方文化的无穷魅力和儒家学说的现代价值。显然，这里夸大了某种文化的影响，是很明确的"儒家文化致胜论"。

第三，认为在考察华人经济发展时，必须重视"经济驱动力"和"文化凝聚力"两种力量。文化对于经济的主要作用集中体现在两个方面：一是作为经济行为主体——经营者行为的潜在指南，对经营者经济行为起方向作用；二是以特定的共同文化背景产生的认同感、亲近感，有可能转化为经济合作伙伴，发展成网络关系。当然，东南亚各国华人经济发展的具体原因和过程又不尽相同，总起来看是"二战"结束后东南亚国家的政治、经济的发展，使华商获得了难逢而独特的历史机遇，但与此同时，具有与当地原住民不同文化传统的华商企业，其自身的优势和面临的挑战，以及它们在各国经济发展中如何发挥民族经济作用，都有着十分复杂的原因，并非简单地用经济与文化的关系能说清楚，需要深入地细致地作分析研究。那种认为儒家文化是东南亚华人在经济上获得成功的主要动力的说法，那种认为儒家文化是发生东南亚金融危机内在根源的说法，都是片面的和表象的看法。

（原载于《暨大学报》2002 年第 1 期）

两次世界大战之间的东南亚华人移民与经济

19世纪末20世纪初，随着西方资本主义过渡到帝国主义阶段，欧美殖民者不断扩大在东南亚殖民统治的范围，同时加紧了对殖民地的掠夺和资本输出。宗主国不仅把殖民地当成自己的商品市场和原料产地，而且有大量资本侵入东南亚，开设工厂、矿山、发展种植园，造成了有利于资本主义发展的环境，使东南亚经济与资本主义市场的联系更加密切。这些变化，也给华侨经济的发展带来了重要机遇，使华侨商业（包括零售业、中介业）、对外贸易业（包括进出口贸易）、工业（采矿业、加工业、制糖、木材、纺织等）、种植业（橡胶、椰树、胡椒、菠萝等经济作物）、交通运输业（主要是航运业）、金融业等都得到一定程度的发展。尽管华侨经济是在西方资本掠夺、压迫的隙缝中，是在殖民地社会内部挣扎着发展起来的民族资本主义经济，但是它已标志着海外华侨近代新式工商企业的兴起，也连带产生了海外华侨社会中的新一代企业家。

1914年爆发的第一次世界大战及战后东南亚经济的短暂繁荣，又给予世界市场密切联系的华侨经济以新的发展机会，刺激了华侨经济的发展和繁荣。战争中，欧洲殖民者无力东顾，投资减少，同时对那些与战争有关的原料和商品需求大增，所以与战争密切关联的经济部门得以迅速发展。也正是从这一时期开始，华侨金融业也随着华侨经济的发展进入了蓬勃发展的阶段。第一次世界大战后，世界经济迅速恢复，对东南亚原料和农产品等的需求量大幅度增加，使东南亚华侨有更多的机会参与初级产品的生产、加工和供应，一些华人工商企业家经营进出口，或利用当地原料进行加工，制成初级产品或消费品，行销本国和海外市场，获得巨大利润，一些华人企业集团亦逐渐形成。因此，第一次世界大战至20世纪30年代世界经济危机爆发前，华侨经济在东南亚经济相对繁荣的年代，奠定了近代工商企业的发展基础，并出现过一段"黄金时期"，研究这一历史阶段的东南亚华人移民和经济，是华侨经济史的重要课题，有着特别的意义。

一、中国移民的迅速增加

第一次世界大战后东南亚的经济发展，吸引了中国南方大批劳力的南渡谋生。因此，这一时期南洋各国的中国居民人口迅速增加，是与南洋当地华侨经济的发展对劳动力和从业人员的需求增加联系在一起的。

国民政府侨务委员会发言人称，根据可靠调查，20世纪30年代初的海外侨胞人数总计已达到1220万人，"其中以侨居南洋群岛，如暹罗、英属马来群岛、荷属东印度为多数，在780余万人以上，其次则为侨居亚洲各国者，如日本、朝鲜、越南、西伯利亚等处（中国香港、中国澳门除外）人数约400万人，再次为南北美洲各地，约30余万人，其他如澳洲南太平洋群岛及欧洲各国者共计亦有10余万人"。[1]又据日本学者福田省三统计，南洋各国华侨总人数在20世纪30年代达到700余万，[2]与上述侨委会所说数字相近。华侨人数的增加，除了有在当地自然增殖的人口以外，还为大规模的中国移民涌入东南亚各国所决定。以中国南方主要的移民港口为例，向海外移民的人数，汕头港口在1922年至1930年间，年平均人数近18万人，其中最高年份1927年时达到234891人；厦门港在1922年至1928年间，平均人数达到近12万人，最高年份1926年达到233022人；经香港移向海外的中国移民人数，1922年至1930年年均达到近19万人，最高年份1927年达到285593人。[3]因此，随着第一次世界大战后东南亚华侨经济的繁荣和发展，在中国国内饱受战乱和贫困威胁的南方沿海各省人民，纷纷渡海赴南洋。在1920年至1930年间，尤其是1927年前后，中国海外移民出现了第二次高潮。

如果从东南亚各国华侨人口的具体增长数字来看，1930年华侨人数的多少，依次为：暹罗（泰国）、英属马来亚、荷属东印度（印度尼西亚）、印度支那（越南、柬埔寨、老挝）、缅甸、菲律宾等。福田省三的研究中，列举了暨南大学1933年的调查数字和国民政府侨务委员会1934年的调查数字，暹罗华侨人数为250万人。[4]在1918年至1931年的13年间，暹罗有来自中国的净移民（出入暹罗的中国

①　国民党中央海外党务委员会《海外月刊》编辑委员会：《海外月刊》1933年第12期，南京，第78页。
②　福田省三：《華僑経済論》，岩松堂书店，东京，1939年，第85~86页。
③　游仲勳：《華僑経済の研究》，亚洲经济研究所出版，东京，1969年，第25~26页。
④　转引自福田省三：《華僑経済論》，岩松堂书店，东京，1939年，第83页。

移民数相抵后）50 万人，而 1882 年至 1917 年的 35 年间，来自中国的净移民数仅为 35 万人。① 因此，1918 年至 1931 年是暹罗各历史年份中华侨人口增长最快的时期。随着英国资本加紧开发马来亚资源，大批华人廉价劳动力源源流入了这个国家。据统计，1911 年时马来亚的华侨人数为 916600 人，占总人口数的 34.2%；1921 年、1931 年、1941 年的上述数字分别是 1174800 人（占 35%）、1709400 人（39%）、2379200（占 43%）。从这里可以得出，马来亚华侨在 30 年内（1911 年至 1941 年）增加了 146.26 万人，增长最为迅速的时期也是在 1920 年至 1931 年这一经济繁荣时期，增长率超过前 10 年一倍。② 荷属东印度（印度尼西亚）的华侨人口也是在第一次世界大战后得到了迅速发展，据荷属东印度政府中央统计局《1930 年人口调查》数字，1920 年时华侨人口为 809039 人，到 1930 年已达到 1233214 人，10 年间增加额达到 42.4 万人，这一时期年平均增长率（5.2%）为前 20 年（2.5%）增长率的 2 倍。殖民地经济在战后发展吸引了大量中国移民，是荷属东印度华侨人口迅速增长的重要原因。在 1901 年至 1920 年的期间内，曾有 55 万多名中国移民到达荷属东印度，其后 10 年又有 30 万人左右到达这里。这些数字，只包括由自己负担费用并取得"入境准字"而到达荷属东印度的人，不包括根据合同被运到荷印的中国苦力，荷属东印度官方统计，上述中国劳工数字仅在 1912 年至 1933 年期间，就达 22.5 万人。③ 法属印度支那（越南、柬埔寨、老挝）的华侨人数在 1921 年时约为 29.3 万人，1931 年时已达到 41.8 万人，④ 在第一次世界大战后也有较快的增长。又据帕赛尔研究，在太平洋战争爆发以前，1940 年的印支华侨总数应为 46.7 人。⑤ 缅甸华侨虽然在该国经济中的作用远不及有巩固经济地位的印度侨民，但是在第一次世界大战后的经济发展时期，人数也有相应增加。1911 年时华侨人数为 122843 人；到 1931 年时，根据人口普查资料，华侨数量达到 193594 人，10 年内增长幅度达 30%。⑥ 另一项调查即暨南大学的调查资料显示，缅甸华侨在 1933 年时达到 30 万人。⑦ 在第一次世界大战后的 10 多年中，菲律宾的华侨人口也有较快的增长。根据 1918 年的人口普查，登记的中国侨民共计 43802 人，到 1939 年人口普查时则达到 117487 人。⑧

---

① 斯金纳：《泰国华侨社会：史的分析》，转引自厦门大学南洋研究所《南洋问题资料译丛》1964 年第 3 期。

② 帕塞尔：《马来亚的中国人》，转引自《南洋问题译丛（一）》，厦门大学南洋研究所出版，1963 年，第 13 页。

③ 荷印政府《1930 年人口调查》，第 49 页，转引自《南洋问题资料译丛》1963 年第 1 期。

④ 帕塞尔：《东南亚的中国人》，转引自厦门大学南洋研究所《南洋问题资料译丛》1958 年 2~3 期。

⑤ 帕塞尔：《东南亚的中国人》，转引自厦门大学南洋研究所《南洋问题资料译丛》1958 年 2~3 期。

⑥ 赵松乔：《缅甸地理》，科学出版社，北京，1958 年，第 111 页。

⑦ 福田省三：《華僑経済論》，岩松堂书店，东京，1939 年，第 83 页。

⑧ 帕塞尔：《东南亚的中国人》，转引自厦门大学南洋研究所《南洋问题资料译丛》1958 年 2~3 期。

但此数字并没有将全部的菲律宾华侨统计在内。另据《南洋通报》社估计，在 1939 年的 11.7 万多名参加人口普查的华侨之外，加上秘密入境者及信仰基督教后改用菲律宾人名者，总数应有三四十万人。[①]

二、华侨经济的繁荣和发展

这一时期东南亚华人移民和人口的迅速增长，反映了华侨经济的繁荣和发展。据日本学者福田省三估计，1930 年时，东南亚华侨投资额总计约 40.64 亿日元，折合美金约为 10.54 亿美元。从华侨投资在各行业的比重来看，商业（国内，国外贸易）占 45.04%，农业种植业占 22.16%，金融业占 17.23%，工业占 10.1%，矿业占 2.54%，其他占 5.93%。[②] 若以东南亚各国华侨的投资额来看，英属马来亚和荷属东印度的华侨投资则占了一半以上。具体说来，英属马来亚的投资额达到 4.93 亿叻币，荷属东印度达到 6.55 亿荷盾，菲律宾达到 2.18 亿比索，法属印度支那达到 30.5 亿法郎，暹罗达到 6 亿铢，[③] 表明华侨经济力量在 20 世纪 30 年代经济危机爆发前已发展到一定规模。

当然，在第一次世界大战至世界经济危机爆发以前这一时期，东南亚各国的华侨经济又各具特点，繁荣和发展的程度亦有很大差别。

马来亚。英属马来亚经济的两大支柱是橡胶和锡。华侨是马来亚橡胶种植业的开拓者和奠基人，但是欧洲资本经营的橡胶园长期占有优势地位。第一次世界大战中，由于市场需求猛增，华人橡胶业在 1914 年后得到了较快发展，到战争结束时，欧洲资本所拥有的橡胶园面积已不占优势地位。1921 年，在马来亚 222.6 万英亩的橡胶种植园面积中，华侨大约拥有 50 万英亩，占 25% 左右，[④] 1925 年至 1926 年，橡胶价格上扬到 1910 年以来的最高点，每担胶价由数 10 元涨至 200 余元，华侨投资橡胶种植业也在这时达到高潮，一些咖啡、菠萝、椰子种植园也改种橡胶。据英国商务官员的报告，到 1928 年，华侨拥有的橡胶种植面积已占全马来亚橡胶种植总面积的 1/3 以上。[⑤] 著名华侨实业家陈嘉庚先生也正是在

---

① 转引自黄滋生等:《菲律宾华侨史》，广东高等教育出版社，广州，1987 年，第 314~315 页。

② 福田省三:《華僑経済論》，岩松堂书店，东京，1939 年，第 101~102 页。

③ 福田省三:《華僑経済論》，岩松堂书店，东京，1939 年，第 101~102 页。

④ 福田省三:《華僑経済論》，岩松堂书店，东京，1939 年，第 138 页。

⑤ 转引自福田省三:《華僑経済論》，岩松堂书店，东京，1939 年，第 139 页。

华人经济

1924—1926年间达到了经营的全盛时期，"为得利最多及资产最巨之时"，[①]拥有橡胶园 1.5 万英亩，开办橡胶制品厂，还经营米厂、木材厂、冰糖厂、饼干厂、皮革厂等，厂房达30多处。他的资产在全盛时期（1925年）达到1200万元叻币（约值黄金百万两）。[②]橡胶种植业的发展，推动了橡胶加工制造业和橡胶贸易业的兴起和发展。马来亚华侨橡胶加工业占有重要地位，新加坡是橡胶工业的中心，20世纪二三十年代，已有多家企业把收购的橡胶汁加工成生胶片以供出口，加工橡胶企业有陈嘉庚公司、信诚、振咸丰公司、庆兴公司、新成茂、益和等等，总共百余家。[③]华侨经营的橡胶出入口贸易也在这一时期蓬勃发展起来。1919年，新加坡华侨经营橡胶出入口贸易者已达四五十家之多，还成立了"新加坡树胶公所"这一同业公会组织。到1928年时，有记录可查的橡胶贸易商店已有261家。[④]实际上，橡胶加工和贸易往往是两位一体，许多华侨经营者都集加工与贸易于一身，他们以新加坡为中心，已形成了一个包括周围国家城市在内的橡胶收购、加工和贸易网络。除了橡胶加工业，新加坡还有华侨经营的橡胶制品工厂，规模最大的是陈嘉庚的橡胶熟品制造厂和张永福的平民橡胶厂。陈嘉庚橡胶厂生产的胶鞋、轮胎和日用品，远销新加坡内外，在中国、南洋以及世界各大城市设立分销店100多处，直接代理商遍及五大洲。我国20世纪20年代到30年代的学生和市民很多人都穿过钟标牌的陈嘉庚鞋。

锡矿业是马来亚经济的第二命脉，华侨也是开采、经营锡矿的先驱者。20世纪以前，华侨锡矿几乎占全马来亚锡矿产量的95%以上。20世纪初以来，由于欧洲资本迅速投放锡矿业，采用新式机械和方法采矿，华侨所占比例逐渐缩小。1920年，华侨锡矿产量占马来亚联邦锡矿总产量的64%，1925年占56%，1930年占37%，以后由于受到世界经济危机的影响，所占比例更趋减少。但华侨工人一直是开采锡矿的主要劳动力大军，据1924年马来联邦年报统计，仅联邦州就有11.4万多名华侨在从事与锡矿有关的工作。1928年，马来亚锡矿工人有90%是华侨工人。[⑤]

随着华侨经济的发展，华侨资本规模的扩大，华侨金融业也进入了一个新阶段。从1903年广东人黄亚福创办第一家华侨银行"广益银行"开始，到第二次世界大战前，共有12家华侨银行在马来亚各地建立，其中和丰、华侨、太平、怡保

① 陈嘉庚：《南侨回忆录》，新加坡南洋印刷社，1946年，第415页。
② 张楚琨：《陈嘉庚光辉的一生》，《回忆陈嘉庚》，文史资料出版社，北京，1984年，第3页。
③ 福田省三：《華僑経済論》，岩松堂书店，东京，1939年，第141~142页。
④ 杨进发：《战前星华社会结构与领导初探》，新加坡南洋学会出版，1977年，第25页。
⑤ 福田省三：《華僑経済論》，岩松堂书店，东京，1939年，第147页。

中兴、利华、华侨银行（新）、华人联合银行（后改名为大华银行）、万兴利银行都是在第一次世界大战中和战后创立发展起来的。无疑，华侨银行的创立和发展，打破了西方银行对金融汇兑和银行信贷的垄断局面，加强了华人经济与世界经济的联系，有利于华侨经济的生存和发展，也促进了华侨经济事业从家族型经营向现代化经营方式的转变。

马来亚华侨经济的繁荣和发展，还表现在其他行业。华侨在马来亚的椰油制造业中占有很大分量，其他如菠萝、硕莪的加工业以及碾米业几乎由华侨经营。在马来亚的对外贸易中，新加坡、槟榔屿是最重要的贸易港口和货物集散地，华侨进出口商占出口贸易额的 10% 至 20%，国内零售业、中介商业几乎全为华侨所经营，据称有 30 万华侨从事中介、零售业。[①]

总之，在 20 世纪 30 年代世界经济危机之前，英属马来亚华侨在锡矿业、橡胶业中分别占有 50% 左右和 30% 左右的产量，而在国内贸易和农产品加工业中则处于支配地位。据研究，马来亚华侨在锡矿业、橡胶种植和加工业、碾米业、菠萝种植和加工业、椰油业等生产事业的投资已达 3.18 亿叻币，如果加上贸易、金融和其他行业，投资总额已近 5 亿叻币。[②]一批著名的华侨企业家或是在两次世界大战之间的"景气"时期达到了他们事业的高峰，或者奠定了雄厚的发展基础。他们不仅集中了较大规模的资本，而且在多元化企业的经营方面走出了一条道路，例如上述的陈嘉庚以及廖正兴、蔡子庸、林秉祥、胡文虎、李光前、林义顺、陈六使等，都是当年的百万富翁。集工、商、航运、金融于一身的林秉祥和丰公司，在 20 世纪 20 年代鼎盛时期，不仅拥有著名的和丰轮船公司，还有水泥厂、椰油厂、碾米厂、肥皂厂，并以 600 万元的雄厚资本创办了和丰银行，和丰公司属下的雇员当在数千人以上。[③]

荷属东印度（印度尼西亚）。第二次世界大战以前，荷属东印度经济是典型的殖民地经济结构，大量输出砂糖、咖啡、茶叶、金鸡纳霜、橡胶和烟草等原料，同时大量进口工业品，因此，华侨经济的生存、发展，与上述出口产业亦有密切关系。据 1930 年统计，以华侨职业来看，从事商业的占 36.6%，从事农业、种植园和矿业等原料生产者占 30.2%，从事工业者占 20%，其次为交通业和自由职业等，占 13.2%。[④]从这里可以看出，荷印华侨在"二战"前仍以经营商业和从事原

---

① 福田省三：《華僑經濟論》，岩松堂书店，东京，1939 年，第 151~152 页。
② 福田省三：《華僑經濟論》，岩松堂书店，东京，1939 年，第 151~152 页。
③ 杨进发：《战前星华社会结构与领导初探》，新加坡南洋学会出版，1977 年，第 110 页。
④ 荷印政府中央统计局 1940 年《印尼年鉴》所载 1930 年调查资料，转引自福田省三：《華僑經濟論》，岩松堂书店，东京，1939 年，第 263 页。

料生产为主。经营商业的华侨大多是小商、小贩等零售商人，也有相当数量的中介商人，而大批发商则多为欧洲资本所占有。华侨商人活跃在印度尼西亚各地，深入穷乡僻壤，销售进口或本地商品，同时收购农产品、土特产等原料，以供出口。据调查统计，"以资本额而言，荷属东印度华侨土产商资本在 10 万盾以上者，有 1500 家；杂货商在 5 万盾以上者，有 1250 家；布匹商在 5 万盾以上者有 600 余家。余如普通商人，资本在 1 万盾者，有 28000 家，大资本在 50 万盾以上者，有 140 家；100 万盾以上者，有 50 家；1000 万盾以上者，有 8 家，总计东印度华侨财富，当在 79250 万盾"。① 若以当时的汇率 1 盾等于 40 美分计算，② 资本不足 5000 美元（1 万盾）的华侨小商人占了华侨商人的绝大多数，而资本在 20 万美元以上的大商人则不足 200 家，正是这些数量巨大的华侨中小商人，在荷属东印度进口商品的销售业务和出口产品的收购方面占据着优势地位。荷属东印度的对外贸易几乎都被欧洲资本尤其是荷兰资本所控制，华侨只占总额的 10% 左右，但是在大米的进口和砂糖的出口业中，华侨却占有重要地位。大米主要从越南、泰国、缅甸、印度等地输入，其中 90% 由华侨经营。经济危机爆发前每年进口大米约 70 万吨，价值约 8000 万盾至 1 亿盾，进口金额在荷属东印度输入商品中居第 2 位。砂糖是印度尼西亚的主要出口商品；"糖王"黄仲涵等经营的砂糖出口，1926—1933 年每年平均达 33 万吨左右，③ 若以印度尼西亚 1928 年砂糖的出口总量 3028417 吨计算，④ 华侨约占 1/10 以上。

在生产事业方面，华侨糖厂占有一定分量。据 1921 年统计，荷印的糖厂中，职工 6 人以上的有 194 间，其中华侨拥有 20 间，⑤ 1930 年时，荷属东印度糖厂有 179 家，其中华侨糖厂 13 家，占总产量的 4%。黄仲涵拥有 5 家糖厂，占华侨糖厂总产量的 57%。若以资本规模来看，1924 年时华侨资本投入糖业达 1.4 亿盾，占总投资的 16.6%，⑥ 1929 年前后，华侨投资达到 2.2 亿盾，占总投资的 26%，其余是荷兰资本占 42%，其他西方资本占 27%。⑦ 荷属东印度的橡胶生产量仅次于马来亚而居世界第 2 位，欧洲资本的大种植园占据优势地位，但华侨经营的小胶园却占荷属东印度橡胶产量的 40.5%。⑧ 在其他的经济作物种植方面，华侨也有小

① 丘守愚：《二十世纪之南洋》，商务印书馆，上海，1934 年，第 180 页。
② 游仲勋：《華僑経済の研究》，亚洲经济研究所出版，东京，1969 年，第 146 页。
③ 蔡仁龙等：《印度尼西亚华侨史》，海洋出版社，北京，1985 年，第 377 页。
④ 丘守愚：《二十世纪之南洋》，商务印书馆，上海，1934 年，第 143 页。
⑤ 刘继宣，束世澂：《中华民族拓殖南洋史》，国立编译馆出版，上海，1934 年，第 314 页。
⑥ 李长傅：《南洋华侨概况》，暨南大学南洋文化事业部出版，1930 年，第 314 页。
⑦ 丘守愚：《二十世纪之南洋》，商务印书馆，上海，1934 年，第 127 页。
⑧ 李国卿著，郭梁等译：《华侨资本的形成和发展》，福建人民出版社，1984 年，第 173 页。

规模经营，若以 1924 年各类经济作物的总投资为 100% 的话，那么华侨投资于橡胶种植业占 1.6%，烟草占 1.5%，茶叶占 6%，咖啡占 3.3%。[①] 在工业方面，以生产出口产品为主的较大规模的工业，几乎由外国资本垄断，但是与当地人民日常生活密切相关的工业，例如碾米业和卷烟、花裙、家具制造业中，华侨均占有一定地位。1927 年时荷印碾米厂计有 694 间，其中 80% 由华侨经营。[②]1931 年时全爪哇有花裙厂 4384 间，华侨经营的占 727 间，仅次于印尼人居第 2 位。[③]此外，华侨在渔业生产中也占有一定比例。荷印最大的渔业基地苏门答腊巴眼亚比渔场，几乎全由华侨经营，每年加工大量的鱼干、咸鱼以及鱼虾酱行销爪哇等地。1928 年时渔产品出口额达到 500 万盾。[④]

随着华侨经济的逐步发展，荷印华侨也涉足金融保险业。在 20 世纪二三十年代，已有华侨开办的 5 家银行，总资本约 1500 万盾，不过，与西方资本银行相比，其资本规模很小，多为地方性的小金融机构。

（1）暹罗（今泰国）。暹罗经济的主要支柱是大米、锡和柚木。碾米业（又称火砻、米绞）是其重要工业，1930 年，曼谷有碾米厂 80 间，几乎由华侨所经营。[⑤] 1939 年全暹罗的碾米厂发展到 942 间，其中曼谷地区 102 间，其他地方 840 间，[⑥] 全部由华侨经营，其从业人员也几乎全是华侨工人。碾米厂加工用的稻谷，多来自遍布暹罗农村的杂货店以及华侨收购商；碾出的大米，则由华侨米商出口。米业交易的中心，在湄南河沿岸以至曼谷近郊，这里是暹罗华侨最为集中的地区。以米业为中心，华侨经营的杂货业、林木业、渔业、内河航运业也十分兴旺。在生产事业方面，除上述碾米业外，华侨在泰国的木材加工业、火柴制造业也占有垄断地位，在锡矿、橡胶、甘蔗的生产量中，也有一定份额。

泰国的出口贸易商品主要是暹罗大米，1926 年至 1930 年，暹米出口额占其出口总额的 70%。[⑦]输入品主要供当地消费用的纺织品、罐头食品以及杂货等。华侨在暹罗的对外贸易中扮演着重要角色，占出口贸易的 60% 和进口贸易的 40%。据兰敦的《泰国的中国人》一书所引用的材料统计，各国在泰的大进出口公司数目中，1933 年时欧洲资本 112 家，华侨资本 61 家，泰国资本 38 家，印度资本 16 家，日本资本 8 家；1940 年时欧洲资本 103 家，华侨资本 98 家，泰国资本 56 家，

① 福田省三：《華僑經濟論》，岩松堂书店，东京，1939 年，第 273~274 页。
② 福田省三：《華僑經濟論》，岩松堂书店，东京，1939 年，第 273~274 页。
③ 凯特著，王云翔等译：《荷属东印度华人的经济地位》，厦门大学出版社，1988 年，第 127 页。
④ 福田省三：《華僑經濟論》，岩松堂书店，东京，1939 年，第 270~271 页。
⑤ 丘守愚：《二十世纪之南洋》，商务印书馆，上海，1934 年，第 356 页。
⑥ 郁树锟主编：《南洋年鉴》，南洋报社有限公司，新加坡，1951 年，癸第 194 页。
⑦ 丘守愚：《二十世纪之南洋》，商务印书馆，上海，1934 年，第 369 页。

印度人 35 家，日本人 7 家。其实在"泰国人"的旗号下也有一些是以泰人招牌经营的华侨商号。[①]在所有东南亚国家的对外贸易中，泰国华侨所占的地位最为重要。虽有外国公司的日益剧烈的竞争，但华人至 19 世纪末仍占有该国全部对外贸易额的一半以上。这一情况直到第二次世界大战都没有改变。[②]暹罗零售业除极少部分由印度人经营外，几乎由华侨经营。据 1930 年调查，仅华侨杂货商就达到 1325家。[③]"曼谷各街衢中，举目一望，除少数洋行外余皆为华侨商店"。[④]

在第一次世界大战后华侨经济的发展过程中，暹罗华侨也出现了资本集中的趋势，一些资本多元化经营的华侨企业集团取得成功，如陈守明的"黉利企业集团"、廖公园的"禀荣兴企业集团"、陈鸿仪的"陈炳春企业集团"、蚁光炎的"光兴利企业集团"、郑大孝的"顺福成企业集团"、金财气的"财合企业集团"、许添福的"许和发企业集团"、许仲宜的"老长发企业集团"等，他们在其经营的主要产业部门的投资，总计达到 12300 千铢。[⑤]

（2）菲律宾。第一次世界大战期间和战后初期，国际市场对菲律宾的原料产品需求大增，美菲资本家抓住时机大量投资，菲律宾经济出现了相对繁荣的局面。华侨在这样的经济环境中也增加了投资，在农产品的收购、加工、出口和菲国航运业方面有较大发展。据估计，1930 年时华侨投资或资产额达到 1.09 亿美元（以当时汇率 1 美元等于 2 比索计算）。[⑥]又据菲律宾农商部 1932 年统计，华侨零售业占有重要地位，华侨经营的零售商店达 13758 间，占 19.2%，[⑦]比之 1912 年增加500 余间。到 1941 年时，华侨零售业营业额占菲零售总额的 44.21%。[⑧]若从投资额看，在米麦加工业中占 92.38%，在进出口业中占 26.9%，椰干业占 48.31%，棉毛纺织业占 26.9%，麻业占 23.14%，木材业占 55%，烟草占 4%。[⑨]从以上数据可以看出，华侨在菲占有主导地位的经济部门是米麦加工业、木材业和椰干业。第二次世界大战前，菲律宾的 2500 家碾米厂中，华侨占 75%。[⑩]1935 年，菲律宾

---

① 转引自厦门大学南洋研究所《南洋问题译丛》（一）1963 年第 1 期，第 43 页。
② 转引自厦门大学南洋研究所《南洋问题译丛》（一）1963 年第 1 期，第 43 页。
③ 丘守愚：《二十世纪之南洋》，商务印书馆，上海，1934 年，第 376 页。
④ 国立暨南大学南洋美洲文化事业部编辑出版《南洋情报》，上海，1933 年，第二卷第 4 期，第 197 页。
⑤ 李国卿著，郭梁等译：《华侨资本的形成和发展》，福建人民出版社，1984 年，第 83 页。
⑥ 福田省三：《華僑経済論》，岩松堂书店，东京，1939 年，第 384 页；又见游仲勋：《華僑経済の研究》，亚洲经济研究所出版，东京，1969 年，第 157 页。
⑦ 晓沧编：《菲律宾岷里拉中华商会三十周年纪念刊》（丁编），菲律宾马尼拉中华商会出版部，1936年，第 40 页。
⑧ 黄明德：《菲律宾华侨经济》，台湾"侨务委员会"印行，台北，1956 年，第 142~143 页。
⑨ 晓沧编：《菲律宾岷里拉中华商会三十周年纪念刊》（乙编），菲律宾马尼拉中华商会出版部，1936年，第 41 页。
⑩ 转引自黄滋生等：《菲律宾华侨史》，广东高等教育出版社，广州，1987 年，第 328 页。

204 家木材厂中，华侨经营的达 148 家，投资额为 2679658 比索，占木材业总投资的 88%，木材主要销售国内市场，内销木材中 40% 是华人企业生产的。[①] 著名华侨企业家李清泉，从事植林、采伐、制材、加工、销售、出口等系列经营，创办多家企业，木材年产量占全菲总产量 1/10，[②] 被称为"木材大王"。在华侨工商业发展的同时，华侨金融业也有相应发展，在 1929 年至 1933 年世界经济危机爆发前，首都马尼拉有中兴、华兴、民兴三家华侨银行。中兴银行创立于 1920 年，到 1931 年该行总资产为 2408 万比索，占全菲各银行总资产的 9.96%，[③] 该行对菲华经济的发展起过重要作用。此外，华侨开办的信局（又称"批馆"）和保险公司也十分活跃，信局是专门处理华侨书信与汇款的私营邮局，当时也是一种金融机构，大多为"客头"（接洽招募移民者）所经营。据 1939 年统计，马尼拉有华侨开设的信局 83 家，大保险公司 7 家。[④]

（3）印度支那。越南、老挝、柬埔寨三国被通称为"印度支那"，19 世纪后半期法国殖民者控制了这一地区，并于 1900 年组成"法属印度支那联邦"。越南是东南亚的主要产米国家之一，大米的生产和出口决定着这个国家的经济命脉。华侨资本在越南大米的生产、收购、运输、碾米、出口中，起着重要作用。华侨收购商遍布南方产米区的村落小肆，将收购来的大量稻谷转运至都市，售予碾米厂加工。20 世纪 30 年代初，仅堤岸一地，华侨大米收购商就有百家以上，"至于以船只下乡收购之中介商，在南圻一区，约有三千左右"。[⑤] 米业的中心在西贡和堤岸，最大的碾米厂都设在这里。1911 年时，堤岸有碾米厂 11 间，华侨经营的 9 间，法国资本 2 间。[⑥]1932 年调查，堤岸有米厂 78 家，75 家是华侨经营，另有 3 家是法国资本。[⑦] 大米出口占越南输出总额的 60%~70%，主要输出地是中国香港、华南、荷属东印度、英属马来亚，主要经营者是华侨进出口商人。据估计，若以 1929 年进出口额为例，华侨商人经营的约占对外贸易总额的 38%，合计约 20 亿法郎，其中大米出口达 11.19 亿法郎。[⑧]

---

① 杨建成主编：南洋研究史料丛刊第九辑《三十年代菲律宾华侨商人》，中华学术院南洋研究所印行，台北，1984 年，第 75 页。
② 转引自黄滋生等：《菲律宾华侨史》，广东高等教育出版社，广州，1987 年，第 330 页。
③ 晓沧编：《菲律宾岷里拉中华商会三十周年纪念刊》（乙编），菲律宾马尼拉中华商会出版部，1936 年，第 37~38 页。
④ 杨建成主编：南洋研究史料丛刊第九辑《三十年代菲律宾华侨商人》，台北中华学术院南洋研究所印行，台北，1984 年，第 94~100 页。
⑤ 郁树锟主编：《南洋年鉴》，南洋报社有限公司，新加坡，1951 年，癸第 216 页。
⑥ 福田省三：《華僑経済論》，岩松堂书店，东京，1939 年，第 196、206、221 页。
⑦ 郁树锟主编：《南洋年鉴》，南洋报社有限公司，新加坡，1951 年，癸第 216 页。
⑧ 福田省三：《華僑経済論》，岩松堂书店，东京，1939 年，第 196、206、221 页。

华侨在越南、柬埔寨的捕鱼业、航运业、糖业、锯木业、香料贸易业等方面亦具有十分重要的地位。在渔业方面，居住在芒街地区的华侨不仅务农，也积极从事渔业，那里共有 21 个渔村。1929 年他们在深海捕鱼 5800 吨；柬埔寨华侨也在该国的捕鱼、干鱼业及干鱼出口业中占有优势地位。在柬埔寨和越南南方的内河交通中，华侨航运业十分发达，据 1921 年的统计，在交趾支那的 15.63 万名华侨中有 5500 人，在柬埔寨的 9.1 万人有 2690 人从事此业。此外，印度支那南部的锯木厂，也多数为华侨所经营。[①] 但是，印度支那华侨的经济力量远不及马来亚、荷属东印度那样强大，更无法与印度支那的外国资本相比，据美国学者卡里斯（Helmut G. Callis）著的《东南亚外国人资本》估计，1941 年印度支那的外国人投资额为 3.84 亿美元，华侨投资额为 8000 万美元，仅占全部外资额的 20% 左右。[②]

三、几点看法

综上所述，在第一次大战期间及战后东南亚经济的相对稳定发展期间，各国华侨经济也有不同程度的发展，而且表现出如下共同的特点。

第一，在东南亚各国的商业中均占有较大比重和势力，尤其是零售业和中介商业，大都由华侨经营；他们向小生产者收购国内外市场所需的原料或产品，同时销售进口的工业制成品或其他商品。

第二，华侨在东南亚的主要资源产品生产和加工方面占有优势地位，例如橡胶、锡、椰干和砂糖生产等。

第三，华侨在东南亚的大米加工及其对外出口方面占有优势地位。

第四，第一次世界大战后华侨经济的发展，使华人资本的积累和扩大再投资有了更大余地，从而进一步促进了华侨金融业的发展。在经济危机爆发前，东南亚华侨由于进行经济活动的迫切需要，已普遍建立起自己经营的银行。

以上特点说明了什么问题呢？

第一，东南亚华侨经济已成为当地民族经济的重要组成部分，是所在国经济的重要力量。当地资源的开发、加工和贸易，当地城乡商品流通渠道和市场的形成，当地资本的积累和扩大再生产，华侨经济都发挥了重要作用。

---

① 帕塞尔：《东南亚的中国人》卷 4，转引自《南洋问题资料译丛》1958 年 2–3 期。

② H. G. Callis, *Foreign Capital in Southeast Asia*, Pacific Relational Institute. New York, 1942, p.84.（卡利斯：《东南亚的外国人资本》，纽约：太平洋学会，1942 年，第 84 页。）

第二，东南亚华侨经济同时又是在殖民经济支配之下，它主要是建立在东南亚的商业、对外贸易以及资源、粮食的生产和加工这一基础之上，与西方资本主义宗主国市场紧密相连，缺乏强有力的工业生产部门作后盾，具有较大的脆弱性，所以当 1929 年至 1933 年世界经济危机席卷而来之时，华侨经济便首当其冲，容易遭受到经济恐慌的打击。

（原载于《八桂侨史》1994 年第 1 期）

东南亚华人企业集团研究进展之管见

20世纪70年代以来，伴随着东亚、东南亚地区经济的迅速发展，这些地区的华人企业集团迅速崛起，经济实力不断壮大，极大地推动了各国（地区）经济发展以及对外经济合作的进程，也对改革开放后的中国经济产生重大影响力。正因为华人企业集团的兴起成为海外华人经济发展的明显特征，也是东南亚经济发展中最引人注目的部分之一，又与正在建立社会主义市场经济体制的中国有密切关系，因此，自20世纪80年代起，关注这一现象的研究逐渐增多，到了20世纪90年代，关于华人企业集团的研究更成为探讨海外华人经济的发展乃至"东亚模式"的热门话题，也是中国引进外资进行四化建设的热门话题。在这一背景下，有关这一问题的研究成果不断问世，海外学者的研究著作也陆续被介绍到国内，总体来看，研究的范围有所扩大，问题有所深入。但是，毕竟国内在华人经济领域的研究相对较弱，东南亚华人企业集团的研究起步较晚，因此，目前的研究大多还停留在"浅尝辄止"的状态。为促进这一领域的研究，笔者想对前些年的研究动态作一简单回顾，就中国和日本学术界在这一领域的研究作一比较，并对今后的研究说点个人看法。

一、国内学术界的研究

一般而论，国内学术界较早注意到东南亚华人企业集团的形成和发展问题，首先把它作为战后海外华人经济发展的一个标志来研究。20世纪70年代末，就有关于林绍良企业发展情况的文章发表，[①] 到了20世纪80年代中期，国内已有多篇论文分别探讨诸如印尼林绍良集团、泰国华人金融集团、新加坡的华人银行集团、谢国民的正大集团等等。有的文章已有一定深度，如蔡仁龙先生的《试论林绍良企业集团的形成与发展》一文，[②] 资料翔实，分析透彻，可谓当时研究华人企业集团的代表性论文。该文的精彩之处是在战后印度尼西亚经济发展的大背景下，分析了三林集团形成和发展的四个重要历史阶段，它的主要经营业绩、经营特点，论文指出林绍良集团的形成和发展"首先与印度尼西亚政府所执行的政策（包括对华侨华人的经济政策）及当地社会经济建设的发展密不可分"；至于所谓"主公制度"，该文认为，苏哈托政府执政后，本质上是采取排华、反华及全面同化华侨华人的政策，华侨华人充分认识到，在印度尼西亚这种特定的历史环境中，为了长期生存和发展，除了加入当地国籍及在企业经济上与当地军政官僚、民族企业家合作联营外，没有更好的出路。但是这种"主公制度"是"主公"（主要是极少数华人企业家）和印尼军政官僚资本家的结合，主要得益者只是极少数的印尼官僚资本家和华人资产阶级，因而必然会产生许多弊病，最为明显的是加速两极分化，使贫富更加悬殊。林绍良及其企业集团由于与苏哈托家族的密切关系，便经常成为国内借以反对苏哈托政权的替罪羊。因此，该文认为，印尼华人经济（包括林绍良集团）的存在和发展始终伴随着潜在的危机，"林绍良企业集团的未来发展前景不排除遭到重大打击以至被清除的可能性"。10年后，遭受东南亚金融危机和印度尼西亚国内动乱双重打击的林绍良三林集团的境况，正好印证了上述"预言"。另外，就华人企业集团的个案研究而言，暨南大学王绵长的《正大卜蜂集团成功之道》《泰华家族资本的一个典型——陈弼利》等文章，也是国内较早论及单个华人企业集团形成发展问题的有分量的论文。[③]

如果从区域研究的视角出发，将东南亚各国华人企业集团的形成和发展问题综合起来考察，并进行国别的比较研究，然后总结出华人企业集团形成和发展进程中的共性和个性问题，更全面地说明华人企业集团形成和发展的原因，则是促进华人经济包括华人企业集团深入研究重要的一环，王勤教授有关东南亚华人企业集团的兴起、发展特点、海外投资研究的系列论文，[④] 将东南亚地区华人企业集

---

① 冯洋：《林绍良三兄弟》，厦门大学南洋研究所编印：《华侨问题资料》1979年第3期。

② 蔡仁龙：《试论林绍良企业集团的形成与发展》，福建省华侨历史学会编：《华侨历史论丛》1987年第4辑。

③ 王绵长：《正大卜蜂集团成功之道》，《东南亚研究》1990年第3期；《泰华家庭资本的一个典型——陈弼利》，《东南亚研究》1991年第2期。

④ 王勤：《东南亚华人企业集团的迅速兴起》，北京《世界经济》1995年第4期；《东南亚华人企业集团的海外投资》，福州《亚太经济》1994年第5期。

团的发展与东南亚国家工业化的进程结合起来论述，较早在这方面做了有益的探讨。饶志明的《东南亚华人财团跨国投资战略及行为特征》[①] 等论文，也是较早探讨东南亚华人企业集团经营特征的文章。而当时对东南亚华人企业集团的研究"集大成"者，则是汪慕恒教授主编的《东南亚华人企业集团研究》[②] 一书。该书从国际经济和东南亚国内经济发展的背景，分析华人企业集团形成和发展的根本原因及其在国民经济中的地位与作用，是国内第一部系统论述东南亚华人企业集团的专著。该著作认为 20 世纪 70 年代以来东南亚华人企业集团的迅速形成与发展并非偶然，从根本上说，首先，它是华人所在国民族资本主义经济迅速发展的产物，与战后东南亚国家普遍实施的以工业化为中心带动产业结构多元化的经济发展战略密切相关，正是东南亚的工业化政策促进了华人产业的发展，也正是东南亚国家产业结构的迅速变化，促进了华人企业资本规模的急剧扩大和经营领域的日趋多元化，并向集团化发展。其次，各国政府在推行宏观经济政策和产业政策的同时，为利用华人的资金、人力、网络等资源而放宽了对华人经济的限制，即各国华侨、华人经济政策的变化也是促进华人企业集团形成和发展的重要因素。笔者认为，华人经济是居住国经济的一部分，从所在国的经济发展和政策去揭示东南亚华人企业集团得以在 20 世纪 70 年代后迅速发展起来的原因，才能从根本上说清问题。在"各论"的各章中，本著作以新加坡、马来西亚、菲律宾、泰国、印度尼西亚各国的华人企业集团为例，更具体地分析、论证了东南亚华人企业集团形成和发展的根本动因即在于当地实施的工业化政策和经济发展战略，而这些政策和战略又是与世界经济一体化的进程紧密相连的。这就有力地反驳了所谓"华人"资本主义是"密友资本主义"（Crony capitalism）和"仿资本主义"（Ersatz capitalism）的观点。20 世纪 80 年代以来，在解释东亚经济奇迹的论著中，对华人企业为代表的华人经济在国民经济中的动力作用多有肯定，对华人经济是当地民族经济组成部分的性质也多有论述，然而也有一种似是而非的而且又颇有影响的观点认为，东南亚华人企业家大部分都是所谓"仿资本家"，而不是产业资本家，一些作者甚至声称，华人企业家只能在腐败和贿赂的条件下才能生存发展，华人与当权者成为"密友"才发展了他们的事业。不可否认，华人企业与当地的其他企业一样，其中有官商勾结式的"密友"企业存在（例如上面已提到的"主公"制度），华人企业家中也有非产业资本家，但是仅用极少数华人企业家的事例来解释华人企业集团发展的根本原因、解释华人经济的存在，虽然是违背了基本

---

① 饶志明:《东南亚华人财团跨国投资战略及行为特征》,《华侨华人历史研究》1995 年第 4 期。
② 汪慕恒主编:《东南亚华人企业集团研究》, 厦门大学出版社, 1995 年。

事实的"误解"。细读《东南亚华人企业集团研究》一书,将有助于正确了解东南亚华人企业集团的形成和发展问题。该著作出版后,引起了国内外学术界的注意。日本亚细亚大学教授、著名的华侨华人经济研究家游仲勋曾专文评论此书,认为此著作"充分利用东南亚各国的资料,简洁地描绘出了各国华人企业集团的全貌。日本尚无此类著作出版,因此该书不仅对于日本的研究者,而且对于经济界也是有用的"[①]。

一般认为,战后50年亚洲经济经历了这样的发展轨迹:20世纪五六十年代是日本经济崛起的年代,20世纪六七十年代是亚洲"四小龙"经济腾飞的年代,而20世纪九十年代是东盟国家和中国经济后来居上、高速增长的年代,因此,东南亚的华人企业集团在东盟国家经济中的地位与作用以及与开放后的中国的经济关系,在20世纪90年代自然更加引人注目,甚至"令全世界的产业界'惊叹'"[②]。那么,从整个20世纪90年代来看,东南亚华人企业集团到底发展到什么规模,其实力、作用以及与中国的关系如何评价?经历了1997年夏季爆发的东亚金融危机,东南亚华人企业集团的最新变化如何,对其发展前景有何影响?这些新问题实有深入探讨的必要。对此,国内学术界有一些讨论,但文章并不多。笔者在近几年曾发表过《试论东南亚华人企业集团的发展和前景》《中国与东南亚的经济合作:华人企业集团的作用》《亚洲金融危机下的华人企业集团:影响、对策和动向》等系列论文[③]。归纳起来,笔者表达了这样的见解:第一,通过对东南亚华人企业集团经济实力进行综合分析、国别分析,认为作为国内民间资本组成部分的华人企业集团在国民经济中并不具有垄断性,没有排他性,也不是本国经济的支配力量,但是在某些行业或经济部门中具有自己某一方面的垄断优势。从东南亚华人资本在各国国民经济中所占的比重来看,约占有1/3左右,所谓华人支配东南亚经济的说法是站不住脚的。另外,尽管东南亚华人企业集团在20世纪90年代发展迅速,但若与发达国家的跨国公司和亚洲NIES的企业集团相比,其实力又相当弱小。第二,东南亚华人企业集团是东南亚国家对华投资的主角,但华人资本进入开放后的中国与一般外资进入中国是完全同步的,占领市场和谋求利润也是东南亚华人资本来华投资的根本动力,所谓"中国情结"或"感情投资"的说法失之偏颇。第三,正在东南亚华人企业集团的实力不断壮大之时,1997年夏季遭遇了席卷东亚的金融危机风暴,在这"跨

[①] 东京《東方》1997年第2期(总第191号)。
[②] 井上隆一郎编:《アジアの財閥と企業》,日本经济新闻社,东京,1994年6月第一版,第1页。
[③] 《华侨华人历史研究》1997年第4期、1999年第2期;《南洋问题研究》1997年第2期。

世纪前人类面临的重大考验"下，可以看到，不同国家、地区和不同行业的华人企业集团受到了不同程度的冲击和影响，但华人企业集团并非完全是处于被动的"受灾"状态，相当多的企业集团依靠自身多年积累起的实力和跨国经济关系，在风暴中采取对应策略或重新整顿，也有的在逆境中开始反击，获得新的转机。所以，不能仅仅只看到金融危机给东南亚华人企业集团带来的负面影响。关于危机过后东南亚华人企业集团的发展前景，笔者在分析了东南亚国家的经济调整和改革、国际资本对该地区投资的重新活跃化，以及华人经济自身所具有的特点等有利因素后，认为到 21 世纪初，随着亚洲经济的全面复苏，东南亚华人企业集团的重新崛起将是肯定的。

二、日本的研究

国外学术界对于东南亚华人企业集团的形成和兴起问题注意较早，例如美国学者鲁恩·麦克维伊的《东南亚企业家的崛起》、澳大利亚学者杰米·麦基的《东南亚华人大企业模式的变化》等都是1986年写成的，[①] 他们从东南亚资本主义的发展与 MM（市场魔力）、CC（儒教文化）、SS（强硬国家）的关系探讨了东南亚华人企业集团的起源和作用，不仅资料翔实，而且在理论上有一定深度。日本在研究东南亚华人企业集团方面成果较多，且资料更新速度快。其实，"企业集团"一词首先是在 20 世纪 50 年代的日本开始使用的，特指三菱、三井、住友、三和、第一劝业银行和富士六大集团，后扩展至新日铁、日产、丰田、东芝等大型独立系工业集团。英译 Business Group, Industrial Group, Enterprise Group，指的是以资本（产权关系）为主要纽带，通过持股、控股等方式紧密联结，协调行动的企业群体。早在"二战"之前就存在与企业集团类似的企业组织，如财团、财阀、康采恩等等，但日本人在战后提出的企业集团这个叫法比之具有垄断性质的财团、财阀、康采恩等具有较好的名声，法律对这种企业组织形式也没有明确限制，所以很快就在世界上流行起来，[②] 而日本在战后也首先把过去的三菱、三井、住友等老财阀改造成企业集团。在东亚经济高速增长时期，当新兴工业化地区和东南亚国家的一些企业资本和实力急剧扩张，并形成了初具规模的产业集团时，日本

---

① 原文参阅 R. Mcveyed, *Southeast Asian Capitalists*, Cornell Univ., 1992；中译本参阅鲁思·麦克维伊编著、薛学了译：《东南亚大企业家》，厦门大学出版社，1996 年。

② 《现代企业集团》编委会编：《现代企业集团——资本经营、集团化扩张与工商管理实务》（第一卷），红旗出版社，北京，1998 年，前言部分，第48~49 页。

学术界及时地注意到这一现象，对东亚的企业集团（包括华人企业集团在内）进行了详细的调查研究，出版了多种著作。较早系统论述这一问题的是井上隆一郎编的《亚洲的财阀和企业》[①]一书，初版于 1987 年，1994 年再版时进行了大幅度修订和补充。该书选择了亚洲地区 33 家最有影响的企业集团进行分析，其中有 22 家为华人企业集团，其余为韩国和东南亚的原住民等企业集团。由于该书执笔者都是日本贸易振兴会的原海外工作人员和现职人员，因此能利用第一手的调研资料，对华人企业集团的产生与发展、资本结构、运营现状进行详细和系统地论述，受到工商界、学术界的重视。日本亚洲经济研究所的小池贤治、星野妙子主编的《发展中国家的企业集团》[②]（Business Group in Developing Economic）一书（1993 年出版），则是从现代企业的经营管理入手，对泰国、印度尼西亚等国华人企业集团的家族制和经营形态作了深入分析，并对企业集团的多元化经营的程度、市场占有率以及种族、家教、文化、价值观等与企业集团经营的关系作了探讨，所用的资料和数据大多是经作者亲自调查得来，难能可贵。有关东南亚国别的华人企业集团研究，可以举出末广昭、南原真著《泰国的财阀——家族企业和经营改革》[③]、岩崎育夫著《新加坡的华人企业集团》[④]、原不二夫编《马来西亚华人企业集团的形成与改组》和《原住民企业的兴起和马来人、华人的经济合作》[⑤]等著作。这些研究的共同特点是将当地国家的工业化进程与华人企业集团的形成发展以及经营改革结合起来研究，并对当地知名华人企业集团有较深入地剖析。例如《新加坡的华人企业集团》一书，研究了战前已活跃在新加坡的一批知名华侨企业，在 20 世纪 60 年代新加坡实行工业化政策以后是如何发展为华人企业集团的，较详细地论述了战前与战后的新加坡华人企业之间的关系，20 世纪六七十年代以后各企业集团之间的关系，各企业集团发展壮大的具体过程等，也可以说是一部了解新加坡华侨华人经济的基础性、学术性著作。《泰国的财阀》一书也是从泰国走向新兴工业化国家的历程中，分析华人企业集团为主的泰国"财阀"的形成和改组过程，学术性、资料性突出，受到好评，1991 年出版至今已再版5 次。从对东南亚华人企业集团的个案研究来看，日本亚洲经济研究所佐藤百合的《三林集团（Salim Group）——东南亚最大的大型联合企业的发展与行动大批原

① 井上隆一郎编：《アジアの财阀と企业》，日本经济新闻社，东京，1994 年 6 月第一版。
② 小池贤治、星野妙子主编：《发展途上国のビジネスグループ》，亚洲经济研究所，东京，1993 年。
③ 末广昭、南原真：《タイの财阀》，同文馆，东京，1991 年初版。
④ 岩崎育夫：《シンガポールの华人系企业集团》，亚洲经济研究所，东京，1991 年。
⑤ 原不二夫编：《マレーシアにおける企业グループの形成と再编》，亚洲经济研究所出版，东京，1994 年；《ブミプトラ企业の台头とマレー人 . 华人经济协力》，亚洲经济研究所，东京，1995 年。

理》①等论文也是很好的典型研究。例如在此文中，作者详细分析了苏哈托政权时代该集团的急速变化发展过程及其"追求支配市场"的行动原理，即尽量在消费和服务市场获取较多的市场占有率的行为。

有关华人企业集团研究的最新成果是朱炎主编的《彻底验证——亚洲华人企业集团的实力》②一书，2000年1月出版。全书篇幅587页，分为八章。第一章"亚洲的华人企业集团"，综合论述了华人企业集团的形成和发展、经营特征、在国内经济和对外经济中的贡献与地位、金融危机的影响和今后的发展前景等，第二章至第六章，分别论述印度尼西亚、马来西亚、新加坡、泰国、菲律宾的华人企业集团，尤其着墨于有代表性的企业集团的个案研究。第七章、第八章是香港和台湾的企业集团研究。该著作比之此前日本出版的有关研究著作观点更新颖，内容更丰富，资料更翔实，可说是集学术性、资料性、实用性于一体的力作。具体说来，该著作有以下特点：第一，从整个东亚地区的视角出发，研究对象包括东南亚、中国香港、中国台湾地区的华人企业集团。不仅论述了东亚华人企业集团总的发展概况，包括形成和发展过程、发展背景和环境，以及组织结构、经营方式、华人网络，在亚洲经济中的地位与作用等，而且分析了不同国家和地区有代表性的华人企业集团的不同特点与发展道路，总共分析了28家大型企业集团的历史与现状，其中东南亚华人企业集团20家。第二，阐明了亚洲地区华人企业集团相互间的联系和合作关系，即分析了亚洲地区华人网络的状况。第三，作为20世纪末的新成果，该著作用大量篇幅论述了1997年夏季金融危机发生后华人企业集团的巨大变化，包括东南亚各国、中国台湾和中国香港地区的华人企业集团受到的不同冲击和影响，华人企业集团为应对危机所采取的调整、重组策略等，可以说是全面把握了东亚金融危机后华人企业集团的最新发展动向。第四，从实用角度看，该著作首次较完整地收集了华人企业集团及其相关企业的名录、企业家人名录，而且都用中、英、日三种文字对照表达，为研究者和有关读者提供了使用上的便利。书末附有世界华商500家和主要华人银行一览表等，从某种意义上说，该著作也起着研究华人企业集团的专门手册的作用，实用性很突出。因此，该著作出版后，日本的《经济学家》《日本经济新闻》《东洋经济周刊》等报刊相

---

① 《アジア経済》1992 年第 3 期，亚洲经济研究所出版；佐藤百合的另一篇论文《サリム．グループ（Salim group）——東南アジア最大のコングロマリットの発展と形動原理——》，《アジア経済》1992 年第 3 期。

② 朱炎编著：《徹底検証——アジア華人企業グループの実力》，ダイヤモンド社，东京，2000 年 1 月初版。

继发表评介，认为是对"度过两年多金融危机期的华人企业集团的详细分析"[1]，并对该著作微观分析华人企业集团的经营，华人企业集团的相互关系等给予好评。[2] 日本富士通总研经济研究所主任研究员朱炎在该著作的"前言"中说：此项华人企业集团的研究成果也得到厦门大学南洋研究院诸位先生的很大帮助，该院的华侨研究最具历史和有着厚实的研究积累，王勤、蔡仁龙、林伍光、蒋细定、吴崇伯诸教授参与第一章至第六章的撰写，汪慕恒、李国梁教授参与有关东南亚华人企业集团中文稿全文的统稿和定稿。南洋研究院多年来一起致力于东南亚华人经济的研究，并受到国外研究者的重视，这也是一例吧。

三、今后的课题

总起来看，相对迅速发展变化的东南亚华人经济，有关东南亚华人企业集团的研究尚处于起步阶段。目前国内研究仍然多为宏观研究，集中于华人企业集团的形成发展过程、经营的一般特点以及与中国经济的关系等专题，典型个案介绍的文章虽然不少，包括对一些著名的华人企业及企业家都有涉及，但是"能为天下先"的个案研究文章极少，低层次的重复炒作屡见不鲜。若与日本的研究相比，在某些方面存在明显距离：第一，日本已出版和发表的研究成果无论在数量或质量上都超过国内；第二，日本已研究的课题较深入，例如华人企业集团的家族经营的改革问题、企业集团组织结构的分析，企业集团的相互关系及华人网络问题等等；第三，研究资料大量来自对当地企业集团进行的调查，上述《泰国的财阀》一书即是一例；第四，追踪最新动态的速度较快，资料新颖，例如2000年1月出版的《亚洲华人企业集团的实力》一书，对1997年夏季金融危机发生以后两年多时间内的华人企业集团动向有详细分析，使用了直到1999年来的各类资料。依笔者之见，东南亚华人企业集团正是在东南亚国家生产力不断发展、经济高增长的条件下，产生的一种高级形态的经济组织形式，它可以大大增强企业本身的竞争力，因此在东南亚国家国民经济和对外经济中会发挥愈来愈重要的作用，很有必要继续进行更深入的研究。但从有关这一领域研究状况的中日比较来看，目前迫在眉睫的是需要解决资料来源问题。"巧妇难为无米之炊"，由于华人企业集团的经营情况不都是公开的，资料来源向来令人头痛，难于搜集到像样的资料几乎已

---

[1] 《エコノミスト》2000年2月15日。
[2] 日本《東洋经济周刊》2000年3月18日。

是共识，这自然制约了研究的深入。目前可弥补的办法可在三个方面下功夫：一是评介、翻译国外研究成果，使我们的研究者能敏锐地接触到学术前沿，吸收新的营养，包括继续组织翻译有关华人企业集团研究的专门著作，也是值得考虑的"笨办法"。二是要创造条件、寻求机会，到东南亚当地去调查研究，并选择若干有代表性的企业集团进行追踪式研究，这样才能真正深入下去，提高研究水平。三是尽快实现资料的网络化建设，更新科研设备、手段，使直接上网进行资料传递与查询普及化。

在充分占有新资料和前期研究的基础上，应深入研究和开拓研究的课题当然不少，但下列问题已摆在我们面前呼唤回答，需要今后下功夫去探讨。例如东南亚华人企业集团与国民经济的发展；华人企业集团的内部关系、组织结构与经营管理；华人企业集团与金融市场；华人企业集团与现代企业制度；华人企业集团的相互关系（网络的效用）；华人企业集团的发展与企业文化；华人企业集团与IT革命；华人企业集团与改革开放后中国的经济发展；华人企业集团经营成败的事例比较研究；等等。需要指出的是，研究上述问题时尤其应注意华人企业集团的个案分析。

（原载于《南洋问题研究》2000 年第 2 期）

亚洲金融危机下的东南亚华人经济

　　一年多前，当人们还在热烈讨论东南亚经济迅速崛起和"东亚奇迹"内在动力的时候，突然间，1997年7月初，在东南亚"五虎"之一的泰国爆发了严重的货币危机。泰铢贬值立即产生了人们始料未及的"多米诺骨牌"效应，金融危机风暴迅速冲击马来西亚、印度尼西亚、菲律宾等东南亚国家，并进而波及中国香港、新加坡、韩国，危及中国台湾；直至1998年夏季，危机余波犹在扩延，日元贬值风波，俄罗斯金融动荡等，仍在震撼整个世界。对亚洲的许多国家来说，危机的直接后果是货币急剧贬值，金融机构倒闭，股市和不动产暴跌，外汇储备流失，对外债务负担急增。东南亚国家出现严重通货膨胀，失业者激增，经济陷入困境，个别国家如印度尼西亚还发生了国内政坛变动和严重的社会动荡。直到现在，亚洲金融危机还没有完全过去，许多亚洲国家的上空仍笼罩着愁云惨雾。

　　东南亚华人经济是东南亚当地民族经济的有机组成部分，在当地经济中占有重要地位。当金融危机袭来时，华人经济也不可避免地遭受沉重打击。尤其是华人经济中占有重要地位的金融业、房地产业和进出口业，更是首当其冲，企业倒闭、破产者难以计数，华人经济损失惨重。至于印度尼西亚由经济危机引发出的政局和社会动荡，更使华人再次成为替罪羔羊。在这样的形势下，对"东亚经济奇迹"做出过重要贡献的华人经济将如何生存，能否经受这次"跨世纪前人类面临的重大考验"，受到人们普遍关注。另外，由于中国改革开放以来，有近80%的外商投资来自此次金融危机波及的国家和地区，尤其来自华人资本，因此了解危机中的华人经济处境和动向十分必要。但是，金融危机蔓延之势并未完全停止，要全面总结此次危机给华人经济造成的影响为时尚早，这里，仅就迄今为止金融危机给东南亚华人企业集团造成的影响以及华人企业集团的"应变"对策作一分析，并在此基础上探讨今后华人企业集团的发展动向。总之，拟通过分析危机中华人企业集团的处境和动向，来了解金融危机下的东南亚华人经济。

一、金融危机的冲击

金融危机给华人企业集团带来的影响，总体来说是使其遭受了巨大损失。然而，由于经营的领域和地区、经营的战略和手法不同，华人企业集团受到影响的程度也不同。

就经营领域来看，以金融、不动产为主要经营领域的企业集团受到的打击尤其沉重。以制造业为主的、面向国内市场的企业比之面向出口的企业受到的负面影响更大。

就地区来看，在金融危机危害深重的国家，华人企业集团受到的负面影响较大。印度尼西亚和泰国的华人企业集团所受影响最为深刻，而马来西亚和菲律宾也有许多华人企业集团的经营陷入了困境。另外，新加坡和中国香港、中国台湾的华人企业集团所受到的冲击较小一些。但在本国投资的企业集团也都同样受到了经济状况恶化的影响。

就经营手法来看，由于经营战略和手段的不同，借债多的企业集团与债务少的企业集团在危机中遭到的冲击也不一样，那些迅速扩大规模、借入巨额外债尤其是美元外债的企业集团面临的经营困难更大。当然，还有诸如上市与否，与当地官僚权势资本关系密切程度如何，都会直接影响到华人企业集团遭受金融危机打击的程度。

华人企业集团经营的困难，具体表现在：经营业绩的恶化，债务负担的增加，资金周转的困难，大型建设项目的中止和延期，企业停止营业或者倒闭。

第一，在金融危机中，华人企业集团的经营业绩恶化是不可避免的。受金融危机的影响，货币贬值，股市全面下跌，华人企业集团资产损失惨重，盈利大减甚至大量亏损。泰国股市的下跌幅度为东南亚各国之最，泰国华人企业所受损失也最大。1997 年 1 月 7 日至 1998 年 1 月 7 日，泰国股市的狂泻潮中，"亚洲电信"下跌 80%，"盘谷银行"下跌 65%，"辛纳瓦电脑"下跌 64%，"泰国农民银行"下跌 60%，可推测泰国华人企业财务账面上资产价值损失大都在 60% 以上。泰国石油化学业的最大企业泰国石油化学工业（TPI）在 1996 年时有 8.8 亿铢的收益，1997 年时有 260.9 亿铢的收益，而到了 1998 年第一季度则出现了 692.6 亿铢的亏损。马来西亚华人企业在这一期间的资产价值损失，仅以"成功多多""立达环球""万能企业""名胜世界""大众银行"为例，上述几家企业财务账面上资产价值损失平均在 50% 左右。与 1996 年相比，1997 年度的大众银行集团税前盈利减少 21%，太平银行同期的税前盈利减少 31.1%，大众金融集团的税前盈利减少 24.9%。[①]虽然新加坡受到危机的影响较小，但华人企业所受损失也不容低估，以 1997 年 1 月至 1998 年 1 月期间的市值来看，"永泰控股"下降 72%，金融股"华联银行"下降了 68%，"华侨银行"下降 58%，"联合工业"下降 58%，"城市发展"下降 53%，"花莎尼"下降 52%，大华银行下降 34%，上述企业的账面资产值平均损失了 50% 左右。在 1997 年，"花莎尼"的营业额比前一年下降了 2.1%，税前盈利下降 20.8%，净利下降了 43.2%。[②]新加坡 6 大银行（其中 4 家为华人银行），1997 年的纯利润比上一年减少 30%，相隔 11 年后利润减少的情况再现。东南亚最大的华人企业集团印度尼西亚三林集团也因印尼盾大幅贬值，使 1997 年的营利变成"零头"。但经营业绩的恶化只能说是金融危机带来的最轻的影响。

第二，由于本国货币贬值，积累的外债（几乎是美元外债）负担急增。危机加深后，企业的资金周转陷入困境，申请延期偿还债务的企业不断出现。上述泰国的石油化学企业集团总计有 38 亿美元的外债。1998 年 4 月，为了偿还债务，决定出售除石油化学和水泥事业以外的属下 150 家企业。印度尼西亚的轮胎制造集团——大象集团（Gadjah Tunggal）有 14 亿美元的长期对外债务、3.5 亿美元的短期对外债务，据说其中 70% 处于呆账状态。三林集团除了面临政治风险以外，负债情况也十分严重。截至 1997 年年底，集团属下的印尼食品公司外债 10 亿美元，印尼水泥公司外债则有 8.3 亿美元。由于在印尼目前的局势下新资本难以流入，该集团势必出售资产筹集资金。

第三，由于经营环境的变化、资金周转的困难，正在进行中的大型项目被迫延期和中止。马来西亚的伊克兰（Ekran）集团在 1995 年取得的建筑利权——建设沙捞越巴昆（Bakong）的大型水电站（东南亚最大的水电站），总工程费为 150 亿马来西亚林吉特，在金融危机风暴的冲击下，也只得在 1997 年 11 月撤退。为了填补撤退的损失，在 1998 年 4 月，该集团的董事长陈伯勤（Ting Pek Khiing）出售了本集团的上市企业温布利工业（Wembley Industry）的股份，除此而外，还出售了伊克兰公司的部分股票。印度尼西亚的三林集团（Salim Group）也因为资

① 马来西亚《南洋商报》1998 年 4 月 10 日。
② 世界华商经济年鉴编辑委员会编《世界华商经济年鉴》(1997~1998)，企业管理出版社，北京，1998 年，第 30~33 页。

金困难，在1998年4月决定建设中的大型石油化学项目延期进行。在这个项目中，三林集团的资本占40%，英国石油占35%，日本的4家商社占15%，工程的总费用达10亿美元。

第四，金融危机造成的最大影响是企业经营的停止或倒产。在泰国，1997年8月金融管理当局决定停止56家金融公司的营业，其中多属华人金融公司。到1998年2月至4月，坏账累累的京华银行（Bangkok Metropolitan Bank）、泰国第一银行（First Bangkok City Bank）、京都银行（Siam City Bank）、曼谷商业银行（Bangkok Bank of Commerce）等4家华人银行也因回天无力、求救外资失败而被金融当局接收实行国有化。在印度尼西亚，民营银行大多数为华人资本经营，最大的民营银行三林集团属下的中亚银行（Central Asia Bank）也在1998年5月被银行再建厅（IBRA）接管。林绍良家族拥有中亚银行70%股权，苏哈托的家族拥有该行30%的股权，在印度尼西亚5月的大骚乱中，该行总行和122家分行都被冲击，150具自动提款机被捣毁，损失达30亿盾（合459000新元）。[①]在印度尼西亚政权交替后，因大量存款被提取，该行不得不从中央银行接受了相当于2倍资本金的特别融资。在此之前，多家华人经营的银行已被关闭，其中规模较大的银行，例如陈子兴（Hendra Rahardja）哈拉班集团（Harapan Group）所属的银行及其各地分行250家全部关闭。何筱（Samadikun Horfono）现代集团（Modern Group）的金融核心"现代银行"（Modern Bank）由于资不抵债，被政府接受；还有饶耀武（Usman Admadjaja）的"金融银行"（Danamon Bank）、林德祥（Sjamsul Nursalim）的"印尼民族商业银行"（Bank Dagang National Indonesia）、王家发（Kaharuddin Ongko）的"合众银行集团"等也都被关闭。上述银行的华人客户众多，无疑，银行的关闭或被破坏使他们遭受了惨重损失。

第五，金融危机激化印度尼西亚国内矛盾，引发暴乱事件，使华人经济蒙受巨大损失。在金融危机的冲击下，印度尼西亚货币大幅贬值，国内通货膨胀，失业人数激增，人民生活困难，对苏哈托政府的不满被煽动成为排华暴乱，印尼华人再次成为替罪羔羊，这是同样具有排华历史的东南亚其他国家在这次金融危机中所没有发生的现象。

金融危机爆发不久，1997年9月，在苏拉维西省的望加锡就发生了大规模的排华骚乱。随着印度尼西亚国内经济形势的恶化，政治动荡的加剧，骚乱和排华行动进一步扩大，在西爪哇、中爪哇、苏门答腊和苏拉威西许多城市，都发生了暴徒抢掠华人商店，焚烧华人店铺和汽车，袭击华人的暴乱。到1998年5月，暴

---

① 新加坡《联合早报》1998年5月26日。

乱进一步升级,不法之徒在雅加达、棉兰等10多个城市对华人商店、住宅、财物肆无忌惮地打、砸、抢、烧,众多无辜华人被打死打伤,华人妇女惨遭强暴,其罪行令国际社会震怒!

关于排华暴乱中华人经济所受损失,目前尚无完全统计资料。仅从1998年5月中旬暴徒在雅加达与西边的文登市与东边的柏加西市、在中爪哇的梭罗市大肆洗劫与焚烧华裔公民的店屋、企业情况来看,是十分惊人的。

在雅加达,草铺(格罗朵)市场有1457间店铺,城市酒店大厦150个客房,天桥店铺104间,哈戈尔商店8间,奥利安市场100间,格罗朵购物中心700间与店屋30间,总计3272间店铺被焚烧。全雅加达被破坏的店铺总计11290间。[①]

据文登(丹格朗市)市长披露,商店被焚者达214间,另有371间店被洗劫与破坏。16座大型超级市场(包括号称东南亚最大的力宝卡瓦拉芝购物中心),洗劫后又被烧毁,估计不动产损失达2250亿盾。柏加西市几乎所有大型购物自动市场都在洗劫后烧毁。567间店屋,9间大商行,24家银行办事处,4间餐馆与2家旅馆亦被焚。汽车、摩托车被毁不计其数。被洗劫与焚毁的商品,据印度尼西亚零售商协会主席史提夫·桑达估计9千亿盾。[②]又如在南苏门答腊的首府巨港及中爪哇梭罗,5月中旬也发生了开埠以来最严重的排华骚乱,但印度尼西亚当局低调处理,外国传媒报道得也不多。梭罗八成华人住宅、商店遭殃,当地大部分经济设施受到破坏。[③]

总之,在排华暴乱中,从华人富豪到小商平民,都受到不同程度的冲击,损失难以计数。被洗劫后的华商流离失所,他们毕生的积累化为乌有后将面临严峻的生活问题。排华暴乱的直接结果,也使印度尼西亚经济陷入更大困境,几近瘫痪。由于华人商店与印度尼西亚国计民生关系密切,大量华人商店被毁,严重破坏了长期形成的商品销售网络和流通渠道,对商品分配造成严重影响,民生必需品价格进一步上涨,印尼盾对美元的汇率也继续下跌,回升无望。暴乱还造成出口业大受影响,自5月中旬以来,来自欧美共值30亿美元的纺织品及鞋子订单被取消。[④]至于暴乱所造成的投资环境的恶化,使更多的外商对印尼投资望而却步,或加速撤出资本,因此资金外流将使暴乱产生的经济后遗症更加恶化。

---

① 马来西亚《星洲日报》1998年6月5日。
② 马来西亚《星洲日报》1998年6月5日。
③ 马来西亚《星洲日报》1998年6月7日。
④ 马来西亚《星洲日报》1998年6月7日。

二、克服困境的对策

综上所述，在金融危机的冲击影响下，以华人企业集团为代表的华人经济大多损失惨重。然而，华人企业集团也并非完全处于被动状态，为了克服危机时期的困境，一些华人企业集团在危机爆发不久就采取了对策。对策的主要内容，从大的方面讲，是纷纷采取措施帮助本国经济渡过难关；从企业经营的层面来看，可以举出诸如出售企业和事业，引入外资以增资，整顿核心事业以外的不同事业，从海外撤回企业等措施。

（一）积极参加爱国自救运动

华人经济根植于居住国，是当地经济的有机组成部分，"皮之不存，毛将附焉"，没有当地经济大环境的好转，华人经济从根本上说难以摆脱金融危机造成的困境。所以，当金融危机袭来时，东南亚华人首先与当地各族人民一道，积极参与各种爱国运动和活动，共度危难。例如泰国政府发起的"泰助泰"爱国运动，有许多华人团体和华人企业家献金献力，向"泰助泰基金会"捐款，支持泰国政府解救金融危机，出现"国家有难，献金献银"的热潮。马来西亚华人也行动起来参加民间自发组织的爱国自救运动。一些华人纷纷从国外调回资金解救马国内困境，出售他们在海外的酒店等。马来西亚华文报纸《南洋商报》在1997年10月22日发表"爱国运动宣言"，呼吁马来西亚各民族团结一致共赴困难，华人积极响应，各团体纷纷召开"爱国行动大会"，华人社团还成立了"马来西亚爱国行动工会"等组织，为恢复马来西亚经济献力献策。印度尼西亚的华人企业家也捐献了大量物品开展"济贫运动"，林绍良的三林集团一次捐出10万包价值32万美元的食品，印度尼西亚第二大城市泗水的华商也纷纷捐款、捐物赈济东爪哇的穷人。华人已在居住国落地生根，他们认同并效忠于入籍国，在危难之际能挺身而出为国分忧是最好的证明。

（二）企业经营的调整和应变

许多华人企业集团卖出了属下的部分事业和企业，作为重组事业的一环。出售事业、企业得来的资金主要用于偿还债务，手中的资金增加了，也有的准备偿还债务后再收买新的企业。

例如，新加坡的旅店置业（Hotel Properties）集团，在这次危机中就卖掉了在英国、澳大利亚的海外资产以充实流动资金。

印度尼西亚的金光集团（Sinar Mas Group）虽然负债 40 亿美元，然而其产品几乎全供出口，收入也以美元结算，陷入不履行债务的可能性很小。不过，该集团也在较早时候就提出了重组属下事业，出售资产以备偿还债务。例如，属下的造纸企业集伟化工纸业（Tjiwi Kimia）公司的产品有 80% 供出口，因此在 1997 年的纯利润增加 100%，1998 年预计有 7 成以上的增益。然而，该公司的外币债务达 10 亿美元，其中 80% 为美国债务（到 2001 年偿还 2 亿美元、2004 年偿还 6 亿美元），剩余的 20% 是美元结算的国内债务。为了筹集还债的资金，该公司于 1998 年 2 月卖掉了他在中爪哇造纸工厂的发电设备，偿还了相当于 2 亿美元的债务。另外，该公司在新加坡的子公司，上市企业 Asia Food & Properties，卖掉了在美国的不动产等资产，所获 2.8 亿美元的资金用于还债和充当流动资金。

由于 1998 年 5 月雅加达发生的大暴乱和其后苏哈托总统的下台，印度尼西亚的三林集团风险不断，苦于应付，但其对金融危机采取对策较早，是在金融危机发生后不久就开始"应变"的。1997 年 11 月，三林集团在香港的旗舰企业第一太平（First Pacific）将属下的讯联（Pacific Link）通信公司（位居香港第 4 位的通信公司）以 4 亿美元卖给了香港电讯。1998 年 1 月，又将设在荷兰的综合商社马克洋行（Hagemeyer）的 38.1% 股份以 16 亿美元卖出。以上两件的卖出所得，偿还了第一太平的全部债务，还有 9 亿美元现金在重新寻找机会，收买企业。对象乃是菲律宾最大的企业生力啤酒公司，然而却未成功。1998 年 4 月，三林集团的母公司拥有 85% 股权、第一太平拥有 15% 股权的美国联合商业银行也以 2000 万美元出售了。今后，三林集团将把自身的事业发展集中到亚洲地区，尤其是集中到中国、印度尼西亚、泰国和菲律宾。

印度尼西亚的力宝集团（Lippo Group），经营比较健全，金融危机后仍有盈利。该集团的全部对外债务为 1.5 亿美元。尽管该集团在发展的过程中没有得到政府的特别支持，苏哈托总统家族与其也没有商业关系，但因为同样是华人企业，在 1998 年 5 月的暴乱期间，其银行分行、百货商店等也遭到袭击，受到重大损失。金融危机发生后，该企业集团也采取对策改变经营战略，从汽车零件等经营事业撤退，把资源集中到该集团的核心事业银行、不动产、零售业，并决定 5 年之内停办新的事业。

为了重建陷入经营困难的企业，部分华人企业集团寻求外部支援，发行新股票，使国内外的企业增值。在某些场合，为了避免企业的破产，也出让过半数的股权和经营权。泰国的华人企业集团多采用此方法渡过"生存危机"。1998 年后，许多华人企业集团增资成功，筹集了偿还债务的资金，企业的资本金也得到充实。泰国的商业银行有 14 家，其中华人银行有 10 家，都无一例外地被大量不良债权所困扰，除去被国有化的 4 家以外，其余 6 家都是通过内外企业合作来增资，走出了重建经营的第一步。其中，大部分的华人银行在增资后外资的持股份额已超过 40%，最大的 3 家银行依然是由过去所属的华人企业集团或者家族控股。而且，向这些银行加入资本的外国企业，又以中国台湾、中国香港和新加坡的华人企业占多数。另外被国有化的 4 家银行预计会被政府金融当局卖给外资，或者重组之后实行民营化。

银行以外的泰国华人企业集团也依靠外资进行增资。从事钢铁生产的伟成发集团（Sahaviriya Group）在 1997 年出现 100 亿铢的亏损，外汇债务超过 6 亿美元。1998 年 4 月，增资 100 亿铢，外资的出资比例也从过去的 31% 提高到 43%，最终达到 49%。另外，伟成发集团的子公司冷轧钢板企业 TCRSS 也在 1998 年 2 月以增资的形式将资本金从 30 亿铢增加到 43.8 亿铢，合作对象是日本的丸红公司、NKK（日本钢管），他们的出资比例由 11.5% 扩大到 23%，最大的持股者伟成发所占比例则从 50% 减少到 45%。泰国最大的不动产公司玲英豪集团（Land and House）在 1998 年 4 月时资本金已由 50 亿铢减至 36 亿铢，于是，用发行新股票筹集到 49 亿铢资金，使资本金上升到 80 亿铢。C.P. 集团的通讯部门亚洲电讯（Telecom Asia）增资 77 亿铢，外资的出资比例从 48.7% 增加到超过半数，C.P. 集团的出资比例则从 32.3% 一直呈下降趋势。

重组事业使企业集团的经营集中于核心事业，于是出现了整顿海外的经营，然后撤回到国内事业上来这样的动向。泰国的百货业大王中央集团（Central Group）关闭了多元化经营的 20 家公司，将资金等重点投入其核心事业零售业、旅店业、快餐业。C.P. 企业集团过去积极开展多元化经营和海外经营，但也有大量负债。C.P. 集团在香港的子公司卜蜂国际（C. P. Pokphang）为了在 1998 年 4 月偿还债务，不得不控制中国以外的事业发展，缩小其事业规模。该集团在泰国国内为了将经营资源集中到本行业，也进行了事业的重组。其最成功的农业综合企业（又称农工企业）经营以核心企业 C. P. Feedmill 为轴心进一步加强了。1998 年 5 月，C. P. 集团将其属下的与农业综合企业有关的 12 家企业统一到 C. P. Feedmill 企业中去。关于零售业方面，在泰国国内拥有 13 家超级市场的洛特斯公司（Lotus）将 75% 的股份以 1.8 亿美元卖给了英国的特士科公司（Tesco），而非 24 小时营业的便利店则继续扩张。在中国的经营方面，1997 年末卖掉了卫星通信事业的股份，而生产摩托车的上海易初摩托的股份已在 1998 年 5 月卖给了合作的中国一方，但在中国的上海却在继续发展、扩张购物中心的经营。还有泰国最大的通讯公司秦那越集团（Shinawatra Group）整顿了海外的公司，海外事业也卖掉了。拥有菲律宾合办企业 Islacom 公司 30% 股权的秦那越将此股份卖给了合资方法国电讯。在印度、老挝经营的通讯事业也在整顿后卖出。走向海外经营步伐比较缓慢的泰华农民银行（Thai Farmens Bank）在海外只有 6 家派驻办事处，金融危机后，关闭了设在印度支那的 3 家办事处，仅维持设在中国的 3 家办事处。

三、利用金融危机带来的机遇

总的说来，受金融危机的影响，大多数华人企业集团都受到不同程度的损失，但某些受损害较小的华人企业集团也能利用金融危机造成的机会，进行新的投资和企业收买，所以，当我们分析亚洲金融危机中华人经济的状况时，不能仅仅只看到负面影响的一面。

在马来西亚，金融危机发生后，金融当局推进金融机构的合并统一和合理化。大众银行（Public Bank）集团和丰隆（Hing Leong）集团被政府指定为金融公司合并的核心企业。1998 年 4 月，大众银行和丰隆集团各自合并了两家公司。

菲律宾郑周敏（Tan Yu）的亚洲世界集团（Asia World International）在 1998 年 1 月 17 日金融危机最为肆虐的时候，新开设了泛亚银行（Pan Asia Bank），注入资本达 16 亿比索，为菲律宾新设银行中市场规模最大者。

菲律宾的杨应琳（Yuchengco）集团把金融危机看作扩大金融业经营的机会。其属下的黎刹商业银行（RCBC）以金融超级市场为目标，在 1998 年 2 月新开设了两家分店。该行除了收买菲律宾山一公司以外，还想收买因母公司经营困难而卖出的东方商业银行，但未成功。1998 年 4 月，该行又收买了首都银行。

马来西亚的金狮（Lion）集团在金融危机冲击下面临债务负担扩大的困境，计划卖掉百货部门的百盛（Parkson）企业以应急，另一方面也继续扩张其他事业。在电子部门方面，金狮集团决定在中国和墨西哥建设新的工厂。在马来西亚国内，该集团的钢铁事业也在继续扩大。总投资达 22 亿林吉特的热延工厂将在 1998 年 11 月投产，总投资额达 25 亿林吉特的线材工厂也预定在 1999 年初投产。这样一来，钢铁部门在该企业集团的销售总额中所占的比重将从 1997 年的 40% 提高到 2000 年的 55%。另外，该集团也计划在今后 5~7 年内让钢铁生产量增加 1

倍，以进入世界钢铁业界的 15 强之列。

综上所述，金融危机带给华人经济的不仅仅是负面的影响，部分华人企业集团也利用了金融危机带来的机会，扩大自己的事业，可称之为"避凶化吉"吧。

四、华人企业的重组与再生

经历了金融危机的华人企业集团，今后将往什么方向发展呢？这可以从短期动向和长期的发展趋势两个方面加以讨论。

如果金融危机中华人企业集团的对策能够实现的话，虽然企业经营暂时出现后退现象仍不可避免，但是随着东南亚国家经济的恢复，大多数华人企业面临的困难也将被逐渐克服。从短期动向看，经历了金融危机的华人企业集团，吸取了危机教训并迅速应变，去适应经济危机冲击下的经营环境，在今后的经营行动中将会出现以下变化。

第一，缩小经营规模。部分华人企业集团由于出售企业、增资、导入外资、撤退事业等等原因，经营规模从扩张到缩小，经营战略也从攻势转为守势。另一方面，为了加强核心事业，舍弃了那些与核心事业没有关系的企业和亏本的事业。

第二，整顿海外事业。部分华人企业集团在金融危机的打击下已经卖掉了海外资产，撤回国内。也有部分华人企业集团反而能利用金融危机的机会，收买了一些企业。但是总起来看，在短时期内，华人企业集团大举向海外发展的现象将会中断。

第三，经营的健全化。具体来说，事业的发展不依赖借款，而是依靠自己的资金。这本来是华人企业的传统，现在又回到传统上来了。

关于长期的发展趋势，今后华人企业集团发展将会有以下变化。

第一，华人企业集团会继续发展，并会继续向新的事业挑战。华人从创设一般企业开始逐渐发展壮大为企业集团，在过去是司空见惯的。现在虽然受到危机打击，但华人的创业精神没有萎缩下去，更多的华人企业家是在危机中经受了考验，总结了经验教训，将会革新传统的经营模式，走向更健康的发展道路。因此，新兴华人企业和集团、新兴财团还会不断涌现。

的确，由于经营环境的变化等原因，也有人认为华人的创业以及企业的迅速发展将会很困难。然而，实际上近年来在亚洲迅速成长起来的新兴华人企业集团并不少见，例如丁谓（James Ting）创设的香港家电制造企业"善美环球"（Semi-Tech Global）虽然在 1982 年才创设，但由于在世界各地收买企业在 1996 年后得到迅速发展，现在，其企业分布在全世界 130 个国家。该企业在日本也于 1991 年购买了山水电气，1995 年购买了赤井电机。又如名列印度尼西亚企业集团第 4 位的大金融企业力宝集团，创业才 15 年。巴里多太平洋（Barito Pacific）集团创业仅 13 年，已跻身于印度尼西亚的十大企业集团。

第二，走向现代企业经营道路。华人企业的家族制等传统经营手法对过去的华人企业和华人企业集团发展做出过重大贡献。当然，亚洲金融危机中暴露出的华人企业经营方式的弊端也十分明显，例如一些华人银行向同族企业的"乱脉"贷款导致银行几乎倒闭便是例证。随着企业的发展和规模的扩大，尤其随着企业的多元化经营和国际化经营的发展，华人企业固有的传统的企业文化逐渐衰落，势必逐渐走向现代企业经营的道路，使华人企业变成普通的现代企业。正如近年来华人企业经营出现的新动向那样，任用家族以外的人，交班给受过欧美教育的继承者，所有权和经营权分离等做法已渗透到华人企业中。另外，由于与外国资本合办企业，向先进国家投资等原因，华人企业也必然按照世界上共同的企业规则办事。还有，由于华人企业所在国的经济发展、产业结构的调整、企业环境的变化、金融市场完善程度的差异颇大等原因，不可能产生一部通用的"华人商法"。但是，华人企业具有的强韧性这一基本因素，即华人网络的存在和运用应该是不会改变的。可以坚信，这正是华人企业今后能得以发展的重要理由。

第三，华人网络将更加开放。华人网络是华人企业集团发展的巨大优势。然而，华人网络的本身也在发生变化。

如上所述，华人网络已从传统的地缘、血缘、业缘联系变成在更加广阔的地域和范围内，甚至在世界范围内，交流华人企业经济活动的信息情报，以利共同协作。今后，这一网络也将会对外国企业开放。华人企业不仅与当地原住民企业加强合作，在所在国与外国企业、在投资对象国与当地企业共同兴办企业，而且，华人企业与外国企业共同在第三国投资的事业也会不断增加。例如，华人企业对中国的投资中，一般说华人企业之间合作进行投资的项目较多，但华人企业与日本企业、欧美企业合作进行投资的事例也不少。

因此，总起来说，华人企业集团迄今为止已取得迅速发展，受金融危机的影响，也许会出现暂时的停顿或后退，但是从长远来看，仍会得到新的发展，华人企业集团规模将会进一步扩大。可以预料，今后在世界上大企业的排名表中，华人企业集团将会更多地出现。

（原载于《东南学术》1998 年第 6 期）

东南亚企业集团来华投资的发展及其特征

本文以东南亚的新加坡、泰国、马来西亚、印度尼西亚以及菲律宾等五国华人企业集团在中国的投资为例，从一个侧面讨论东南亚华人企业集团的跨国经营活动，主要目的在于通过对东南亚华人企业集团的投资动因、现状以及特点的分析，了解其跨国经营的一般特征，并正确认识当今东南亚华人与中国之间经济关系的性质。

一、投资总量

东南亚华人资本是在 20 世纪 80 年代中期进入中国的，但是，作为华人企业集团对中国的大规模投资和众多集团进入中国，则是在 1992 年邓小平南方视察讲话和中共十四大明确提出建立社会主义市场经济体制之后。由于历史的原因，现今东南亚国家的民营企业资本中，华人企业占有很大的比重，而对中国投资的主力是东南亚国家的民营企业，尤其是 1970 年以后迅速发展起来的华人企业集团（日文著作中又被称为"财团"或"财阀"）。中国的统计资料表明，1979—1994年东南亚五国对中国的直接投资额（实际使用额）为 35.46 亿美元，这大体上反映了东南亚华人资本对中投资的规模和程度。

东南亚对中国的投资是在 1992 年以后才呈现激增状态的，1979—1991 年，直接投资实际使用额为 3.95 亿美元，年均 0.3 亿美元。1992—1994 年达 31.51 亿美元，年均 10.5 亿美元，为前一时期的 35 倍。在 1983—1994 年间的东南亚对中投资总额中，1992—1994 年三年的投资额占总投资额的 89%[1]（参见表 1）。这反

---

① 1979—1994 年数字：根据国家统计局《中国统计年鉴 1995》《中国对外经济贸易年鉴 1995》，中国统计出版社，北京，1995 年。

表1 东盟（ASEAN）对中国直接投资的变化（实际使用额）

单位：百万美元

年份	1983	1984	1985	1986	1987	1988	1989	1990	1991	1992	1993	1994
全国总计（A）	916.0	1418.9	1958.7	2243.7	2646.6	3739.7	3773.5	3754.9	4666.6	11291.6	27770.9	33954.8
新加坡	3.0	1.2	10.1	13.6	21.6	30.2	86.5	53.3	58.2	125.9	491.8	1179.6
泰国		4.5	8.8	9.1	11.2	7.2	12.7	7.5	19.7	84.3	234.4	234.9
马来西亚		0.6	0.3	0.4	0.1	1.3	0.4	0.6	2.0	24.7	91.4	201.0
菲律宾	2.3	2.3	3.1	1.1	3.8	3.6	1.5	1.7	5.9	16.6	122.5	140.4
印度尼西亚			0.1	0.5		0.3	1.4	1.0	2.2	20.2	67.8	115.7
东南亚总计（B）	5.3	8.5	22.4	24.7	36.8	42.6	102.5	64.1	87.9	271.6	1007.8	1871.6
增长率（%）		61.5	163.3	10.2	49.1	15.7	140.5	−37.5	37.2	208.9	271.3	85.7
比例（B/A）	0.6	0.6	1.1	1.1	1.4	1.1	2.7	1.7	1.9	2.4	3.6	5.5

（资料）JETRO《中国经济》1996 年 3 月号，日本贸易振兴会出版，第 102 页。

映出包括东南亚华人资在内的外资，对中国经济的市场化和国际化所抱的乐观态度。同时也清楚地说明了东南亚华人资本并不是一种特殊的资本，它同样遵循着国际资本流动的规律，也是在外资向中国投资的高潮中大举进入中国的。

1979—1994 年对中投资（直接投资实际使用额）总额中，中国香港资本占 60.76%，中国台湾资本占 8.83%，美国资本占 8.08%，日本占 7.66%，ASEAN 占 3.68%。如果以年度计算，ASEAN（东盟）在 1994 年达到 5.5%，仅次于日本该年度在中国直接投资额中所占的 6.1% 比例。无疑，东南亚资本（主要为华人资本）也是中国外资的来源之一，但在外资总量中所占的比例却较小（参见表 2）。

表2 1979—1994年外资对中国直接投资比较

		投资额（亿美元）	占比（%）
1	中国香港对内地	581.09	60.07
2	中国台湾对大陆	84.47	8.83
3	美国对中国	77.32	8.08
4	日本对中国	73.26	7.66
5	ASEAN（东盟）对中国	35.27	3.68
	合计	956.37	100.00

（资料）《中国统计年鉴》各年版综合统计（不含三来一补等其他投资额）。

根据《Forbes 资本家》杂志发表的数字统计，东南亚华人企业集团的"总帅"人物在 1993 年时有 148 人（个人资产在 1 亿美元以上），与中国有投资关系（包括设在香港子公司的对中投资）的 44 人，占 29%，[①] 可以认为，即大约有 1/3 的企业集团与中国有直接或间接的投资关系。

二、投资动因

（一）经济动因

东南亚华人资本到中国投资，最根本的动因是投资利润和市场，即所谓"利益驱动"和"市场占有"。中国有丰富的资源、廉价的劳动力以及巨大的现实和潜在的市场，这些都是吸引外资的根本因素。新加坡资政李光耀说："单是投资规模

---

① 香港《Forbes 资本家》编：《世界华人富豪榜（1994 年）》，三思出版有限公司，1994 年 10 月，第 99~255 页。

和投资机会，中国是其他国家无法比拟的。"①改革开放以来，中国政府坚持实行吸引外资、利用外资的政策，不断地改善投资环境，使外商投资得到较高回报率，"有利可图"正吸引着越来越多的外资。中国政府对于华侨投资，基本上是参照外商投资的政策，给予同等优惠、待遇和保障。1990年8月19日，国务院专门颁布了《关于鼓励华侨和香港澳门同胞投资的规定》，华侨和港澳同胞可享受相应的外商投资企业的各种待遇，包括可以采用的投资方式、投资企业的设立程序、投资资本金和利润的自由汇出以及税收的优惠等等。1995年以后，中国政府对吸收外资的政策进行了较大幅度调整，这些调整有利于中国经济与世界经济接轨，有利于中国优化产业结构和改善经济布局，同时有利于外商投资更广泛、更深入地参与中国的经济发展，并从中得益。例如，中国政府制定的促进中西部地区利用外资的政策，将为外商带来良好的投资效益和广阔的发展前景。在中国26个省市都有投资项目的泰国正大集团，不断增加新的投资，并计划将设在香港的正大国际集团总部迁往上海，进一步拓展在中国的事业。据该集团1994年度的决算书报告，来自中国的利润已占其海外总利润（纳税后）的72.4%，达到5900万美元，②对中国的投资项目已成为该集团海外经营事业的主要支柱。

从东南亚投资国来看，20世纪90年代以来对中国投资迅速增长，是东盟各国调整国内产业结构、发展外向型经济、扩大海外市场的需要。东盟国家是东亚经济增长最快的区域之一，除新加坡已进入发达国家行列成为投资大国之外，马来西亚和泰国被称为亚洲的"新龙"，形成必须向海外投资以求今后发展的气候。印度尼西亚和菲律宾在20世纪90年代以来积极调整外资政策，在加快引进外资的同时，致力于发展外向型经济。在原东盟五国中，除了新加坡外，其他国家大致与中国处于同一经济发展水平，经济的互补性强，对中国投资可以达到优势互补、互利互惠的目的，况且中国是最为邻近东南亚的庞大市场。20世纪90年代以来，除菲律宾外，东南亚国家对本国华人到中国投资基本持赞成的态度，马来西亚就是改变限制政策的典型例子。

从东南亚华人投资的主力——华人企业集团来看，对中国投资也是他们的经济实力发展到一定规模后的必然选择。东南亚华人企业集团是在东南亚国家发展当地民族经济、实行工业化政策的过程中兴起的，也是在发达国家的第一次、第二次产业转移的推动下壮大起来的，积极参与了国际分工和交换。一般认为，20世纪60年代末和70年代期间，东南亚国家实行出口导向工业化、发达国家进

---

① 朱震元：《谱写中新经贸合作新篇章》，北京《国际贸易》1994年第1期。
② 转引自日中经济协会：《日中经报》第288期，东京，1996年4月，第76页。

行第一次产业转移，华人企业集团开始兴起；20 世纪 80 年代后半期，在东南亚国家实行经济私有化、自由化政策和发达国家的第二次产业转移过程中，华人企业集团得到较快发展；20 世纪 90 年代以来，在东南亚国家加快发展外向型经济，进行产业结构升级调整的过程中，华人企业集团向大型综合集团化、经营多元化、投资国际化方向迅速发展。据估算，1996 年上市值在 1.85 亿美元以上的东盟华人企业集团有 230 家，其总资产达 4229 亿美元，其中总资产在 10 亿美元以上的有 67 家。[①] 东南亚华人企业集团首脑人物（或称"总帅"人物）个人所拥有的资产，也同样反映了企业集团实力的壮大，据估算，到 1996 年上半年为止，在原东盟五国中，个人资产在 1 亿美元以上的华人企业总帅人物有 172 人，资产额合计达到 2492 亿美元。[②] 不少华人已在国内某些经营领域占有优势地位，甚至垄断地位。可是，东南亚华人企业的进一步发展，却遇到了资金短缺、筹资困难和国内市场狭小、经济规模有限等矛盾，为了追求一定的规模效益，势必向跨国经营发展。一般的过程是，先在国内积累了一定资本后，便开始对外投资，往往以中国香港、新加坡为统筹海外业务的基地，在这里用股份上市、银行融资和发行债券等方法筹集资金，然后再向其他国家或地区投资。这也说明了市场经济的发展必然导致企业经营冲破国家或种族的界限，去寻求最佳的资源配置和更广阔的国际市场，华人企业亦无例外。

（二）政治动因

中国与东南亚国家友好关系的发展，是双方经济贸易关系能得到迅速发展的根本前提，也是东南亚华人得以与中国进行经济交往的根本前提。在战后的冷战体制下，20 世纪五六十年代时期，中国与东南亚国家的关系比较疏远，甚至处于对立状态。进入 20 世纪 70 年代，由于中美关系解冻、中国恢复在联合国的地位、越南战争的结束，中国与东盟国家的关系进入改善时期，马来西亚、菲律宾、泰国先后与中国建交，新加坡也与中国发展经贸关系。到 20 世纪 80 年代，中国实行改革开放，对外关系从 20 世纪 70 年代着重于第三世界的政治团结转向经济合作。加之多数东盟国家内部政局相对稳定，国内武装斗争等问题的解决，双方关系进入了迅速发展时期，尤其是双方的经贸关系有了很大发展。20 世纪 90 年代以来，双方进入了经济合作时期，印度尼西亚与中国恢复了外交关系，新加坡与中国正式建交。中国和东南亚国家的领导人、高层官员多次互访，签订了多项经

[①] 《国际华商 500 排行榜》，香港《亚洲周刊》，1996 年 11 月 4~10 日。

[②] 香港《Forbes 资本家》，1996 年 6 月、7 月、8 月号综合计算。

济贸易和友好交流的协定，双方经贸关系更有空前发展。正是在这种背景和气氛下，东盟国家逐步放宽了对本国华人到中国探亲、旅游和进行经贸活动的限制，有的还采取了一些比较宽容的政策。在东南亚国家领导人来华访问时，就有许多华人企业家随团到中国洽谈投资和贸易。

当然，经过战后数十年的统合历程，东南亚华人已在居住国落地生根，认同当地国家，成为当地经济、社会发展的重要力量。另一方面，中国政府在 1980 年制定了《国籍法》，重申不承认双重国籍，并一再勉励华人为居住国做出贡献、为中国和东南亚国家的友好交流作贡献。这些也是促使东南亚国家对华人与中国交往活动逐步放宽限制的积极因素。

（三）文化背景诱因

投资地的选择往往与投资者的文化背景有一定关系，投资效益的好坏有时也掺杂着文化因素。东南亚华人到中国投资，没有语言障碍，文化背景相同，容易沟通，从而方便了企业经营管理；另外，华人与祖籍地的地缘、血缘关系，也是他们到中国投资的便利条件。所以，与一般的外资相比，华人资本往往更容易流向中国。

三、国别投资

根据中国统计资料，1983—1994 年东南亚五国对中国直接投资（实际使用）的累计额依次是：新加坡 20.75 亿美元，泰国 6.34 亿美元，马来西亚 3.23 亿美元，印度尼西亚 2.09 亿美元，菲律宾 3.04 亿美元。这些投资来自政府资本和民营企业资本，又以华人企业集团的投资为主。但是，由于东南亚各国政治、经济发展状况不同，华人企业集团的发展各具特色，再加上东南亚国家与中国经济合作程度的差别，所以东南亚五国华人企业集团在中国的跨国经营活动，也显现出各自的特点。

（一）新加坡

在新加坡政府鼓励对外投资政策的推动下，华人企业的对外投资也日趋活跃，1990 年后对中国投资明显增加，1992 年后更呈急增状态。

新加坡华人对中国投资的特点：第一，以政府为主导，政府资本与华人资本共同投资。新加坡与中国共同投资（新方占 65%、中方占 35%）的"苏州工业园"开发项目，新方资本以政府资本为主，但也有多家民营华人企业集团参与投资。

第二，投资行业相对集中在不动产、金融业和制造业。第三，在投资的地区分布上，华东和华北地区比华南为多。第四，投资方式上多采取与中国方面合资。第五，投资规模大，建设工业园区等大型项目，已不是投资于某个产业的个别项目，而是投资建设一个新型的城市社会，这可以说是第二次世界大战后，国际资本移动中没有见过的新的投资形态。

（二）泰国

泰国华人企业集团在泰国国内经济中占有重要地位。1988 年时，泰国最大的 25 家企业集团中，有 23 家是华人企业集团。[①]1991 年末，华人企业集团占曼谷上市股票总额的 89%。盘谷银行、泰华农民银行、大城银行、京华银行四大银行集团资产占泰国商业银行的 60%。[②]泰国的对外投资是以华人企业为中心进行的。

据统计，1983—1994 年间，泰国对中国投资的协议项目达到了 1983 项，协议投资额达到 28.42 亿美元，直接投资的实际使用额达 6.34 亿美元。[③]在 1992 年以前，泰国对中国的投资额较小，直接投资的实际使用额仅为 8070 万美元，而 1992—1994 年的实际使用额为 5.54 亿美元，占泰国 1983 年以来对中国直接投资实际使用额的 87%。

泰国华人对中国投资的特点：第一，以华人大企业集团为主对中国进行投资。谢国民的卜蜂正大（Charoen Pokphand）集团（简称 C. P. 集团）在中国的经营便是其典型代表。据《Forbes 资本家》杂志 1996 年 6 月号估计，正大集团在大陆设立的独资或合资企业已达 110 家，所投入的资金超过 50 亿美元，其他主要投资者如盘谷银行集团、顺和成集团、TCC 集团、协成昌集团等，都在泰国最大的 60 家民营企业之列（包括泰国的外资企业）。[④]第二，投资领域多样化。从农工综合产业到高科技产业，从快熟面到发电厂，都有投资项目。一般是与该集团在泰国国内产业相关联的项目。第三，投资地域相对集中在沿海省市，但近年来，已向中西部内陆省区迅速扩展。1992—1994 年的实际使用额计算，广东占 23.5%，海南占 11.3%，沿海 12 个省市则占了 76% 以上，但是，同期内河南占 7.5%，其他如江西、四川、云南、陕西也都占有一定比例。

泰国对中国投资的最大集团是谢国民（Chearvanot）的正大集团。该集团创设

---

① 末广昭、南原真：《タイの财阀》，同文馆，东京，1991 年，第 36 页。

② 渡边利夫、今井理之编：《概说华人经济》，有斐阁出版，东京，1994 年，第 210 页。

③ 国家统计局《中国统计年鉴 1995》《中国对外经济统计大全》《中国对外经济统计年鉴 1994》，中国统计出版社，1995 年。

④ 末广昭、南原真：《タイの财阀》，同文馆，东京，1991 年，第 314~315 页。

于 1953 年，素以养鸡、饲料等与农业有关的产业而闻名，今天其经营行业已发展到制造业、不动产、通信等许多领域，成为泰国最大的综合型企业，估计 1994 年总营业额约 70 亿美元。[①] 目前在中国投资规模最大，涉足行业最多。经过十几年的经营，正大集团已在中国的 26 个省、市、自治区建立了生产和销售网，持股 50% 以上的独资或合资企业达 75 家（1994 年数字）。投资行业遍及饲料生产、养鸡、养殖、摩托车制造、石油化学、通讯、卫星发射、商业贸易以及不动产等。饲料生产仍是其投资的主要产业，其饲料已占中国市场的 8%，估计 1995 年该集团在中国的营业额已达 25 亿美元。[②] 中国公布的《中国最大的 500 家外商投资工业企业排序》名单中（1994/1995 年度），正大集团所属企业有 18 家，其中上海大江集团销售额达 20.35 亿元（人民币），上海易初摩托车公司的销售额达到 18.29 亿元（人民币），洛阳北方易初摩托车公司的销售额达到 12.12 亿元（人民币），排列顺序依次为 13、19 和 44 名。根据正大集团统辖海外经营事业的卜蜂国际有限公司（C. P. Pokphand Co. Ltd）发表的年度报告，1994 年该公司持股的总资产为 8.32 亿美元，其中有 5.6 亿美元（占 67.3%）的资产在中国，同年该公司纳税后的利润 0.7 亿美元中，有 72.4%（即 5900 万美元）来自中国，以上说明中国已成为正大集团海外利润的主要来源，也是该集团海外发展的最大基地、最大的投资区域。

（三）马来西亚

根据中国统计资料，1983—1993 年马对中直接投资的协议项目为 685 个，协议额 10.296 亿美元。从实际使用额看，1983—1994 年为 3.23 亿美元，但其中 98% 的投资是 1992—1994 年三年内投入的，可见马对中国的大规模投资也是始自 1992 年。这一数字亦反映了马来西亚华人企业集团对中国的投资动向。

马来西亚华人企业集团对中国投资呈现下列特点：第一，大企业集团与中小企业集团的投资都很活跃，最先进入中国的是马来西亚中小华人企业。1985 年 12 月，马来西亚华人林金煌的梦乡控股公司与中国合资设立了"天津梦乡公司"，生产弹簧床垫，1991 年更名为"钢山公司"，到 1995 年初，该公司已在中国设立 11 家企业，占有中国北方床垫市场的 70%。[③] 另一家较早进入中国投资的是姚美良的永芳化妆品公司，到 1993 年时，该公司已在中国设立了包括化学、印刷、食品饮料、宾馆等行业的 16 家企业，其中 9 家在广东省。第二，投资地区主要分布在广

---

① 香港《Forbes 资本家》1996 年 6 月号。
② 香港《Forbes 资本家》1996 年 6 月号。
③ 日中经济协会：《日中经报》第 288 期，第 83 页。

东、福建、海南、江苏等省份，沿海是其投资重点。若以 1992—1994 年马来西亚对中国直接投资的实际利用额来看，广东省占 11.5%，福建省占 17.7%，1994 年海南省占 6.2%。投资行业以制造业占优势，其次是不动产建设、商业服务业等。制造业企业又往往与马来西亚的初级产品如天然橡胶、椰油、木材的加工有关。第三，马来西亚华人企业对中国的投资中，也有部分是马来人资本，反映出该国民族间在经济上的融合与合作。例如钟廷森（Willian cheng Jem）的金狮集团（Lion Group）的核心企业 Lion Corp. Bhd. 和 Amsteel 中，钟本人分别拥有 61% 和 41% 的股份，马来人资本比例则占 33% 和 32%，而且，Amsteel 企业的董事长是由退役大将扎因·哈希姆（Zain Hashim）担任。[①] 第四，大企业集团的投资主要通过设在中国香港或新加坡的分公司或持股公司进行的。例如，郭鹤年集团是通过香港的嘉里（Kerry）集团、郭令灿丰隆集团是通过香港的国浩（Guoco）集团在内地进行投资经营活动的。第五，中国和马来西亚互相投资的比例较高，在以华人资本为主的马来西亚资本进军中国大陆之时，中国资本同时也到马来西亚发展投资项目。据马来西亚《南洋商报》报道，截至 1994 年初，中国大陆在马来西亚投资的公司超过 100 家，注入资金 2 亿多美元，[②] 大部分是与当地联营的企业，来自中国山东济南的吉钢（马）有限公司，是马来西亚引进的外资投资的最大钢铁厂之一。[③]

（四）印度尼西亚

印度尼西亚对中国的投资活动，基本上是在 1990 年两国恢复外交关系以后进行的，华人企业集团是对中国投资的主力。据中国统计，1983—1994 年印度尼西亚对中国投资协议项目为 261 个，协议金额 3.98 亿美元，实际使用额为 2.09 亿美元，其中 1992—1994 年为 2.04 亿美元，占全部直接投资使用额的 97%。

印尼华人企业集团对中国投资呈现以下特点：第一，华人大企业集团是投资主力，三林（Salim）、金光（Sinar Mas）、力宝（Lippo）三大华人企业集团是印度尼西亚最大的 3 家私人企业集团，占了对中国投资的大部分项目和投资金额。第二，以中国香港为基地展开对中国的投资活动，上述三大企业集团为背景的香港第一太平集团、中策投资集团、香港力宝集团等旗舰公司，以香港法人资格在中国进行经营活动。第三，投资规模大、投资项目相对集中在土地成片开发、旧城改造以及国有企业的购买、改造等项目上。第四，投资地区集中在福建、广东

---

① 日中经济协会：《日中経报》第 288 期，第 88 页。

② 马来西亚《南洋商报》1994 年 12 月 10 日。

③ 马来西亚《南洋商报》1994 年 4 月 11 日、5 月 30 日。

等沿海地区，1992—1994 年，福建省占印度尼西亚对中直接投资实际使用额的 35.2%，广东省占 10.2%，福建成为印度尼西亚投资最为集中的省份。[①] 这是由于三大企业集团的主帅人物林绍良、黄奕聪、李文正的祖籍地都在福建，许多项目也就选择在故乡投资的缘故。

（五）菲律宾

20 世纪 90 年代以来，菲律宾华人资本中的几家大企业集团，在进行跨国经营活动中，也向中国投资。据中国统计资料，1983—1990 年菲律宾对中国投资的实际使用额为 1940 万美元，年均 240 万美元，数量很小。可是在 1993 年和 1994 年，分别达到了 1.23 亿美元和 1.4 亿美元，以年均投入额计算激增 50 倍以上，这也反映了在 1992 年以后，菲律宾华人资本对中国投资猛增的态势。

四、投资特点

新加坡、泰国、马来西亚、印度尼西亚、菲律宾各国华人企业集团本来就有许多共同背景，在向中国投资的过程中，也显现出某些共同特点。

第一，东南亚华人大企业集团对中国的投资比较活跃。在东南亚，作为华侨、华人经济基础主体的仍然是中小工商业者，他们在数量上占有绝对优势。他们资金都不充裕，技术比较落后，能够在当地维持住原有的经营规模已很不容易，不可能成为对外投资的主要来源。华人企业集团虽不属中小资本，但是不同集团的经济实力相差悬殊，真正成为对中国投资主力的又是华人大企业集团，他们的数量极少，却拥有雄厚的资本力量，跨国经营已成为企业自身寻求发展的必然选择。笔者在分析东南亚各国华人企业集团在中国投资的现状时，曾统计过与中国有投资关系的 38 家企业集团（其中新加坡 9 家、泰国 12 家、马来西亚 9 家、印度尼西亚 4 家、菲律宾 4 家），若以支配这些企业集团首脑的个人和家族财富计算，其中 10 亿美元以上的 22 人，占 61%；20 亿美元以上的 14 人，占 38%；30 亿美元以上的 11 人，占 30%；50 亿美元以上的有 9 人，占 25%，而在 5 亿美元以下的只有 12 人，占 33%。[②] 这些数字已很清楚地表明了华人大企业集团在对中国投资方面的活跃程度。另一个有趣的事实是东盟五国中的华人首富，例如新加坡的郭令

[①] 日本贸易振兴会（JETRO）：《中国经济》1996 年第 3 期，第 118 页（笔者计算）。

[②] 根据香港《Forbes 资本家》：《1994 年世界华人富豪榜》，1995 年 6 月号，1996 年 6~8 月号计算。

明、泰国的谢国民、马来西亚的郭鹤年、印度尼西亚的林绍良、菲律宾的郑周敏等人，都在中国有大规模的投资项目，中国已成为华人大企业集团跨国经营的重要选择地。

第二，以中国香港地区为基地向中国投资。作为亚洲和东亚地区金融中心、航运中心、信息中心之一的香港地区，在地理上紧挨着中国南大门，以此为基地向中国投资有许多有利条件。许多东南亚华人企业集团都在香港地区设立了统筹海外经营的总部或子公司，然后用持股公司上市、银行融资、发行债券等方式筹集资金，再向中国或亚洲其他地区投资。据报道，目前东南亚华人企业集团"在香港落地生根，上市公司日渐增加，发展迅速令人刮目相看"。[①] 现在，已有22家上市公司，市值占香港股市总值的5%。近年来，中国香港的恒生指数成分股也不断增加具有东南亚华人企业集团背景的新股，如新加坡黄廷方控制的信和置业，马来西亚郭鹤年南华早报集团和香格里拉集团，以及印度尼西亚林绍良家族控制的第一太平集团。

第三，在投资方式上，有两个方面显示出其特点。一是联合投资——结成新的资本关系对中国投资。东南亚华人资本对中国投资的许多项目都是采用联合投资方式，往往与中国香港资本、中国台湾资本和欧美日资本或者中国大陆在港资本联手进行。有一些项目已出现由华人资本和当地土著民族资本联合进行投资。据统计，1995年在吉隆坡证券交易所第一部上市的对中国投资企业中，有22家可以判断出企业的种族（民族）资本构成情况。其中，华人资本占半数以上的有14家，马来资本占半数的有一家。如果从第一部上市的对中国投资的全部企业来看，马来资本占34.7%，华人资本占43.1%。[②] 东南亚华人资本与当地土著民族资本共同（或联合）向中国投资，是一个值得重视的新趋势，它有利于华人在当地的长期生存发展，也有利于东南亚与中国发展经济合作关系。二是新股投资——直接兼并或购买中国企业的股权。新股权投资是国际投资中一种重要的投资方式，在国际竞争日趋激烈的今天，通过新股权投资方式，可以较快地建立海外生产据点，抢占销售渠道，优先得到市场信息，从而赢得对外投资的时间。

第四，投资项目的规模之大、周期之长，在华侨华人对中国投资史上是空前的。例如新加坡政府资本为主导的华人投资项目——苏州工业园、无锡工业园等，已不是传统的行业投资或建立个别企业的投资，而是投资新建一个具备多功能的现

---

① 香港《亚洲周刊》1996年9月1日。

② 原不二夫：《马来西亚：民族融合和对中国投资》，日中经济协会：《日中経報》第288期，1996年4月出版，第88页。

代化城市（或城区），在某种意义上说，是一种以经营城市为目的的投资。类似这样大规模的、长期的投资项目的涌现，在近代以来的华侨、华人对中国投资史上是没有见过的，这说明了经过十几年的改革开放实践，东南亚华人企业家也与其他外商一样，看好中国经济发展的光明前景，看好中国的现实的以及潜在的大市场。

第五，投资行业以第二产业即工业部门的投资占优势，行业遍及轻工业、机械、电子、纺织、能源等广泛领域。近年来，在中国投资政策的引导下，基础设施、交通、能源开发以及高新技术的投资逐渐增加。例如以饲料生产和养殖业起家的正大集团，不仅向摩托车制造、电讯通信等领域进军，还与中国有关部门联合发射人造卫星，投资于高科技领域。但是，第三产业中的饭店、宾馆、住宅、写字楼等房地产，却一直是东南亚华人企业集团追逐的投资热点。上述 38 家在中国投资的东南亚华人企业集团，有 28 家在中国有房地产投资项目，占 73%。《Forbes 资本家》杂志选列的 376 名华人企业富豪中，从事房地产者有 179 人，占 47%。[①]

第六，投资地域集中于东南沿海地区，但已逐渐向内陆地区扩展和延伸。中国改革开放的先驱地是在东南沿海数省，这里经济发展较快，人们的观念较新，地理上又毗邻港澳，投资条件相对优越，所以，东南亚华人资本的投资从一开始就相对集中在广东、福建等省。另一个不可忽视的原因，是投资者的出身地大都在传统的侨乡——闽、粤、琼，他们往往选择一些项目在祖籍地投资，如泰国华人投资相对集中于广东、海南，菲律宾华人投资则相对集中于福建，马来西亚华人企业集团投资也相对集中在广东、福建两省。这反映了投资效益与投资者的文化背景有着重要关系，选择在"故乡"投资，有共同的语言、风俗习惯，容易沟通，更重要的是有着天然的"血缘""地缘"关系网络可以利用，有利于企业的经营。近年来，由于中国东南沿海地区工资、物价上升所带来的经营成本上升，华人企业的投资也开始向内陆省份扩展。

五、讨论

从东南亚华人企业集团对中国投资的动因、过程、行业和地区以及投资特点的分析，可以清楚地看到：首先，东南亚华人企业集团对中国的投资，是东南亚国家推行外向型经济发展战略、积极参与国际竞争的结果。东南亚华人资本是在中国的改革开放不断扩大，经济迅速发展的形势下，涌入中国寻求利益和市场的

---

① 香港《Forbes 资本家》1996 年 6 月号，第 26 页。

国际资本的一个组成部分，它首先具有一般外资在中国的投资特征，并不是什么特殊形式的资本。作为东南亚当地民族资本的华人资本，其跨国经营活动是为其所在国经济发展服务的。当然，企业集团跨国经营活动的本身，也反映了战后以来经济国际化的大势所趋。随着生产力的发展，随着生产和资本国际化的发展，世界各国之间的经济联系、东亚各国之间的经济相互依存关系日益加强，经济生活国际化成为世界经济发展的客观要求，强加遏制华人资本的国际活动，是违背经济规律的。其次，东南亚华人企业集团在中国的跨国经营与欧美日企业相比较，又具有利用地缘、血缘等亲缘关系进行经营的特点。在历史上逐渐形成起来的中国和东南亚华人间的密切联系，又以中华文化及其影响为基础。东南亚华人企业集团的跨国经营利用了这种"天然"联系，使企业经营更加方便和具有效益，所以，这仍是属于企业行为，而不能据此得出华人在中国的经营是"感情复归"的结论。实际上，利用亲缘、地缘关系促进企业跨国经营的发展，并不是东南亚华人的发明，更不是华人企业集团经营所独具的现象，而是发展中国家（尤其是东亚）企业集团早期跨国经营的特点之一。与欧美跨国集团的跨国经营特点相比，发展中国家的企业进行跨国经营的时期要晚得多，规模也不能望其项背，在资金、技术、商业、网络等方面，更不可与之相比拟，因此，广泛利用亲缘、地缘关系，到邻近发展中国家进行跨国经营，便成为现实的发展道路之一。据报道，海外印度人（NRI）近年来到印度进行跨国经营活动亦十分活跃。自 1991 年印度实行引进外资的新经济政策以来，分布在世界各地的 1300 万印度裔之中，也有许多企业家利用地缘、血缘关系到印度投资。据印度统计资料，1991—1994 年对印度直接投资中，海外印度裔投资额达 199.30 亿卢比，在协议投资总额中居第三位，仅次于美国和英国；如果从直接投资的实际利用率看，则高居外资投资榜首，达到 68.9%，投资行业也遍及电脑、软件、电子、宾馆、房地产、石油化工、纤维、食品等多行业。[①]印度裔对印度的大规模投资活动，也是在印度实行经济自由化政策以后才开始的，这与海外华人资本（包括东南亚华人）在中国改革开放以后，才大规模进入中国的动向是一样的。所以，考察东南亚华人企业资本与中国的经济关系，首先应该从华人企业进行跨国经营的企业行为，以及经营特点来分析，而不是从"种族经济"出发去探讨。

（原载于《福建学刊》1998 年第 1 期）

---

① アジア経済研究所《アジ研ワールド．トレンド》，东京，1995 年第 12 期，1996 年第 1 期。

战后东南亚华商的发展道路

——以华人企业集团的兴起和发展为例

关于"海外华商"，目前在使用这一称谓时亦有狭义、广义两种含义，狭义的是指国外的华侨、华人中从事工商业等经济活动的人士，广义的是指境外的华侨、华人和港澳、台湾同胞中从事工商业等经济活动的人士，后者中的部分人虽然也有国籍不同、法律和政治上区别，但因为历史、文化的传统相同，血缘、地缘的联系密切，在经济活动中也有着明显的相通性，在交往与合作中建立起盘根交错的关系，形成了中国大陆以外的华人资本群体。战后六十余年来，海外华人经济的蓬勃发展成为东亚经济乃至世界经济中出现的一个重要现象，华商作为华人族群经济活动的主角也令人注目。东南亚华商历史悠久、人数众多、财力雄厚，战前已是当地民族经济的重要组成部分，战后虽然历经曲折，但实力仍然不断发展壮大，在当今的居住国经济和全球化经济中发挥着重要作用。东南亚华商为什么能在战后复杂的国内外环境中得以迅速发展？他们在战后究竟走过了怎样的道路？本文试以东南亚华人企业集团在战后的兴起和发展为例，探讨与东南亚华商战后发展道路有关的几个问题。

一、顺应当地工业化政策的发展历程

东南亚华人企业集团早在战前殖民地时期业已出现，但其数量极少，例如著名的华侨大企业，曾被称为南洋华侨"四大天王"的黄仲涵、陆佑、陈嘉庚、胡文虎家族企业，就是 20 世纪 30 年代以前兴起的华人企业集团。第二次世界大战结束后，华人企业集团的形成大体上可分为两种类型。一种是旧华侨财团型，即由第二次世界大战前已初步形成，但资本与规模都还有限的华侨企业发展而来。战后，这类企业抓住国际经济和东南亚国家实施工业化等机遇，进一步发展、壮大，成为多元化经营的跨国企业集团，如新加坡的华侨银行集团（Overseas-Chinese Banking Corp）就属此种类型。另一类型是新兴企业型，即在第二次世界大战后尤其是 20 世纪 70 年代以后，随着东南亚国家经济发展而兴起的华人企业集团，这种类型在东南亚华人企业集团中占绝大多数，如印尼的三林集团（Salim Group）、马来西亚的云顶集团（Gentin Group）、新加坡的丰隆集团（Hong Leong,HL）、泰国的正大卜蜂集团（Charoen Pokphang Group）、菲律宾的陈永栽集团（Lucio Tan Group）等。

那么，东南亚华人企业集团在战后经历了怎样的发展过程呢？

战后初期，东南亚各国政府发展经济的基本政策，就是要脱离过去的单一种植经济状态，改变向发达国家输出初级产品资源以换取输入工业品的旧模式，建立自己的工业部门。为了进行工业开发，必须要有资金、技术、产品市场，而在东南亚国家发展经济的起步时期，土著民族资本力量远没有形成，政府资本尚在创始阶段，外国资本又属限制之列。这样的历史条件，就为拥有资本和市场网络，并有丰富经商经验的华人资本提供了伸展空间。

在 20 世纪 60 年代，东南亚国家实施以满足国内需求为目的的进口替代工业化政策，保护和扶植国内的进口替代工业品生产，这一政策促进了华人由传统的商业领域转向创办工业企业，以生产替代进口的消费品逐步占领国内市场。许多华人企业集团正是在这一时期起步的。应该说，华人经济活动大量地从流通领域进入生产领域，是一次大的飞跃。

从 20 世纪 70 年代开始，东南亚国家又相继发展劳动和资本密集型的面向出口工业，以开拓国际市场为中心带动国内经济发展。政府采取了促进出口的经济政策，如放宽关税保护、奖励出口、吸引外国资本等，许多华人企业从经销外国商品的进口商起家，随后通过与拥有资金和技术的外资企业合资合营，建立了面向出口的企业，将产品销往国际市场，形成了一批面向出口的新兴华人企业集团。

进入 20 世纪 80 年代以后，东南亚国家着重基础工业和重化工业的发展，推动产业结构向资本与技术密集型的重化工业转化，政府为大型基础工业项目和重化工业项目提供许多优惠条件，许多有经济实力的华人企业集团承担这些大型项目，一批华人大型工业集团也在这一时期发展起来。进入 20 世纪 80 年代后半期以后，东南亚国家推动现有产业结构升级，重点发展加工工业，增加工业制成品的生产和出口。与此同时，政府采取了放松管制的方针，推行经济自由化、私有化政策，如放松贸易管制、取消进口垄断、降低进口税；放宽外资投资的限制，欢迎外商投资，放松金融管制，活跃证券市场，并将部分国有企业私有化，等等。这些政策措施给华人企业集团的发展提供了更为广阔的平台，使其数量增加，规模扩大，实力进一步增强。

根据香港《亚洲周刊》1996年11月4—11日号刊载的"国际华商500家"排行榜资料，市值在1.85亿美元以上的世界最大的500家华人企业中，中国香港有114家，占22.8%；中国台湾有156家，占31.2%；东南亚五国有230家，占46%，若以股票市价、销售额、资产总额而论，东南亚五国的合计依次为2307.82亿美元（占41.26%）、754.46亿美元（占39.33%）、4229.79亿美元（占50.52%）。以上数字表明，东南亚华人企业集团在亚洲的大华人企业中占有重要地位，显示出强大的经济实力（参见表1）。

表1　亚洲华人企业集团的经济实力比较（1996年）

单位：亿美元

国别或地区	企业数（个）	股票市价及占比（%）	销售额及占比（%）	资产总额及占比（%）	在最大的100华人企业中拥有的企业数（个）
原东盟五国（ASEAN）	230	2307.82（41.26）	754.46（39.33）	4229.79（50.52）	47
中国香港	114	1887.37（33.75）	471.96（24.60）	25555.84（30.52）	28
中国台湾	156	1397.75（24.99）	692.06（36.07）	1587.13（18.96）	25
合计	500	5592.93（100.00）	1918.48（100.00）	8372.76（100.00）	100

资料来源：香港《亚洲周刊》1996年11月4~11日号，"国际华商500家"，笔者列表计算。

从华人企业集团首脑人物拥有的个人财富来看，香港出版的《Forbes资本家》杂志（1995年6月号）选列了全世界拥有1亿美元资产以上的华人富豪368人，资产合计3463亿美元，东南亚五国合计158人（占43%），资产2062亿美元（占59.6%），华人富豪的人数和财富反映了华人企业集团的实力。若以他们的人均资产额计算，列在前三位的都是东南亚华人企业家，第一位印度尼西亚人，人均18.1亿美元，第二位是泰国人，人均15.3亿美元，第三位是新加坡人，人均11.9亿美元，此后的顺序依次为中国香港、菲律宾、马来西亚、中国台湾，由此可见东南亚华人企业集团的平均规模之大。

但是，在20余年间，东南亚华人企业集团为何得以迅速兴起和发展？对此问题的看法并不一样，大致有三派观点。一是"经济论"派，即从战后东南亚国家经济发展（尤其是工业化）历程与华商经济活动的互动关系去解释，强调华商的发展壮大正是抓住了东南亚国家经济发展的"独特机遇"；二是"文化论"派，即从华人文化特性和以其为纽带的华人网络的功能去解释，强调以儒家文化为核心的中华传统文化对华商迅速发展的促进作用；三是"制度论"派，即从专制、独裁制度造成官商勾结、腐败贿赂等原因去解释。笔者认为，华人企业集团的兴起和发展是企业在市场规律支配下的活动和运动，首先应从经济上找原因，当然也不能忽视其他因素，但主次要分清。战后华人企业集团的兴起或壮大都是在东南亚国家发展本国民族经济的过程中实现的，从根本上说，是战后东南亚国家推行工业化政策、发展本国民族经济的产物。①

不过，在如何看待华人企业集团的实力时，有两个问题容易被误解。

其一，拥有如此实力的华人资本是否就是当时东南亚国家经济的主宰力量呢？20世纪90年代活跃在东南亚各国的资本有4类，即华人资本、土著民族资本、政府资本和外国资本，虽然4类资本所占比例因国而异，但华人资本在任何一国都已不占支配地位，不能过分地夸大其在当地经济中所占地位。从东南亚五国的企业数和销售额来分析不同类型资本占有多大比例，是说明华人企业集团实际地位的一个重要指标，日本学者岩崎育夫所作的研究表明：从企业数来看，华人资本所占的比例为新加坡33%、马来西亚35%、印度尼西亚3.7%、泰国40%、菲律宾30%，从销售额来看，华人资本所占的比例分别约为新加坡24.0%、印度尼西亚29.8%、泰国31.3%、菲律宾22.2%（见表2），马来西亚数字尚缺。另外，从1996年上市的30家股票市值最高的东南亚企业来看，有政府资本10家，土著民族资本7家，华人资本11家，外国资本2家。其中华人资本占企业数的36.7%，市值的28.3%，都没有占据支配地位。这就是说，上述五国的华人资本在国内资本中约占1/3的比重，②所谓华人资本支配东南亚经济的说法是站不住脚的。

① 郭梁：《东南亚华侨华人经济简史》，经济科学出版社，北京，1998年，第199页。

② 岩崎育夫：《華人資本の政治経済学—土着化とボーダレスの間で》，东洋经济新报社，东京，1997年，第77、102页。

表2　华人资本在东盟国家中所占的份额（%）

资本类型	国家									
	新加坡		马来西亚		印度尼西亚		泰国		菲律宾	
	N	S	N	M	N	S	N	S	N	S
国家资本	4.4	12.2	20.0	48.0	55.0	67.1	10.0	13.2	20.0	31.4
土著资本	—	—	30.0	22.6	—	—	10.0	9.9	16.7	16.9
华人资本	32.8	24.0	35.0	25.3	37.0	29.8	40.0	31.3	30.0	22.2
外国资本	62.8	63.8	15.0	4.1	8.0	3.1	40.0	45.6	33.3	29.5

注：N—公司数目，S—总销售额，M—市场占有额。
资料来源：岩崎育夫著，刘晓民译：《新加坡华人企业集团》，厦门大学出版社，2001年，第135页。

其二，正确认识华人企业集团的力量，不能过分夸大其实力。如与世界上的大跨国公司相比较，其力量又相当弱小。美国《幸福》杂志1996年7月号发表的世界最大500家公司名录中，无论是按销售额、利润额排序，还是按照企业的资产额排序，也都没有东南亚华人企业可以列入其内。那么，具体说来东南亚华人企业集团与世界跨国集团相比，在经济实力上到底有多大差距呢？以销售额比较，香港《Forbes资本家》杂志1995年10月号发表的《国际华商500》表明，全世界最大的500家华商的销售额总计为1570.27亿美元，可是同年按销售额排序的世界500家大企业的前6名中，其任何一家的销售额都远远超过了上述华商500家销售额的总和，排在第一位的日本三菱企业集团在该年销售额即达1843.65亿美元，比500家华商的销售总额还多273.38亿美元，何况东南亚华人企业集团只占国际华商500家销售总额的33.36%。以上统计资料说明，战后东南亚华人企业集团虽然发展迅速，可是经济实力与世界上的大跨国集团相比，又远远不能望其项背。

二、应对金融危机冲击和影响的能力

探讨战后东南亚华人企业的发展道路，弄清如何应对金融危机具有重要意义。在当前经济全球化的浪潮中，作为跨国经营众所周知，正当东南亚华人企业集团迅速发展之时，1997年夏季爆发了震撼世界的东亚金融危机，华人企业集团在危机中受到了严重的打击。

金融危机给华人企业集团造成的影响，具体表现在以下几个方面：①在金融危机中，亚洲各国经济不景气，需求骤减，华人企业集团的经营业绩恶化，营利大减甚至大量亏损。②本国货币贬值，外债（几乎都是美元外债）负担激增，普遍陷入债务危机。由于金融危机，企业的资金周转陷入困境，申请延期偿还债务的企业不断出现。③由于经营环境变化、资金周转困难，正在进行中的大型项目被迫延期和中止。④金融危机造成的最大影响是企业停业或破产。⑤由于各国货币贬值和股市、房市的暴跌，东南亚华人企业和华人企业家的资产也大幅度缩水（见表3）。⑥金融危机激化印尼国内矛盾，引发暴乱事件，使华人经济蒙受巨大损失。

表3　东南亚华人企业集团资产变化举例（1996—1998年）

	国家	主要股东	资产总值（亿美元）			变化幅度（%）	
			1996 年	1997 年	1998 年	1996—1997 年	1997—1998 年
华侨银行集团	新加坡	李成伟家族	321.49	368.21	342.21	+14.53	−7.06
大华银行集团	新加坡	黄祖耀	419.55	476.34	449.43	+13.53	−5.65
鞋庄（SM）	菲律宾	施玉成家族	7.11	9.95	7.83	+39.94	−21.31
首都银行	菲律宾	郑少坚	66.91	85.12	69.18	+27.22	−18.73
盘谷银行	泰国	陈有汉家族	411.06	452.78	299.71	+10.15	−33.81
泰华农民银行	泰国	伍捷朴	232.32	254.98	169.23	+9.75	−33.63
云顶集团	马来西亚	林梧桐	22.87	25.21	20.54	+10.23	−18.52
吉隆坡甲洞	马来西亚	李爱贤	9.63	12.01	10.15	+24.71	−15.48
盐仓集团	印尼	蔡道贤家族	17.12	18.26	9.81	+6.66	−46.28
印尼水泥	印尼	林绍良	35.88	33.04	12.35	−7.92	−62.62

资料来源：根据《亚洲周刊》有关各期，笔者编制。

然而，华人企业集团也并非完全处于被动状态，在东南亚各国政府采取一系列因应危机措施的同时，为了克服危机时期的困境，一些华人企业集团在危机爆发不久就采取了应对措施，例如出售企业和事业，引入外资以增资，整顿核心事业以外的事业，从海外撤回所在国等措施。

1. 作为事业重组的一环，许多华人企业集团出售了属下的部分资产事业和企业，由此得来的资金主要用于偿还债务，或准备应付到期的债务以及增加手头的流动资金，也有的准备用于收买新的企业。作为东南亚最大的华人企业集团，三林集团在金融危机爆发后的动向是具有一定代表性的（见表4）。

2. 为了重建陷入经营困难的企业，部分华人企业集团寻求外部支援，向国内外发行新股，使企业增资。为了避免企业的破产，让出控股权和经营权也在所不惜，泰国的华人企业集团多采用此方法渡过"生存危机"。1998年后，许多华人企业集团增资获得成功。

3. 重组事业，以加强核心事业和国内事业。重组事业主要是使企业集团过于分散的资源集中于核心事业部门，也出现了整顿海外经营事业，撤回到国内事业上来的动向。泰国最大的华人企业集团正大卜蜂集团多年来积极开展多元化经营和海外经营，但也因此大量负债。金融危机中，不得不进行大规模的调整以应付债务。这些应急措施使得现当多的华人企业得以度过危机的最初阶段。

表4　金融危机后印尼三林集团（Salim Group）的变化

出售企业 （接收前）	● 1997 年 10 月，太平洋科技（澳大利亚），电脑，2.5 美元
	● 1997 年 12 月，联讯电讯（中国香港），移动电话，3.4 亿美元
	● 1998 年 3 月，克马洋行（荷兰），贸易商社，17.1 亿美元
	● 1998 年 4 月，加利福尼亚州联合商业银行（美国），银行，1.7 亿美元
被政府接收的企业	● 1998 年 9 月，集团旗下 104 家企业的股权被政府接收，以抵债中亚银行欠中央银行的融资：
	● 中亚银行，银行，100%
	● 印多食品，食品，2.5%
	● 印多水泥，水泥，13.2%
	● 印多汽车，汽车，72%
	● 佳福（新加坡），食品，20%
	● 第一太平（中国香港），总合企业，5%
出售资产出让股权 （接收后）	● 1998 年 8 月，出售保加沙利公司的部分股权，面粉
	● 1999 年 1 月，出售印多汽车公司的部分工厂、汽车
	● 1999 年 1 月，出售 Escotel 公司的部分股权（所在地不明），通讯，7300 万美元
	● 1999 年 2 月，出售 Guardforce 公司的部分股权（所在地不明），保险，1.2 亿美元
	● 1999 年 2 月，出售司马特电讯公司的股份与日本 NTT（菲律宾），通讯，83 亿比索
	● 1999 年 4 月，出售联合兴业 23% 的股份（新加坡），房地产，1.8 亿美元
	● 1999 年 6 月，转让菲律宾长途电话 15% 的股份与 NTT（菲律宾），通讯，合计 278 亿比索（包括 NTT 已经持有的股份）
收购企业	● 1998 年 4 月，收购 Negros Navigation 公司 55% 股份，海运
	● 1998 年 7 月，收购 Darya Varia-Laboratoria 公司 45% 股份，制药
	● 1998 年 11 月，收购菲律宾长途电话 17.2% 股份（菲律宾），通讯
	● 1999 年 3 月，菲律宾长途电话收购司马特公司特电讯 56% 股份，将其子公司化（菲律宾），通讯
	● 1999 年 6 月，收购印多食品 40% 股份，食品，8 亿美元

资料来源：朱炎《金融危机中华人网络的变化》，（日）《日中经协杂志》，1999 年第 3 期。
《亚洲华人企业集团的实力》，钻石出版社，2000 年，东京。

在金融危机后的 6 年多时间里，东南亚华人企业集团采取了多种战略措施减少损失、恢复实力，表现出华人企业顽强的生命力。

1. 银行金融业为主的并购浪潮，形成有较大竞争力的企业集团。在东亚金融危机中，银行金融业受到的打击最为沉重，也暴露了东南亚金融市场发育不健全、金融制度不完善等许多问题。在危机过后的几年中，各国一方面完善和深化国内的金融市场和金融业监管机制，另一方面进行大规模的银行金融机构的重组兼并。在这样的形势下，华人银行金融机构也出现了兼并浪潮。在新加坡，先有国内第四大华人银行达利银行与国有吉宝银行合并，华侨银行集团属下的四海通银行被并入总行，宝华金融与华侨银行金融公司合并等，后有新加坡大华银行（United Overseas Bank）并购了华联银行后，规模大增，成为新加坡华人企业的"冠军"。在马来西亚，政府将原有的 54 家银行合并为 10 家银行集团，其中有华资控股的大众银行、丰隆银行、马化银行、南方银行等。同时，将国内 39 家金融公司合并为 8 家，保留的华人金融公司有大众银行、丰隆银行、马婆金融等。而马来西亚大众银行（Public Bank）并购了福华银行后，成为马来西亚华人企业的榜首。泰国国内银行进行了大规模重组，银行由原来的 15 家减为 13 家，金融公司由原先的 91 家减至 4 家。京华、京都、第一银行等华人银行均被政府接管。泰国华人银行的翘楚——盘谷银行在金融危机的打击下被迫三次增资，虽然避免了被接管的命运，但多次增资的结果使银行的持股结构发生了很大变化，外资的比例达到国家银行规定的 49% 的上限，而陈氏家族的持股比例则从原来的 35% 下降到 10%~12% 的水平。[①] 东南亚华人企业的在港金融机构也在危机后进行重组兼并。2001 年初，第一太平洋集团将属下的第一太平洋银行出售给香港东亚银行；同年 4 月，马来西亚丰隆集团将香港道亨银行的股权出售给新加坡发展银行集团。

2. 强化核心事业，减少非主营项目。如泰国卜蜂集团收缩非主营项目，减少摩托车、石油化工等业务比重，将在纽约上市的易初中国摩托车公司的 50% 股权出售，还出售了在中国的易初通用机器、上海民乐啤酒等企业的股权。对主要分布在泰国和印尼的石油化工企业采取紧缩措施，转让在泰国国内的市场零售业部分股权。经过战略性调整，正大卜蜂集团的发展又重新回到农牧饲料、商业零售和电信等核心事业上。新加坡丰隆集团将在亚洲区酒店业务全部出售给美丽华和科波托公司（由新加坡城市发展控股），借助其在欧美国家的品牌效应，全面拓展酒店核心业务，重组后成为世界上最大的酒店集团之一。第一太平集团也将菲律宾、泰国和中国（深圳）等地的投资核心企业转为电讯及互联网。

---

① 泰国《星暹日报》1999 年 7 月 20 日。

3. 整顿内部经营，加强专业化管理，提高经营效能。例如，泰国盘谷银行一方面调整扩张政策、缩小资产规模；另一方面加强内部整顿管理，采取措施严格控制人事管理成本，大量裁员安置退休，加强专门人才的培训和任用，同时拓展新的信贷市场与业务方向，提高生存竞争能力。又例如，马来西亚的杨忠礼机构（YTL Corp.）也大大加强专业化管理。为了增强自身经营效能，杨忠礼机构宣布斥资 3 亿马元成立杨忠礼 E-Solutions 有限公司，并与德国西门子公司在马来西亚的子公司进行策略联盟，为集团提供电子商务服务。[①]

4. 加强国际化布局，调整跨国经营战略。在经济实力得到恢复的同时，其跨国投资也出现了新动向，一是恢复和加强海外投资，巩固传统市场，积极开拓海外的多元市场，尤其是亚洲市场。二是继续加强香港作为海外投资基地的地位，积极向亚洲市场和中国大陆市场进军。以马来西亚为例，林梧桐的云顶集团（Genting）以旅游业著称，同时也是跨国经营的多元化企业集团，业务包括种植、房地产、造纸、包装、石油及天然气、旅游、酒店、电力、电子商务及资讯科技，在国外的项目包括美国的投资，在中国香港上市的丽星邮轮，以及在中国大陆、澳大利亚、缅甸、印度尼西亚的石油和天然气业务，与中国企业合资开发油田等。郑鸿标的大众银行（Public Bank），已是马来西亚排名第一的华商企业集团，在经历了金融风暴和经济全球化浪潮的冲击下，积极拓展海外业务，在越南、柬埔寨、老挝、缅甸、斯里兰卡设立分行，同时在中国设立代表处，在香港拥有上市财务公司，立足香港，放眼庞大的中国内地市场。印度尼西亚的三林集团早在 1998 年年末，通过其海外旗舰公司香港第一太平集团，以 20 亿美元代价获得菲律宾长途电话公司（PLDT）的控股权，1999 年 6 月，第一太平洋集团又斥资收购印多食品公司 40% 股权，实现了对其印尼资产的间接持有，分散了投资风险，而且强化了第一太平集团在香港跨国经营的总部地位。现在，第一太平集团的仪器业、电讯业、房地产和金融业的四大核心业务，现在几乎全都集中在中国香港和东南亚国家，业务分布占其总资产的比例分别为菲律宾 50%、印度尼西亚 37%、泰国 6%、中国香港和中国内地 7%。[②]

综上所述，1997 年爆发的东亚金融危机，对于东南亚华人企业集团是一场灾难，也是一场浴火重生的考验，许多华商企业家在危机中经受住了考验，总结了经验教训，调整经营战略，革新传统的经营模式，在危难中寻找机遇，终于走出了低谷。虽然东南亚各国华人企业集团在危机后的实力恢复和发展上存在很大差异，同一国家内的华人企业的命运也很不一样，但从整体来看，2005 年《国际华

---

① 香港《信报·财经新闻》2000 年 3 月 20 日。

② 世界华商经济年鉴编辑委员会编辑出版：《世界华商经济年鉴（1999—2000 年）》，北京，第 347 页。

商 500》的数据显示，亚洲华人企业集团的销售额、资产总额都已超过金融危机前 1996 年的数额（见表 5）。

表5　2000年与2005年亚洲华人企业集团实力比较

（单位：亿美元）

	总计	中国香港	中国台湾	原东盟五国					
				合计	马来西亚	新加坡	印尼	泰国	菲律宾
上市企业数									
2000 年	500	123	237	140	54	55	8	10	13
2005 年	500	132	224	144	46	60	6	13	19
股票市值总额									
2000 年	6063.5	2240.2	2838.9	1084.2	299.1	517.9	80.3	105.2	81.7
2005 年	7192.6	2912.9	2757.7	1522	404.2	679.9	56.6	244.1	137.2
销售额									
2000 年	2048.7	509.6	1105.4	433.7	185.9	123.5	71.3	13.9	39.1
2005 年	4454.5	1031.5	2604.8	818.3	228.4	306.7	79	134.2	70
税前利润									
2000 年	472.6	327.1	87.2	58.3	27.6	38.1	11.9	−26.9	7.6
2005 年	581.4	216.1	221.6	143.6	42.8	59.6	2.3	23.6	15.3
资产总额									
2000 年	9957.7	3387.1	3271.2	2299.4	667	504.5	151.2	674.9	301.8
2005 年	13875.8	4142.7	5136	4597.1	955.5	2300	146.8	825.1	369.7

资料来源：香港《亚洲周刊》"国际华商500"，2000 年 10 月 30 日—11 月 5 日号，2005 年 10 月 9 日号，笔者编制。

三、利用华商网络共谋发展的特点

从华人企业集团的发展历程可以看出，尽管东南亚各国华人企业集团在不同的国家环境下有着并不完全相同的发展道路，但也有着以下共同点：第一，大多数企业集团以经营国内外贸易或银行保险业起家，是东南亚各国民族资本主义经济迅速发展的产物；第二，大多数是以银行、控股公司或投资公司为核心，经营主体产业与经营多元化产业相结合的企业集团；第三，以家族经营为主，形成自身的企业集团系统；第四，利用华商关系网络共谋发展；第五，与居住国的国家资本形成互相渗透和联合的经济关系，与官僚资本关系密切；第六，与外国跨国公司资本有千丝万缕的联系，在资金、技术和市场等方面都不同程度地依赖于外国资本；第七，顺应全球化潮流，发展跨国经营，积极开拓中国市场，搭乘中国经济迅速发展的"顺风车"。

以上共同点并不能都称之为东南亚华人企业集团发展的特点，许多发展中国家的民营企业也具有家族式经营、政商关系密切、对外资依存度高、多元化和国际化发展趋势等特征，但是华商网络特征是东南亚华人企业集团发展道路上的明显特点，是其持久竞争优势的重要来源。

所谓"华商网络"，一般是指海外华商通过血缘（同宗）、地缘（同乡）、业缘（同业）、学缘（同学）、神缘（同信仰）的联系而建立起来的商业贸易关系，是基于中华文化背景和利益而产生的商业运作网络，其本质仍然是人际关系网络。但是，在看待海外华商网络的功能时，也不能陷入"夸大论"的误区，马来西亚学者戈麦兹（E. T. Gomez）考察了马华大企业的兴起和发展，有力地证明了当地国家的政治经济运作对华人经济发生的决定性影响，批判一味强调"网络论"对华人经济发展起决定作用的说法。[①] 东南亚华商确实有广泛的联系网络，这种商业网络能共同享有资金和信息等重要社会资源，节约交易成本，从而有利于在竞争中取胜，但也不是万能的。

（原载于《亚太研究》第五辑，北京大学出版社，2008年）

① Edmuend, Terence Gomez, *Chinese Business in Malaysia*，中译本见［马来西亚］傅承得译：《马来西亚华人生意》，大将出版社，吉隆坡，2002年。

海外华商网络与中国企业的跨国经营

一、海外华商现状与华商网络特点

关于"海外华商",目前在使用这一称谓时亦有狭义、广义两种含义,狭义的是指国外的华侨、华人中从事工商业等经济活动的人士,广义的是指境外的华侨、华人和港澳同胞、台湾同胞中从事工商业等经济活动的人士,后者中的部分人虽然也有国籍不同、法律和政治上区别,但因为历史、文化的传统相同,血缘、地缘的联系密切,在经济活动中也有着明显的相通性,在交往与合作中建立起盘根交错的关系,形成了中国大陆以外的华人资本群体,因此,广义的"海外华商"反而使用较多,例如在中国政府部门正式出版的统计年鉴中,也将港台地区资本列入"外资"类,属于海外华商资本范畴。

经过近代以来的长期奋斗和积累,尤其是第二次世界大战后,海外华人抓住国际经济变化机遇和适应居住国实施工业化政策的需要,经济力量获得迅速发展。就整体而言,海外华商中经营中小企业者占绝大多数,有跨国经营能力或实施多元化经营的只占极少部分,但是,即使这些"小部分",也可以明显反映出当前海外华人所拥有的经济实力。以香港《亚洲周刊》每年公布的"国际华商 500 家"为例,若以股票市值计算,1996 年 5618 亿美元,以资产总额计,1996 年达到8309 亿美元。1997 年爆发的东亚危机,曾经沉重地打击了一些华人企业集团,使其力量严重受损,但经过几年的恢复,到 2003 年时,500 家华商的股票市值仍达到 4555.7 亿美元,资产总额则到了 9995.2 亿美元。

从经营范围看，海外华商已从零售业、餐饮业、进出口业、金融业、建筑、轻纺、服务业等传统的行业扩展到大超级市场、电子、电器制造、重化工、工厂、产业等新兴领域，并形成了较为完整的产业体系。海外华商的经济实力发展，以及他们的业界版图扩展，也促使华商网络的资源扩大和自身内涵的提升。

所谓"海外华商网络"，一般指海外华商通过血缘（同宗）、地缘（同乡）、业缘（同业）、学缘（同学）、神缘（同信仰）的联系而建立起来的商业贸易关系，是基于中华文化背景和利益而产生的商业运作网络，其本质仍然是人际关系网络。从海外华商的形成发展过程来看，网络化经营确实是这一群体的明显特征，是海外华人经济发展具有历久不衰生命力的原因之一，但是，在看待海外华商网络的功能时，也不能陷入"夸大论"的误区，马来西亚学者戈麦兹（E. T. Gomez）考察了马华大企业的兴起和发展，有力地证明了当地国家的政治经济运作对华人经济发生的决定性影响，批判一味强调"网络论"对华人经济发展的说法，[①]许多学者也有类似的看法。正确认识海外华商网络的功能，也是中国企业"走出去"过程中，要"利用"或"融入"华商网络的前提和基础，即需要实事求是地看待这一问题，海外华商确实有广泛的联系网络，这种商业网络能共同享有资金和信息等重要社会资源，从而有利于在竞争中取胜，但也不是万能的。因此，在看待中国企业"走出去"与海外华商网络的关系时，既不能把海外华商网络对中国企业"走出去"的作用"理想化"，盲目寄望，也不能对海外华商网络可能达到的积极作用视而不见，以至错失良机或者无所作为。

依笔者之见，要达到实施"走出去"战略与海外华商网络功能的有效结合，最为重要的一点是要充分、深入地了解当代海外华商网络的内涵和特征。从多角度审视，当前海外华商网络的内涵与特点可以举出下列几个方面。

第一，人际特征。海外华人凭借血缘、地缘、业缘多种纽带以及多途径进行广泛联系，形成基于经济合作的各种"关系"，"关系"错综复杂联结成为庞大商业网络，以求得地区和全球范围内经济活动的最佳效益。"关系"怎样维持？就华人商业网来说，靠的是人际信用，即人际关系，就是人与人之间不一定需要通过法律强制手段来履行承诺，而是通过人与人之间建立起来的彼此信任的信誉来履行守义，资金、人才、信息都是经过人际信用关系进行流通的。当然，人际信用是体现在具体的人与人交往过程中的，只有互相信任，人们彼此间的"人脉"关系才能建立起来，一位华人企业家说得好：信用是现代社会人际关系和商务往来

① Edmuend，Terence Gomez，*Chinese Business in Malaysia*，中译本见［马来西亚］傅承得译：《马来西亚华人生意》，大将出版社，吉隆坡，2002 年。

的基本道德原则，信誉是构成企业与企业之间关系的基础。① 我国"走出去"的企业素质良莠不齐，企业家首先应该提升自身的素质和企业素质，在"诚信"中狠下功夫，要融入华商网络，首先就要了解网络的运作完全离不开"人际信用"的这一本质特征的。如果不讲"诚信"，纯粹抱着"利用"的功利观点与华商打交道，就会与华商网络格格不入。从根本上说，以长远的战略利益考虑，中国企业应该"融入"海外华商网络的路子。

第二，组织特征。华商网络发展到今天，虽然存在着华商之间联系与互动的无形经营机制，但更多地表现为建立在各种华人社团，各类华人企业和机构的有形的实体性交往，这些"组织"的交往有的已经制度化。例如新加坡中华总商会、菲华商联合会、泰国中华总商会等重要华人社团，拥有庞大的会员网络资源，而且他们之间的交往也早已制度化。又如"世界华商大会"，自 1991 年成立以来，每两年一次，广邀全球华人企业家共聚一堂，建立经济关系和巩固华商联系，形成了世界上多个国家和地区华人工商团体组织的世界性华人网络。当前海外华人社团顺应经济全球化潮流和华人经济国际化趋势，以血缘和地缘为纽带的世界性华人社团也正在迅速增多，这些是华商网络的重要基础。

例如，20 世纪 80 年代上半期成立的国际潮团联谊大会（1980）、世界林氏宗亲总会（1981）、世界赖、罗、傅宗亲联谊会（1981）、世界舜裔宗亲联谊会（1982）、世界广西同乡联谊会（1983）、世界福清同乡联谊会（1988）、世界海南乡团联系大会（1989）等，到了 20 世纪 90 年代，这一趋势更加明显，例如，这一时期成立的地缘性世界华人社团有：世界福州十邑同乡总会（1990）、世界晋江同乡联谊会（1990）、世界安溪乡亲联谊会（1992）、世界同安联谊会（1994）等，血缘性世界华人社团有：世界颜氏宗亲联谊会（1991）、世界彭氏宗亲联谊会（1991）、世界烈山宗亲恳亲大会（1992）、世界肖氏宗亲恳亲大会（1992）等等。② 华人社团在为所在地的华侨华人服务的同时，也在扩大着华人族群与不同国家、不同地区（包括中国大陆）的血缘、地缘联系，在一定程度上使华人社会网络转化成传递信息、寻求合作的华商经贸网络。中国企业"走出去"，要融入华商网络，对华商网络的"组织性"特征应有充分认识。

第三，区位特征。目前生活在全球各地的 3600 万华侨华人中，仍以东南亚地区的华侨华人人数最多，华商网络的运作也被认为具有历史经验和功能强大、卓

---

① 转引自龙登高：《海外华裔经营管理探微》，香港社会科学出版社，2003 年，第 123 页。

② 林其锬、林佳：《海外华人社团面面观》，世界华商经济年鉴编辑委员会编辑版：《世界华商经济年鉴（2000—2001 年）》，北京，第 403 页。

有效益。[①]对东南亚华商网络来说，也有明显的枢纽区位特点。首先是新加坡华商网络的地位与作用。例如成立于1906年的新加坡中华总商会，在其成立的头60年间，其制度化网络的伙伴遍及东亚与东南亚，在20世纪60年代中期，总商会事实上已成为"东南亚所有中华总商会的中枢"。[②]到了21世纪的今天，新加坡华商网络仍在为建立、发展和维持区域之间、全球华人间的商业和社会网络联系而发挥作用。其次是重视香港华商网络的区位特征。香港历来与海外华商联系密切，是海外华商投资、办企业的中介地和据点，香港华商网络也是世界华商网络的缩影，例如东南亚华人的大企业或企业集团就充分利用了香港的中介地位与祖国大陆和世界各地发生联系，建立了许多投资和贸易机构。长期以来，香港一直是中国大陆改革开放后外资的第一来源地，在1979—2002年外资对华直接投资中占45.73%的比例，东南亚华人企业在香港还有许多重要的上市企业，成为香港华商网络的重要组成部分。

当前，建立中国—东盟自由贸易区的步伐已经迈开，不少学者认为中国企业"走出去"的重点地区是东南亚，除了地域接近、产业结构适应性强以及市场、投资环境、资源等有利条件外，东南亚的较成熟的华商网络资源是重要因素之一。华商网络的这一区位性特征，也为我国企业"走出去"寻求广阔发展空间提供便利。要真正获得上述商机，已走出去的企业的经验告诉我们，通过华商网络是重要的一环。

第四，行业特征。在美、欧、日、澳等发达资本主义国家中的华商，其经营行业呈现"两极"分化，因海外华人科技人才在这些地区最为集中，少数人已跻身于当地的高科技产业，但多数华商仍是以商业贸易和餐饮业、服务业等行业为主。东南亚的华商则普遍在当地商业贸易、银行和金融业、房地产、制造业中拥有重要实力。例如2003年《国际华商500家排行榜》中，房地产十大排名和银行及金融业十大排名，都是以东南亚华人资本为主的企业集团，华商网络的行业特征也为我国企业"走出去"寻找合作伙伴，甚至为劳动力输出提供了空间。

第五，信息化特征。在世界经济全球化、信息化、市场化日趋明显的今天，在以电子网络为代表的信息技术革命突飞猛进的今天，传统的华商网络已被赋予新的内容与意义，那就是华商网络已有了因特网电子信息系统，华商的网络联系也越来越便利、快捷和系统化。1995年12月8日，新加坡中华总商会正式推出了中文繁简体和英文为媒介的世界华商网络（WCBN），这一拥有大型资料库的网

---

① 刘宏：《新加坡中华总商会与亚洲华商网络的制度化》，《历史研究》2000年第1期。
② 刘宏：《新加坡中华总商会与亚洲华商网络的制度化》，《历史研究》2000年第1期。

站，包括 53 个国家 10 万多个华人企业的信息资料，受到世界华商的广泛欢迎。类似的华人商业组织、媒体、社团的网站也纷纷建立，现代华商网络借助 IT 技术，呈现出前所未有的广度和深度。中国企业"走出去"的过程中，应主动了解海外华商网络动态，以参与和利用现代华商电子信息网络。

二、"走出去"战略的实施与华商网络的利用

以上分析了我国企业"走出去"的成绩和问题，又分析了海外华商网络的多种特点，那么，该如何利用华商网络推动中国大陆企业走出去呢？

第一，应当看到的是当前我国从事国际化经营的企业主体主要是国有大企业。由于国有企业自身机制的问题和管理体制问题，它们之间尚难以进行有效的合作与信息交流，在利用和融入海外华商网络方面暂时难有大的作为。但是，我围有中小企业 2930 万家，工业产值和实现税收分别占全国的 50% 和 43%，全国出口总额中，中小企业出口额占 60% 左右。[①] 中小企业不仅是一支重要的出口力量，也是开展对外投资的潜在力量和优势所在。中小企业具有经营机制灵活、市场应变能力强、经营形式多样化的特点，比较容易与海外华商的经营接轨，因为海外华人企业也正是能对市场信号做出迅速反应和进行多元选择，注意市场需求的多样性，满足不同层次的需求。更多的中小企业可能利用海外华商的网络优势"走出去"，成为这方面的先例。

第二，在中小企业融入华商网络的具体做法上，应充分考虑华商网络所呈现的特征，有的放矢，减少盲目性。依笔者所见，至少可以做好下列几项工作：

（1）高度认识华商网络的"人际关系"特征。与西方的管理模式相比，海外华商相信，建立各个层次的长期人际信用关系，也是企业通向成功之路。要想借助华商网络的力量推动"走出去"战略的实施，中围的企业家或经营者就应该多学习了解海外华商网络的现状与动态，要学会做生意的同时结交华人企业家朋友，建立起相互间的信任关系，在共同的"诚""信"的中华文化基础上广结善缘。只有在华商圈子里建立起"人际关系"，才能真正融于华商网络。从长远看，中小企业只有真正融入了全球华商网络，才能更好地更直接地与国际市场接轨，并大大降低交易成本。

---

① 《中国经贸导刊》，中国经贸杂志社出版，北京，2002 年第 20 期。

（2）鉴于海外华商网络联系的组织化特征，我国"走出去"的企业也应整合资源、利用地缘、血缘、业缘乃至多缘纽带，建立适于同海外华商网络打交道的组织，例如地区性的大陆华商投资协会等。另外，大陆华商在可能的条件下，也要通过与海外华人联谊会等聚会，最大限度地建立联系。与华商有关的企业组织和社团组织所举办的多种形式活动，我国"走出去"的企业也应该抱着积极参与的态度。

（3）发挥华商网络区位优势的作用。信息是企业生存的源泉，新加坡华商已在构筑全球最大的华商信息交流与查询网站上做出了贡献，我们应该利用国内的技术优势，支持华商信息网络的完善化，建立中国国际经营企业的详细信息资料库。中国与海外华人相同的语言是信息传递的最佳载体，商品信息、投资信息、市场供需信息等可以通过相同的语言得到迅速有效的传播。

（4）外汇资金筹措是中国企业对外投资的一个瓶颈问题，中小企业的筹资则更困难。海外华商网络的行业特征之一就是银行及金融业方面具有相当优势，银行和金融业更是东南亚华人的重要产业。在此情况下，应考虑利用海外华人的融资渠道，筹措资金。

（原载于福州《东南学术》2004年增刊）

东南亚的华人资本与国民经济

我们探讨了围绕东南亚华人资本的政治社会结构及其环境，从本章开始，将集中探讨华人资本与国民经济的问题。读者或许会有这样的疑问：围绕着华人资本的"政治社会"要素和"经济"要素到底有何关系、有何联系？其实，任何经济行为都不是在政治的真空中进行的，而是在特定的政治社会中运营的。何况东南亚华人在政治上也好、社会上也好，都可以说是"处境微妙"，为了正确理解他们的经济活动的实况，也有必要抓住政治的、社会的环境进行考察。反过来说，就是对于华人在这样的政治社会环境中进行的经济行为，人们通常应有怎样的认识和观点？

那么，在现代东南亚各国中，华人资本在国内经济中占有怎样的比重、起着什么样的作用呢？的确，在东南亚各国发展经济的同时，诞生了许多的华人资本和企业集团，那么，形成了企业集团的大资本，其产生和发展类型又是怎样的呢？所谓华人资本支配着东南亚经济的说法，其真实情况又如何呢？

1. 殖民地时期的华侨资本

毫无疑问，东南亚华人资本并不是在东南亚国家独立后"突然"出现的。早在殖民地时代，已有从事经济活动积累起巨大资产的企业家，华人的现代资本在一定程度上继承了殖民地时代的华侨资本（当然并不一定意味着其子孙们的继承），因此，首先让我们来了解一下殖民地时期华侨资本的概况。这个时期华侨企业的产生，按产业领域可划分为两种类型，第一种是初级产品基础型，第二种是商业基础型。

在初级产品基础型中，有橡胶加工业、锡矿开采业、制糖业等，可以举出以新加坡的橡胶为基本产品的陈嘉庚、李光前，马来西亚锡矿业的陆佑，印度尼西亚制糖业的黄仲涵等等有代表性的企业家。这些集团都是华人自身作为产业家参与了东南亚的资源开发，从而在此基础上积累起资产而形成的。

在商业基础型中，有贸易、海运、金融等产业，以及与初级产品基础型经营有关的产业领域。有代表性的企业可以举出银行业中的新加坡华侨银行，海运业中的和丰公司，还有掌握了泰国碾米业和流通业的华侨大商人等。

如果重述一下这两种类型的产业领域与土著经济的联系，那就是初级产品基础型企业本身作为资本直接参加了天然资源和初级产品的开发；商业基础型则是外国资本（市场）与传统经济间的中间媒介，从事流通和金融等事业。但是，实际上同时拥有第一种和第二种两种类型的产业、用现在的话说叫作综合型大企业的也不少，例如，在新加坡、马来西亚从事橡胶加工和银行业的李光前家族，从事海运、贸易、金融业的和丰集团，以东南亚的华人社会为对象的胡文虎的制药业和报业等等，就是有代表性的大型综合型企业。

本文关心的焦点是，这些殖民地时期的企业家和华侨企业在东南亚国家取得独立后是如何活动的？与国家的工业化有什么样的关联？这可以从华侨资本对待工业化的态度和民族政府对华侨资本的政策这两条线加以讨论。这里，我们先看看后者即民族政府对华侨资本的政策——是灵活运用这些政策呢，还是完全相反的情况。

2. 民族政府的工业化政策与华人资本

（1）依靠外资和培育民族资本的政策

东南亚各国政府经济开发政策的基本态度，是认为欲达政治上的独立便绝对有必要获得经济上的自立，因此，需要建立起脱离殖民地时代的单一种植经济形态的自立的国民经济体系。具体说来，就是要改变过去向先进工业国输出初级产品资源以换取输入工业品的旧模式，拥有自己的工业部门。当然，这样做不仅是东南亚国家，而是大多数第三世界国家共同采取的战略。

为了进行工业开发，必须要有资金、技术、产品市场。对于产品市场问题，几乎所有的国家都在开发的初级阶段采取了进口替代型战略，即限制工业产品的输入，以关税壁垒保护国内市场，奖励工业品输出国的企业转移工厂，培育本国的企业等等，用这些措施能够较顺利地解决问题。然而，真正的问题在于资本和技术。正如殖民地时代的经济已表明的那样，当地土著民族集团几乎没有拥有资本和技术的企业家。如果说东南亚存在资本家的话，必是华侨企业家无疑。然而，民族政府基于以下三点理由，并没有"使用"华侨企业家。

第一，"政治的"理由。正如已在上面有关历史过程和政治以及社会等章节中阐明过的那样，华人对于民族政府来说乃是应该排除的对象，因此并未考虑使用华人资本去开发经济。

第二，"技术的"理由。部分东南亚国家的政府不是采取首先振兴轻工业，而是采取以钢铁、造船、石化、冶炼等重化工业为基础的工业化战略，这就需要巨额的资本和专门的技术，而对于"商业资本型"的华侨资本来说，未涉及专门技术，资金也并非那么庞大，因而能力有限。从这里能得出的结论，便是重化学工业化的担当者非"国家资本"或"外国资本"莫属，在东南亚和东亚各国中占据支配地位的"国家主导型开发"和"外资依存型开发"就源于此。

第三，最为重要的是另一种意义上的"政治的理由"。民族政府关于欲达到政治上的独立必须发展经济的考虑，其理论可以归结到培育民族资本以加强国民经济尤为必要的认识上去。因此，民族政府期待能够改善劣于华人的土著民族集团的经济社会地位，以加强政府的政治基础。这样一来，政府便在不需要巨大资本和高技术的、比较容易介入的进口替代型轻工业部门中，采取积极的保护、培育民族资本家的政策。

从以上各点可以看到，东南亚国家的开发使用了"国家（政府）资本""外国资本""民族资本"等关键词，而"华人资本"在这里却完全被遗漏了。

（2）结果还得利用华人资本

然而极为有趣的是，围绕着东南亚华人资本的政治经济学，仅仅用这种表皮的理论方法是无法说明的。在东南亚国家的发展中可以看到，由于国家资本和外国资本的牵引，民族资本也在逐渐兴起，但同时几乎所有国家的华人资本也都获得了飞跃的发展，这点是谁也不能否认的。在这种明显矛盾现象的背后隐藏着什么？这里仅就东南亚华人资本的表和里两个层面进行重点分析。

既然民族政府在国民统合过程中采取土著民族集团优先、排除华人集团经济势力的政策，华人资本又为什么仍然能够兴起呢？对这个原因的解释乃是关于东南亚华人资本形成和发展的重要课题，然而遗憾的是迄今为止关于这方面的考察研究太少了。笔者仅就此问题在这里提出一些想法，供今后的讨论作为素材。虽然具体的理由和要因必须考虑到各国历史的经纬和实际，然而作为东南亚各国一般性的共同要因，笔者认为有以下三点。

第一，作为民族政府在国民统合和经济开发中要排除的对象仅仅是抽象的"一般华人"。也就是说，虽然掌握政治权力者要按照建设民族国家的理念，而且还要考虑民族集团的反华人感情，把华人从政治权力结构中"排除"，然而在经济开发中，掌权者为了"个人的需要"（获取利益），往往用表面上（国民）看不到的形式利用华人资本。具体来说，掌权者虽然在形式上、表面上排斥华人企业，但是在进口替代型开发时期，为了能获得产生巨大利润的国内市场的权利，便利用了华人资本。此后的情况也说明，几乎在所有的东南亚国家，政治和商业的结合都成为华人资本得到有力发展的模式之一。

第二，与此相关的是接近政治权力的华人资本都"状态良好"地存在着。华人不管具有怎样的经济力量，都被置于没有社会实权，而且与政治势力不相干系的立场上。换言之，由于"经济力量不等同于政治力量"（白石隆《印度尼西亚：国家与政治》）的现实存在，因而就有为了得到来自政治权力的开发和利权，专门从自己的立场出发去利用政治权力的单一方的存在。

第三，是实际利益的问题。不管怎样提倡培育民族资本，在经济开发尚未就绪的阶段，结果都不得不依靠拥有资本和网络，而且经济活动经验丰富的华人资本。也就是说，那些民族资本尚未成熟、政府资本也没有开发，而且严格限制外国资本进入的国家（其典型是印度尼西亚），并不存在华人资本以外的资本家。东南亚国家经济的现实，难道不是政府在摆出排斥华人的公开姿态的背后，仍然邀请华人资本"登场"，从而为华人资本的形成和发展开辟道路吗？

3. 华人资本在国民经济中的宏观地位、产业特点和华人企业

华人资本的经济活动与政治密切相关，但东南亚各国的政治结构和政治文化（风土）又各不相同，因此有必要分国别考察一下华人资本在东南亚各国经济中所占的比例和实际情况。这里主要检讨华人资本在东南亚各国国民经济中所占的比重、华人资本与产业结构的关系两个方面。由此可以看出，第一，华人资本在东南亚各国的国民经济中发挥了积累资本的作用。第二，华人资本在那些国内主要产业得到稳步增长和发展的国家、在那些主要产业弱小、而周边产业得到稳步发展的国家的不同环境下，是如何与产业相联系而逐步发展起来的。从第二点可以知道，尽管华人资本形成和发展的模式因国别而异，而且各国的基础条件也不相同，但也有共同的模式存在。

关于华人资本在国民经济中所占比重，使用宏观统计数字大致可以弄明白。但要归纳出关于华人资本形成和发展的模式，最好的研究当然是一个一个地对个别企业的事例进行分析，然而不仅这不可能做到，即使是归纳某个国家或整个东南亚地区的华人企业全貌也是很困难的。因此，这里仅通过讨论若干著名的华人企业集团的成长原因，将华人资本形成和发展的模式进行归类。

要讨论华人资本的比重，首先必须了解活跃在东南亚各国中的资本的种类，现在，基本上有以下四种资本：①华人资本；②民族资本；③政府资本；④外国资本。第一种华人资本，是在本书序言中已定义为华人所支配的资本；第二种民

族资本是指诸如马来西亚的原住民、印度尼西亚原住民、泰国的泰人、菲律宾的西班牙裔等土著民族资本；第三种政府资本是包括所有的政府系统企业，以及虽然以民间企业的形态出现但却与政府关系密切的团体支配下的企业等等公营部门资本；第四种外国资本是指日本、美国、欧洲等发达国家的资本和中国香港、中国台湾等亚洲地区的资本（但是，下文中出现的外国资本以国别而论，几乎全都是来自日本和美国等先进国家的资本）。

另外，也有一种例外的资本尚未列举，如拥有泰国皇室财务管理局所运营的大型企业"暹罗水泥集团"（Siam Cement）的"皇室资本"，马来西亚的执政党巫统（UMNO）所控制的控股公司"玲珑"公司所有的"政党资本"（后者可分类为"民族资本"）。不言而喻，在不同的国家中，四种资本所占比例因国而异各不相同，但共同存在着这四种资本则是明显的事实。

关于四种资本的相互比例，尤其是政府资本占有怎样的比重，这里根据一份资料作出大致分析。表1列出了东南亚五国证券交易所上市的股票市值总额最高的30家企业，其资本种类（详见表2）的分布为政府资本10家、民族资本7家、华人资本11家、外国资本2家。外国资本企业少的原因在于外资上市企业较少。如果将目光稍微上移（见表1），最为引人注目的则是政府企业占据了从第1位至第5位的全部顺序，不仅如此，连企业数也几乎与华人资本相等。当然，一般来说，政府企业在公益事业领域里有较多的垄断企业，另外，也得考虑由于公益事业的性质，企业会有较大规模这一特殊原因。这样一来，政府资本在东南亚各国中便成为一种巨大资本的类型。（尤其在印尼，销售额最大的100家企业有半数是政府企业。这将在后文的国别讨论中加以说明，但由于大多数政府企业并未上市，表2中尚无法得到反映。）尽管如此，按照表2提供的数据可知，数量上以华人资本最多，占11家企业，与外国资本、政府资本、民族资本共同构成了"四大资本"。换而言之，也可以说，要正确了解华人资本的实际状况，弄清它与其他资本的关系是不可缺少的。以下，我们将考察各个国家不同资本种类的实际分布情况。

表1　东南亚各国市值总额最高的30家上市企业（1996年）

序位	企业	市值总额（百万美元）	国别	行业	所有权
1	新加坡电讯	40711	新加坡	通信	政府
2	马来西亚电讯	17558	马来西亚	通信	政府
3	印尼电讯	14430	印度尼西亚	通信	政府
4	国家能源	12806	马来西亚	电力	政府
5	马来亚银行	10872	马来西亚	银行	政府

序位	企业	市值总额 （百万美元）	国别	行业	所有权
6	盘谷银行	10620	泰国	银行	华人（陈弼臣家族）
7	新加坡航空	9080	新加坡	航空	政府
8	华侨银行	8866	新加坡	银行	华人（李成伟家族）
9	天然气	7633	马来西亚	煤气	政府
10	大华银行	7014	新加坡	银行	华人（黄祖耀家族）
11	泰京银行	6887	泰国	银行	政府
12	阿雅那置地公司	6838	菲律宾	不动产	民族系（阿雅那家族）
13	泰华农民银行	6714	泰国	银行	华人（伍班超家族）
14	森那美	6350	马来西亚	种植园	民族系
15	名胜世界	6186	马来西亚	休闲娱乐	华人（林梧桐家族）
16	新加坡发展银行	6184	新加坡	银行	政府
17	城市发展	6161	新加坡	不动产	华人（郭令明家族）
18	香港置地	6121	新加坡	不动产	外国（英国）
19	暹罗水泥	5682	泰国	水泥	皇室
20	阿雅那有限公司	5544	菲律宾	控股	民族系（阿雅那家族）
21	Jardine	5467	新加坡	贸易	外国（英国）
22	云顶集团	5425	马来西亚	控股	华人（林梧桐家族）
23	盐仓香烟	5265	印度尼西亚	丁香烟	华人（蔡道行家族）
24	参布纳集团	5230	印度尼西亚	丁香烟	华人（林天宝家族）
25	尤乃德公司（M）	5145	马来西亚	建筑	民族系（UMNO）
26	新加坡报业控股	5100	新加坡	新闻	华人（李成伟家族）
27	亚洲电讯	4917	泰国	通信	华人（谢国民家族）
28	暹罗商业银行	4631	泰国	银行	皇室
29	泰国石油公司	4598	泰国	石油炼制	政府
30	生力有限公司	4539	菲律宾	啤酒	民族系（索尼阿诺家族）

资料来源：Straits Times，1996 年 7 月 25 日。

表2 30家企业分布的国别和资本类型

	企业数	政府资本	民族资本	华人资本	外国资本
新加坡	9	3	0	4	2
马来西亚	8	4	2	2	0
泰国	7	2	2	3	0
印度尼西亚	3	1	0	2	0
菲律宾	3	0	3	0	0
合计	30	10	7	11	2

资料来源：根据表 5 作成。

东南亚的华人资本与国民经济 | **273**

新加坡

殖民地时代的新加坡以贸易中转地而闻名，但是独立后政府的经济开发政策重点却不是商业，而是振兴重化学工业。20 世纪 70 年代初，以外国资本的大量投资为契机，实现了工业化的"起飞"，制造业部门所占比重不断增加并超过商业部门成为最大的产业部门。刚进入 20 世纪 80 年代，政府的振兴产业政策的重点又转向金融、通讯领域，因为近邻东南亚各国的发展对这些领域的需求旺盛而颇获效益，于是金融、贸易、服务产业迅速发展起来。现在，新加坡经济是以制造业和金融、贸易、服务业为中心的经济，20 世纪 90 年代以来，这两个部门连年在整个 GDP 中占有近 60% 的比例。

在新加坡经济增长的过程中，有外国资本、政府资本、华人资本三种类型的资本参加（也有其他资本，例如马来人资本和印度人资本，但与上面三种资本相比显得微不足道，因而忽略不计）。首先，确认一下华人资本在新加坡企业经济中占有的相对地位。从表 3 提供的 1986 年新加坡销售额最高的 500 家企业的资本类别的相关数据，可以看出，政府资本、华人资本、外国资本各自所占的比例。此表包括了进入新加坡的全部外国大企业，但是金融领域的企业除外，因为金融企业通常是以资产额为基准来排序位的，无法与制造业领域的企业进行直接的比较。另外，资料为 1986 年数字，稍显陈旧，但是在这以后的时间里，三种资本的占比和企业的顺位并无大幅度变化，与现在的实际状况并无多大差距。还有，金融业企业未列入，也是考虑到要了解华人资本在国民经济中所占比重，应从经济发展的原动力制造业去考察比较稳妥。

表3　新加坡销售额最高的500家企业的资本类别（%）

（金融业未计，1986年）

	企业数	销售额	利润	资产
本地资本	37.2	36.2	29.5	55.8
政府资本	4.4	12.2	19.5	22.9
华人资本	32.8	24.0	10.0	32.9
外国资本	62.8	63.8	70.5	44.2
合计	100.0	100.0	100.0	100.0

资料来源：Soon, Teck Wong and C. Suan Tan, Singapore: Public Policy and Economic Development, World Bank, 1993。

从表 3 可以看到如下特征：第一，外国资本占有压倒的比重，不仅在企业数、销售额、利润等方面位居第一，而且除去资产额这一项外，其他各项比例均达到占有 60%~70% 的压倒性优势。从这里可以知道，新加坡的工业化属于外资依存型这一类。第二，除去外国资本，剩余的是政府资本和华人资本，在这二者中，政府资本所占比例又相对较高。即政府企业的数量虽然不足企业总数的 5%，但所占利润相当于华侨企业的 2 倍，而资产相当于 2/3，销售额也有华人企业的一半左右，这表明政府资本企业的规模较大。第三，华人资本仅仅是在外国资本和政府资本占有后剩下的领域里活动，约占总体 1/3 的规模。

当然，从上述特征所看到的不过是以大企业为对象的外国资本和政府资本所占的相对比重，中小企业大多数是华人企业，传统的华人资本所擅长的金融业部门都未包括在内，也必须要注意到这一点。因此，不可否认，一般对华人资本在国民经济中所拥有的实力的估计，实际上是评价过低了。然而，尽管如此，在现代新加坡经济中外国资本的优势地位、政府资本的庞大，以及位于这两大资本空隙间的华人资本，这样一幅构图还是能从这里清楚地看到。

另一方面，除金融业外，最有说服力的是作为社会经济发展原动力的制造业领域的情况，华人资本在这一领域所占有的比重很小。那么为什么外国资本在该领域占有最大的比重呢？其理由，一言以蔽之在于政府的工业化战略。也就是说，首先，新加坡工业化是从重化学工业开始，1965 年以后，向出口导向型战略转变，这二者形成了新加坡经济开发的基本战略，而并不拥有高技术和巨大资本以及产品出口市场的华人资本不可能参加，因此，政府为了尽速实现工业化，便选择了依靠以上全部要素都齐备的外国资本的办法。其次，为了了解华人企业与新加坡的产业有什么样的关系，列出最大的企业的行业种类和产业结构进行双重考察。表 4 列示了新加坡当地企业（金融业除外，包括政府企业）中销售额最高的 30 家公司，其中除了政府资本和马来西亚华人资本（有 1 家公司情况不明）外，纯粹的新加坡华人资本有 16 家公司，其产业分别为：制造业 12 家（包括一次产业）、服务业 4 家，乍看起来，制造业企业并不少，但问题在于，是制造业的什么行业，是否属于工业化的核心产业？

表4　新加坡销售额最高的30家最大的本地企业及其产业领域分布（1991年）

企业	销售额（百万新元）	所有权	行业	一次产业	二次产业		三次产业
					重化学	轻工业	
1 Singapore Airlines（新加坡航空）	4948	政府	航空				○
2 Keppel Corporation（古宝有限公司）	1400	政府	造船		○		
3 Neptune Orient Lines	1333	政府	海运				○
4 Fraser & Neave（花沙尼）	1328	华人	软饮料			●	

企业	销售额（百万新元）	所有权	行业	一次产业	二次产业 重化学	二次产业 轻工业	三次产业
5 Singaporepools（新加坡基金）	1094	政府	博彩				○
6 Wearne Brothers（温兄弟）	836	华人	金属		●		
7 Asia Pacific Breweries（亚太酿酒）	766	华人	啤酒			●	
8 Nat Steel（大众钢铁）	748	政府	钢铁		○		
9 Amcol Holdings（永固控股）	719	华人	电机		●		
10 Times Publishing（时报出版）	619	华人	出版			●	
11 Kuo International	591	不明	石油贸易				○
12 Haw Par Brothers Intl.（虎豹兄弟国际）	582	华人	贸易				●
13 Hong Leong Corp（丰隆有限公司）	550	华人	建材			●	
14 Singapore Press Holdings（新加坡报业控股）	532	华人	新闻			●	
15 SembawangShipyard（三巴旺船坞）	436	政府	造船		○		
16 City Developments（城市发展）	432	华人	不动产				●
17 NTUC Fairprice	430	政府系	超级市场				○
18 Singapore Bus Service（新巴士）	397	政府系	公共交通				○
19 Metro Holdings（美罗控股）	363	华人	百货公司				
20 Kuok（S）（郭鹤年（新））	359	马来西亚	贸易				○
21 Singapore Shipbuildings（新加坡造船）	335	政府	小型造船		○		
22 United Industrial Corp.（联合工业）	327	印度尼西亚	洗涤剂、贸易			○	
23 Lee Rubber（南益树胶）	314	华人	橡胶	●			
24 Lum Chang Holdings（林增控股）	314	华人	建筑			●	
25 Jack-Chia MPH（志正马出版）	304	华人	制药出版			●	
26 Yeo Hiap Seng（杨协成）	304	华人	软饮料			●	
27 Inno-Pacific（英诺太平洋）	289	马来西亚	饮食				○
28 Parkway Holdings（百汇控股）	288	马来西亚	不动产				○
29 Singapore Tong Teik	270	华人	橡胶	●			
30 Pacific International Lines（太平洋国际航运）	260	华人	海运				●

（注）●华人资本　○政府资本

资料来源：根据 Datapool，Singapore 1000，1992 编制。

新加坡经济发展的要因在于出口产业的成长，尤其 20 世纪 80 年代以后，电子零件产业已占了压倒的比重。表 5 列示了主要的制造业产业的生产额、附加价值等数字，从中可以看出，1993 年时电子零部件产业已占到附加价值和生产额的 40% 以上。表 5 中制造业附加值排序与表 4 中 16 家实力雄厚的华人企业的行业对比来看，可以看到附加价值列第一位的电子零部件产业仅有 1 家，列第二位的运输机械、第三位的石油产品则 1 家也没有。其他的有实力的华人制造业企业几乎都分布在食品、印刷、出版、电机等轻工业领域（12 家公司有 10 家）。而作为新加坡工业化原动力的重化学工业、出口的名牌电子零部件产业，几乎无华人企业涉足。从这里可以确认一个事实，那就是重化学工业是由外国资本和政府资本担当，而电子零部件产业则是外国资本占有压倒的优势。

那么，在新加坡的另一个重要产业即华人资本善于经营的传统部门——金融业，情况又如何呢？新加坡政府对当地企业基本上不实行保护政策，然而有趣的是唯独在银行业对于外国资本的进入加以限制。因此，在制造业部门中，外国资本和当地资本的资本金比例约为 8∶2，而在金融业部门，这个比例则约各占 50% 左右（20 世纪 80 年代）。当地资本的"四大银行"中有 3 家是华人银行，这一领域中的华人资本所占比例较高。但是，尽管如此，实际情况是只占有半数份额。

表5　新加坡制造业各行业附加价值排序（1993年）

序号	行业	附加价值（100万新元）	占比（%）	企业数（家）	占比（%）	雇用人数（人）	占比（%）	生产额（100万新元）	占比（%）
1	电子零部件	11367	（40.9）	257	（6.3）	121336	（34.3）	40440	（40.9）
2	运输机械	2040	（7.2）	261	（6.4）	31192	（8.8）	4415	（5.1）
3	石油产品	1986	（7.0）	18	（0.4）	3398	（1.1）	11351	（13.0）
4	装配金属产品	1807	（6.4）	543	（13.4）	29958	（8.5）	4623	（5.3）
5	涂料·医药品其他化学产品	1506	（5.3）	99	（2.4）	5567	（1.6）	2315	（2.6）
6	一般机械	1422	（5.0）	484	（11.9）	25672	（7.2）	3587	（4.1）
7	印刷·出版	1359	（4.8）	376	（9.3）	17943	（5.1）	2323	（2.7）
8	电气机械	1066	（3.8）	154	（3.8）	19447	（5.5）	2711	（3.1）
9	工业化学产品	857	（3.0）	74	（1.8）	4857	（1.4）	2720	（3.0）
10	食品	670	（2.4）	303	（7.5）	11796	（3.3）	2206	（2.5）
11	其他产品	4032	（14.2）	1497	（36.8）	82364	（23.3）	10519	（12.1）
	合计	28312	（100.0）	4066	（100.0）	354130	（100.0）	28312	（100.0）

注：只限于从业人员在 10 人以上的企业，括号内为所占百分比。
资料来源：Singapore，Ministry of Trade and Industry，Economic，Survey of Singapore，1993。

现代新加坡的主要产业是电子零部件产业和重化学工业以及以银行为中心的金融业。从以上的分析可以看到，华人资本以金融、服务业部门为中心，在制造业领域中，几乎无实力雄厚的华人企业。这可以说是工业化前的华侨企业以发达的传统的轻工业为基础，与工业化的核心产业几乎没有关联造成的结果。

马来西亚

在殖民地时代，马来西亚的产品结构被称为"单一经济结构"，是以生产锡和橡胶为主的初级产品产业。独立后，政府提出建立多元经济结构的目标，在初期阶段努力实现初级产品的多样化，即努力开发原油、棕油、木材、天然气等天然资源丰富的初级产品、矿产品。与此同时，也努力振兴农业这一马来人传统的经济活动。这样一来，到了20世纪70年代，在利用丰富的初级产品产业的同时，又实行出口导向型工业化，奖励重化学工业和电子零部件产业。这样做的结果，到20世纪80年代后半期，马来西亚不仅从初级产品输出国变成了工业产品出口国，而且使工业部门在现在的马来西亚经济结构中占有压倒优势。电子、电机产品的出口占工业产品出口额的比例，1970年时只有8.5%，1992年已上升到58%。因此，由于20世纪80年代工业化的深入，马来西亚已从过去的初级产品的出口国变成了世界上的半导体生产国，可以说仅仅数十年工夫马来西亚已很好地实现了产业结构的多样化、多元化。这一过程的实现并非是因为某种特殊的资本参与其事，而是多种资本共同参加的结果。我们在上面举出的四种资本，马来西亚俱有，不仅如此，而且还采取了著名的马来人优先的"新经济政策"。在这样的国民经济中，华人资本的比重又如何呢？

表6提供的数据是1993年在吉隆坡证券交易所上市企业中的前20家企业的资本类型和占比。但是，由于有实力的企业并未全部上市（特别是外国资本），表格本身也有限制，因此只能从这里观察到一个大致的倾向。从表6所提供的数据可以看出如下特征：第一，在机构数这一项，华人资本有7家企业，数量最多，而股票的市值不过只占25%左右。第二，与上述的华人资本比较，政府资本虽然仅有4家企业，股票的市值却占有接近50%。第三，马来人资本也有6家公司，市值约占23%，大抵与华人资本相匹敌。如果与这三种资本相比较，上市的外国资本的比例较小，其原因是日本和美国的那些具有实力的、引导出口的电子零部件产业的企业并未上市。另外，华人资本也存在着只有那些大型企业集团的核心企业才上市的情况。所以，总起来看，表6列示的数字对外国资本和华人资本的估计过低也是事实。在这种情况下，其他的资本比例则因此得以增大，就这点而言，考虑到新经济政策下政府资本和马来人资本的密切关系，也可以把这两种资本视为同一种资本，如果按这种假定来考察，表6所列企业数的一半也就是10

家企业、市值总额的 70% 以上都归其所用，占有压倒优势。虽然上市企业仅仅囿于位居前列的大企业的资料，但是也能看到在政府强有力扶植下的民族资本——马来资本稳定增长的倾向（今后还将会只增不减），而反过来说，不是也看到了华人资本所占比例逐渐缩小的倾向吗？

表6　吉隆坡证券交易所上市企业前20名机构的资本类型和占比（1993年）

机构数量及占比　资本类型	机构数（家）	占市值总额（%）
政府资本	4	48.0
马来人资本	6	22.6
华人资本	7	25.3
外国资本	3	4.1
合计	20	100.0

资料来源：根据 Malaysian Business Doc. 1，1993 年编制。

另一方面，华人企业与马来西亚产业的关系如何？表 7 列示了马来西亚有实力的本地资本在各产业部门的分布情况，除去已在表 6 中出现的 20 家企业中的那部分外国资本，可以看出马来西亚最大的 16 家本地企业所分布的主要行业。从表中可以看出，第一，本地资本在 20 世纪 80 年代后半期著名的出口产业——电子零部件产业中连一家本地企业也没有（该产业是外国资本的天下），这一点与新加坡的情况完全相同。第二，华人资本除了这点之外，广泛地分布在初级资源、贸易、轻工业、金融、不动产等所有的产业领域。

这样一来，华人资本不仅分布在具有优势的传统的商业、服务业领域，也活跃在初级产品领域，反映了受惠于初级产品资源的马来西亚产业的特点。从这里可以看到，华人资本已在马来西亚的经济中扎根，同时，其他的本地资本（政府和原住民资本）也几乎广泛分布在所有的产业领域与华人资本"竞争"（见表 7）。不过，政府资本和土著资本多分布在初级资源产业和重化学工业，即多分布于国策产业，从这些看来，华人资本也即意味着发展与竞争共存吧。

表7　马来西亚具有实力地位的本地资本与产业的关系

序号	资本家	一次产业	二次产业	三次产业
1	财政部（政府）	电力		通信·银行
2	土著投资公司（政府）	种植业·矿业		银行·不动产
3	林梧桐（华人）	种植业		休闲业·不动产

序号	资本家	一次产业	二次产业	三次产业
4	郭令灿（华人）		建材·摩托车	金融·不动产·贸易
5	林天杰（华人）	锡·种植业		服务业
6	陆军基金（政府）			投资
7	陈志远（华人）			博彩
8	马来西亚重工业公司（政府）		重化学工业	
9	玲珑（土著、政党）	石油·煤气	建设	金融·通信·不动产
10	拉慕里（土著）		工业	
11	中央银行（政府）			航空·海运
12	郭鹤年（华人）	制糖·种植业		酒店业·银行·贸易
13	克里希南（土著）	石油·煤气		
14	雅哈亚·阿曼多（土著）		汽车	
15	钟廷森（华人）		钢铁	百货业
16	郑鸿标（华人）			银行

资料来源：根据 Malaysian Business，Doc. 1，1993 年编制。

印度尼西亚

拥有广大领土的印度尼西亚，直到 20 世纪 60 年代末，其经济仍是以稻米等农产品和石油等矿产品两类资源作为主要产业。该国像其他国家那样真正进行经济开发，是在重政治（民族主义）、轻经济（开发）的苏加诺下台以后，继任总统苏哈托将国家目标从政治转向了经济，并在 1969 年开始实行第一个五年开发计划。由于 20 世纪 70 年代世界石油价格高涨带来的丰富石油收入充实了国家财政（石油收入占 20 世纪 70 年代印度尼西亚国家收入的 70%），以提高国民生活为目的社会开发依靠这些资金和对外借款得以进展，然而，将产业结构从农业、初级资源型转向以制造业为中心的工业化行动却软弱无力。

到了 20 世纪 80 年代，当累积债务的危机和石油收入已到尽头的危机冲击印度尼西亚经济时，政府才真正开始致力于以制造业为主导的经济发展。这里，省略其发展过程，可以看到这样的结果，即国内最大的产业在 1969 年时是农业（粮食生产），到 1979 年时是石油、煤气，到 1992 年已被工业（制造业）所取代。

印度尼西亚经济和开发的特征，可以举出以下几点。第一，主要产业从农业（大米）向初级资源（石油）、再向工业转换后，全部的产业都已齐备。第二，国民总人口达 1.92 亿（1990 年数字），在东南亚国家位居第一（但是其人均国民收入也是东南亚国家联盟各国中最低的），因而有大规模的国内市场（这是实行进口替代型基本战略的有利条件）。第三，在亚洲各国中，独立后的印度尼西亚民族意识特别强烈。与全面向外资开放门户的新加坡相比，印度尼西亚对外资的进入限制较严，反过来说，即采取了以国内资本为主体的企业开发政策。

在这样的基础和条件下，华人资本的活动如何？有一份关于华人资本在印尼企业经济中所占比例的有趣的资料。表8列示了各行业中的国营、民族企业和华人企业的分布（印度尼西亚政府没有将华人企业作为单项来统计的官方数据，民间调查机构是如何进行全国规模统计的尚不清楚，此表仅作为一种参考），根据此表，华人资本的企业数以商业部门为最多（30万家），在电气、煤气、自来水等公益性较高的部门中也占有优势（占79%）。然而，表中最引人注目的是，华人资本所占的比例在制造业的大企业占接近74%，但在家庭工业（小工业）中仅占1%。这就显示出制造业中大企业的大半为华人企业、小企业为民族企业这样的分化状况。另外，在金融业中，从整个部门来看，华人资本不到40%，然而在银行业中则占90%的比例。

表8　印度尼西亚的民族别和产业别企业数统计（1990年）　　　　单位：个

行业	国营·原住民企业数及占比（%）	印尼籍华人企业数及占比（%）	中国籍华人企业数及占比（%）	中国台湾华人企业数及占比（%）	其他投资及占比（%）	合计
矿业	103896（84.5）	18625（15.1）			424（0.3）	122945
制造业	1437881（94.9）	76208（5.0）	100（0.0）	340（0.0）	244（0.0）	1514774
大企业	290（9.9）	2170（73.7）		290（9.9）	194（6.6）	2944
中企业	151（13.6）	756（68.2）	100（9.0）	51（4.6）	50（4.5）	1108
小企业	29440（33.4）	58689（66.6）				88129
家庭工业	1408000（99.0）	14593（1.0）				1422593
电气·煤气·自来水	1326（6.5）	15940（78.7）			2987（14.7）	20253
建筑	66368（77.2）	19499（22.7）			80（0.1）	85947
商业	4802703（94.1）	302921（5.9）			18（0.0）	5105642
批发	119000（95.2）	6036（4.8）				125036
超级市场	3（1.3）	236（98.7）				239
零售	3900000（95.1）	200698（4.9）				4100698
餐馆	777000（90.0）	85876（10.0）				862876
宾馆等	6700（39.9）	10075（60.0）			18（0.1）	16793
运输	850458（96.4）	31891（3.6）				882349
金融	135001（63.2）	78191（36.6）			327（0.2）	213519
银行	101（7.0）	1307（90.1）			42（2.9）	1450

续表

行业	国营·原住民企业数及占比（%）	印尼籍华人企业数及占比（%）	中国籍华人企业数及占比（%）	中国台湾华人企业数及占比（%）	其他投资及占比（%）	合计
农村金融等	4440（84.9）	788（15.1）			（0.0）	5228
保险·经纪人	6460（40.0）	9596（59.5）			85（0.5）	16141
不动产	124000（65.0）	66500（34.9）			200（0.1）	190700
日常服务业	1073064（82.0）	235319（18.0）			440（0.0）	1308823
民营教育	40300（89.1）	4500（9.9）			400（1.0）	45240
医疗	24700（70.0）	10604（30.0）				35304
修理业	42200（30.0）	98411（70.0）				140611
染色·洗衣店	942800（90.0）	104777（10.0）				1047577
其他	23064（57.5）	17027（42.5）				40091
总计	8470697（91.5）	788594（8.4）	100（0.0）	341（0.0）	4520（0.0）	9.254.252

资料来源：转引自荒木义宏《东南亚各国的华人（Ⅱ）：印度尼西亚，马来西亚》转引自渡辺利夫、今井理之主编《概说华人经济》，东京，有斐阁第 264 页。

其次，从主要资本类型的构成来看，印度尼西亚与马来西亚一样，也有政府、土著、华人、外国资本等四种类型的资本在活动。表 9 列示了 1993 年印度尼西亚销售额最高的 100 家企业中不同类型的资本拥有的企业数和销售额所占的比重。虽然，因资料的关系，华人资本和原住民资本都归于"民间"这一项，然而还是能从表中所示的销售额所占的比例上看出不同于他国的印尼特征。第一，政府资本达 67%，在东南亚各国中是最高的。然而政府企业除少数几家外都没有在证券交易所上市，通常，其规模和实际状况被包遮住，缺乏透明度。第二，外国资本仅占 3%，反而在东南亚各国中成为最低的比例。究其原因，就是前面已谈到的印度尼西亚民族主义十分强烈，对外国资本实行严厉限制所造成的结果。第三，余下的 30% 左右为民间资本（原住民和华人）所有，其实大部分是华人资本。正如表 10 所显示的那样，1990 年的 20 家大企业集团中，华人资本的企业集团占有18 家。

从表 9、表 10 可以看到，现在活跃于印度尼西亚的主要资本，也许只有政府资本和华人资本两类资本。那么，这两种资本的关系又如何呢？大概可以认为是产业领域的"共存关系"吧。之所以这样说，是因为政府企业集中在石油、商业银行、航空、电力、炼铁、化肥、住宅等国家经济的基干产业和战略产业。另一方面，华人资本多集中在开始于 20 世纪 60 年代末的进口替代型工业化时期的轻工业、消费资料产业、资源产业；然后在 20 世纪 80 年代振兴重化工业和汽车产业时期，参与这个领域的产业开发的又主要是华人资本。也就是说，政府资本控制着国家的重要产业领域，并不直接参加与工业化有关的领域，而且将这些产业领域空给了华人资本。政府资本在销售额的排名和所占比例上都是绝对超过华人资本的，不过在表10所列的20家大企业集团中，政府资本的企业连一家也没有。这是因为大部分政府企业都是特别安排在特定产业领域，与此相比，华人资本作为参加工业化领域的"唯一"资本类型，有限的资本便进入了各个领域，甚至形成了企业集团。

表9　印度尼西亚销售额最大的100家企业的资本类型（1993年）

	企业数	占比（%）
本地资本	92	69.9
政府资本	55	67.1
民间资本		
（原住民·华人）	37	29.8
外国资本	8	3.1
合　计	100	100.0

资料来源：加藤秀树编《亚洲各国的经济、社会体系》，东京，东洋经济新报社出版，1996年，第37页。

表10　印度尼西亚20家大企业集团（1990年）

序位	企业集团名称	企业领导者（中国姓名）	主要产业	销售额估计（10亿盾）
1	三林	Soedono Salim（林绍良）	面粉厂、水泥、自动车、食品、化学、农工企业、金融、不动产	13300
2	阿斯特拉	William Soeryadjaya（谢建隆）	自动车、重型机械、公机械、农工企业、金融	9567
3	金光	Eka Tjipta Widjaja（黄奕聪）	纸浆、化学、农工企业、金融、不动产	3675
4	盐仓	Rachman Halim（蔡道行）	丁香烟	2133
5	针牌	Robert Budi Hartono（不明）	丁香烟、电器电子	2110
6	大马	Suhargo Gondokusumo（吴家熊）	贸易、金融、饲料、不动产	1985
7	力宝	Mochtar Riady（李文正）	金融	1900
8	巴厘银行	Djaja Ramli（李唐章）	金融、纤维、不动产	1835
9	曼特努斯	Tegoeh Soetantyo（陈荣立）	乳制品、食品加工	1800
10	阿尔戈曼浓加尔	The Ning King（郑年锦）	纤维、金属制品	1566

序位	企业集团名称	企业领导者 （中国姓名）	主要产业	销售额估计 （10 亿盾）
11	波普·哈桑	Mohamad Hasan （郑建盛）	林业、石油及有关服务业	1565
12	Bimantara	Bambang Trihatmodjo （原住民）	石油化学、通信机器、自动车、 有线电视广播、海运、不动产	1560
13	成功	Ciputra （徐清华）	建设、不动产	1546
14	巴里多·太平洋	Prajogo Pangestu （彭云鹏）	林业、纸浆、石油化学	1525
15	金轮	Tan Siong Kie （陈松基）	洗涤剂、平板玻璃、调味品	1500
16	瓦南迪	Sofyan Wanandi	汽车零部件、化学	1200
17	赞达尔马迪	Jan Darmadj （霍佐幼）	不动产	1160
18	泛印	Mu'min Ali Gunawan （李文明）	金融	1150
19	Soedarpo	Soedarpo Saatrosatomo （原住民）	贸易、金融、海运	1078
20	阿尔雅·乌帕雅	Kaharudin Ongko （王家发）	金融、陶器、不动产	1060

　　资料来源：Wartd Ekonomi No.37-II，1991 年 2 月 11 日号，但是，阿斯特拉、巴厘银行、成功集团的销售额是由各组数字相加得出的结果。转引自佐藤百合《华侨、华人企业集团的跃进和变化》（游仲勋编《世界的华人》），第 108 页。

　　从表 10 中所列行业种类，也能确认华人企业已分布于印度尼西亚的所有产业。例如印尼最大三林集团已有汽车、化学工业所谓的尖端产业，水泥等基础建设的产业，食品、农业综合企业等以初级产品为基础的产业，还有金融、不动产等商业服务业产业等，除了外国资本和政府资本垄断的石油产业和基干产业以外，几乎已进入到印度尼西亚所有的产业领域。位居第二的阿斯特拉集团只是在规模上不及三林集团，分布的行业领域之广则基本上一样。当然，表中也有像名列第四位、第五位的企业集团那样的从事特定产业的特殊企业，但是，绝大多数华人资本广泛分布于印度尼西亚的第一次、第二次、第三次产业之中，则是很清楚的事实。

　　前文我们已指出印度尼西亚（马来西亚在某种意义上说亦是如此）对华人资本有政治的、社会的强烈指责。可是，奇怪的是，印尼华人资本在大企业集团中所占的比例也是东南亚国家中最高的。这种明显的矛盾现象可以从印尼民族政府的工业化政策去解释，即由于政府对外国资本采取严厉的姿态，开发资本只有依靠国内资本，然而国内资本又有政府、民族（原住民）、华人三种类型资本，政府建立的政府企业产业没有参与工业化领域，而原住民资本还没有发展起来，余下的就只有华人资本可以选择了。此外，政治权力者从私己的利益出发，有意利用华人资本也可以说是决定性的因素之一。

为什么在反华意识强烈的印度尼西亚，华人资本反而成了经济开发的主力军？其理由可以解释为，东南亚国家的民族政府一方面"表面上"采取排斥华人的政策，另一方面实际上又在经济领域利用华人，明显地表现出这种复杂的"两面性"的国家就是印度尼西亚。

泰国

泰国经济是以传统的稻米生产为中心的经济，至今仍是世界上最大的稻米出口国，1960 年该国的 GDP 产业构成中，农业占 40%，在出口产品中，大米、锡、柚木、橡胶等农产品、初级产品占有 70% 的比重。到 20 世纪 80 年代中期，纺织、服装等产品出口超过大米出口居于首位，因为多项产业的工业化得到进展，泰国已向工业国转变。近年来，汽车产业的发展尤其引人注目，泰国的产业结构在战后数十年间已发生了巨大变化。

泰国的工业化虽然在 20 世纪 60 年代已开始，但那时振兴工业的必要资本即输入资金是以农产品的出口换汇得来的，20 世纪 70 年代后半期开始的真正意义上的工业化，又不同于新加坡、马来西亚那种以电子零部件产业为基础的工业化，而是以农产品加工产业为基础的工业化。这就启示人们，即使在东南亚各国的工业化中，也能走一条灵活运用本国产业特点（农业）的独立开发的道路（又被称作 NAIC 型）。另外，在制造业领域，20 世纪 70 年代以纺织品、成衣业为主，到了 20 世纪 90 年代则是以汽车为主干产业了，这些都说明，泰国的产业结构与前面已论述过的三个国家相比，是采用了一种独特的形态。

处在这样有特色的环境之中，泰国华人资本在国民经济中占有的比例达到什么程度，是以什么产业为基础而发展起来的呢？首先，我们看看华人资本所占的相对比例。现在，在泰国活动的资本可分为本地资本（包括政府、皇室、民族、华人的资本）和外国资本等五种类型。表 11 列示在 1988 年度泰国企业销售额最高的 30 家公司中，不同资本的企业数、销售额及其所占的比例，资料的年代稍早了些，但基本的结构并没有什么变化，因此，从这里观察华人资本所占的比例并无妨碍。

从表 11 可以看到如下特征：第一，从销售额的比例来看，本地资本约占 54%，外国资本约占 46%，虽说本地资本占有一半以上的比例，而外国资本在泰国也占有很高的比例。第二，本地资本中的政府资本占有 13.2% 的比例，与马来西亚和新加坡的情况相比，所占比例较低。然而，泰国的特点是存在着皇室资本（占 7.8%），假如将其也看作"公有部门"的话，那么政府资本和皇室资本合起来便占有 21% 的比例，决不会低于其他国家的数字。第三，民族资本仅有一家公司，占 2.1%，与其他国家相比，所占比例要小得多。第四，华人资本有 12 家公司，虽然企业数位居前列，但所占销售额比例仅为 31.3%，约占销售总额的三分之一。

表11　泰国销售额最高的30家民营企业的资本类型比例（1988年）

	企业数	销售额（百万铢）	比例（%）
泰国资本	18	176775	54.4
政府资本	3	42926	13.2
皇室资本	2	25386	7.8
民族资本	1	6703	2.1
华人资本	12	101760	31.3
外国资本	12	148181	45.6
合计	30	324956	100.0

资料来源：根据末广昭・南原真《泰国财阀：家族企业和经营的改革》同文馆出版，1991 年，第 314 页编制。

从第三和第四个特征可以看出，泰国民间资本大部分是华人资本。华人资本在国民经济中所占的比例与马来西亚和新加坡一样，大致占三分之一。但是应该注意，以民间资本中的华人资本占有压倒比例的事实（华人资本 12 家，民族资本 1 家）就提出华人资本在国民经济中占有优势地位的说法是不妥当的。正如前面已经阐明的那样，在泰国，华人和当地民族泰人之间的社会融合进展较快，华人资本和民族资本的区别，并不如其他国家那样明显。

那么，华人资本与泰国产业的关系又如何呢？泰国产业是从以稻米为中心的第一次产业开始，在战后扩大到纺织、成衣制品、与石油有关的产业、汽车产业、金融和不动产领域的。表12 列示了 1988 年时泰国财阀资本的主要事业所分布的行业领域，产业领域分为一次产业、二次产业（又可分为重化学产业、轻工业产业）、三次产业等共计四类。在这里出现的财阀企业，除了两家以外都为华人资本，可分为多元化经营的大型综合企业型和特定产业基础型两类，但从整体来看，几乎是均匀分散在四个产业领域里，说明华人资本已进入泰国的所有产业领域。

这与新加坡的"外国资本＝制造业"、"华人资本＝金融、商业"这种明显的分工体制相比较，形成鲜明的对照。

表12 泰国财阀资本主要事业的行业领域分布（1988年）

序号	企业	一次产业	二次产业（重化学）	二次产业（轻工业）	三次产业
1	暹罗水泥（皇室）		钢铁、汽车零部件、石油化学	水泥	
2	盘谷银行				金融综合企业
3	卜蜂正大集团	饲料·鸡肉·养虾	石油化学		
4	泰华农民银行				金融综合企业
5	暹罗机器		自动车		
6	协成昌		电子	日用品·服装·食品	
7	美都	肥料·面粉生产业·硕莪粉	钢铁		
8	BMB 集团				金融综合企业
9	协联		电子	纤维·服装·鞋业	
10	素吉		聚酯	纤维·服装	
11	鸿益成	鸡肉·饲料	石油化学		
12	顺和成				谷物输出、仓库
13	BoonRawd（原住民）			啤酒·汽水	
14	Sittiool		汽车组装		
15	仓通	面粉生产业·饲料·鸡肉			
16	大城银行				金融综合企业
17	希乌		家电		
18	Srifuengfang		平板玻璃·化学产品·石油化学	纤维	
19	中央集团			服装	百货公司·酒店
20	Teck Bee Hang	天然橡胶加工			
21	Chinteik	天然橡胶			
22	德恒诺		制药	食品	金融，不动产
23	卡蒙素可颂		汽车组装		
24	泰联			鱼罐头	
25	意泰				建筑·酒店

资料来源：根据末广昭·南原真《泰国财阀》一书，第316页编制。

华人资本能全面进入初级产品、汽车组装、纺织、金融业等泰国的代表性产业，可以举出下面的原因，即民族资本不是那么强大；对外资的态度虽然不如印尼那么严厉，但泰国有时也采取限制外资流入的政策，所以产业开发便必然由本地资本（华人资本）承担重任了。另一方面，华人资本的兴起从 20 世纪 60 年代的工业化阶段开始，按照产业领域划分大致有金融集团和制造业集团两类，前者即金融集团与军方的关系密切，后者即制造业集团是依靠与外国资本的合作而成长发展起来的。因此，"政治""与外国资本的合作"便成为泰国华人资本发展的两个主要因素，关于这一点，正如在最后一章还会说到的那样，也是东南亚各国华人资本发展的"两大要素"，泰国兼而有之。

菲律宾

殖民地时代的菲律宾经济与马来西亚一样，属于单一作物种植型的产业结构，严重依赖于椰子、砂糖的生产和出口。菲律宾的农业至今仍保留着大土地所有制的特征与此也有密切关系。一方面，菲律宾在 1946 年顺利地实现了独立，20 世纪 50 年代在美国资金的援助下，早于其他东南亚国家开始实行进口替代型工业化。然而，此后的进展并不乐观，20 世纪 70 年代马科斯政权时期转入引进外资和出口导向型工业化，并未取得预想成绩。由于举借的开发资金不断增加和出口不振的双重影响，到 20 世纪 70 年代末已不得不面临严重的债务问题。马科斯政权垮台后上任的阿基诺政权，对于政治和经济的建设更注重致力于政治体制的民主化，菲律宾经济仍然处于停滞不前的状态，直到拉莫斯政权时期才终于又开始了真正意义上的经济开发，以上是战后以来菲律宾经济运行的大致轨迹。

与其他的东南亚国家相比，虽然菲律宾的经济增长速度落在后面，可是也可以看到殖民地时期就已形成的西班牙裔资本和外国资本，还有华人资本的活动十分活跃。现在，菲律宾的资本主要由政府资本、民族资本、华人资本、外国资本等四种类型构成。其中，民族资本是以 16 世纪菲律宾沦为殖民地后定居下来的西班牙后裔为中心的资本。那么，华人资本在菲律宾经济中占有什么地位呢？

表 13 列示了 1988 年时在菲律宾最大的 30 家企业中，不同类型资本的企业数和销售额以及所占比重。从各类资本所占销售额的比例来看，本地资本占比超过 70%，外国资本占近 30%（这在东南亚国家中算是较低的比例）。而外国资本在东南亚各国中所占比例也是较低的（马来西亚的资料中大部分外资未作统计；印度尼西亚的情况例外）。另一方面，政府资本占比达到 30% 以上，在东南亚国家中是仅次于马来西亚的高比例。从不同类型资本的特征来看，虽然存在着历来支配菲律宾国家经济的西班牙裔民族资本，然而其所占比例并不高，只有 17% 左右。

华人资本的比例超过 22%，低于东南亚其他国家的占 30% 左右的平均数。

表13　菲律宾销售额最大的30家企业的资本类型比例（1988年）

	企业数	销售额（百万比索）	比率（％）
本地资本	20	150849	70.5
政府资本	6	67240	31.4
民族资本	5	36129	16.9
华人资本	9	47480	22.2
外国资本	10	63121	29.5
合计	30	213970	100.0

资料来源：根据小池贤治《公有企业》（载福岛光丘《菲律宾工业化》亚洲经济研究所出版，1990 年）第 68~69 页编制。

总之，菲律宾资本类型的分布特征与其他东南亚各国一样，四种类型都有，而且其所占比例与别国相比较为平均化。反过来，也可以说，在菲律宾尚不存在支配性的资本。当然，表 13 所列为 1988 年的资料，稍显陈旧，20 世纪 90 年代因实行民营化，政府资本的企业也出售了。在这种情况下，一般来说许多华人资本又充当了接收者，因此，现在的华人资本所占的比例也许又有所上升。

西班牙裔民族资本可称之为东南亚各国中最具传统的本地民间资本，阿亚拉（Ayala）集团和索里阿诺（Soriano）集团这两大名门企业集团成为菲律宾民间资本的双璧。阿亚拉集团拥有菲律宾最大的现代化商业街马卡迪地区的所有权和开发公司；索里阿诺集团拥有最大的啤酒企业生力啤酒公司（San Miguel）。以这两大企业集团为代表的西班牙裔民族资本的基础强大，因而菲律宾在东南亚各国中是传统的民族资本势力最为强固的国家。然而，华人资本也并不亚于西班牙裔民族资本，从表中可以看到其力量已超过民族资本了。

从产业和华人资本的关系来看，在菲律宾的传统初级产品产业领域中，美国资本占有较大比例，这与菲律宾曾受到殖民统治的历史过程有关，而本地资本则主要活跃在以轻工业和银行、不动产、服务业、百货商店等为中心的第三产业领域。西班牙裔民族资本和华人资本都广泛地参与了第二次、第三次产业，他们之间可说是存在一种"竞争共存"的关系，这一点也正说明了华人资本已在菲律宾的产业结构中深深地扎根了。

东南亚五国的特点

上文已分国别讨论了东南亚各国华人资本与其他资本相比所占的相对比例，

以及华人资本与国内产业发展的关系，不言而喻，华人资本的形成发展和经营活动的特点是与所在国的政治社会因素和产业结构特点密切相关的，然而，东南亚各国也的确有共同的因素在影响着华人资本，这里对某些整体的共同的倾向和特点作一归纳。

第一，国家之间存在的奇妙的对照性。一般被理解为华人国家的新加坡，华人资本与国内产业的主导产业部分（电子零部件产业）的结合最弱，反而是在被认为对华人的社会责难和政治管理最为严厉的印度尼西亚，华人企业与工业化开始后的产业振兴有极为密切的关系。究其原因，新加坡实行的是重化学工业化和外资依存型工业化，华人资本在这方面没有多大的参与余地；另一方面，印度尼西亚直到20世纪80年代中期进行的仍是进口替代型经济开发，因为强烈的民族主义而严厉限制外国资本参与，产业开发很自然地只能由本地资本担当重任，然而原住民等民族资本又几乎处在未发展起来的状态，结果，所谓的本地资本也只能是华人资本，这些现象正是两国各自的特殊因素造成的。总之，在华人国家（新加坡），主要产业（国民经济）与华人企业的结合很薄弱，在被认为对华人最为严厉的国家（印度尼西亚），华人资本与主要产业（国民经济）的结合反而更为紧密。这种矛盾的、具有讽刺意味的现象说明，东南亚国家的华人经济活动并不只是按照专门的经济理论去运作的，人们必须从各国的实际状况即从华人资本的政治经济学观点去看待这一问题。

第二，与第一点有关，某一国家的华人资本是否成为国民经济的主力，事实上是与该国政府实行的外资政策相关联的，从根本上讲，是由此而决定的。也就是说，在政府积极引进外资的国家（新加坡、马来西亚），工业部门当然是由外国资本主导。另一方面，在政府实行消极的限制外资政策的国家（印度尼西亚、菲律宾、泰国），华人资本作为国民经济的主力军也就登台了。总之，华人资本在国民经济中所占的地位，与政府对外国资本的态度存在相反的关系，在这种情况下，外国资本是"独立变数"，而华人资本则可以说是"从属变数"。

第三，不管怎么说，要正确了解华人资本的真实状况，尤其是其形成和发展的模式，不仅要从经济因素而且必须从经济以外的要因（政治）去考虑。除了新加坡外，在任何国家都有一条与政治权力结合的"暗道"，通过这条道路，有不少的华人资本形成、发展起来，并以此为契机发展成为巨大资本。这就是所谓"政治商业"的问题，当然，不仅华人资本如此，诸如马来西亚政府扶植马来人资本的政策在某种意义上也可以说是"政治商业"的一种形态，不过这个例子与华人资本的区别在于，后者与政治上的结合并不具有"正统性"。

以上是从整体看东南亚国家华人资本的特征，这里遇到的问题是应该如何评价华人资本在国内经济中所占的地位。问题有两个方面，一是华人资本所占比重居于什么地位须从事实上加以证实，二是能否根据这些数字就说"华人资本支配了东南亚经济"。

我们先从第二点谈起。从上述各国实况的分析可以知道，绝不能说是华人资本"支配"着东南亚经济。当然，华人资本在印尼占据了企业集团排名最前列的公司，好似处于"支配"的地位。然而，这是因为该国华人完全没有政治权力，而该国又一直存在着依靠"政治"进行管理的政治结构；又因为巨大的非上市的政府企业没有参加实行工业化的领域，对外国资本又有限制，也就只能是非华人资本莫属了，这可以说是一例特殊情况。正如我们在"政治"的那一章中分析过的那样，华人处在一种很特别的立场，如果从发展中国家普遍存在的政治（国家）优于经济（企业）的立场去考虑的话，那么，即使华人资本在经济领域中占有较大比例，也绝不是那种与政治支配结合在一起的"支配"。

关于第一点，即华人资本实际上在国民经济中所占比重，要计算出东南亚各国华人资本的准确数值是不可能的，即使能够算出一些数字，也正如前面已阐明的那样，由于其计算指标因国而异，也无法得出东南亚各国共同的数字。尽管如此，人们在了解这一点后，仍然可以用从国别分析得出的数字作为基础提出一个假设。

能够共同使用的统计数字是企业数和销售额所占比例，这里的销售额只有四个国家的数字，马来西亚尚缺。不过，这两个指标（企业数和销售额）只是观察企业实况诸多方面的一个侧面而已。首先，从企业数来看，华人资本所占比例分别为：新加坡占33%、马来西亚占35%、印度尼西亚占30%左右、泰国占40%、菲律宾占30%；另一方面从销售额来看，新加坡占24%、印度尼西亚占30%弱、泰国占31%、菲律宾占22%。虽然这些数字尚不精确，但从这里可以看出东南亚各国的华人资本所占的比例约为三分之一左右。有趣的是，四个国家的华人资本并不是呈现有的占80%、有的占20%，这种差异很大的情况，而是几乎同样占有三分之一的比例，对这种"一致性"，也可以解释为仅属"偶然"现象，但笔者认为，这是由于在国民经济对外国资本开放的国家里，本地资本（华人资本）不是一个很落实的数字（例如泰国和印度尼西亚的华人资本在某些领域所占的较大比例是由于当时政府采取了限制外资的政策）。从三分之一这个数字可以确认华人资本并没有支配东南亚经济这一事实，那么要问，是谁支配了东南亚经济呢？答案是外国资本。

问题在于如何评价这个三分之一。如果站在应该是华人资本支配东南亚经济的这一先入为主的立场，那么，这个"三分之一"的比例也许过小了。不过笔者的理解是"有三分之一"，而不是"只有三分之一"。也就是站在这样的立场，即处于政治上微妙地位的华人资本现已增长和发展到约占国民经济三分之一的比重，并以此为基础正在向海外扩展。总之，笔者的评价在某种意义上也可称之为"华人资本三分之一论"，这就是对华人资本现实的理解。

4. 华人资本形成和发展的类型

那么，从东南亚各国华人资本形成和发展的状况来看，可否分为不同的类型呢？这里不打算用检讨个别企业的方法讨论这个问题，而是用各国情况横切面中的若干"共同点"使之类型化。虽然"共同点"有各种要素可以考虑，但这里仅用"政治""殖民地时期的事业"以及"产业领域"这三项"共同点"进行分类。其理由是，"政治"是华人资本成长中最大的非经济因素，"历史"表明了华人资本和华侨资本的连续性、非连续性，"产业"则表示了华人资本与各国国民经济结合的程度。这样一来，就显现出华人资本形成过程的类型特征，但同时也应该指出，华人资本的发展绝不可能完全一致，它在许多方面是与东南亚各国的政治经济基础紧密相连而发展的。

5. 与政治的关联

如果从政治"共同点"来看华人资本的形成和发展，又可以分成两种类型。

第一，"政商型"。在前面已谈到东南亚各国的政治权力人物在表面上排斥华人资本，而在实际上又利用华人资本进行经济开发。这是一种应政治的"邀请"（或者说是自我靠拢），并以此为契机而得到发展的类型。例如在印度尼西亚苏哈托体制下短期内发展起来的一些"政商"（"主公"），菲律宾马科斯时期闻名的"克罗尼"（亲信）企业家等都属于此种类型，不仅如此，在泰国、马来西亚也有许多有实力的华人资本是通过与政治的结合而成长和发展起来的。

具体的结合方法是，在受到关税保护的国内市场享受免税进口的特权，以事业基金的名义从政府得到特许的低利融资，在参加新建项目时得到独占性的参与权等等各式各样的方法，例如，印度尼西亚三林集团的资本积累依靠 20 世纪 60 年代末进口丁香的垄断权和面粉供给的垄断权，是尽人皆知的事情，还有在林业及相关产业基础上迅速发展起来的巴里多·太平洋集团近年来的多元化发展，据说也是由于与苏哈托政权有特别的关系（滥用批准权）。在泰国，创立于 1944 年的现已发展成为东南亚最大银行的盘谷银行，其成功要诀据说也是创业者臣·梭蓬帕尼（陈弼臣）每每都能与相继变换的军方实权人物建立起亲密的关系，让军方有关人物担任部分董事职务。另外，在马来西亚，原住民优先政策的另一面是华人资本接近马来人政治家的例子也并不少见。如此类推，这种事例可说是不胜枚举。

对于不是华人资本的印尼总统家族的企业集团，近十年来也成为人们批判和关心的焦点。因为印尼原住民企业中规模最大的比曼塔拉集团（Bimantara）是由印尼总统的次子掌握的企业集团，除此之外，总统长女领导的企业集团、三子的企业集团、堂弟的企业集团和各种集团，都是利用了总统的特殊地位去垄断事业而发达起来的。简而言之，20世纪60年代和70年代时权势者给予华人资本的特权，到了20世纪80年代和90年代则给予了总统家族。特权给予（华人资本还是总统家族）的对象不同，说明了在印尼尤其是在苏哈托体制下的印尼，有着丰富的政治与商业相结合的政治土壤。

总之，除新加坡之外，"政商型"是所有东南亚国家都存在的类型，可以说是华人资本形成和发展的"有力"之路。当然，政商型也不仅仅是华人资本或者东南亚国家所固有的，在日本和欧美各国也都存在，政商型可说是超越时代和空间的"政治实权与资本家（政治与商业）"结合形态的代表性类型之一。这里，姑且不论其好坏，但东南亚华人资本已将此作为"有力"的选择之一是肯定的。

第二，"自助努力型"，即华人资本没有受到政治的特别保护和援助，依靠自身的努力成长起来的类型，新加坡的华人资本基本上属于这种类型。新加坡的产业开发以"国家主导型"和"外资依存型"为特征，在工业化的初期阶段重点振兴重化学工业，政府在自身作为资本家参与产业开发的同时，实施了引进外国投资的基本战略。在这一阶段，属于商业资本型的没有巨额资金的华人资本要进入产业开发几乎没有可能。即使到了新加坡经济走上成长道路的20世纪70年代后半期，政府仍然坚持只要对新加坡的产业开发和劳动雇佣有所贡献便不问国籍（无论是外国资本或者当地资本）的态度。可是，尽管政府采取这样的政策和态度，20世纪70年代以后新加坡的华人资本仍然得到了明显的发展，究其原因也不是政府保护和扶持的结果，而在于"自助努力"。

当然，"自助努力型"不仅指新加坡的华人资本，东南亚各国大多数的华人资本普遍属于这种类型。但是，像印度尼西亚的有实力的华人资本迅速与政治相结合的形态，就不是这种类型。从经营汽车业开始、并依靠相关的技术产业建立起来的大企业集团阿斯特拉（Astra）企业集团，则可称之为印尼"自助努力型"的代表。阿斯特拉集团的创始人是出生在爪哇的第七代华人谢建隆（William Soeryadjaya），这位已失去中国人的特征、并已当地化的土生华人与政治没有关系，其经营的核心即相关技术产业是依靠与外国资本尤其是与日本资本的合办和技术合作而获得发展的，资金的筹措也是通过一般的金融市场进行，而在企业的经营队伍中也雇用了许多本家族以外的专门人才。如此发展下去，阿斯特拉集团虽然也会走向"非华人企业"的类型，但其属于"自助努力型"一类是没有疑义的。

从某种意义上讲，自助努力型是很自然的事情，也许没有必要将其作为华人资本形成类型的一种，可是，为了不致产生东南亚各国华人资本是专门依靠政治杠杆而得以发展的误解，这里有必要强调"自助努力型"的意义。

（1）与殖民地时期事业的关联

接下去，我们将讨论华人资本的形成与殖民地时代有何关联。已知的在殖民地时代已积累起巨额财富的华侨企业家也不少。例如，其中一人就是在马来西亚和新加坡经营橡胶产业而致富的陈嘉庚。那么，在战后他们的后继者们是得到了更大的发展呢，或是由那些与殖民地时期的华侨企业家没有关系的人们充当了战后有实力的华人资本企业的主人公呢？

战后，在殖民地时代资产的基础上发展起来的企业称之为"继承型"。东南亚国家因国情不同可分为两种情况。一种是菲律宾和泰国，可以确认为继承型的国家，另一种为印度尼西亚、马来西亚、新加坡，是几乎不存在继承型的国家。首先，重点考察后一种情况的国家在殖民地时期有名的大资本家。他们在战后的命运如何？试以东南亚华侨中著名的陈嘉庚、制药业的胡文虎兄弟、印尼的糖王黄仲涵三人为大资本的例子进行讨论。

首先，关于陈嘉庚的事业，在20世纪初20年代达到顶峰，但在世界经济危机后的20世纪30年代中期却负债累累，造成了核心企业橡胶公司倒闭。陈嘉庚的失败固然主要在于过剩投资等等经营上的原因，但是这个时期陈嘉庚对遭受日本侵略的祖国倾注全力进行救济运动，再加上战争爆发以前陈嘉庚作为事业成功的华侨企业家对中国和新加坡都有巨额捐款等，也都是造成财政失败的原因。不过，陈嘉庚的部分事业被其女婿李光前所延续，并在李氏的领导下取得了超过陈嘉庚时代的发展（然而，这不属于继承型，有关李氏的事业将会在后文中论述）。

以虎标药品闻名的胡文虎兄弟的事业是从缅甸开始起步的，其后将事业转移到新加坡，他在政治态度上与陈嘉庚相反，支持国民党。不过，胡氏兄弟并不那么倾心于政治，其企业的商业网在战后的20世纪50年代和60年代达到最大规模。胡氏兄弟死后，有第二代继承的事业已从制药业扩展到新闻、银行业，投资的国家和地区也包括了新加坡、马来西亚、泰国、中国香港和整个的东南亚地区。然而，由于有实力的第二代经营者相继去世和无法很好适应各国新生的民族政府的政策等原因，到了20世纪70年代初，主要企业便逐渐被其他的新兴企业家所收购，胡氏王国从此崩溃。不过，与陈嘉庚不同，胡氏集团一直延续到战后的工业化初期阶段，而且为第二代所继承。尽管这样，胡氏集团也没有积极参与工业化的新的产业领域，在真正的工业化开始前企业便崩溃了，因此也几乎与工业化没有关联。

印度尼西亚的黄仲涵是19世纪末兴起的华侨富豪之一，靠承包鸦片税积累起资本。20世纪初，黄对砂糖事业投入巨额资金，并以经营砂糖为核心建立了包括金融、贸易、海运等领域的庞大的企业集团网络。然而，在战后初期和苏加诺时期混乱的政治经济环境中，其核心的砂糖事业的基础被破坏，集团的各企业在1961年时与外国企业（荷兰企业）一起，同时被印度尼西亚政府相继没收，黄仲涵的事业也就从此告终了。这也就是说，黄氏事业早在印度尼西亚经济大发展的20世纪80年代以前便中止了。

与上述企业相比，作为继承型企业的代表可以举出：菲律宾殖民地时期以砂糖事业为基础而发展起来的许寰戈集团和罗佩斯集团；以战前泰国的大米业为基础而形成的巨大的华侨资本。前一例中的许寰戈集团是产生了阿基诺总统这样人物的名门望族，该集团在马科斯时代、后马科斯时代开展了多元化的经营活动，是现代菲律宾华人资本的代表之一。后一个例子，即泰国的大米集团在进入工业化时代后，便以不动产部门为中心开展经营活动，与泰国的其他实力雄厚的华人资本相比，大米集团的规模并不大。

以上围绕着继承型问题简单地叙述了战前时期和战后时期的连续性，这里应该注意到的是能够确认为继承型的泰国和菲律宾，都是华人集团能融合于当地民族集团的国家。虽然由于这类企业家的具体事例较少，不可能简单地将其视为普遍情形，但是华人集团与当地社会的融合似乎又与继承型有着某种关系。当然，关于这一点，还有必要在今后举出更多的事例加以论证。

本章表1中已列示了代表现代东南亚各国的大型华人企业集团。无论在事业方面或是在人（企业家）的方面，这些企业几乎都与殖民地时期的实力雄厚的华侨没有传承上的关系，可称之为"独立发展型"。当然，并不是说这种类型的华人资本（企业）在战前时期没有任何活动，相反，倒是许多经营活动都是从战前就已开始了的。不过，当时这些企业仅是中小零星企业而已，成长和发展成为大企业则是在战后的工业化时代。

从这里可以看出，现在实力雄厚的华人资本几乎无例外地兴起于战后的工业化时代，另一方面，战前时期的有实力的华侨企业到了战后已在实质上"消灭"了，除去若干例外，两者几乎没有任何联系。从企业家的连续性这点来看，"华侨企业家"和"华人企业家"之间没有传承上的联系，大型的华人企业可说是东南亚各国工业化的"产物"。

（2）与产业领域的关联

最后，关于华人资本的形成和发展与产业领域的关联，大体可分为三种类型。

第一，"传统产业基础型"，这是以东南亚有代表性的一次产业橡胶、锡、大米、砂糖等为基础而发展起来的类型。这个类型的企业早在殖民地时期已开始其事业，并建立了一定的基础（虽说并不巨大），战后也有不少企业得到了进一步发展。这个类型的特点是在各国政府倾力进行的工业化中，非工业领域的农业和矿业得到了发展。代表性的企业可以举出在新加坡和马来西亚经营橡胶事业的李光前家族。李氏从战前继承岳父陈嘉庚的部分橡胶事业起步，后加上经营菠萝业等，使战后的橡胶事业又得到更大发展，成为20世纪50年代时世界上最大的橡胶公司。直到20世纪90年代的今天，李氏橡胶公司能与新加坡航空和实力雄厚的外资企业媲美，名列新加坡销售额最高的企业排行榜上。

不仅如此，李氏企业集团引人注目的做法是，将家族事业积累的资本首先向银行投资（华侨银行），20世纪50年代时逐步收购因民族主义势力抬头而相继从当地撤退的英资大企业，将新闻、保险、啤酒、食品、酒店、百货店等等多种行业的优秀企业纳入伞下，形成了庞大的企业集团。在外国资本和政府资本支持企业经济、工业部门成为经济火车头的新加坡，李氏集团能继承并维持以初级产品和轻工业为基础的庞大企业组织，可说是一种特殊的存在。不过，尽管其持有巨大的资本，可是并没有向新加坡经济发展的动力重化学工业和电子零部件产业进行投资，这点也可以说是其特点。

即使在工业化时代的今天，传统产业基础型在传统的以初级产品作为其重要产业的国家中也多有所见。其代表之一是马来西亚的李若山，过去，其家业是锡矿业，到了他本人这一代便转行经营橡胶产业，以至建立了吉隆坡证券公司这样仅次于政府系企业、在业界排位第二的巨大企业。在印度尼西亚，彭云鹏自1977年建立公司以后，仅十数年便一跃而发展成世界最大的胶合板企业——巴里多·太平洋集团，也是这种类型的代表性企业。不过，巴里多集团的成长也有政治的因素，该集团是将"政治"和"资源"作为立足点而走上发达道路的。

总之，这种类型的存在，在东南亚各国从殖民地时代的初级产品输出国转变为工业产品输出国以后，使有关天然资源的产业作为一个重要产业而保留下来，并使以此为基础的企业有发展的余地。

第二，"经济发展周边型"。这种类型是指政府企业和外资企业（或者是部分国内企业）主导的工业发展使国内市场活跃化，也就是说能使非工业领域产生新的商业机会并能很好地抓住这一机会成长和发展起来。环顾东南亚各国，有许多以金融、不动产、宾馆、住宅开发、百货店等金融业、商业、服务业为基础发展起来的华人资本，这些都是属于这种"经济发展周边型"的类型。

被称之为泰国"四大金融集团"的盘谷银行（Bangkok Bank）、京华银行（Bangkok Metropolitan Bank）、泰华农民银行（Thai Farmers Bank）、大城银行（Bank of Ayudhya）集团的发展堪称这种类型的代表，泰国还有以经营消费品为中心而发展起来的萨哈集团（Saha Group），也是因为经济的发展，国民收入增加，形成了巨大的消费市场后，其事业才有可能得到发展。百货业也属于这一类型，例如泰国的中央集团（Central Group）、新加坡的美罗集团（Metro Group）就是代表性的企业。另外，在马来西亚，更有以赌博业为基础而成长起来的多元化经营的企业集团——成功集团（Berjaya Group），以及在吉隆坡近郊名胜地建立起大型休闲设施的林梧桐（Lim Goh Tong）属下的"名胜世界公司"（现已发展成为马来西亚国内屈指可数的大企业），这些也都可以归于"经济发展周边型"一类。

令人感兴趣的是印度尼西亚的李文正（Mochtar Riady），他领导的力宝集团（Lippo Group）以金融业为中心，在 20 世纪 90 年代前后迅速发展壮大。李文正在经营三林集团属下的银行时崭露头角，1982 年收购了别的银行更名为力宝银行，跨出了自主经营的第一步。然后，在 20 世纪 90 年代，又从三林集团中"独立"出来，在短期内便建立起印度尼西亚国内前几名的金融集团。在印度尼西亚这种以第一次产业和第二产业为经济核心的国家里，力宝的例子可说是"经济发展周边型"的典型。

除上述的举例外，还有许多这种类型企业的事例。这种类型的企业接连出现的事实，说明了东南亚各国经济的成熟和市场的多样化（出现了大众消费市场）。

第三，"工业基础型"。这是指参与东南亚各国政府全力振兴的制造业领域而成长起来的企业。与依赖外资程度较大的新加坡、马来西亚不同，泰国和印度尼西亚的工业化是以本地资本（华人资本）为轴心而进行的，也就是说，"工业基础型"的企业在这两个国家较多。不过，这一类型又可分成两种更小的类型，一种是在进口替代产业领域发展起来的类型，另一种则是在政府全力扶持的重点制造业领域发展起来的，不仅立足于国内市场也立足于出口市场的类型，被称之为"工业化的优等生"一类。

前一种类型以印尼的三林集团为首，几乎包括了汽车业的阿斯特拉集团（Astra）、造纸业的金光集团（Sinar Mas）等等所有实力雄厚的印尼华人资本。后一种类型，例如 20 世纪 60 年代至 70 年代时，泰国政府振兴以民间企业为轴心的工业化之际，在纺织业和家电产业中兴起的泰国华人资本就属这类，纺织产业的素吉集团和协联集团可说是其代表。

对以上不同产业领域的分类，换而言之就是："传统产业基础型"——第一次产业，"经济发展周边型"——第三次产业，"工业基础型"——第二次产业。这里清楚地说明了下列几点，第一，华人资本灵活运用了各个所在国家的产业特点得以形成和发展起来。第二，除了若干例外，从整个华人资本来看，参与的领域包括了所有产业，已深深扎根在当地国民经济之中。不过，近年来东南亚各国的顶尖级华人资本都已形成了大型综合企业集团，涉足于初级产品、商业、金融、不动产、制造业等所有的产业领域，如何对以上企业进行分类确实困难，然而，从其形成的初期阶段来看，都可以归纳到三个类型之中，而朝着大型综合型企业集团类型发展，则是此后第二阶段的事情。

（3）小规模华人企业的存在

本章讨论了华人资本与国民经济之间的关系，将华人企业主要的形成和发展模式划分为不同类型，但这里出现的企业都无例外的全是大型企业。可是，我们不能忘记，今天的东南亚华人资本并非都是大型的，如果从企业数来说，占压倒多数的还是从业人员很少的那种小规模家族式中小企业。

表14列示1983年时新加坡按产业类别划分的企业从业人数，虽说年份较旧，但可以看到对新加坡全部企业划分的不同规模。这些企业数中不仅有外资企业和政府企业，也包括了马来人和印度人企业，但大部分仍是华人企业。根据此表，从业人员在10人以下的中小零散企业占整个企业数的86%。印度尼西亚的情况亦如此，虽然其大、中、小企业从业人员的区分标准尚不清楚，但从表8所列示的数字看，在华人的制造业企业中，大中型企业仅占3.8%，小企业和家庭企业却达到96.2%。这些小企业存在于与工业化全无关系的领域里，得不到政府的保护和支援，另外，这些企业还存在家族后继者乏人，以及都市化造成的要保住工厂等问题，华人小企业正是在与这些问题苦斗的过程中求得生存的。

表14　新加坡按产业类别统计的企业从业人数（1983年）　（括号内为%）

	制造业占比（%）	商业占比（%）	服务业占比（%）	合计
10名以下	9157 （71.7）	35073 （89.6）	20581 （87.7）	64811 （86.0）
10~49名	2632 （20.6）	3572 （9.2）	2282 （9.7）	8486 （11.3）
50~99名	483 （3.8）	289 （0.7）	297 （1.3）	1069 （1.4）

	制造业占比（%）	商业占比（%）	服务业占比（%）	合计
100 名以上	501 （3.9）	192 （0.5）	2295 （1.3）	988 （1.3）
合计	12773 （17.0）	39126 （51.9）	23455 （31.1）	75354 （100）

注：商业：贸易、批发、零售、餐馆、宾馆。服务业：金融、运输、不动产、娱乐业。
资料来源：Singapore，Ministry of Trade and Industry，Quarterly，Economic Survey，1985，No.3。

华人经济

东南亚华人资本一方面有盘谷银行、三林集团、丰隆集团等大企业，他们轰轰烈烈地在世界上展开资本主义竞争活动，另一方面又有无数的家族小企业固守着传统的形态和产业领域而生存着，这里形成极为鲜明对照的两副面孔正是东南亚华人资本的真实面貌。当然，这种情况并不是东南亚华人资本特有的现象，日本也好，美国也好，以及任何国家，都有大量对外投资的巨大资本和以小群体为对象进行小商业活动的小规模家族企业这种两极分化产生，东南亚华人资本也不例外。

即使同样是华人资本，在小规模资本的世界里，工业化也好，政府扶持本地企业成长的政策也好，还有企业的近代化、机械化也好，都未登台，与海外投资和国民经济也无什么关系，只是专门在传统的"中国人"小世界里从事经济活动。从东南亚华人资本占压倒优势的存在而引发出"反华侨"的叫嚷时，只是针对华人大资本，而那些华人中小资本应该是不成问题的。另外，在日本等国谈到华人资本向世界市场的投资时，其形象也是指大资本，而绝不是华人小资本。与殖民地时期的小型华侨资本相比，他们几乎没有什么变化，也许称之为时代残留下来的家族企业更为恰当。小型资本在东南亚各国的国民经济中所占比例和所具意义是微不足道的，然而，我们在谈到华人资本时，是不应该忘记他们的，因为在东南亚华人资本的"原型"正是他们。

本书不可能介绍这些华人小企业的状况，但是 1985 年出版的《怎么办》（Can Survive，Lah）一书生动地介绍了新加坡的小型家族企业的实况。读了这本书，你会被与大资本完全不同的世界所吸引。

（原载于厦门大学南洋研究院《南洋资料译丛》1999 年 1、2 期，译自［日］岩崎育夫《华人资本的政治经济学》第四章，第 69—116 页，东洋经济新报出版社出版，1997 年，东京）

国际经济与华人资本

正如前一章已讨论的那样，因国家和企业不同，华人资本在国民经济中所占的比重以及形成的产业基础也是不一样的。然而，在所有的东盟国家中，规模巨大的华人资本的兴起，多元化企业集团的形成则是一致的。进入 20 世纪 80 年代后，以国内为基础，各国华人资本开展了面向亚洲和世界的多姿多彩的活动。本章所讨论的即是现在实力雄厚的华人资本开展的海外经营活动，拟在分析华人资本和企业向海外投资的实际状况的基础上，重点讨论其海外投资的特征与类型。

1. 华人资本的国际化——海外投资

海外投资的实际结构东盟各国华人资本的国际化表现在诸多方面，以海外投资最为明显，华人资本之所以在日本和世界上引人注目，其理由也在这里。过去十年中，泰国、马来西亚、印度尼西亚的华人大资本向中国、美国、欧洲诸国投资不乏其例，然而正如计算华人资本在国民经济中所占比重时发生的困难一样，对于华人资本的海外投资额和投资倾向，无论是个别企业也好，或是东盟各国、东盟全体也好，要作出一个全面的概括几乎都是不可能的。例如，要知道海外投资目的地和投资额、直接投资或是间接投资，就个别企业的情况看，因为有该企业发表的资料可以知晓，但就华人资本的全体而言，正如没有东盟各国华人人口的正式统计资料那样，也由于没有正式发表的资料而不可能知晓。

当然，并非完全没有能够推断出其大致情况的资料，新加坡政府即从 1993 年开始发表本国的海外投资统计。以下我们将在这些统计数字的基础上，考察华人资本海外投资的对象国和投资额以及投资类型的大致倾向。虽然仅限新加坡的例子，然而由于与其他东盟国家华人资本的投资类型和基本情况相仿，可资参考。

首先，就投资对象国和投资额来看，1993 年新加坡海外直接投资的地区分布，亚洲占 54.0%，大洋洲占 9.6%，北美洲占 8.8%，欧洲占 7.3%，表 1 列示了吸收海外投资额中比重最大的前十位国家和地区。新加坡的海外直接投资也包括了在新加坡的外国资本子公司的海外投资和政府资本的投资，外国资本约占 142 亿美元。1993 年海外直接投资总额为 282 亿美元，其中本地资本即华人资本和政府资本（严格地说本地资本也包括了马来人资本和印度人资本，但他们对整个投资几乎没什么影响，故未计入）合计为 140 亿美元，然而由于政府资本所占份额不明，华人资本的份额也无从判明。另外，在投资对象国，也只有外国资本、政府资本、华人资本三种资本的合计数字。因此，考察华人资本的投资倾向与考察整体投资倾向一样，除了推测和阅读资料以外别无办法。

表1　新加坡海外直接投资额中比重最大的前十位国家和地区（1993年）

	国家和地区	投资额（百万美元）	百分比（%）
1	马来西亚	4656.7	21.9
2	中国香港	4025.6	19.0
3	荷属安得列斯群岛	2766.6	13.0
4	美国	1755.1	8.3
5	新西兰	1493.8	7.0
6	开曼群岛	797.8	3.8
7	比利时	518.3	2.4
8	印度尼西亚	517.3	2.4
9	荷兰	467.1	2.2
10	中国大陆	444.1	2.1

资料来源：Singapore，Dept. of Statistics，Singapore's Investment Abroad，1990–1993。

据表 1 中数据可知，投资额占第一位的是马来西亚（22%）、第二位中国香港（19%）、第三位荷属安得列斯群岛（13%）、第四位美国（8.3%）、第五位新西兰（7%）。在如此排序的国家中，有的令人感到意外。第一位的马来西亚早在殖民地时期已与新加坡有特殊关系是尽人皆知的，然而第三位的荷属安得列斯群岛和第五位的新西兰却在预料之外。是什么企业到以上两国投资，对其实际情况几乎完全不了解，可以认为有特定资本的集中投资（例如对新西兰的投资就有丰隆集团的宾馆投资和政府资本的大型投资）。另从投资对象的排序来看，不仅有亚洲的国家和地区，也有美洲、大洋洲、欧洲的国家和地区，新加坡的对外投资几乎遍及全世界。由此可以看出，今天的华人资本已不仅是地区资本，也许更可以称其为世界资本。

其次，从投资领域看，表 2 列示了新加坡本地资本的海外投资类型，需要留意的是表 2 中数据不包括外国资本，但包含了政府资本。1993 年，本地资本对外投资总额 250 亿新元，其中直接投资 140 亿新元，有价证券投资 52 亿新元，其他海外投资 57 亿新元，直接投资约占 56%。由此可以看出，华人资本的海外投资倾向于生产性投资。然而根据别的资料，华人资本的投资倾向也有另一侧面存在。表 3 列示了新加坡各产业领域企业（也包括外资和政府资本）海外投资的情况，其中华人资本所占份额不明，如果暂且不考虑这一点，制造业占 32%，处于第二位，第一位是金融业，占 42%。也就是说，从表 3 列示的直接投资的领域表明，金融领域的企业成为海外直接投资的重点，而不是生产性投资的制造业。

表2　新加坡本地资本海外投资的类型（1993年）

类型	投资额（百万新元）	百分比（%）
直接投资	13980.1	56.1
有价证券投资	5234.5	21.0
其他海外投资	5719.2	22.9
合计	24933.8	100.0

资料来源：同表 1。

表3　新加坡各产业领域企业的海外投资（1993年）

投资企业的国内产业	投资额（百万新元）	百分比（%）
金融	8945.6	42.1
制造业	6752.7	31.8
不动产	1692.8	8.0
商业服务	1481.3	7.0
商业	1220.7	5.7
建设	614.0	2.9
输送	504.7	2.4
其他	28.4	0.1
合计	21240.2	100.0

资料来源：同表 1。

以上仅限于新加坡，而且是根据也包括其他资本类型的资料所见到的华人资本的海外投资倾向。东南亚的其他国家因缺乏资料难以论证，例如新加坡的金融企业在海外直接投资中占第一位，反映了新加坡华人资本制造业较弱，金融业实力强大这一特殊情况，如果能弄清制造业力量较强的印度尼西亚和泰国等国家的资本状况，肯定会显示出与新加坡不同的倾向。但是即使如此也只能掌握大致情况。

（1）海外投资类型

首先，从与投资领域的关系来看，大致可分为两种类型。一是"国内产业延长型"，也就是将已在国内形成、发展起来的有基础的产业延伸投资到海外市场。例如，以经营百货业而发展起来的企业，在邻近国家和亚洲地区扩张百货店和零售网就属于此类情况。这种类型可说是建立在有长期的眼光和内行的事业战略基础上的海外扩展活动。二是"非关系产业投资类型"，也就是向那些与国内的主导产业没有任何关系的产业领域进行新的投资。例如以百货业起家的企业不是在海外开设百货店，而是购买不动产，进行证券投资什么的。这种类型的海外投资，不是国内事业的延长，而是以获取短期的利润和产业的多元化、分散化为目标的。

华人资本的海外投资以什么行业最为集中？现尚无准确的资料可用，从表4列示可以看到新加坡的各种产业向海外投资的相关行业。这些产业也包括了外国资本和政府资本，因此只能了解华人资本海外投资的大致倾向。表中的数字说明，制造业企业在海外也是投资于制造业领域，金融业企业在海外也是投资于金融领域，国内产业与海外投资领域有着很强的关联性，海外企业多为国内产业延伸型的投资。这就告诉我们，现代华人资本的海外投资，一般来说并不单单是为获取短期利益而投资于不动产之类（当然也有这种投资，只不过不占主导地位罢了）。虽说是"少数派"，但也有制造业企业投资于商业、金融和不动产的"非关系产业投资型"存在，因此只有将其单另划分为一种类型。

表4　从企业数看国内产业与海外投资产业的关系　　　　单位：个

国内产业	海外投资产业								
	制造业	建筑	商业	运输	金融	不动产	服务业	其他	合计
制造业	536	16	166	6	57	15	30	9	835
建筑	5	41	2	0	12	2	10	0	72
商业	139	1	447	10	39	20	7	21	684
运输	15	0	12	116	22	11	10	0	186
金融	156	15	181	28	382	75	94	42	973
不动产	11	2	13	0	36	76	2	2	142
服务业	45	5	43	1	17	2	137	2	252
其他	0	0	0	0	0	0	0	30	30
合计	907	80	864	161	565	201	290	106	3174

资料来源：同表1。

以上我们暂且将华人资本的对外投资划分为两大类型，但如果要细分华人资本的海外投资类型，还可以再分为以下四种，下面将利用投资企业的事例，对细分的四种类型作一介绍。

第一类型："海外转换型"。这是一种在东南亚建立基础后再转向海外的资本，有代表性的例子是以泰国的农业综合企业为基础的正大集团即正大卜蜂集团（Charoen Pokphang），谢国民家族所有和经营的正大集团起步于1921年建立的贸易公司，第二次世界大战后，公司以经营肥料业为基础，发展成占有泰国国内50%的肥料市场的庞大企业。此后，又扩展到养鸡产业和其他的农业综合加工领域，发展成为泰国最大的食品产业。

在泰国有实力的企业中，正大集团是以国内为基础、较早开始向海外发展的企业，在20世纪60年代和70年代，中国香港和东盟地区是其海外投资中心。20世纪80年代中期，当中国市场有望兴起之时，投资又集中到中国，投资的行业很广泛，从饲料工厂、鸡蛋生产、肯特基鸡快餐连锁店等食品产业，到摩托车组装、啤酒生产都有，进入20世纪90年代，投资更呈多元化，扩大到不动产开发、石油化学、水泥、汽车工业等诸多行业。据说向百货业、石油炼制等领域的投资亦在讨论之中。

从正大集团的投资领域可以看到，最初是以泰国的食品业相关部门为中心进行的投资，另一方面，在中国市场的投资最初也是以泰国国内产业延长型而起步的，但在短期内便投资于多种行业，向类似日本财阀企业集团的"成套型"投资转换。正大集团这些一连串大型投资的结果，使其1996年时在中国开办的子公司（合办）超过110家，还计划近期内在上海设立统括这些子公司的中国本部。表5列示了香港正大集团在1990年和1993年度的投资收支业绩，这两年的资产额和利润额都是中国部分超过泰国部分，约占四至六成。今后，也许正大集团会从"泰国企业"转为"中国企业"了吧。

表5　香港正大集团在各地投资的业绩　　　　　单位：百万美元，%

	总资产		营业额	税后利润	
	1990 年	1993 年	1993 年	1990 年	1993 年
中国大陆	142.0　51.3	284.1　51.3	787.1　40.0	14.28　59.9	19.37　41.0
中国香港	33.6　15.2	167.3　30.2	30.7　1.6	1.32　5.5	7.86　16.7
泰国	32.5　14.7	43.9　7.9	712.7　36.3	7.12　29.9	11.68　24.8
土耳其	9.0　4.1	29.9　5.4	75.1　3.8	0.76　3.2	2.9　6.1
印度尼西亚	3.4　1.5	28.4　5.2	360.0　18.3	0.35　1.5	5.38　11.4
合计	220.5　100.0	553.6　100.0	1955.6　100.0	23.84　100.0	47.20　100.0

资料来源：C. P. Pokphand Co. Ltd., Annual Report 1991, 1993, 笔者计算并制表。

资料来源：可儿弘明、游仲勋编《华侨华人：走向无国界世纪》，东方书店，1995年，第235页。

出生于马来西亚柔佛州的第二代华人企业家郭鹤年（Robert Kwok）也属此种类型。战后，郭氏企业以经营马来西亚的米业起步，到 20 世纪 60 年代便介入砂糖经营事业。然后在不到十年的期间内，建立起砂糖事业的一条龙体制（种植园生产—炼糖工厂—流通贸易公司），有"砂糖王"之称，郭氏也因此积累起资本。到 20 世纪 70 年代，在此基础上扩展到海运、酒店（香格里拉集团）、面粉制造、不动产开发、贸易等多种行业，在马来西亚国内建立起庞大的企业集团。

20 世纪 70 年代末，郭鹤年集团移师香港，以当地的嘉里公司为新据点扩展其事业。新据点的投资对象遍及新加坡、中国内地、中国香港和亚洲各地，进入 20 世纪 90 年代后，对中国内地、中国香港的投资尤为活跃，在上海、北京进行大规模不动产开发和建立酒店业，1993 年秋，又在中国政府系统的银行资金支援下，收购了香港有实力的英文报纸《南华早报》。现在，郭鹤年集团的投资和资产以香港和中国为中心，这一事实将决定郭氏企业从"马来西亚企业"转变为"中国的企业"。

当然，"海外转换型"企业因其多彩多姿的活动而引人注目，但是在数量上并不多。另外，所谓"转换"，无论是正大集团还是郭鹤年集团，都不仅仅在各自国家代表性的初级产品（农业综合加工和砂塘）事业上建立起发展的基础，而且作为有实力的企业之一，他们至今仍然与东南亚国家经济有着深刻的关系。

第二类型："东南亚基础型"。这种类型的海外投资不是像正大集团那样进行海外转移，而是始终以东南亚为事业经营的基地，海外投资只不过是其总投资的一部分而已。在某种意义上来说，有海外投资的东南亚实力雄厚的华人资本几乎都属于这种类型。

新加坡、马来西亚代表性的大型综合企业丰隆集团（Hong Leong）属于此类型，20 世纪 80 年代开始积极进行海外投资、20 世纪 90 年代因在中国投资引人注目的印度尼西亚三林集团（Salim）基本上也属于此种类型。另外，在印度尼西亚排名第三位、以制纸业为核心事业的金光企业集团（Sinar Mas）也通过集团创业者的次子黄鸿年在海外进行造纸相关产业的投资（后文另述），成为建立在东南亚基础型上的国内产业延伸型投资的典型例子。

总之，尽管这一类型的投资积极活跃于亚洲和世界市场，但始终还是以东南亚根据地为中心展开活动的，海外投资（世界市场）只不过是其东南亚投资的延长线而已。又由于东南亚华人资本从许多方面讲都已当地化了，因此将这种类型的投资称之为"东南亚当地资本"的海外投资也不奇怪。

第三类型："投机性的投资型"。此种类型虽然也将大部分资金投向海外的投资，然而却与"海外转移型"不同，不是以长期事业基地的转移和形成为目的，而是为了达到获取短期利益的投机目的而进行的活动。其代表性的例子可以举出拥有印尼实力雄厚的金光集团的黄奕聪（Eka Tjipta Widjaya）家族的第二代实业家黄鸿年。

黄鸿年的事业活动从20世纪80年代开始发展迅速，又可分为两个阶段。在第一阶段，于20世纪80年代初因收购新加坡最大的制造公司、上市企业"联合工业公司"而加入了经营阵营，开始了在新加坡最早的活动。黄鸿年以此间公司为据点，开展了各种投资活动。其方法有二：一是使该公司向不动产、贸易、金融等多领域发展，将洗涤剂公司变为综合公司，同时建立起海外子公司网络；二是以设立于新加坡的"个人公司"为据点，在新加坡、马来西亚、中国香港、美国、加拿大、日本等地积极进行不动产和股票投资，总之，以短期利润为目的进行投机性的投资活动。

通过联合工业公司和个人公司在1981—1990年间进行的国内外投机性投资，大多数项目在一两年之内又脱手卖出，所以其购买事业公司不是为了进行长期经营以获得事业利润，而是瞄准了短期的套利。然而到了20世纪90年代末，黄鸿年已陷入因大规模投资而难以偿还巨额借债的困境，加之其他因素，最后不得不将联合工业公司出让给印尼的三林集团（实际上是被收购），从而失去了新加坡的据点。

但是，黄鸿年并未因此中止经营活动，而是变换场所继续进行。在第二阶段，他在新地区的事业经营所采取的手法与第一阶段完全相同。1991年，黄鸿年在香港收购了中策投资公司，并以此为据点向迅速发展的中国市场进军。1992年，他与福建省泉州市当局共同承包了该市40多家国有企业的现代化改造项目。除此之外，又承包了宁波4家国有企业、大连101家国有企业的现代化改造项目，据说为取得这些企业的支配权而投资10亿元。不仅如此，还在浙江省投资8亿美元收购了30家造纸企业。如此一连串的对中国投资，据说是利用了黄鸿年在中国的大学留学（福建省泉州市）时期的人际网络。1994年11月，黄鸿年就任香港代表性的报刊《明报》的发行者明报企业公司的董事长，合计占有该公司的股权从5%增加到11%（一年后辞去此职位）。这是与拥有该公司的香港年轻实业家共同扩大在中国经营的战略的一环。

今后，黄鸿年是照样稳定在中国进行经营呢，还是有了更好的机遇后再移往新地区？现在尚不清楚。但不管怎样，黄的投资形态不是建立在长期的投资观点之上，只能说是短期内赚取利润的投资，这种做法在新加坡失败后，现在又到中国进行尝试。黄鸿年类型的投资家在现代东南亚华人资本中属于"异端"少数派，其形态令人想起殖民地时代那些只要有机会在任何国家任何市场都可以投资的"无国籍华侨投资家"。在当今的时代，黄鸿年也可以说是从一个侧面代表了形象上大大超过自身实力的现代华人资本的企业家。

第四类型："中小资本冒险经营型"。进行海外投资的不仅有大资本，也有中小资本。大资本和中小资本的投资型态有区别，前者是在东南亚的国家建立起庞大的事业基础，然后以此为据点向海外发展，而后者在国内市场是被大资本所支配的，没有机会加入经营阵营，或者从最初起步开始就意在海外发展事业，因此，在东南亚的本国几乎都没有事业基础。中小资本的海外投资虽然包括了从贸易直到轻工业的广泛领域，但是从中小资本的性质和统计上来看，被遗漏的情况很多，因此要知道其整体情况是困难的。尽管这样，"中小资本冒险经营型"的海外投资仍然是东南亚华人资本海外发展的形式之一。

以上我们将东南亚华人资本和海外投资作了分类。各类型的相互关系概括起来说，第一类型和第二类型属于"国内产业延长型"，第三类型和第四类型属于"非关系产业投资型"；另外，第一、二、四类型属"直接投资型"，第三类型属"间接投资型"。如果从东盟国家华人资本的整个倾向来看，有以下几点：一是有实力的大资本家属于第一或第二类型，第三、四类型属于"异端"的企业家和中小资本。从每项投资的规模和人们的关注力来看，前者居多数，如果从投资的件数来看，后者较多（尤其是第四类型）。二是已如前述，一般来说，殖民地时代的华侨企业是以不动产和证券投资为中心的，基本上这一倾向现在仍在继续，但是，以大资本为中心的直接投资也正在逐渐增多。

2. 海外投资的理由

近年来，东南亚华人资本的海外投资现象十分引人注目，为什么会向海外大举投资呢？关于其理由（动机）虽有种种说法，但归纳起来大致有三点：

第一，"资本膨胀说"。东南亚各国的华人资本已在国内市场上建立起庞大的企业集团网络，但是东盟市场是仅次于新兴工业化地区的经济高增长区域，渐渐达致成熟阶段。因此，在国内市场找不到投资目标的"剩余"资金便流向海外寻求投资地。换句话说，即已在国内某些产业建立起基地的企业，为了规模经济效益和寻找新市场而走向海外。

第二，"资本逃避说"。正如前面所述，华人资本至今仍然处于潜在的政治社会不安定的环境中，何时发生"反华侨"的动向，资产保全可能会受到威胁，为了安全起见，将资产（一部分）移往海外。另外，将资产和投资集中在一个国家，也会威胁到资产的保全。因此，将资产分散在几个国家以图安全的"风险分散说"也属此说。还有就是东南亚华人资本正如过去菲律宾马科斯政权所象征的那样，与某一特定政权结合在一起而发展起来的例子不少，一旦政权体制崩溃，华人资产被接受的可能性是很高的，因此，预料政权会崩溃而往海外转移资产，结果便在海外投资，这种"政治危机回避说"也属此类。

第三，"故乡投资说"。这种说法主要是解释华人资本对中国的投资动因。殖民地时代的华侨企业家，一旦事业成功积累起资金后，便寄钱给故乡，在建设学校和社会公益事业上发挥作用，这乃是一般的情况，这是衣锦还乡和报恩的两种意识交织在一起的结果。现代的企业家也同样如此，他们不仅仅是寄钱给故乡，而且要在中国投资，在故乡的经济、地区开发方面作出贡献，所谓不计利润进行投资，就是这种看法。这在中国也被称为"感情投资"。这种看法至今仍有市场，尤其是在日本，部分人极力宣传这种观点。

以上三种说法，应该说各有一定的道理。大多数华人企业家海外投资的动机，也不是单单一种理由就可以说清楚的，而往往是三种因素微妙地结合在一起而形成的，只不过三种动因对不同的人来说轻重程度不一样罢了。尽管如此，第三种说法并不是现代企业家海外投资的决定性因素，也许第二次世界大战前第一代移民的情况如此，但是出身于当地的第二代则完全不是这样。关于这一点，东南亚最大的华人企业集团、印度尼西亚三林集团的第二代经营者林逢生（Anthony Salim）的说法颇有启发。他说："父亲（林绍良）把自己的钱寄给福建省建设学校等事情，是一种与事业经营有别的怀乡情绪。怀乡感情人皆有之，我对出生地的爪哇也有这种感情。但经营事业的目的全在于获取利润。……不管是哪个国家的实业家，优秀的和不那么高超的人都很多。……关于华人人际关系，对我来说不是因为我是华人，而是意味着'优秀实业家的人际关系'"（《日本经济新闻》1994年10月24日）。如果考虑到三林集团是以华人资本的政治经济地位极为敏感的印尼为其事业基地的这一点，林逢生的话会打一些折扣，但是尽管如此，已雄辩地表明了第二代经营者具有与第一代移民完全不同的意识。

关于第二种说法即资本逃避说，虽然可以解释采取马来人优先政策的马来西亚、原住民政策下的印度尼西亚，以及与权势者结合在一起的"华商"和企业家朋友等，但这种说法也不是华人资本进行海外投资的决定性因素。虽然东南亚社会作为复合社会蕴藏着种种问题，但东南亚社会总的趋向并不是走向种族对立，而是往种族调和方向发展。另外，马科斯政权的垮台也没有导致企业家朋友的完全消失，经过若干沉浮，不少华人资本仍顽强地生存下来，所以，"资本逃避说"只能说明某些国家的某些企业家进行海外投资的部分动机，而且其比重也在年年缩小。

现代海外投资的主要动机，可说是在于寻求最大利润的海外扩张。分析华人资本海外投资的具体事例，一般有两种形式，正如前面已讨论过的海外投资的类型那样，一是在国内建立起产业基础后，以国内为基地向海外投资；二是在国内找不到适当投资项目的剩余资金，流向海外投资。这就是说，华人资本的海外投资与发达国家跨国公司的跨国经营一样，是基于同样的理由（即追求规模经济、寻求海外市场），或者对部分投资也能用"投机性的投资"加以说明。以上两点，可以说也是所有时代和国家的"资本"运动的动机和理由吧。

3. 商业网络

在说明华人资本活动方式的特点时，无论是对其海外投资，或是对其在国内的事业发展，经常使用的一个词就是所谓"网络"。但是，针对试图用这一个词说明华人资本的全部活动和论述华人资本与网络特殊关系的倾向，一些研究人员提出了这样的疑问，即利用网络果然是华人经济独有的特性吗？这里拟用华人资本向海外投资的事例，考察网络的定义及其与华人关系等问题，并以此讨论华人资本在海外开展其事业所采取的一般方法和途径，换而言之，即探讨华人海外投资方式的类型和渠道——称之为"网络"的这一特殊形态。

中国香港的作用　考察华人资本海外投资的途径时，香港的作用引人注目。香港所发挥的重要机能之一，就是东南亚华人资本和世界的大资本首先汇聚香港，建立共同投资公司（大多数为投资控股公司），然后向中国等最终投资对象国投资。由于这种类型的海外投资居多，香港遂成为世界各国资本的组合地。

关于东南亚华人大资本与香港最大地方资本之间的连带关系，可以看到活跃在香港的亚洲华人资本中，马来西亚的丰隆集团和郭氏集团在该国的华人企业集团中竞相称雄，印度尼西亚的三林集团和力宝集团在该国企业集团中排列第一和第七位；另一方面，香港的李嘉诚集团和华润集团，也是香港数一数二的企业集团。因此，亚洲有代表性的六大华人资本，是通过在香港的核心企业的相互持股，从而结合起来的。

这里所关心的问题是为什么能实行这样的交流，其理由何在？遗憾的是没有仅仅用于说明这一问题的资料和事例。如果加以推测，也许可以认为对于东南亚华人资本来说，主要理由在于通过这样的相互提携，希望获得香港所拥有的亚洲商业情报，或者是获得与中国政府的网络关系和情报。

另一方面也说明，东南亚华人资本在向中国和亚洲其他地区投资时，无论是单独或合作投资，香港都已作为其"中转基地"。例如，新加坡华人资本对中国的投资，有半数是经过香港（设在香港的子公司）向中国内地投资，根据1992年的资料，马来西亚资本对中国的直接投资额为1.7亿美元，而经由港澳地区对中国内地的投资达 5 亿美元（据《亚洲经济研究所信息》，1994 年 11 月号）。如果这一统计数字是正确的话，那么经过香港渠道的投资数额是马来西亚直接投资的 3 倍。

为什么要经过香港对外投资？可以举出诸如香港是人际网络地和资金筹集基地等理由，还有就是香港宽松的经营环境以及可享受税制上的优待等，因此，香港对于华人资本的海外投资具有特别的意义。

1977 年香港回归中国后，是否仍然具有这些机能呢？从这一判断出发，早在几年前就有一部分人提出，新加坡是否将会继承香港的部分机能呢？香港回归后，其原有的机能是否真的会减弱，或处于麻痹状态，有关这个问题以及在新加坡这样对企业实行严格的政府管理和金融管理的国家里，华人资本能够指望如在香港那样产生"地下情报"和"地下金融市场"吗？这乃是一个错综复杂的问题，实际上现在谁也不清楚。虽然，从短期来看，香港回归以后，其机能不会消失，但从长期来看，香港将发挥怎样的机能，或者说上述机能与基地的作用是否依然存在等等问题肯定会受到密切关注，而香港是否能作为华人资本网络的"磁场"，这一动向也会引人注目。

黄鸿年的个人投资网络

作为个人投资网络的事例，黄鸿年是一个十分有趣的例子。黄氏的事例不仅显示出华人资本的海外投资是采取了怎样的组织形态和途径，而且也显示出通常情况下通过公司组织进行海外投资时，如何最大限度地利用这个"公的"组织（公开的股份公司）来达到"私的"目的。

20 世纪 80 年代，黄鸿年以新加坡为大本营，向马来西亚、中国香港、美国、澳大利亚等地投资。投资的途径有二，一是公开上市的公司——联合工业公司；二是同在新加坡注册的家族投资公司（Chip Lian Investment），该公司的股东是黄鸿年及其夫人。前文已经说过，黄氏在世界市场上的投机性投资大半都是通过联合工业公司进行的，1990 年，通过其在香港的子公司收买日本"本州制纸"三分之一股权，这项总额为 3500 亿日元的投资在日本引发议论，结果失败了。另一方面，黄氏的家族投资公司收买了香港实力雄厚的不动产公司，又从事黄氏个人事业中闻名的棕油贸易。

问题是黄鸿年在世界市场上的投资以什么样的原则分配，让联合公司和家族投资公司两家来进行，局外人对此当然不可能知晓。还有，通过两个途径的贸易额谁大谁小也不明朗。因此，两条途径不可能有明确的界线，对黄氏来说，两个公司的投资不过只是为了达到同一个目的（获取利润）的单一"手段"罢了。总之，从这里也可以看出包括投资实况和途径在内的许多华人投资状况的一角。

（2）世界华商大会的意义。通常，被称为华人网络的这一事物多用语言表示，然而其实际上是被包裹在不透明的渠道之中，这可说是网络的属性特征。然而，网络的公开和表面的组织化状态已不是网络，而是形成了制度和组织。在这个意义上，引人注目的是围绕着"世界华商大会"的动向。大会出现之初，人们关注它是否就是世界性的华人网络的形成，然而以后的发展却发生了与人们期望目的不同的变化。在华商大会的召开过程中，围绕华人资本的国际化问题，出现了推动这一过程的力量和相反力量的双方，现仅就其大致过程作一考察。

1991 年 8 月，由新加坡政府发起，在新加坡召开了"第一届世界华商大会"，有来自东南亚、东亚和发达国家的华人资本家约 700 人到会。当时，正处于世界性的中国投资高潮之中，是日本、美国、欧洲等发达国家的资本、亚洲各国的资本等世界上的资本投向中国的高峰期。新加坡政府在把资本投资中国的同时，也积极促进国内的华人资本向中国投资。世界华商大会正是在这一背景下召开的。

大会的目的是以对中国的投资为契机，创立一个世界各地华人资本的共同组织（网络）。这有两个理由，一是基于容易实现投资信息的共享和寻找合作伙伴的"实用"理由，二是显示暗中与发达国家资本进行资本主义竞赛的华人资本的存在和聚集力。参加这次世界华商大会的不仅有华人资本，也有来自中国的中国国际信托投资公司的董事长等约 40 人。大会的目标是希望形成向中国投资的一方与接受投资的一方的世界性网络，提出建立利用电脑的世界华人资本家的情报网络。

接着，第二届世界华商大会于 1993 年 11 月在中国香港召开，第三届于 1995 年 12 月在曼谷召开，然而从第三届开始，世界华商大会便发生了变化。1995 年对中国的投资高潮已经过去，世界上的华人大资本家云集华商大会已失去意义，也没有像第一届、第二届那样有李光耀等"重量级"政治家参加。取而代之的却是为数甚多的中国中小企业参加大会，华商大会变成了中国一方吸引投资的"投资市场"。也就是说，华商大会在创立之初虽然宣称由世界的华人资本家直接运作，倡议确立华人资本的世界性组织，然而，仅仅几年后其活动便缩小了，今后的发展和方向也成了未知数。

表 6 列示了第一届和第二届华商大会参加者的地区分布，第一届时，主办国新加坡的参加人数最多；第二届时，当然也是主办地中国香港的人数最多。第二届的参加总人数增加，也是因为香港与会人数增多，如果除去中国香港的与会人数，可以看到从第二届大会开始，泰国、菲律宾、印度尼西亚等东南亚国家的参加者减少了。为什么会出现这种情况呢？其原因之一是东南亚各国政府的政治动向。例如，印度尼西亚政府就禁止该国的华人资本参加在中国香港举行的第二届

华商大会，围绕着华人资本问题，地区内外的政治潮流已发生了微妙的变化。这也许是因为第一届华商大会时，在对中国投资的热潮中华人资本在整个亚洲最为突出，几年后就得反其道而行之以求得平衡吧，从这里也可以看到，华人资本的活动不仅仅是按照资本的理论来运作的，也在很大程度上被政治的因素所左右。

表6　世界华商大会参加者的地区分布　　　　单位：名

	第一届（1991年8月）新加坡	第二届（1993年11月）中国香港
中国大陆	41	61
中国台湾	43	10
中国香港	55	248
中国澳门	5	8
新加坡	147	114
日本	58	50
马来西亚	44	59
沙捞越	3	4
印度尼西亚	50	34
文莱	27	40
泰国	74	48
菲律宾	40	8
巴布亚新几内亚	4	—
澳大利亚	31	58
亚洲合计	662	742
美国	55	19
关岛	1	—
加拿大	3	22
美洲合计	59	41
法国	21	15
英国	23	33
其他	15	10
欧洲合计	59	58
非洲	28	7
总计	768	848

资料出处：可儿弘明、游仲勋编《华侨华人：面向无国界的世纪》，第218页，东方书店出版，1995年。

4. 华人资本的海外投资与民族政府

从上述有关世界华商大会的插叙可以感到，有必要重新检讨东盟各国政府对华人资本的海外投资所采取的态度。问题的提出如下：在东南亚国家独立后的经济开发过程中，东盟诸国的华人资本兴起，在国民经济中确立了自己的地位，并以此为基础积极开展了海外投资。进入20世纪90年代，通过投资和贸易，亚洲经济的国际化和相互依存度不断加深已形成时代的一大潮流，而华人资本成为其推动力。对此，虽然政府想制止也无济于事，因为已成为必然之势。对于在此背景下展开的华人资本的海外投资，东盟各国政府不希望因此造成国内种族间的经济差别更加扩大，或者说是希望华人资本对国民经济有所贡献。

政府的立场从"概念"上可以分为"奖励"或是"限制"，但是各国的海外投资都是由国内的华人资本进行的，尚没有公开实行限制的国家。然而在实际上，政府的基本态度是可以属于"奖励"或是"默认"二者的一种。依此来分析东盟各国的态度，新加坡和马来西亚采取的是积极的促进政策，泰国、菲律宾亦如此，只是程度上较弱；另一方面，采取消极政策的国家是印度尼西亚。以下，分别对积极派的新加坡和马来西亚、消极派的印度尼西亚加以说明。

奖励——新加坡、马来西亚

为什么新加坡政府奖励华人资本的海外投资？其原因在于谋求"经济的国际化"。新加坡国土面积狭窄，国内市场小，经济如不与国际经济联结便不可能得到成长和发展。因此，从工业化的初期阶段开始，政府便主张与国际经济联系，提倡经济的"全球化"（与世界经济相连）。接着，在进入20世纪80年代以后，当看到亚洲经济的显著增长时，又提出了与亚洲经济相连的国际化，即"地区化"的新口号。1989年末，印度尼西亚的廖内省、新加坡、马来西亚柔佛州等三国（地区）所结成的"成长三角地带"，便是区域化主张的一环。

另一方面，新加坡政府从20世纪90年代开始，把过去衡量本国国民经济的重要指标从"国内生产总值（GDP）"改为"国民生产总值（GNP）"，是指在新加坡国内的本地企业和外国企业的经济活动的总和，是指新加坡企业在国内和海外进行经济活动的总和。这样做的目的，在于通过将重点从国内生产总值转换为国民生产总值，以奖励新加坡国民和本地资本在海外的经济活动。这一移位在某种意义上可说是政府对于不同资本类别加以区分的考虑，即国内经济向来是以外国资本的制造业企业为中心，而华人资本则在亚洲市场上寻求活动场所。

总之，新加坡政府在这种经济区域化的政策之下，率先向亚洲的新兴市场国家投资，并充当本地资本（华人资本）进行海外投资的向导角色。20 世纪 90 年代以来，新加坡政府努力进行的中国"苏州工业园地"和"无锡工业园地"开发，越南的工业园地开发、印度的高科技工业园区的投资就是其具体行动，这些项目都是通过与投资对象国政府的合办形式实现的。

1993 年开始的苏州工业园项目，是以新加坡政府系统的造船企业岌巴公司（Keppel）为主的企业联合与苏州市合作进行的事业，双方建立"新加坡—苏州市开发公司"，成为建设工业园地、住宅和商业大厦等新区开发事业的实体。新加坡一方的企业联合，最初是从岌巴（Keppel）造船等政府企业为中心的十几家企业开始的，以后又有外国资本参加，如 1994 年时韩国的三星集团，1995 年 8 月时日本的三井物产和三菱商事也有资本加入，遂发展为有 21 家企业的国际性开发项目。该工业区园地面积达 70 平方公里，约需 300 亿美元的投资，预计 15 年至 20 年后建成。令人感兴趣的是第一期工程中已经竣工的园地中，有一半入住者是日本和美国等国家的跨国企业，另一半入住者是新加坡本地企业（中小华人企业）。这是因为华人中小企业在新加坡国内受到劳动力来源和工业用地问题困扰，事业难以为继，而要单独投资外国又缺少资金和技术，因此这些中小企业向海外进军便受到了政府的照顾。总之，新加坡把亚洲地区投资置于重要地位，在这种经济地区化的战略之下，与其说是政府与华人资本结为一体共同向海外投资，倒不如说政府就是华人资本进行海外投资的"后盾"。

马来西亚政府的情况与新加坡类似。政府虽然在国内采取马来人优先——排斥华人的土著政策，然而，为开展海外投资活动，政府向亚洲各地派出了大型政府代表团，担当了民间资本海外投资的先锋。1996 年 8 月，马哈蒂尔首相率领有 250 人的大型经济界代表团第四次访华，开拓了马来西亚资本对中国的投资。不言而喻，马来西亚资本中也有土著资本，然而占据首位的是华人资本。

新加坡和马来西亚政府以采取促进开发的合理主义的政策而闻名，虽然在国内政治中对"华人的因素"强加压抑和限制，但仍是采取一种"政治"归"政治"（英语社会化、土著优先政策）、"经济"归"经济"（华人资本的海外投资）的分别对待的实用主义政策，现在，他们正在考虑的是与迅速成长的亚洲市场进行合作的发展战略。在本地资本中，能与亚洲市场密切合作进行活动的是华人资本，因此要对他们的海外投资进行奖励和支持。这样一来，虽然在政府的优先政策中，华人资本在国内经济中是位于马来人资本和外国资本之后的次要角色，但是在亚洲市场上却成了主角。政府将国内市场和亚洲市场分开对待，这也反映出围绕着华人资本的东南亚政治经济学的一个侧面。

默认——印度尼西亚

与新加坡、马来西亚政府相对照的是印度尼西亚政府。印度尼西亚华人资本到海外投资直到20世纪80年代才真正实现，然而，国内的部分民族主义者对此却持批判态度，他们认为"印度尼西亚的开发在东盟各国中也属落后之列，尤其是国内边远地区的开发更是处于空白的状态，华人资本的海外投资本来是应该用于开发这些地区的，华人对外投资是资本的逃避，是浪费"。假如在20世纪60年代的印度尼西亚，这样的议论当然也会来自政府本身，然而有志于经济开发的苏哈托政权采取的态度是"华人资本向海外投资，如果所得利润返回印度尼西亚的话，结果将会增加印度尼西亚财富，所以没有关系"。这正是印度尼西亚的开发不断进展，感情方面的论调已下降了的证据。另外，在当时的印度尼西亚国内尚没有尖锐的政治对立，没有必要利用"华人因素"作为其替罪羊，所以才有这样的表态。

尽管如此，与其他的东盟国家相比较，印度尼西亚政府对华人资本的海外投资所采取的姿态可说是有一种"心理上的限制"。前面已介绍过的世界华商大会，印尼政府就禁止本国的华人参加在香港举行的第二届大会（尽管如此，也有部分华商赴会），并推辞了原预定1997年在雅加达召开第四次世界华商大会的事情。虽然其中的具体原因不明，但基本上可以说，决定印度尼西亚政府采取对华人资本的态度时，国内的政治和社会因素更大于经济上的因素。

总而言之，比较新加坡、马来西亚与印度尼西亚，可以确认上述国家的政府对华人资本进行海外投资的基本态度有着很大差异，出现这种差异的原因除了印尼的"不宽容"、新加坡和马来西亚的"宽容"以外，更与新加坡和马来西亚国内的政治社会原理有关，虽然他们以土著优先和英语教育领先为基本国策的状况没有发生变化，但在当前亚洲经济发展的高潮中，需要有效地利用本国的"华人因素"以获得经济价值，政府在很大程度上就是根据这种"功利主义"的判断来决定其态度的。因此，在东盟各国，华人资本获得了政治上的"解放"却没有从事活动的行动自由，只能说是得到了政府认为在有利用价值的范围内加以利用的有限的"自由"。

5. 国际化时代华人资本的特征——已经变化的和没有变化的

东南亚国家独立后数十年间，一方面，围绕着华人资本的东南亚政治经济和世界经济的环境发生了巨大变化，这一变化当然也涉及华人资本；另一方面，不仅华人资本的外部环境因素发生变化，而是由于华人资本，和具有一定规模的企业基于追求规模经济、追求最大限度利润这种积极理由，或是基于像部分日本企业那样为了生存的消极理由，都不得不离开已经习惯了的土地向海外寻求发展。以家族为单位在狭小的地区社会中进行活动的时代和形成巨大组织在世界各地拥有子公司这样的时代相比，一切企业包括华人企业当然都发生某些变化。那么，在经济的国际化时代，华人资本已经发生变化了的是什么？没有变化的又是什么？下面将以华侨企业为例，对现代华人资本的特征作一简单分析。

没有变化的——家庭所有

怎样实现企业组织的现代化？即使向电脑、半导体等尖端技术产业投资，华人企业最不会发生变化的仍然是创业者家族所有制这一企业所有形态。通常，形成企业集团的华人资本都会把企业集团的核心事业公司，或者控股公司和投资公司置于其所有权构成的最高地位。而且，这个公司的主要股东必然是创业者同一家族的成员，他们占有股东受到限定的非公开企业（控股公司、投资公司、一般公司等等）。

在这里虽然未举出具体事例，但可以说几乎所有的华人大企业的核心企业都排斥第三者的介入，这种同一家族成员的所有权体制的合适运作，使得华人大企业中创业者家族极少出现不稳定股东的例子。这样，便会很自然地产生华人资本企业是谁的企业的看法，这也是迄今为止许多研究者把华人企业称之为"家族经营"的来由。

虽然由家族和同族拥有所有权这种牢固的所有体制使得经营上也形成一族支配的现象，然而在部分企业中，录用家族外的专门经营者进行经营的事例也在增多。不仅如此，还有像以银行经营为核心的菲律宾杨应琳集团、新加坡的已故企业家李光前家族那样，将所有权和经营权完全分开，创业者的第二代甚至完全不介入经营事业的事例。因此，并不见得所有的现代华人资本都是清一色由同一家族掌握所有权和经营权，不过，在所有权由同一家族支配这点上，可以说是没有变化的。

中间状态——从商业资本向产业资本转换

无论如何也无法简单加以说明的是投资领域。一般认为殖民地时代的华侨资本是"商业资本"，其理由有：第一，对于不过是暂时侨居在东南亚的华侨来说，除了投资于橡胶、碾米、锡等初级产品资源加工制造业外，难以进入需要长期投资的重工业领域；第二，真正意义上的制造业需要巨大的资本、高度的制造技术、产品市场，这对于小资本的华侨来说几乎是不可能的；第三，对华侨来说，方便可行、能够较快进入领域的便是商业。

然而，在东南亚各国独立后，以工业部门为基础发展起来的企业也不少。因为东盟各国初期实行的进口替代型工业化政策，而且在政府的保护政策下国内市场有保证，于是华人资本（也包括政商型资本在内）在轻工业和消费资料产业部门发展独占鳌头，建立起企业基础，实现了产业资本化。然后，又以国内市场的产业为基础向海外投资，使这些资本也在国际上实现产业资本化。这方面的代表性企业，可以举出泰国的正大集团、马来西亚的郭鹤年集团、印度尼西亚的三林集团和金光集团，以国别而论，在泰国和印度尼西亚，工业基础型的产业资本较多。

虽然部分资本已经产业资本化了，但至今为止在东南亚华人资本的海外投资中，不动产等非制造业投资仍继续占有很大比重。殖民地时期华侨的行动方式据说是首先积蓄资本，然后将剩余资金投向不动产，现在仍然基本上沿用这一做法。例如，前面已经提到过的新加坡丰隆集团的海外投资（酒店业）即是如此。不过，在外国市场（尤其是发达国家市场）上，对真正的制造业的投资还是很少的，其原因之一就是在国内市场的制造领域中，即使民族资本在与外国资本的竞争中取得了某种胜利（依靠自助和政治保护等），那么，到了发达国家的市场上，由于有过于强大的制造业大跨国企业，华人资本无论如何也无法与之较量。

总之，现代华人资本的投资领域呈现出一幅复杂的构图，虽然有一部分确实在国内市场上已产业资本化了，然而在海外市场上，本行业以外的投资——尤其不动产投资也不少，因此仍然能看到与殖民地时代的做法无二致的华侨资本的痕迹。

变化了的——第二代经营者的专业化

已经发生变化的最好的事例是家族成员经营者的专业化。第一代移民中的华侨企业家，几乎没有在中国本土受过完整的学校教育，多是从徒弟时代的经验中学到商业知识和经营方法。与第一代相比，第二代经营者几乎无例外地做到专业化了。在形成企业集团的大企业的华人资本中，如果调查一下继承了父辈事业的第二代经营者的学历，立刻就会发现他们大多数已取得美国、加拿大、澳大利亚、英国等大学的经营学硕士学位。例如丰隆集团在新加坡、马来西亚的两位第二代最高层经营者，都已在英国的大学里取得了学位。又例如在泰国，战前以经营大米事业为核心发展成为财阀的马氏集团，在第二代的 10 人中有 9 人（男 5 人、女 4 人）曾赴美国留学，学习经营学、会计学、化学等学科，归国后加入家族经营，引进了现代的经营方法，并成为投资新领域的领路人（见末广昭、南原真著《泰国的财阀》一书）。

不言而喻，第二代经营者与第一代相比未必一定具有较高的经营能力，但不管怎么说，过去长期适用的"华人企业——一个经营者——专门依靠经验来运营公司"的这种一般模式已成过去，在第二代经营者的经营下，企业组织和经营的现代化——与日本和美国的企业一样——已得到进展。这可以说是华人资本自身"意识变革"的结果，也是当代高等教育和专门教育都发达的"时代潮流"所促进的结果吧。

（原载于厦门大学南洋研究院《南洋资料译丛》1999 年第 3、4 期，

译自［日］岩崎育夫《华人资本的政治经济学》第 5 章，

东洋经济新报出版 1997 年）

嘉庚精神

浅论陈嘉庚的爱国主义思想

著名华侨领袖陈嘉庚先生的一生，是竭尽全力地为祖国和人民的前途进行奋斗的一生，他的八十七年生涯中贯穿着一条热爱祖国的红线。最为可贵的是，陈嘉庚的爱国主义思想和活动，是随着时代巨轮的前进而不断向前发展的，从辛亥革命到新民主主义革命、社会主义革命和建设，中国社会的变革如此剧烈，时代前进的步伐如此迅速，但陈嘉庚始终高举爱国主义旗帜，顺应历史发展潮流奋勇前进。作为爱国华侨的杰出代表，陈嘉庚的爱国主义思想在中国近代史上具有典型的意义。本文拟就陈嘉庚爱国主义思想的形成和发展谈点肤浅看法。

一、爱国主义思想的形成

1874 年，陈嘉庚诞生于同安县属的小渔村集美社，即今日的厦门市集美镇。陈嘉庚诞生的时期，中国社会已逐渐沦为半封建半殖民地社会，在资本主义、帝国主义和封建主义的重压下，广大农村急剧破产，厦门沿海地带也不例外，受到了列强侵略带来的种种祸害。集美社的村民就有许多人生活无着，被迫到海外谋生。陈嘉庚的父亲也是早年渡海去新加坡的华侨。陈嘉庚少年时代一直生活在集美社，17 岁时才离开家乡到新加坡协助父亲经商，耳闻目染，他对家乡劳动人民的生活和疾苦有较深的了解，富有同情心。陈嘉庚的诞生地，正是民族英雄郑成功所部在当年建筑营垒屯兵驻扎的地方，人称"国姓寨"。郑成功的爱国事迹，普遍流传民间，对当地人民有着深远的影响。陈嘉庚从小在这个富有光荣历史传统的"延平故垒"边长大，经常听乡亲们讲述中国人民反抗侵略斗争的故事，在幼小的心灵里播下了爱国种子。陈嘉庚从 9 岁起便在家乡私塾求学，17 岁时塾师去世，才中断学业出洋。这七八年间他刻苦勤学，受到了中华传统文化的熏陶，在一定程度上启迪了他的民族觉悟。这样的时代环境和经历，使青少年时代的陈嘉庚，很自然地萌发一种"对乡党祠堂私塾及社会义务之事，颇具热心"的最初的爱国爱乡思想。①

陈嘉庚的青年时代，是在英帝国主义殖民统治下的新加坡生活的。19 世纪末 20 世纪初，那里是孙中山为首的资产阶级革命派在东南亚开展革命发动工作的中心，是南洋华侨支持祖国革命的基地。在国内革命形势的鼓舞下，在革命派的宣传启导下，越来越多的海外华侨认识到，要救国就要进行革命以推翻腐朽的清朝政府，具有强烈的爱国情绪。陈嘉庚对清政府丧权辱国早已不满，对家乡的贫穷落后更有亲身体会。他在新加坡经商，能够透过这个殖民地窗口看见西方物质文明的发展，并接触到一些西方资产阶级的政治、经济和文化教育制度，从而使他深感祖国的危机和落后。在当时新加坡资产阶级民主革命潮流的激荡下，陈嘉庚的爱国爱乡思想越来越强烈，十分倾向孙中山领导的革命事业。1909 年，他认识了伟大的革命先行者孙中山先生，第二年他剪去了发辫，"与清朝脱离关系"，并加入了中国革命同盟会。辛亥革命爆发后，陈嘉庚担任了新加坡闽侨组织的保安会会长，努力筹款，先后汇寄 20 余万元，支持福建新政府和维持地方治安。当孙中山从上海赴南京就任临时大总统时，经济困难急需用款，陈嘉庚立即汇去 5 万元，以实际行动援助孙中山的民主革命事业。通过辛亥革命的实践活动，陈嘉庚的爱国主义思想逐渐形成了。

二、爱国主义思想的发展

陈嘉庚的爱国主义思想的发展，我认为大体可以划分为下面三个时期：

从辛亥革命到抗日战争爆发，是陈嘉庚爱国主义思想发展的早期阶段，也是他探索和实践救国救民道路的时期。这一时期，陈嘉庚的爱国主义思想表现为用兴办教育、振兴实业来实现其救国抱负。

陈嘉庚先生自己说过，辛亥革命后，他"热诚内向，思欲尽国民一分子之天

---

① 陈嘉庚：《南侨回忆录》，新加坡南洋印刷社，1946 年，弁言部分。

职"。①如何尽国民的"天职"呢？他认为"教育为立国之本，兴学乃国民天职"，②兴办新式教育是救国救民的当务之急。于是，他从 1913 年在家乡集美兴办小学校开始，不断地捐献出巨大财产，十余年间就陆续办起了师范学校、中学、水产航海学校、商科学校、女子师范学校、幼稚师范学校、农林学校、国学专门学校等学校群。1919 年，陈嘉庚又亲自回国筹备创办厦门大学，厦大的开办费 100 万元，经常费 300 万元，都由他独立负担。1921 年，厦门大学正式成立，是福建省的第一所大学。陈嘉庚以个人的财力，在辛亥革命后的十余年内办起了从小学到大学的完整教育体系，是中国教育史上私人办学的空前壮举。而这种壮举完全是在强烈的爱国主义思想驱使下做出的抉择。陈嘉庚在《一九一九年七月筹办厦门大学附设高等师范通告》中说："专制之积弊未除，共和之建设未备，国民之教育未遍，地方之实业未兴，此四者欲望其各臻完善，非有高等教育专门学识，不足以躐等而达。"很是清楚，陈嘉庚把办教育与建设民主政治、根除封建势力、改变教育落后面貌和发展近代工业等目标联系起来，希望通过教育改造中国，振兴中华。

兴办实业，是陈嘉庚在这一对期爱国主义的另一重要表现。在辛亥革命成功的鼓舞下，陈嘉庚满怀热情回国创办实业，在集美创办过制蚝罐头厂，又与友人合作在厦门经营大同罐头食品公司等，但由于缺乏安定的投资环境以及技术等原因，这些经营都失败了。而陈嘉庚在新加坡的经济事业，由于第一次世界大战时期的有利国际环境和有效的经营，在辛亥革命后的十余年间得到迅速发展。1923 年至 1925 年，陈嘉庚的经济事业达到了鼎盛阶段，拥有资产 1200 万新元，各种工厂和种植园规模宏大，雇佣工人达 2 万余人，产品畅销国内及世界许多地方。其中最有名的是陈嘉庚创办的橡胶工业，在东南亚独占鳌头，对当地的经济发展起了重大的促进作用。这里尤其值得指出的是，陈嘉庚兴办实业，不是为了个人腰缠万贯、发财致富，而是为了救国和兴国。正如黄炎培先生所指出的"发了财的人，而肯全拿出来的，只有陈先生"。③第一，他把兴办实业作为兴办教育的经济基础，正如他自己所说的那样，"立志一生，所获财利，概办教育，为社会服务，虽屡遭困难，未尝一日忘怀"。④他根据"金钱为肥料，散布才有用"的信念，把一生经营所得到的钱几乎全部用在爱国事业上。有人估计，陈嘉庚一生对教育事业所捐献的钱，相当于他的全部不动产，如果当时把这些钱买成黄金，在现在

① 陈嘉庚：《南侨回忆录》，新加坡南洋印刷社，1946 年，第 4 页。
② 陈嘉庚：《畏惧失败才是可耻》，《东方杂志》第 31 卷第 7 号，1934 年 4 月 7 日。
③ 重庆《新闻报》1945 年 11 月 19 日，又见《南侨回忆录》，新加坡南洋印刷社，1946 年，第 370 页。
④ 陈嘉庚：《集美学校建筑及垫费收支预算》（1955 年 2 月 10 日），转引自王增炳、余纲：《陈嘉庚兴学记》，福建教育出版社，1981 年，第 18 页。

相当于一亿美元左右。而他一生自奉节俭，生活朴素，只求温饱，更没有把任何财产留给子孙。第二，他发展实业也是从爱国主义立场出发，放眼于未来祖国经济事业的发展。例如，陈嘉庚认为，发展橡胶工业"不特可以利益侨众，尤可以为祖国未来工业之指导"，他把办工厂比作办师范学校，认为可以培养出祖国经济建设所需要的专门技术人才。他说："余对制造厂不惜垫资本扩充者，以20世纪为树胶之时代，日本小国尚有大小胶厂四百多所，以我国之广大竟无一相当树胶厂。新加坡系产胶区域，政权虽属英国，所需男女工人概我华侨，对于化验制造各机器，可臻完备，出品种类亦多，可以训练职员工人，如师范学校之训练学生，将来回国可以发展胶业。"[①] 所以如同办教育一样，陈嘉庚办实业也受到了强烈的爱国主义的支配，办教育和兴实业，这两方面像一辆车子的两个轮子，是相辅相成的。

当然，作为殖民地的民族资本，作为华侨企业，陈嘉庚的经济事业受到了1929—1932年资本主义经济危机的严重冲击，又受到有日本政府支持的日商垄断资本削价倾销商品的打击，最终也逃脱不了被迫收盘的厄运。1932年，当陈嘉庚的经营陷入困难境地时，外国垄断资本乘人之危向他施加压力，要他停止办学。陈嘉庚斩钉截铁地回答："企业可收盘，学校绝不能停办。"[②] 在停业之后，陈嘉庚千方百计筹款维持集美学校和厦门大学，为了"肩负校费而致商业完全失败"，也没有"丝毫悔念"。

从抗日战争开始到1949年全国解放，是陈嘉庚的爱国主义思想发生飞跃的阶段，也是他历史上的重大转折时期。这一时期，陈嘉庚置身于尖锐的民族矛盾和阶级矛盾的激流之中，长期的探索，无数事实的教训，使陈嘉庚认识到了中国共产党是中华民族的救星这一伟大真理，找到了中华民族复兴的真正道路。要救国，就要跟着共产党走，陈嘉庚从此由旧民主主义革命转变过来，拥护中国共产党领导的新民主主义革命，为建立一个和平、民主、独立、自由的新中国而奋斗。

辛亥革命后的近二十年间，陈嘉庚从正统的观念出发，误认为蒋介石的"国民政府"是孙中山事业的继承者，曾经拥护过它。1927年南京政府成立时，陈嘉庚曾为《南洋商报》手定规则，把"拥护南京政府为首要目的"的条文，张贴在该报办公处。以后，在国内多次发生的地方势力的反蒋斗争中，他以"外侮日迫，万万不可内讧"为理由，劝阻他们不要反蒋。对于中国共产党及其领导的革命事

---

① 陈嘉庚：《南侨回忆录》，新加坡南洋印刷社，1946年，第415页。
② 陈嘉庚先生纪念册编委会编/中华全国归国华侨联合会：《陈嘉庚先生纪念册》，1961年，第61页。

业，他因受国民党反动宣传的影响，信疑参半而"难辨其黑白"，抱着"对于国共摩擦问题，早不愿与闻问"的态度。[①]

伟大的抗日战争，使陈嘉庚擦亮了眼睛，明辨了大是大非。在日本帝国主义发动了侵略中国的战争、祖国处于危亡之际，陈嘉庚以空前的高昂爱国热情投入支援祖国抗日的运动，他奔走呼号，组织筹款募捐活动；他领导南侨总会，团结海外华侨．形成一种广大的爱国力量；他怒斥汉奸卖国贼汪精卫之流，反对妥协投降，响应了中国共产党提出的"必须把抗日战争进行到底"的伟大号召。陈嘉庚的爱国壮举完全是建立在为国家为民族的坚实的爱国主义思想基础之上的。他在担任了南侨总会主席后说："公选庚为主席，庚皆毅然任之，不稍作寻常逊谢之词，非慕高名贪大位，实以国族当此大难存亡绝续，义在匹夫，古人所谓披发缨冠，犹当赴之，况在海外安全之地，仅为劝导捐资之图，岂宜规逊，区区之意，乃在此乎。"[②]

但是，陈嘉庚在推进抗日救亡运动的同时也看到了这样的事实：在国难当头、海内外同胞同仇敌忾抗击日寇之时，蒋介石政府却继续奉行"攘外必先安内"的反动政策，把坚决抗战的中国共产党作为头号敌人；而对于公开投敌叛国的汪精卫之流，则包庇姑息，采取"宽假"的政策。时刻以国家和民族利益为重的陈嘉庚，用是否"忠心抗日"作为试金石，去衡量一切政党和个人，因而对"消极抗战，积极反共"的蒋介石政府，开始不满、动摇；对坚持"停止内战，一致对外"的中国共产党，则产生好感，令其钦敬，这是他爱国主义思想发展的必然结果。1940年陈嘉庚率领南洋华侨慰劳团回国考察，使他有机会进一步了解国共两党在抗战中的表现，亲自看到国民党祸国殃民的真相，促使他在政治思想上与国民党决裂，转而拥护中国共产党，从而使他的爱国主义思想发生了质的飞跃。

1940年3月，陈嘉庚到了抗战时期的陪都重庆，蒋介石集团对他拉拢逢迎，无所不至，连蒋介石本人也竭力装扮出敬重他的姿态。但这一切手段，都无法蒙蔽陈嘉庚先生的锐利目光，他看到的是国民党高官大员们大发国难财，在后方山城过着醉生梦死的生活，他听到的是蒋介石集团统治的黑暗，人民生活在水深火热之中。严酷的事实使他认识到国民党已变成了"贪污专横、残民以逞"的法西斯党，他为国家的前途深感忧虑。国民党已使他失望了，于是，他冲破了蒋介石集团的重重阻挠，访问了延安。1940年6月，他在延安受到中共中央领导人毛泽东、周恩来、朱德等同志的亲切接待，亲眼看到了陕甘宁边区欣欣向荣的光明景

---

① 陈嘉庚：《南侨回忆录》，新加坡南洋印刷社，1946年，第325页。
② 1940年《陈嘉庚致中央广播事业管理处文》。

象。共产党坚持抗战到底的决心，解放区励精图治的事实，使他对中国前途产生了信心。他说："耳闻目睹各事实，见其勤劳诚朴，忠勇奋公，务以利民福国为前提，并实行民主化，在收复区诸乡村，推广实施，与民众辛苦协作，同仇敌忾，奠胜利维新之基础。"[1] 他因此认定共产党和毛主席是中华民族的救星。后来陈嘉庚回忆当时的心情说："余观感之下，衷心无限兴奋，喜慰莫可言喻。认为别有天地，如拨云雾而见青天。前忧虑建国未有其人，兹始觉悟其人乃素蒙恶名之共产党人物。由是断定国民党蒋政府必败，延安共产党必胜。"[2] 从此，他拥护中国共产党的主张，走上了共产党指引的正确爱国道路。

如果说，陈嘉庚的延安之行使他在政治思想上与国民党发生了初步决裂的话，那么，延安之行以后，他同国民党蒋介石反动派所做的坚决斗争，则标志着他与国民党政权的彻底公开决裂。陈嘉庚自访问延安后，到处如实地报告他的观感，颂扬中国共产党，这引起了蒋介石集团的恐慌，于是对他施展种种恐吓手段，蒋介石甚至亲自出马，声称"陈嘉庚受了共产党的包围"。但陈嘉庚全不理会，坚持说真话，提出"反共内战，千万华侨必不同情"。为了阻止陈嘉庚先生回到南洋去说实话，蒋介石集团竟然通过外交途径，要求英国殖民政府禁止他在新加坡入境。这一阴谋破产后，又派海外部部长吴铁城为特使，到南洋华侨中间大肆活动，破坏陈嘉庚先生的威信。但陈嘉庚先生回到新加坡后，照样向华侨如实揭露国民党贪污腐败等劣迹，颂扬中国共产党的英明，这使广大侨胞，更加擦亮了眼睛，辨明是非黑白，认定正确的救国道路。在1941年3月末召开南侨总会第二次代表大会的时候，国民党政府驻新加坡总领事高凌白针对陈嘉庚先生的正义言论，大放厥词，斥责华侨没有诚意拥护"中央"。陈嘉庚先生忍无可忍，公开把高凌白赶出会场，并宣布他的罪状，还在报上表示严正态度说："我这次回国慰劳，才知道国民党政府诸位要人，多有野心不正的举动……造成上下贪污，猫鼠同眠，误民弊政，无可忌惮，比较君主时代，苛殃更烈。……我以南侨总会主席地位，……若果缄口不言，不但有负侨众的委托，而且自失个人的资格。"[3]

陈嘉庚的重大转变说明，中国共产党人是中华民族利益和人民利益的真正代表者，他们为祖国独立、民族解放付出了最大的牺牲，以实际行动证明了自己是最忠诚的、最坚定、最卓越的爱国主义者。正因为如此，一切真诚的、正直的爱国人士一旦看清了上述事实，就会合乎逻辑地靠拢党、拥护党，在党的指引下，

---

① 陈嘉庚：《南侨回忆录》，新加坡南洋印刷社，1946年，弁言部分，第3页。
② 陈嘉庚：《陈嘉庚言论集·自序》，星洲南侨印刷社，1949年8月15日初版。
③ 陈嘉庚先生纪念册编委会编／中华全国归国华侨联合会：《陈嘉庚先生纪念册》，1961年，第81页。

去实现爱国救国的抱负。

抗日战争胜利后，陈嘉庚又以严正、鲜明、坚决的政治态度，反对美蒋勾结发动内战，支持中国共产党领导的人民解放战争。他领导南侨总会创办《南侨日报》，多次发表政论、时评，反对蒋介石集团"媚外卖国，一夫独裁"，揭露美蒋罪行，指出"祖国光明在望"，"中国良好政府必能建立起来"。他团结海外广大侨胞为建立一个新的中国进行斗争，组织了"星洲各界促进祖国和平民主联合会"，积极支持祖国的和平民主运动，并号召联合各党派开展民主运动制止内战，组织联合政府。更为难能可贵的是，还在解放战争激烈进行的 1947 年，陈嘉庚就在新加坡怡和轩三楼的居所中，悬挂毛泽东主席的画像，[1]表达了他对共产党、毛主席的热爱，以及对于人民革命事业必胜的坚定信念。当蒋介石集团已彻底被打垮，新中国即将成立之际，陈嘉庚欣然于 1949 年 5 月回国观光。在一个欢迎会上，有人称赞陈嘉庚先生有远见，陈嘉庚说："十年前从延安归来，就预料中共在毛主席领导下，会有今日的成功。这并不是个人目光敏锐，纯粹是根据是非观念与客观事实来判断的。"[2]

新中国成立以后的阶段，是陈嘉庚先生的爱国主义思想发展到新的高度的时期。在新的历史时期，他的爱国主义思想由于充实了新的内容而更加光彩夺目。这一时期，他从爱国主义出发，坚决地走上了社会主义道路。他坚信"社会主义使祖国富强，人民幸福，是适合中国国情的"。[3]他号召海外华侨支持和参加祖国的社会主义革命和建设。他坚决维护祖国的统一，为实现两岸统一的大业做出了有益的贡献。他是一位忠心耿耿、越老越坚强的爱国主义者。

新中国成立后，已 76 岁高龄的陈嘉庚先生回国定居，决心把晚年献给祖国的社会主义事业。他说："华侨一向期望祖国独立，自由、民主、强盛。现在这个希望完全成为事实了。就是因为如此，华侨已经不是所谓'海外孤儿'，而已经有了一个伟大的慈母，这就是伟大的中华人民共和国！"[4]他真心实意地、孜孜不倦地为社会主义祖国努力工作，做出了许多新的贡献。他历任全国政协、全国侨联、华东军政委员会等许多重要领导职务，亲身参加了祖国的政权建设、经济建设，亲眼看到了祖国日新月异的变化，并对祖国的各项建设提出了许多重要建议。

① 颜迪卿：《悼念陈嘉庚先生》，陈嘉庚先生纪念册编委会编 / 中华全国归国华侨联合会：《陈嘉庚先生纪念册》，1961 年，第 70 页。

② 陈嘉庚先生纪念册编委会编 / 中华全国归国华侨联合会：《陈嘉庚先生纪念册》，1961 年，第 11 页。

③ 陈嘉庚：《一九五六年二月十日在全国政协第二届第二次全体会议上的发言》，《人民日报》1956 年 2 月 11 日。

④ 陈嘉庚：《在中国人民政治协商会议第一届全国委员会第三次会议的发言》，1951 年 10 月 29 日。

1949 年 9 月，陈嘉庚先生在中国人民政治协商会议上提出十项建议，包括引导华侨回国投资、设立归国华侨子弟补习学校等，均被接受。根据他提出的建设福建铁路的建议，鹰厦铁路在 20 世纪 50 年代中期已经建成。他还根据自己经营橡胶工业的丰富经验，建议采用绉胶，以节约外汇，受到国家重视，决定推广使用。陈嘉庚晚年还主持厦门大学、集美学校的修建、扩建工程，使它们的规模比新中国成立前宏伟得多。陈嘉庚代表华侨参加国家政权工作，他时刻关怀广大侨胞，对侨务工作提出了许多重大主张，成为推动华侨爱国大团结的一面旗帜。

随着祖国社会主义事业的迅速发展，中国面貌呈现出日新月异的变化。陈嘉庚先生晚年的时候，看到他生平的爱国抱负逐项变成了现实，感到无比兴奋，经常流露出作为中国人的自豪感。他常常说："我们很荣幸生活在毛主席的时代，毛主席领导我们从一个受尽帝国主义侵略和掠夺的贫弱国家摆脱出来，并且建立了独立、自由、民主的社会主义强国。"[①] 只有一件事使陈嘉庚先生感到遗憾，那就是他没能亲眼看到台湾与祖国大陆统一大业的实现。他曾多次代表广大华侨，发表声明和谈话，表示对台湾同胞的深厚感情，希望台湾早日回到祖国怀抱，同时号召海外华侨为祖国统一大业贡献一切力量。直到临终，他遗嘱中还念念不忘"台湾必须归还中国"，深切地反映出他"爱国尽瘁一生"的崇高精神，也反映了爱国侨胞和全国人民的坚不可摧的意志。

三、陈嘉庚的爱国道路

综观陈嘉庚一生爱国主义思想的发展，可以看出，他是任何时候都把祖国利益放在最高地位的始终不渝的爱国者。陈嘉庚的道路，是不断探索真理的道路，是不断学习、奋斗、前进，从爱国主义走向民主主义和社会主义的道路。

陈嘉庚的爱国道路揭示：爱国不是抽象的，爱国主义作为一个历史范畴，在不同的历史条件下有着不同的具体内容。但它最根本的一条是祖国和人民的利益高于一切。辛亥革命时期，陈嘉庚把爱国同反对清朝统治、支持孙中山革命结合起来；辛亥革命后，陈嘉庚把爱国同大力兴办家乡教育事业、发展实业结合起来；抗日战争时期，陈嘉庚把爱国同坚持抗战救国、反对国民党卖国独裁结合起来；解放战争时期，陈嘉庚把爱国同反对美蒋的反共反人民战争、支持人民解放战争

---

① 庄明理：《悼念陈嘉庚先生》，陈嘉庚先生纪念册编委会编 / 中华全国归国华侨联合会：《陈嘉庚先生纪念册》，1961 年，第 30 页。

结合起来。新中国成立后，人民成了国家主人，新的社会主义制度为祖国的兴旺发达和繁荣昌盛提供了最根本的保证，这一时期陈嘉庚的爱国主义立场，就在于拥护党的领导，坚持社会主义方向，促进祖国建设事业的发展，争取实现包括台湾在内的祖国统一。

陈嘉庚的爱国主义思想的发展过程，还告诉我们：在半封建半殖民地的中国，只有共产主义才能救中国，别的救国道路是走不通的。始终不渝的爱国者，不论经过怎样漫长曲折的道路，终究会认识到这个真理。而当他们一旦认识到这个真理，就会沿着正确的道路坚定不移地走下去，那就是，拥护中国共产党的领导，为建设强大的社会主义祖国奋斗不息。

（原载于《南洋问题》1984 年第 1 期）

嘉庚精神

陈嘉庚与南洋华侨抗日救亡运动

近代以来，华侨爱国运动史上曾出现两次伟大的高潮。辛亥革命，华侨追随孙中山，为推翻帝制、建立共和立下了不朽功勋，被誉为"革命之母"，是谓第一次高潮。抗日战争，华侨空前大动员，输财输将，献力献物，为抗战的最后胜利做出了巨大贡献，被称为"抗日长城"，是谓第二次高潮。

抗日战争是近代以来最伟大的民族解放战争，充分显示了处在进步时代的中国民族觉醒和民族团结的巨大力量。华侨是中华民族的优秀儿女，他们在这场神圣的战争中所贡献的财力、物力、人力，他们在海外进行的救亡运动的持久性、广泛性和热烈程度，他们自身在运动中所表现的团结一致，都远远超过了历次革命运动，达到近现代华侨爱国活动的最高峰。人们不禁要问，华侨居住地与祖国重洋阻隔；华侨在海外寄人篱下，受到当地统治的严重束缚；华侨绝大多数人属于劳动阶级、工薪阶层，经济能力有限；华侨社会历来帮派林立、歧见渊深；而抗战时期华侨面临的国内外环境错综复杂，国际风云变幻莫测。就是在这样的形势下，华侨竟能在海外成功地实现对中国抗战的巨大支援，其原因何在？笔者以为，当人们从华侨的爱国主义精神、强烈的民族意识去探讨时，从华侨社会自身所具备的内因去考察时，尤其应该认真研究领导和推动了华侨抗日救亡运动的杰出代表陈嘉庚先生，充分肯定他在抗日战争中的地位与作用的同时，找到根本原因。

一

海外华侨的抗日救亡运动，一开始就是在华侨救亡团体的具体领导和组织下发动的。陈嘉庚为南洋华侨救亡团体的建立和发展发挥了关键性作用，始终是南洋华侨救亡团体最孚众望的领袖。

1937 年七七事变后，陈嘉庚力主抗日救国，在报纸上发表谈话，提出以筹款支持抗战。[1] 八一三上海抗战爆发，华侨群情激愤达到极点。8 月 15 日，新加坡召开侨民大会，共有 118 个华侨团体的千余人出席，会上成立"马来亚新加坡华侨筹赈祖国伤兵难民大会委员会"，简称"新加坡赈会"，陈嘉庚被推举担任主席，执行委员会 31 名委员则分别由福建、潮州、广府、客家、琼州、三江各帮侨领担任。陈嘉庚宣布，建立筹赈会目的专在筹款，以赈济中国伤兵难民，"而筹款要在多量及持久"，[2] 并亲自带头认常月捐币（每月）国币 2000 元，直至抗战胜利为止。在陈嘉庚的倡导下，各帮华侨筹赈工作顺利开展，筹赈会分会组织也如雨后春笋般在新加坡岛各处建立，到 1939 年 1 月，全岛已有 20 多个分部，下设 200 多个支部，[3] 使筹赈活动得以层层深入。八一三事变后，马来亚各州、各埠华侨也纷纷设立筹赈会进行募款。为了统一和协调新、马地区的筹赈工作，经陈嘉庚提议，于 1937 年 10 月 10 日召开各区筹赈会代表"谈话研究会"，设立"联合通讯处"于新加坡，并公推陈嘉庚为主任，这是南洋华侨筹赈工作的初步协作。由于新、马各区互通信息；互相激励，筹赈捐款迅速取得了巨大成效。

随着抗日战争的进展，国内所需经费剧增。南洋华侨深感只有组织一个筹款总机关，统一领导、联合行动，才能更好地支援祖国抗战。1938 年 5 月厦门沦陷后，菲律宾侨领李清泉、印尼侨领庄西言先后致函陈嘉庚，倡议此举。国民党政府行政院长孔祥熙也致敬陈嘉庚，请他负责组织总机关。陈嘉庚先生支持这一建议，作为东道主负责筹备大会。1938 年 10 月 10 日，"南洋各属华侨筹赈祖国难民代表大会"在新加坡召开，来自南洋各地和香港的华侨代表有 168 人，代表 45 个城市的华侨救亡组织。与会代表一致赞同成立"南洋华侨筹赈祖国难民总会"（简称"南侨总会"），作为南洋华侨抗日救亡的最高领导机关。大会选举陈嘉庚担任主席，庄西言、李清泉为副主席，总会办事处设在新加坡。大会发表了《宣言》，呼吁侨胞发扬"革命之母"优良传统，踊跃慷慨，贡献于国家，做出每月为祖国捐献 400 万元国币、直至抗战胜利的重要决议。[4]

"南侨总会"的诞生，标志着南洋华侨的爱国大团结发展到一个新的阶段。参

———————————

① 《南洋学报》第 40 卷，第一、二期，新加坡南洋学会出版，1985 年。
② 陈嘉庚：《南侨回忆录》（上下册），新加坡南洋印刷社，1946 年 3 月 25 日再版，第 43 页。
③ 杨进发著，李发沉译：《陈嘉庚——一个华侨传奇人物》，八方文化企业公司，新加坡，1990 年，第 237 页。
④ 陈嘉庚：《南侨回忆录》，（上下册），新加坡南洋印刷社，1946 年 3 月 25 日再版，第 57 页。

加筹赈会的有华侨各帮、各行业、各团体，选为南侨总会领导成员的有各地区各帮的侨领、社会名流、记者、教师和基层群众。陈嘉庚称之为"南洋华侨大团结之空前盛举，已成为历史上不磨之记载"。[1] 到 1940 年，南侨总会领导下的南洋各地筹赈会达 80 多所，其下属的分会或支会达千余所。[2] 有如此广泛的华侨抗日统一战线组织，又有受到华侨衷心拥戴的华侨领袖担任领导，华侨抗日救亡迅速在全南洋形成波澜壮阔的群众运动，取得了辉煌的成绩。

二

千方百计动员华侨的财力、人力、物力援助抗战，是陈嘉庚领导筹赈运动的首要任务。在南侨总会的领导下，各处筹赈会每日出动数千人义务募捐，筹赈出现了"风起云涌、山呼海啸，热烈情形得未曾有"[3] 的形势。筹款的形式多种多样，有特别捐、常月捐、货物助赈捐、纪念日劝捐、卖花实物捐、游艺演剧球赛捐、舟车小贩助赈捐、迎神拜香捐，以及各种义卖义演活动等等。无论哪种，都得到华侨的热烈响应，"富商巨贾，既不吝金钱，小贩劳工，亦倾尽血汗"。[4] 南侨总会成立后，华侨捐款数额明显增加。1938 年总会成立时原认定每月筹认国币 400 万元，但到 1939 年年底，南洋侨胞全年汇款额达到 7000 万元国币，每月平均 600 多万元，较原定额多出五成。[5] 据较为可靠的估计，南侨总会从建立到太平洋战争爆发，4 年中筹交给国民政府的捐款（包括公债）总数达到国币 4 亿元。[6]

华侨支援祖国抗战的另一重要财源是侨汇，南侨总会多次呼吁侨胞"多寄家汇"，以增加中国抗战实力。抗战时期，侨汇的数量不但没有减少反而大为增加，这对于购买抗战军需物资、平衡外汇收支，起了重大作用。据统计，1937 年和1938 年的侨汇数额，大大超过中国对外贸易赤字，1939—1941 年间，尽管南方主要侨区已沦入敌手，外贸赤字又大幅度上升，侨汇仍然分别占外贸赤字的 44.5%、

① 陈嘉庚：《南侨回忆录》（上下册），新加坡南洋印刷社，1946 年 3 月 25 日再版，第 50 页。

② 张楚琨：《陈嘉庚光辉的一生》，载于全国政协文史资料研究委员会、全国侨联、福建省政协合编：《回忆陈嘉庚》，文史资料出版社，1984 年，第 10 页。

③ 陈嘉庚：《南侨回忆录》（上下册），新加坡南洋印刷社，1946 年 3 月 25 日再版，第 79 页。

④ 陈嘉庚：《南侨回忆录》（上下册），新加坡南洋印刷社，1946 年 3 月 25 日再版，第 79 页。

⑤ 许云樵原编，蔡史君编修：《新马华人抗日史料》，新加坡文史出版私人有限公司，1984 年版，第6、8 页。

⑥ 《大战与南侨》，新加坡南侨总会 1947 年出版，第 47 页。

38.1% 和 21.4%。据有的学者研究，1937 年至 1941 年 5 年间，全世界侨汇家用总额至少达到国币 52.5 亿元，其中南洋华侨的侨汇家用总额至少有国币 40 亿元左右。[1] 陈嘉庚在总结华侨汇款"寄家费"时也指出，1937 年抗战开始至 1941 年，侨汇总额达到 42 亿国币，[2] 认为此数"比义捐数目更多十倍，此条为我国最大之资源，对政费战费更有重大关系"。[3] 陈嘉庚的分析是完全有道理的，据有关资料，从 1937 年至 1941 年底，国民政府的总收入约达国币 26 亿元，国民政府的全部军费开支（包括国防建设费用）约 123 亿元，[4] 足见巨额侨汇在抗战中的重要地位和作用。

南侨总会组织的 3200 名华侨机工返国服务，是抗日战争中华侨回国报效祖国人数最多、功劳最大的一次行为。抗战开始后，沿海口岸遭敌封锁，新开辟的滇缅公路成为运输抗战物资的国际大动脉，但是非常缺乏有熟练技术的汽车司机和修理工人，运输遇到困难。于是，南侨总会受国内委托代为招聘。许多华侨急祖国之所需，积极报名应征，出现了动人的父送子、妻送夫的场面，"数月之间，热诚回国者三千二百余人"。[5] 几乎每个机工回国参战的经过，都有一段感人的故事。有的机工"在洋十余年，每月收入坡币 200 余元，自甘牺牲，并招同伴十余人，带其全副机器前往"。而当时"机工等待遇，照国币核算薪水，不及南洋半数，然而热诚回国，均甘愿牺牲"。[6] 华侨机工回国后，长年奔驰在崇山峻岭、深山峡谷，成为滇缅路上运输的劲旅，为托运祖国急需抗战物资做出了很大成绩。然而，由于当时国民党政府官办运输处的混乱和腐败，机工们的生活和工作处境都很惨苦。陈嘉庚闻悉后，寝食不安，亲自派员实地调查，并与国民党政府的有关部门进行交涉，争取改善机工待遇。1940 年 12 月，率领南洋华侨慰劳团回国访问的陈嘉庚，又专程沿滇缅公路视察慰问，更亲眼看到机工们的恶劣处境。在某城镇，陈嘉庚闻讯一华侨机工被非法拘禁暗房已三天，非常气愤，亲自入室内探问，见这位机工在寒冷的天气只穿一件单衣，没有被席，睡在地上。平常不轻易动感情的陈嘉庚不禁泪下，立即拿出 50 元给他买衣服。[7] 视察中，陈嘉庚一面勉励机工努力为国服务，一面提出了诸如改建公路，为机工修建生活设施等多项建议、措施，遗憾的是得不到国民党政府的认真答复。抗战胜利后，陈嘉庚十分关心南侨机工的

① 《南洋学报》第 40 卷，第一、二期，新加坡南洋学会出版，1985 年。
② 陈嘉庚：《南侨回忆录》（上下册），新加坡南洋印刷社，1946 年 3 月 25 日再版，第 345 页。
③ 陈嘉庚：《南侨回忆录》（上下册），新加坡南洋印刷社，1946 年 3 月 25 日再版，第 345 页。
④ 转引自任贵祥：《华侨第二次爱国高潮》，中共党史资料出版社，北京，第 8 页，1989 年。
⑤ 陈嘉庚：《南侨回忆录》（上下册），新加坡南洋印刷社，1946 年 3 月 25 日再版，第 85 页。
⑥ 陈嘉庚：《南侨回忆录》，新加坡南洋印刷社，1946 年 3 月 25 日再版，第 119~120 页。
⑦ 庄明理：《陈嘉庚与华侨机工》，《回忆陈嘉庚》，文史资料出版社，1984 年，第 119 页。

复员事情，以南侨总会的名义多次与国民党政府交涉。经过近一年的力争，3000余名机工和家属终于在 1946 年底陆续复员，分别回到原侨居地，结束了这史无前例的 3000 侨工同时回国服务的壮举。对于留在国内服务的机工数百人，新中国建立后，陈嘉庚曾两次亲往探视慰问。这种负责到底的精神，令侨胞深受感动和教育。

除了财力、人力支援以外，南侨总会还在海外发动了为抗战捐献医药用品、募集寒衣等运动，从物力上帮助解决抗战时期的燃眉之急。陈嘉庚曾专电荷属东印度 40 余处华侨慈善会，一次购得金鸡纳霜丸 5000 万粒，捐送国民政府，还在香港采购了大批救伤用绷带供应国内。陈嘉庚还曾计划在新加坡设立制药总厂，生产药品长期供应抗战需要，后因欧洲战事爆发，新加坡当局禁止药品出口而未能实现。到 1940 年，陈嘉庚又与设在四川的中国提炼药品公司合作，扩充资本，增加药品产出，以供抗战之需。南侨总会还积极支持开展募集寒衣运动、"伤兵之友"运动，仅 1940 年冬季，南洋各属即认捐了国币 400 万元的寒衣。[①]

为了更好地推动南洋筹赈工作，1939 年冬，陈嘉庚发起组织"回国慰劳视察团"，简称"慰劳团"，明确指出"慰劳团之目的，系欲鼓励祖国同胞参加抗战民气，及回洋报告侨众增益义捐，及多寄家费以加外汇"。[②]慰劳团于 1940 年 3 月回到国内，从 5 月开始分成 3 个分团出发访问。4 个月中，足迹遍布国内 18 个省份，所到之处，报告海外侨胞抗日救亡活动和爱国事迹，亲切慰问抗战军民，受到热烈欢迎。慰劳团完成任务回到南洋后，又向侨胞报告、宣传国内抗战情形，增强了侨胞支援祖国抗战的信心。陈嘉庚不顾 67 岁高龄，风尘仆仆，回国参加慰劳活动，并以南侨总会主席的身份，自始至终，亲自领导了这次意义重大的活动。

三

抗日战争是以国共两党合作为基础的全民族抗战，抗日民族统一战线是夺取抗战胜利的根本保证。陈嘉庚对那些破坏抗战、危害团结的人和事深恶痛绝，坚决斗争，为维护抗日民族统一战线做出了可贵贡献。

在广州、武汉相继陷落的紧急情势下，国民党副总裁汪精卫公然主张抗日和

---

① 许云樵原编，蔡史君编修：《新马华人抗日史料》，新加坡文史出版私人有限公司，1984 年版，第 6、8 页。

② 陈嘉庚：《南侨回忆录》（上下册），新加坡南洋印刷社，1946 年 3 月 25 日再版，第 94 页。

谈，一时妥协气氛弥漫重庆，抗日统一战线出现了最大危险。陈嘉庚对此十分愤慨，连续三次致电汪精卫质问，怒斥汪为秦桧、张昭。眼见汪精卫不可救药时，1938 年 10 月 28 日，陈嘉庚即以国民参政员身份，向第二届国民参政会提出"敌未出国土前言和即汉奸"的提案，获得一致通过，给妥协投降派的蠢蠢欲动以当头棒喝，震动了山城重庆，邹韬奋先生称这十一个字的提案"是古今中外最伟大的一个提案"。[①] 汪精卫一伙公开投敌叛变后，陈嘉庚代表南洋华侨致电蒋介石，强烈要求"宣布其罪，通缉归案，以正国法，而定人心"。当看到只开除汪精卫国民党党籍，未宣布将其绳之以国法时，他又致电要求追究到底："今日前方将士浴血挥戈，后方民众卧薪尝胆……而独容汪贼与其党羽逍遥法外，实南洋八百万侨众所莫解！"[②] 接着南侨总会发出第 21 号通告，公布汪精卫叛国降敌罪行，揭露其拉拢华侨阴谋，响亮地提出"辨奸讨逆，亦为天职，输财救国，勿止中途"。[③] 表现了陈嘉庚先生除恶务尽的彻底斗争精神和坚定的爱国主义立场。

对于抗日民族统一战线内部国共两党的政治争端和军事摩擦，陈嘉庚不抱任何偏见，尊重事实，维护正义，反对分裂倒退，拥护团结进步。1940 年 3 月陈嘉庚率领慰劳团回国时，正是国民党顽固派掀起第一次反共高潮后不久，国民党要人对他游说包围，一再诬陷诽谤中共及其领导的抗日军队。陈嘉庚不理会这些，严肃地陈述广大侨胞的立场："兹若不幸国共两派意见日深，发生内战，海外华侨必定痛心失望，对义捐及家汇，不但不能增加，势必反形降减。"[④] 尤其难能可贵的是，为了向华侨报告真实情况，陈嘉庚先生冲破阻挠，于 5 月 31 日亲率慰劳团到延安访问。他会见了毛泽东主席、朱德总司令等中共领导人，实地考察了边区的各项事业。他亲眼看到陕甘宁边区欣欣向荣的光明景象，与国统区的黑暗腐败形成了强烈对照。共产党坚持抗战的决心，解放区励精图治的事实，使他对中国前途产生了新的信心。他回到重庆后，及至访问结束返回南洋后，都不顾国民党的压力和恐吓，据实报告观感，高度赞扬边区军民对抗战的贡献，用事实驳斥对八路军、新四军的诽谤，指出"至若欲消灭共产党，此系两党破裂内战，南洋千万华侨必不同情……"。[⑤] 陈嘉庚先生的强烈正义感，他"凭良心与人格讲话""绝不指鹿为马"的高尚品格，赢得了抗日军民的钦敬和赞扬。著名记者范长

①　陈嘉庚：《南侨回忆录》（上下册），新加坡南洋印刷社，1946 年 3 月 25 日再版，第 94 页。
②　全国政协文史资料研究委员会、全国侨联、福建省政协合编：《回忆陈嘉庚》，文史资料出版社，北京，1984 年，第 11 页。
③　陈嘉庚：《南侨回忆录》（上下册），新加坡南洋印刷社，1946 年 3 月 25 日再版，第 77 页。
④　陈嘉庚：《南侨回忆录》（上下册），新加坡南洋印刷社，1946 年 3 月 25 日再版，第 121 页。
⑤　陈嘉庚：《南侨回忆录》（上下册），新加坡南洋印刷社，1946 年 3 月 25 日再版，第 191 页。

江就此发表评论说："自抗战以来三年余，第一大胆敢说公道话者，就是陈某一人而已。"①

1941 年 1 月，国民党顽固派又制造了"皖南事变"。国民党军队大动干戈企图消灭新四军的血腥暴行，震惊了海外华侨社会，激起侨胞的强烈谴责。陈嘉庚以南侨总会主席和国民参政会参政员名义致电国民党中央、军政长官和全国同胞，痛斥皖南事变是"自为鹬蚌，势必利落渔人"，恳切呼吁："弭止内争，加强团结。"②陈嘉庚主持的重要舆论阵地《南洋商报》发表社论，指出"现值大敌当前，失地未复，我们所要求的是抗战建国，民主团结；我们所反对的是妥协投降，内战分裂"。③南洋华侨反对分裂倒退、呼吁团结对敌的活动一直持续了好几个月，《南洋商报》在 6 月份发起的反分裂、反妥协、反独裁的"七七签名运动"，三周内有 20 余万人参加签名，再次显示了海外华侨维护团结、坚持抗战的决心和力量。

四

1941 年 12 月，太平洋战争爆发，日军大举进攻东南亚。在战火逼近新加坡之时，陈嘉庚应新加坡英总督的请求和侨民大会的推选，担任"新加坡华侨动员总会"主席，领导华侨保卫第二故乡。在新加坡沦陷前的短短数周内，华侨在宣传发动、巡逻守卫、提供劳力等方面做了大量工作。新加坡保卫战中，华侨千余人组成的星华义勇军浴血奋战八天，重创日军，写下了新加坡反侵略战史上最为悲壮的一页。

东南亚沦陷期间，陈嘉庚辗转避难于印尼各地。日军到处搜捕、打探，爱国侨胞不惜身家性命全力掩护，终能化险为夷、幸免于难。陈嘉庚临危不惧，在避居期间写成了传世之作《南侨回忆录》，详细记载了海外侨胞对祖国抗战的重大贡献。他还经常安慰保护他的友人，将生死置之度外，他写的《述志诗》说："何时不幸被俘虏，抵死无颜诣事敌"，④并怀藏一小包氰化钾，随时准备以身殉国，表现了宁为玉碎、不为瓦全的崇高民族气节。

日本投降后，1945 年 10 月 6 日，陈嘉庚先生从爪哇安全回到新加坡，海内

① 陈嘉庚：《南侨回忆录》(上下册)，新加坡南洋印刷社，1946 年 3 月 25 日再版，第 203 页。
② 《新中华报》1941 年 3 月 6 日。
③ 《南洋商报》1941 年 1 月 20 日。
④ 陈嘉庚：《南侨回忆录》(上下册)，新加坡南洋印刷社，1946 年 3 月 25 日再版，第 357 页。

外同胞额手称庆。10月21日，新加坡500个社团联合举行欢迎陈嘉庚大会；11月18日，重庆十家团体发起召开"陈嘉庚安全庆祝大会"，毛泽东主席赠送单条一幅，题"华侨旗帜、民族光辉"八个大字，成为对这位伟大的爱国华侨领袖的历史性评价，传颂海内外。

五

综上所述，南洋华侨的抗日运动为祖国抗战和世界反法西斯战争都做出了重要贡献，陈嘉庚的卓越领导和推动尤其功不可没。陈嘉庚能成功地领导这场轰轰烈烈的抗日运动，根本原因当然是这场运动的正义性、反侵略性，在国破家亡的危急关头，在民族矛盾急剧上升之时，海外侨胞的爱国主义精神得以空前发扬，爱国爱乡的感情也最为浓烈，陈嘉庚代表中华民族而奋起抗争，广大侨胞衷心拥护他、支持他，集合在他的旗帜下。但是，为什么只有陈嘉庚成为南洋华侨史上唯一能够团结全体侨胞的领袖人物呢？这是由陈嘉庚多年来建立的崇高威望和他自身所具有的优秀品格、卓越才能所决定的。

第一，陈嘉庚本来就是享誉隆盛、德才兼备的社会名人、华侨社团领袖。他既有多年来在海内外建立起的大实业家、大兴教育家、大社会活动家、大慈善家的公众声望，又具有在新加坡福建会馆、怡和轩俱乐部、树胶公会等重要社团中的实际力量。加之他个人与新加坡英国当局官员的良好信任关系，还有家族势力的从旁协助，使陈嘉庚成为当时历史条件下影响力最大、最孚众望的华侨领袖人物。

第二，陈嘉庚向来充满着以身作则、公而忘私的奉献精神。正如南洋华侨称颂他的那样，"德望足为群伦钦式"。[①]且不说他在个人经济早已宣告破产的情况下带头为抗日捐款、认购救国公债，单以他全心全意地忘我工作，也足以令人钦佩不已。为了祖国抗战，"他以全部的精力和时间，致力于筹赈工作，事无大小，无不躬亲料理，每天在怡和轩俱乐部办公，且寝馈其中，小女儿生病，也不回家，小女儿死了，才回家一趟，吃了一顿番薯粥，便又匆匆赶回怡和轩内的办公室，坚守筹赈的岗位"。[②]其伟大牺牲精神，是常人难于企及的。

第三，陈嘉庚一贯爱憎分明、严辨忠奸，有强烈的正义感。他是彻底的爱国

---

① 陈嘉庚：《南侨回忆录》，（上下册），新加坡南洋印刷社，1946年3月25日再版，第320页。
② 《南洋学报》第40卷第一、二期，新加坡南洋学会出版，1985年。

主义者，所作所为，都依国家和民族利益为权衡，依人民大众的愿望为考量，绝不含半点私心。无私即无畏，他对汪精卫投降派的坚决斗争，他对国民党要员败行劣迹的无情抨击，充分显示了他敢言敢为"为民请命"的优秀品格。

第四，陈嘉庚是久经考验的华侨领袖，有丰富的领导经验和高超的斗争艺术。他在历次领导华侨爱国运动中，摸索和积累了动员华侨社会的行之有效的组织方式和办法。新加坡筹赈会和南侨总会，就是继承了1928年"山东惨祸筹赈会"的精神和方式。山东惨祸筹赈会的活动也训练了一批组织人才、经济人才和拥护陈嘉庚的战友与智囊，有他们作骨干，南侨总会就能够迅速地发挥出强大的组织号召作用，把分布南洋广大地区的华侨团结在同一旗帜之下。另外，特别值得指出的是陈嘉庚的斗争艺术。陈嘉庚是一位无党派领袖，他善于利用这一条件，在引导爱国运动中尽量避免政治色彩，用开展"慈善运动"的方式，将当地殖民政府的干涉钳制减少到最低程度。同时，他也注意支持英国的多项战争努力，号召华人捐款救济空袭中蒙难的英国人，争取英国当局同情华侨的抗日救亡工作。应该说，取得了当地政府的容忍，也是陈嘉庚能成功地领导华侨抗日救亡运动的原因之一。

（原载于《厦门大学学报》1993年第4期）

陈嘉庚的人生观和价值观

陈嘉庚光辉的一生，是竭尽全力为祖国和人民的前途奋斗的一生，是热诚服务社会、奉献社会、改造社会的一生。国内学者评价他是"集政治、经济、社会、文化等方面的活动于一身的领袖人物，他一生立言、立德、立功之处，多之又多。他的丰功伟绩表现在各个方面，国内、国外兼而有之"。[①] 国外学者评价说"陈嘉庚已光芒焕发地成为一个民族的（中国的），乃至整个东南亚及亚洲的风云人物"。[②] 他的一生之所以能做出如此伟大的贡献，之所以能在中国近现代的历史、东南亚的历史留下如此深刻的影响。其原因何在呢？过去已有不少论者从陈嘉庚的爱国主义思想、教育思想去探讨，还有的论著从陈嘉庚个人独特品格甚至他所具有的"同安精神"去找答案。毫无疑问，这些研究都从不同侧面深化了陈嘉庚思想的研究，尤其是对陈嘉庚爱国主义思想的研究，更是把握了陈嘉庚思想的内核。但是，仅此还不足以完全说明陈嘉庚一生的全部活动和他立言、立德、立功多之又多的根本原因。笔者认为，人们的思想行为总是一定价值观的反映，人生价值观则为人生行为标准规定了总的选择方向，陈嘉庚也不例外。因此，在深入研究陈嘉庚的时候，很有必要探讨他的人生价值观问题。

一

从陈嘉庚一生的言行来看，他的人生价值观主要可以从下列四个方面来考察。

---

① 王增炳、骆怀东：《教育事业家陈嘉庚》，教育科学出版社，北京，1989年，第120页。

② 杨进发著，李发沉译：《陈嘉庚——一个华侨传奇人物》，八方文化企业公司，新加坡，1990年，第12页。

（一）社会价值观

陈嘉庚对于个人与社会之间价值关系的理解，是强调人生的社会价值，即人对于社会的贡献。他的社会价值观可以用三句话来概括：服务社会、奉献社会、改造社会。陈嘉庚回忆生平时说过："生平志趣，自廿岁时，对乡党祠堂私塾及社会义务诸事，颇具热心，出乎天性之自然，绝非被动勉强者⋯⋯"[1] 他还多次说过："愿为公众服务，却为一生不移之宗旨。又念社会事业，当随时随力，积渐做去。"[2]

陈嘉庚的为社会服务的人生追求，又集中体现在他兴办教育、为国为民作奉献，他自己认为"欲为公众服务，亦以办学为宜"。兴办实业，也是为了使办学财源有保证。而当教育与实业的计划受到外来威胁的时候，陈嘉庚便毅然扬起"政治挂帅"的大旗，为国家、民族的存亡而献身。[3] 但兴学办教育是陈嘉庚一生服务社会、奉献社会、改造社会的最辉煌业绩。从 1913 年起，陈嘉庚独资在集美创办了规模宏大的集美学村（学校群）、厦门大学，而且在侨居地新加坡创办、赞助了许多学校，从而建立起一个从基础教育到师范教育、职业教育、高等教育和华文教育的体系。据统计，由陈嘉庚先生创办、赞助和代办的各类学校，在海内外达118 所，为中国和东南亚社会造就了成千上万的人才。他办教育的实践，确实是做到了他所说的"立志一生所获财利，概办教育，为社会服务，虽屡经困难，未尝一日忘怀"。[4]

人生的价值重在社会贡献，这是由社会发展的内在要求和人类整体的最大价值效益取向所决定的。陈嘉庚非常明确地摆正了个人人生价值与社会价值的关系，任何时候都奉行社会价值至上。因此，他能时刻把自己作为社会的一分子，竭尽全力为社会需要拼搏和奋斗，为国家和民族的利益而献身。陈嘉庚生平服膺"天下兴亡，匹夫有责"的信念，多次说过"尽国民一分子天职"的话。这种"匹夫""天职"观念，反映在他的教育思想体系中，就是他一生都在提倡并身体力行的"全民办教育"思想。他认为，教育既然是造福人类、造福社会、造福子孙的事，社会的每个成员都有义务为教育事业尽力，全社会都应该关心教育事业，做到有钱出钱、有力出力。陈嘉庚明确指出："教育慈善诸事业，本为吾人应尽之天职，如有力者出资，无力者则从事宣传，量力行之。"[5] 有些人不愿尽力，认为教育事业只是政府的

---

① 陈嘉庚：《南侨回忆录》（新版），陈嘉庚基金会、陈嘉庚国际学会出版，1993 年 7 月初版，第 1 页。
② 杨进发：《战前的陈嘉庚言论史料与分析》，新加坡南洋学会，1980 年，第 39 页。
③ 杨进发：《战前的陈嘉庚言论史料与分析》，新加坡南洋学会，1980 年，第 15 页。
④ 转引自王增炳、余纲：《陈嘉庚兴学记》，福建人民出版社，1981 年，第 18 页。
⑤ 陈嘉庚：《福建会馆新委员就职典礼上的演词》，新加坡《南洋商报》，1929 年 3 月 18 日。

事情，他对此多次开导，并列举世界先进国家社会办教育的事实进行动员。1935 年，厦门大学林文庆校长到南洋募经费未达目的，在欢送林文庆回国的宴会上，陈嘉庚就此事发表演讲说："窃吾人每开口便推责政府，不肯全担之不是，其大意似乎教育事业，不关国民义务。吾人正因为有此错误观念，所以未能慷慨多输，有之亦勉强作情面而已。"他认为："……至国民应负私立学校经费之义务，乃国民天职，世界除苏俄共产化外，其他列强，凡教育或慈善经费，大半出之国民私财。事实甚显然也。"[①] 陈嘉庚在其办学过程中，多次阐述全民办教育的观点，并为动员社会力量办学而奔走。他尤其注意西方先进国家如何办教育，号召国人效仿，他说："诸文明国教育，除却政府注意维持外，而个人社会捐资倡设者，其数尤钜，且多有倾家捐助办学者，故其教育界能收美满之效果，非全倚靠政府也。"[②] 又说："尝观欧美各国教育之所以发达，国家之所以富强，非由于政府，乃由于全体人民。中国欲发达，欲教育发达，何独不然。"[③] 陈嘉庚的社会价值观，在他的全民办教育主张中得到了最充分的体现，而陈嘉庚一生"毁家兴学"的伟大业绩，正说明他是身先作则、尽国民天职的榜样。

陈嘉庚奉献社会的人生价值观是很彻底的，他只求多做奉献，唯恐这种奉献不能贯彻到底。他虽然牺牲了自己的经济事业，独立支撑厦大办学 16 年，而当厦门大学 1937 年改为国立时，他丝毫也没想邀功回报，却仍然站在国民一分子的立场，为未完满尽到"天职"而遗憾，他说："每念竭力兴学，期尽国民天职，不图经济竭蹶，为善不终，贻累政府，抱歉无似。"[④] 可见，其精神境界之高尚、纯洁。

当然，陈嘉庚服务社会、奉献社会、改造社会的价值追求还表现在许多方面，功绩不胜枚举，例如，他抱定改造社会、富强祖国的强烈愿望，支持社会各个历史时期的革命运动、爱国运动；他高举爱国主义大旗领导和推动了海外华人的爱国政治运动、抗日救亡运动；他对社会慈善事业尽心尽力，他为改革社会的陈规陋习献计献策。总之，作为人生价值组成部分的社会价值观，陈嘉庚通过一生的伟大实践活动，得到了完美的体现。

（二）义利观

义利观一般泛指对于伦理道德和物质利益的关系的看法，是作为个人道德理想、道德修养和对于物质利益的态度的关系，也是人们处理经济关系的准则。作

---

① 杨进发：《战前的陈嘉庚言论史料与分析》，新加坡南洋学会，1980 年，第 50 页。
② 杨进发：《战前的陈嘉庚言论史料与分析》，新加坡南洋学会，1980 年，第 27 页。
③ 杨进发：《战前的陈嘉庚言论史料与分析》，新加坡南洋学会，1980 年，第 30 页。
④ 陈嘉庚：《南侨回忆录》（新版），陈嘉庚基金会、陈嘉庚国际学会出版，1993 年 7 月初版，第 29 页。

为一名自强不息的著名工商企业家，一位在外国垄断资本包围压迫下的华人实业家，一位以"天下为己任"的爱国华侨领袖，陈嘉庚有着明确的"见利思义""义而后取"以及重"道义"、重"公利"的义利观。

第一，陈嘉庚主张商业、实业应该有竞争，"盖吾人作事，当存有竞争之心，乃有进步之效"。[①]但是需要用正当手段去竞争，然后谋利。只有追求正当的"利"才是符合"义"的行为。

1929年，陈嘉庚在他拟订的《陈嘉庚公司分行章程》中，明确规定，"与同业竞争，要用优美之精神与诚恳之态度"。[②]为了取得商战竞争中的胜利，他总结了许多正当竞争的"生意经"在本公司推行，例如，"待人勿欺诈，欺诈必败；对客勿怠慢，怠慢必招尤"，"以术愚人，利在一时；及被揭破，害归自己"，"货真价实，免费口舌；货假价贱，招人不悦"。他要求公司人员文明经商，对服务质量与盈利的关系作了精彩概括："谦恭和气，客必争趋"，"待入门顾客，要如自己亲戚"以及"肯努力，多推销，未见利，利不少""货物不合，听人换取，我无损失，人必欢喜"，等等。[③]陈嘉庚从接过其父手中濒临倒闭的粮店开始，到以制造、销售菠萝（黄梨）罐头起步，以经营橡胶业而发迹，一直到20世纪20年代中期发展到事业顶峰，前后创设商店百余处，各项工厂30余所，垦植橡胶及黄梨园万余英亩，雇佣职员工人常达万人，成为财力雄厚的企业家，被称为马来亚的"亨利·福特""橡胶大王"等。这些业绩的获得，经营的成功，除了机遇等因素之外，主要是陈嘉庚有按市场经济规律办事的雄才大略，他重视质量、信誉，重视人才的培养、教育，重视经营管理和企业文化，主张用诚实的劳动去获取正当的利益。他办实业的实践，体现了"见利思义""义然后取"等中华文明中传统的义利观。

从陈嘉庚平时对其家属和部属提出的行为准则，也可以明显地反映出他的义利观。他在"家训"中明确提出"不取不义之财""不可见利忘义"，[④]他要求下属公司职员应严守下列禁例："不准以分行名义，代人作保，暨欠债项""不准兼营他业""不准侵欠公款""不准放货项于兄弟、亲戚""不准在行内外赌博及违禁之事"等等，[⑤]用严格的纪律和道德规范去防止获取不义之财。

① 王增炳、陈毅明、林鹤龄编：《陈嘉庚教育文集》，福建教育出版社，1989年，第167页。
② 王增炳、陈毅明、林鹤龄编：《陈嘉庚教育文集》，福建教育出版社，1989年，第156页。
③ 《陈嘉庚公司分行章程》，1929年陈嘉庚公司自印，眉头警语部分，总则部分。
④ 《遗教二十则》，转引自王增炳、陈毅明、林鹤龄编《陈嘉庚教育文集》，福建教育出版社，1989年，第300页。
⑤ 《陈嘉庚公司分行章程》，1929年陈嘉庚公司自印，眉头警语部分，总则部分。

第二，陈嘉庚义利观的一个显著特点是重公利、重道义。他经营企业的目的，在他拟订的公司章程中曾明确阐述："本公司以挽回利权、推销出品，发展营业，流通经济，利益民生为目的。"陈嘉庚还多次论述兴办实业与兴办教育的关系，他深知经营实业是兴办教育事业的基础，"教育之命脉系于经济"。[1] 同时他又认为实业与教育二者是相辅相成的关系，"教育之必须经济，经济之必赖实业。实业也，教育也，固大有互相消长连带关系也明矣"。[2] 但是，在经济危机和帝国主义垄断资本压迫的夹击下，要维持办教育的巨额开支，就势必影响他多年苦心经营的经济事业时，他毅然地作出了"宁使企业收盘，绝不停办学校"的抉择。[3] 早在1929 年，陈嘉庚企业受世界经济危机影响已处境维艰，有朋友劝他暂时停办或缩小学校规模，以使企业渡过难关，但是陈嘉庚毫不犹豫地说："余不忍放弃义务，毅力支持，盖两校如关门，自己误青年之罪小，影响社会之罪大，……一经停课关门，则恢复难望。"[4] 视停办学校是对社会的有罪行为。后来，陈嘉庚企业的处境更为恶化时，外国垄断集团向他提出可以给他的企业以"照顾"，但必须以停办集美、厦大两校为条件，他不屈服于压力，予以断然拒绝。以上事实清楚地说明，陈嘉庚为了祖国和民族的"公利"，为了对社会尽"道义"，牺牲了自己的全部企业。这种义利观，充分显示了祖国和民族的"公利"，为了对社会尽"道义"，牺牲了自己的全部企业。这种义利观，充分显示了陈嘉庚的"公而忘私"精神和伟大人格，体现了他崇高的社会理想追求。对于为了坚持办学而牺牲自己的经济事业一事，陈嘉庚始终没有"丝毫悔念"，反而更加矢志不移，他说："果不幸肩负校费致商业完全失败，此系个人之荣枯，与社会绝无关系也。"[5] 而对于当时议论他的人，笑他"孟浪"也好，讥他"轻财"也好，陈嘉庚的回答是"燕雀安知鸿鹄之志哉！"[6]

（三）金钱观

在"金钱万能"的资本主义社会，衡量客观事物的价值及价值的大小总离不

---

① 陈嘉庚：《福建会馆新委员就职典礼上的演词》，新加坡《南洋商报》1929 年 3 月 18 日。

② 陈嘉庚：《实业与教育之关系》，新加坡《南洋商报》1923 年 9 月 6、7 日。

③ 中华全国归国华侨联合会编：《陈嘉庚先生纪念册》，中华全国归国华侨联合会印行，北京，1962 年，第 66 页。

④ 陈嘉庚：《南侨回忆录》（新版），陈嘉庚基金会、陈嘉庚国际学会出版，1993 年 7 月初版，第512 页。

⑤ 陈嘉庚：《南侨回忆录》（新版），陈嘉庚基金会、陈嘉庚国际学会出版，1993 年 7 月初版，第512 页。

⑥ 陈嘉庚：《新加坡福建会馆筹办闽南水灾游艺会开幕词》，新加坡《南洋商报》1935 年 9 月 9 日。

开金钱，千方百计为自己积累更多的金钱似乎是"天经地义"的事。陈嘉庚一生赚过很多钱，曾是富甲一方的千万富翁，与同时代的著名侨商黄仲涵、陆佑、胡文虎一起被人称为南洋华侨的"四大天王"。然而，在对待金钱的态度上，他的大公无私精神却远远超过同时代的人，在仗义疏财方面没有任何人可与他比拟。对于钱财，陈嘉庚生平信奉三条原则：第一，"财由我辛苦得来，亦当由我慷慨捐出"；① 第二，"金钱如肥料，散播乃有用"；② 第三，"无为之费，一文宜惜；正当之消，千金慷慨"。③ 这三条可说是陈嘉庚金钱观的高度概括，这与所谓金钱至上的"拜金主义"金钱价值观是完全对立的。陈嘉庚言出必行，他一生的伟大业绩之一，就是"慷慨捐出"几乎自己的全部财富给社会、给祖国和人民，他毫不吝惜地把金钱散播在海内外的教育、慈善事业以及革命运动、爱国运动之中。"发了财的人，而肯全拿出来的，只有陈先生一人"，这是著名教育家黄炎培先生的高度评价，事实正是这样。即以陈嘉庚对教育事业的捐献而论，20 世纪 80 年代初有学者估计，约有一亿美元左右，④ 这是那个时代里空前的壮举。然而，陈嘉庚对财富的捐献，根本的重要的意义不在于数额多少，而是他对教育事业"慷慨捐出"的彻底奉献精神和宗教般的虔诚，以及他的精神力量的影响。陈嘉庚并不是在有了庞大财富后拿出一点余钱来办学，这与国外一些资本财团也赞助教育有根本区别。他认为："夫公益义务固不待富而后行，如必待富而行，则一生终无可为之日。"⑤ 在这样的金钱观下，他的"捐资"有与众不同的特点。第一，盈利和捐资同步，边经营边捐献，诚如他自己说的那样，"须知我办学校，非积存巨金，寄存银行，一切经费，皆待经营"。⑥ 第二，捐资计划在先，筹资在后，正如他自己常说的"钱未到手，就先准备把它用掉。"⑦ 第三，倾其财富。甚至不惜变卖自己的房产来维持学校经费，出现感人至深的"出卖大厦，维持厦大"的义举。第四，举债办学。自 1926 年至 1934 年，他的实业亏损达 1000 万元，但还是设法付给集美、厦大两校经费 378 万元，这些钱是以他的厂房、地产、货物作为抵押向银行贷款

---

① 杨进发：《战前的陈嘉庚言论史料与分析》，新加坡南洋学会，1980 年，第 27 页。

② 新加坡南侨总会编：《陈嘉庚先生言论集》，星洲南侨印刷社，1949 年，第 8 页。

③ 《1922 年 6 月 11 日致叶渊函》，转引自王增炳、陈毅明、林鹤龄编：《陈嘉庚教育文集》，福建教育出版社，1989 年，第 319 页。

④ 洪丝丝：《陈嘉庚先生办教育》，载《人物》杂志，北京，1980 年第 4 期。

⑤ 陈嘉庚：《为倡办厦门大学附设高等师范学校的演讲词》，转引自王增炳、陈毅明、林鹤龄编：《陈嘉庚教育文集》，福建教育出版社，1989 年，第 175 页。

⑥ 陈嘉庚：《在集美学校开学式上的讲话》，转引自王增炳、骆怀东：《教育事业家陈嘉庚》，教育科学出版社，北京，1989 年，第 391 页。

⑦ 转引自王增炳、骆怀东：《教育事业家陈嘉庚》，教育科学出版社，北京，1989 年，第 392 页。

的。①第五，牺牲自己的企业来办学。在要学校、还是要企业的重大抉择面前，毅然放弃自身利益也不让学校停办。正如有些学者所评价的那样，陈嘉庚"轻金钱、重义务"，把全部财富献给了社会。②

陈嘉庚对社会、对人民是那样"千金慷慨"，但对自己的生活费用和子女亲属用钱，却又是那么"一文宜惜"，近乎苛求。享乐主义价值观在资本主义社会中被认为是理所当然的，陈嘉庚对此嗤之以鼻。他说："'有财不乐则愚'，斯语似有价值。然以鄙意度之，要当以国势为判断，在吾侪际此存亡之秋，忧国不遑，奚遑娱乐，故有财宜输教育为急务。"③他判断用钱财是否得当的标准是"国势"，说到底就是以国家的需要来衡量。他一生艰苦朴素，自奉菲薄，日常生活极为简朴，他提倡"个人少费一文，即为国家多储一文，积少成多，用之兴学"。④他捐资办学兴建了座座高楼大厦，却舍不得花钱去重修被战火毁坏的私宅；他为祖国、为人民捐出了巨额财富，自己却过着吃薯粥、穿补丁衣服、用陈旧家具的淡泊生活；他是著名的实业家、华侨富翁，却不沾烟酒，不喝咖啡，连看场电影也视为奢侈；他是誉满海内外的社会活动家、华侨领袖，却从不讲排场、搞应酬，甚至不许家人亲友为他祝寿。凡是参观过集美陈嘉庚故居的人，目睹那件件陈旧遗物，无不为他简朴的生活而惊奇、而感动，无不产生敬仰之情。

陈嘉庚也不主张把钱财遗留给子孙后代，这是他金钱观的一个重要特点。第一，他认为"兴国"方能"兴家"，而兴学即是兴国。世人把积攒的金钱遗留给子孙，莫非是为了"兴家"，"既要兴家则对于兴国之教育不可不加注意焉"。⑤因此，金钱应该先用在兴国之举。第二，他认为对子女应有"道德之爱"，而不是"金钱之爱"，"且贤而多财则损志，愚而多财则益其过，是乃害之，非爱之也"。⑥第三，他认为儿女应该自己去拼搏奋斗，"儿孙自有儿孙福，勿为儿孙作马牛"。⑦在这样的金钱观下，陈嘉庚在世时对子女、亲属使用钱财的要求极为严格，不允许有丁点儿的"大手大脚"行为，自然也绝无意留任何财产给子孙后代；陈嘉庚临去世

---

① 王增炳、骆怀东：《教育事业家陈嘉庚》，教育科学出版社，北京，1989年，第394页。

② 王增炳、骆怀东：《教育事业家陈嘉庚》，教育科学出版社，北京，1989年，第394页。

③ 陈嘉庚：《筹办南洋华侨中学演词》，转引自杨进发：《战前的陈嘉庚言论史料与分析》，新加坡南洋学会，1980年。

④ 陈嘉庚：《集美学校秋季始业式上的训词》，《集美学校校友会杂志》第1期，福建私立集美学校1920年编印。

⑤ 杨进发：《战前的陈嘉庚言论史料与分析》，新加坡南洋学会，1980年，第36~37页。

⑥ 陈嘉庚：《筹办南洋华侨中学演词》，转引自杨进发：《战前的陈嘉庚言论史料与分析》，新加坡南洋学会，1980年。

⑦ 陈嘉庚：《筹办南洋华侨中学演词》，转引自杨进发：《战前的陈嘉庚言论史料与分析》，新加坡南洋学会，1980年。

时，嘱咐将自己的 300 万元存款全部献给国家，其中 200 万元留作集美学校建校基金，50 万元用作筹建北京华侨博物院；50 万元捐作集美福利基金。以上事实说明，他真正实践了一生奉行的"金钱取之于社会、用之于社会"的伟大格言。

（四）价值观

作为陈嘉庚人生价值观的一个重要组成部分，他的道德价值观反映了"立身人格"和"做人第一"的价值取向。他在回忆生平时写道："……对于轻金钱，重义务，诚信果毅，嫉恶好善，爱国爱乡诸点，尤所服膺向往，而自愧未能达其万一，深愿与国人共勉之也。"[①] 实际上，陈嘉庚的高尚道德风范事事可见、时时可见，事例不胜枚举，而他毕生提倡和身体力行的"诚毅"精神，"明辨是非""嫉恶好善""不图名利"等尤为集中地体现了他的道德观。"诚毅"精神的含义博大精深，影响深远。"诚"字包含了忠诚于祖国和人民、待人处事要诚实之意；"毅"字包含了刚毅顽强、坚忍不拔之意。"诚毅"二字最初为陈嘉庚为集美学校手订的"校训"，也是对集美学校师生道德规范的要求，集美校歌写道："'诚毅'二字心中藏，大家勿忘！"七十余年来，"诚毅"精神培养了一代又一代莘莘学子，其影响远远超出了集美学村，陈嘉庚正是以身作则、贯彻发扬"诚毅"精神的榜样。他经历过三个不同的历史时代，始终以对祖国、对人民的赤诚之心，站在时代前列；他无论是领导爱国政治运动还是倾资办教育，都是百折不挠、奋斗不懈。他在政治、经济教育、文化、社会领域能建立诸多功勋，也正是"诚毅"精神贯彻整个人生的结果。即使从比较狭窄的范围来说，他待人处事的诚实和宽容也是高风可范的。20 世纪 20 年代，在橡胶市场商战激烈的形势下，陈嘉庚公司处境艰难，但就是这困难的时候，对于下属职员、亲属离开公司去独立创业经营橡胶，他不但同意，对有的人还给予一定支持。正如他所说的那样，"余素抱宁人负我宗旨"。[②]

陈嘉庚一生明辨是非、善辨是非，因此他敢做敢为、敢怒敢言。他认为，"做人最要紧的是有是非观。……分辨是非，不但对国家如此，就是个人也是一样。无是非观就不算是人。辨别是非，是做人的基本条件"。[③] 他甚至提出："身家可以牺牲，是非不可不明。"[④] 陈嘉庚不但有强烈的是非观，而且有明辨是非的客观

---

① 陈嘉庚:《南侨回忆录》(新版)，陈嘉庚基金会、陈嘉庚国际学会出版，1993 年 7 月初版，第 5 页。

② 陈嘉庚:《南侨回忆录》(新版)，陈嘉庚基金会、陈嘉庚国际学会出版，1993 年 7 月初版，第 504 页。

③《陈嘉庚对集美学校侨生讲话》，引自集美陈嘉庚研究会会刊《陈嘉庚研究》总第 10 期，厦门，1993 年，第 9 页。

④ 徐四民:《一个华侨的经历——徐四民回忆录》，香港镜报文化企业有限公司，1981 年，第 89 页。

标准，这就是：第一，"为国家民族计"，[①] 第二，"但凭事实真相"。[②] 从 1927 年到 1940 年回国慰劳考察之前，陈嘉庚是坚决的"拥蒋派"。然而，当他亲率南洋华侨回国慰劳考察团访问了重庆、延安之后，目睹国统区的黑暗腐败，解放区的欣欣向荣，他的政治信念发生了重大转折，思想认识有了新的飞跃。他尊重事实，以国家和民族的利益为试金石，敏锐地分清了大是大非，从此认定中国共产党是中华民族的救星。当他据实报告观感，颂扬解放区的光明景象时，国民党的威胁、监视随之而来。对此陈嘉庚毫不退缩，他说："余所言乃据所闻所见事实，……凭余良心与人格，决不能指鹿为马也。"[③] 新中国成立后，陈嘉庚代表海外华侨参加国家政权工作，担任过许多重要职务，是中国共产党肝胆相照的朋友。他对中国的社会主义建设事业献计献策，不遗余力，贡献了重要力量；另一方面，他也对党的工作中的缺点和失误，直言不讳地提出批评。他批评 1958 年"大跃进"中的浮夸风，他痛斥党内某些人的官僚主义，他多次反对过分吹捧苏联。总之，他不能容忍任何有损于国家利益、民族尊严的事发生，表现出他一贯实事求是、明辨是非的高尚品格。

陈嘉庚一生疾恶如仇，痛恨姑息养奸。早在辛亥革命时期，汪精卫就是陈嘉庚加入同盟会时认识的旧友，"汪之才华颇令陈嘉庚倾心"，[④] 在筹办厦门大学时，陈嘉庚曾诚邀汪出任校长，二人素有私谊，但在中华民族的危亡关头，身为国民党副总裁的汪精卫不是站在坚决抗日一边，而是主张对日和谈时，陈嘉庚以民族大义为重，首先挺身而出揭露、声讨汪精卫，并且穷追不舍。陈嘉庚以国民参政员身份，提出"敌人未退出我国以前，公务员谈和平便是汉奸国贼"的提案并获得通过，被誉为"古今中外最伟大的一个提案"。陈疾恶如仇的品格，也表现在他对那些无耻小人，决不屑与之为伍。1921 年厦门大学开办之初，校长邓萃英曾带来一块由当时大总统徐世昌题赠的匾额，以示褒奖。陈嘉庚认为徐世昌是袁世凯的结拜兄弟，缺乏士人气节，不愿悬挂他的匾额，终弃置于一旁。[⑤]

陈嘉庚一生功绩彪炳，有崇高的社会地位和威望，受到海内外人士的衷心敬仰，但他从来不愿别人颂扬他、宣传他，他也最鄙薄那些沽名钓誉、巧言令色之辈。他建了那么多雄伟壮观的学校，却不曾在任何一栋建筑物上标刻自己的名字；他捐献了那么多钱财给社会公益、慈善事业，却从不许可用他的名字命名奖学金、

① 　陈嘉庚：《南侨回忆录》（新版），陈嘉庚基金会、陈嘉庚国际学会出版，1993 年 7 月初版，第 235 页。
② 　转引自王增炳、余纲：《陈嘉庚兴学记》，福建人民出版社，1981 年，第 11 页。
③ 　陈嘉庚：《南侨回忆录》（新版），陈嘉庚基金会、陈嘉庚国际学会出版，1993 年 7 月初版，第 230 页。
④ 　杨进发：《战前的陈嘉庚言论史料与分析》，新加坡南洋学会，1980 年，第 112 页。
⑤ 　王增炳、骆怀东：《教育事业家陈嘉庚》，教育科学出版社，1989 年，第 326 页。

基金会之类；他致力于华人新闻传播事业，行销最有影响的华文报纸，却从不让报纸报道他的功德。在他一生中花去最大财力、最多心血的厦门大学，同样不让歌颂自己的事出现。抗战期间，陈嘉庚回国考察，看见已迁址长汀的厦门大学有个"嘉庚堂"，很不高兴，深怪学校当局事先没有征求他的意见。[①] 细微之处见精神，上述一切足见陈嘉庚一生的高尚道德精神，他对自己所作的贡献的看法是："不足资宣扬，实聊尽国民之天职而已。"[②]

二

价值观的本质是人生的目的、意义，即一个人应当怎样生活、采取什么样的人生态度。从根本上说，是一个人应当具有什么样的人生理想、人生追求和人生道路，对自身才是高尚的，对社会才是有积极意义的。通过对陈嘉庚的社会价值观、义利观、金钱观、价值观的分析，可以看出他的人生价值观是高尚的、积极的、进步的，它至少呈现下列三个特点：一是崇高的理想追求与人格追求的结合，二是价值观目标与人生社会实践的统一，三是人生价值标准与客观价值标准的一致。可以说，陈嘉庚的一生为祖国和人民无私奉献，为人类进步事业不懈奋斗，他的价值观是和社会发展规律相一致的，他的人生价值实践活动推动了社会历史的发展，这样的人生是最高尚的，最有价值的。

人们也许会问，陈嘉庚不是无产阶级的先进分子，更没有系统接受过马克思主义的教育，对社会发展规律、共产主义理想等都不甚了解，那么，他的积极的、进步的人生价值观又是如何形成的呢？笔者认为，任何价值观念的形成都离不开民族文化的深厚土壤，也无法超越时代的影响和塑造，更脱离不了社会实践这一基础。陈嘉庚人生价值观的形成自然也不例外，具体地说来有下列主要因素：

第一，是继承和发扬中华优秀文化传统、吸收西方文明思想的结果。

陈嘉庚在 7 岁至 17 岁年龄段上私塾，背诵三字经、千字文、四书等旧学经典，尽管他自认为是"念书歌""一知半解"，但毕竟受过较为系统的中国传统文化教育。九年的旧学教育不仅为他打下了良好的文化基础，更重要的是传统文化中的儒家思想、儒家伦理观念已深深印入他的脑海，并随着人生活动的展开逐渐

---

① 转引自王增炳、余纲：《陈嘉庚兴学记》，福建人民出版社，1981 年，第 3 页。
② 陈嘉庚：《在漳州崇正中学对集美厦大校友演讲词》，转引自王增炳、陈毅明、林鹤龄编：《陈嘉庚教育文集》，福建教育出版社，1989 年，第 244 页。

内化为其人生价值观的一部分。例如他对"天下为公"、大同理想的向往，他"服务社会"的思想观念，他服膺的"先天下之忧而忧，后天下之乐而乐"等不忘百姓疾苦的思想，他平生努力实践的"天下兴亡，匹夫有责"的爱国主义，他重公利、重道义、以道德为本的义利观，他"取之社会、用之于社会"的金钱观，他在企业中提倡的"宜以互相敬爱为心"的仁爱原则，他对忠孝、仁义、克己、和谐、勤俭以及"己所不欲、勿施于人"等传统思想的肯定，[①]无不说明他深受中国文化传统的影响，尤其是儒家伦理道德观的影响至深。事实上，陈嘉庚甚至在日寇入侵东北、祖国民族危机日益深重的关头，还在大声疾呼发扬中国国粹，保存民族文化，"更求救国保种之道"。[②]他深知民族精神渊源于民族文化，指出"世界任其如何变动，我国固有之文化精神，万不能残缺，此理甚明也"。[③]

另一方面，陈嘉庚又是长期生活在新加坡的实业家、教育家、社会活动家，对西方现代文明有较多接触，对世界的认识比较清醒、比较完整，其思想行为，包括人生价值也很自然地受到西方文明的一些影响。例如他的实业救国思想，他的竞争意识、法律意识，他的人权平等、男女平等思想，他崇尚科学、提倡科学的精神，他重视科技教育、重视德智体全面发展的教育思想，甚至他选材用人的标准，也都能反映出他的人生观和价值观受到的西方文明的影响。但是，陈嘉庚对待中国传统文化和西方文化，并非不分良莠地"兼收并取"。一般地说，他是在扬弃糟粕的基础上吸收的。他并没有爱国必须忠君的传统观念，他反对中国传统文化中那种狭隘、保守的意识，甚至多次呼吁要革除传统服装长袍马褂。对新加坡遍地经营的跳舞厅，他也多次呼吁政府应予禁止，他指出，对西方文化若专学其娱乐，就是"如胎毛未干，便欲学毛羽丰满之高飞，其遗害岂胜言哉"。[④]

第二，在长期亲身的社会实践中，经过多次反复价值认识和价值评价的积淀，逐渐形成了他的人生观和价值观。陈嘉庚一生经历了中国三个不同的历史时代，也经历了两次世界大战的风云变幻，不管社会变革多么剧烈、时代步伐多么迅速，他始终站在造福社会、奉献社会的最前沿，从而使他具有丰富的人生阅历，得以不断加深和扩大对社会的认识，不断坚持真理、修正错误，使其人生价值观随着时代的前进而不断地完善和进步。陈嘉庚曾经自谦地说："我性迟钝又失学，民国

① 《遗教二十则》，陈厥祥编：《集美志》，香港侨光印务有限公司，1963 年，第 117~118 页。
② 陈嘉庚：《文化与国家关系》，新加坡《南洋商报》1933 年 3 月 17 日。
③ 陈嘉庚：《文化与国家关系》，新加坡《南洋商报》1933 年 3 月 17 日。
④ 陈嘉庚：《南侨回忆录》（新版），陈嘉庚基金会、陈嘉庚国际学会出版，1993 年 7 月初版，第49~50 页。

未光复之前，尚不明爱国真理，迨光复后猛省勃发，刻刻不去于怀。"[1] 他的人生价值观正是在长期社会实践的基础上形成的。

第三，时代的孕育和影响。陈嘉庚所处的时代，正是中国屡遭帝国主义侵略、民族危机日趋深重的时代，是中国人民不甘奴役和挨打，前仆后继反抗外国侵略和国内腐败政权统治的时代，也是中国人民为改变老大落后面貌、不断向西方学习，努力追求中国近代化的时代。"爱国救亡""振兴中华"成为时代的主旋律，爱国主义精神以各种方式在海内外涌现出来，一批批爱国的仁人志士、民族英雄以及先进分子在这样的历史条件下孕育和催生，他们为实现中国的独立、自由、繁荣、富强奋斗不息，成为民族的脊梁、时代的骄傲，陈嘉庚正是他们当中杰出的人物之一。毛泽东称赞他是"华侨旗帜、民族光辉"，这一高度评价他当之无愧。

今天，陈嘉庚人生价值观所体现出的人生目的、人生态度、人生道路，以及高尚的道德情操，对于市场经济下的社会文明进步，对于中华民族精神文明的进步，仍然具有积极的现实意义。对照陈嘉庚的人生观和价值观，学习陈嘉庚的奉献精神和高尚品德时，时下颇受青睐的"拜金主义""享乐主义"等贪欲观念，以及形形色色的腐败现象，难道不正是值得我们严肃批判和认真反思的吗？

（原载于《厦门大学学报》（1994 年第 4 期））

---

[1] 陈嘉庚：《倡建闽南十年计划》，新加坡《南洋商报》，1937 年 4 月 30 日。

陈嘉庚的教育发展观：内涵和启迪

在中国近现代教育史上，海外华侨捐资兴学为中国教育事业的发展做出了特殊贡献，因而占有重要地位。伟大的爱国者、著名华侨领袖陈嘉庚先生正是华侨捐资兴学的杰出代表人物。陈嘉庚先生兴学的热诚，不仅在于他捐了许多钱，在国内和新加坡创办资助了百余所学校，为中国和东南亚培养了成千上万的人才，而且更由于他在长期办学实践中提出了许多兴学报国的主张，产生过许多有深刻意义的教育思想

因此，他不仅是一位教育事业家，也被誉为"卓越的教育家"。有关陈嘉庚先生办学方面的教育思想，如"开发智力的战略思想""慎择校长、加强师资""坚持全面发展，改善办学条件""严格规章制度、发扬改革精神"以及"尊师重教"等，已有专门著作和多篇论文发表，内容丰富，论析深刻。但是笔者认为，陈嘉庚教育思想中最为闪光和最核心的部分，并不是他的具体办学主张，即如何办好一所中小学或大学，而是他的"教育为立国之本，兴学乃国民天职"以及"兴学不待富而后行"的教育发展观。事实上，他的教育发展观及其办学实践不仅产生了兴办教育的巨大感召力，而且对于社会主义市场经济环境下的我国教育事业的发展，也有着重要的启迪作用。

一、兴学乃国民天职

中国是世界著名的文明古国，中华文明在历史发展过程中未曾中断，能一脉相承地延续下来，也得益于中华民族自古以来就重视教育，历来就有民间办学的

优良传统，所谓孔夫子弟子三千就是古代民办教育的典例之一。其实，孔子、老子、墨子都是私学大家，我国历史上著名的学者、思想家兴办私学的例子不胜枚举。中国传统文化的传承是以私学为主体的。陈嘉庚在 7 岁至 17 岁年龄段上私塾，受过较为系统的中国传统文化教育。成年后，目睹近现代中国遭受的内忧外患，亲历了"海外孤儿"受外人欺负的痛苦，产生了强烈的爱国爱乡思想，立下了"救亡图存，匹夫有责"的壮志。捐资教育，"以办学校为职志"，正是陈嘉庚为了实现报效祖国的宏愿所选择的道路。

陈嘉庚是把自己作为社会的一分子，作为国民的一个成员，为教育事业的发展而奋斗、而拼搏的。谈到办学动机，他曾经多次在各种场合讲过"尽国民一份子天职"这句话。例如 1934 年他应《东方杂志》之约而撰写的一篇自传式文章这样写道："我办学之动机，盖发自民国成立后，念欲尽国民一分子天职，以一平凡华商，自审除多少资财外，绝无何项才能可以牺牲。而捐资一道，窃谓莫善于教育，复以平昔服膺社会主义，欲为公众服务，亦以办学为宜。更鉴于吾闽文化之衰颓，师资之缺乏，海外侨生之异化。愈认为当前急务，而具决心矣。"[①] 这种"匹夫""天职"观念，反映在他的教育思想体系中，就是他一生都在提倡并竭尽全力去实践的"全民办学"的教育发展观。他认为，"教育是千秋万代的事业，是提高国民文化水平的根本措施，不管什么时候都需要"。[②] 教育既然是造福于人类、造福民族、造福子孙的根本大计，社会的每个成员不仅有受教育的权利，也都有义务为教育事业尽力，全社会都应该关心教育事业，做到有钱出钱、有力出力。陈嘉庚指出："教育慈善诸事业，本为吾人应尽之天职，如有力者出资，无力者则从事宣传，量力行之。"[③] 有些人不愿尽力，认为教育只是政府的事情，他对此多次开导，反复说明道理，并列举世界上先进国家社会办教育的事实进行动员。1935 年，厦门大学校长林文庆先生到南洋募捐办学经费未达目的。在欢送林文庆回国的宴会上，陈嘉庚就此事发表演讲说："窃吾人每开口便推现政府，不肯全担之不是，其大意似乎教育事业，不关国民义务。吾人正因为有此错误观念，所以未能慷慨多输，有之亦勉强作情面而已。"他指出："……至国民应负私立学校经费之义务，乃国民天职，世界除苏俄共产化外，其他列强，凡教育或慈善经费，大半出之于国民私财。事实甚显然也。"[④] 对那些不关心教育，只图排场享乐的"富人"，陈嘉庚一贯持严厉批判态度。他在 1948 年新加坡福建会馆职员就职典礼

① 陈嘉庚：《畏惧失败才是可耻》，《东方杂志》第 31 卷第 7 号，上海商务印书馆，1934 年 4 月 7 日。
② 张楚琨：《陈嘉庚光辉的一生》，《回忆陈嘉庚》，文史资料出版社，北京，1984 年，第 6 页。
③ 陈嘉庚：《福建会馆新委员会就职典礼上的演词》，新加坡《南洋商报》1929 年 3 月 18 日。
④ 杨进发：《战前的陈嘉庚言论史料与分析》，新加坡南洋学会出版，1980 年，第 50 页。

时致辞说："现在一般社会富家，遇有婚丧寿庆，即大事宴客。本埠每日费于此种意义之开销者，达数万元，平均每月数十万。苟能将此无意义之开销，抽出十分之二，充作教育费，则何愁乏款？"[①] 在长达数十年的捐资办学实践过程中，陈嘉庚多次阐述他"兴学乃国民天职"的全民办学的观点，并为动员社会力量办教育而奔走呼吁。他尤其注意西方先进国家如何办教育，号召国人效仿，他说："诸文明国家教育，除却政府注意维持外，而个人社会捐款、倡设者，其数万钜，且多有倾家捐助办学者，故其教育界能收美满之效果，非全倚靠政府也。"[②] 又说："尝观欧美各国教育之所以发达，国家之所以富强，非由于政府，乃由于人民。中国欲发达，何独不然。"[③] 陈嘉庚的教育发展观，在他的全民兴教育主张中得到了最充分的体现，可以说，"全民办学"正是他的教育发展观的主要内涵。而陈嘉庚一生倾资办学的伟大业绩，正说明他是身先作则，力尽国民天职的楷模。

从 1913 年起，陈嘉庚独资在家乡集美创办了规模宏大的集美学村（学校群），1921 年又独资创办了闻名全国的厦门大学，而且在侨居地新加坡创办、赞助了许多学校，从而建立起一个以基础教育到师范教育、职业教育和华文教育的体系。据统计，由陈嘉庚先生创办、赞助和代办的各类学校，在海内外达 118 所，有学者认为他用于兴办学校的捐款相当于 20 世纪 80 年代初估算的 1 亿美元左右，这是那个时代空前的壮举。更为可贵的是，在经济危机和帝国主义垄断资本压迫的夹击下，要维持办教育的巨额开支就势必影响他多年苦心经营的经济事业时，他毅然地做出了"宁使企业收盘，绝不停办学校的抉择"。他虽然牺牲了自己的经济事业，独立支撑厦大办学 16 年，而当厦门大学 1937 年改为国立时，他丝毫也没有邀功回报，却仍然站在国民一分子的立场，为未完满尽到"天职"而遗憾，他说："每念竭力兴学，期尽国民天职，不图经济竭蹶，为善不终，贻累政府，抱歉无似。"[④] 可见，其作为国民一分子为民兴办教育的精神境界是多么高尚和纯洁！

二、兴学不待富而后行

也许会有人说陈嘉庚是著名企业家，赚来的钱回馈社会是力所能及的事情。

① 陈嘉庚：《祖国光明在望——在新加坡福建会馆职员就职典礼中致词》，新加坡《南洋商报》1948 年 3 月 28 日。
② 转引自杨进发：《战前的陈嘉庚言论史料与分析》，新加坡南洋学会，1980 年，第 27 页、30 页。
③ 转引自杨进发：《战前的陈嘉庚言论史料与分析》，新加坡南洋学会，1980 年，第 27 页、30 页。
④ 陈嘉庚：《南侨回忆录》，八方文化企业公司出版，1993 年，第 29 页。

其实，问题并不是这么简单。我国著名教育家黄炎培先生非常了解陈嘉庚"办实业兴教育"的甘苦，更钦佩陈嘉庚先生"慷慨捐出"几乎自己的全部财富用于兴办教育的奉献精神，他指出："发了财的人，而肯拿出来的，只有陈先生一人。"第一次世界大战期间和战后的十年间，东南亚华侨经济得到较快的发展，一批华侨企业家应运而生。陈嘉庚经营以橡胶为主的产业而发达，曾是富甲一方的千万富翁，与同时代的著名侨商印尼的黄仲涵、马来亚的陆佑、新加坡的胡文虎一起，被人称为南洋华侨富豪的"四大天王"。然而，在对待金钱的态度上，他的大公无私精神却远远超过同时代的人，在仗义疏财方面没有任何人可与他比拟。对于钱财，陈嘉庚有他自己的"金钱观"，概括起来就是：第一，"财由我辛苦得来，亦当由我慷慨捐出"[1]；第二，"金钱如肥料，散播才有用"[2]；第三，"无为之费，一交宜惜；正当之消，千金慷慨"。[3]陈嘉庚言出必行，他一生中慷慨捐出了几乎自己的全部财富给社会、给祖国，毫不吝惜地把金钱散播在民族和国家的教育事业上。然而陈嘉庚对财富的捐献，根本的重要意义还不在于数额的多少，而是他对发展祖国教育事业的彻底奉献精神和宗教般的虔诚。"兴学不待富而后行"正是他的教育发展观的另一重要内涵，陈嘉庚并不是在有了庞大财富后才拿出一点余钱来办学，更不是为了装点社会贤达的门面，他与国外一些资本财团赞助教育有根本的区别。他认为："夫公益义务固不待富而后行，如必待富而行，则一生终无可为之日。"[4]在这样的认识下，他在长期办学实践中形成了与众不同的"捐资"特点。第一，盈利和捐资同步，边经营捐款，诚如他自己说的那样，"须知我办学校，非积存巨金，寄存银行，一切经费，皆待经营"。[5]第二，捐资计划在先，筹资在后，正如他自己常说的"钱未到手，就先准备把它用掉"[6]。第三，倾其所有财富，甚至不惜变卖自己的房产来维持学校经费，出现感人至深的"出卖大厦，维持厦大"的义举。第四，举债办学。自1926年至1934年，他的实业亏损达1000万元，但还是设法维持集美学校、厦门大学两校经费378万元，这些钱是以他的厂房、地产、货物作为抵押向银行贷款的。[7]第五，牺牲自己的企业来办学。在要学校、还

---

① 陈嘉庚：《筹办南洋华侨中学演词》，转引自杨进发：《战前的陈嘉庚言论史料与分析》，新加坡南洋学会，1980年，第27页。

② 《陈嘉庚言论集》，新加坡南侨总会编，1949年，第8页。

③ 陈嘉庚：《1922年6月11日致叶渊函》，转引自《陈嘉庚教育文集》，福建教育出版社，1989年，第319页。

④ 陈嘉庚：《为倡导厦门大学附设高等学校的演讲词》，1919年7月13日，转引自《陈嘉庚教育文集》，福建教育出版社，1989年，第175页。

⑤ 陈嘉庚：《在集美学校开学式上的讲话》，1922年2月25日，《集美周刊》第16期。

⑥ 转引自王增炳、骆怀东：《教育事业家陈嘉庚》，教育科学出版社，1989年，第394页。

⑦ 转引自王增炳、骆怀东：《教育事业家陈嘉庚》，教育科学出版社，1989年，第394页。

是要企业的重大抉择前，毅然放弃自己的企业利益也不让学校停办。

陈嘉庚对于办学是那样"千金慷慨"，但对于自己的生活和子女亲属用钱，却又是那么"一文宜惜"，近乎苛求。对那些有了钱财只图享乐的做法，陈嘉庚嗤之以鼻。他说："'有财不乐则愚'，斯语似有价值。然以鄙度之，要当以国势为判断，在吾侪际此存亡之秋，忧国不遑，奚遑娱乐，故有财宜输教育为急务。"[1] 他判断用钱是否得当的标准是"国势"，就是以国家的需要来衡量，而并非自身的安乐。他一生艰苦朴素，自奉菲薄，日常生活极为简单，他这样做并非是过不起豪奢生活，而是提倡"个人少费一文，即为国家多储一文，积少成多，用之兴学"[2]。他捐款兴学修建了座座高楼大厦，即舍不得花钱去重修被战火毁坏的私宅；他为祖国、为人民捐出了巨额财富，自己却过着吃番薯粥、穿补丁衣服、用破旧家具的淡泊生活；他是著名的实业家、华侨富翁，却烟酒不沾，不喝咖啡，连买票看场电影也视为奢侈；他是誉满海内外的社会活动家、华侨领袖，却从不讲排场、搞应酬，甚至不许家人亲友为他祝寿。凡是参观过厦门市集美镇陈嘉庚故居的人，目睹那件件陈旧遗物，无不为他简朴的生活而惊奇，而感动，无不产生敬仰之情。

为了兴办教育，陈嘉庚也不主张把钱财留给子孙后代。在这个问题上他有几点看法发人深思。第一，他认为"兴国"方能"兴家"，而兴学即是"兴国"。世人把积攒的钱财遗留给子孙，莫非是为了"兴家"，"既要兴家则对于兴国之教育不可不加注意焉"[3]。因此金钱应该用在兴国之举，国兴才能家兴。第二，他认为对子女应有"道德之爱"，而不是"多钱之爱"。"且贤而多财则捐志，愚而多财则益其过，是乃害之，非爱之也"[4]。第三，他认为儿女应该自己去拼搏奋斗，"儿孙自有儿孙福，勿为儿孙作马牛"[5]。因此陈嘉庚在世时对子女、亲属使用钱财极为严格，不允许有丁点儿的"大手大脚"行为，自然也绝无意留下财产给子孙后代。陈嘉庚临去世时，嘱咐将自己的300万存款献给国家和社会，其中200万元留作集美学校建校基金，50万用作筹建北京华侨博物院，50万元捐作集美福利基金。他以自己的实际行动诠释了"兴学不待富而后行"的教育发展观，也实践了"金钱取自社会、用之社会"的伟大格言。

---

① 陈嘉庚：《筹办南洋华侨中学演词》，《国民日报》1918 年 6 月 18—20 日。

② 陈嘉庚：《集美学校秋季始业式上的训词》，《集美学校校友会》1920 年第 1 期，第 16 页，福建私立集美学校编印。

③ 陈嘉庚：《集美学校秋季始业式上的训词》，《集美学校校友会》1920 年第 1 期，第 16 页，福建私立集美学校编印。

④ 陈嘉庚：《筹办南洋华侨中学演词》，《国民日报》1918 年 6 月 18—20 日。

⑤ 陈嘉庚：《筹办南洋华侨中学演词》，《国民日报》1918 年 6 月 18—20 日。

三、陈嘉庚精神与教育振兴

陈嘉庚先生倾资兴学的丰功伟绩，他为国家、为民族无私奉献的崇高精神，教育和感召了一代又一代炎黄子孙，在海内外产生了巨大影响。

以捐款在国内兴学而言，在陈嘉庚之前，虽然也有像日本华侨吴锦堂在家乡浙江慈溪创办新式学堂那样的盛举，但总的来说，大多数华侨在富裕之后并未意识到应该对教育尽点职责，对于办学校之类的文教公益事业并不热心，买田、盖屋、娶妾往往是他们的选择。辛亥革命后，在陈嘉庚兴学的带动和影响下，在国内振兴教育呼声高涨的形势下，华侨在故土家乡办学逐渐成为风气，这种风气代代相传，使闽、粤等主要侨乡的教育事业得到较快的发展。以福建省为例，从1915年到1949年的34年中，华侨捐资兴办的中学达48所，小学967所，几乎遍布福建省各地侨乡。[1] 新中国成立后，陈嘉庚的兴学精神鼓舞了更多的爱国侨胞，海外华侨捐资办学造福桑梓的积极性得到更大发挥。仅据1963年统计，福建省有侨办普通中学60所，侨办小学398所。另据统计，1949—1966年，福建海外乡亲的捐资兴学款达到人民币5495.34万元，每年平均捐款数达323.25万元，[2] 大大补充了省内所需教育经费。改革开放以来，在神州大地，捐资办学更是出现了新的热潮，无论是办学数量和捐款数额，还是捐资办教育的方式、方法，都是过去所无法比拟的。又以福建省为例，据不完全统计，自1979年至1994年6月，华侨华人和港澳台台同胞捐款兴办各类公益事业折合人民币31亿元，是改革开放前28年间的28倍。其中用于教育事业的占50%以上，在全省50个县、市、区共兴建和资助2300多所学校。[3] 除此而外，福建海外乡情还在省内成立了各类教育基金会800多个，基金总额达人民币3亿多元，[4] 为振兴福建教育做出了突出贡献。改革开放以来，捐资办学慷慨解囊的海外侨胞、港澳同胞越来越多，资助和兴办的学校遍布全国，为中国的四个现代化建设培养出大批人才。据统计，1978—1998年间，华侨、华人向家乡和各地捐款总值约合405亿元人民币，内有88.8亿

---

① 林金枝主编、李国梁、林金枝、蔡仁龙著：《华侨华人与中国革命和建设》，福建人民出版社，1993年，第655、673页。

② 林金枝主编、李国梁、林金枝、蔡仁龙著：《华侨华人与中国革命和建设》，福建人民出版社，1993年，第655、673页。

③ 暨宜珍：《捐资办学造福桑梓》，福州《华侨华人与侨务》1994年第2期。

④ 暨宜珍：《捐资办学造福桑梓》，福州《华侨华人与侨务》1994年第2期。

元用于兴办教育事业。^①香港著名企业家李嘉诚先生捐献巨款创办汕头大学，包玉刚先生创办宁波大学，邵逸夫先生捐巨款建设学校，吴庆星先生在泉州创办仰恩大学等事迹，早已名闻海内外，他们都是继陈嘉庚先生之后捐资兴学的典范。

陈嘉庚的教育发展观的积极意义，不仅仅在于后来人学习效法他捐资办学，而更重要的是对于当今改革开放中如何发展教育事业所产生的启迪。今天的时代，正在迈向知识经济的时代。经济的发展靠生产力的提高，生产力的提高依靠科技发展，科技发展则依赖大批具有现代知识的人才的培养，知识和人才已成为生产要素中最重要的组成部分。知识和人才由何而来？当然要靠教育，要千方百计扩大教育能力，让更多的人受到教育；另一方面，随着改革开放的深入，我国经济发展和社会进步，人民群众对教育的需求也日益增长。人们愈来愈认识到一个国家的经济腾飞和实现现代化目标，其根本还在于培养新一代的具有高度的科学素质和文化素质的公民，这一点也越来越为国内外炎黄子孙所共识。因此，近年来，不仅海外侨胞、港澳台同胞捐款兴学，国内的社会团体、企业和各行各业热心教育的人士也越来越多。社会力量办学、"希望工程"兴起，踊跃投入教育事业的动人事迹不断见诸报端电视，一个新的民间办学热潮正在兴起，振兴我国教育事业的宏伟蓝图正在付诸实现，陈嘉庚精神在新的历史条件下再现光辉。

但是，另一方面，我们也应该看到，在中国这样一个经济不发达的穷国办大教育，还有许多问题和困难，必须有更多的人关心教育、支持教育，必须依靠全社会的共同努力，除了长期计划经济体制下形成的办学制度已不适应社会经济的发展、必须来一场变革外，国民对教育的发展观亦应有所前进，应让人们普遍认识到，教育的动力来自两个方面，既来自国家的推动，又来自受教育者的推动，教育既是政府行为，又是社会、家庭、个人的行为。在市场经济条件下，教育不可能再是国民再分配时的一块特殊福利"蛋糕"，而应该成为个人的投资行为和消费行为。办学体制的转变，人们观念的转变，是有许多艰苦细致的工作要做的，因此，特别要宣传陈嘉庚的教育发展观，教育人们树立起一种"兴学乃国民天职""兴学不待富而后行"的"教育人人有责"的观念，让更多的人认识到"百年大计，教育为本""国运兴衰，系于教育"，自觉地为教育事业献力献策，自觉地参与教育发展。

长期以来，我国教育事业中的一个突出矛盾是国力有限，教育经费投入严重不足。虽然近些年来我国教育经费有较大幅度增长，但与四化建设和社会进步对教育事业发展的要求相比，仍然显得非常不够。我国教育经费在国民生产总值中

---

① 香港《文汇报》1999 年 5 月 28 日。

所占比重，明显低于世界平均水平。据国家统计局的报告分析，1991—1995 年间我国教育投入占 GDP 的比重为 3.2%，而根据联合国教科文组织公布的资料，1985 年世界各国教育投入 GDP 的比重平均为 5.7%，其中发达国家为 6.1%，发展中国家为 4%，均高于我国目前水平。[①] 要解决这一矛盾，必须改变过去由国家包办教育经费的做法，把由国家拨款的单一渠道拓宽到多种渠道。也就是说，必须发挥社会团体、企业、个人等社会力量办学的积极性，实际上，世界各国的教育法都把社会和国家列为办学主体，民办教育与经济建设高潮相伴而行，发展迅速。例如 1992 年日本 4 年制大学中私立学校比重达 73.4%，学生数所占比重达 73.3%，短期大学中私立学校比重更大。美国 4 年制大学中私立的比重达 72%，大学排行榜列出的前 25 所大学中，有 23 所是私立大学。事实证明，政府管理、引导教育，但不包办教育，才能真正使教育适应社会经济发展的要求，民办教育同样也是我国教育发展的必由之路。全国教育工作会议曾指出："我国的基本国情是发展中国家办大教育，这就要求我们在以政府办学为主体的前提下，积极鼓励社会各界多方筹集资金办学"[②]。为落实中共十五大的科教兴国战略，国家已制定了《面向 21 世纪教育振兴行动计划》，明确指出要"制定有利于吸纳社会资金办教育和民办学校发展的优惠政策"[③]。党和政府已指出了振兴中国教育的方向和出路，我们要在改革办学体制的同时，积极动员全社会重视教育、支持教育，建立起政府、社会教育之间紧密结合的体制，尤其要保障民办教育机构的合法权益。在这一新形势的要求下，陈嘉庚先生的全民办学思想及其实践更加具有现实意义，人们应该从陈嘉庚精神中取得新的精神力量，具有像他那样的教育发展观，以社会一分子"尽国民天职"。

陈嘉庚先生的"兴学不待富而后行"的教育发展观，在新的历史条件下，对人们也有重要启迪。一方面，从政府来说，有责任最大限度地尽其可能为人民提供平等教育的机会，保障宪法赋予公民的受教育权利。国家无论穷富，都应把教育的投入放在战略地位优先考虑，例如同为发展中的大国，印度的人均国民生产总值比我国低，但教育比我国发达，万人拥有大学生数比我国多两倍多，百万人拥有的高校数比我国多 6 倍。近年来随着我们国家经济力量的增强，我国对教育的投入已有明显增加，但还远远不能满足需要。另一方面，从个人、家庭来说，受教育或者选择教育机会，并非是有了余钱以后才考虑的事。随着我国经济的迅

---

① 华中师范大学、中国教育经济学研究会主办：武汉《教育与经济》1998 年第 2 期。
② 《人民日报》1994 年 6 月 20 日。
③ 教育部《面向 21 世纪教育振兴行动计划》，北京《光明日报》1999 年 2 月 25 日。

速发展，人民生活水平的提高，居民的教育支出占消费支出的比例正在增大，这是一种合理的、正常的消费现象。不可否认，在过去长期计划经济体制下由政府包揽教育的做法，不仅无法调动社会各界力量办学的积极性，而且使人们在"受教育"和"办教育"的认识上长期错位。一般人在计划经济体制下已习惯地认为，办学校、兴教育只是政府的事情，老百姓的权利是"受教育"。现在，要调动各方面的办学力量，改革旧的办学体制，建立新的办学机制，大力发展教育事业，除国家不断完善对民办学校的立法和政策以外，重要的一条是培养全民的教育参与感，让陈嘉庚的教育发展观念深入人心，让更多的人能继承嘉庚精神，让中国的教育事业得到更好的发展。

（原载于周望森等主编：《华侨华人研究论丛》，中国华侨出版社，
2000 年）

他山之石

20世纪日本的华侨华人研究评述

  在 20 世纪中，日本对华侨华人问题的研究引人注目。第一，就日本国的华侨、华人数量而言，占日本国内总人口的比例很小，可谓华侨华人居住国中的"小国"，可是，就华侨华人问题的研究成果而言，日本又堪称研究"大国"。据日本亚洲经济研究所出版的《华人华侨关系文献目录》统计，1914 年至 1995 年，日本已出版、印行的有关华侨华人的书籍、调查报告达 429 种，发表在各类刊物、论文集上的文章达 1931 篇，[①] 近几年来出版的论著亦有数十种，数量不可谓不大。日义版的华侨华人著述，与中文版、西文版的一样，都是海外华人研究文献的重要组成部分。第二，从"二战"前的研究看，日本自从走上军国主义道路后，由于推行"南进""大东亚共荣圈"等侵略扩张政策的需要，作为制定对策的重要参考，朝野都十分重视东南亚华侨的存在和动向，并下功夫调查研究有关华侨的政治、经济、社会、教育以及历史等状况，留下数量可观的基本资料。第三，战后 60 余年来，日本已从战败国发展成为世界经济强国，与东南亚国家的关系也从战争赔偿、经济扩张直到走向包括政治、经济与安全在内的全方位"合作"，在这一背景下，对东南亚和居住在那里的华侨华人的研究从未间断，出版了为数不少的著述，尽管其中有些是普及性、知识性的入门读物，但也不乏具有学术水准的力作。

  多年来，学术界对日本的华侨华人研究状况已有不少的评介，大体可分为

---

  ① 福崎久一编：《華人華僑関係文献目録》（*Bibliography on Overseas Chinese*），亚洲经济研究所（Institute of Developing Economies），东京，1996 年 3 月，第 1~84 页；参阅张祥义编：《和文華僑関係文献目録》（稿），日本亚洲经济研究所"所内资料"，1969 年印刷；《和文華僑関係文献目録》（稿）续编，载于《アジア经济资料月报》，1976 年 1 月，第 18 卷 1 号；《和文華僑関係文献目録》（1975—1990），东京，亚细亚大学教养部纪要，1991 年 11 月，第 44 号。

四类：

研究概况的综述式评介。较为系统地介绍、评论某个历史时期的研究，或者对有关地区、专题的研究状况作评介。例如，游仲勋、陈育崧对 20 世纪 70 年代以前研究的评价，[①] 饭岛涉编《华侨、华人史研究的现在》一书中有关日本华侨华人研究的评介，[②] 丘立本、李国梁对日本的华侨华人研究的历史和现状的评述，[③] 松本武彦关于日本研究华侨现状与成果的文章，[④] 蔡史君对战前日本的华侨研究的评论，卓南生对战后日本论坛有关华侨华人言论的分析评论等[⑤]。

战前和战争时期华侨调查资料的评析。随着大量的日本对南洋华侨调查资料的陆续公布，这方面的研究正在深入开展。例如，滨下武志对战前日本调查华侨经济力量、抵制日货以及抗日运动的评析，[⑥] 纪宗安、崔丕关于日本政府和国策会社对南洋华侨的调查及其影响的研究，[⑦] 陈艳云、蔡史君关于日据时期台湾总督府对南洋华侨调查的研究等[⑧]。

对学术著作的评论和介绍。这些评介亦是了解日本的华侨华人研究状况的不可忽视的部分，数量可观。例如，对内田直作《日本华侨社会的研究》、须山卓《华侨经济史》、可儿弘明《近代中国的苦力和"猪花"》、游仲勋《华侨经济的研究》、山岸猛《华侨汇款——现代中国经济的分析》等等许多著作的评介。游仲勋《华侨经济的研究》于 1969 年出版后，一年多的时间内便引来多篇书评，游仲勋本人又对书评中提出的问题作了回应，[⑨] 这种学术批判风气促进了对华侨经济诸问

① 游仲勳:《日本における華僑研究》，アジア政経学会《アジア研究》，东京，第 13 卷第 2 号，1966 年 7 月；陈育崧:《日本的华侨研究蠡测》，新加坡《新社季刊》1969 年第 2 卷第 1 期。

② 饭岛涉编:《華僑.華人史研究の現在》，汲古書院出版，东京，1999 年。

③ 丘立本:《战后日本有关华侨问题的书籍和论文目录（稿）》，中国华侨历史学会《华侨历史学会通讯》1982 年第 2 期，北京；李国梁:《日本における華僑華人研究（1980—1990）》，アジア政経学会《アジア研究》，东京，1993 年 9 月第 40 卷第 1 号；《近代以来日本的华侨华人研究（1914—1996 年）》，《华侨华人历史研究》，北京，1997 年第 2 期。

④ 松本武彦:《華僑研究の現段階——特に日本における近年の成果を中心に》，辛亥革命研究会编：《中国近代史研究入門——現状と課題》，汲古書院出版，东京，1992 年，第 243~261 页。

⑤ 蔡史君:《战前日本"华侨"研究的背景和特征》；卓南生:《战后日本论坛的华侨华人论》，同载庄国土、黄猷、方普雄主编:《世纪之交的海外华人》（上册），福建人民出版社，福州，1998 年，第 126~162 页。

⑥ 滨下武志:《華僑.華人調査——経済力調査·日貨排斥·抗日運動調査》，载于末広昭等编《地域研究としてのアジア》（岩波講座《「帝国」日本の学知》第 6 卷），岩波書店，东京，2006 年，第 283~322 页。

⑦ 纪宗安、蔡丕:《日本对南洋华侨的调查及其影响（1925—1945）》，《中国社会科学》2009 年第 1 期。

⑧ 陈艳云:《日据时期台湾总督府〈南洋华侨事情〉评析》，《中山大学学报》（社会科学版）2004 年第 2 期；《日据时期台湾总督府对南洋华侨的调查》，《东南亚研究》2006 年第 1 期。蔡史君:《日本南侵与"台湾本岛人利用论"——台湾总督府华侨政策"具体方案"的史料发掘》，《东南亚研究》2001 年第 1 期。

⑨ 游仲勳:《華僑経済に関する若干の問題——拙著「華僑経済の研究」へのご批判にお答えする》，《熊本商大論集》第 32 集，1970 年 11 月。

题的探讨。

代表性学者的介绍。周南京主编的《华侨华人百科全书》，可儿弘明、斯波义信、游仲勋主编的《华侨、华人事典》等都收录多位研究华侨华人问题的日本学者及其主要代表作。首任"日本华侨华人学会"会长游仲勋认为，"二战"结束前的华侨研究者是第一代，有井出季和太、福田省三、成田节男、吴主惠等人，战后影响较大的内田直作、须山卓可谓第二代研究者，第三代研究者有可儿弘明、斯波义信、戴国辉、河部利夫、市川健二郎、市川信爱、今富正已、中川学、涂照彦等学者，还有诸多更年轻的第四代、第五代研究者涌现。[①]

在上述研究的基础上，本文试图对日本近百年来的华侨华人研究概况作一扫描，从学术史的视角，勾画出不同历史阶段日本研究华侨华人问题的轨迹，重点评介 20 世纪 90 年代以来的著述，增进中日两国学术界的了解和交流。

一、战前研究的历史概观

日本的华侨研究，大致始于第一次世界大战期间。从地域上说，首先是从研究东南亚的华侨开始的；从内容上看，最初是从调研华侨一般状况入手的；以目的而论，当时主要是为了搜集中国和东南亚的情报，配合日本军国主义侵略中国和"南进"政策的需要。

自 1868 年日本明治维新走上资本主义道路后，产业革命迅速发展，到 19 世纪末、20 世纪初，日本成为亚洲的资本主义强国，与此同时，日本不断提出海外殖民扩张的要求，发动侵略战争，占领朝鲜、中国台湾，并显露争霸太平洋的野心。早在 19 世纪 80 年代，日本已有一些"思想家"主张"海外雄飞""经略南洋"和"南进"，鼓吹向南洋拓展势力，也有少量的日本人往南洋谋求发展。1905 年日俄战争后，日本已基本上掌握了在北方的大量权益，有辽东半岛的"租借权"，南满铁道权益，占有南库页岛等，还设立了殖民侵略的"桥头堡"——南满铁道株式会社，更加关心向南洋地区扩张势力。1912 年，日本农商务省先后提出《日本对南洋贸易大势》《南洋的产业及其资源》等报告书，强调应该重视南洋的贸易和发展。第一次世界大战中，日本对南洋的"南进"政策更加具体化了。与政府的这种态度相呼应，这一时期，各种鼓吹"南进"的著作、文艺作品纷纷出版，

① 游仲勋：《創刊の辞》，日本华侨华人学会编：《華僑華人研究》杂志（創刊号），东京，2004 年 9 月。

他山之石

一些主张"殖民"海外的杂志也竞相创刊。在一片沸沸扬扬声中，1915年1月在东京成立了"南洋协会"，接着出版了《南洋协会杂志》（以后更名为《南洋》）。南洋地区的重要口岸和日本国内各城市，又遍设南洋协会支部。该协会的成立"沿革"这样写道："我帝国南下的第一步是占领台湾。台湾地处亚热带，与南洋菲律宾仅一衣带水之隔，占领二十年来，我开发台湾的经验，可资用在开拓南洋。"[①]当时的台湾总督府民政长官内田嘉吉正是"南进"的鼓吹者、组织者之一。正因为日本殖民者把台湾作为"南进"的桥头堡和跳板，要用殖民台湾的经验去"开发"南洋，所以台湾的日本殖民机构很自然地充当了调查东南亚状况的"情报中心"，"台湾总督"府外事部曾是日本政府指定的"南方研究情报机构"。也正是在这样的背景下，"台湾银行"作为当时日本的特殊银行，主要担负与华南、东南亚进行贸易金融业务，以及供给开发台湾的资金，由它最先开始了对南洋华侨状况的调查研究。

据现有的资料表明，"台湾银行"总务部调查课最早于1914年出版了《南洋华侨与金融机关》《南洋华侨》两本调查报告，后一报告长达172页。日本学者游仲勋教授认为，除去论文和报导记事类等文献，此报告算是日本最早问世的有关华侨的书籍[②]。接着的十余年间，又有台湾银行、东京的"日兰交通调查会"、满铁东亚经济调查局等情报部门出版了诸如《南洋的闽粤两省移民现状》《南洋华侨与我荷属东印度贸易》《关于南洋华侨的排日运动》《华侨——经济资料》等调查报告，对华侨的政治经济状况，有更深入地调查研究，充分反映出日本的华侨研究是从情报式的研究开始的。

历史进入20世纪30年代，由于日本侵略中国的战争不断加剧、升级，海外华侨社会为声援祖国掀起了声势浩大的抗日救亡高潮；另一方面，由于日本在东南亚势力的扩张，其商业贸易活动遇到了华侨经济力量的激烈竞争，于是日本朝野更加关注华侨的政治动向、经济实力，研究华侨的机构和人员大为扩增，研究成果也大量涌现，仅1931—1939年，出版的专著、译著、编著、调查报告、资料目录等单行本即达51种。[③]这一期间的研究特点是：在继续出版大量华侨情报资料的同时，也开始了对华侨问题进行深入地分析研究，一些著作的研究价值可供参考。

小林新作的《中华民族的海外发展——华侨的研究》于1931年出版，该书共

---

① 《南洋協会雑誌》第5卷第6号，第112页。转引自正田健一朗编：《近代日本の東南アジア観》，日本アジア経済研究所出版，东京，1978年，第18页。

② 游仲勳：《日本における華僑研究》，アジア政経学会《アジア研究》1966年7月第13卷2号。

③ 参阅张祥义编：《和文華僑関係文献目録》，日本亚洲经济研究所"所内资料"，1969年印刷。

有四篇十六章，举凡华侨总论、华侨移居史、华侨的分布与现状、南洋华侨社会、华侨经济势力、世界各地华侨状况、华侨与中国的政治经济关系、中国和侨居国对华侨的政策等都作了研究，且自成体系，有学术资料价值。本书还有附录《济南事件与华侨》计五章，详述了南洋各地华侨为抗议 1928 年日本制造济南惨案而开展的大规模捐款和抵制日货运动，以及运动的影响。日本学术界认为，此书的出版标志着日本研究华侨问题的真正开始。[1]另一本代表性的著作是福田省三的《华侨经济论》，出版于 1939 年。该书作者利用在上海东亚同文书院研究国际经济论的机会，完成了这部著作。作为日本学者撰写的第一部华侨经济专著，书中先用大量资料和统计数字，系统地论述了华侨经济的基础、华侨经济与南洋各国经济的关系、华侨经济与中国和日本经济的关系等重要问题。第一，在估计各产业部门中的华侨投资额的基础上，估算南洋华侨资本总额为 40 亿日元，对世界华侨投资额也提出了 50 亿日元的估计数额，[2]这是日本学者首次系统研究华侨投资额问题。游仲勋教授认为，这种建立在第一手资料上的、按照产业部门投资额进行估算的研究方法可谓当时最高水准的研究，[3]比之同时代的英国学者卡里斯（Callis）的那种构筑在国别估计基础上的投资额研究更略胜一筹。第二，肯定了华侨经济在东南亚国家经济发展中的巨大作用，同时指出了华侨经济面临的困难和自身存在的致命弱点。他认为华侨经济中商业、金融业所占的比重过大，缺乏强有力的工业生产部门作后盾，容易受到经济危机的严重打击。第三，当时南洋各国的华侨经济容易受到中国政治运动的影响。当然，应当指出，以上著作所持的基本政治立场，都是为当时日本帝国主义的侵略扩张行为进行辩护。例如《华侨经济论》的"结论"提出，华侨经济只有与"东亚经济"合作才有前途，要求华侨经济与日本经济"互助连环"行动；又例如书中批判中国政府号召华侨捐款的政策、诋毁华侨在抗日战争中抵制日本的爱国行动等。不过，这部著作由于系统整理了南洋华侨经济的有关资料，尤其是 20 世纪二三十年代的南洋华侨经济资料，可以说是日本较早出版的有一定参考价值的华侨经济专著，非此前日本出版的那些情报式华侨经济报告所能比拟。

太平洋战争爆发前后，为适应日本侵略东南亚及其实施"军政"统治的需要，也为了服务于日本对中国的侵略战争，制定相应的华侨政策达到其"以战养战"的目的，在官方的策动和资助下，日本对华侨的研究调查从这一时期直

---

① 游仲勋:《日本における華僑研究》，アジア政経学会《アジア研究》，1966 年 7 月第 13 卷 2 号。
② 福田省三:《華僑経済論》，岩松堂书店，东京，1939 年，第 101~102 页。
③ 游仲勋:《日本における華僑研究》，アジア政経学会《アジア研究》，1966 年 7 月第 13 卷 2 号。

到第二次世界大战结束，可谓盛极一时，达到了战时的最高峰。当时，日本的南洋研究机构，如满铁东亚经济调查局、南洋协会、拓殖学会、台湾南方协会以及东亚研究所、太平洋协会、东亚会、东亚恳谈会等都把南洋华侨研究列为主要课题之一，有关华侨的报道、资料、论文、译文和专著也纷纷发表或出版。据统计，1940年至1945年的6年中，日本出版的华侨问题著作、调查报告（单行本）、资料集达到80种，译著16种，论文200篇，形成了日本华侨研究的"高产期"。

如果从学术研究价值的角度观察，也有少量著述可资参考。成田节男的《华侨史》初版于1941年，增补版于1942年发行。该书在"结论"中开宗明义地指出：日本对于华侨的研究，大部分都是现状的调查，而作为理解这种现状调查的基础的历史研究，则几乎没有进行，因此，日本还没有一部真正的科学的华侨史问世，本书最紧要的任务即是从头开始进行华侨史的"再建设"[①]。事实上，本书也是日本学术界第一部有较高学术水准的华侨通史类著作。从内容上看，洋洋30余万言，总计468页的论述分为总论、各论两大部分。总论中论述了华侨的意义，从秦汉直到民国时期的华侨历史发展阶段；各论中详细讨论了泰国、马来亚、菲律宾、爪哇、婆罗洲、印度支那等地区华侨的历史发展过程，以及华侨与中国的关系、中国政府的华侨政策等。虽然作者在论述中引用了许多他人（尤其是中国学者）的研究成果，但是在划分华侨史发展时期问题上，也建立起自己的体系，因此，该书可以说是一部集大成的华侨历史著作。从资料使用上看，该著作不仅使用了大量中国文献，还使用了不少欧美文献资料，这也是该书有所前进之处。从研究方法来说，该书是以史出论，在分析、归纳大量史料的基础上，理出了南洋华侨发展史的基本线索和主要问题。因此，作者成田节男被日本视为华侨史"研究权威"[②]，该书也成为日本人了解南洋华侨历史的基本著作。

除了成田节男的《华侨史》以外，这一时期出版的比较有参考价值的著作还有以下数种：

根岸佶著《华侨杂记》。根岸佶博士是华侨"基尔特"研究的第一人。他认为华侨社会经济组织是基尔特（guild），而华侨基尔特是中国基尔特在海外的发展，这一理论框架对日本战后的华侨社会经济研究产生过较大影响。

井村薰雄著《外国对华投资和华侨汇款》。该书是关于华侨经济专题研究的另

---

① 成田節男：《華僑史（増補）》，萤雪书院出版，东京，1942年，序言。
② 陈育崧：《日本的华侨研究蠡测》，新加坡《新社季刊》1969年第2卷第1期。

一重要著作，较早注意到外国在中国的投资与南洋华侨对祖国的侨汇投资问题。

此外，多产学者井出季和太博士在 1941—1945 年期间连续出版了《南洋与华侨》《南方与华侨论》《华侨》等五本华侨著作，也具有一定参考价值。

这一时期，日本还翻译、出版了大量的外文华侨论著。例如，被译成日文的中文著作有：丘汉平的《现代华侨问题》，李长傅的《中国殖民史》，黄警顽的《华侨对祖国的贡献》，刘继宣、束世澄的《中华民族拓殖南洋史》，陈达的《南洋华侨与闽粤社会》，林之光、朱化雨的《南洋华侨教育调查研究》，郑林宽的《福建华侨汇款》，中国政府侨务委员会编《华侨法规集》等，被译成日文的西文著作也有多种，例如成田节男、吉村泰明合译的《荷属东印度华侨的经济地位》（ W. J. Cator, *The Economic Position of the Chinese in the Netherland Indies*, 1936 ）；成田节男译的《法属印度支那的华侨政策》（ G. Levasseur, *La Situation Juridique des Chinois en Indochine depuis les Accords de Nankin*,1939 ），太平洋问题调查会译的《泰国的华侨》（ Landon, *The Chinese in Thailand*, 1941 ）；近藤吾修译的《华侨的地位和保护研究》（ H. F. Macnair, *The Chinese Abroad their Position and Protection*, 1914 ）等，可说是日本翻译外国华侨著作最集中的时期。

就调查资料而言，战前日本对华侨状况的调查报告数量庞大。纪宗安、崔丕教授的最新研究认为，据有关文书目录的不完全统计，日俄战争以后直到太平洋战争期间，日本政府有关部门和国策会社调查机构对南洋华侨的调查资料多达 400 余种，其中，长篇调查报告书达 100 余种，短篇调查报告书达 300 余种。[①] 这一时期，最有代表性的长篇调查报告是从 1939 年到 1941 年期间满铁东亚经济调查局主编出版的 6 卷本《南洋华侨丛书》，该丛书的第 1 到 5 卷分别是《泰国华侨》《法属印度支那华侨》《菲律宾华侨》《荷属东印度华侨》《英属马来亚华侨（附婆罗洲、沙捞越、文莱、缅甸、澳洲华侨）》，第 6 卷是中国学者陈达《南洋华侨与闽粤社会》的日译本。1 至 5 卷都详录了该国的华侨发展史、华侨人口统计考察、当地政府的华侨政策、华侨的经济势力、华侨的文化教育和社团组织、华侨与中国的关系，其中又以华侨经济部分的篇幅最大。各卷还附有大量表格等资料，例如第 4 卷《荷属东印度华侨》就附录了下述重要资料：①"主要城市华侨重要人物调查表"，②"华侨主要企业名鉴"，③华侨人口职业分类统计（1930 年度人口普查）。这套丛书是为配合日本"南进"侵略计划而出版的，但就其资料的详备和完整来说，可谓当时了解南洋华侨现状的"百科全书"，至今仍不失

① 纪宗安、蔡丕：《日本对南洋华侨的调查及其影响（1925—1945）》，《中国社会科学》2009 年第 1 期，中国社会科学出版社，北京，第 190 页。

其参考价值。同一时期，设在东京的东亚研究所配合日本政府制定对外政策的需要，提出了不少有关华侨的系列报告书，例如《南洋华侨调查的结果概要》《南洋华侨抗日救国运动的研究（第三委员会调查报告书）》以及马来亚华侨、缅甸华侨的专门调查报告等。这些报告的政治目的不言而喻，都是为日本的对外侵略扩张服务的，但在客观上却为后来的研究者留下了可资参考或佐证的有用资料。需要补充说明的是参加上述研究报告撰述和实地调查的人员，有一些是日本学者或者中国问题专家，例如参加满铁"南洋华侨丛书"编写的就有井出季和太、须山卓、山川寿、岩隈博等人，而东亚研究所多份调查报告的主笔人是《华侨经济论》的作者福田省三。有关日本对东南亚地区华侨状况调查的资料数量庞大，中国学者经过收集、整理，已有中文译本出版。例如，20世纪80年代台湾曾出版由中华学术院南洋研究所印行的调查报告丛书，2011年广东高教出版社出版的《日本对南洋华侨调查资料选编（1925—1945）》共有三辑，译自2003年日本龙溪书舍出版的48种关于南洋华侨的调查报告书，其中许多史料内容值得史学研究者发掘和利用。

综上所述，战前的日本华侨研究显现出以下几个特点。

第一，为日本侵略扩张政策服务的浓烈政治色彩。从第一次世界大战时期日本注意华侨问题开始，到第二次世界大战日本战败投降，华侨研究高潮迭起，主要是适应了日本"南进"扩张政策、建设"大东亚共荣圈"侵略政策的需要。据统计，日本在战前出版的华侨问题著作，有90%是在1930—1945年间出版的。从研究方式来看，情报式研究占有最重要的分量；从研究内容来看，基本上集中在考察东南亚各国华侨的动向上。实际上，纵观战前日本对亚洲的研究，也是以对中国的研究为主体，以东南亚研究为重点，而华侨研究和东南亚资源调查又是东南亚研究的主要对象。

第二，研究成果数量多，但具有学术价值的著述较少。1914—1945年，出版了有关华侨的书籍160册，论文近300篇。这些著述中属于一般入门书、基础资料、研究报告一类的占有较大分量，部分成果在搜集各类资料上下了很大功夫，客观上为后来的研究留下了可资利用的资料。

第三，战前的研究中，已开始重视华侨经济的调查、研究。除了华侨经济专著和为数不少的华侨经济调查报告问世以外，在一般的综合性华侨论著中，都设有华侨经济专章或专节，论述比较详尽，资料相对丰富。这也反映出日本对南洋地区华侨经济力量的重视与畏惧。

第四，战前的研究队伍比较庞杂，主要是日本殖民扩张机构和团体的调研人员，外务省官员，政府机构情报人员，也有部分学者。他们中的大多数人是中国问题专家，对中国情况熟悉，也有较好的汉学功底。他们是把华侨问题作为中国问题在海外的发展、延伸来研究的，研究的结论多着墨于华侨与中国的关系，不言而喻，战前的华侨研究也是为日本政府制订对华政策服务的。

二、战后研究的新局面

第二次世界大战结束以后，华侨研究仍然是受到日本学者和研究机构重视的研究领域。随着战后历史的推移，日本与东南亚国家关系的重建与调整，日本的对外关系的变化，日本对华侨的研究也由恢复到全面展开，乃至向专门的学术研究领域发展，出现了不同于战前和战争中研究的新局面。战后至今，日本的华侨研究大致可分为以下几个阶段。

第一阶段：战后初期至20世纪50年代末。这一时期可称之为华侨研究的低落阶段。日本战败、"大东亚共荣圈"幻想的破灭，日本已不可能顾及东南亚，同时，由于战后初期日本正面临着恢复经济等许多艰巨任务，暂时也无力面向海外，有关东南亚华侨研究也随之跌入低谷。另一方面，战前活跃在华侨研究第一线的研究队伍和机构已解散，新的研究队伍和机构则尚未形成气候，只有少数有兴趣的学者仍在进行零星研究。因此，总的看来，华侨研究呈现出较为冷落的局面，但是研究并未中断。这一时期也有如内田直作的《日本华侨社会的研究》[①]、须山卓的《华侨社会——势力与生态》[②]、和田久德关于东南亚初期华侨史以及下港（万丹）安汶的唐人街研究等学术论著问世，[③] 不过，这些著述的基础研究是从战前就已开始的。内田直作的《日本华侨社会的研究》一书，论述留日华侨的历史、人口和经济，对江户时代（1803—1888年）和明治时期（1867—1912年）的华侨社团有独到研究，认为华侨帮派和社团是中国原有社会经济组织——行会在海外的延伸和发展，被日本学术界视为日本华侨研究的权威著作。

第二阶段：20世纪60年代至70年代末。这一时期可称之为日本的华侨研究全面展开的时期。战后初期日本华侨研究的低落状态并没有拖延多久。到20世

---

① 内田直作：《日本華僑社会の研究》，同文館出版，东京，1949年。
② 须山卓：《華僑社会——勢力と生態》，国际日本协会，东京，1955年。
③ 和田久德：《東南アジアにおける初期華僑研究（960—1279）》，《東洋学報》1959年6月第42卷第1期；《下港（Bantam）の支那町》，《東洋学報》1948年6月第31卷第4期；《アンボイナ（Amboina）の初期支那町について》，《東洋学報》1951年第33卷第3期。

纪 50 年代后期，日本经济出现了增长高潮，20 世纪 60 年代又实现了"国民收入倍增计划"，20 世纪 70 年代末国民生产总值超过原西德，成为资本主义世界第二经济大国。随着战后经济的迅速恢复和发展，日本以向东南亚国家提供战争赔偿为契机，抓住了重新进入东南亚的机会。20 世纪 60 年代以来，日本以"经济合作"为立足点，与东南亚的国家经济关系日趋密切，使东南亚逐渐成为日本贸易、资本进出的重要地区，在这样的形势下，对东南亚的研究日渐受到重视。作为了解和研究东南亚的一个重要领域，华侨研究也重新获得日本学术界和政府部门、经济团体的重视。从 1958 年开始，日本先后建立了"亚洲经济研究所"（1958 年）、京都大学东南亚研究中心（1963 年）、亚非语言文化研究所（1964年）等综合研究机构，亚洲经济研究所很快成为日本研究华侨问题的重镇。一些学术团体也相继建立，如"东南亚学会"（1965 年）、"华侨经济研究会"（1971年）等。这些研究机构和团体聚集和动员了一批有专长的学者，从不同学科研究亚洲发展中国家问题，华侨、华人研究课题作为重要研究内容也列其中。一些非学术机构例如朝日新闻、每日新闻、日本海外贸易振兴会、东京银行等也进行关于华侨课题的调研活动。在此基础上，日本的华侨研究再度活跃，研究成果也增多起来。

据统计，这一时期出版的关于华侨的著作达 50 余种、论文 200 篇左右，这些论著从不同的学科领域或视角研究华侨华人问题，若依研究的广度和深度而论，都较前一时期大有进步，其中不乏在学界产生影响的著作，例如游仲勋的《华侨经济研究》《华侨政治经济论》[1]，戴国煇主编的《东南亚华人社会研究》（上、下）[2]，河部利夫的《东南亚华侨变动论》[3]，今堀诚二《马来亚的华侨社会》[4]，可儿弘明的《近代中国苦力与"猪花"》[5]，明石阳至的《南洋华侨救国运动（1937—1941 年）》，须山卓《华侨经济史》[6] 等。游仲勋著《华侨经济研究》运用阶级分析等理论，第一次较全面地论述了有关华侨经济的若干重要问题，提出"华侨经济的商品经济特征"，批判"华侨支配东南亚经济""华侨多是富人"等流行观点，是战后日本研究华侨华人的代表性著作之一。戴国煇主编的《东南亚华人社会研究》，较早提出应区别"华侨"与"华人"，以及东南亚的中国人正处于从华侨

---

① 游仲勋：《華僑経済の研究》，アジア経済研究所，东京，1969 年；《華僑政治経済論》，東洋経済新報社，东京，1976 年。

② 戴国煇主编：《東南アジア華人社会研究》（上、下），アジア経済研究所，东京，1974 年。

③ 河部利夫：《東南アジア華僑社会変動論》，アジア経済研究所，东京，1972 年。

④ 今堀诚二：《マラヤの華僑社会》，アジア経済研究所，东京，1973 年。

⑤ 可儿弘明：《近代中国苦力と"猪花"》，岩波书店，东京，1979 年。

⑥ 须山卓：《華僑経済史》，近藤出版社，东京，1972 年 7 月初版。

转变为华人的过程中的观点。河部利夫的《东南亚华侨变动论》也是日本学界较早观察到战后华侨变化的著作。须山卓《华侨经济史》从经济史的角度探讨海外华人社会的形成和发展，认为华侨的"帮"是其社会关系的最大支柱，明确指出"华侨问题的本质是与东南亚国家政治经济相联系而发生的种族、民族利害矛盾"。今堀诚二《马来亚的华侨社会》、可儿弘明的《近代中国苦力与"猪花"》在资料的运用上颇具特色，前者从华侨社团的碑文、祭器、匾额、吊钟以及各种会馆刊物考察了新加坡、马六甲、槟榔屿华侨社团历史，后者主要使用香港保良局等资料，论述近代中国被贩卖到海外的妇女和劳工的悲惨历史。同一时期，还有和田久德、吴主惠、中村孝志、冈部达味、市川健二郎、早濑利雄、米泽秀夫等学者的多项研究成果发表。

第三阶段：20 世纪 80 年代初至 90 年代初，可说是日本华侨华人研究的深入发展阶段。一方面，进入 20 世纪 80 年代，日资涌入东南亚国家，尤其是 20 世纪 80 年代中期以后，日本超过美国而成为东盟国家的最大资本供应国，遂更加关心与东南亚国家的关系。另一方面，由于日本等外国资本的大量投资，促进了东南亚国家产业结构的调整和经济的发展。作为当地民族经济组成部分的华侨、华人经济，也在这一时期得到迅速发展。华人的经营才能，华人之间长期形成的市场网络，使日资在东南亚国家投资时又往往寻找华人经营者作为其合作者或代理人。因此，对新形势下东南亚华人的变化，华人经济在居住国现代化过程中所扮演的角色，华人经济力量的实况，华人企业的经营方式等，都需要有深一步的了解和研究。

另一个重要原因是，20 世纪 80 年代以来，一方面，东南亚华侨社会已经转变为华人社会，东南亚国家与中国的关系日渐改善的同时，对国内的华侨政策也在调整；另一方面，中国实行改革开放政策，海峡两岸关系逐渐解冻，中国与海外华侨、华人的往来日渐增多，当世界重新认识中国的时候，中国的四个现代化建设与海外华人的互动关系引人注目。对这些问题的重视与探讨，促使日本的华侨华人研究进一步拓宽研究范围，使华人经济的研究也更为深入。

据统计，仅 1980—1993 年，日本出版华侨华人著作达 40 种，发表论文 160 篇。从著述的内容来说，首先是多集中在华侨、华人现状问题，华侨社会经济研究是重点；其次是华侨华人教育、文化的研究。从研究的国别（地区）来看，首先是世界性或地区性华侨、华人的综合研究占有重要分量，约 40%；其次是日本对本国华侨华人的研究；再次是新加坡、马来西亚、印度尼西亚等国别华人的研究，反映出日本学术界对东南亚地区性华侨华人问题和本国华侨华人问

他山之石

题的关心程度。这一时期研究东南亚华侨的重要著作有：戴国辉《华侨——从"落叶归根"到"落地生根"的苦闷与矛盾》[①]，内田直作《东南亚华侨社会与经济》[②]，李国卿《华侨资本的形成和发展》[③]，游仲勋《华侨——经济网络化的民族》[④]，河部利夫《华侨的动向——以东南亚华侨实况和各国华侨政策为中心的研究》[⑤] 等，江头数马《东南亚华侨与中国》、市川健二郎《中国的东南亚华侨政策——1955 年废除双重国籍协定的来龙去脉》、田中恭子《中国外交与华侨华人》等论文也有一定代表性。[⑥] 日本华侨史的研究也有新的进展，如斯波义信对北海道函馆华侨的研究，[⑦] 多位学者对神户华商吴锦堂、长崎华商"泰益号"资料的初步研究等。

三、20 世纪 90 年代的华人经济研究热

进入 20 世纪 90 年代初，日本的华侨华人研究总起来说涉及的范围仍很广泛，但从研究的课题和重要成果来看，又相对集中在"华人经济圈""华南经济圈""华人经济网络""华人企业集团"等华人经济范畴，可称之为"华人经济热"阶段。华人经济的研究之所以方兴未艾，主要是由下列两方面的原因促成的。其一，东亚、东南亚经济成为世界经济新的增长中心之一，这些地区的华人经济力量发展迅速，尤其是华人企业集团崛起及其国际化经营的扩展，使日本企业面临如何制定相应战略和对策的问题，日本国内对华人经济关心的程度也随之提高。其二，1992 年发表邓小平南方谈话和中共十四大确立了建立中国社会主义市场经济体制之后，中国的改革开放向纵深发展，经济持续高速增长，外资的投资也急剧增加，截止到 1996 年上半年，外资在中国的直接投资实际使用额已达 1534.6 亿美元，其中大部分来自港台和亚洲的华人资本。日本政府部门、企业

① 戴国辉：《華僑——"落葉帰根"から"落地生根"への苦悶と矛盾》，研文出版，东京，1981 年。
② 内田直作：《東南アジア華僑の社会と経済》，千倉書房，东京，1982 年。
③ 李国卿：《華僑資本の生成と発展》，文真堂，东京，1980 年。
④ 游仲勳：《華僑——経済ネットワークする民族》，講談社，东京，1990 年。
⑤ 河部利夫：《華僑の動向　東南アジア華僑の実態と各国の華僑政策を中心として》，日本外務省領事移住部査証室编印，1981 年。
⑥ 江头数马：《東南アジア華僑と中国》，《アジア時報》，东京，1996 年 8 月号；市川健二郎：《中国の東南アジア華僑政策——1955 年二重国籍廃止協定をめぐる》，《東京水産大学論集》，第 82 号，1982 年；田中恭子：《中国外交と華僑.華人》，载于岡部達味主编《中国をめぐる国際環境》（岩波講座《現代中国》第 6 巻），东京，岩波書店，1990 年，第 285 頁。
⑦ 斯波義信：《函館華僑関係資料集》，大阪大学文学部纪要，大阪，第 22 巻，1982 年 12 月。

界、学术界对这一现象十分关注，这也促使日本对华人经济的研究不断升温。这股研究热潮呈现出以下特点：第一，参与研究的机构较多。官方的权威经济研究机构，如日本贸易振兴会、亚洲经济研究所，大企业的研究机构如三菱综合研究所、野村综合研究所、富士综合研究所，民间社团如日中经济协会、日本机械输出组合，新闻媒体机构如日本经济新闻社，还有一些大学的研究所等，都组织人员进行调查研究，一些基金会也出资支持有关华人经济课题的研究。关注世界华侨华人动向的亚洲经济研究所也就华人经济问题，开展多项课题研究，如《"华南经济圈"——开放的地区主义》《亚洲国家对中国的投资》《从中国看东亚区域内的经济合作》等，其主要内容都涉及华人经济的发展与合作等问题。一些机构、团体举办的华人经济问题讨论会、报告会活动也十分活跃。第二，研究队伍阵营强大。除了知名的华人经济学者如游仲勋、涂照彦、李国卿等人之外，还包括了研究发展经济学的著名学者渡边利夫、中国经济问题专家今井理之、丸山伸郎、东南亚专家末广昭、原不二夫、小池贤治等，一批中青年学者也在研究华人经济的过程中脱颖而出，如亚洲经济研究所的新加坡经济研究者岩崎育夫、印度尼西亚经济研究者佐藤百合、日本（财）国际开发中心研究顾问、泰国华人经济研究者通泉克夫，富士通系统综合研究所主任研究员、华人经济研究者朱炎等人，都在各自熟悉的领域里对华人经济的发展及其影响问题进行研究，他们的论著和文章都有一定影响。游仲勋教授继 20 世纪 90 年代初出版了《华侨——经济网络化的民族》《世界华人——壮大中的华侨华人经济力量》两本颇有影响的著作之后，又陆续出版了多册新著，发表了多篇论文，对华人经济的迅速发展及其对亚洲，尤其对日本、中国产生的巨大影响有较为全面和详细的研究。据笔者所知，仅 1995 年一年内，游教授就有《华侨能改变亚洲吗——中国系经济圈的挑战》（PHP 研究所出版）、《华侨华人经济——对日本、亚洲的影响》（钻石出版社）、《世界经济的胜者——华人经营者的实况》（时事通信出版社）以及与可儿弘明教授合编的《华侨华人——迈向无国境的世纪》（东方书店出版）等四种著作出版，成为日本研究华人经济方面最具有影响力的学者。渡边利夫教授为首进行的华人经济课题研究，也连续出版了《华人经济网络——面向亚洲的中国、面向中国的亚洲》（实业之日本社出版，1994 年）、《华人经济的世纪——跃进中国的主角》（President 出版社，1994 年）、《概说华人经济》（有斐阁出版，1994 年）等著作，对于包括中国大陆、中国台湾、中国香港以及东南亚地区华人在内的华人经济存在感的增大，华人经济相互依存度的加深，以及华人资本的兴起等问题提出了自己的看法，认为"华人经济圈"也好，"中国经济大国论"也好，都是相当夸张的说法。[①]第三，对华人企业集团的研究逐步升温。华人经济迅速发展的显著标志之一是华人企业集团的兴起和壮大，这也令关注的焦点转向对华人企业集团的经营现状、管理模式进行探讨。近年来，在这方面有多种有分量的著述问世。井上隆一郎所编的《亚洲的财阀和企业》一书，虽然初版于1987年，但在1994年新版时又作了大幅度的补充和修订。该书选择亚洲地区33家最有影响的企业集团进行分析、论述，其中有22家是华人企业集团。[②]由于执笔者都是日本贸易振兴会的原海外工作人员和现职研究人员，因此，对华人企业集团的产生和发展以及运营现状的论述十分明晰，受到企业界、学术界的重视。亚洲经济研究所的小池贤治、星野妙子主编的《发展中国家的企业集团》(*Business Group in Developing Economic*)一书，从现代企业的经营管理理论入手，对泰国、印尼等华人企业集团的家族所有和经营形态作了深入分析和论述，[③]所用的调查资料和数据都是十分难得的。有关东南亚各国华人企业的研究，末广昭、南原真著《泰国的财阀——家族企业和经营改革》[④]、岩崎育夫著《新加坡的华人企业集团》[⑤]、原不二夫编《马来西亚企业集团的形成与改组》[⑥]和《原住民企业的兴起和马来人、华人的经济合作》[⑦]等都具有相当分量。例如《泰国的财阀》一书由经济学博士、著名泰国问题专家末广昭教授和泰国经济问题专家南原真共著，该著作从泰国走向新兴工业化国家的历程中，分析华人企业集团为主的泰国"财阀"的形成和改组过程，学术性、资料性、实用性都很突出，受到好评，1991年出版至今已再版5次。朱炎著的《亚洲的新龙——华人网络的秘密》[⑧]一书，对华人企业的经营特征和实力，以及在当地上市企业中所占的比重，都有新的论述。据悉该著作已被翻译成多种文字出版。从对华人企业集团的个案研究来看，佐藤百合的论文《三林集团(Salim Group)——东南亚最大的大型联合企业的发展与行动原理》[⑨]等也是不多见的典例分析。

---

① 渡辺利夫、今井理之编：《概説華人経済》，有斐閣，东京，1994年，第329页。
② 井上隆一郎编：《アジアの財閥と企業》（新版），日本经济新闻社，东京，1994年。
③ 小池賢治、星野妙子编：《発展途上国のビジネスグループ》，アジア経済研究所，东京，1993年7月。
④ 末広昭、南原真：《タイの財閥——ファミリービジネスと経営改革》，同文馆出版，东京，1991年。
⑤ 岩崎育夫：《シンガポールの華人系企業集団》，アジア経済研究所出版，1991年。
⑥ 原不二夫编：《マレーシアにおける企業グループの形成と再編》，アジア経済研究所出版，1994年。
⑦ 原不二夫编：《ブミプトラ企業の台頭とマレー人.華人協力》，アジア経済研究所出版，1995年。
⑧ 朱炎：《アジアの新竜——華人ネットワークの秘密》，东洋经济新报社出版，东京，1995年。
⑨ 佐藤百合：《サリム.グループ（Salim Group）——東南アジア最大のコングロマリットの発展と形動原理——》，《アジア経済》，アジア経済研究所出版，1992年第3期。

四、世纪之交的研究动向

经过了 1997—1998 年东亚金融风暴肆虐的"洗礼",很快就进入了世纪之交的时期。总起来看,日本的华侨华人研究在这几年中仍是活跃的,表现在研究活动和研究组织都有新的发展,研究队伍在成长,研究成果无论数量和内容都引人注目。

山下清海教授曾列举了较近时期出版的关于华侨华人社会研究的重要著作 35 种,[①] 其中有 23 种为 1997 年后出版,有 20 种是在 2000 年后出版的著作。虽然只是大致的并不完全的统计,但也反映出世纪之交在日本的华侨华人研究仍在继续发展的状态。如果与此前的研究成果作一些比较分析,世纪之交时期日本的华侨华人研究著述也有一些新动向值得评介。

(一)华人经济研究热降温

近几年,曾经在日本出现的研究华人经济热有所降温,多学科研究趋向愈益明显。这有两方面的原因,一方面,日本在 20 世纪 90 年代的前、中期出现了华人经济研究热,甚至华侨华人研究热,主要研究对象仍是具有经济实力的东南亚华人经济或亚洲华人经济。可是,1997 年夏季爆发的东南亚金融危机沉重地打击了东南亚的华人经济力量,中断了危机爆发前华人经济发展的良好势头。在 20 世纪 80 年代以来东南亚经济高度成长时期崛起的东南亚华人企业集团,大多数都受到不同程度的冲击,经济实力大为下降,印度尼西亚、泰国、马来西亚的一些重要华人企业集团有的一蹶不振,华人企业的业界版图在金融危机后已有很大变化。在这样的背景下,与华人经济迅速发展时期随之出现的"研究热"不同,金融危机后,对华人经济的关注度也下降了,"研究热"自然降温,仍在进行的华人经济研究,关注重点也转变为金融危机对华人经济和华人企业经营的冲击以及经验、教训的总结等。另一方面,由于世纪之交中国经济的持续高速增长,中国内地与港澳地区、台湾地区在经济上的联系日益紧密化,中国与东盟"10+1"自由贸易区框架协议的签订,东南亚华人和亚洲华人与中国经济的联系更加引人注目,对华人经济研究的重点也有所转变。

---

① 山下清海:《華人社会を知るための書籍.HP 案内》,(日)《地理》杂志,古今书院出版,东京,2003 年 8 月号,第 48~50 页。

这一时期，反映东亚金融危机爆发前的华人经济研究著作仍有多册问世，例如井上隆一郎的新作《亚洲有活力的企业》（1997年）、岩崎育夫著《华人资本的政治经济学》（1997年）等。岩崎育夫的这本专著是他多年研究新、马华人资本和企业经营的总结和深化，尤其对华人资本在东南亚国家国民经济和对外经济中的作用、地位做了深入分析，依据统计资料估算出华人经济在东南亚各国经济中所占的比例，批判了"华人支配东南亚经济"等传统观点，是日本学术界研究东南亚华人经济的又一力作。① 较为具体地研究东亚金融危机对华人经济和企业经营产生重要影响的著作，是朱炎编《亚洲华人企业集团实力——彻底验证》一书（2000年）。该著作从整个东南亚地区的视角出发，较全面地研究了包括东南亚国家和香港、台湾地区的华人企业集团，不仅论述了东亚华人企业集团的发展概况，而且具体分析了东南亚国家20家华人企业集团和港台8家华人企业集团的发展道路和经营特点，作为世纪之交研究华人企业集团的新作，用大量篇幅论述了在1997年金融危机冲击下华人企业集团发生的重大变化，包括不同国家和地区的华人企业集团受到的不同冲击和影响，以及为应对危机所采取的调整和重组策略等，及时把握了金融危机后华人企业集团最新发展动向。②

世纪之交，日本华侨华人研究的"经济热"虽然有所降温，但是有关国际移民、中国侨乡、华商网络、华人企业经营、日本侨史、东南亚华人社会史、华人认同和同化、华文教育、华文文学等研究方面也都有新的著作出版，其研究内容乃至研究理论和方法更涉及社会学、文化人类文化民族学、社会经济史学、经济学、教育学、文学等多学科领域，反映出有关华侨华人的研究越来越呈现出多学科综合、交叉研究的特点。例如田中恭子著《国家与移民》一书，就有马来亚、新加坡的华人移民史、华人移民的国籍问题、新加坡华人的语言统合与儒教教育、新加坡华人的认同问题、中国和新加坡关系与华人、中国的华侨华人政策等多项研究，是从多学科视角综合研究新马华人社会的新著。③ 在认同变化研究方面，原不二夫著《马来亚华侨与中国——归属意识转换过程的研究》具有很高的学术和史料价值，是作者研究马来西亚华侨问题的又一力作。④ 在海外华人社会变迁，尤其是唐人街研究方面，山下清海教授所做的人文地理学研究已有多部力作，《东南

① 岩崎育夫：《華人資本の政治経済学－土着化とボーダレスの間で》，东洋经济新报社，东京，1997年。
② 朱炎著：《徹底検証——アジア華人企業グループの実力》，ダイヤモンド社，东京，2000年。
③ 田中恭子：《国家と移民——東南アジア華人世界の変容》，名古屋大学出版会，2002年。
④ 原不二夫：《マラヤ華僑と中国——帰属意識転換過程の研究》，龙溪书舍，东京，2001年。

亚华人社会——华人、唐人街的人文地理学考察》是他最新调查研究的成果①。关于华侨与中国的关系，侨乡研究的新作令人瞩目，山岸猛著《华侨汇款——现代中国经济的分析》，以丰富、新颖的资料论述侨汇历史和现状，书中对中国改革开放后的侨汇研究，对新移民与闽粤侨乡经济变化关系的研究，填补了侨汇研究的空白。② 石田浩关于侨乡宗族的研究亦独具特色，作者先后7次赴福建著名侨乡晋江县实地调查，对施姓宗族的移民史、台湾和海外施姓宗族的发展以及他们与侨乡的关系，进行实证研究，发表过多项成果，③可说是通过姓氏个案研究血缘、地缘组织与侨乡社会经济关系的典例之一。较早关注华南侨乡研究的可儿弘明教授，也出版了新编《侨乡华南——现在的华侨华人研究》④一书。就华人文化教育的研究来说，对多元种族社会马来西亚、新加坡的研究又有新成果问世，已故东南亚社会地理学者太田勇教授遗作选编《华人社会研究的视点》⑤，对新加坡、马来西亚的华文教育、语言环境作了实地考察研究，不仅是社会地理学成果，也是研究东南亚社会文化的力作。在大型辞书的编撰方面，可儿弘明、斯波义信、游仲勋三位教授主编的《华侨、华人事典》⑥，是继周南京主编《华侨华人词典》（1993年）、潘翎（Lynn Pan）主编《海外华人百科全书》（1998年）、周南京主编《华侨华人百科全书》、台湾（地区）华侨协会总会编《华侨大辞典》（2000年）之后的又一部华侨华人大辞典，⑦是日本的华侨华人研究多年来学术积累结晶，也反映出多学科的研究"聚焦"在华侨华人研究领域取得的最新成果。

（二）研究本国华侨华人成果突出

长期以来，日本对本国华侨华人的研究有许多有价值的成果，如内田直作关于日本华侨社会的研究，中村质、宫田安、李献璋、重藤威夫、菱谷武平等诸位

他山之石

---

① 山下清海：《東南アジア華人社会と中国僑郷——華人．チャイナタウンの人文地理学的考察—》，古今书院，东京，2002年。

② 山岸猛：《華僑送金——現代中国経済の分析》，論創社出版，东京，2005年；参阅山岸猛：《華僑送金と僑郷の経済変化——厦門中国銀行資料を中心として、"文革"前から改革までを考察》，《日本における華僑華人研究——游仲勲先生古希記念論文集》，东京，風響社出版，2003年，第215~247页。

③ 石田浩：《中国同族村落の社会経済構造研究——福建伝統農村と同族ネットワーク—》，関西大学出版部，大阪，1996年。

④ 可儿弘明编：《僑郷華南——華僑華人研究の現在》，行路社出版，京都，1996年。

⑤ 太田勇著：《華人社会研究の視点——マレーシア．シンガポールの社会地理—》，古今书院，东京，1998年。

⑥ 可儿弘明、斯波義信、游仲勲主编：《華僑．華人事典》，弘文堂出版，东京，2002年。

⑦ 周南京主编：《世界华侨华人辞典》，北京，北京大学出版社，1993年；潘翎主编、崔贵强译：《海外华人百科全书》，三联书店有限公司，香港，1998年；周南京主编：《华侨华人百科全书》（12卷本），北京，中国华侨出版社，1999—2002年；华侨协会总会编：《华侨大辞典》，台北，华侨协会总会发行，2000年。

学者对长崎华侨史的研究，陈德仁、安井三吉、中村哲夫、鸿山俊雄等关于神户、大阪华侨的研究，斯波义信等关于北海道函馆华侨史和资料的研究，菅原一孝关于横滨中华街的研究等。但是，相比而言，日本对华侨华人研究的重点地域仍是放在东南亚等日本以外的地区，有关华侨华人问题的综合性研究和东南亚华侨华人研究一直是占主流地位的研究。20世纪80年代至今，随着日本华侨华人人数的激增，华侨华人社会的变化发展，新华侨华人知识阶层的空前活跃，对日本华侨华人的历史和现状的研究也愈来愈为学术界所关注，到了世纪之交，对日本华侨华人的研究已取得明显的进展，产生了一批有学术价值的著作。大致来说，这些成果的新意体现在三个方面：

关于日本华商经营史和日本华商网络的实证研究。代表性的研究是关于长崎华商"泰益号"资料文书的整理与研究，从1983年发现"泰益号"保存的数量巨大的企业经营史资料和福建会馆资料等珍贵史料后，就引起学术界的注意和兴趣，经过数年的艰苦研究和数位老中青学者的共同努力，围绕泰益号的多视角研究成果终于问世。山冈由佳（许紫芬）博士著的《长崎华商经营的历史研究——近代中国商人的经营和账簿》[①]，廖赤阳博士著《长崎华商与东亚交易网的形成》[②]，朱德兰博士所著《长崎华商贸易史的研究》等都是研究"泰益号"资料的力作。陈来幸教授关于中国商会、海外华商会网络与华侨社会研究，进一步揭示了商会的存在与机能对于华商网络形成的重要性[③]。

关于专题性、地区性的日本华侨华人史研究。陈焜旺主编《日本华侨、留学生运动史》历经14年完成，以翔实的资料，再现了1945年抗战胜利、1949年新中国成立、1972年中日邦交正常化三个历史阶段的日本华侨、留学生的爱国运动史，是华侨书写自身经历的、弥足珍贵的日本华侨历史"实录"[④]。以神户华侨史研究为中心的阪神华侨史研究、横滨华侨史研究，在近年中都取得新的进展。中华会馆编《落地生根——神户华侨和神阪中华会馆的百年》[⑤]，系统地论述了神户华侨130年的苦难史、奋斗史、贡献史，对中华会馆的创建和发展史也用了详尽

① 山冈由佳著：《長崎華商経営の史的研究》，ミネルヴァ書房出版，京都，1995年。
② 廖赤陽著：《長崎華商と東アジア交易圏の形成》，汲古書院出版，东京，2000年。
③ 陈来幸：《通过中华总商会网络论日本大正时期的阪神华侨与中日关系》，《华侨华人历史研究》，2000年第4期，北京；《海外华商会网络与环太平洋地区华侨社会》，《海外华族研究论集》第1卷，华侨协会总会出版，台北，2002年，第349~359页。
④ 日本华侨华人研究会 陈焜旺主编：《日本華僑.留学生運動史》，日本侨报社出版，东京，中华书店发行，2004年。
⑤ 中华会馆（神户）主编：《落地生根——神戸華僑と神阪中華会館の百年》，研文出版，东京，2000年。

地研究，对不同历史时期会馆发挥的"职能"作了分析和记录，资料翔实，态度严谨，堪称是日本华侨社团研究的最新代表作。近年来，横滨开港资料馆调查研究员伊藤泉美等人对横滨华侨史的研究引人注目，新著《开国日本与横滨中华街》一书，对1859年横滨开港后的华侨社会的形成以及华侨社会的经济、社会、文化状况进行探讨、分析，对华侨资料的收集、整理颇下功夫。①

关于日本华人认同问题和"新华侨"研究。日本桃山学院大学助教授过放博士著《在日华侨的认同变化——华侨的多元共生》②一书，是以社会学理论和方法研究日本华侨华人认同问题的代表作，该著作从日本华侨的历史和战后华侨社会的变化、日本华侨传统婚姻观的变化、华侨文化生态和心理意识分析等表层、中层、深层三个层次，由表及里考察日本华侨认同，尤其是以华侨的婚姻问题（婚姻观、择偶观、婚姻仪式）为中心进行了大量调查访问，在探讨"国际婚姻"的普遍化对传统华侨社会认同产生的影响方面，此书做出了有益的尝试。

对日本新华侨、华人的研究，也有多位华人学者出版了学术著作。所谓"新华侨"是指1972年中日邦交正常化后，尤其是在1979年中国改革开放后，中国人赴日并在日本就职或创业者，"新华人"与"新华侨"一样，也是在1972年后来到日本并取得日本国籍的中国人。据日本法务省公布的数字，截至2003年6月，在日本的中国人已达到424282人，其中的"新华侨"或"新华侨"预备军有30多万人。最近10多年来，新华侨、华人中具有高学历的专门技术人才越来越多，而且绝大多数人处于青壮年的年龄段，他们不只是从事华侨有经营传统的餐饮业和贸易业，而且广泛地活跃在日本的教育、研究、高技术产业、文艺、传媒等多领域。研究新华侨、华人在日本的奋斗和成就，段跃中博士做出了可贵的贡献。近年来，他主编了《在日中国人大全》《中国人的日本语著书总览》《在日中国人媒体总览》《中国人的日本奋斗记》等多部资料性、实用性兼具的书籍，真实地、全面地素描了日本新华侨华人的正面形象和新动向，为今后深入研究日本的中国新移民打下基础。他的学术著作《现代中国人的日本留学》③，则是系统探讨中国人赴日留学史的力作，尤其对改革开放后中国人赴日留学高潮的形成，在日中国留学生的教育、生活现状以及存在问题，留学生新移民与日本华侨华人社会的变化，中国留学生在中日文化交流中的作用等，做了较详尽地论述，对21世纪的中日关系、日本华侨华人社会研究以及中日两国留学政策的制定都有参考价值。

他山之石

---

① 西川武臣、伊藤泉美著：《開国日本と横浜中華街》，大修馆书店出版，东京，2002年。
② 過放：《在日華僑のアイデンティティの変容的認同变化——華僑の多元的共生》，东信堂出版，东京，1999年。
③ 段躍中：《現代中国人の日本留学》，明石书店出版，东京，2003年。

据段博士预测，今后 20 年内，日本的新华侨华人可能达到 100 万人规模，他们在中日民间交流中的地位将愈显重要。

（三）重视华侨华人研究理论和方法的探讨

作为一门多学科交叉研究的综合性研究的领域，华侨华人研究至今尚没有建立自身相应的理论体系和方法论，诸多课题研究都是引用相关学科例如社会学、民族学、文化人类学、历史学、经济学等学科的理论与方法，因此，目前尚难以诞生"华侨华人学"这样独立的或相对独立的学科。但是，人们也不难发现，许多研究者也在努力探讨适应华侨华人研究的理论和方法，在他们研究成果中往往可以看到理论求索的踪影。在日本的研究也是通过长期的学术积累，呈现出越来越重视华侨华人研究理论和方法的趋势。

1976 年，游仲勋教授在其所著的《华侨政治经济论》[1] 中，就"华侨研究的视野"问题提出，在华侨研究的理论与方法上，应从"劳动力国际移动与民族问题的视角"去研究的必要性，以及政治方面的"多种观点"和经济方面的"多重观点"的政治经济论，可以说，游先生是日本学术界较早直接提出华侨华人研究理论与方法的学者，此后又有斯波义信等多位学者相继谈到华侨华人研究的方法论问题，[2] 但相对而言，这方面的研究一向薄弱。进入世纪之交时期，人们可看到了日本学术界探讨华侨华人研究理论与方法的新气象。

从学科建设的高度，提出尝试建立日本的"华侨学"问题进行讨论，以从理论、观点、方法的总体上深化日本的华侨华人的研究。2003 年 11 月，爱知大学现代中国学会召开了"华侨华人研究的观点和方法——华侨学的尝试"专题讨论会，就构建"华侨学"的可能性和复杂性各抒己见，[3] 例如提出华侨学研究应重视国际关系学、法学、民族学、汉学等多学科的视野，研究方法应加强比较研究和多学科训练，资料收集和使用应重视华侨华人个人历史的资料等等。作为跨学科领域研究的华侨华人研究，已有长期的学术积累，探讨新的研究观点和方法是很自然的学术发展阶段，但是作为建立"华侨学"这一新学科的探讨，则是华侨华人研究向更深层次递进的新开端，日本学术界提出这一问题来探讨，虽然只是初步的议论，也可视为日本的华侨华人研究走向新阶段的启动。环顾国际学术界，

---

① 游仲勋：《華僑政治経済論》，东洋经济新报社，东京，1976 年。

② 斯波義信：《華僑史研究の方法論》，日本文部省科学研究费特定研究"文化摩擦"第 2 回シンポジウム报告书，1978 年。

③ 王赓武、高橋五郎等：《華僑学の構築をめぐって——その視座といくつかの方法》，爱知大学现代中国学会编《中国 21》，第 17 号，2003 年 11 月，风媒社，名古屋，第 3~26 页。

中国大陆、台湾学者也早就有人提出建立"华侨华人学"的看法，①近几年中国大陆学术界又就"华侨华人学"的建设问题进行了热烈讨论。中国华侨华人历史研究所主办的《华侨华人历史研究》杂志已发表了多篇专论，就"华侨华人学"建立的可能性和必要性，华侨华人学的形成和学科定位，理论与方法等问题进行了有益的讨论。②

重新检讨和思考华侨华人研究的理论和方法，从不同学科层面进行理论性总结。在华侨华人经济研究领域，国学院大学经济学部涂照彦教授重新探讨了华人经济研究的课题和方法问题，③他认为以往的华人研究主要涉及历史文化论、企业经营论、政治经济论、东南亚论等4个范畴，但许多重要论点尚未展开讨论。就华人经济的模式、特殊性及其地位问题，涂教授分别对中国华人论、网络论、东亚论、华人资本主义等理论和观点作了分析，对于华人研究领域的理论性探讨是有启发的。富士通总研经济研究所朱炎提出了当前华人经济和华人企业管理研究应重视的新课题，他认为近年来华人社会和华人企业正在发生各种变化，例如，由于东南亚各国对华人限制逐渐放宽，华人社会地位提升，华人企业经营外部环境的变化；华人企业与当地原住民企业、政府企业和外资企业之间资本关系的加强；东亚金融危机造成的华人经济和华人企业实力的下降，对亚洲经济影响力的弱化；华人企业的经营者正在经历的新老交替促使华人企业加速向一般的普通企业转化；中国经济的高速成长对华人企业发展的推动；等等，这些将给华人经济研究带来重大影响，使其发生方向性变化，因此也提出了许多新的课题。④在其他学科领域，例如三重大学人文学部荒井茂夫教授根据重新认识马来西亚、新加坡华文文学史得出的观点，讨论了相关问题，对有关华文文学的属性以及认同问题处理的理论问题进行了考察。⑤在华侨华人研究理论和方法的探讨中，华人青年学

---

① 廖钺：《努力把华侨学建立起来》，《广东华侨历史学会通讯》1982年第1期，第14~15页，广州；陈烈甫：《华侨学与华人学总论》，商务印书馆，台北，1987年。

② 郭梁：《中国的华侨华人研究与学科建设——浅议"华侨华人学"》，《华侨华人历史研究》2003年第1期；吴小安：《华侨华人学科建设的反思：东南亚历史研究的视角与经验》，《华侨华人历史研究》2003年第3期；梁志明：《试论华侨华人学科的形成与定位》，《华侨华人历史研究》2003年第4期；李安山：《华侨华人学的学科定位与研究对象》，《华侨华人历史研究》第2004年第1期。

③ 涂照彦：《華人経済研究の課題と方法》，《日本における華僑華人研究——游仲勲先生古希記念論文集》，風響社出版，东京，2003年，第11~38页。

④ 朱炎：《華人経済研究に関する考え方》，爱知大学现代中国学会编《中国21》，第17号，2003年11月，风媒社，名古屋，第34~36页。

⑤ 荒井茂夫：《華文文学研究の理論的課題と争点》，爱知大学现代中国学会编《中国21》，第17号，2003年11月，风媒社，名古屋，第113~138页。

他山之石

者陈天玺博士著《华人裔群——华商的网络和认同》[①]一书，在这方面迈出了可贵的步伐。该著作对华商的网络和认同的探讨，不囿于过去一般性探讨的框架，而是从多维的角度分析论证华商的网络和认同的多重性。从"多重性"角度探讨已被广泛运用的认同、网络论，构成本书的重要特色。

（原载于刘泽彭主编：《互动与创新——多维视野下的华侨华人研究》，广西师范大学出版社，桂林，2011 年）

---

① 陈天玺：《華人ディアスポラ：華商のネットワークとアイデンティティ》，明石書店，东京，2001 年。

20世纪日文华侨华人著作选介

20 世纪前半期，日本是亚洲的侵略大国；20 世纪后半期，日本成为亚洲乃至世界的经济大国。无论是在日本对外侵略和掠夺的历史上，还是在经济贸易的扩张活动中，东南亚地区在其对外战略中都占有重要地位，而这一地区人数众多、又拥有经济实力的华侨华人动向，也始终是日本朝野关心和感兴趣的重要问题。长期以来，他们对这一庞大群体的调查研究从未中断，发表论著之多亦堪称世界之最。但是，由于语言文字障碍，国内读者对日本研究华侨华人的实况还知之不多。20 世纪 80 年代以来，笔者虽曾多次在国内外刊物撰文，评介日本出版的华侨华人研究成果（包括著作、文献、资料集等），但囿于篇幅，也只能勾勒研究总体轮廓和介绍概况，对这方面的重要著作尚无法具体介绍。为弥补这一缺憾，同时也为了更多地了解国外学术动态，现选出日本在 20 世纪内出版的重要的华侨华人著作 44 种，并依出版年代排序，一一介绍如下。

《華僑経済論》
（《华侨经济论》）

福田省三著，巖松堂書店出版，1939 年，东京。

该著作较系统地论述了有关华侨经济发生发展的若干重要问题，有下列内容：华侨的意义，华侨移居的原因和历史演变，华侨经济的基础，南洋各国（包括马来亚、印度支那、印度尼西亚、泰国、菲律宾等）华侨经济的地位与作用，中国与华侨经济的关系，日本与华侨经济的关系，等等。

该著作是日本出版的第一部华侨经济专著，引用了大量文献资料和统计数字，尤其是经作者系统整理的 20 世纪二三十年代的南洋华侨经济状况资料很有参考价值。书中对南洋华侨资本额的估算和华侨经济作用的分析也有独到之处。但是，该著作是适应 20 世纪二三十年代日本推行"南进"政策需要而发行的，其基本政治立场仍然是为当时日本军国主义的侵略扩张行为进行辩护的。

《南洋華僑叢書》全 6 卷
（《南洋华侨丛书》全 6 卷）

日本满铁東亜经济调查局印行，1939—1941 年，东京。

该丛书为"二战"前日本出版的分量最重、资料最为详细和系统的东南亚华侨著作，由日本的侵略、殖民机构——南满铁道株式会社（满铁）东亚经济调查局组织有关专业人员编写而成，其目的是配合日本帝国主义的南进政策，为日本在南洋地区进行扩张和侵略活动提供情报和背景资料。该丛书的编辑方针明确指出，日本要实现"新亚洲"秩序，要在东南亚进行贸易和经济开发，必然要与广大华侨直接发生关系，因此华侨的经济乃至社会地位是不容忽视的。此套丛书正是就南洋各国华侨的政治、经济、社会及文化状况，尤其就南洋华侨的经济动态及其在当地的地位作了重点调查和研究，形成了较为详细、完备的 20 世纪 30 年代南洋华侨经济、社会资料，具有较大的参考价值。全书共分 6 卷，现分述如下：

第 1 卷《泰国华侨》，宫原义登编，满铁东亚经济调查局印行，1939 年 8 月，东京。

该卷的内容共有 7 章，并附有统计表索引和一般索引。第 1 章论述暹罗与中国的历史关系；第 2 章论述暹罗华侨的人口统计，移居暹罗的动机、特点和发展方向；第 3 章论述暹罗华侨经济势力（各行业中的华侨经营活动）的积蓄过程和经济地位；第 4 章论述日暹贸易中暹罗华侨的地位和华侨抵制日货的影响；第 5 章论述暹罗华侨对中国经济的贡献；第 6 章论述暹罗华侨社会的教育、社会机构和华侨团体；第 7 章论述暹罗政府对华侨的政策。

第 2 卷《法属印度支那华侨》，杉山茂显编，满铁东亚经济调查局印行，1939 年 8 月，东京。

该著作共分 9 章。第 1 章为印度支那华侨发展史概要；第 2 章为印度支那华侨的人口籍贯和职业分类；第 3 章为印度支那华侨经济势力的积蓄过程和华侨经济地位；第 4 章为印度支那对日本的输出入贸易与华侨；第 5 章为华侨对中国的贡献；第 6 章为印支华侨教育；第 7 章为华侨的言论机关；第 8 章为华侨的团体及其成员；第 9 章为卢沟桥事变与华侨。书末附有本书索引、统计表索引和参考资料。

第 3 卷《菲律宾华侨》，井出季和太编，满铁东亚经济调查局印行，1939 年 8 月，东京。

该卷内容共分 9 章。第 1 章"序言"略述菲律宾华侨的特点；第 2 章"华侨简史"，分为殖民地时期以前、西班牙殖民统治时期、美国殖民统治时期三个历史时期进行论述；第 3 章"菲律宾华侨人口"；第 4 章"菲律宾华侨的特性"；第 5 章"华侨政策"，包括菲律宾殖民地政府的华侨政策和中国政府的华侨政策；第 6 章"华侨经济"，包括华侨经济概论、华侨在菲律宾国内的投资、华侨进出口贸易活动、华侨商店的经营和组织、华侨富商的活动、华侨的金融机构、华侨向中国的汇款和投资等；第 7 章"贸易"，论述不同历史时期华侨在菲律宾对外贸易中的作用；第 8 章"华侨社会"，论述华侨教育、新闻、社团组织等；第 9 章为"事变与华侨"，论述菲律宾华侨在"济南事变""卢沟桥事变"中的抗日救国活动。书末附有索引、统计表索引、参考文献等。

第 4 卷《荷属东印度华侨》，由岩隈博、竹林勋雄、后藤友治合编，满铁东亚经济调查局印行，1940 年 1 月，东京。

该卷为印度尼西亚华侨资料，共由 6 章及附录组成。第 1 章"华侨发展史概要"论述了封建时期、东印度公司时期、1870 年以前的时期和产业资本主义确立以后时期的印尼华侨简史，并有附录"西婆罗洲华侨史"；第 2 章"关于华侨人口统计的考察"，按照印尼华侨的不同出生地、不同地域分布以及籍贯、职业进行统计，并论述了华侨人口增加的趋势和原因；第 3 章"印尼政府的华侨政策"；第 4 章"华侨的经济势力"，包括经济概况以及对华侨经营的商业、金融业、农业、工业、矿业、林业、渔业的考察；第 5 章"华侨的文化与社会"，包括华侨的教育、宗教信仰、舆论机关、华侨社团组织以及鸦片、犯罪问题的考察；第 6 章"华侨对本国的贡献"，论述华侨与中国的经济、政治关系。该卷并有附录资料 3 项，即"主要城市华侨重要人物调查表""华侨主要企业名录""华侨人口和职业别统计表"等。

第 5 卷《英属马来亚、缅甸及澳洲的华侨》，由井出季和太、须山卓、国本嘉平次合编，满铁东亚经济调查局印行，1941 年 1 月，东京。

该卷共分马来亚华侨、其他地区华侨两大部分。第一部分论述英属马来亚华侨，分为华侨史、华侨人口及种族、英属马来亚政府的华侨政策、中国政府的华侨政策、华侨的政治活动、华侨的经济势力（包括各产业、商业、金融业、交通业、华侨劳工、交通业等）、华侨与马来亚的对外贸易、华侨的文化事业、华侨社会、七七事变与华侨等内容。第二部分论述英属北婆罗洲、沙捞越、文莱、缅甸、澳大利亚以及其他太平洋岛屿的华侨现状，包括华侨的简史、人口和移民、华侨的经济事业、华侨社团组织以及华侨的抗日救国活动等。书末附有索引和参考文献。

第6卷《南洋华侨与福建、广东社会》，满铁东亚经济调查局印行，该卷是中国学者陈达著《南洋华侨与闽粤社会》一书的日文译本。原著于1940年由中国商务印书馆出版。

《華僑史〈增補版〉》
(《华侨史》〈增补版〉)

成田節男著，萤雪书院出版，1942年，东京。

该书初版于1941年，是日本出版的第一部具有学术价值的华侨通史著作。

全书分为"总论""各论"两大部分。总论中有"华侨的意义""南海交通的黎明时代""唐代的南海交通""市舶司贸易时代"（宋、元）"走私贸易者航海时代"（明、清）"苦力贸易""民国革命和华侨""20世纪华侨的激增""中国的华侨政策"等11章；各论共7章，分述了泰国、英属马来亚、菲律宾、爪哇、文莱、法属印度支那等国的华侨历史与现状，还论述了华侨社会与中国的关系。

该书引用了大量中文和西文的著作文献研究成果，在分析、归纳大量史料的基础上，提出了南洋华侨历史发展的基本线索和主要问题，在划分华侨历史分期方面也有自己的体系，因而该书成为当时日本人了解南洋华侨的基本著作，作者成田节男也被视为日本研究华侨史的"权威"。

《華僑雜記》
(《华侨杂记》)

根岸佶著，朝日新闻社出版，1942年，东京。

该著作是一本全面介绍东南亚各国华侨历史与现状的小册子，出版于太平洋战争期间，正如作者在序言中所坦言，写作这一简明华侨著作是为日本军国主义实现"大东亚共荣圈"服务的，是为日本侵略者制定对东南亚华侨政策提供背景参考资料的。

全书分为总论、华侨的经济地位、南洋各国的华侨现状（按国别叙述华侨从事的各项经济事业）、华侨与中国关系、华侨居住国的华侨政策、华侨与时局（抗日动向）、大东亚战争与华侨新动向、华侨珍闻（包括华侨人物、华侨的经营手法以及孙中山与华侨等）等章节，由于内容涉及面较广，作者又是日本学术界关于华侨基尔特（Guild）研究的提倡者，所以该著作对日本的华侨研究有一定影响。

《華僑本質の分析——華僑の社会学研究》
（《华侨本质的分析——华侨的社会学研究》）

吴主惠著，日本東洋大学社会研究所出版，1961 年，东京。1973 年，书名改为《华侨的本质——其社会学的研究》，由东京青也书店出版。

该书作者是社会学家，先后任早稻田大学、东洋大学教授。他认为华侨是世界上有着最为强烈的民族背景的移民集团，应该从民族社会学角度去把握华侨的本质。所谓民族社会的本质，即是一个民族自身内在的固有的血缘和文化相互作用的关系，可以说华侨社会的本质是以家庭和帮为基础的社会，或者说是由地缘和血缘关系构成的"帮式社会"。作为一部社会学研究专著，该书全面和深入地分析了有关华侨社会的方方面面。第 1 章"华侨的基本概念"，论述了华侨的定义、华侨存在的意义以及华侨的基本特征；第 2 章"华人产生的方式"，论述了华侨产生和形成的原因、华侨的移民方式；第 3 章"华人的社会构成"，从统计数字、地区分布、籍贯出身、职业领域、混血现象等多方面分析华侨社会的构成状况；第 4 章"华人意识的基础"，从乡土背景、人文要素、精神要素（心理、信仰、道德规范）等方面分析华侨意识；第 5 章"华侨社会的本质"，包括华侨的概念、华侨团体的概念、华侨家庭的本质、华侨家庭生活、华侨社会阶级性、华侨社会的病态等内容；第 6 章"华侨资本的实体"，从华侨资本的概念、华人金融的分析、华侨资本的性质等方面进行论述；第 7 章"华侨的精神结构"，包括华侨特性的表现方式和结构分析等内容；第 8 章"华侨与中国的关系"，包括中国华侨政策的演变、华侨与中国的政治关系、经济关系、社会关系等内容；第 9 章"结论"，增补了作者对战后以来华侨在居住国面临的民族主义限制政策、华侨教育和文化的传承等问题的看法，认为只要不失去华侨本质，侨心就依然存在，华侨的特性就终有发挥出来的时候。

《華僑経済の研究》
（《华侨经济的研究》）

游仲勋著，アジア経済研究所出版，1969年3月，东京。

著者1932年生于台北，1960年神户大学大学院经济学研究科博士课程毕业，经济学博士，先后任熊本商科大学经济学部教授，国际大学大学院国际关系学研究科教授、亚洲发展研究所所长，1994年4月起任亚细亚大学国际关系学部教授。

该著作是用马克思主义经济学理论分析和研究东南亚华侨经济的重要论著，主要内容有：（1）华侨经济的类型和产业结构；（2）华侨经济的商品经济特征；（3）华侨资本的历史发展过程；（4）华侨资本额的估算；（5）华侨企业的形态及其特征；（6）主要由华侨资本组成的华侨社会经济组织；（7）华侨社会的阶级构成；（8）对华侨社会的经济支配；（9）华侨居留国政府的华侨经济政策。

该著作评价和总结了前人的研究成果，广征博引国内外文献资料，针对华侨经济研究中的重大问题，提出了自己独到的见解。例如，第一，对"华侨支配着东南亚经济""华侨是富人"等传统、流行的观点，从理论上进行批判；第二，提出了"华侨经济的商品经济特征"这一重要观点，并论证了华侨经济的显著特征之一就是商品经济发达；第三，详细地估算了战前至1968年期间东南亚华侨的资本额。该书出版后，受到日本国内外华侨问题研究者的重视和好评，日本学术界有人评价说该书是"战后华侨研究中真正唯一的好书"。（见《亚洲经济》杂志第10卷，第12期，第106~109页，东京）

《華僑》
（《华侨》）

河部利夫著，株式会社潮出版社出版，1972年，东京。

该作者主要考察了战后在东南亚民族主义国家结构中，华侨的处境和地位，以及华侨是如何变化和发展的问题。全书共分7章，第1章"出外谋生的移民"、第2章"唐人街"、第3章"祖国之光"、第4章"东洋犹太人"、第5章"变动中的华侨"、第6章"从华侨到华人"、第7章"华侨研究的倾向"。作者是日本外国语大学亚非语言文化研究所教授，东南亚研究专家，曾多次赴泰国等东南亚国家调查研究。作者根据自己实地考察的结果，对华侨社会不变论持否定态度，认为战后以来华侨社会已发生了很大变化，东南亚华侨社会面临所在国家新的政治和社会环境，不得不走上定居和融合的道路，而土著社会和华侨社会的"融合"，则形成新的"第三民族社会"。不过，因为东南亚各个国家的华侨与土著的融混程度不一样，东南亚社会可分3种类型：马来西亚型的复合社会，菲律宾型的混合社会，泰国型的融合社会。该著作较早注意到战后东南亚华侨社会的变化，并提出"第三民族社会"的理论，在学术界有一定影响。

《マラヤの華僑社会》
(《马来亚的华侨社会》)

今堀誠二著，アジア経済研究所出版，东京，1973年。

该著作是作者于1966—1972年期间3次赴新加坡、马来西亚进行华侨历史和社会调查后的研究成果。书中论述了新加坡、马六甲、槟榔屿三地华人社团的发展历史，对华侨商业、手工业"基尔特"的产生和发展进行考证，也对华侨血缘、地缘、行业组织的沿革进行考证，并纠正了前人关于华侨社团成立年代的一些错误。作者在实地调查时广泛搜集华侨和华侨社团的碑文、祭器、匾额、吊钟、香炉，以及各类会馆刊物、章程、捐赠芳名录等第一手资料，从中分析掌握华侨社团的单位、组织结构、性质、历史以及社团间的相互关系。

该书由马来西亚华人学者刘果因译成中文出版，"译者序"这样写道："本书最值得令人敬服的，是处理资料的方法，竟能从千头万绪中，找出华侨社会的真相。"

《華僑〈修訂版〉》
(《华侨》〈修订版〉)

须山卓、日比野丈夫、藏居良造合著，日本放送出版協会出版（NHK图书202），东京，1974年。

该著作是战后日本出版的一部全面介绍有关华侨基本知识的普及读物，观点较新，学术界也时有引用，初版以来已多次再版。

全书共有5章。第1章叙述了华侨问题的概观、新加坡中华街及其生活、侨乡华南（风土、历史、社会）、苦力和契约华工、从契约移民到自由移民等内容；第2章论述了华侨的经济力量，包括一些从苦力到买办并上升为杰出人物的过程，华侨经济的支柱——帮，华侨对祖国的捐款等内容；第3章论述华侨的文化和生活思想；第4章论述了第二次世界大战后新的华侨形象，如华侨面临的东南亚国家的民族主义、同化和融合等问题以及他们不得不做出调整以适应新环境的现状；第5章是关于华侨问题的几点思考，提出了诸如"华侨的特性""世界移民史中华侨的地位""中国与华侨""日本、东南亚与华侨"等问题。

《東南アジア華人社会の研究〈上・下〉》
（《东南亚华人社会的研究〈上・下〉》）

戴国煇编，アジア経済研究所出版，1974 年，东京。

该著作为亚洲经济研究所在 1971—1972 年设立的课题组——"东南亚的社会、经济研究会"的最终成果，分上、下两册出版，共收录了 12 位作者的 11 篇论文，内容涉及东南亚华人研究的角度和方法、在日本居留的外国人（包括华侨）的法律地位、华人社会与客家史研究的现代课题、东南亚华人的适应性、华人教育与文化、东南亚华人华侨社会的同乡会馆和"帮"、菲律宾华侨社会经济状况、"九・三〇"事件前后的印尼华人，等等。

该书的中心思想是，战后东南亚各国的华侨历经曲折适应新的环境变化，绝大部分华侨都已成为当地公民，他们新的生活准则是为居住国建设积极做出贡献，应该以"华人"的角度去研究他们在东南亚各国建国过程中的地位和作用，正确地树立华人形象，同时也要研究、阐明华侨转变为华人这一历史过程以及随之而来产生的各种问题。而要做到这点，必须把华人问题放在东南亚国家的发展过程中，放在居住国的政治、社会、经济结构中去研究，否则难以得出正确的结论。对于身份已经发生改变的华人、华裔与中国的关系，编者认为，尽管他们在家庭生活、风俗习惯、宗教观、价值观等方面还不可能完全脱离中国传统的影响，在文化上还表现出中华文化的怀乡病，但是他们今天的生活原则已不是停留在"衣锦还乡""叶落归根"，而是选择了作为居住国的一员。

该著作正确把握了战后东南亚华侨社会转向华人社会这一历史巨变的动向，提出了华侨研究的新方向，不啻为开拓战后华人研究领域的先驱著作之一。

《華僑政治経済論》
（《华侨政治经济论》）

游仲勋著，東洋経済新報社出版，1976 年，东京。
该著作是作者继《华侨经济的研究》出版后的另一册有代表性的华侨问题论

著，在一定的意义上来说，是对《华侨经济的研究》一书的补充和发展。

全书由"华侨研究视野""华侨政治论""文革与华侨经济""华侨所得与华侨投资""华侨银行业发展简史""华侨农业的结构（包括全体的考察和橡胶栽培业等个别部门的考察）""华侨农村的再生产和流通结构""华侨劳动阶层的形成和发展""华侨政治经济展望"等章构成。作者认为自己过去进行的华侨经济研究，偏重于探讨华侨资本问题，华侨资产阶级因而成为分析重点，但忽视了对华侨无产阶级、农民阶级的研究。因此，此书运用阶级分析方法，着重研究华侨无产阶级、农民阶级的形成与发展，尤其是对以橡胶栽培业为代表的华人农业经济的研究更为详细。在研究理论和方法上，作者在该书中阐明了从"劳动力国际移动与民族问题论的视角"去研究华侨问题的必要性，并提出了一些应深入研究的问题。该作者还认为 20 世纪 60 年代中期以来，华侨经济主要是"随着世界潮流及居住国经济形势而发展的，中国的政治经济形势无论发生什么变化，也决不会对华侨经济产生决定性影响"。

台北中华学术院南洋研究所在 1984 年出版了该著作的中文译本。

《神户大阪の華僑——在日華僑百年史》
（《神户大阪华侨——日本华侨百年史》）

鸿山俊雄著，華僑問題研究所出版，1979 年，神户。

该著作记述了自 1867 年神户开港以来百余年间，华侨移居神户、大阪地区从事商业贸易活动的经纬，有一定的资料价值。全书分为两大部分。第一部分"前篇"，分 7 个历史时期论述了神户大阪华侨的经济活动以及华侨社会的变化；第二部分"后篇"，从历史上考察了有关神户大阪华侨社会的重要事项，包括神阪华侨的同乡团体，中华总商会，华侨学校，华侨建立的关帝庙、墓地，华侨人口的历年统计和职业，台湾籍华侨状况，阪神两地华商的特点，神户的唐人街——南京町，华侨的文化和医药事业，神户华侨的犯罪简史，神户华侨从事的 22 种行业情况调查，等等。

《華僑「落葉帰根」から「落地生根」への苦悶と矛盾》
（《华侨从"落叶归根"到"落地生根"的苦闷和矛盾》）

戴国辉著，研文出版社（山本书店出版部），1980 年，东京。

他山之石

该著作是作者有关华侨华人问题研究的论文集，收录了自 1971 年至 1980 年期间在日本有关杂志和报刊发表的文章 17 篇，表述了作者在这一期间对东南亚和日本的华侨华人处境、变化以及前途和看法。主要篇目有"东南亚华人研究的视角""从'落叶归根'到'落地生根'的苦闷和矛盾""印度支那剧变与'华侨'""'华侨'的前途""东南亚'华侨'资本与国界""亚洲的华人华侨问题（与中山一三的谈话记录）""致日本华侨的信""无依无靠之民——'华侨'"等等。该书涉及面广，观点新颖，尤其是对 20 世纪六七十年代以来华侨华人的巨大变化作了及时地观察与研究，提出应将华侨、华人作为当地少数民族来对待，多数民族应该尊重华人少数民族的文化和特性，在平等的立场上共同塑造新的国家形象，而不应该简单地采用同化、融合、统合政策对待华人、华侨问题。

《華僑資本の生成と発展》
（《华侨资本的形成和发展》）

李国卿著，文真堂出版，1980 年，东京。

该著作是系统研究东南亚华侨华人经济问题的力作之一。东南亚华人华侨占世界华人华侨总数的 85% 以上，具有强大的经济力量和影响，是当地国家的重要族群。但是，众所周知，历史上源源移出到东南亚的中国人在背井离乡前基本上都是一文不名的穷苦人。那么，他们到了东南亚究竟是如何积累起资本的，并一步步发展到拥有今天的财富？这是一个看似简单而实际上却又十分复杂的问题，也可以说是研究华侨史乃至华侨经济史的重大课题。该著作对华侨资本的形成和发展问题进行了历史的考察，还展望了 20 世纪 70 年代中期东南亚国家政治经济形势变化后华侨经济应走的道路，较客观地回答了有关华侨资本的积累、发展诸问题。全书分为 3 章。第 1 章"问题的提出"，通过对华侨在世界各地的地位、华侨面临的各种问题的分析，指出华侨问题的重要性。第 2 章"华侨资本的形成和发展"是本书的主体部分，分为"总论"和"各论"。"总论"通过追溯华侨的历史发展，分析东南亚各国与华侨的密切关系，比较东南亚和其他地区的华侨历史发展的不同特点，并提出了作者独特的华侨历史"分期法"。"各论"分国别概述东南亚国家华侨经济发展的不同特点，分析泰国、印度尼西亚、马来西亚、新加坡、菲律宾等 5 国和印支 3 国华侨资本的形成过程和现状、华侨经济对所在国经济发展所起的作用，各国华侨政策的实质和不同效果，以及华人今后要取得自身的发展必须做出的努力。第 3 章"华侨经济的展望"主要是根据以上分析探讨华侨经济今后的发展方向。该著作提出的许多基本观点，至今仍不失其参考价值，例如，华人资本应"向工业资本转化"，摆脱本身内在的"前资本主义性质"，同时应与当地土著民族通力合作以发展居住国经济；另一方面，当地国家必须对华侨华人政策持慎重态度，历史已经证明，东南亚国家的经济发展与他们采取的华侨华人政策有密切关系，保障华人的经济地位才能发挥华人在经济中的机能，促进本国经济社会的发展。

该书作者李国卿系日本华人，原籍中国吉林省，日本庆应义塾大学经济博士，还著有《泰国华人经济的演变与前瞻》（台北，世华经济出版社，1988 年）等著作。《华侨资本的形成和发展》一书出版后受到日本学术界好评，1984 年由郭梁、金永勋译成中文版《华侨资本的形成和发展》（福建人民出版社），2000 年 2 月该中译本经修订后由香港社会科学出版社再版发行。

《東南アジア華人社会の宗教文化》
（《东南亚华人社会的宗教文化》）

窪德忠编，耕土社出版，1981 年，东京。

该著作是东京大学教授窪德忠为首的东南亚华人社会的宗教文化课题组的调研成果。在日本文部省科学研究费补助金支持下，该课题组于 1977 年和 1979 年两度赴新加坡、马来西亚等地调查有关华人社会的宗教文化现状，尤其是了解当地华人原有的宗教与土著宗教之间的关系、宗教的复合状况以及在多民族国家中宗教的社会作用等，并在调研的基础上整理出部分成果，汇成此书。

全书共收录 6 篇论文，①窪德忠：《马来西亚的土地神信仰》，主要内容有关于大伯公、龙神信仰的考察；②直江广治：《马来西亚华人社会地缘、业缘、血缘团体的组织、机能及其信仰的基础》，对地缘团体"会馆"、业缘团体"行会"、血缘团体"宗亲会"分别进行了考察；③佐佐木宏干：《黄教派一个新宗教集团的结构和机能——关于马来西亚"黄老仙师慈教"的调查》，对黄老仙师慈教的建立、吉隆坡慈德庙的组织运营和主要活动等进行了考察；④田茂雄：《华人社会的佛教礼仪》；⑤白水繁彦：《日本宗教在东南亚的普及》；⑥野口武德：《新加坡的近代化与宗教——围绕住宅政策的考察》。

《函館華僑関係資料集》
（《函馆华侨关系资料集》）

斯波義信编，日本大阪大学文学部印行（《大阪大学文学部纪要》第 22 卷），
1982 年出版。

该资料集为 1977—1979 年度日本文部省特定研究项目"东亚和东南亚地区
文化摩擦研究"的成果之一，由当时大阪大学文学部斯波义信教授为首的研究组
前往北海道函馆市进行实地田野调查，收集当地华侨和会馆的各种资料加以整理
而成。

该资料集收录了 19 世纪 50 年代至 20 世纪 30 年代期间有关北海道函馆华侨
商人及其团体的经济、社会、文化活动诸多记录，并依年代顺序加以整理。主要
内容有：日本幕府末期至昭和初期广东帮华商和三江帮华商（以宁波人为中心）
在北海道收购海产品的活动记录，昭和初期福建福清邦从事各种职业的活动记录，
函馆华侨中枢组织——中华会馆各种活动记录（例如中华会馆账簿资料、补助账
簿资料，中华会馆的章程、选举活动资料，中华会馆的关帝庙、匾额、柱联、诗
书资料，中华义冢等资料）。

该资料集的"解说"部分有一定的学术价值。它详述了研究函馆华侨的动机
和意义，并依据大量的调研资料和文献记录，将 1854 年至 1979 年间的北海道华
侨历史变化划分为六个不同的历史时期，论述华侨社会及其核心中华会馆的形成
发展以及变迁，使人们知之较少的北海道华侨社会的全貌得以展现，为日本华侨
的研究填补了空白。

《東南アジア華僑社会と経済》
（《东南亚华侨社会与经济》）

内田直作著，千仓书房出版，东京，1982 年。

该著作研究了东南亚地区的曼谷、仰光、新加坡三地的华侨社会"帮"的结
构和经济活动。主要内容有：第 1 编，曼谷的华侨社会结构，包括潮州帮及其经
济活动，福建帮的历史、福建会馆的职能的结构，客家帮的历史和特点、客属总
会的职能和结构，海南帮的形成、特点以及海南会馆的职能，广肇帮社会的发展、
广肇会馆的职能和结构以及有关机构；曼谷的江浙会馆、台湾会馆、中华会馆、
泰国中华总商会的结构和职能分析。第 2 编，仰光的华侨社会和经济，包括福建

帮和广东帮的社团和职能。第 3 编，新加坡的华侨社会和经济，包括新加坡的华侨社会结构的发展、新加坡的政治独立和华侨社会结构变革。

本书作者为日本著名的华侨问题专家。

《日本華僑と文化摩擦》
（《日本华侨与文化摩擦》）

山田信夫编，巌南堂書店出版，1983 年，东京。

该著作收录了有关研究日本华侨的 10 篇论文，就日本华侨近百年的发展史，日本华侨移民的历史背景，移民集团认同的变化和文化磨擦，以及日本华侨社会的变动等问题进行了探讨，涉及日本华侨的经济、教育、社会组织、华侨领袖、文化风俗、宗教信仰、归化认同等许多方面，每篇文章都在访问调查的基础上写成，具有资料价值。该著作对"日本华侨与文化摩擦"的研究得出了这样的看法，华侨作为日本少数民族集团，一方面要顽强地保留本民族的文化教育传统和价值观念，另一方面又无法完全抗拒日本本地文化的同化或融合，而且同化的过程一直在进行着，从未间断。

《孫中山と神户》
（《孙中山与神户》）

陳德仁、安井三吉著，神户新聞出版中心出版，1985 年。

该著作是陈德仁先生和安井三吉教授用"对谈"形式出版的关于孙中山与神户华侨关系研究的专著。孙中山先生在其革命生涯中，自 1895 年至 1924 年，曾十多次到神户从事革命活动，与神户爱国华侨和日本友人结下了深厚友谊。该著作在广泛搜集有关史料的基础上，详细考察了孙中山在神户留下的革命足迹，再现了伟大的民主主义革命家孙中山先生的理想、精神和崇高风范，以及日本华侨对其革命活动的热烈响应的支持。书中披露了许多鲜为人知的史实，还附有"孙中山与神户"大事年表和多幅照片，是研究孙中山革命活动和日本华侨革命史、爱国史的重要资料。

作者陈德仁先生 1917 年生于神户，祖籍广东省，曾任神户中华总商会会长、神户华侨历史博物馆馆长、孙中山纪念馆馆长，是知名的爱国华侨。安井三吉先生为神户大学教授、中国近代史专家，神户华侨史研究家。

《東南アジアのチヤイナタウン Chinatown in Southeast Asia》
（《东南亚的唐人街 Chinatown in Southeast Asia》）

山下清海著，古今書院出版，1987 年，东京。

该著作考察了东南亚城市中的华侨华人聚居区——唐人街，对各地唐人街的形成过程与现状，以及居住在这里的华侨华人的生活方式和状况进行了比较研究。全书共分 8 章，第 1 章 "东南亚的华人"，综述战后从华侨到华人的变化以及华人的不同方言集团、会馆和庙宇；第 2 章 "华人社会的传统变化——以新加坡为例的考察"；第 3 章 "新加坡的唐人街"；第 4 章 "马来西亚的唐人街"；第 5 章 "印度尼西亚的唐人街"；第 6 章 "菲律宾的唐人街"；第 7 章 "泰国的唐人街"；第 8 章 "缅甸的唐人街"。作者认为，由于华侨华人的籍贯和方言不同，所居国家的政治、社会差异性很大，所以各城市中的唐人街也显现出自己的特点，但各地的唐人街都如实反映出华人对当地社会的适应方法。该著作的作者是地理学者，曾于 1978 年 11 月至 1980 年月 11 月在新加坡南洋大学地理系研修，以后又多次在东南亚调查访问，利用这些机会，作者到东南亚各城市华人居住区进行直接调查和景观观察，取得了第一手材料和大量照片，再加上有关文献资料，整理成此书，可说是一位日本地理学家对东南亚华人社会变迁的观察与感受。

《资料：中国人强制连行》
（《资料：集体押运中国人事件》）

田中宏、内海爱子、石飞仁解说，明石書店出版，1987 年，东京。

日本侵华战争时期，东条英机内阁于 1942 年 11 月做出抓捕中国劳工强行运往日本煤井、矿山等重要产业地点的决议，以弥补战争末期日本国内劳力不足。据统计，当时被集体押运（即日语所谓 "强制连行"）到日本各地的中国劳工约 4 万人，其中死亡和失踪者达 8823 人，闻名的 "花冈事件" 就是 1944 年 6 月发生在秋田县事业场的中国劳工遭残酷屠杀的事件。"强制连行" 是日本军国主义对中国人民犯下的又一严重罪行。1987 年，在七七（卢沟桥）事变 50 周年和中日邦交正常化 15 周年之际，日本明石书店出版了这本《中国人强制连行》资料集，警示世人不要忘记历史教训，以防止日本军国主义亡灵的复活。

该资料集是关于第二次世界大战时期，中国人被日本侵略军抓捕运往日本作苦工事件的最详细资料。具体内容包括以下几方面：①日中经济协会常任顾问冈崎嘉平太、札幌华侨总会顾问刘智渠（"花冈事件"目击者）、神户华侨总会会长林同春为该资料出版写的寄语。②有关集体押运中国人事件的报告书，包括下列内容：第1篇"中国人殉难者名簿、中国人殉难者名簿别册"，记录了在日本牺牲的被抓中国劳工6732人的姓名、籍贯、死亡原因、日期、地点，以及失踪者姓名、籍贯等。第2篇"送还中国人殉难者遗骨"（第1~8次），详细记录了战后日本政府对处理"集体押运中国人事件"的政策、态度，远东国际军事法庭对有关"集体押运中国人事件"战争犯罪的追查，日本国民的战争反省活动和民间对"强制连行"事件进行的调查和资料收集；"中国人俘虏殉难者慰灵实行委员会"的成立及其8次送还遗骨活动的始末等。第3篇"集体押运及其殉难状况"详细记录了东条内阁抓捕中国劳工强制劳役的决议，抓捕中国劳工的方式和机关，中国劳工在日本各事业场做苦工所受到的非人待遇和劳役状况，中国劳工的死亡和失踪情况，中国劳工的反抗斗争，等等。③对"集体押运中国人事件报告书"的解说：有"前事不忘、后事之师——日中友好的出发点""外务省报告书"与"花冈事件"的当事人，被"强制连行"的中国人是"俘虏"还是"劳务者"等内容。书末附有中国人强制连行关系年表、有关资料及文献目录等。

《横浜中華街の研究》
（《横滨中华街研究》）

菅原一孝著，日本经济新闻社出版，1988年，东京。

该书论述了日本著名的唐人街——横滨中华街形成和发展的历史，描绘了中华街繁荣的景象，分析了以华人餐馆为代表的华商经营特色，探讨了华人商业街能不断开发和发展的动力以及中华街发展中存在的问题。书中还附有大量的有关中华街店铺和风光的摄影图片资料，对研究和了解日本华商及其社区变迁有一定参考作用。作者菅原一孝毕业于横滨市立大学商学院部，曾任职于横滨市中山中小企业指导中心，对中华街作过实地调查。

《シンガポールの華人社会》
（《新加坡的华人社会》）

山下清海著，大明堂出版，东京，1988年。

该著作从都市社会地理学的角度研究了华人方言集团居住区的形成和变化。

他山之石

主要内容有：①新加坡华人方言集团的分类和社会组织，第二次世界大战前和战后华人方言集团居住区的类型，华人方言集团居住区形成的原因、衰退及其原因。②以海南人为例论述新加坡华人移民适应居留地环境的方式和过程。③有关民族集团居住的一般研究动向和都市社会地理学理论。④有关研究新加坡的文献目录。作者于 1978 年 11 月到 1980 年 11 月在新加坡南洋大学地理学系进修，曾对东南亚华人社区作过调查。

《移情閣遺聞——孫文と吳錦堂》
（《移情阁遗闻——孙文与吴锦堂》）

中村哲夫著，阿吽社出版，1990 年，京都。

"移情阁"是神户著名爱国华侨、企业家吴锦堂（1855—1926 年）在神户市舞子海滨所建的别墅。二次革命失败后，孙中山亡命日本从事革命活动时，曾于 1913 年 2 月至 3 月来此处访问。1984 年，移情阁成为神户的孙中山纪念馆。该著作以"移情阁"为话题，从两方面展开其所述内容，一方面叙述了来自浙江慈溪县的吴锦堂如何与日本大财阀钟纺、三井合作在神户发家成为华侨富豪的，以及吴锦堂发达致富后对祖国、家乡的贡献，吴锦堂对以孙中山为首的革命党人的支持和帮助。另一方面，叙述了孙中山的革命生涯中与日本有关的史实，包括与日本华侨、留学生甚至政界人物的关系，是研究孙中山先生革命活动和华侨人物吴锦堂的著述。作者为神户学院大学教授，发表过多项研究孙中山和中国近现代史的论著。

《華僑——ネットワークする経済民族》
（《华侨——网络经济民族》）

游仲勳著，講談社出版（講談社現代新書 980），东京，1990 年。

该著作论述了战后以来华人经济力量的壮大和发展，以及亚洲太平洋地区经济的迅速发展与中国人和海外华人的关系，认为华人全球化的趋势使华人的经济网络也在扩大和重新编组之中，中国人和海外华人将成为亚太时代的主角。

全书内容包括中国人的海外移居，华侨华人人口，东南亚华侨华人经济力量，华人富豪财阀与阶层分化，华人政治活动的兴起，变化中的华侨华人文化与社会，华人资本和人员的向外流动和内部流动，海外唐人街的变迁等。

《シンガポールの華人系企業集団》
(《新加坡的华人企业集团》)

岩崎育夫著，アジア経済研究所出版，1990 年，东京。

该著作论述了战前已活跃在新加坡的一批知名华侨企业，在 20 世纪 60 年代新加坡实行工业化政策以后是如何形成和发展为华人企业集团的，较详细地论述了战前和战后新加坡企业集团之间的关系，20 世纪 60 年代以来各企业集团之间的关系，各企业集团发展壮大的具体过程。将战后新加坡的经济发展与工业化同该国华人企业集团的崛起结合起来研究，是该著作的明显特点。该著作资料翔实，许多是作者亲自调查得来，也可说是一部较深入解剖新加坡华侨华人经济的基础性、学术性著作。

全书共分 4 章。第 1 章概述了战后以来的新加坡经济与不同国籍资本所属企业状况。第 2 章是该著作的核心部分，选列了 17 家有实力、有影响的华人企业集团，分为 5 种类型分析这些企业集团长期以来各自的成长过程和经营特点、经营现状。其中，金融型集团有：华侨银行集团（Oversea Chinese Banking Corporation Ltd.）、大华银行集团（United Overseas Bank Ltd.）、华联银行集团（Overseas Union Bank Ltd.）、丰隆集团（Hong Leoong）、达利银行集团（Tat Lee Bank）；商业服务型集团有：邱德拔（Khoo Teck Puat）集团、美罗集团（Metro）、森林集团（Sim Lim）、郭氏集团（Kuok）；制造业型集团有：杨协成集团（Yeo Hiap Seng）、华昌集团（Wah Chang）、联合工业集团（United Industrial Corporation）、Jack Chia-MPH 集团；家族企业型集团有：经营橡胶业等起家的李氏（李成义、李成智、李成伟）家族集团；第二次世界大战前有代表性的华侨企业集团有：和丰集团、陈嘉庚集团、胡文虎兄弟集团。第 3 章论述了其他类型的华人企业集团，如原来由欧洲资本支配、现已本地化的企业集团，政府指导型的企业集团等。第四章综述了新加坡华人企业集团的若干特点，如金融企业集团处于支配地位，金融集团的系统化，依靠兼并进行集团的扩张，与政治权力关系的淡化，不动产投资普遍化，集团创业者的低文化背景和第二代接班人的高学历"专门人才"化，等等。

《東南アジアにおける中国のイメージと影響力》
(《中国在东南亚的形象和影响力》)

松本三郎、川本邦衛编著，大修館書店出版，1991 年，东京。

他山之石

该著作是日本庆应大学地域研究中心于 1987 年开展的《中国在东南亚各国中的形象和影响力》研究课题的成果，由 12 篇论文组成。该著作认为，在考察中国与东南亚关系和中国在这一地区的形象、影响力时，一般来说华侨问题是不可能避开的根本问题，因此论文都几乎完全围绕东南亚华侨华人诸问题展开讨论。一方面，分析了东南亚各国根植于历史的旧的传统中国观和中国、华侨在东南亚各国的影响力；另一方面，又论述了在冷战结束世界形势发生变化、中国实行改革开放以及 20 世纪 80 年代以来东亚、东南亚经济迅速发展的新的历史条件下，东南亚各国和华侨受到的影响，东南亚各国的中国观和中国、华侨在这一地区的影响力所发生的变化，等等。具体内容分 3 部分，第 1 部分"东南亚的华侨及其影响力"，有"东南亚华侨与国际政治""东南亚华侨的形象及其影响力"等两篇论文；第 2 部分"东南亚各国的华侨及其诸问题"，有 7 篇论文，从多角度论述了马来西亚华人的经济、政治、社会，菲律宾华人的影响力和对华关系，印度尼西亚的中国观和影响力，泰国华侨对中国的看法，在越南的中国或中国人形象等；第 3 部分"从中国看东南亚"，有"80 年代中国与 ASEAN 的外交""中国的对外开放政策和东南亚贸易""华侨资本对中国的投资—回顾与展望"等 3 篇论文。

《タイの財閥——ファミリービジネスと経営改革》
(《泰国的财阀——家族企业与经营改革》)

末広昭、南原真著，同文館出版，1991 年，东京。

该著作详细论述了在泰国经济中具有重要地位和在产业上有代表性的 10 家企业集团的历史和形成过程，重点阐明了这些企业集团在泰国国内政治结构、政府产业政策、国际经济环境的剧烈变化中，改变传统的家族式经营形态，在企业组织、所有形态、经营意识等方面发生变化以适应新的环境，并分析了这些企业集团在泰国国民经济中的主要地位与作用。该著作剖析的 10 家企业集团，有 8 家是泰国实力雄厚的华人企业集团，他们是谢国民的"正大集团"、陈有汉的"盘谷银行"集团、李兴添的"协成昌"集团、郑有英的"中央集团"、陈如竹的"协联集团"、陈龙坚的"暹罗机器"集团、郑午楼的"京华银行"集团、刘延勋等人的"TCC 集团"、伍班超的"泰华农民银行"集团等。因此，该书也是研究泰国华人企业集团发展史、经营史的重要著作。该著作的两位作者都是泰国问题专家，曾长期在泰国调查访问，他们的研究也使用了大量泰语文献。该著作集学术性、资料性、实用性于一身，受到好评，1991 年出版至今已再版 5 次。

《世界のチヤイニ一ズ》
(《世界的华人》)

游仲勋编著，サイマル出版会，1991 年，东京。

该著作主要围绕 20 世纪 80 年代以来"中国人、中国系人"发生的变化，尤其是经济力量的迅速增长而展开论述的。从书内容包括华侨华人在全世界的"膨胀"，东南亚华侨华人卓越的经济力量，在先进国家立业的华侨华人，中国本土、香港、台湾的经济活力，华侨、华人经济与世界经济等。该书 8 位撰写者中有 6 位是日本亚洲经济研究所的研究员，他们分别是研究东南亚国家、中国台湾和中国香港的专家。该书编者认为，以东南亚为中心的华侨华人还有中国香港和台湾的中国人的经济力量在"膨胀"之中，正走向国际化、全球化，海外华侨华人的经济力量与中国迅速发展起来的经济力量结合起来，形成"新的中国人、中国系人经济结合体"，这是事实上存在的民间的经济网络或经济合作圈，不是由政府间签订的合作协议而出现的那种正式的经济合作圈。由于世界华人经济的发展和合作的加强，中国人、中国系人已成为亚洲四小龙、东南亚联盟国家经济发展的主要力量，也是亚洲太平洋时代的潜在的主角，21 世纪将是中国人、中国系人的世纪。

《東南アジア華僑と中国——中国帰属意識から華人意識へ》
(《东南亚华侨与中国——从中国归属意识转向华人意识》)

原不二夫编，アジア经济研究所出版，1993 年，东京。

该著作为 1990—1991 年度该所实施《东南亚华侨与中国》共同研究项目的成果。该书主要从"归属意识"的变化研究海外华侨与中国的关系，全书共分 3 部分。第 1 部分研究菲律宾、印度尼西亚、越南的华侨组织和活动，及其与中国的关系，还有关于民盟领导人胡愈之在海外华侨中活动的研究；第 2 部分研究马来亚华侨与中国的关系，尤其是研究华侨从中国归属意识转为马来亚归属意识的变化；第 3 部分详细论述了泰国华侨组织的历史变迁，分析了泰国华侨从战前到战后归属意识的变化，着重分析了华侨与当地"同化"的进展。编者原不二夫为日本亚洲经济研究所主任研究员，马来西亚和华人问题研究的专家。

《客家——最强の華僑集団》
(《客家——最强的华侨集团》)

根津清著，ダイヤモンド社出版，1994年，东京。

该著作以作者在广东大埔县客家乡村的生活体验为基础，论述了客家的来源、能力以及世界性的客家网络，考察了分布在东南亚地区的客家籍华侨华人，并与犹太人的特点进行了比较。作者认为，客家人的拼搏精神和进取性以及处于逆境中的坚忍性表现都十分突出，客家籍华侨是最强的华侨，不懂得客家也就不了解海外华侨。全书内容共分5章，第1章"华侨的精神与处世术"；第2章"最强的华侨——客家"；第3章"广泛公布于世界的客家网络"；第4章"客家华侨与犹太人"；第5章"从华侨了解亚洲"。

作者为新闻工作者，长期驻新加坡从事记者、编辑工作。

《華人経済の世紀——躍進中国の主役たち》
《华人经济的世纪——跃进中国的主角》

渡辺利夫编，プレジデント社出版，1994年，东京。

该著作探讨了在中国改革开放的同时，华人经济是如何介入的，华人经济与当今中国经济发展的关系如何等热门话题。全书内容主要有以下6个方面：①关于"华人经济圈"的动向，包括华侨华人历史回顾、华人经济现状、中国的改革开放路线与经济发展、海外华人对中国投资的要点等内容；②华南经济圈对中国经济的作用和影响；③华人商法与日本商法的比较；④华人对中国投资的变化；⑤带动华人经济的10位华人富豪（李嘉诚、吴光正、胡应湘、李兆基、霍英东、郑裕彤、陈有汉、谢国民、林绍良、郭鹤年）；⑥如何看待"华人经济圈"问题。编者认为，自中国改革开放后，港台地区、东南亚华侨华人的资本和技术以及经营方式已大规模进入中国，因而出现"华人经济圈"的说法，但关于华人经济圈是与日美欧相对峙的一大经济圈的论调，则明显夸大其词了。由于中国大陆的改革开放，港台地区、东南亚华人经济的活力被引入，世界华人的经济力量逐渐结合起来，从长期看将会成为世界上有实力的"势力圈"之一，但这并不意味着华人世界与其他世界的对立，真实的情况则恰恰相反，那就是港台地区、东南亚华人经济的力量把中国引向了外部世界，使中国成为西太平洋经济乃至世界经济的不可缺少的组成部分，把这种中国经济加入世界经济的过程看成是"华人经济圈"

的形成过程才更接近事实。

该书编者为东京工业大学教授，著名经济学家，主攻开发经济学和现代亚洲经济论。

《概説華人経済》
(《概说华人经济》)

渡辺利夫、今井理之合编，有斐阁出版，东京，1994 年。

该著作主要论述了"华人经济圈"经济迅速发展的现状和互动关系的增强以及华人经济作用的日趋重要。认为自 20 世纪 80 年代初期中国改革开放以来，不仅经济增长迅速，与港台地区的联系也更加深化，与东南亚的关系进一步发展，因此，中国大陆、中国台湾、中国香港的经济以及东南亚地区华人的经济在得到迅速发展的同时，其相互依存度也大为加深，在东亚地区经济乃至世界经济的作用日趋增强，所谓"华人经济时代"已经到来。

全书由 10 章和序言、后记组成。序言概述了华人经济的含义和研究华人经济的意义；第 1 章论述中国改革开放与对外关系；第 2 章论述台湾经济的发展与两岸关系；第 3 章论述了香港经济与大陆经济的密切关系及其发展动向；第 4 章论述了华南经济圈的活动和潜力；第 5 章论述了新加坡的华人与中国的关系；第 6 章论述东南亚华侨华人资本对中国的投资；第 7 章论述华侨华人经济对中国经济的主要影响；第 8、9 两章是写泰国、印度尼西亚、菲律宾、马来西亚等国对华人的政策以及当地华人经济尤其是华人企业集团的发展状况；第 10 章论述广泛分布于亚太一带的中国人、海外华人的经济实力，指出中国人、海外华人将是亚太新时代的"潜在主角"。后记论述了邓小平思想与中国对外开放的关系。

该著作的 11 位作者都是当前日本学术界研究中国经济或华侨华人经济的学者、专家。

《シンガポール、マレーシアの華人社会と教育変化》
(《新加坡、马来西亚的华人社会与教育变化》)

小木裕文著，光生館出版，1995 年，东京。

该著作研究了马来西亚和新加坡两国华文教育的变化，并通过华文教育事业的变化探讨了当地华人社会的变动。全书共有 4 章，第 1 章"变化中的新加坡华人社会"，论述了华人社会中华文教育的状况以及新加坡的"双语政策"，新加坡国民意识的建立及其对华人教育带来的影响；第 2 章"变化中的马来西亚华人社会"，论述了 20 世纪 70 年代华文教育面临的转机，20 世纪 80 年代华文教育的发展和探索。第 3 章"马来西亚华文学的历史和发展"，论述了马来西亚华文独立中学的发展史，吉兰丹州的华人社会与华文学教育，吉兰丹州华文独立中学的历史与现状，以及东马沙捞越州的华人社会与华侨教育；第四章"马来西亚的华人政党与教育政策"，论述了华人政党马华公会（MCA）、民政党（GRM）、民主行动党（DAP）的教育政策。

作者为京都立命馆大学国际关系部教授，曾多次前往马来西亚、新加坡进行华文教育状况调查，该书亦是作者经实地考察后发表的成果汇集，也是日本学术界首次出版的专门研究马来西亚、新加坡华文教育历史与现状的著作。

《長崎華商経営の史的研究——近代中国商人の経営和帳簿》
《长崎华商经营史研究——近代中国商人的经营和账簿》

山冈由佳（许紫芬）著，ミネルヴァ書房出版，1995 年 3 月，京都。

该著作分为两大部分。第一部分主要研究长崎华商的经营形态。较系统地论述了 19 世纪末至 20 世纪 30 年代时期，华侨华人在日本的主要港口分布和发展概况，福建金门籍华侨陈世望家族在长崎开设的"泰益号"商行和福建长乐籍华侨陈尚智家族在长崎开设的"生泰号"商行的经营发展史，其中关于"泰益号"的研究尤为详尽，包括"泰益号"经营者几代人的状况，1901—1931 年经营业绩的变化分析，家族经营形态下的组织构成和职工、工资变迁，商号的贸易商品和商业网络，贸易方法，结算方法，资本积累的过程。第二部分主要研究长崎华侨商人的经营管理手段，重点是剖析华商使用的中国传统的收支簿记法。作者利用"泰益号""生泰号"遗留下来的大量原始账簿史料及相关支出史料，对华侨商人普遍使用的中国式的收支簿记法原理、特征及其本质作了实例研究，肯定了中国传统的收支簿记法所起的历史作用和已达到的会计学上复式簿记的实际水平，提出应该重新检讨所谓"中国簿记落后性"的说法。

《華僑》（《华侨》）

斯波義信著，岩波书店出版（岩波新书 382），1995 年，东京。

该著作论述了以东南亚华侨为主的世界各地华侨如何移居国外并定居下来的历史，以及他们的现况，是一部以华侨历史知识为主的华侨知识普及读物。

全书的主要内容有：当代华侨现状，12世纪—16世纪海上贸易与华侨的关系，17世纪—19世纪华侨在海外居留地的摩擦、竞争和同化；19世纪后半叶到20世纪中叶华侨大量出国的时代、民族主义与华侨的异化、同化；华侨的宏观形象。在最后一章中，作者对华侨的本质、战后华侨的变化、华侨的网络关系、华侨史在世界史中的地位以及华侨认同的发展趋向等主要问题提出了自己的见解。

《華僑・華人——ボーダレスの世紀へ》
(《华侨华人——走向无国界的世纪》)

可儿弘明、游仲勋合编，東方書店出版，东京，1995年。

该著作从历史、社会、经济、民族等多学科探讨了世界华侨华人战后走向当地化、本土化的过程和问题，较全面地论述了华侨的华人化及其后代的华裔化问题。同时，又提出了在冷战结束后的国际化、经济全球化潮流中，海外华人与中国人之间联系的增强、更加广泛地走向世界的动向，以及面向21世纪的华人社会的未来变化。

全书由5章构成。序章论述了"华侨"一词的来源和历史上的中国移民、华侨的"叶落归根"观念、从华侨到华人的转变；第1章论述了东南亚、北美、大洋洲、欧洲、中南美洲以及日本的华侨华人社会的状况和特点；第2章论述了作为华侨主体的汉民族的对外移民的历史，以及居住地的华侨政策、华侨华人对异文化的适应问题；第3章论述了海外华侨华人以地缘、血缘、业缘为基础的社会关系网络以及华人社会与海峡两岸（包括中国大陆和港台地区）关系的现状；终章论述了在未来21世纪时，中国系人（中国人和海外华人）在亚太地区经济中的重要作用和地位以及面临的问题。本书由知名的华侨问题专家和熟悉华侨华人问题的12位学者共同编写。

《アジアの新龍——華人ネットワークの秘密》
(《亚洲的新龙——华人网络的秘密》)

朱炎著，東洋経済新報社出版，1995年，东京。

该书作者在搜集大量文献和统计资料以及访问调查华人企业的基础上，分析、论述了战后尤其是 20 世纪 80 年代以来，以华人企业为代表的华人经济的迅速发展，世界华商经济合作的加强，并对"华人网络"的形成和作用，提出了自己的看法。作者认为，随着亚洲经济的成长，许多华人企业已发展成为多种产业的大型联合企业，不仅在国内扩大投资，对国外投资也日趋活跃，这对亚洲地区的经济发展尤其是亚洲的经济合作起着越来越重要的作用。但是，华人之间经济联系的密切化，华人对中国投资的热潮，主要并不是基于种族感情或者贡献祖国的回报，而是认识到中国的庞大市场和投资收益，以及对开放后中国经济的发展抱有信心。因此，提出建立在血缘基础上的"大中华经济圈"的构想是不现实的。对于亚洲地区华人经济发展的前景，作者认为，华人经济区域的经济发展、华人间相互合作的进展、华人企业的发展等今后都将继续下去，亚洲华人经济的作用将愈来愈重要。虽然当今的日本对亚洲经济发展起着重大作用，但是今后华人经济也将会与日本经济并列，成为牵引亚洲经济乃至世界经济发展的火车头之一。该著作观点新颖，对于华人企业的经营特征和实力，华人企业在当地上市企业中所占的比例，都有新的估算，书中有关华人经济的统计资料也较为全面和系统，具有较强的实用性，出版后受到好评，并被译成韩文出版。

《華人・華僑関係文献目録》
《华人、华侨关系文献目录》

福崎久一编，アジア経済研究所出版，1996 年，东京。

编者在参考、利用日本国内外过去编印的华侨华人著作、文献目录基础上，完成了目前世界上较为详尽和完整的华侨华人资料目录。该目录收录了截至 1995 年为止的有关华侨华人的文献资料（包括著作、论文）计 10400 余条，共分 4 个部分辑录：①战后日文文献目录；②战前日文文献目录；③西文文献目录（Bibliography on Overseas Chinese in Romanized Languages）；④中文文献目录。图书目录均列出标题、作者、出版社、出版地点、年月、页数，论文目录均列出标题、作者、杂志名称、卷号、年、月、日、页数。编者供职于日本亚洲经济研究所资料参考部。

《華人資本の政治経済学》
(《华人资本的政治经济学》)

岩崎育夫著，東洋经济新報社出版，1997 年，东京。

该著作的全名为《在土著化与无国界之间的华人资本的政治经济学》，以新加坡、马来西亚、泰国、印度尼西亚、菲律宾的华人资本为例，探讨了当今活跃于亚洲和世界经济舞台上的华人资本在他们的"根据地"东南亚所处的政治、经济、社会环境，东南亚华人资本与当地社会经济结构的关系，以及华人资本是如何在东南亚逐步形成发展起来的等问题，尤其对华人资本在东南亚国家国民经济和对外经济中的作用和地位作了较深入地分析和研究，根据统计资料，较客观地估算了华人资本在各国经济中所占的比例，批判了长期以来流行的所谓"华人经济支配了东南亚"等观点，是近年来日本学术界出版的有分量的华侨华人经济研究专著。

全书共分 8 章，序章阐述了作者对华人和华人资本用语的理解，提出了写作本书的目的和意图；第 1 章论述了华人与东南亚社会的关系；第 2 章论述了战后以来东南亚各国的政治和华人的处境；第 3 章论述了华人对战后东南亚社会环境变化的适应过程和问题；第 4 章论述了华人资本在东南亚国家中形成和发展的过程、类型、特点，在当地国民经济中的地位和作用；第 5 章论述了国际经济与华人资本，尤其是华人资本的海外投资活动，以及国际化时代的华人资本特征；第 6 章个案考察了丰隆集团（Hong Leong Group）在国内外事业经营的成功，杨协成（Yeo Hiap Seng）集团因经营不当由盛而衰的例子；最后一章展望了华人资本的发展远景，认为在支配世界市场的先进国家的巨大资本与正在兴起的东南亚各国的民族资本之间，未来的华人资本将继续保持自身的独立性，与其他类型资本形成一种"协作和竞争"的新局面。

《華人経済圏と日本》
(《华人经济圈与日本》)

涂照彦编，有信堂出版，1998 年 3 月，东京。

该著作是 1997 年 3 月在日本名古屋大学召开的《"走向 21 世纪的华人经济与日本"国际学术讨论会》的论文集。

共收集七篇论文，游仲勋的论文《面对"中国系世纪"》，论述了华人经济的迅速发展及其与亚洲和日本的关系；涂照彦的论文《"华侨经济圈"还是"日元圈"？》，论述了两个圈的竞争和合作问题；岩崎育夫的论文《多国籍企业化的华人资本——新兴市场国家的相互比较》，论述了东南亚华人企业的跨国经营和华人资本的国际化问题；李国梁的论文《围绕中国市场的华人投资》，论述了东南亚华人资本在华投资之动因、过程和特征，指出其国际资本流动和参与国际经济竞争的性质；王效平的论文《华人资本企业的战略》，论述了东亚华人企业经营的多元化和国际化趋势以及华人资本企业经营战略出现的变化；泉克夫的论文《"华人经济圈"的飞跃和挫折——一个泰籍华人家族的轨迹》，论述了著名泰国华裔企业家黄子明家族的经营发达史；颜尚强的论文《华人是伙伴还是对手？》，论述了日本人和日本企业该如何认识华人企业的问题等。

《在日華僑のアイデンティティの変容》
（《在日华侨认同观的变化》）

过放著，東信堂出版，1999 年，东京。

该著作从社会学角度研究了日本华侨认同的变化。分三个层次展开论述，第一是"表层"的考察，从日本华侨的历史着手，论述近代日本华侨社会的形成直到战后日本华侨社会的变化，作者根据对神户华侨社会的调查和各种统计文献资料，指出华侨社会正向华人社会转变，华侨社会已进入了一个大的转折期。第二是"中层"的考察，以华侨的结婚问题为主进行调查研究，对婚姻观、择偶观、结婚礼仪三个方面进行分析，指出随着时代的变迁，日本华侨的定居化，华侨新生代的成长，华侨青年的"国际婚姻"已占压倒多数，华侨择偶标准更重于双方的家庭、人品、职业和价值观，而不是国籍和民族。而"国际婚姻"的普遍化，则使日本传统华侨社会的维系和存续面临危机。婚姻观的变化也是日本华侨认同变化的生动说明。第三是"深层"的考察，即华侨文化生态、心理意识分析。指出日本华侨社会中不同时代的华侨的认同各有特点，认同呈现多样性，同时也指出了认同变化对国际结婚的影响，国际结婚产生的问题等。作者还通过对 1995 年阪神大地震中华侨社会状况的考察，探讨了侨社"三宝"（侨团、侨校、侨教）在非常事件中是如何发挥其机能和作用的等等，从多方面探讨华侨的认同问题。

该书是日本东信堂出版社发行的"社会学丛书"之一。从日本华侨的历史、战后华侨社会的变化，尤其是以华侨的婚姻问题为中心进行考察，探讨日本华侨认同的变化，此书做出了有益的尝试。

《徹底検証——アジア華人企業集団の実力》
(《彻底验证——亚洲华人企业集团的实力》)

朱炎编著，ダイヤモンド出版社，2000年，东京。

该著作是日本有关华人企业集团研究的新成果，共8章。第1章"亚洲的华人企业集团"，综合分析东南亚、中国香港、中国台湾华人企业集团的发展历程、经营特征、作用与贡献，1997年金融危机发生后所受到的影响以及今后的展望；第2章至第8章分别论述印尼、马来西亚、新加坡、菲律宾、泰国、中国香港、中国台湾等有代表性的华人企业集团，较全面地进行个案分析。

比之此前日本出版的有关研究著作，该书观点更新颖，内容更丰富，资料更翔实，可说是集学术性、资料性、实用性于一体的力作。具体说来，该著作有以下特点：第一，从整个东亚地区的视角出发，研究对象包括东南亚、中国香港、中国台湾地区的华人企业集团。不仅论述了东亚华人企业集团总的发展概况，包括发展的背景和环境，形成过程，以及组织结构、经营方式、华人网络、在亚洲经济的地位与作用等，而且分析了不同国家和地区有代表性的华人企业集团的历史与现状，其中有中国香港和中国台湾的企业集团8家，东南亚华人企业集团20家。第二，阐明了亚洲地区华人企业集团相互间的联系和合作关系，分析了亚洲地区华人网络的状况。第三，作为20世纪末的新成果，该著作用大量篇幅论述了1997年夏季金融危机发生后华人企业集团的巨大变化，包括华人企业集团受到的不同冲击和影响，为应对危机所采取的调整、重组策略，等等，可以说是全面把握了东亚金融危机发生后华人企业集团的最新发展动向。第四，从实用角度看，该著作首次较完整地收集整理了华人企业集团及其相关企业的名录、企业家名录，而且用中、英、日三种文字表达，为研究者和有关读者提供了使用上的便利。书末附有世界华商500家资料、重要华人企业和主要华人银行的一览表等，从某种意义上说，该著作也起着研究华人企业集团的专门手册的作用，实用性突出。因此，该著作出版后，日本的《经济学家》《日本经济新闻》《东洋经济周刊》等报纸杂志相继发表评介文章给予好评。

（原载于《华侨华人历史研究》2000年第2、3期）

游仲勋教授与华侨华人研究

与华侨华人集中居住的一些东南亚国家相比，日本可说是"华侨华人的小国"，华侨华人在日本总人口中所占比例很小，而从华侨华人研究的成果较多这点来看，日本又堪称是"研究大国"。自 20 世纪的三四十年代以来，特别是在第二次世界大战结束后的半个多世纪中，日本出版了数百种华侨华人研究著作，数以千计的有关论文，同时，先后涌现出几代华侨华人问题研究者，自认为是"第三代"研究者的游仲勋教授就是其中有代表性的学者之一。2003 年 3 月 29 日，日本全国性的研究学会——"日本华侨华人学会"在东京成立，著名学者、华侨华人研究专家游仲勋教授被推选担任首任会长。这是对游教授 40 余年来孜孜以求从事华侨华人研究所取得成就的肯定，也是对他坚持不懈推动日本华侨华人研究的赞许，更是对他今后继续致力于发展日本华侨华人研究事业的期待。的确，无论从学术造诣、还是从社会影响来看，游仲勋教授荣任日本华侨华人学会会长都当之无愧。

一、学术道路和研究业绩

游仲勋，1932 年生于台北市，1939 年至 1951 年在日本完成了小学和中学阶段教育，1951 年 4 月考入日本神户大学经济学部，在大学四年本科阶段，受到新庄博教授指导，专攻金融学。1955 年至 1960 年 3 月，继续在神户大学经济学部攻读硕士、博士课程，专攻国际经济。在著名学者宫下忠雄教授的指导和鼓励下，游仲勋选择了"华侨经济研究"作为研究方向，从此一发不可收拾。当时的年代，无论日本也好，世界其他国家也好，涉足研究华侨问题的学者大多都是社会学、历史学者，研究领域也相对集中在华侨社会和华侨历史等课题，有关华侨经济的研究成果尚不多见，加之华侨经济研究在理论和方法上、在资料收集上所具有的难度，能做出这样的选择是需要勇气和眼光的。游仲勋教授在 70 寿诞时撰文回忆此事说："当时能注意到华侨经济研究重要性的人又有几许？今日思之，不得不惊叹宫下先生的先见之明。"[①] 在攻读博士课程期间，游仲勋奠定了经济学、社会学研究的基础，并大量阅读各国学者关于华侨研究的著作，当时就对华侨研究的一些流行观点提出自己的见解，在神户大学大学院研究会主办的《六甲台论集》等杂志发表过多篇文章，例如《印度尼西亚华侨的双重国籍问题》《泰国华侨经济中的资本主义发展》《泰国政府的华侨经济政策》等，对著名美国社会学家斯金纳（G. W. Skinaer）的名著《泰国华侨社会：史的分析》（*Chinese Society in Thailand, on Analytical History*）等研究做过详尽评述。1969 年，游仲勋的《华侨经济的研究》由日本亚洲经济研究所出版，这是游教授专攻华侨经济研究以来的第一部学术专著，也是运用马克思主义阶级分析等观点、方法，全面、系统考察分析华侨经济的力作，奠定了游先生在日本学术界华侨经济研究领域中的领先地位，并以此研究成果获得了神户大学经济学博士学位。

游仲勋教授曾先后在宫崎县日向学院短期大学、熊本商科大学、国际大学大学院（研究生院）、亚细亚大学任教职，担任过熊本商科大学经营学部教授、学部长和该大学海外事情研究所所长，国际大学大学院国际关系学研究科教授、图书馆馆长、代理校长、亚洲发展研究所所长，亚细亚大学国际关系学部教授、大学院经济学研究科教授，2003 年起担任东邦学园大学经营学部专任教授。此外，还担任许多研究学会的重要职务。数十年的教学、研究生涯中，游仲勋教授始终活跃在华侨华人研究的学术前沿，成为战后日本学术界华侨华人研究成果最为丰硕的专门家。初步统计，40 余年来，游教授出版了著作、编著、译著、研究报告书30 册，发表的论文达 133 篇，书评 44 篇，译文 7 篇，在各类学会和国际学术会议发表的论文和评论 102 篇，各种新闻媒体上撰文达 265 篇，还有在日本国内外的演讲会发表 207 次讲演等。如此惊人的工作量，都是在教学工作之余的时间里完成的，足见游先生对华侨华人问题研究的执着和卓越造诣。仅以他的代表作为例，我们也可以看到游先生在研究中的强烈问题意识和敏锐思考，看到他是如何与时俱进、不断开拓研究新领域的，仅列主要著述如下：

———————————
① 游仲勋：《私のプロフィール》（《我的小传》），游仲勋先生古稀纪念论文集编辑委员会编辑、出版：《游仲勋先生古希記念———一言集》，东京，2003 年 5 月，第 433 页。

（1）《华侨经济的研究》，（日本）亚洲经济研究所，1969 年出版；

（2）《东南亚的华侨》，（日本）亚洲经济研究所，1970 年出版，该书由郭梁、刘晓明译成中文，书名为《东南亚华侨经济简论》，厦门大学出版社，1987 年出版；

（3）《华侨政治经济论》，（日本）东洋经济新报社，1976 年出版，该书由杨建成译成中文，台湾中华学术学院，1984 年出版；

（4）《如何看中国经济》，（日本）有斐阁，1983 年出版；

（5）《华侨——经济网络化的民族》，（日本）讲谈社，1990 年出版；

（6）《世界的华人》（编著），（日本）Simuul 出版会，1991 年出版

（7）《华侨将如何改变中国》，（日本）PHP 研究所，1993 年出版；

（8）《华侨将如何改变亚洲》，（日本）PHP 研究所，1995 年出版；

（9）《华侨华人：走向无国界世纪》，（日本）东方书店，1995 年出版；

（10）《世界经济的胜者——华人经营者的真实面貌》，（日本）时事通信社，1995 年出版；

（11）《华侨、华人经济》，（日本）钻石出版社，1995 年出版；

（12）《Ethnic Chinese: Their Economy, Politics and Culture》，Japan Times 出版社，2000 年出版；

（13）《21 世纪的中国系人（华侨华人）》，（日本）亚细亚大学亚洲研究所，2004 年出版。

二、华侨华人经济研究

20 世纪 60 年代初，著名华侨研究家美国学者威廉·斯金纳曾经指出："西方的华侨研究有忽视经济研究的倾向。"[①] 而战后以来，日本的华侨华人研究与欧美相比却正是重视了社会经济领域，在这方面取得的成就十分显著。

战后几十年来，日本学者对华侨社会经济的研究成果，主要集中在以下几个方面：①对华侨经济类型的研究；②对华侨社会阶级构成的研究；③对华侨华人经济发展变化的研究；④对华侨资本形成发展以及资本额的研究；⑤对华人企业集团、社会经济组织的研究；⑥对东南亚经济发展中华侨华人经济地位、作用的

[①] N. A. Simoniya, *Overseas Chinese in Southeast Asia: a Russian Study*, Translated by U. S. Joint Publication Research Service,1961，转引自郭梁：《浅析日本的华侨经济研究》，《华侨华人历史研究》1994 年第 1 期。

研究；⑦华人经济的区域性合作和"华人经济圈"的研究；⑧对华商发展史和华商网络的研究；⑨对东南亚国家有关华侨经济政策、中国的华侨政策的研究；⑩对日本华侨社会经济的研究等等。以上问题的研究，几乎囊括了华侨华人经济研究中所有的有理论意义和现实意义的课题。因此，甚至可以说，战后日本的华侨华人研究，主要是围绕着社会经济课题展开的。

在研究华侨华人社会经济的学者中，许多人已分别对上述课题的研究取得可喜成果，但全面地、系统地对华侨华人经济的基本问题和重大问题做出深刻回答的华侨经济研究家当首推游仲勋教授，在这一点上也可以说，他代表了战后日本学术界研究华侨华人经济的最高水平。游教授对华侨华人经济的研究，大致可以分为两个时期。第一时期，从 20 世纪 50 年代中期至 70 年代，游教授研究的重点是有关华侨经济的基本观点和重要理论问题，对学术界和社会上关于华侨经济的传统的、流行的观点持批判态度。第二时期，从 20 世纪 80 年代初至今，游教授研究的重点是全球化背景下华侨华人经济社会的变化及其影响，尤其是改革开放后的中国大陆与港澳台地区、海外华侨华人的经济联系及其发展趋势。从下列代表作的分析，我们可以看到游先生在不同研究时期的主要学术观点。

1969 年出版的专著《华侨经济的研究》是游仲勋教授的成名之作。的确，这部著作第一次全面地归纳和论述了华侨经济研究中的若干理论问题，用科学的方法揭示和论证了华侨经济的性质和特征，当时就被评价为"战后华侨研究中真正唯一的好书"[1]。具体来说，游仲勋教授以严谨的治学态度，在详细整理、总结前人研究成果的基础上，充分利用国内外资料广征博引，对华侨经济研究的关键性问题，提出了许多重要见解。第一，对"华侨支配着东南亚经济"等传统、流行的观点持鲜明的批判态度。他认为所谓"支配着东南亚经济"的华侨其大多数是被压迫民族的一部分，是处于被支配地位的。华侨经济既要受到帝国主义和土著民族统治阶层这两种外部的支配，又要受到华侨社会中支配阶层的内部支配，而华侨社会的支配阶层是从属于帝国主义和土著民族支配层的。第二，与"华侨支配东南亚经济"这一错误观点相连的是"华侨多是富人"等陈腐观点，游教授运用阶级分析的方法去分析华侨经济，很好地回答了这一问题。过去虽有极少数的国外学者例如日本的米泽秀夫等也涉及过华侨社会的阶级构成问题，但更多的学者则受到英国学者富尼华"多元社会论"的影响，多从不同种族的经济职能、地位去分析和论述东南亚社会经济问题，几乎毫无例外地没有接触到各种族内部的

———————
① 幼方直言：《評游仲勲著〈華僑経済の研究〉》，アジア政経学会《アジア経済》第 10 卷第 12 期，1969 年 12 月。

社会阶级构成。游教授在本书中用相当篇幅对比分析了不同国家华侨社会在战前战后的阶级结构，然后得出结论：从全世界华侨的总体来看，占绝大多数的是自身从事劳动的劳动人民，是被支配阶级，所谓俗称华侨为"财主"或"富人"是完全错误的。第三，提出了"华侨经济的商品经济特征"这一重要观点。游教授认为，华侨经济集中在工业、商业、金融业、服务业等非农业方面，在华侨就业人口中华侨农业人口所占比重极低，华侨经济事业大部集中在城市地区；另外，即使是华侨农业也是以商品生产为目的、瞄准商品市场的资本主义性质的农业生产。因此，华侨经济的显著特征之一就是商品经济发达。第四，对"华侨资本额"的研究独具特色。在游教授之前，日本学者中仅有福田省三对 20 世纪 30 年代的华侨资本额，松尾弘对 20 世纪 50 年代的马来亚华侨资本额提出过估算。游教授在本书中分析了马克思主义经济学、凯恩斯经济学关于"资本""投资"的概念，认为华侨资本不是一般的华侨资金，而是指能用来生产剩余价值以及可期待增殖的那部分资金额。根据这一概念，游教授估算东南亚的华侨资本为：1929—1933年世界经济危机前约为 7.44 亿美元，1937 年中日战争爆发前约为 5.94 亿美元，战后 1968 年华侨资本额为 35.3 亿美元[①]。第五，该书的序言中写道，就某种意义上说："本书与其说是'华侨经济的研究'，倒不如说是华侨资产阶级或者华侨资本的研究更为恰当。"实际上，本书提出了华侨经济研究的许多重要问题，从理论上探讨华侨资本的特点和性质尤为突出，且结构严密，资料翔实，堪称研究华侨经济的奠基著作。1970 年出版的《东南亚华侨》，浓缩和概括了《华侨经济的研究》一书的主要内容和观点，可称之为华侨经济问路的入门书。

20 世纪 70 年代中期，游教授的另一重要著作——《华侨政治经济论》出版了，在一定的意义上说来，本书也是对《华侨经济的研究》一书的补充和发展。作者进一步提出了研究华侨经济的理论和方法，阐明了从国际劳动力移动和民族问题的角度去研究华侨问题的必要性。本书继续运用阶级分析的方法，着重研究华侨无产阶级、农民阶级的形成与发展，对华侨社会中的不同阶层作了客观的分析。该著作对华侨农业经济的研究颇具匠心，不仅分析了华侨居住国中华侨农业的结构，而且分析了华侨农村的再生产和流通结构，例如华侨农业信用制度、华侨橡胶种植园的经营、华侨橡胶业的收购组织、出口贸易组织的机能等等。在资料运用方面，也尽量使用各国华侨的材料、文献等，避免过去偏重于使用泰国华侨资料的缺陷。本书还及时地研究了中国"文化大革命"对华侨经济的影响，认为 20 世纪 60 年代中期以来华侨经济的变化固然受到中国"文

---

① 游仲勋:《華僑経済の研究》, 亚洲经济研究所, 东京, 1969 年, 第 173 页。

革"的影响，但主要影响还是来自世界经济的发展变化以及居住国的政治因素，提出"东南亚的华侨经济将随着世界经济潮流及居住国经济的局势而发展，它将树立起由上述因素决定的发展理论和规律，今后中国的政治经济形势无论有什么变化，也决不会使其受到决定性的影响。华侨社会在当地的影响程度愈深，与中国的关系愈趋淡薄，现在如此，将来亦如此"①。应该说，这种建立在科学论证基础上的见解是非常深刻的。

20 世纪 80 年代以来，世界经济形势和中国经济形势都发生了巨大变化。中国实行改革开放，利用、吸引外资政策已见明显成效；亚洲"四小龙"的经济起飞，也已令世界瞩目。与此同时，海外华人经济实力有了迅速发展，华人经济的多元化、企业集团化和国际化趋势日趋明显。于是，海内外中国人或华人的经济联系或合作便成为热门。游仲勋教授在 1985 年提出的"新的中国人经济圈"的观点认为，中国由于改革开放政策的实行、经济的发展而加入国际经济行列中来，又由于受中国传统文化影响的"四小龙"的经济发展，一个新的中国人经济圈正在出现。21 世纪将是亚太世纪，亚太世纪的重要角色是中国人和华人。此后，游仲勋教授又发表了许多新作，特别是 1990 年前后出版的三部著作，进一步阐述了他提出的"中国人、中国系人是亚洲太平洋时代潜在的主角"的观点，进一步发展了他的"包括中国大陆、港澳台地区、各国华侨华人经济在内的新的中国人、中国系人经济圈正在形成"的观点。他提出了如下五点根据：（1）亚洲新兴工业化经济群体（NIES）"四小龙"中，中国台湾、中国香港、新加坡居民的全部或绝大多数是中国人或华人，所以也可以称为中国系 NI ES；（2）近年来中国经济的迅速发展，华人起了重大作用；（3）中国改革开放以来经济发展取得了巨大成就，1992 年后经济出现高速增长；（4）东南亚经济迅速发展的原因之一，是引进了日、美等国外资。可是近几年中，中国大陆、中国台湾、中国香港、新加坡等"中国系外资"（华人资本）直追日、美，甚至超过了日、美在东南亚的投资；（5）华侨、华人的经济力量不仅在东南亚、亚太地区发展，而且向全世界扩展。② 因此，游教授认为，正由于中国人、华人经济正在成为世界的巨大经济力量而崛起，说"中国人、华人的时代已经开始也并非言过其实"③。当然，关于"华人经济圈"的研究，游仲勋教授认为，尽管某些华侨华人居留国对"中国经济圈"的提法存有疑虑，中国为避免误解起见对此类说法也十分慎重，可是事实上却存在着中国大

① 游仲勋：《華僑政治経済論》，东洋经济新报社，东京，1976 年，第 77 页。
② 游仲勋：《華僑は中国をどう変えるか》，日本 PHP 研究所，东京，1993 年，第 209~202 页。
③ 游仲勋：《華僑政治経済論》，东洋经济新报社，东京，1976 年，第 218 页。

陆、台湾、港澳以及海外华侨华人之间的密切经济联系。

1995 年出版的《华侨——经济网络化的民族》一书，则较为全面和详细地论述了战后海外华人经济的巨大变化，在观点上除坚持批判"华侨支配东南亚经济""华侨多富人"等错误说法以外，还对东南亚华侨华人的经济力量提出新的估计。他认为 20 世纪 80 年代东南亚华侨华人的经济力量有了很大发展，华侨华人所得按现行价格计算已超过 500 亿美元，人均收入超过 2000 美元，以资本额来看，已超过 500 亿美元。[①] 而游仲勋教授对 20 世纪 70 年代中期东南亚华侨华人经济力量的估计数要小得多；华侨华人所得 60 亿美元，人均所得 445 美元左右，华侨投资额（华侨资本额）仅为 40 亿美元左右。[②] 游仲勋教授在该书中还充分肯定了华人在亚太地区经济发展中的重大作用。他提出，华人全球化的趋势，使华人的经济网络也在扩大和重新编组之中，华人将成为亚太时代的主角，至少是主角之一。至于儒家文化对亚洲新兴工业化经济群体经济发展发生的重要作用，游教授持怀疑态度。他认为，与其说是儒教文化的作用，倒不如说主要是由于具备了经济发展的自然（或地理条件）和社会条件（国际、国内的政治经济条件）。此外，该书还围绕华人经济的变化等等，论及了华侨华人社会、文化的变化，当前华人移民四大源流的现状以及海外唐人街的变化。全书篇幅不大，但内容丰富，重点突出。通过深入浅出的论述，把握了东南亚华人乃至世界华人的最新动向。

三、华侨华人研究理论与方法

第二次世界大战后至今的 60 年中，日本的华侨华人研究逐渐向专门的学术研究领域发展，在历史学、经济学、经营学、社会学、文化人类学、文学、教育学、地理学等学科领域或多学科交叉领域的研究中取得了不少成果，不仅使日本的华侨华人研究向纵深发展，也在学科研究的基础上，探讨了若干适应华侨华人研究的理论和方法。游仲勋教授也是特别重视华侨华人研究理论和方法的学者之一，在他长期研究和教学生涯中，在他的多部著述中，都可以看到理论和方法方面求索的努力。笔者认为，归纳起来看，游教授有关华侨华人研究理论和方法的主要论述集中在以下方面：

1. 少数民族论和阶级论：游教授认为，研究华侨华人问题，尤其是华侨华人

---

① 游仲勋：《華僑——経済ネットワークする民族》，讲谈社，东京，1990 年，第 93 页。
② 游仲勋：《華僑政治経済論》，东京，东洋经济新报社，1976 年，第 90~95 页。

经济问题，必须坚持少数民族论和阶级分析论的理论和方法，二者缺一不可。作为居住国多民族社会中的华人族群，除新加坡外，都处于次于先住民的少数民族地位，从当地的民族问题或华侨华人的民族性（ethnicity）视野去研究，才能抓住事物的本质，这是重要的研究理论和方法之一，现在，有关这方面的研究已成为主流研究，成果多多。但是，从阶级论去分析华侨华人问题都被大大忽略了，有关这方面的研究成果近年来几乎没有出现过。游教授撰文说，对华侨华人大企业家、大富豪的研究，对作为华侨华人经济活力和网络的商人、企业家等等的调查研究颇多，但对于非常重要的问题——华侨华人中的贫困人口结构这一事实的研究，也就是用阶级观点对于华侨华人社会中数量不少的工人、农民、游民无产者等阶层进行研究的成果则几乎全无，以致存在着华侨华人中没有农民阶层的广泛误解。使游教授感到十分吃惊的是，现在，连社会主义中国的学者也同样没有用阶级分析方法研究华侨华人问题。[1]

游教授早在大学和研究生的学习阶段就钻研过马克思主义经济学理论。如前所述，他的成名著作《华侨经济的研究》是运用马克思主义经济学的理论和方法，去分析华侨经济问题的力作，他的另一本重要著作《华侨政治经济学》，更是运用阶级分析的理论和方法，将华侨社会结构中的最底层——农民和工人阶级即劳动人民阶层作了客观的分析，他认为，"如果不深入探讨担任生产力基本力量的华侨劳动人民大众的问题，不但无法了解华侨经济，我所主张的华侨研究也无法深入，甚至对华侨资本、华侨资产阶级为主的研究也无从谈起"[2]。游教授坚持用少数民族论和阶级论去分析海外华侨华人问题，尤其是研究华侨华人经济社会，最近的新作《马来西亚华侨、华人的产业、职业、阶级结构与民族性》（Industrial, Occupational and Social Class Structures of the Ethnic Chinese in Malaysia）一文，[3]再次体现了他主张的理论和方法。

2. 劳动力国际移动论。1976 年，游教授在《华侨政治经济学》一书中，就华侨研究的视野问题提出了"应从劳动力国际移动与民族问题的视角"去研究华侨问题的必要性。他认为，中国人大量移居海外，基本上始自世界资本主义转变为帝国主义这一时期，华侨社会的形成以及"华侨"一词的出现也在同一时期，而当时世界劳动力的国际性移动正处于高潮的阶段。换言之，世界劳动力的国际性

① 游仲勲:《现代世界华人经济论の构造——研究领域と分析视角》，日本华侨华人学会编辑、出版《华侨华人研究》杂志（创刊号），东京，2004 年 9 月。

② 游仲勲:《华侨政治经济论》序言，东洋经济新报社，东京，1976 年。

③ 游仲勲编:《21 世纪的中国系人——华侨.华人》（报告书），亚细亚大学アジア研究所出版，东京，2004 年 3 月。

移动从 19 世纪末开始至 20 世纪初达到鼎盛阶段，到 20 世纪 30 年代世界经济危机时及第二次世界大战后便急剧减少。从世界历史的视野、国际劳动力移动的角度，解读鸦片战争后形成的中国人移民潮流无疑是十分重要的，它不是单纯的"推拉"因素使然，而是与世界资本主义发展史、帝国主义史相联系的"劳动力国际移动"现象。游教授在日本国内较早直接提出"劳动力国际移动论"作为研究华侨的理论与方法，至今受到日本学术界的肯定。[1] 笔者以为，关于国际劳动力移动问题的研究，近年来在日本学术界已逐渐推向纵深，但游教授提出的用此理论分析华侨问题的看法仍然不失启发。日本学术界以研究国际移民而著称的重松伸司（Shigematsu Shinji）教授认为，对于近现代移民的看法，现在有两种分离的移民观。一种观点是将移民专门作为维持国际经济体系的劳动力资源（经济力）来看待的观点，另一种观点是，不是仅仅把移民作为劳动力的担当者或生产劳动资料，而是看成是构成国家或者特定社会集团的社会、文化主体，也就是说作为产生文化和社会规范的人类的移民集团观点。前一种观点可称作是"经济力移民观"，后一种观点可称之为"移民集团移民观"。前者需从经济学、政治学领域研究，后者需从社会学、民族学、历史学诸领域着手研究[2]。游仲勋教授提出的应从"劳动力国际移民与民族问题论的视角"研究华侨的重要观点，恰恰是结合了重松伸司教授所指出的两种移民观，是一种科学地研究华侨华人问题的理论与方法。

3. 世界经济论和市场经济论。早在 20 世纪 70 年代，游教授就提出，"华侨问题在经济领域是属于国际经济论乃至世界经济论范畴"。20 世纪 80 年代以来，中国改革开放的不断深入、扩大，中国与东盟和周边国家友好往来的升温，海峡两岸经贸关系的发展，亚洲华人经济实力的提升，以及经济全球化浪潮的影响，上述诸多因素的共同作用下，基于共同历史、文化背景、建立在"三缘"（地缘、血缘、业缘）关系基础上的中国人与海外华人的经济联系或合作令人瞩目，它对中国经济和海外华人经济发展乃至世界经济的重要影响，引起了人们的兴趣和重视。但是游仲勋教授在论证中强调的是经济规律的作用、市场规律的效应，而不只是华人网络论、文化论的诠释。首先，游仲勋教授强调广义概念上的"华人"经济与世界经济的关系，早在 20 世纪 80 年代中期就提出了"新的中国人经济圈"观点，认为包括中国大陆、港澳台地区、各国华侨华人经济在内的新的中国人、中国系人经济圈正在形成，并将在 21 世纪的亚太世纪中扮演重要角色。20 世纪 90 年

① 涂照彦：《華人経済研究の課題と方法》，《日本における華僑華人研究——游仲勋先生古希記念論文集》，风响社出版，东京，2003 年。
② 重松伸司：《国際移動の歴史社会学——近代タミル移民研究——》，名古屋大学出版会，1999 年 7 月，第 19 页。

代初，他又提出"新的中国人、中国系人经济网络"以及作为其结果的"新的中国人、中国系人经济结合体"的观点。直到现在，游教授经常在他的著述中使用"中国人、中国系人"或简称"中国系人"这一提法，对此，他的解释是，"中国人、中国系人指的是中国大陆、港澳台地区的中国人和海外华侨华人的全体"[①]。第二，游教授认为，"中国人、中国系人"之间事实上存在着密切的经济联系，而这种联系并不是由于政府或有关当局之间缔结协议产生的自上而下的经济合作体，而是由于有自下而上的经济活动、由于市场力量的推动而形成的"经济圈"或经济联系体，这是一个客观存在的现实。作为经济学家、华侨华人研究家，游先生从中国改革开放开始，就关注着在市场经济力量推动下，在新的国际分工格局下，大陆与港澳台之间的中国力量的合作，以及中国经济力量与海外华人经济力量的合作，把中国人、中国系人经济作为一个整体放在国际经济的大框架中来考察，从中看到这种经济力量合作、整合过程既是中国经济加入世界经济的过程，也是海外华人经济更加走向国际化的过程，而这一结果必然使中国人、中国系人在未来的世界经济发展中举足轻重。因此，游教授认为，"一个世纪前的 20 世纪初期，世界经济尤其是亚洲经济，是以日本的兴起为特征的；一个世纪后的今天，世界经济至少是亚洲经济，是以中国系经济（中国大陆、港澳台地区、海外各国的中国人和海外各国的中国系人的多种经济）的迅速发展为特征的"[②]。今天，中国的和平崛起和海外华人经济的发展，正在印证游教授 20 多年前关于"中国人、中国系人将是 21 世纪的重要角色"的说法。

不过，对于使用"中国系人"这一称谓来表述海外华侨华人这一群体，学术界也有不同的看法和担心。例如，华人学者、日本龙谷大学卓南生教授认为，"所谓'中国系人'，当然是仿自'日系人'的造语。因为不论是在东南亚或在其他地区使用汉语的华人社会，并没有自称为'中国系人'。将国籍已非中国、效忠对象并非中国的华人称为'中国系人'是不恰当的"。因为系"者，系谱、系列之意也，对于已脱离中国国籍或从未拥有中国国籍的华人来说，如此之称呼既容易令人产生错误的概念，也未免有过于强调种族出身之嫌"[③]。

4. "三个视角群论"。游教授新近提出，如从宏观的华侨华人学研究领域和研究视角来看，研究当代的世界华侨华人经济不仅是经济学家乃至经营学的研究，

① 可儿弘明、游仲勋编：《華僑．華人—ボーダレスの世紀へ》，东方书店，东京，1995 年 3 月，第 84 页。

② 游仲勋：《現代世界華人経済論の構造——研究領域と分析視角》，日本华侨华人学会编辑、出版：《华侨华人研究》（创刊号），东京：2004 年，第 5 页。

③ 庄国土、黄猷、方雄普主编：《世纪之交的海外华人》（上册），福建人民出版社，1998 年，第 158 页。

而且也势必涉及历史学、社会学、文化人类学等学科的研究。因此，有必要从三个新的视角群去考察华侨华人经济乃至华侨华人问题。①

第一个视角群是与地域有关的三个视角：①从中国关系的视角来看问题；②从华人居留国内部即居留国来看问题；③超越居留国界限，从国际的、全球的角度看问题。第二个视角群是从反映时代特征的全球化、国际化、地区主义、地方主义的视角看问题。第三个视角群是在看问题的层次上，应从一般化、特殊化、个别化的不同层面看问题。

应该说，游教授的"三个视角群论"，既是应对经济全球化新形势提出的华侨华人研究的"新思维"，也是他通过长期研究华侨华人问题总结与概括出的研究视野和方法论。

四、学会活动和学术交流

游仲勋教授在繁重的研究和教学工作之外，还热情地参加和支持有关的学术活动和社会活动，他曾经兼任或现任许多学术研究团体、民间交流组织的职务，例如，他参加的日本学术团体有现代中国学会、亚洲政经学会、国际经济学会、九州经济学会等，并担任过日本熊本县华侨总会副会长、亚洲经济研究所评议员、东华教育文化交流财团评议员、中日文化交流丛书编辑委员会（北京）指导委员等职务，因此，在有关华侨华人问题、中国经济问题、亚太经济等等研讨会、报告会以及学会活动中，或者在中日友好交流的学术活动中，时常可以见到他的身影，作为著名学者，做到这一点亦是难能可贵的。

游仲勋教授也是中日民间学术交流的促进者，他不但多次访问中国，与中国的研究同行们交流华侨华人研究、经济研究等方面的学术观点，还尽力为中国学者提供资料上的方便，多次向日本国内介绍、评述中国学者的著述，例如，林金枝教授著的《近代华侨投资国内企业概况》（厦门大学出版社，1988年）一书，游教授作了详尽介绍，并且给予高度评价。② 汪慕恒教授主编的《东南亚华人企业集团研究》（厦门大学出版社，1995年）一书出版后，游教授也撰文介绍。③ 此外，他还翻译了4本中文经济论著。为了解经济全球化过程中海外华人经济状况

---

① 鹿儿岛国际大学大学院经济学会编：《地域经济政策研究》，2004年第4、5期合刊。

② 《東方》（月刊）1991年1月号，东方书店出版，东京。

③ 《東方》（月刊）1997年2月号，东方书店出版，东京。

的变化，探讨东亚金融危机对海外华人经济产生的影响，在他的积极建议和筹划下，日本笹川平和财团中日友好事业基金事业室和中国国际友好联络会于 1998 年在广州联合召开了"世界经济与华人"国际学术研讨会，会后出版了名为 *Ethnic Chinese: Their Economy, Politics and Culture* 的论文集，为中日学术界共同研究华侨华人经济留下一段佳话。

"老骥伏枥，志在千里"，今天，游仲勋教授以 70 有余之高龄，仍然活跃在日本学术界，新作新论时有所出，堪称华侨华人研究领域的"常青树"。他的诸多研究成果，也正越来越受到日本国内外学术界的重视。本文亦是出于介绍游教授以促进国际学术交流的目的而写就，但是，依笔者之功力，要全面、准确理解游教授的学问尚无可能，所以，本文只能说是个人拜读游先生的著述以及与游先生交往中所受启发的一些体会。同时，也借此表达对游教授的敬意。

（原载于《华侨华人历史研究》2005 年第 1 期）

他山之石

安井三吉教授与日本华侨华人的研究

　　战后，在日本学界研究华侨华人问题的学者群中，安井三吉教授也许不属前辈之列，他是中国近现代史专家，在中国近现代革命史、抗日战争史和日本侵略中国罪行等研究领域颇有建树。在进行中国近代史的研究过程中，尤其是研究孙中山和近百年中日关系史的同时，会很自然地关注到与之紧密相连的华侨的历史和活动，安井教授从研究孙中山与日本、孙中山与神户华侨的关系开始，把研究视野逐步扩展至神户、大阪华侨历史，日本华侨历史乃至日本殖民统治时期的朝鲜华侨和中国台湾"华侨"问题，以及当代全球化潮流下的日本华侨华人现状等等领域，在华侨华人研究方面也同样取得了丰硕成果，成为研究日本华侨华人的代表性学者之一。1993 年出版的周南京教授主编的《世界华侨华人词典》中，曾介绍过日本学界研究华侨华人问题的 10 位学者，包括内田直作、须山卓、游仲勋、斯波义信等人，安井三吉也名列其中。2001 年出版的周南京教授主编的《华侨华人百科全书〈著作学术卷〉》中，有更多的篇幅介绍安井教授及其华侨华人研究的著述。对此，安井教授曾多次谦虚地表示"我是中国近代史研究者，不是华侨华人研究的专家"。[①] 但是，笔者认为，从安井三吉教授的学术道路和业绩以及研究活动来看，他在中国近现代史、中日关系史和华侨华人研究领域都有所贡献，值得评介。

---

　　① 過放:《安井先生と学問——華僑華人研究会のこと》,《安井三吉先生停年退官記念文集》, 神戸大学国際文化学部地域文化学科出版, 2004 年, 第 143 页。

一、中国近现代史研究

安井三吉（Yasui Sankichi）教授，1941 年生于东京，1965 年毕业于东京大学文学部东洋史学科，1972 年修完东京大学博士学位课程，历任神户大学教养学部、国际文化学部教授，现为神户大学名誉教授、神户华侨历史博物馆研究室长、孙文纪念馆馆长、神户华侨华人研究会负责人。

早在大学求学时期，安井教授就选定了中国近现代史研究方向，他的学士论文是《关于毛泽东的革命根据地建设——以井冈山时代为中心的研究》，硕士论文是《第一次国内革命战争时期的武装斗争问题》。此后，在长期的教学和研究工作中，安井教授继续就中国近现代史中的许多重大问题展开了研究，例如中共党史中的国共合作、抗日民族统一战线、抗战时期的解放区、毛泽东的《新民主主义论》等，中日关系史中的孙中山与日本神户、七七卢沟桥事变、汪伪政权、抗日根据地的日本人反战运动、二战时期神户港中国人劳工等等。1993年出版的《卢沟桥事件》、2003 年出版的《从柳条湖事件到卢沟桥事件——1930年代在华北的日中对抗》两本著作，[①] 是安井教授研究中国近现代史、中日关系史的重要成果，也是关于卢沟桥事变研究的代表性著作。20 世纪 80 年代中期以来，安井教授一直关注卢沟桥事变的研究，极为重视其历史地位，他不仅详尽查阅了日本侵华战争期间的官方档案、作战日志、日本驻屯军地图和作战报道等原始资料，而且多次到中国实地考察，在日本寻访原日本华北驻屯军成员，以了解更多战时情况。充分占有第一手资料，全面整理、比较中日两国学者的观点，加以分析、论辩，在此基础上写就的卢沟桥事变研究著作，是在资料、论证诸方面达到了新水准的著作。[②]《卢沟桥事件》一书指出：中日战争是日本发动的侵略战争，日军在卢沟桥事变前就制定了武力占领华北的计划，卢沟桥事件扩大为中日全面战争的责任在日方等。《从柳条湖事件到卢沟桥事件——1930 年代在华北的日中对抗》一书，再次重申了上述基本观点，明确指出卢沟桥事件发生前的柳条湖事件、天津事件、上海事变以及山海关事件"这一连串

---

① 安井三吉：《盧溝橋事件》，研文出版，东京，1993 年，中译本参阅史桂芳等译：《卢沟桥事件》，科华出版有限公司，香港，1999 年；安井三吉：《柳条湖事件から盧溝橋事件へ——一九三〇年代華北をめぐる日中の对抗》，研文出版，东京，2003 年。

② 徐勇：《评安井三吉新著〈从柳条湖事件到卢沟桥事件〉》，《抗日战争研究》2005 年第 1 期。

事件全都是由关东军或中国驻屯军的‘谋略’炮制的"，[1]深入揭露日本侵华政策的计划性和连续性。虽然本书对卢沟桥事变爆发的直接原因判定为"偶发"，引起中国学者的质疑和批评，但他确认日本侵华战争为侵略战争的立场从未改变，强调"偶发"说"绝不是要为日本对中国的侵略免责或减轻其罪责"。[2]安井教授鲜明、客观的学术态度和研究成果，引起中日学术界的很大关注，中国的近现代史专家给予高度评价，《卢沟桥事件》一书已由史桂芳博士等译成中文出版，被很多大学指定为硕士研究生中国近现代史的必读参考书。[3]但是，因为安井教授的许多著述揭露了日本的侵略战争责任和罪行，他本人也受到本国右翼势力的攻击甚至威胁，不过，他没有退缩，而是正面与之论战交锋，坚持自己的研究、坚持真理。为了揭露日本侵略罪行，还历史以真面目，1999年后，他亲自组织了"战时神户港强虏朝鲜、中国劳工问题调查会"，参加者中只有他一人是大学教授，他还自费来中国调查健在的当年劳工，整理出版了《战时神户港劳工资料集》，提供了战争期间日本大量掳掠劳工罪行的第一手资料。安井教授"不畏右翼势力的刻意攻击，能够不倦发掘可靠的史料以作科学研究，努力坚持客观公正的评述，的确是一位保持了良知和责任感的令人尊敬的学者"。[4]

二、日本华侨华人的研究

从研究中国近现代史开始，逐步聚焦于近现代中日关系史，进而关注日本华侨华人的历史和命运，对于日本历史学家的安井三吉教授来说，应该是学术道路上步步深入的自然选择。一部近现代中国移民史和海外华侨华人史告诉我们，中国与华侨华人移居国的政治经济关系如何，会直接影响到华侨华人在居住国的生存发展状态，而海外华侨华人生存发展的变化又往往成为反映中外关系、国际关系动向的一个"晴雨表"，因此，安井教授对日本华侨华人的研究，也可以说是他研究近现代中日关系史的延伸和补充。

安井教授对日本华侨华人的研究首先是从神户华侨史开始，然后扩展开来的。

---

① 安井三吉：《柳条湖事件から盧溝橋事件へ—— 一九三〇年代華北をめぐる日中の対抗》，研文出版，东京，2003年，第82页。

② 安井三吉：《柳条湖事件から盧溝橋事件へ—— 一九三〇年代華北をめぐる日中の対抗》，研文出版，东京，2003年，第204页。

③ 史桂芳：《我的导师——安井三吉先生》，《首都师范大学学报》（社会科学版）2004年增刊。

④ 徐勇：《评安井三吉新著〈从柳条湖事件到卢沟桥事件〉》，《抗日战争研究》2005年第1期。

著名的国际港口城市神户，自从 1868 年"开港"以来就有华侨从事商业贸易活动，1877 年左右开始形成的"南京町"至今仍是日本著名的中华街，是华侨华人的聚居地和观光胜地，神户还有中华会馆、中华义庄、关帝庙等华侨史迹，也有经历百余年沧桑的神户中华同文学校。1979 年开幕展出的神户华侨历史博物馆和 1984 年开馆的孙中山纪念馆，记录着神户地区华侨华人历经的艰辛和磨难，骄傲和光荣，以及他们对日本社会和中国革命建设的贡献。然而，过去日本学界对本国华侨史的全面研究却相对薄弱。战后以来，日本学界研究华侨华人的重点地域仍是东南亚，有关的综合性研究和东南亚国别的华侨华人研究一直占有主要地位。到 20 世纪 80 年代，对日本华侨华人研究的重要成果可以举出：内田直作关于日本华侨社会的研究，中村质、宫田安、李献璋、重藤威夫、菱谷武平等诸位学者对长崎华侨史的研究，鸿山俊雄等关于神户、大阪华侨的研究，菅原一孝关于横滨中华街的研究，斯波义信等关于北海道函馆华侨史和资料的研究等等，而80 年代中期开始的、以安井三吉教授等为代表的关于神户、大阪华侨的研究，正好填补了日本华侨华人研究在地域上、时段上的明显不足，形成对日本华侨华人主要移居地的从南到北的研究"链条"，促进了日本华侨华人历史和现状问题的整体性研究。

具体来说，迄今为止，安井教授关于华侨华人研究的成果集中在下列几方面：

1. 关于孙中山与神户关系的研究。孙中山先生在其革命生涯中，自 1895 年至 1924 年，先后有 18 次之多到过神户，与神户地区的爱国华侨和日本友人结下了深厚友谊，孙中山闻名的"大亚洲主义"讲演也是 1924 年 11 月在神户高等女子学校发表的。安井教授从 1975 年开始，发表了多篇论述孙中山与神户关系的论文，还广集资料、考证史实，发表了《"孙中山与神户"简要年谱》《孙文·演讲"大亚洲主义"资料集》《"孙中山与神户"新闻记事目录（1893.11.—1925.3.）》等重要文献。

《孙中山与神户》（神户新闻出版中心，1985 年初版，2002 年补订版）是安井教授研究此课题的代表性著作之一，[①] 也是陈德仁先生和安井三吉教授用"对谈"形式出版的关于孙中山与神户华侨关系研究的专著。作者之一的陈德仁先生（1917—1998）祖籍中国广东南海，生于神户，是知名的爱国侨胞、社会活动家和华侨学者。1971 年起连任神户中华总商会会长达 15 年之久，曾任神户华侨历史博物馆馆长、孙中山纪念馆馆长，长期致力于华侨历史资料的收集整理，潜心于孙中山在神户活动史迹的保存和研究。熟知中国近现代史风云变幻的安井教授

---

① 陈德仁、安井三吉：《孫文と神戸》，神戸新聞出版センター，1985 年。

与熟知神户华侨历史的陈德仁先生通过"对谈"，在著作中再现了伟大的民主主义革命家孙中山先生的理想、精神和崇高风范，以及日本华侨对其革命活动的热烈响应和支持。该著作在广泛搜集有关史料的基础上，详细考察了孙中山在神户留下的革命足迹，书中披露了许多鲜为人知的史实，还附有"孙中山与神户"大事年表和多幅照片，是研究孙中山革命活动和日本华侨革命史、爱国史的重要资料。

2. 关于神户、大阪华侨史的研究。主要著作有：《近百年日中关系史的展开与阪神华侨》《落地生根——神户华侨与神阪中华会馆百年史》《神户与华侨——近150年来的历程》等。

中华会馆编《落地生根——神户华侨与神阪中华会馆的百年史》，[①] 是战后以来日本学界研究神户、大阪地区华侨华人史的最有分量的著作，一部华侨会馆百年史也就是一部华侨社会变迁史，该书以1893年创建的"神阪中华会馆"的变化发展为主线，系统地论述了神户华侨130年的苦难史、奋斗史、贡献史、交流史，广泛地涉及中国近现代史、日本现代史、近现代中日关系史以及中日文化、民俗等诸多问题。该书还详尽地论述了从19世纪70年代直到20世纪末期的不同历史时期，中华会馆的创建和发展史及其发挥的管理运营"职能"，内容丰富、资料翔实，态度严谨，堪称是日本华侨社团研究的最新代表作。安井教授是主要执笔者之一，撰写了"序言"和第三章"中日战争时期的中华会馆"。

神户华侨华人研究会编《神户和华侨：近150年来的历程》一书，[②] 分为两大部分，安井教授是执笔者之一。第一部分是华侨人物论，以1972年9月中日邦交正常化以前居住在神户、大阪、京都的"老华侨"为研究对象，论述了在神户近现代历史上有重要影响的7位著名华侨的生平事迹，他们是：著名实业家吴锦堂，追随孙中山革命的王敬祥，名僧释仁光，华侨教育家李万之，中日交流活动家、学者陈德仁，爱国侨领、企业家林同春，知名作家陈舜臣等。围绕着他们的业绩，再现了自日本明治"开港"以来，华侨对神户城市发展的重大贡献，对中日经济、文化交流的重要作用。第二部分概述了大阪、京都、神户的华侨发展史，是全面了解京阪神地区华侨华人发展史的又一力作。

3. 关于神户华侨现状的调查和研究。20世纪90年代，安井教授等为首的课题组先后完成了《国际化时代和神户的华侨华人——"关于神户华侨的问卷调查"

① 中華会館编：《落地生根——神户華僑と神阪中華会館の百年》，研文出版，东京，2000年；中译本参阅忽海燕译：《落地生根——神户华侨与神阪中华会馆百年史》，香港社会科学出版社有限公司，2003年。

② 神户華僑華人研究会编：《神户と華僑　この１５０年の步み》，神户新闻总合出版センター，2004年。

报告（统计）》《国际化时代和神户的华侨华人——"关于神户华侨的问卷调查"报告书（稿）》以及共同调查报告书《阪神大震灾和华侨》。《阪神大震災と華僑》，神户商科大学·神户大学 [1] 以历史学家的眼光，审视神户华侨华人社会的发展脉络和趋势，尽速地了解和收集最新动向资料，是安井教授研究华侨华人问题的重要环节。1995 年 1 月 17 日发生的神户、大阪大地震，对居住在这里的华侨华人和留学生造成重大损失，华侨团体迅速组织起来成立"神户华侨震灾对策本部"参与救灾活动。安井教授及时地组织力量实施调查，走访华侨总会、神户中华同文学校、关帝庙、华侨幼儿园、福建同乡会馆、华侨历史博物馆、南京町等神户华侨各团体和设施，了解受灾状况，将有关资料汇成调查报告书《阪神大震灾与华侨》，留下了神户大地震时华侨华人状况的第一手珍贵资料。

三、华侨华人研究的推动者和交流者

安井教授对日本华侨华人研究的贡献，不仅仅是 20 多年来他有学术研究上的许多建树，还有他热心创建和长期主持"神户华侨华人研究会"的突出业绩。学术研究是一项长期的、艰苦的劳动，需要个人的兴趣和毅力，也需要集体的合作和学术氛围，建立研究学会推动华侨华人研究势在必行，而学会要办得有成效，又必须有一批志同道合的热心人、支持者，安井教授就是这样一位出色的推动者。在日本，以大学的研究者为中心建立的华侨华人研究会，在 20 世纪90 年代以前，已有长崎华侨研究会、九州华侨研究会、神户华侨研究会，1995年建立了横滨华侨华人研究会，2002 年在东京成立了全国性的"日本华侨华人研究会"。以安井三吉教授等学者为首的"神户华侨研究会"成立于 1987 年，1992 年 6 月更名"神户华侨华人研究会"，有会员近百人，至今已成功地举办多次国际学术讨论会和 90 余次例会，出版学会《通讯》45 期，是日本国内最为活跃、最有实绩的华侨华人研究学术团体。这个研究会的最大特征在于它的开放性和持久性，会员不仅有研究学者、大学生，还有对华侨研究有兴趣的一般民众，研究会的例会最初是 2 个月一次，现在为三四个月一次，每次开会都欢迎会员和一般的市民参加，大家在讨论中可以平等对话，争论不同的观点，例会也邀请外地或外国的学者作有关华侨华人问题的学术讲演，学术气氛十分浓厚和

---

① 《阪神大震災と華僑》，神户商科大学·神户大学［阪神大震災と華僑］共同调查报告书，神户，1996 年。

他山之石

活跃。在研究会的筹划推动下，出版了一系列的重要论著，如《特集：神户的华侨》《国际化时代和神户的华侨华人》《阪神大震灾与神户华侨》《近百年日中关系史的展开与阪神华侨》《落地生根——神户华侨和阪神中华会馆的百年史》等研究报告书和著作，这些成果把神户华侨华人研究提升到一个新的层次。当然，神户华侨华人研究会作为自发组织成立的民间学术团体，能长期坚持正常的学术活动，保持其连贯性，是要克服许多困难，付出艰辛劳动的。每次学术活动不论大小，安井教授总是事无巨细、亲力亲为，他的热忱和实干，感染着周围，令人钦佩。学会的创建者之一、神户大学教授长谷川善计先生曾评价说，研究会活动"一直开展很好，其功劳完全在于作为代表干事的安井三吉教授热心会务运营的努力"。[①]

安井教授还长期致力于中日友好活动和中日学术交流，先后访问中国十余次，在中国举行学术讲座，参加学术讨论会。访问过北京、天津、上海、福建、河南、山东，河北和江苏等省市，进行战时劳工调查和侨乡调查，在中国社会科学院、中共中央党史研究室、中国革命博物馆、北京大学、北京师范大学、首都师范大学、厦门大学、华侨大学等许多机构，进行学术交流。1999年被首都师范大学聘为名誉教授。在日本右翼势力编写歪曲历史的教科书并被日本文部省审定合格后，他与其他学者一道发表声明，反对歪曲历史，呼吁中学不使用歪曲历史的教科书，对青年负责，发展中日友好关系。（此文在撰写中，承蒙日本桃山学院大学过放博士提供宝贵资料，谨此致谢。）

（原载于《华侨华人历史研究》2007年第3期）

---

① 过放：《安井先生と学問——華僑華人研究会のこと》，《安井三吉先生停年退官記念文集》，神户大学国际文化学部地域文化学科出版，2004年，第146页。

侨乡一瞥

侨乡研究与华侨华人学的建构

    中国的华侨华人研究，一般认为始于 19 世纪末、20 世纪初期，其代表作是 1905 年梁启超先生发表于《新民丛报》上的《中国殖民八大伟人传》、1910 年发表的羲皇正胤《南洋华侨史略》等史学类著作。作为华侨华人研究主要内容之一的中国侨乡研究，则要迟到 30 余年，因为真正研究意义上的侨乡专著——陈达教授的《南洋华侨与闽粤社会》一书诞生于 20 世纪 30 年代末 [1]。该著作主要运用社会学研究方法，对著名的广东潮汕侨乡和福建闽南侨乡社会生活方面进行了全面、深入地研究，全今仍不失其侨乡研究范本的价值。中华人民共和国成立后的十余年间，在落实和实施侨务政策的过程中，侨乡的研究价值重新凸显，侨乡课题研究有一定进展。例如在 20 世纪五六十年代，厦门大学南洋研究所组织的对福建晋江出国移民原因的调查，对 1949 年以前海外华侨资本在国内投资企业情况的调查，以及对生活在华侨农场的回国契约劳工的调查等等。这些专题调查偏重于记录和弄清史实，为后来的学术研究抢救了许多珍贵史料。改革开放后，华侨的研究迎来了空前发展的新局面，取得了许多重要成果，其中，关于侨乡研究的长足进步也令人瞩目。20 多年来，侨乡研究在侨乡发展史（侨乡的形成与发展、地区侨乡史、族谱等）、侨乡社会（不同历史时期的移民原因、华侨华人捐赠公益事业、宗族家族关系、涉外婚姻、华人网络、侨乡社会生活变化等）、侨乡经济（华侨华人投资、侨汇、改革开放后侨乡经济的发展模式和道路）、侨乡教育和文化（华侨华人捐资办学、侨乡中西文化交流、文学艺术、风俗习惯、宗教信仰、人文精神等）、侨乡侨务工作（有关侨务法律、法规及其实施等）的研究方面取得了不少成果，其研究内容和方法涉及人文、社会科学的诸多学科领域，这些，不

---

[1]　陈达：《南洋华侨与闽粤社会》，商务印书馆，长沙，1939 年。

但使侨乡研究越来越成为中国华侨华人研究中的亮点，而且也显示了要构建的中国华侨华人学的明显特色。甚至可以说，侨乡研究的深入，必然直接或间接地涉及华侨华人学研究的所有重大课题，是华侨华人学的重要基础性研究。但是，作为华侨华人学意义上的侨乡研究，首先必须弄清侨乡研究中的一些基本概念和问题，以往的研究在这方面尚存模糊。本文仅就"侨乡"概念研究中提出的问题谈点看法。

一、"侨乡"概念的解读

华侨华人学涉及的内容十分丰富，提出了许多基本概念。有些相关概念已在日常的现实生活中广泛使用，但却未必有科学的解释，"侨乡"概念也是其中一例。

什么是"侨乡"？如何界定"侨乡"与"非侨乡"？自然是侨乡研究中的首要问题，只有概念明确、清晰，其含义符合实际，才能沿着正确的方向开展侨乡研究。

在已有的研究中，对"侨乡"的概念有下列几种解释：

1. 陈达著《南洋华侨与闽粤社会》是我国最早研究侨乡社会的名著，该书没有使用"侨乡"用语，他把中国海外移民称作海外"迁民"，"迁民"的家乡称为"华侨社区"（"侨区"），如何选择"华侨社区"进行调查研究呢？"迁民人数较多，历史较长，迁民对于家乡有比较显著的影响"[①]，显然，这里所说的"侨乡"概念是指海外移民的家乡，强调海外移民人数多，且对家乡影响大的特点。

2. 潘翎主编的《海外华人百科全书》关于"侨乡的概念"是："侨乡原是指与华侨有广泛联系的中国村落，不过到了 20 世纪 50 年代，侨乡与归侨侨眷的联系却加强了。这些侨乡绝大部分在广东与福建。""实际上，没有严格的铁律规定，哪一个是侨乡，哪一个不是侨乡。如果有可靠的统计数字，或甚至有数字可查，那么人们将以出国的人数为依据，作为划定'侨乡'的标准。"[②] 这里强调了与海外的"广泛联系"，提出了是否有数据可依的量化标准问题。

3. 黄重言的论文《试论我国侨乡社会的形成、特点和发展趋势》，方雄普的论文《中国侨乡的形成与发展》，都曾高度概括了中国侨乡的发展历程和特点。黄重言在文中没有直接就"侨乡"概念做出解释，但很明确地强调了"侨乡"的特点："侨居国外的人数多，侨眷、归侨多；同国外政治、经济、文化联系密切，联系面

---

① 陈达：《南洋华侨与闽粤社会》，商务印书馆，长沙，1939 年，第 3 页。
② 潘翎主编，崔贵强编译：《海外华人百科全书》，三联书店（香港）有限公司出版，1998 年。

广，经济信息多；侨汇、侨资多，商品经济比较活跃，但本地人多地少，资源比较贫乏；文化、教育事业比较发达；这些都是侨乡的特点。"[①] 方雄普的文章较直接地指出了"侨乡"概念的含义："侨乡，即华侨的家乡。从理论上说，自从有华侨那一天算起，便产生了侨乡。不过我们所说的侨乡，是具有一定含义的特殊地区，正如有的学者所指出的那样，它有这样几个特点：第一，华侨、华人、归侨、侨眷人数众多；第二，与海外的亲友，在经济、文化、思想诸方面有着千丝万缕的联系；第三，尽管本地人多地少，资源缺乏，但由于侨汇、侨资多，因而商品经济比较发达；第四，华侨素有捐资办学传统，那里的文化、教育水平较高。"[②] 黄、方二位都比较全面地概括了"侨乡"的主要特点，也就是侨乡与非侨乡的区别，他们关于侨乡概念的解读，比之过去的提法大有进步。

4."侨乡"概念的另一种解读是按人口比例划分出侨乡与非侨乡，即以一定的海外华侨华人人口标准认定"侨乡"。例如，关于广东的侨乡，有文章认为："作为华侨在国内分布地域类型的侨乡，在广东是以华侨人口数与当地人口总数比例来界定，以10%为界。按1994年行政区划，广东地级市有80%为侨乡；按土地面积，侨乡占全省总面积的72%（未含海南）；按人口，侨乡人口约为全省总人口75%。"[③] 又例如，关于福建的侨乡，也有文章列数过如下的划分"标准"："华侨、华人在10万人以上，或相当于该县（市、区）总人口的20%以上，侨汇较多，与海外关系比较密切为重点侨乡。华侨、华人在10万人以下、1万人以上，或者相当于该县（市）总人口的20%以下、5%以上为一般侨乡。福建省一般侨乡10个县（市），重点侨乡20个（市、区）。"[④] 显然，这种人口比重标准并不一致，也缺少权威性论证的成分。

5.《华侨华人百科全书》侨乡卷，反映了目前国内有关侨乡研究的水平。除"综述"部分外，收入词条共3500余个。但是，侨乡卷中除在前言中指出侨乡是"特殊的社区"以外，[⑤]并没有专门就侨乡这一概念做出解释，而是将侨乡卷收录侨乡的范围扩大到了全国32个省、自治区、直辖市，似乎有侨务就会有侨乡，侨务即侨乡，二者的关联和区别缺少解释。作为专业辞书，首先应按照一定的标准圈定侨乡这一"特殊社区"的范围，如果将我国所有的省市都列在

① 郑民等编：《华侨华人史研究集（一）》，海洋出版社，北京，1989年，第236页。

② 庄国土主编：《中国侨乡研究》，厦门大学出版社，2000年，第279页。

③ 许桂灵、司徒尚纪：《广东华侨文化景观及其地域分异》，《地理研究》第23卷第3期，北京，2004年5月。

④ 周南京总编，雄普、冯子平主编：《华侨华人百科全书》（侨乡卷），中国华侨出版社，北京，2001年，第804页。

⑤ 陈达：《南洋华侨与闽粤社会》，商务印书馆出版，长沙，1939年，第1页。

"侨乡"之中，就可能出现泛侨乡化的问题，使人有"世界各地有华人，祖国处处是侨乡"的感觉。

由于没有共识性的概念，"侨乡"在时空界限上变得模糊起来，除了地理范围的扩大以外，在侨乡的形成上也有主张秦代的说法，例如认为2000多年前徐福海外求仙时征招童男童女的齐国旧地饶安——今日的河北盐山县千童镇，是响当当的中国历史上第一侨乡。①

以上介绍了国内对侨乡概念或定义的几种看法，主要有词义论、人数论、特征论和泛侨乡论等，显然，如何从学术概念上界定"侨乡"尚有待深入讨论。

二、侨乡定义和侨乡特征

首先，社会科学中的基本概念是对于社会现象中的主要矛盾的本质概括。要给"侨乡"一个科学的准确的定义，必须弄清"侨乡"与"非侨乡"的本质区别。笔者认为，从概括和抽象的角度看，其区别主要有三：①有没有人数众多的海外乡亲和归侨、侨眷？②海内外乡亲的联系是否密切？③海外乡亲对家乡的社会经济生活是否有重要影响？因此，即使是被列为"侨乡"的同一行政区划内，也存在明显的"侨乡"与"非侨乡"地区（社区）之区别。其次，概念绝非主观臆造，而是源于事实和实践。伴随着海外移民史的展开，中国侨乡经历了长期的形成和发展过程，其间逐渐凸显出许多共同特征。这些具体的特征，真正体现了侨乡概念的特殊内涵。归纳此前多位学者的高见，结合笔者在侨乡的实践和观察，从最为宽泛的界定来说，侨乡应是"与海外乡亲联系密切、受海外影响明显的中国移民的重要移出地"，它具有下列明显特征：

1. 人口结构特征。同一地区或社区，海外乡亲（华侨华人、港澳同胞）数量众多，归侨、侨眷人数在当地人口中也占有重要比例，这是侨乡与非侨乡的首要区别。若以行政区划的侨乡来看，中国第一大侨乡广东人口7783万，② 祖籍广东的华侨华人约有2000多万人，港澳台同胞1000多万人，全省归侨、侨眷、港澳台同胞亲属2000多万人。③ 中国第二大侨乡福建省人口3440万，④ 祖籍福建的华

---

① 付文艺:《中国历史上第一侨乡——盐山县千童镇》，北京《档案天地》1997年第3期。
② 国家统计局:《2000年中国统计年鉴》数字，中国统计出版社，北京，2000年。
③ 黄昆章、张应龙主编:《华侨华人与中国侨乡的现代化》，中国华侨出版社，北京，2003年，第1页。
④ 国家统计局:《2000年中国统计年鉴》数字，中国统计出版社，北京，2000年。

侨华人 1033.5 万，港澳同胞 123.2 万人，全省归侨、侨眷 606.85 万人，[①]这组数据表明，广东籍的海外华侨华人相当于全省现有人口的 25%，归侨、侨眷也占全省人口的约 25%，福建籍的海外华侨华人相当于现有福建人口的 30%，归侨、侨眷占全省人口的 17%，以上归侨、侨眷占比已清楚地说明了侨乡人口的分布特征。但是，这仅是从广义上的"侨乡"来说的，实际上是把广东、福建两省境内的侨乡和非侨乡人口放在一起平均计算的结果。如果将典型的、传统的侨乡人口和海外乡亲人数、归侨、侨眷人口加以对比考察，侨乡人口分布特征更为明显。例如，著名的五邑侨乡，现有人口 395 万，祖籍五邑的华侨华人为 215 万多人，相当于侨乡人口的 57%，如果再加上五邑籍港澳同胞 149 万多人，这个比例则高达96%。[②]又例如著名的泉州侨乡，人口 728 万，海外侨胞泉州籍的华侨华人有 620多万人，约相当于全市人口的 85%，归侨、侨眷有 318 万多人，约占全市人口的44%。[③]在闽粤侨乡的一些县、市、乡、村、社区，其海外乡亲人数甚至大大超过了本地人口，例如五邑地区的台山，人口 100 万，台山籍的华侨华人 86 万，港澳同胞 42 万人，二者相加超过台山本地人口；[④]泉州地区的晋江市人口 100 万，海外华侨华人和港澳同胞有 200 多万人，素称"海内外 300 万晋江人"。[⑤]

2. 海内外联系网络特征。侨乡人民普遍都有"海外关系"，侨乡社会与海外华侨华人社会从一开始就有着天然的、千丝万缕的联系，长期以来，侨乡既是华侨华人的移出地，又是他们心目中的归宿地。时至今日，海外华侨华人也仍将祖籍地视为根之所在和精神家园。海内外乡亲的紧密联系主要是通过血缘和地缘相交织的纽带作用实现的，既表现在个人之间、家庭、家族之间的联系上，也表现为海内外民间团体之间、海外华人团体与侨乡地方政府等多元对象的联系上。这种海内外联系的内容更涉及政治、经济、教育、文化、社会、宗教诸多领域，是需要从多重视角来研究的复杂问题。那么，侨乡社会的这种海内外紧密联系源于什么动力？又是如何实现的？一种看法认为，海外移民与家乡的联系有内在的机制，并通过一定的形式来表现。侨乡海外移民的最初动机都是为了挣更多的钱回来改

① 俞云平、王付兵著：《福建侨乡的社会变迁》，湖南人民出版社，长沙，2003 年，第 12~13 页。

② 《江门年鉴 1998—1999》，中国县镇年鉴出版社，北京，1999 年；江门市侨办编《江门市侨情资料》（1999），转引自梅伟强、张国雄主编：《五邑华侨华人史》，广东高等教育出版社，广州 2001 年，第447~448 页。

③ 施永康主编：《晋江经验与泉州现象》，社会科学文献出版社，北京，2004 年，第 1~6 页。

④ 《江门年鉴 1998—1999》，北京：中国县镇年鉴出版社，1999 年；江门市侨办编《江门市侨情资料》（1999），转引自梅伟强、张国雄主编：《五邑华侨华人史》，广州：广东高等教育出版社，2001 年，第447~448 页。

⑤ 庄国土主编：《中国侨乡研究》，厦门大学出版社，2000 年，第 1 页。

变家乡的环境，改变亲人的生活境遇。中国传统文化中的"落叶归根"意识，更强化了他们的这种观念和行为。[①] 另一种是"多重网络论"的分析，新近有郑省一的论文提出了闽粤侨乡与华侨华人互动关系的"多重网络"观点，[②] 文章认为，多重网络是指在侨乡和华侨华人之间存在一种关系网络，它是一种联系跨界、跨社会的社会成员之间的一种多线、多群体、多层面的复杂关系网络，包括侨乡的民间网络（移民网络、私人企业网络、社会组织网络和资讯网络）和政府或政府参与的网络（政府的组织网络、企业网络、社团网络和资讯网络），也包括海外华侨华人的社团网络，经贸网络。多重网络在侨乡与海外华侨华人的互动关系中形成整合、渗透和扩张，而正是这种多重网络的存在与活跃，促使华侨华人与家乡的关系更紧密、更持久，成为活跃华侨华人与侨乡互动的动力。应该说，多重网络的论述深化了侨乡海内外联系机制的研究，从理论上弥补了侨乡研究的不足。当然，如果放眼国际移民史，可以看到中国海外移民与母国移出地（祖籍地、家乡、故乡）的紧密关系是很特殊的现象，而保持和发展这种紧密关系又与现实的民族利益、国家利益以及移民自身利益密切相关，除了上述的探讨外，还需从实践到理论上进一步进行多方位、多层次的探讨，例如关于不同历史时期的华侨华人民族主义、爱国主义以及中华文化的作用，中国和居住国政府对华侨华人的政策和影响等等。

3. 海外经济力量影响特征。近代以来至今，海外华侨华人经济曾经历了殖民地开发时期、两次世界大战之间的繁荣时期、战后初期发展时期、居住国工业化发展时期以及当前的经济全球化时期。走过不同的历史时期，华侨华人的经济实力是在不断增强的，整体经济地位呈上升趋势。华侨华人在拥有一定的经济实力后，会把主要资金用于在居住国的再发展上，但也会向家乡和亲友"输血"，从海外流向侨乡的侨汇等各类资金数量庞大，这就直接对侨乡的经济、社会生活产生重大影响。传统侨乡的五多现象（侨汇多、侨房多、侨办学校多、侨资企业多、侨捐公益事业多）正反映出海外乡亲经济实力在家乡发生的重大作用。"五多"既是独特的亮丽的侨乡风景线，又是真正意义上的侨乡与非侨乡在外延上的不同。有关这方面研究、调查，已有不少鸿篇巨作和科研成果，成为华侨华人研究中最引人注目的部分之一。

中国改革开放后，侨乡把握机遇开拓进取，继续充分地发挥海外乡亲经济力

---

① 梅伟强、张国雄主编：《五邑华侨华人史》，广东高等教育出版社，广州，2001年，第450页。

② 郑一省：《多重网络的渗透与扩张——华侨华人与闽粤互动关系的理论分析》，《华侨华人历史研究》2004年第1期。

的作用，发挥出自身优势，赢得经济和社会事业的高速发展。侨乡地区不仅建立了中国对外开放的窗口——经济特区，而且出现了有全国影响的"珠江三角洲模式""晋江模式"（泉州现象）"温州模式"等发展道路的探索。侨乡历史再创辉煌，使人们更深刻地感受到了在新的历史条件下，海外华侨华人经济力对侨乡地区所产生的巨大效应。

4. 中西文化交融的特征。人是文化的最大承载者，有移民产生就有文化的"迁移扩散"现象。由于海内外交往的密切和频繁，华侨华人既将中华文化从故乡传播到海外居住国，又将国外文化从海外居住国带回了家乡，因此侨乡正是处于中西文化的汇合点上，侨乡文化也有着国内和国外两个源头。固有的侨乡传统文化和外来的西洋文化，经过互相吸收、改造、创新，形成了明显的中外文化交流和融合的特征。无论在侨乡的物质生产活动、文化精神活动中，或是在侨乡的建筑、语言、服饰、民俗风情、行为方式乃至价值观、思维理念方面，都可以感受到中华文化的牢固根基和外来文化的影响所致。例如，建筑物是直观的代表当地文化的"符号"，从侨乡建筑景观来看，融入了西方或南洋建筑风格的房屋随处可见，闽南、潮汕、珠江三角洲侨乡城镇的街市"骑楼"，五邑侨乡矗立的数千座中西合璧式的"碉楼"，还有侨乡大地上中国式传统民居与西洋式住宅建筑的交相辉映等等，可以清楚地看到西方建筑文化已融入了侨乡的聚落文化和建筑文化的许多方面。又例如，在思想观念上，由于侨乡接触西方资本主义文明较早，往往容易开风气之先，与非侨乡地区相比，重商主义色彩，敢于冒险、不因循守旧的传统，以及开放兼容精神都比较明显。在改革开放的今天，侨乡社会这种较为强烈的商品意识、竞争意识和开放意识，凝练、升华为新时代的"爱拼善搏"的开拓创业精神和改革创新的活力，从而形成了"爱拼才会赢"这样的侨乡创业文化。当然，侨乡文化中也有需要扬弃的负面部分，不过它不是侨乡文化的主流，更不是侨乡文化的特色。

侨乡文化既体现了中国区域文化的特点，也体现了中国移民文化的特色，是值得深入研究的重要特色文化。

三、侨乡概念的共生研究

作为侨乡概念的多视角讨论，绝不是小题大做。要深化对侨乡涵义的理解，除了进行如上所述侨乡与非侨乡的宏观比较以外，还需要从下列三个方面进行共生研究。

1.关于不同地区侨乡形成和发展的比较研究。中国不同地域的社会文化对侨乡形成和发展带来的影响，有相对的一致性和差异性，例如广东、福建、广西、海南、浙江各地侨乡的形成发展过程就有很多不同点，而同是福建侨乡的福清侨乡、莆田侨乡、泉州侨乡、漳州侨乡和龙岩侨乡也有不同的形成发展特点。共性寓于个性之中，只有了解了不同区域侨乡的发展历程，才能更准确、更深刻理解一般意义上的"侨乡"涵义。

2.国内不同类型的侨乡比较研究。应从不同视角将侨乡分类比较研究，例如，传统侨乡与新兴侨乡的比较，重点侨乡与一般侨乡的比较，沿海侨乡与内陆侨乡的比较，区划侨乡与文化侨乡的比较，农村侨乡与城市侨乡的比较，地域侨乡与方言侨乡的比较，广义侨乡与狭义侨乡的比较，等等。从不同类型侨乡的比较中，探讨侨乡内涵的一般同质性和个性。

3.中国和外国的"侨乡"比较研究。从国际移民研究视角来看，对于有大量移民输出国外的移民国家的移出地社会研究，与中国的侨乡研究应属于同一研究范畴，有一定的可比性。例如关于印度东南部海外移民的移出地社会以及与移入地社会的相关性研究等，[①]可与中国南方侨乡社会进行比较研究，以更透彻地了解中国"侨乡"的丰富内涵和特征。

（原载于胡百龙、梅伟强、张国雄主编：《侨乡文化纵论》，中国华
侨出版社，2005 年）

---

① 重松伸司：《国際移動の歴史社会学——近代タミル移民研究——》，名古屋大学出版会出版，1999年，第47~48页。

华人资本与福建的改革开放

改革开放 20 年来，福建省充分发挥自身具有的"山海侨台"优势，在经济建设和社会发展方面取得了举世瞩目的成就。福建省的经济开发和发展，尤其是以侨乡为代表的沿海地区经济的高速增长，社会面貌的巨变，与大量吸收利用海外华人华侨资本和港澳台地区资本更有着密切的关系。充分了解和肯定他们对家乡的贡献，进一步发挥他们的作用和潜力，对于福建经济的健康持续发展，对于全省的现代化事业进程，有着长期的战略意义。

一、外商直接投资的主角

改革开放以来，随着投资环境的改善和政府吸引外资各项优惠政策的相继出台，外资开始大量进入中国，进入 20 世纪 90 年代，外商直接投资已成为我国利用外资的主要形式。1992 年邓小平同志南方谈话和党的十四大明确提出建立社会主义市场经济体制之后，外资对中国的直接投资更呈现大幅度增长的新局面，1993 年以来中国获得的外来直接投资额连续多年居于世界第二位。据中国国家统计局公布的数字，1979—1998 年，中国实际使用的外商直接投资额达到 2692.78 亿美元，1999 年以来，外商投资势头不减，截至 1999 年 3 月，全国累计批准设立的外商投资企业 328228 家，合同外资金额 5812.45 亿美元，实际使用外资金额达到 2747.93 亿美元。外资的大量流入，既带来建设开发资金又带来先进管理和技术，对于扩大外贸出口，增加国内投资、劳动就业和税收，对于提高经营管理水平、改造产业技术以及改善市场结构，都做出了贡献，是促进国内经济转型和经济赶超的重要因素。但是，人们也不难发现，外资来源不仅有发达国家的资本，新兴工业化国家和地区的资本，也有发展中国家的资本，其中尤为引人注目的是港、澳、台以及东南亚地区的华人资本。据《中国对外经济贸易年鉴》资料显示，截至1997年，外商在中国的直接投资合同金额为5203.9亿美元，其中港澳台地区和东南亚华人资本即达到3614.7亿美元，占69.5%。地处东南沿海的福建省，是中国历史上进行海外贸易的传统地区，又是仅次于广东省的中国第二大侨乡，海峡两岸经贸、文化交流的前沿基地，改革开放后，福建省是最早实行"特殊政策、灵活措施"的开放省份之一，在中国的改革开放中占有重要区位优势，因此，福建省也是外商直接投资较为集中的省份之一，1979年至1996年，福建省实际使用的外商直接投资额为178.15亿美元，约占全国同期外商投资额（实际使用额的）10%。如果从福建省外资的来源构成分析，港澳台地区和东南亚等华人资本占有的比例则高出全国平均水平，据统计，截至1995年，福建省外商直接投资的合同金额中港澳地区资本占68.8%，台湾地区资本占16.3%，美国占1.8%，日本占1.1%，港、澳、台资本合计占有84.9%的比例。东南亚资本对中国的投资是以当地华人资本为主体的对外投资，在福建省的投资占有重要比例，以1994年为例，按实际使用的直接投资额计算，新加坡对福建的投资占其对中国直接投资额12.4%，同年同比例泰国为4.9%，马来西亚为22.5%，菲律宾为69.1%，印度尼西亚为29.3%，可见福建省外商直接投资的主角是港台地区和东南亚的华人资本。换句话说，改革开放以来，华人资本已成为福建省外商直接投资的主要支柱。

二、福建经济增长的拉动力

改革开放前，福建省是中国沿海地区的贫困省份，也是在全国经济中较落后的省份之一。除了多山等不利的自然条件因素之外，"海防前线"的战备地理位置使之不可能进行大规模经济建设，因为国家投资少，基础设施尤其薄弱，更制约了福建的经济发展。据统计，1953—1978年，福建省占全国基本建设投资总额的比例仅为1.4%，其间个别年份虽然占有稍高的比例，但也没有超过3%。因此，到1978年时，福建省占全国的GDP、国民收入、工农业生产总值的比例分别为1.8%、1.9%、1.8%，人均GDP仅为270.6元（人民币），低于同期的全国平均水平374.5亿元，除了青海、西藏，福建省的人均GDP在全国27个省、市，自治区中排名第 21 位，而人均收入则从 1950 年时的第 13 位后退至第 22 位。

改革开放的春风唤醒了八闽大地，20 年来，福建的经济面貌发生了巨变，甩掉了贫困落后省份的帽子，并一跃成为国内经济较为发达的省份。今天，福建省的经济总量和人均水平在国内已上升到第 11 位和第 7 位，令人刮目相看，以至引来了"孔雀东南飞"。对外开放后，以华人资本为主的外资对福建经济的发展起了极为关键的作用。经过 20 年的发展，福建已成为经济外向度比较高的省份，对外开放度高，外资所占比重大。那么，具体来说外商直接投资对开放后的福建经济开发和发展起到了怎样的作用呢？

1. 对促进出口的贡献。外商投资的出口型企业比重大，1995 年时，福建外资企业的出口率达到 55.6%，高于全国 38.7% 的水平。同年，外资企业在福建省出口额的 44.8%，也高于全国 31.5% 的平均水平。1979 年至 1995 年的 17 年间，福建省的出口规模从 3.8 亿元（人民币）增长到 780 亿元（人民币），扩大 200 倍以上。如果考虑到近两年出口曾受到亚洲金融危机影响等原因，1998 年的外资出口也比改革开放初期增长 60 多倍，是福建省经济发展的重要拉动力，华人资本的贡献是不言而喻的。

2. 对福建地方经济发展的贡献。外商直接投资的行业分布格局，以制造业和房地产业所占比重最大，充分反映出华人资本的投资特点。据统计，1995 年底时福建外资的产业结构中，以企业数计算，制造业占 77.4%，不动产占 7.4%；以投资额计算，制造业占 55.6%，不动产占 28.5%；到 1997 年，外商在福建的投资额中，制造业占 48%，房地产占 34%。也就是说外商的投资额有一半左右在制造业，有三成左右在房地产业。如果从福建省企业的工业生产额来看，1995 年时，外资企业的生产额占 34.6%，集体企业（乡镇企业）的生产额占 31.9%，国有企业的生产额占 18%，私有企业的生产额占 15.5%，说明外资企业在省内的工业和第三产业中占有极为重要的地位，成为福建省经济建设的重要力量。又据统计资料显示，改革开放以来的 20 年，福建省实际利用外资占全社会固定资产投资总额的 40%，全省兴办的 2 万多家三资企业的新增工业产值占全省新增工业产值的 70%，是福建省重要的新经济增长点。

3. 对扩大就业的贡献。在外商直接投资中，劳动密集型产业占有较大比重，尤其是制造业中的食品、饮料加工制造、纺织、服装加工、皮革产品制造等等行业，都大量使用廉价劳动力。作为吸引外商进行投资的产业来说，劳动力密集型的加工企业并不是方向，实际上，20 年来，随着我国改革开放的深入发展，外商投资行业的技术含量正在不断提高，外资的整体质量和水平也在不断提高。但是也不可否认，大量的外商投资企业尤其是劳动力密集型产业的企业，对尚处于社会主义初级阶段的中国来说，在扩大劳动力就业方面也是有所贡献的。1995 年底，福建省外资企业在城镇中所占的雇佣比率达到 14.1%，远远高出同期全国的平均水平 3%，也高出劳动密集产业发达的广东省 11.4% 的水平。

三、实现侨乡现代化的先锋

作为中国著名的侨乡大省，福建有 800 多万海外乡亲分布在世界各地，尤以东南亚地区人数最多，在港澳地区也有 80 余万人，其中不乏财力雄厚者。据《Forbes 资本家》杂志 1995 年"世界华人富豪榜"披露，以 1 亿美元的资产为底线统计，全世界共 368 名华人富豪上榜，如按籍贯来分析，台湾籍 83 人，总财富 495 亿美元；潮汕籍 60 人，总财富 821 亿美元；闽南籍 66 人，总财富 760 亿美元；福州籍 26 人，总财富 420 亿美元，还有广东的客家籍、广府籍、五邑籍，以及海南籍、江浙籍等都有统计，这里不一一列举。人们至少可以从中看到，福建籍的富豪合计 92 人，总财富达到 1180 亿元，这虽是 1995 年的数字，稍嫌陈旧，20 世纪 90 年代海外闽籍华人的经济实力由此可见一斑。如果再考虑到台湾籍富豪中许多人的闽南移民背景，广义上的闽籍贯华人的经济实力则更为雄厚，所以上述《Forbes 资本家》杂志在一篇"潮汕、闽南领风骚"的文章中指出："如此追本溯源，应以闽南人的经济实力最强。"应该指出的是，所举闽籍富豪都是成功的海外华人企业家，拥有规模庞大的企业集团，这部分人属于海外华人经济金字塔的顶尖部分，人数极少，绝大多数海外华人仍是属于如汪洋大海的华人小商类型。改革开放后，国内投资环境起了根本变化，有不少的闽籍华人企业集团或相关企业到故乡进行大规模投资，许多华人中小企业家也到家乡兴办起各种企业，形成了一股股侨乡投资热潮，为改变传统侨乡的落后面貌起了先锋作用。下面，让我们对华人资本在福建主要侨乡所作的贡献作一巡礼。

泉州市现在所辖区划包括原晋江地区各县市，是福建省最著名的侨乡，可谓闽南侨乡的核心地区。改革开放以来，泉州市不断优化投资环境，努力提高对外开放水平，以华人资本为主的外商投资持续增长。一些海外著名的华人企业集团也投资参与泉州的开发和建设。例如吴家熊的大马集团（Dharmala Group）投资参与泉州新市区的建设，中国香港中策集团（China Strategic Holdings Ltd.）购买泉州国有企业股权，投资改造老企业；菲律宾郑周敏亚世集团（Asiaworld）投资酒店、百货业；施玉成的 SM 集团投资大型超级市场等等。截至 1999 年 2 月，泉州市已经累计批准外商投资企业 7051 家，总投资额达 114.72 亿美元，已投产（开业）外资企业率达 67%，外商实际到资率超过 54%。泉州市辖下的晋江市是典型的侨乡地区，有分布在 60 多个国家和地区的 114 万晋江籍华人华侨、港澳同胞。在改革开放的大潮中，晋江海内外乡亲"勇为天下先"，抢得先机，不断进取、创新，创造出经济高速发展的"晋江模式"，使晋江跻身于全国百强县之列。充分发挥侨乡的海外乡亲众多优势，大力引进华人、华侨资本，是其经济得以迅速发展的重要原因。回顾晋江"三闲"起步，"三来一补"过渡、"三资"上路、成片开发迈大步的经济发展轨道，都与发展"侨"的优势有密切关系。据 1998 年 10 月统计，在晋江市批准的 2400 多家外商投资企业中，晋江籍海外乡亲兴办的占 90% 以上。又据统计，1993—1998 年 10 月，晋江市旅外乡亲回乡创办 874 家外商投资企业，合同利用外资 13.85 亿美元；1997 年外商投资企业产值达 168 亿元人民币，占全市工农业总产值的 52%。由此可见，旅外乡亲的投资为晋江经济的腾飞起了重要推动作用。除了投资家乡的企业之外，晋江华人、华侨还有热心为家乡捐办公益事业的优良传统，1994 年以来，旅外乡亲捐赠 5 亿多元人民币，兴办家乡的教育、农业、卫生、文体等事业，对加强侨乡的基础设施建设，改善侨乡面貌发挥了重要作用。据统计，全市 15 个镇，90% 以上的村落都接受过旅外乡亲不同程度的捐赠，全市 400 多所中小学也都不同程度地得到海外乡亲的捐赠。旅外乡亲的捐赠事业不断发展，也为晋江市的社会经济发展奠定了坚厚的物质基础。

　　厦门市不仅是著名的侨乡，更是中国改革开放后设立的 5 个经济特区之一，成为国家对外开放的试验"窗口"，福建对外开放的"龙头"，大陆与台湾联系的桥梁。20 年来，厦门经济的迅速发展、城市面貌的巨变更是与外商投资有密切关系，而外商投资的主体仍是华人资本，实际上，厦门经济特区第一家外商独资企业就是海外华人资本，厦门的第一家外资银行也是华人资本。"三资企业"产值在厦门市工业总产值中的比重早在 1988 年时已超过国有工业企业的产值，到 1998 年，外商及港澳台投资工业完成产值已达 399.68 亿元人民币，占全市完成工业总产值的 67% 以上，成为厦门经济发展的主要支柱。根据厦门市统计局资料，到 1998 年，累计外商投资实际使用额达 91.24 亿美元。为便于说明问题，我们再举一组数字，截至 1996 年底，厦门市累计共批准外商直接投资项目 3862 家，投资总额 150.14 亿美元，已开业企业 2901 家，开业率达 75.11%；外商投资实际使用额 63.65% 亿美元，到资率为 51.54%。若以投资来源分析，1996 年统计，香港资本占 53.6%，台湾资本占 22.61%，外国投资占 19.47%。而外国资本排在前 5 位的国家是新加坡、美国、马来西亚、菲律宾、日本，其中新、马、菲的投资仍然是海外华人资本为主体的投资。根据以上数字，可以知道华人资本在厦门的外商投资中占有近80%的比例。实际上，在厦门经济发展的过程中，时时处处都可以感受到海外华人资本所发挥的作用，那些实力雄厚的海外华人企业集团在厦门投资的大手笔，则更引人注目。设在厦门海沧工业区的翔鹭涤纶纺纤（厦门）有限公司，是经国务院批准设立的大型外资企业，1995年2月投产，年产值约为30亿元。该企业就是由中国台湾的东帝士集团、印尼林绍良的三林集团、菲律宾郑周敏的亚世事集团联合投资，母公司翔鹭实业有限公司设在香港。此外，新加坡黄廷芳的远东集团、马来西亚郭鹤年集团和郭令灿的丰隆集团、菲律宾的陈永栽、施玉成、黄明顶等著名企业家的所属企业，都在厦门有不同规模的投资，例如陈永栽（Lucio C. Tan）集团独资设立厦门商业银行，参与海沧开发项目，还投资购并了原厦门酿酒厂，设立亚洲酿酒（厦门）有限公司，给老企业注入了新的活力。

福清也是福建省的主要侨乡，旅外乡亲和旅居港澳的同胞达60多万人，分布于全世界71个国家和地区，其中华人、华侨有51万多人，分布在39个国家，又以在印尼的最多，有36万多人，在新加坡的有7万多人。海外的福清籍乡亲经长期艰苦努力，大都事业有成，有多人已跻身世界著名华人企业家之列。改革开放后，特别是1990年国务院批准福清撤县建市、赋予福清综合改革试点与乡村城市化试点县（市）等一系列优惠政策后，海外乡亲在宽松的政策环境下，倾情家乡经济建设，大举投资开发区，迎来了福清大开放、大发展的春天，使侨乡福清的社会面貌发生了历史性的变化。著名的国家级经济技术开发区——福清融侨经济技术开发区，包括宏路中心区、洪宽工业村和康辉工业村的创建和发展，就是由福清籍的海外华人、华侨创建并率先投资，通过"以侨引台、以台促侨"，形成"侨台港外联合开发"的外资投资局面，也可以说融侨开发区的建设发展是在国家基本上没有投入的情况下，靠地方和海外侨胞共同努力而取得成功的。经过十余年的发展，开发区已有来自十几个国家和地区的投资，行业遍及电子、化纤纺织、塑胶、汽配、服装、制鞋、食品、铝业、家具、建材等，开发区内由三林集团和台湾资本合营的冠捷电子公司，是全国最大的电子终端显示器厂家，1997年时产值已达24亿元（人民币）；开发区内的冠望、优星化纤公司生产的化纤产品，福耀、万达公司的汽车安全玻璃，太平洋、明达公司的塑胶制品和铝业的铝制品，均在全国同行业名列前茅，在国际市场上也具有较强的竞争力。1998年开发区的生产虽然受到了亚洲金融危机的影响，但仍保持增长态势，全区工业产值达到111.5元，比上年增长12.44%，出口总额达到7.96亿美元，比上年增长

12.44%，上缴税金 1.3 亿元，比上年增长 18.6%，这三项指标分别占全市三资企业总量的 75%、80% 和 65%，再次显示出融侨经济技术开发的重要地位和活力。融侨开发区的崛起，迅速产生辐射作用，也带动了整个福清的开发和建设，使福清一跃成为闽东南最具吸引力的投资热土。据统计，截至 1998 年底，福清市已累计批准以华人资本为主的外商投资企业 659 家，总投资 31.78 亿美元，实际利用外资 16.56 亿美元。1998 年，福清三资企业工业产值达 145 亿元，占全市工农业总产值的 46%，三资企业出口创汇 9 亿美元，真正成为福清经济发展的重要支柱。由于福清充分发挥了"山海侨台"及地理区位优势，目前已初步形成全方位、多层次对外开放格局，为经济外向度最高的地区之一，近几年连续保持国民经济的两位数字高速增长，主要经济指标跃居全省先进县（市）前例，并先后荣获全国农业百强县（市）、全国投资环境百佳县（市）和全国地方财政收入百强县（市）等光荣称号。

四、提高吸收利用华人资本的水平

无论从统计数字还是从全省吸收利用外资的实际考察，华人资本尤其是港澳台资本已构成了改革开放以来外商投资的主体，对全省的经济发展发生了强劲的拉动作用，其积极作用是值得充分肯定的。但是，近年来在大量利用以华人资本为主体的外资的同时，有一种看法认为今后应该多引进外国大跨国公司的资本和技术，以提高利用外资的质量和水平，似乎华人资本质量低不大应该再提倡引进。笔者认为，这样的看法是片面的。第一，由于华人的共同历史渊源和中华文化背景，在国际资本的流动中，只要中外有大致相同的投资环境，华人资本比之洋人外资更容易流向中国，这是我们在引进外资中将会长期存在的现象，而这也正是我国改革开放的优势之一，邓小平同志就曾明确指出："海外关系是个好东西"，中央领导也多次强调指出海外侨胞是建设社会主义市场经济的宝贵资源。所以，无论是属于哪类外资，只要符合我国吸收利用外资的基本要求，能达到互利互惠，就应该鼓励引进。第二，海外华人资本在长期形成和发展过程中呈现了一些弱点，如产业结构不够合理、科技开发能力欠缺等等，但是华人资本从来就不是统一的资本类型，也并非是中小资本和劳力密集型企业的代名词，他们中不乏在国际经济中有影响的跨国集团，从事高新技术产业的也越来越多。问题的关键在于我们的外资政策如何进一步深化和完善，能有力地引导来华投资华人资本，让其更好地做到数量与质量、规模与结构、速度与效益的统一，不断提高投资项目的质量。也可以引导一些劳动力密集型产业从沿海发达地区向内地经济不发达地区转移，使不同产业的投资在中国广大的土地上都可以找到用武之地。总之，我们应该在坚持改革开放中，提高吸收利用华人资本的水平。

在回顾 20 年改革开放取得辉煌成就的时候，我们也面临着在世纪之交如何抓住机遇进一步扩大对外开放。为此，福建省已提出了营造"十个环境"的目标要求，提供更为良好的投资环境，增创对外开放的新优势，以赢得引进外资扩大开放的发展主动权。这"十个环境"就是营造配套先进的基础设施环境、优惠透明的政策环境、高效优质的服务环境、优势互补的山海协作环境、安定团结的治安环境、优美舒适的生活环境、公平竞争的市场环境、和谐融洽的工作环境、健康向上的人文环境、严明规范的法制环境。相信这样良好的投资新环境将会吸引更多的外资来到福建，华人资本也将会为福建的现代化建设做出更大的贡献。

（原载于杨学潓主编：《改革开放与福建华侨华人》，厦门大学出版社，1999 年 9 月）

福建新侨乡与温州侨商

地处东南沿海的福建省是中国海洋文明的发祥地之一，福建人向大海、大洋寻找出路的历史悠久。不畏狂风恶涛，不畏官府禁令，敢于向海外移民，敢于出海通番经商，走东洋、下南洋，历经数百年，造就遍布东南亚的闽籍华侨华人，也使福建成为中国著名的侨乡大省。20 世纪 30 年代，著名学者、清华大学教授陈达首次对中国侨乡社会进行了实地调查，写下了名著《南洋华侨与闽粤社会》一书，其调查的侨乡地域，选定的是福建的厦门、泉州、漳州和广东的潮汕地区，他认为，这些地区的海外移民数量大、历史长，而且海内外联系密切，也就是说，具备了侨乡的基本特征。的确，福建省的主要侨乡都在沿海地区，除了闽南的厦漳泉，向北还有莆田、福州地区（例如福州地区的福清、长乐等地）。此外，闽西龙岩地区也有不少客家人移民散布海外。福建省侨乡的这一分布格局，从 20 世纪初直到 80 年代初中国实行改革开放，基本上没有大的变化。

改革开放的春风唤醒了八闽大地，随着对外开放的步伐加快，福建人移民海外出现新一轮高潮，闽籍新华侨华人数量激增，新移民的居住国也从东南亚国家转向欧美日发达国家和南美洲、非洲地区，与此同时，福建省新移民的迁出地呈现从南向北、从东向西、从沿海地区向内地延伸发展的趋势，改变了侨乡的分布地图，过去很少有华侨的三明、南平地区也出现了新兴侨乡，地处闽西北山区的明溪县可谓新侨乡的典型代表，享有福建"八闽旅欧第一县"的美誉。

明溪县坐落在绵长险峻的武夷山脉中段，四面环山，峰峦重叠，是福建省重点老区县，在第二次国内革命战争时期，属中央苏区二十一县之一。老一辈无产阶级革命家曾在这块红色土地上进行过艰苦卓绝的斗争，留下了光辉的革命足迹。

1930 年，毛主席曾在这里写下了气势磅礴的《如梦令·元旦》壮丽诗篇，吟叹"宁化、清流、归化，路隘林深苔滑"的闽道之难，赞颂宁化、清流、归化"风展红旗如画"的革命情景，归化就是今天的明溪县。

这样一个有悠久历史和光荣革命传统的山区小县，在改革开放以前，许多人一辈子都未走出过大山，向海外移民无从谈起，与侨乡也不沾边。改革开放后，山区人民出外谋生有了多种选择，20 世纪 80 年代末，开始有沙溪乡村民申请去意大利务工，此后出国谋生的队伍犹如滚雪球似的迅速扩大，有大批农民、居民甚至干部出国到欧洲谋生。明溪县人口 11.6 万人，到 2007 年时，出国经商与劳务的明溪人达 1.7 万人，占全县总人口的 14.7%。明溪县的出国人口这个比例，在福建省内陆县份中是最高的，因此明溪县已成为真正的内陆新兴侨乡。明溪县劳动服务中心副主任李斌撰文认为："明溪人大批出国劳务，成功地解决了农村剩余劳动力转移问题和城镇失业人员再就业问题，全县人均收入逐年提高，推动了经济发展，改变了城乡面貌，促进了社会主义新农村建设。也就是说，这么一条宽敞的就业渠道，解决了明溪县就业和发展方面的许多难题，带给了明溪县许多好处。"有数字显示，明溪县城镇居民收入在 1978 年时不足 160 元，在 2007 年时达到 10436 元，增长超过 65 倍；地方财政收入在 1978 年时为 350 万元，2007 年达到 5412 万元，增长超过 15 倍。从山区小县到闻名的新兴侨乡的巨变，沙溪县的例子不能不引起人们的好奇与关注。

那么，在福建省内陆山区县中，为什么只有明溪县一举成为新兴的侨乡呢？究竟是什么原因让明溪县出现大量赴欧跨国移民？让我们穿越时空，从宏观和微观两个层面回答这一问题。从大的背景看，一是中国改革开放解放了农村的生产力，使出国创业谋生成为可能；二是当时苏联解体和东欧剧变后，社会经济动荡，导致生活日用品奇缺，为国人赴欧洲做生意提供机遇；三是开放后的中国对外经济合作交流迅速发展，1989 年以后中国和匈牙利互免签证，为国人进入匈牙利提供了便利。但是，在同样的大背景之下，要说明为什么只有明溪成为新移民的典型个案，还必须从微观的角度、从明溪跨国移民的发源地所具有的特殊因素去观察，这就是明溪最大的新移民移出地——沙溪乡沙溪村与浙江温州侨商的关系，也就是说，必须看到具有移民欧洲传统的温州人对明溪新移民的协助、引导和桥梁作用。关于这一点，厦门大学李明欢教授主编的《福建侨乡调查：侨乡认同、侨乡网络与侨乡文化》一书有详细的描述：

沙溪村人出国始于 1989 年，移民欧洲的第一人是胡志明。

胡志明祖籍浙江温州文成，20 世纪 50 年代，他的父亲迁居明溪县沙溪乡沙溪村，他母亲是明溪县沙溪人。胡志明有胞弟胡志新，还有同母异父的三个哥哥。

因为家穷，胡志明初中没有毕业就辍学了，除了种地之外，还在本乡打一些零工，如帮助乡广播站拉广播线路等等。

胡家一直与文成祖籍保持联系，那儿是欧洲华侨的重点侨乡，绝大多数人家都有侨居欧洲的亲缘关系。1989年，受文成老家改革开放后再度高涨的移民潮的影响，胡志明、胡志新通过亲友的帮助，正式出国到了意大利，留居当地，进了一家文成老乡开办的皮革厂打工。次年，正巧赶上意大利对非法移民实施大赦，他们取得了居留的合法身份，成为"意大利华侨"，每月收入高达数千元。消息传回沙溪，引起了很大的轰动效应。一户贫穷的人家，短时间里富裕起来，简直不可思议。胡志明在1990年这一年，就协助"介绍"了16位沙溪人去意大利。适逢这年意大利的大赦从2月开始登记，延续到6月30日，随后又陆陆续续接受"特殊申请"，全意大利共计有21.7万非法移民转变身份。第一批抵达意大利的沙溪人赶上了趟，都拿到了身份。榜样的力量是无穷的。从此，很多人开始仿效胡志明兄弟，纷纷出国，如同连锁效应一般，从他们的兄弟姐妹，发展到同乡朋友，从沙溪发展到全县各乡镇乃至周边县市。开始卷入出国潮的主要是农民，但很快，一些城镇里的下岗工人，甚至一些有"正式工作"干部、教师也加入了新移民的行列。盛传于明溪县民间的说法"出国一人，脱贫一户"，也发展为"出国一人，致富一户"，出国队伍就像滚雪球似的不断扩大。

这段文字不长，却客观地、生动地揭示了明溪人最初是如何搭上跨国移民"顺风车"的，以及温州赴欧移民产生的跨省"连锁效应"。沙溪乡正是通过这样的发展轨迹，在十余年间，一个只有1865户6184人的乡，出国创业经商的达到1952人，占总人口的31.6%，成为新兴的"内陆侨乡"。而沙溪乡的梓口坊村的出国比例更高，2006年时，这个人口仅有村民1926人的小村子，却有566人赴欧洲闯荡，被称为沙溪县的"旅欧第一村"。据明溪县劳动服务中心李斌介绍，在新的出国潮面前，当地政府和有关部门及时引导，制定了许多促进措施，使出国劳务热至今不衰，出国劳务人员一年比一年多。如今，意大利、匈牙利、俄罗斯等多个国家都有明溪人经商务工的足迹，出国劳务已经发展到全球20多个国家。例如旅居匈牙利的华人约1万余人，其中福建人最多，约3000多人；福建人中又以三明人最多，约2200余人；三明人中又以明溪人最多，约1000多人。

明溪人秉承客家人开拓进取、吃苦耐劳、相互帮扶的优良传统，经过近二十年的打拼，在异国他乡把事业做得越来越红火，他们在欧洲置业，走工贸结合的道路，从事跨国贸易，把中国服装和轻工产品销售到欧洲的各个角落，有的企业销售网络已经遍布欧洲各国。海外事业的发展，带来家乡面貌的变化，每年从欧洲汇入明溪县的人民币达3亿多元。闯荡欧洲的新华侨们在事业发达之后，仍然心系桑梓，纷纷回到家乡投资兴业，他们投资家具业、房地产、服装业、生态养殖业及娱乐业等，为家乡经济起飞作出贡献。与此同时，旅欧新侨民回到家乡明溪县，建起一座座洋气十足的别墅、新楼房，成为"客家新侨一条街"，为客家古邑增添了一道亮丽新景观。

又有谁会想到，当初依靠旅欧温州人帮助走出国门谋生的两个沙溪农民，竟然带动了一个乡、一个县的出国热，改变了许多人的命运，改变了一个县。是的，在经济全球化浪潮席卷世界各地的当今时代，在交通和信息越来越发达的今天，跨国移民现象也会愈趋频繁，这是不以人的意志为转移的客观规律，明溪新兴侨乡与温州旅欧华侨的故事，正是这种现象的一个注脚，会给人们以新的启示。

（原载于《钱江侨音》2009年第5期，杭州）

闽籍华人网络与日本华侨华人

——与侨乡联系的若干思考

福建是中国的第二大侨乡省份。以"闽籍"这一地缘纽带为特征的华人网络，不仅联结着海外的许多华人社团和个人，也联结着闽籍华人的移出地——侨乡的社会。改革开放以来，福建省充分发挥自身具有的"山、海、侨、台"优势，在经济建设和社会发展多方面取得令人瞩目的成绩。福建省的变化和发展，尤其是以侨乡为代表的沿海地区经济的高速增长、社会面貌的巨变，与发挥闽籍华人网络的作用有着密切的关系。

一、闽籍华人分布和网络

作为全国的重点侨乡，福建省的海外乡亲人数众多、分布广泛。根据 1996 年底和 1997 年的调查，闽籍海外华侨华人有 1086.85 万人，分布在全世界的 160 多个国家和地区。[①]闽籍华人最为集中的地区是东南亚，约占 88%，达 905 万人（其中马来西亚 287.3 万人，印度尼西亚 247.2 万人，菲律宾 160.7 万人，新加坡 140.98 万人，缅甸 33.02 万人，泰国 23.6 万人，越南 11.9 万人）；其次是美国（41.3 万人）、日本（18.2 万人）、加拿大（6.22 万人）和澳大利亚（5.4 万人）。分布在日本的闽籍华侨华人仅占世界闽籍华侨华人总数的 1.6% 左右。

就闽籍华侨华人的移出地来看，主要集中在几个闻名的侨乡，即以泉州（包括晋江）、厦门、漳州为中心的闽南地区，以福清、福州为中心的福州地区，以龙

---

① 福建省侨报社、福建互联网新闻中心资料。

岩、永定为中心的客家地区，以及莆田为中心的莆仙地区。

晋江是闽南地区的重点侨乡，据 1987 年的统计资料，共有华侨华人 95.45 万人，主要分布在东南亚国家，其中菲律宾有 65 万人之多，占 68.6%。美国、加拿大、日本、澳大利亚也都有晋江籍华侨华人，日本约有 1000 人。另外，晋江籍港澳居民约 40 万人。①

福清是闽东的重点侨乡，据不完全统计，截至 1999 年上半年，福清籍华侨华人达到 62 万多人，分布在世界 73 个国家和地区，其中以在印度尼西亚、新加坡、日本、马来西亚、美国、澳大利亚等国的华侨华人为最多。②1980 年至 1997 年 10 月，福清出国人数（不包括赴港澳台地区）有 34359 人，其中前往日本 14820 人（定居 4341 人，留学 2795 人）。③

厦门是福建省的又一重要侨乡，据 1997 年侨情普查统计，居住在国外的厦门籍华侨华人有 37.6 万人，分布在海外 43 个国家和地区，主要集中分布在东南亚各国。此外，居住在香港的厦门同胞有 7 万多人，在台湾的厦门籍同胞，更是数以百万计。分析 20 世纪 80 年代厦门籍华侨华人居住地的分布情况，可以得到这样的印象，即东南亚地区占 70% 以上，其余为欧、美、日、澳等地，但厦门籍的日本华侨华人为数极少，仅占 0.0017%。④

改革开放以来，从中国大陆走向海外的"新移民"达 100 多万人。据调查，闽籍"新移民"达到 53.35 万人。⑤因历史文化等因素的影响，以及海外既有的闽籍华人网络的联系纽带，新移民的主要移出地仍是有悠久移民历史传统的侨乡地区，尤其是重点侨乡地区。但是，也有许多新移民是从原来的非侨乡地区移出的，他们在海外经年奋斗形成一定规模后，与故乡仍然保持密切联系，其家乡所在地也形成"新侨乡"。福建省明溪县就是这样的一例，该县地处山区，历史上并不属"侨乡"之列。改革开放后，该县开始有人往东欧等地贸易经商，现在，该县出国的新移民人数已达到 5530 人，占全县人口的 4.7%，分布在东欧和亚洲的 23 个国家。像明溪县这样的"新侨乡"的出现，象征着改革开放以来，在海外闽籍华人网络扩大的同时，祖籍地"侨乡"的地理分布图也正在悄然改变。

---

① 庄国土主编：《中国侨乡研究》，厦门大学出版社，2000 年 5 月，第 34 页。

② 中国华侨历史学会主办：《华侨华人历史研究》2000 年第 3 期。

③ 福清市出国管理部门统计数字。

④ 厦门华侨志编纂委员会：《厦门华侨志》，鹭江出版社，厦门，1999 年，第 46 页（根据该页数字计算）。

⑤ 福建省侨报社、福建互联网新闻中心资料。

二、闽籍华人与福建的经济发展

如同一般的外资在中国投资的动因一样，经济利益的驱动也是海外华人资本来到祖籍地投资的主要原因。但是，以地缘、血缘为纽带、以中华传统文化为根基的华人网络的存在，是促进海外华人与家乡发生密切经济联系的另一重要原因。华人对投资地的选择除了投资环境、经济利益外，往往也注入了"乡情""寻根"等浓厚的感情色彩。福建经济迅速发展的重要原因之一，正是通过闽籍华人网络引入了巨额的海外华人资本。

改革开放以来，截至 2001 年年底，中国累计设立外商投资企业达 39 万多家，实际利用外资 3955 亿美元。据国家统计局的最新介绍，预计 2002 年全年利用外资将超过 500 亿美元，外商投资占中国投资总额的比例接近 20%，能拉动中国 GDP 增长一个百分点左右。[①]自 1993 年以来，中国利用外商直接投资已连续 8 年居发展中国家首位。福建也是外资高度集中的省份之一，截至 2000 年年底，福建省累计实际利用外商直接投资达 335 亿美元，占全国外商直接投资总额的 9.62%，居于广东、江苏之后名列第三位。如果从外资的来源结构分析，人们不难发现，港澳台和东南亚等地区的华人资本在福建省的外资中占有重要比例，并且高出全国平均水平。据统计，截至 1995 年，福建省外商直接投资的合同金额中，港澳台地区资本占 68.8%，其中台湾地区资本占 16.3%，美国占 1.8%，日本占 1.1%，港澳台地区资本合计占 84.9%。东南亚资本对中国的投资是以当地华人资本为主体的对外投资，在福建省的投资也占有重要地位，以 1994 年为例，按实际使用的直接投资额计算，新加坡对福建的投资占其对中国直接投资额的 12.4%，同年同比例泰国为 4.9%，马来西亚为 22.5%，菲律宾为 69.1%，印度尼西亚为 29.3%。[②]近年来，随着闽东南地区经济的崛起，产业结构的调整和提升，以及入世后中国投资政策的进一步完善，美、欧、日等大跨国公司在福建的投资增长较快，但港澳台和东南亚华人资本仍占有重要比例，据统计，福州、厦门、泉州、漳州、莆田五市（也是福建的主要侨乡地区）在 2000 年吸收港澳台、日本、菲律宾、泰国、马来西亚、新加坡、印度尼西亚、韩国等国家和地区的合同外资 34 亿美元，

---

① 《今年 GDP 总量可望突破 10 万亿元》，《中国经济时报》2002 年 10 月 17 日第 2 版。
② 杨学灏主编：《福建华侨华人与改革开放》，厦门大学出版社，1999 年，第 2 页。

占全省合同外资总额的 78.8%。[①] 可见福建省外商投资的主要来源是港澳台地区和东南亚华人资本。换句话说，改革开放以来，在闽籍华人网络作用下的华人资本，已成为福建省外商投资的主要支柱。

那么，以华人资本为主体的外商投资对福建的经济发展起了怎样的作用呢？

第一，促进了出口贸易。外商投资的出口型企业比重大，华人资本更是加工贸易型企业占大多数。1995 年时，福建外资企业的出口率达到 55.6%，高于全国 38.7% 的水平。同年，外资企业在福建省的出口额中占 44.8% 的比重，也高于全国 31.5% 的平均水平。1979 年到 1995 年的 17 年间，福建省的出口规模从 3.8 亿元（人民币）增长到 780 亿元（人民币），扩大 200 倍以上。虽然，1998 年的外资出口额受到亚洲金融危机的影响，但仍比改革开放初期增长 60 多倍，出口已成为福建经济发展的强大动力。不言而喻，外商投资对福建经济成长的拉动力是十分显著的，如福建省外贸依存度最高曾达 62.05%（1994 年），1999 年仍达 41.14%。

第二，促进了福建地方工业化的发展。外商直接投资的行业分布，以制造业和房地产业所占比重最大，充分反映出华人资本投资的行业特点。据统计资料显示，到 1997 年，外商在福建的投资额中，制造业占 48%，房地产业占 34%。近几年来，外商在制造业的投资比重更为增加，在上述闽东南五市 2000 年吸收的合同外资中，第一产业占 4.2%，第二产业占 72.7%，第三产业占 23.1%。[②]"二、三、一"的投资领域的格局，加速了福建以工业发展为中心的现代化过程。

如果从福建省企业的工业生产额来看，1995 年时，外资企业占 34.6%，集体企业占 31.9%，国有企业占 18%，私有企业占 15.5%，说明外资在省内的工业和第三产业中占有极为重要的地位，成为福建省经济建设的重要力量。又据统计资料显示，改革开放 20 年中，福建省实际利用外资占全社会固定资产投资总额的 40%，全省兴办的 2 万多家三资企业的新增工业产值占全省新增工业产值的 70%，是福建省经济重要的新增长点。[③]

第三，创造了就业机会。在外商直接投资中，劳力密集型产业占有较大比重，尤其是制造业中的食品、饮料加工制造、纺织、服装加工、皮革产品制造等行业，都大量使用廉价劳动力。作为吸引外商进行投资的产业来说，发展劳力密集型的产业并不是方向。实际上，改革开放以来的 20 余年中，从外商投资行业或是单从华人资本投资行业来看，技术升级也在进行，投资行业的科技含量正在不断提

[①] 福建社会科学院：《亚太经济》，2000 年第 5 期。
[②] 福建社会科学院：《亚太经济》，2000 年第 5 期。
[③] 杨学濂主编：《福建华侨华人与改革开放》，厦门大学出版社，1999 年，第 2 页。

高。但是，另一方面也要看到，大量的外商投资于劳力密集型企业，对尚处于社会主义初级阶段的中国劳动力市场来说，在扩大劳动力就业方面也是有所贡献的。1995 年底，福建省外资企业在城镇中所占的雇佣比率到达 14.1%，远远高出同期全国的平均水平 3%，也高出劳力密集产业发达的广东省 11.4% 的水平。以著名侨乡晋江市为例，由于三资企业（中外合作企业、中外合资企业、外商独资企业）和乡镇企业的迅猛发展，不仅加快了本地剩余劳动力向非农产业部门的转移，解决了本地劳动人口的就业问题，而且自 20 世纪 80 年代末起常年吸收的外来劳动力在 20 万人以上。[①]

三、闽籍华人与侨乡现代化建设

在侨乡的社会经济发展过程中，闽籍华人网络充分发挥了其功能和作用。海外侨亲众多，海内外联系密切是侨乡的突出特征。如何充分发挥这一优势，各侨乡地方政府部门和民间团体都做了大量工作。例如，为鼓励引进侨资，为海外乡亲回乡投资提供各种便利；利用地缘、血缘（宗亲）关系加强海内外联谊活动，联络乡情，在此基础上开展经济文化领域的交流与合作；立足国内，维护归侨侨眷权益，加大依法护侨力度，从根本上保护海外乡亲在国内的利益。这些亲情、亲睦交流，激发了海外乡亲关心祖籍地的热情。他们在故乡投资办企业，捐赠公益事业，他们带来海外先进的生产、管理技术和经验，也带来新的观念和信息，为侨乡的现代化建设贡献了一分力量。下面，让我们以泉州和厦门的侨乡为例作一巡礼。

泉州市现在所辖区划包括原晋江地区各县市，是福建省最著名的侨乡，可谓闽南侨乡的核心地区。改革开放以来，泉州市不断优化投资环境，努力提高对外开放水平，以华人资本为主的外商投资持续增长。一些海外著名的华人企业集团也投资参与泉州的开发和建设。例如吴家熊的大马集团（Dharmala Group）投资参与泉州新市区的建设，香港中策集团（China Strategic Holdings Ltd.）购买泉州国有企业股权，投资改造老企业；菲律宾郑周敏亚世集团（Asiaworld）投资酒店、百货业；施玉成的 SM 集团投资大型超级市场等等。截至 1999 年 2 月，泉州市已经累计批准外商投资企业 7051 家，总投资额达 114.72 亿美元，已投产（开业）外资

① 庄国土主编：《中国侨乡研究》，厦门大学出版社，2000 年，第 114 页。

侨乡一瞥

企业率达 67%，外商实际到资率超过 54%。泉州市辖下的晋江市是典型的侨乡地区，有分布在 60 多个国家和地区的 114 万晋江籍华人华侨、港澳同胞。在改革开放的大潮中，晋江海内外乡亲"勇为天下先"，抢得先机，不断进取、创新，创造出经济高速发展的"晋江模式"，使晋江跻身于全国百强县之列。充分发挥侨乡的海外乡亲众多优势，大力引进华人、华侨资本，是其经济得以迅速发展的重要原因。回顾晋江"三闲"起步、"三来一补"过渡、"三资"上路、成片开发迈大步的经济发展轨道，都与发展"侨"的优势有密切关系。据 1998 年 10 月统计，在晋江市批准的 2400 多家外商投资企业中，晋江籍海外乡亲兴办的占 90% 以上。又据统计，1993 年至 1998 年 10 月，晋江市旅外乡亲回乡创办 874 家外商投资企业，合同利用外资 13.85 亿美元；1997 年外商投资企业产值达 168 亿元人民币，占全市工农业总产值的 52%。由此可见，旅外乡亲的投资为晋江经济的腾飞起了重要推动作用。除了投资家乡的企业之外，晋江华人、华侨还有热心为家乡捐办公益事业的优良传统，1994 年以来，旅外乡亲捐赠 5 亿多元人民币，兴办家乡的教育、农业、卫生、文体等事业，对加强侨乡的基础设施建设，改善侨乡面貌发挥了重要作用。据统计，全市 15 个镇，90% 以上的村落都接受过旅外乡亲不同程度的捐赠，全市 400 多所中小学也都不同程度地得到海外乡亲的捐赠，1979—1995 年仅捐给教育事业的款项达 2 亿元人民币。旅外乡亲的捐赠事业不断发展，无疑为晋江市的社会经济发展奠定了坚实的物质基础。

厦门市不仅是著名的侨乡，更是中国改革开放后设立的 5 个经济特区之一，成为国家对外开放的试验"窗口"，福建对外开放的"龙头"，大陆与台湾联系的桥梁。20 年来，厦门经济的迅速发展、城市面貌的巨变更是与外商投资有密切关系，而外商投资的主体仍是华人资本，实际上，厦门经济特区第一家外商独资企业就是海外华人资本，厦门的第一家外资银行也是华人资本。"三资企业"产值在厦门市工业总产值中的比重早在 1988 年时已超过国有工业企业的产值，到 1998 年，外商及港澳台投资工业完成产值已达 399.68 亿元人民币，占全市完成工业总产值的 67% 以上，成为厦门经济发展的主要支柱。根据厦门市外资投资委员会资料，截至 2000 年年底，累计外商直接投资的实际使用额达 114.5 亿美元，共有 4230 多家外资企业开业投产。为便于说明华人资本的问题，我们再举一组数字，截至 1996 年年底，厦门市累计共批准外商直接投资项目 3862 家，投资总额 150.14 亿美元，已开业企业 2901 家，开业率达 75.11%；外商投资实际使用额达 63.65 亿美元，到资率为 51.54%。若以投资来源分析，1996 年统计，香港地区资本占 53.6%，台湾地区资本占 22.61%，外国投资占 19.47%。而外国资本排在前 5

位的国家是新加坡、美国、马来西亚、菲律宾、日本，其中新、马、菲的投资仍然是海外华人资本为主体的投资。根据以上数字，可以知道华人资本在厦门的外商投资中占有近 80% 的比例。实际上，在厦门经济发展的过程中，时时处处都可以感受到海外华人资本所发挥的作用，那些实力雄厚的海外华人企业集团在厦门投资的大手笔，则更引人注目。设在厦门海沧工业区的翔鹭涤纶纺纤（厦门）有限公司，是经国务院批准设立的大型外资企业，1995 年 2 月投产，年产值约为 30 亿元。该企业就是由中国台湾的东帝士集团、印尼林绍良的三林集团、菲律宾郑周敏的亚世事集团联合投资，母公司翔鹭实业有限公司设在中国香港。此外，新加坡黄廷芳的远东集团、马来西亚郭鹤年集团和郭令灿的丰隆集团、菲律宾的陈永栽、施玉成、黄明顶等著名企业家的所属企业，都在厦门有不同规模的投资，例如陈永栽（Lucio C. Tan）集团独资设立厦门商业银行，参与海沧开发项目，还投资购并了原厦门酿酒厂，设立亚洲酿酒（厦门）有限公司，给老企业注入了新的活力。

改革开放以来，在华人资本大举问鼎厦门的同时，海外华侨华人和港澳同胞也捐赠了大量款物给厦门的教育事业和各项社会公益事业，素有的爱乡传统在新的历史时期再放异彩。据不完全统计，改革开放后的 20 年间，各类捐赠达 37285 万元人民币，60% 以上的款项捐给文教事业。厦门是"倾资兴学"的著名华侨领袖陈嘉庚先生的故乡，陈先生创办的厦门大学、集美学村各学校以及大量的中小学，至今仍然源源不断得到海外华人和港澳同胞的捐赠。另外，厦门的医疗卫生设施、赈灾救济、修桥铺路等公益事业也得到海外乡亲的大量捐赠。这些，都对改革开放以来的厦门市经济发展和社会进步起了重要作用。

四、日本华侨华人与福建侨乡

由于地理因素和海上贸易的推动，自古以来，闽日之间就有着较紧密的联系，17 世纪时的郑芝龙、郑成功父子的郑氏集团与日本长崎、平户之间的贸易之盛，福清的隐元和尚东渡带去的"黄檗宗"对日本佛教文化影响之深，都是古代闽日交往的典型例证。直至近代，中国沿海尤其是闽粤地区人民移向海外谋生潮流滚滚，部分闽人也东渡到了日本。1859 年后横滨、长崎、箱馆、神户等港口先后开放，加之 1871 年《中日修好条约》的缔结，带给渡日中国人某些商机和谋生空间。在这种背景下，旅日闽人也从最早的聚居港口长崎向其他城市流动，并逐渐形成以长崎、神户、函馆为中心的闽侨分布网络。

近代以来日本的华侨人数一直呈缓慢的递增趋势，截至 1940 年，日本华侨有 23240 人，另有当时被作为日本"臣民"的在日台湾同胞 22499 人。[①] 战后，日本华侨社会发生很大变化，1952—1972 年间，日本的华侨华人一直保持在 4 万到 5 万人左右。例如日本法务省出入境管理局《在留外国人统计》资料表明，1959 年日本华侨总数为 44599 人，其中福建籍华侨有 6008 人，占 13.4%。同年，兵库县的华侨总数为 8385 人，其中福建籍有 696 人，约占 8%。[②] 从全日本来看，福建籍华侨人数仅次于台湾籍华侨，占第二位；若以兵库县来看，福建籍华侨人数依次排在台湾、广东、江苏各省籍之后，居第四位。所以，以出生地"籍贯"而论，在 20 世纪 50 年代末时福建籍华侨在日本华侨中已是一个主要组成部分，换句话说，福建历来是日本华侨的主要来源地之一。1972 年，中日邦交正常化和 1979 年开始的中国改革开放使 20 世纪 80 年代后在日本的中国人数量迅速增加。据日本财团法人入管协会《在留外国人统计》（平成 13 年版）资料，2000 年在日中国人总数已达到 335575 人，其中福建籍的人数 27522 人，约占 8%。同年，兵库县的在日中国人总数为 15701 人，其中福建籍 2531 人，占 16%。这就是说，比之 20 世纪 50 年代末，福建籍在全日本的中国人总数中所占比例大为下降，但在兵库县的在留中国人中，其所占的比例反而上升了。福建籍在日中国人与神户等兵库县所辖城市的关系可见一斑。当然，统计资料所显示的数字是指合法在日中国人。据研究，截至 2000 年年底，可以被视为日本"华侨"身份的为 178351 人，日籍华人 8 万。[③] 但日本华侨、华人的祖籍地分布，尚待进一步统计研究。

据中国方面的资料，日本的福建籍华侨华人的祖籍地主要集中在现今的福州市地区（包括福州市区和福清、平潭、闽清、长乐等市县）。改革开放以来，通过多种渠道移居海外及港澳地区的福州人有 30 多万人，其中美国 12 万人，日本近 8 万人，新加坡近 2 万人，其余移向印度尼西亚、澳大利亚、加拿大及东欧等地。福清、平潭的移民多流向日本、印度尼西亚等国家。[④]

福清是著名侨乡，与闽籍旅日华侨华人的关系最为密切。东京、大阪、神户、横滨、福冈、长崎等地都有福建同乡会组织，福清籍会员人数众多，其领导职务

---

① 田中宏：《戦後日本における中国人の地位》，爱知县立大学《外国语学部纪要》第 16 号，1983 年，第 26 页。

② 中华会馆编：《落地生根》，研文出版，东京，2000 年，第 270 页。

③ 朱慧玲：《中日关系正常化以来日本华侨华人社会地位的变迁》，厦门大学博士学位论文，2001 年，第 20 页。

④ 福建乡音网，http://www.fjxy.com/indexl.htm。

也大都有福清籍华侨担任。由神户华侨总会会长、神户中华总商会会长、福建同乡会理事长林同春先生倡建的"旅日福建同乡恳亲会"也多次在福清和福建省举办恳亲活动。

在家乡的经济建设和社会事业方面，福清籍日本华侨华人也给予了诸多的关心和支持。

福清原是福建省沿海的穷县之一，在历史上，经济和社会的发展都很落后。改革开放初期，福清的国内生产总值只在福建省排名第62位。但经过20余年的改革开放历程，福清的经济社会面貌已发生了翻天覆地变化，据《福清市统计年鉴》数字，福清市各方面的经济指标约5年翻一番，国内生产总值已从1989年的11亿元上升到2001年的208亿元，翻了4番以上，经济基本竞争力居全国百强县（市）第13位。现在，福清有国家级的"融侨经济技术开发区""元洪投资区"，有省级的洪宽、福辉、元载、友精工业村，还有25个乡镇工业小区，以及渔溪和洪宽两个海峡农业合作示范区，形成了多层次、全方位的开放格局，吸引了大量外资来福清开发和发展，截至1998年，外资直接投资实际使用额达到16.1亿美元。目前，侨资、台资、港资、外资企业的生产总值已占全市的一半以上。不少福清籍的海外著名企业家直接在家乡投资办企业，或者通过他们的海外网络牵引外资企业在家乡投资。另外，海外的福清籍人士（包括出国打工者）每年通过各种渠道汇回的人民币约有30亿~40亿元。[①] 不过，福清籍的日本华侨华人在家乡投资规模却很微小，这与他们在海外的整体经济实力不够强大有关。虽然也有福清籍日本华侨林康治、林瑞荣兄弟因创办"微笑堂"超级市场而发达，并且在中国也投资兴建7家大酒店和11家企业，但这样的日本华人的佼佼者，毕竟只是凤毛麟角。当然，也有日籍华人山下强（祖籍福清高山镇）先生投资1800万美元，在融侨开发区创办"福清日清食品公司"这样的例子。但从福清外资投资总体状况来看，福清籍日本华侨华人在家乡投资所占比例是极小的。

福清籍日本华侨华人对家乡的关心主要是表现在侨乡的文教和社会公益事业上，尤其是对家乡教育事业的贡献十分突出。例如捐巨款兴建福清一中、高山中学、东瀚中学、三山中学的校舍、试验科技楼和教师宿舍楼等，捐建了东瀚小学、林英小学等。另外，还设立了"东瀚中学教学基金""福建旅日同乡会育英奖学金"等等。在其他的社会公益事业方面，福清籍旅日华侨华人也有所贡献，例如修建道路、筑堤围海、水电设施、医疗设备都得到旅日侨报的不同程度的捐助。福清著名的千年古刹黄檗山万福寺，在重修时也得到旅日侨胞的捐助。这些捐助

侨乡一瞥

---

① 陆学艺主编:《当代中国社会阶层研究报告》，社会科学文献出版社，北京，2002年，第318页。

成为海外华侨华人对整个福清捐助活动的重要组成部分，极大地促进了侨乡生产和生活环境的改善，也为地方经济发展培养了大量的人才。总之，为侨乡的社会进步、经济发展创造了良好条件。

五、几点看法

第一，闽籍华人网络在本质上是以地缘关系为纽带的人际关系网络，闽籍海外华人与家乡千丝万缕的关系也是这一网络的有机组成部分。考查华人网络，海外与"侨乡"的联系应占有重要地位。改革开放以来，中国吸引外资的政策，日益改善的投资环境，对吸引包括海外华人资本在内的外资起了决定性作用，而中国庞大的市场、充足的廉价劳动力，则是吸引外资投资的基本诱因。华人资本之所以成为中国开放后率先到侨乡投资的"领头雁"，除了上述共同的因素以外，则是因为有华人网络在起作用，语言文化的近似性对海外华人的投资者更有特殊吸引力，而文化的差异性又促使欧美企业家寻求华人经营伙伴，以利用华人网络对中国开展投资经营活动。

第二，当前，经济全球化潮流势不可挡，正在给深入进行改革开放的中国带来深刻的影响。海外华人与侨乡的密切联系也是在全球化的大背景下发生的，同时也带动中国侨乡经济走向市场化、国际化，而"侨乡"的发展又促进了非侨乡内陆地区的劳动力、资金、市场的流动和变化，最终也将促进其国际化进程。所以，海外华人与侨乡的联系，不能只简单地认为是为家乡"做贡献"，而是具有更深远的意义。中国加入世界贸易组织后，在经济上正式参加了全球化的经济秩序，侨乡不仅仅只是海外资本的吸入地，侨乡企业也会更多地走向世界"闯荡"，可以预料，海外华人网络也将会在中国企业"走出去"中发挥其重要作用。

（原文为纪念神户华侨华人研究会创立15周年"华侨华人与全球化"国际学术研讨会提交论文（2002年11月30日~12月1日，日本神户中华会馆））

"台湾籍民"与近代厦门社会经济的若干考察

前言

自鸦片战争订立屈辱的"南京条约"后，厦门便被迫辟为对外开放的通商口岸，各种外来势力蜂拥而入，华洋杂处，社会的发展受到外来因素的严重影响。甲午战争清廷失败，日本占领台湾地区后，由于厦门的特殊地理条件和历史背景，又在"外来"因素中凸显日籍的"台湾籍民"问题，给厦门的近代社会造成更大冲击，留下了相当明显的历史记录。有关"台湾籍民"的资料，既见于清朝、民国时期的有关涉外档案、地方档案，又见于日本外务省、"台湾总督府"、日本驻中国领事馆的文书、内部报告，还有"台湾籍民"较为集中地区的报刊、调查或口述历史资料等等；有关"台湾籍民"的专题研究已有一些论文发表，例如戴国煇的《日本的殖民地支配与台湾籍民》、中村孝志的《围绕台湾籍民的诸问题》、陈小冲的《日籍台民与治外法权》和《档案史料所见之清末"归化"台湾籍民》、林真的《抗战时期福建的台湾籍民问题》等，[①] 这里恕不逐一列举。上述研究从时间段限来看，从清末直到抗日战争结束以后，前后凡五十余年，从涉及的问题来看，有中国政府（包括地方政府）、日本政府和"台湾总督府"与台湾籍民的三方关系，台湾籍民

---

① 戴国煇:《日本の植民支配と台湾籍民》,台湾近现代史研究会编:《台湾近现代研究》第 3 号,龙溪书舍,东京,1981 年;中村孝志:《台湾籍民をめぐる問題》、京都大学东南亚研究中心出版《東南アジア研究》第 18 卷 3 号,1980 年;陈小冲:《日籍台民与治外法权》,厦门大学台湾研究所《台湾研究集刊》1992 年第 1 期;陈小冲:《档案史料所见之清末"归化"台湾籍民》,《台湾研究集刊》1992 年第 2 期;林真:《抗战时期福建的台湾籍民问题》,《台湾研究集刊》1992 年第 2 期。

在中国大陆和南洋的状况、在治外法权保护下从事的非法活动问题、"台湾籍民"的评价问题等，都有相当启发。但本文认为，"台湾籍民"人数最多、居住最为集中的地点是厦门，从事正当和非正当活动的主要舞台也是厦门及其周边地区，其影响之深、时间之长，都是研究近代厦门社会难以回避的问题。有鉴于此，本人仅根据上述档案、文献资料，对"台湾籍民"与近代厦门社会的若干侧面作一探讨。

一、厦门的"台湾籍民"人数

所谓"台湾籍民"，是甲午战争后日本占领台湾地区时期对在台湾岛以外生活的日籍台湾人的称呼。依据《马关条约》，虽然在1897年后编入台湾地区户籍的中国人已取得了日本国籍，但事实上他们与日本本土居民是有区别的，被日本殖民者称作"本岛人"或"台湾籍民"，而日本本土居民则被称为"内地人"。随着日本势力在中国大陆沿海省市地迅速扩张，"日本籍民"的成分已由下列几种来源构成：第一，依"马关条约"第五款第一项之规定，凡在1897年（光绪二十三年）5月8日之前居住在台湾，未提出申请，又未离开台湾者，则被视为"日本帝国臣民"，其中部分人到大陆（主要是福建）和南洋谋生居住，是"台湾籍民"的主要成分。第二，因为各种原因暂时离开台湾居住福建，后又要求重新恢复台湾籍的台湾人。第三，原为中国大陆人，为得到享受领事裁判权之"实惠"，要求"归化"加入台湾籍者。[①]有关"台湾籍民"的含义，20世纪20年代日本驻厦门领事井上庚二郎这样认为，"所谓台湾籍民者，固然指明治二十八年（1895年）割台时，在台住民依'马关条约'之规定整体获得日本帝国国籍者以其子孙，但除此之外，尚有依据①归化，②编入台籍手续而成为日本帝国国民者。"[②]因此，所谓"台湾籍民"的称呼，实际上是日本殖民者为了区别①日本本土的日本人与新纳入"日本臣民"范围的台湾（地区）人，②马关条约后居住在台湾岛内外的台湾人而制造的新名词。

福建与台湾一水之隔，历史上闽台是一家，共同的历史文化渊源和地理因

---

① 参阅许雪姬：《台湾中华总会馆成立前的"台湾华侨"》，台北"中央研究院"《近代史研究集刊》第20期，1991年6月；吴文星：《日据时期来台华工之探讨》，台北"中央研究院"中山人文社会科学研究所丛刊、张炎宪主编：《中国海洋发展史论文集》第三辑，1988年12月；陈小冲《档案史料所见之清末"归化"台湾籍民》，《台湾研究集刊》1992年第1期。

② 井上庚二郎：《厦門二於ケル台湾籍民問題》（1926年9月），转引自台湾近现代史研究会编：《台湾近现代史研究》第3号，龙溪书舍，东京，1981年，第130页。井上庚二郎文以下简称井上文书。

素，使闽台贸易在大陆与台湾间的贸易中一直占有重要地位，[①]福建沿海尤其是闽南沿海的重要港埠与台湾之间长期以来形成了极为密切的交往关系，因此，"台湾籍民"在大陆的主要居住地首选福建也是很自然的事情。厦门与台湾（例如基隆）间的航程约一昼夜，语言风俗习惯最为相同，厦门成为"台湾籍民"移入（包括偷渡）的中心地和集散地。在抗日战争爆发前的年代，厦门的"台湾籍民"一直在全大陆"台湾籍民"总数中占有最大比例，据有关资料，1926年时占71%，[②]1928年占81%，1933年占94%，1935年占74%，1937年时占81%（参见表1）。[③]

表1　"台湾籍民"的分布概况

地名\年度	厦门	福州	汕头	广东	香港	上海	南洋
1907		340					
1917	2883						
1918	3374						
1919	3516						
1920	3765						
1921	4423						
1922	5226						
1923	5816						
1924	6168						
1925	6539				85		
1926	6832						
1927					82		
1928		900	340	9			
1929	6879	1121	450	37	85		
1930							
1931							
1932							
1933	9000		436	70	42		1056
1934					79	616	821

---

① 黄福才：《台湾商业史》，江西人民出版社，1990年，第232~233页、237页。

② 林满红：《"大中华经济圈"概念之一省思——日治时期台商之岛外经贸经验》，台北"中央研究院"《近代史研究所集刊》1998年6月第29期。百分比由笔者计算。

③ 戴国辉：《日本の植民支配と台湾籍民》，台湾近现代史研究会编：《台湾近现代史研究》第3号，龙溪书舍，东京，1981年。百分比根据文中提供的数字由笔者计算。

地名＼年度	厦门	福州	汕头	广东	香港	上海	南洋
1935	7356	1971	496	147			
1936							
1937	10217	1777	605		170*		

资料来源：①《井上文书》，②《官方调查课文书》，③台湾总督府外事课《台湾与南支那》（1937年11月10日），④井出季和太著《台湾治绩志》，第24~26页，转引自前引戴国晖文。

　　关于厦门"台湾籍民"的实际数字，《台湾省通志》政事·志外事篇记载：台民之侨居厦门者，光绪二十四年（1989年）初据称仅500余人，甲午战后约计5年间，自台渡厦向驻厦日本领事馆登记，再返回台湾者达102230余人，1924年有五六千余人，1929年有6879人，1935年有7356人，1936年有9000余人，而1937年达10217人，其他未登记者，约有15000人。这些数字与戴国晖先生根据井上庚二郎《厦门的台湾籍民问题》、"台湾总督府"《官方调查课文书》与《台湾与南"支那"》、井出季和太著《台湾治绩志》等资料汇集的统计数字基本上一致。其中抗战爆发前夕的厦门"台湾籍民"人数，有的研究者根据相关资料认为有18000人左右。[①]"八·一三"上海抗战后，日本领事馆胁迫台民撤返台湾，对藏匿不归者，"一经查觉，即予拘禁，强押登轮"，在厦台民前后回台者近13000余人，此外逃港者不下3000余人。[②]1938年5月厦门沦陷后，侵华日军和台湾总督府又鼓励台民移居闽粤，厦门的"台湾籍民"人数在1940年时达到7400余人，[③]另据1942年1月1日日本领事馆调查资料，厦门的台湾人有9002人。[④]总之，沦陷期间的"台湾籍民"人数随着日军侵略战争的扩大，又逐渐有所恢复。1945年8月日本无条件投降，国民政府宣布从当年10月25日起，台湾人民恢复中国国籍。[⑤]从此，"台湾籍民"成为历史名词。

　　那么，"台湾籍民"在近代厦门的人口中又占有多大比重呢？这也是探讨台湾籍民与厦门近代社会的关系时应了解的问题之一。据厦门海关资料，20世纪30年代

　　① 林真：《抗战时期福建的台湾籍民问题》，《台湾研究集刊》1994年第2期。
　　② 厦门《江声报》1937年8月26日，转引自福建省档案馆等编：《闽台关系档案资料》，第81页，鹭江出版社，厦门，1992年。
　　③ 福建省档案馆编：《闽台关系档案资料》，鹭江出版社，厦门，1993年，第152页。
　　④ 林满红：《"大中华经济圈"概念之一省思——日治时期台商之岛外经贸经验，台北"中央研究院"《近代史研究所集刊》第29期，1998年6月，第82页。
　　⑤ 《福建省政府转发关于十月二十五日起台湾人民恢复国籍的训令》（1946年2月9日），福建省政府秘书处档案，转引自福建省档案馆编《闽台关系档案资料》，鹭江出版社，厦门，1993年，第135页。

初厦门市内人口有 128000 人，[①] 另据厦门市公安局发表的数字，1936 年 9 月统计的人口数达 182343 人。[②] 如果用靠近上述年份的在厦 "台湾籍民" 人数加以比较，可以看出从 20 世纪 30 年代初期到抗战爆发前夕，"台湾籍民" 人口在厦门市人口中约占 5% 左右，它是人数最多的 "外国籍民" 群体了。另外，在厦门的日本籍人数中，也以 "台湾籍民" 占大多数，真正的日本人（所谓 "内地人"）比例不大。据《警政年刊》记载，1930 年时厦门市区共有外侨 192 人，其中日本 104 人，同年调查，鼓浪屿公共租界外侨人口 567 人，其中日本 369 人，市区和鼓浪屿租界两者相加日本人 473 人，而 1929 年的 "台湾籍民" 已达到 6879 人；又据 1936 年 6 月厦门市公安局调查本市各国籍民数字中，日本人 104 人，台湾籍民 7990 人，[③] 另据厦门海关报告，1941 年时厦门及其附近岛屿有 2100 名的日本人和 9000 名日本籍的台湾人，[④] 即使日本军队充斥厦门的沦陷时期，"台湾籍民" 也大大超过日本人。

二、"台湾籍民" 与近代厦门工商业

厦门位处漳泉之交，扼台湾之要，为东南门户，八闽之障，又有临近南洋群岛的地理位置，在刺桐港和月港相继衰落之后，便跃升为福建对外贸易和华侨移民出入的重要港口。鸦片战争后，厦门被开放为通商口岸，逐渐成为以贸易和航运为主的商港城市，经济的支撑力主要依靠商业、贸易、金融、房地产、交通运输业和侨汇，商业消费行业畸形发展，也是一个典型的商业虚假繁荣的消费城市。[⑤] 厦门的商业环境，也为多数 "台湾籍民" 的经商营生提供了伸展空间，渡海来厦的台湾人一直以商人居多。据 1926 年井上庚二郎报告书称："目前'台湾籍民' 总户数约 900 户，其中半数为表 2 所显示数据可知从事于正当职业，但其余四分之一则经营特种行业娼妓及鸦片有关商业），其他则属无业或无固定职业。"[⑥] 随着 "台湾籍民" 的增加，在厦经营的行业几乎无所不包，经营者的比

① 厦门市志编纂委员会、厦门海关志编委会编：《近代厦门社会经济概况》，鹭江出版社，厦门，1990 年，第 400 页。
② 安藤元節编：《南支大观》，日本合同通信社，东京，1937 年，第 8 页。
③ 厦门市档案局、厦门市档案馆编：《近代厦门涉外档案史料》，厦门大学出版社，1997 年，第 120~121 页。
④ 厦门市关税务司 K. E. Jordan：海关十年报告（1932—1941 年），转引自厦门市志编纂委员会、厦门海关志编委会编：《近代厦门社会经济概况》，鹭江出版社，厦门，1990 年，第 427 页。
⑤ 厦门市档案局、厦门市档案馆编：《近代厦门经济档案资料》，前言部分，厦门大学出版社，1997 年。
⑥ 福建省档案馆：《闽台关系档案资料》，鹭江出版社，厦门，1993 年，第 8~9 页。

侨乡一瞥

例也大为增加。据"台湾籍民"组织"厦门台湾居留民会"三十年纪念特刊统计，1936年9月时的《厦门台民职业一览表》中，从商者达1691人占70%，医护人员173人，占7%左右，制造业者125人，占4%左右，特殊行业（妓女、陪酒女郎、女招待）226人，占10%左右，其他行业占9%。[①]商业经营者以杂货商最多，有698人，其他包括药商、水果商、贸易商、古物商、小商贩、承包商、烟酒商、纸商、薪炭商、瓷器商、运输商等等。[②]还有皮革商、家具商、酒商、木材商、洗染商等则是制造业与商业兼而营之。

表2　在厦"台湾籍民"职业分类户数（1926年2月统计）

（单位：户）

杂货	168	货币兑换	19	代办业	1	皮革业	4
茶商	17	钱庄	5	理发店	1	牛奶	3
糖商	6	当铺	2	铁工厂	1	轿车出租业	1
布店	19	药材行	26	印刷厂	1	印刷器材	1
烟草	16	海产	22	袜子制造	1	鱼贩	2
五金	5	木材	8	制得业	1	银楼	5
谷物商	13	运输	3	豆腐贩卖	1	旅馆	9
钟表店	2	生水供给	1	汽水制造	1	木匠用具	1
樟脑业	2	染料	1	电气行	3	官吏	2
皮鞋	2	竹类工艺	1	烟火制造	1	教员	8
饼干	7	兽肉	1	家具	1	医师	12
酿酒及贩卖	12	食品业	3	罐头业	1	助产师	3
蜡烛制造商	2	酱油贩卖	2	纸业	2	餐厅	90
米粉业	1	旧货商	3	薪炭	4	木器工匠	1
渔具贩卖	1	陶瓷器	3	照相馆	2	鸦片烟馆	195
委托业	1	冰行	2	肥皂制造	2	祭祀用纸	1
职业介绍	1	果菜商	7				

资料来源：井上庚二郎：《厦门的台湾籍民问题》（1926年9月），转引自（日）台湾近现代史研究会编《台湾近现代史研究》第3号，龙溪出舍出版，1981年，东京，第8~9页。

20世纪30年代的厦门，商业呈现一定程度的繁荣。如果将1935年厦门市商业状况与1936年"台湾籍民"在厦经商的情况作一比较，可以看出"台湾籍民"在厦门市商业中所处之重要地位。据1935年调查，厦门市涉及衣、食、住、行、

---

① 福建省档案馆:《闽台关系档案资料》，鹭江出版社，厦门，1993年，第31~34页。文中所列数字由笔者计算。

② 福建省档案馆:《闽台关系档案资料》，鹭江出版社，厦门，1993年，第31~34页。

文化艺术、医药卫生、丧喜迷信等的商店计 5202 家，从业人员 28484 人（参见表3），而"台湾籍民"的经商人员在 1936 年时为 1691 人，虽说是前后年份的数字，但已清楚表明了"台湾籍民"在厦门商业中的举足轻重。难怪 1931 年出版的《厦门指南》这样写道："厦门因接近台湾，日人侨居颇多，设有学校报馆医院等事业。在贸易场中，势力尤大，除华商及该国籍民采配日货销售外，日本人自营之商店，亦属不少，其次则为英、荷、美三国"。[①]

表3 1935年厦门市商业分类

分类	家数（个）	资本总额（银圆）	店员人数（人）	备注
衣之商业	820	1952204	3870	衣之商业：包括成衣业、绸布业、鞋业、苏广业、金银首饰、理发、洋洗浴堂等业。
食之商业	2383	3328663	10810	包括柴米、饮食、糖油、五谷、海味、罐头、京果、青菜、糕饼、牲畜、烟等业。
住之商业	858	1640324	4375	包括旅栈、木作、钢铁、家私、建筑、砖瓦、油漆、洋灰等业。
行之商业	135	21459300	999	包括人力车、船头行、汽车、脚踏车等业。
文化艺术业	190	934784	1400	包括印刷、书纸、照相、刻字、古董戏剧、音乐跳舞、绘画等业。
医药业	427	1269200	2831	包括中药、西药、参行等业。
丧喜迷信业	132	135335	835	包括火勺、纸箱、寿板等业。
其他	257	1384465	3364	
合计	5202	42104275	28464	

资料：前引《近代厦门经济档案资料》，第98页。

厦门虽为闽省大商埠，但"二战"前的工业生产水平低下，工业设施落后，"而欲见一略具规模之工厂而不可得，不亦大可悲乎？所幸尚有数种幼稚之手工业，如刺绣、拖鞋、米粉、面线及其他等……"，仅有数种传统手工业显示生机。"台湾籍民"除了经营商业，还在厦门及其周围地区经营制造业或公共工程，这方面的投资对改变厦门市工业基础及设施落后的状况也起到一定的作用。早在清末，避居厦门鼓浪屿的台湾爱国志士林维源之子林尔嘉就协助厦门商会，在 1907 年成立电器通用公司，安装电灯。厦门的电灯公司资本 120 万银圆，约有一半系由林尔嘉所具。[②]1913 年，泉州地方著名人士发起建立泉州电气公司，林尔嘉独立投

[①] 陈清保：外商营业一览，《厦门指南（1931 年 5 月）》，前引《近代厦门经济档案资料》。第 81~83 页。

[②] 林满红：《"大中华经济圈"概念之一省思——日治时期台商之岛外经贸经验》，台北"中央研究院"《近代史研究所集刊》第 29 期，1998 年 6 月，第 59 页。

资 8 万余元，占投资总额的 85%，并由林积极联系从台湾购进发电机设备等，于 1916 年发电，这是泉州历史上最早创办的近代工业。① 在制造业方面，1920 年有台商王碧若和大陆商人合作在鼓浪屿设立广建发皮厂，1928 年台商黄成源创设制冰厂，还有洪穗设立加记洋行制酒厂，郑在根经营的信记洋行冰糖制造等。② 据 1936 年 9 月的《厦门台民职业一览表》，"台湾籍民" 还有投资从事金银制造业、制香业（包括蚊香）、米粉制造业、金银纸制造业、石灰制造业、饼干、酱油制造业以及豆腐、砖瓦、广告、货车、制花、香粉、棉被、汽水、制冰、肥皂、竹器工艺等各类工厂的。③

关于台湾籍民在厦门经商的资本规模和财富，从现有的资料看，20 世纪初大多数人尚处于规模不大的经营阶段，但在日本帝国主义势力的庇护下，资本的集聚和发展很快。1910 年时，在厦门的台湾籍民注册者 251 户，主要经营杂货、茶、钱庄、毛织品、金银加工、粮食、烟草等商店，其中，资本额在 1000 元至 8000 元之间、营业额在 5000 元到 10000 元的占 70%。④ 即大多数 "台湾籍民" 经营者的资本额在 8000 元以下，营业额在 5000 元以下。但到了 1929 年时，据台湾总督府调查，"厦门台商不动产约七百万元，动产一千二百万元，其中有十万以上者有 20 人，其财富与大陆人相比，极为突出"，⑤ 其中资本金在 1 万元以上者有 12 家洋行和 9 家工厂、公司，一年交易总额在 1 万元以上的商家共一百数十家。

到了 20 世纪 30 年代，"台湾籍民" 在厦门的工商业界更形活跃，资本规模也明显扩大。据厦门的日本领事馆在 1933 年的调查，在厦门的地方制造业中，台湾籍民经营的 "成源制冰机器厂"（制冰业）资本达 10 万日元，馥泉洋行（酿酒）的资本为 2 万日元，还有新发洋行（家具制造）、振利洋行（酿酒业）的资本都在 1 万日元以上。在制造业以外，其经营还遍及黄金饰品、海产品、药品、杂货、罐头、纸类、烟草、茶叶、胶鞋、纺织品、文具、玩具、洋杂货、绸缎、钟表、眼镜、酒类、水泥、酒精、糖浆、自行车零件、油漆、大米、肥料、木材、汽车附件、文物、线香等销售业，以及贸易业、船舶运输业、金融业、旅馆业、餐馆等，其中资本在 1 万日元以上的有 50 多家，年营业额 1 万日元以上者达 100 多家。

---

① 《泉州文史资料》第三辑（1987 年 10 月），第 5~6 页。

② 林满红：《"大中华经济圈" 概念之一省思——日治时期台商之岛外经贸经验》，台北 "中央研究院"《近代史研究所集刊》第 29 期，1998 年 6 月，第 59 页。

③ 转引自福建省档案馆：《闽台关系档案资料》，鹭江出版社，厦门，1993 年，第 31~34 页。

④ 中村孝志：《台湾籍民をめぐる問題》，（日）京都大学东南亚研究所《東南アジア研究》，第 18 卷第 3 号，1980 年。

⑤ 林满红：《"大中华经济圈" 概念之一省思——日治时期台商之岛外经贸经验》，台北 "中央研究院"《近代史研究所集刊》第 29 期，1998 年 6 月，第 62 页。

尤其在贸易业中，台湾籍民的经营占了对台贸易额的 70%。因此，"他们在厦门的政界、财界具有相当势力"。①

厦门沦陷期间，日本采取"以华制华"的政策，大量假手"台湾籍民"控制金融、商贸活动，并对离开厦门的业主的产业进行巧取豪夺。金融业方面，在日军支持下，由台湾人殷雪甫、陈长福、金馥生等组织"厦门劝业银行"，发行货币，开办存放款、汇兑业务，且银行经理、各股主任、行员清一色为台人及其群带，厦门的金融业遂被"台湾籍民"所控制。在商贸方面，"凡进出口货物、均由日人统制然后分配各组合（组合尤为日台人所主持），其利益由日台人垄断操纵，中国人莫想染指"。② 当时《华字时报》具体报道说："敌在厦门实际的经济活动，并先以抗日罪名充公拍卖吾国人财产，再将日常必需品及各种企业，由台人设公司实行包办与统制。如粮食皆由庆发（苏宝泉经营）、义泉、茂记三台奸洋行所包，菜果皆由海南公司（台人陈学海）、厦门果菜消费社（日人何合进）所包办，自来水、电灯、电话由福大公司（台人陈长福、林木士等）所包办，渔业由厦南海上渔业公司（台奸方××）所包办"③ 等等。包办、统制的结果，使"一般商家缺货应市，小本商店无法维持"，米柴炭奇缺，日用品价格高涨。为了应付粮荒，日伪便"计口授粮"，按日、台、华三种标准配给口粮，日人每月 24 斤，日本狗每头每月 12 斤，"台湾籍民"、朝鲜人每月 18 斤，大陆人 2 斤。④ 以至市民无米为炊，饿殍载道。⑤ 日军占领厦门后，为掌握经济控制权，还强占了自来水、电灯、电力、电话、山海冰厂（华侨商办）等数家大公司。还用所谓"登记"手段，强占大量土地，伪法院布告验契，登记财产，当时业主因敌寇侵厦，不愿当汉奸顺民而逃出者极众，是以呈验登记的寥若晨星。倭台人先则争造伪契，冒认房地，以呈验为名，侵占为实。嗣后倭方则宣布凡不登记者，一律充为公产，于是厦门市的乌石浦、洪山柄、澳仔、宝旭农场以及高林、下忠、湖边等 20 余社，都被强占而去，以至"现在禾山土地竟有 2/3 为倭台民所经营"。⑥ 在日军占领厦门并利用"台湾籍民"控制经济大权的背景下，在沦陷期间有不少逃离业主的产业被掠占的情况下，"台湾籍民"在工商业中的势力明显扩张，所占地位自然更是

① 安藤元节编：《南支大観》，日本合同通信社，东京，1937 年，第 94~95 页。
② 汪方文主编：《厦门抗日战争档案资料》，厦门大学出版社，1997 年，第 573 页。
③ 香港《华字日报》1939 年 2 月 12 日，转引自汪方文主编：《厦门抗日战争档案资料》，厦门大学出版社，1997 年，第 391~392 页。
④ 汪方文主编：《厦门抗日战争档案资料》，厦门大学出版社，1997 年，第 404 页。
⑤ 汪方文主编：《厦门抗日战争档案资料》，厦门大学出版社，1997 年，第 573 页。
⑥ 《前线日报》1941 年 4 月 12 日；转引自汪方文主编：《厦门抗日战争档案资料》，厦门大学出版社，1997 年，第 394、405~410 页。

侨乡一瞥

举足轻重。据 1941 年 7 月的资料记载，在厦门市经营的 120 家重要商社中，"台湾籍民"业主有 80 家，占 66%，而这些公司的主要职员也是台人，可见其势力之大（参见表 4）。

表4　厦门主要商行公司一览简表（1941年7月）

业主	经营项目	公司商行数（家）	占比（%）
中国台湾	贸易商、进出口商、杂货商、船运、谷物、酒类、信托、建筑、海产、纺织、药品、果菜、制冰等	80	66
日本	进出口商、酱油、船运、石油、金融、烟草、电气、纤维加工等	29	24
厦门	米谷、糖油、肥料	2	1.6
龙岩	洋杂货	2	1.6
中国（具体籍贯不明）	贸易、糖油、米谷、杂货	2	1.6
朝鲜	贸易商、渔业	2	1.6
伪厦门市长	劝业银行、自来水、电气通信、电力公司	3	2.5

资料来源：《厦门诸官公廨公署其他团体及重要商社职员录》（1941 年 7 月印行），见《闽台关系档案资料》，第 640~646 页，由笔者制作简表。

当然，应该指出的是，厦门沦陷时期"台湾籍民"工商势力的急剧膨胀是在特定历史条件下发生的，这是厦门历史上短暂的一页，但却是探讨近代厦门社会经济与"台湾籍民"关系时无法回避的一段。

三、"日籍台湾浪人"与近代厦门社会

如前所述，日本占据台湾地区后源源来厦的"台湾籍民"中，多数是从事正当职业的工商业者，其商贸活动在近代厦门经济中占有一席之地。但是，"台湾籍民"毕竟来源复杂，良莠不齐，又受到日本领事馆的庇护、纵容，除从事正当职业者外，也有不少人从事毒品、赌博、娼寮、高利贷、走私以及流氓打手、黑社会等非法活动，给近代厦门社会造成强烈冲击。这些仗恃日本帝国主义势力为非作歹的"台湾籍民"，在当地社会上落得"台湾呆狗""日籍浪人""台氓"等恶名，成为"台湾籍民"中的"害群之马"。[①]

---

① 戴国煇：《日本の植民支配と台湾籍民》，台湾近现代史研究会编：《台湾近现代史研究》第 3 号，龙溪书舍，东京，1981 年，第 126 页。

据厦门市警察局提供的报告，[①] 在厦门的台湾籍民可分为三类：①旧派台民。此类人来厦门居住有 10 年以上，甚至有二三十年者。他们已在厦门经商致富，购置不动产，渐与大陆人通婚，结为姻娅，养生送死既可无憾，则莫不视此间为乐土，而不思移家返台矣。此类台民的一切举动较见驯良，对于地方治安之危险性小。②新派台民。系指近数年内新来者，多系无产青年或凶狠残暴之痞棍，在此保镖走私，劫夺加暴，烟厕、小典、妓寮、高利贷等不法营业，皆其生活之途径，破坏安宁秩序，形成闾阎心腹之患。且此辈本无恒产，在厦犯罪，被配回台，不久又复潜至，华民畏之如虎狼，恨之入骨。③当地华商取得台籍者。在厦经商有年之华民，为逃避军阀横征暴敛和抓捕，遂贸然加入台籍，近年因避免损税，被诱入籍者，亦凡有徒。但这些人没到过台湾。所谓"日籍浪人""台湾呆狗"之类，主要来自第二种类的"台湾籍民"，也有部分来自第三类的"冒籍台民"，这些人实际上具有日籍浪人和本地流氓的双重身份。从现有史料来看，"日籍浪人"对近代厦门社会造成的突出危害是鸦片毒品的走私贩卖。这首先与近代的厦门社会背景有关。一方面，鸦片战争后，厦门辟为通商口岸，洋商将大量鸦片输入进来，使之变为鸦片集散地，以至很长一段时期内鸦片一直占据厦门港进口货物的首位，每年进口量在 5000~9000 担之间，最高额 1881 年达 1 万多担，1894 年后减少到 3000 多担（个别年份如 1897 年达 4306 担）。大量的进口鸦片，有部分销往内地，而大部分是在厦门本地消费掉的，因此，当时烟馆林立，如同米店。[②] 厦门的鸦片泛滥，利润丰厚，使原在台湾本无正当职业的日籍浪人趋之若鹜，纷纷将贩卖鸦片、经营烟馆作为聚敛财富的首选之道。另一方面，自 1895 年日本占据台湾后，在岛内实行有别于日本本土禁烟政策的《台湾鸦片令》，由总督府垄断鸦片原料的进口、烟膏的制作乃至贩卖消费过程，以此获得了巨额财源。与此同时，台湾总督府也将闽南、潮汕地区作为其开拓中国毒品市场的重要据点，积极实施"以毒攻毒"的对华政策，派遣大批日籍浪人内渡厦门，走私贩毒，开设烟馆，驱使他们充当贩毒先锋和主力。

据日本驻厦门领事馆 1926 年 4 月调查，在厦门的"台湾籍民"以贩毒为生者总数在 2000 人以上，实占在厦门"台湾籍民"总数的 1/4，而厦门市的鸦片商约有半数为"台湾籍民"[③]（参见表 5），可见问题之严重。

---

① 《厦门市警察局呈（9 月 8 日）》，1937 年。转引自福建省档案馆：《闽台关系档案资料》，鹭江出版社，厦门，1993 年，第 82~83 页。
② 洪卜仁、吴仰荣编著：《近代厦门社会掠影》，厦门大学出版社，2000 年，第 36~39 页。
③ 井上庚二郎：《厦门的台湾籍民问题》（1926 年 9 月），转引自（日）台湾近现代史研究会编《台湾近现代史研究》第 3 号，龙溪出舍出版，1981 年，东京，第 133 页。

侨乡一瞥

表5　厦门市依赖贩毒生活的台湾籍民户数及人数（1926年）

方式 ＼ 种类		鸦片烟馆	鸦片进出口商	鸦片膏小贩	计
自营	户数	60 户	13 户	8 户	81 户
	家庭	292 人	160 人	37 人	489
名义出租	户数	195	38	42	275
	家庭	692	140	143	975
共营	户数	73	26	15	114
	家庭	245	180	42	467
共计	户数	328	77	65	470
	家庭	1229	480	222	1931

（此外，尚有120名与后述禁烟查缉处有关，故实际依赖贩毒谋生之台湾籍民总数应为2051人。）
资料来源：井上文书，前引《台湾近现代史研究》第3号，第133页。

作为日本领事，井上也对本统计表"不禁愕然震惊"。[1]井上在报告中解释说，之所以"台湾籍民"贩毒现象严重，有其具体原因：一是"台湾籍民"多数无财力，难以打进在当地已发展多年的商业团体并与之竞争；二是"台湾籍民"可享受治外法权，可不服从中国的税收制度及法律，于是从事非正当的鸦片买卖，投机营商，逐渐积累起财富。此外，由于中国官方任用台湾籍民掌管"禁烟查缉处"，闽南军阀强迫农民种植罂粟而"台湾籍民"承包栽培税，使台湾籍民与鸦片的关系更为密切。[2]因此，官僚、军阀与日籍浪人的相互勾结，相互利用，也是日籍浪人能肆无忌惮地经营鸦片的原因之一。但上述诸原因中，最重要的、影响最大的原因还是日籍浪人享有的治外法权，其直接的表现就是厦门的日本领事馆对日籍浪人的鸦片活动给予支持和纵容。一方面，对日籍浪人经营的烟馆发给籍牌，给予保护，所谓籍牌，就是日本领事馆发给日籍浪人的牌照，只要日籍浪人在其住所挂上猪腰形的"大日本籍民××寓"或"日籍××洋行"的牌照，便不必向中国官厅注册、纳税，中国官厅亦不敢过问，籍牌成了日籍浪人进行非法活动的护身符。日籍浪人除自身经营外，也将籍牌租给厦门当地人，每月坐收"看头钱"（借用金）牟利。[3]在这样的保护下，"台湾籍民"的核心组织"台湾公会"头面人物也纷纷参与毒品贩卖。该会由日本领事馆监督，并由领事馆指定半数公会

[1]　井上庚二郎：《厦门的台湾籍民问题》（1926年9月），转引自（日）台湾近现代史研究会编《台湾近现代史研究》第3号，龙溪书舍出版，1981年，东京，第133页。

[2]　井上庚二郎：《厦门的台湾籍民问题》（1926年9月），转引自（日）台湾近现代史研究会编《台湾近现代史研究》第3号，龙溪书舍出版，1981年，东京，第133~134页。

[3]　洪卜仁、吴仰荣编著：《近代厦门社会掠影》，厦门大学出版社，2000年，第110页。

议员，然而，"台湾公会之议员中，有多数涉及贩毒"，被台籍学生咒骂为"鸦片议员"。[①]1928 年，国民政府实施"禁烟政策"，禁令一出，厦门许多鸦片商即向日本领事馆申请牌籍，高悬门首，以逃避管理，思明县政府交涉员为此事与日本领事坂本龙交涉，遭到断然拒绝，坂本龙回复说："贵国烟馆尚未禁绝，专便委屈敝国臣民的烟馆。"[②] 同年 11 月 24 日，厦门市公安局会同思明县政府，派警员前往局口街欲取缔日籍浪人苏扁的烟馆，遭日籍浪人聚众殴打，巡警被打成重伤，而肇事者日籍浪人李炳却由日本领事引渡至领事馆，无罪开释。[③]

另一方面，日本领事馆对日籍浪人的鸦片走私活动予以多方面的保护。清朝政府在第二次鸦片战争中被迫与列强签订《通商章程善后条约》，允许鸦片以"洋药"名义纳税进口，从而使鸦片贸易合法化。20 世纪初，清政府迫于国内朝野禁烟势力的压力，终于在 1906 年再次颁令禁烟。经与英国政府交涉签订条约，英国承诺逐年减少对华鸦片输入数量。但中国的禁烟一再遭到日本势力的破坏，厦门的走私鸦片更从台湾源源而来。据 1912—1921 年的厦门《海关十年报告》记载："根据 1911 年中英条约第 3 款，自 1914 年 5 月 1 日起，禁止向福建输入印度鸦片。尽管'合法'的鸦片贸易因此本省绝迹，但非法的贸易却兴盛不衰。在 1915、1916 年和 1917 年间，从台湾和其他地方运来了大量的毒品。这些毒品大多在海关辖区外的海岸卸货。"[④] 这些鸦片走私活动得到了日本领事馆的直接支持，如多年任厦门"台湾公会"会长的日籍浪人曾厚坤开设多家公司，又代理日本"三井洋行""浅野洋行"在厦门的业务，而其经营尤以鸦片生意为大宗。他每次通过日本船运来大批鸦片时，日本领事都派遣日本警察下船，为曾厚坤起卸鸦片打掩护，[⑤] 实际上是进行保护。在这样的庇护下，日籍浪人的鸦片走私活动十分猖獗，贩卖鸦片、开设烟馆是其最拿手最普遍的一着，而日籍浪人的诸位头头们，几乎是靠鸦片起家和发财的。日籍浪人除了进行鸦片的走私贩卖外，还勾结日本人秘密设厂，从事鸦片的生产或对台湾运来的鸦片进行改装，运销内地。[⑥] 如 20 世纪二三十年代的厦门"鸦片大王"叶清河加入"日籍"，与日籍浪人施范其、曾厚坤、陈长福等人合办专营鸦片、吗啡的五丰公司、鹭通公司、裕闽公司，并承销闽南各县鸦片，为害尤深。其鸦片的运送、存放，得到日本领事馆的保护，领事

① 洪卜仁、吴仰荣编著：《近代厦门社会掠影》，厦门大学出版社，2000 年，第 138 页。
② 洪卜仁、吴仰荣编著：《近代厦门社会掠影》，厦门大学出版社，2000 年，第 52 页。
③ 厦门市政协文史资料研究委员会编：《厦门文史资料》选辑（第二辑），1963 年，第 17 页。
④ 洪卜仁、吴仰荣编著：《近代厦门社会掠影》，厦门大学出版社，2000 年，第 365 页。
⑤ 洪卜仁、吴仰荣编著：《近代厦门社会掠影》，厦门大学出版社，2000 年，第 39 页。
⑥ 洪卜仁、吴仰荣编著：《近代厦门社会掠影》，厦门大学出版社，2000 年，第 38~39 页。

馆警部林火生还被聘为鹭通公司"谘议",每月支干薪 50 元。[1]

在厦门沦陷时期,日军控制下的"厦门特别市政府"设立了"公卖局",1943年 3 月改名为"禁烟局"(专卖鸦片、食盐),局长一直由台湾籍民林济川担任,该局下设"福裕""福和""福隆"三家鸦片公司,专门制造鸦片膏、贩卖鸦片,成为厦门贩毒大本营。林济川还依仗日本淫威,从 1939 年起强迫金门农民扩大罂粟的种植面积,以保证毒品原料,竟使金门 1/5 的农地被占用。福裕公司制造的鸦片,最多时每月达数万两。这些毒品通过他们控制的二盘商、三盘商流毒全市,造成沦陷时期的厦门"烟厕遍地",俨然成了一个鸦片世界。[2]在厦的"台湾籍民"还勾结内地国民党军政人员、特务、土匪头子,沆瀣一气地走私贩毒,如王庆云为漳泉一带鸦片贩子包带包运,被称为"保镖大王"。林身和吴友谅从高崎贩运鸦片至同安一带套取粮食,王昌盛等人组织"金台成船务公司"川行漳厦各埠之间,载运毒品,套取物资粮食以资敌。[3]总之,沦陷时期,在日本帝国主义的保护伞下,日籍浪人、内地汉奸、地痞流氓及国民党腐败官僚合流,造成厦门鸦片烟毒的又一次泛滥,使厦门和内地人民深受其害。

除了近代厦门烟毒的泛滥与日籍台湾浪人的非法活动有密切关系外,各种社会祸害构成的阴暗面中,也都少不了日籍浪人的踪影。如厦门近代历史上臭名昭著的"十八大哥",乃是 20 世纪初日本帝国主义为扩展其势力范围,从台湾驱遣来厦门的一帮流氓、黑社会分子头目。他们到厦门后无不狐假虎威,充当日本走狗以表立功和效忠。在日本领事馆的肆意庇护下,"十八大哥"纠集社会渣泽,占据"山头",大肆走私鸦片、贩卖军火,开设妓寮(台湾榈仔),经营赌场(十二支仔),放高利贷(日仔利),抢劫斗殴,杀人越货、欺凌百姓,无恶不作,横行厦门 30 余年,是近代厦门最早出现的一股有组织的恶势力,[4]时至今日,人们说到当年情景,仍然心有余悸。值得注意的是,当年的厦门市政府及驻军并非对"十八大哥"为代表的日籍浪人恶势力完全不问不闻,但由于有日本领事馆的介入,加之地方政府官员、军阀们腐败成风,取缔案件或不了了之,或以失败告终。例如 20 年代厦门赌风颇盛,赌场林立,尤以日籍浪人陈春木、谢阿发开设的赌场最为有名,民众中毒尤深,当时的公安局决计取缔,拘捕多名当事人,但是,一时间,日籍浪人有的开枪拒捕,

---

① 洪卜仁:《"鸦片大王"叶清和》,洪卜仁、吴仰荣编著:《近代厦门社会掠影》,厦门大学出版社,2000 年,第 124~143 页。

② 洪卜仁、吴仰荣编著:《近代厦门社会掠影》,厦门大学出版社,2000 年,第 39~40 页。

③ 连心豪:《日本据台时期对中国的毒品祸害》,《台湾研究集刊》1994 年第 4 期。

④ 吴仰荣:《日籍浪人"十八大哥"》,洪卜仁、吴仰荣编著:《近代厦门社会掠影》,厦门大学出版社,2000 年,第 109 页。

有的妄图暴动，日本驻厦领事馆也急忙召集日舰来厦示威。市公安局只好与日本领事谈判，做出让步，而负责此案的侦缉队长也辞职离厦。[①] 在当时的历史条件下，要解决日籍浪人的非法活动问题是没有可能的。

四、全面认识"台湾籍民"

近代厦门社会也是半封建、半殖民地中国近代社会的缩影，但"台湾籍民"在近代厦门社会中的影响之大则是厦门近代史的特点之一。限于篇幅，本文仅就台湾籍民的若干侧面——人口数量、工商业地位、与社会阴暗面之关系作了初步考察。虽然历史早已翻开了新的一页，"台湾籍民"也早已不复存在，但历史终归是历史，既无法改变也难以抹杀，重要的问题是如何看待这段历史。通过厦门的"台湾籍民"若干问题之粗浅考察，笔者有几点想法：

第一，"台湾籍民"是不幸的近代中日关系的产物，是日本帝国主义对外侵略扩张、推行殖民主义政策的产物。而"台湾籍民"问题是日本实行奴化政策、"台湾总督府"和日本领事馆执行"以华制华"的离间政策的恶果，所谓近代厦门社会的"台湾籍民"问题的根源亦在此，这正如《台湾省通志》所指出的："厦门属于日本势力范围，亦即侵略中国之一重要基地。以总领馆为中心，附设警察署，遍布巡查与密侦，一面监视台湾人在祖国之行动；一面唆使呆徒，藉事生端，而干涉祖国内政，是世人之所周知者。"[②]

第二，在厦门的"台湾籍民"中，大多数从事的是正当职业，对于近代厦门的社会经济是有贡献的，据林真的论文，到抗战前夕，在福州、厦门两地从事商、医、政、教等正当职业的台民已达到85%以上。[③] 对于那些少数依仗日本人势力为非作歹的日籍台湾人，如厦门的"十八大哥"之流，既遭到厦门人民的憎恨和唾弃，也遭到多数"台湾籍民"的痛斥。厦门、闽南沦陷前夕，日领事馆下令"台湾籍民"撤返台湾，遭到部分台民的抵制，"若辈并称：台人原系中国人，清政府将台湾割让给日本后，数十年台民即惨受亡国痛苦，故回中国流浪各地，因有冷血者甘为虎伥，作拍卖祖国之汉奸，致引起祖国同胞恶感，此所谓'好人被

① 洪卜仁、吴仰荣编著：《近代厦门社会掠影》，厦门大学出版社，2000年，第27~28页。
② 台湾省文献委员会编：《台湾省通志》"革命志·抗日篇"，众文图书版，台北，1980年。
③ 厦门大学台湾研究所《台湾研究集刊》1994年第2期。

歹人累也'"。① 然而，正是这些"歹人"的不良形象，使民国时期的厦门居民对"台湾籍民"有一种普遍的厌恶、不满情绪，以致产生误解甚至感情隔阂。1947年"台湾省国大代表"黄国书等上呈的请愿书再次道出了对这种隔阂的忧虑："窃查台省光复转瞬经年，而各地对台胞仍有嫉视轻蔑，已忘却台人在革命史上之事迹，复未能悯念台人在剥削奴役下50年之辛酸岁月而及中日人离间毒计而不觉，实堪为国族团结前途悲恸……"② 值得提出的是，民国时期中国政府对"台湾籍民"的认识还是比较清醒客观的。例如，抗战爆发后将一部分"台湾籍民"安置到福建省崇安县，尽战时之可能救济生活，抗战胜利后"发还台民产业"，"对善良台民财产不予接管"，1946年3月司法行政部又规定："台湾光复以前取得日本国籍者，如在抗战期内，基于其为敌国人民之地位，被迫应征随敌作战或供职各地敌伪组织，受国际法处置，不适用惩治汉奸条例……"③ 明确界定应区别对待在特殊历史条件下"台湾籍民"的所作所为。

第三，近代中国贫穷积弱，一直是列强宰割对象，而日本帝国主义又是列强中凶恶的一员，在日本明治维新后的70多年里，日本曾发动和参加14次侵略战争，其中10次是对华战争，给中国人民造成了空前浩劫，这其中也包括台湾人民沦为"二等公民"后所受的奴役苦难，应该说日本帝国主义是海峡两岸人民的共同敌人。对此，台湾同胞中的有识之士是有清醒认识的，早在1923年，台湾嘉义出身之厦门大学学生李思祯，就在厦门组织发起"台湾尚志社"，揭露台湾总督府暴政，努力于民族意识之发扬。其后又有林茂锌、郭丙辛发起组织"厦门中国台湾同志会"，发表宣言，号召在厦门的台湾同胞协力大陆同胞来报仇雪恨。1924年4月25日，李思祯、郭丙辛、王庆勋等在厦求学的台湾学生又发起成立"闽南台湾学生联合会"，开展抗日的宣传活动，号召青年奋起斗争。及至1937年抗日战争爆发，部分在厦门的台湾热血青年组织发起"台湾同胞抗日复土总联盟"，提出"联络有志同胞，与祖国同胞站在同一条阵线，以收失地及力谋我中华民族自由解放为宗旨"。④ 晋江县也有"台湾同胞抗日复土同盟会"组织的建立。他们在沦陷期间的抗日活动甚为活跃，1939年3月1日上午，台湾革命青年大同盟配合厦鼓中华青年复土血魂团，向厦门南普陀前的人潮散发抗日传单，"厦台人被感动觉悟者甚多"，但却令厦门的日军"大为震怒，立即派遣大批敌兵，将南普陀包

---

① 厦门《江声报》，1937年8月6日，转引自福建省档案馆编《闽台关系档案资料》，鹭江出版社，厦门，1993年，第76~77页。

② 福建省档案馆：《闽台关系档案资料》，鹭江出版社，厦门，1993年，第144~155页。

③ 洪卜仁、吴仰荣编著：《近代厦门社会掠影》，厦门大学出版社，2000年，第194页。

④ 厦门《江声报》1937年8月13日。

围……"^① 从全国范围看，抗日战争期间，在祖国的台湾志士投身抗日洪流的事迹更为突出，例如活跃在闽浙皖抗日前线的"台湾义勇队"，声震东南，屡受上级嘉奖并得到国内外舆论界的普遍赞扬。^② 如果人们再稍微回顾一下上述的史实，相信对"台湾籍民"问题会有更全面、更加实事求是的看法。

（论文为 2000 年 11 月 25~26 日台中市东海大学第四届台湾历史与
文化研讨会上发表论文）

---

① 泉州《泉州日报》1939 年 3 月 1 日。
② 林真：《台湾义勇队的筹组及其在福建的活动》，《台湾研究集刊》1991 第 4 期。

附录

"而立"之年忆洪老

——写在中国华侨历史学会成立三十周年之际

　　洪老在北京工作，我在厦门教书；洪老是侨界名人，我没有华侨关系，与名人更不沾边，所以，无论从地缘、人缘来说，我都不可能与洪老有很多接触的机会。但是，说来也巧，在中国华侨历史学会的历任会长中，真正与我这个侨史工作者发生过直接联系的只有被大家尊为"洪老"的洪丝丝同志。这其实并非巧合，改革开放伊始，年过七旬的洪老就把大量心血倾注在侨史研究工作上，他认为"侨史研究是一项长期的任务，不是一代人、两代人、三代人的事"，十分重视侨史研究队伍的培养和成长，强调研究工作中的"老中青"结合。而当时的我，是刚刚踏进侨史研究领域的新兵，不仅在研究的道路上受到洪老的指点鼓励，也有机会在一些场合直接聆听洪老的教诲，他的学识，他的风范，他的人格魅力，给我留下深刻印象。侨史结缘，后辈长思，洪老离开我们二十多年了，在纪念中国华侨历史学会成立三十周年的时候，我很自然地想到这位老会长、这位新中国侨史研究的开拓者。他当时对一个青年研究工作者的关怀和厚爱，一幕幕仍记忆犹新。

　　1979 年 4 月，福建东南亚学会在福州召开"文革"结束后的首次学术研讨会，专题讨论华侨华人问题。也就是在这次会上，我第一次见到洪老，当时他和肖岗等全国侨联负责同志专程与会指导并参与讨论。"文革"十年，侨务工作陷入停滞，华侨研究更止步不前，即使我们这些专业研究者，对海外华侨社会的现状也缺乏基本的了解。也就是在这次会议上，洪老不仅提出有关华侨历史研究的设想，还以大量事实说明大部分华侨已加入居住国国籍，华侨社会在"二战"结束以来的三十余年中已发生巨大变化，明确指出应该使用华侨和华人的称谓，要研究"华侨"，也要研究"华人"，这是华侨研究面临的新问题。洪老的重要发言，像一股清新剂，让与会者对海外华侨社会的最新动态引起高度重视，并展开热烈讨论，取得共识。我当时刚刚接触华侨问题研究不久，所看到的资料和文献都是"文革"以前的东西，对海外华侨社会发生的新变化可谓茫然无知，听了洪老的报告，犹如醍醐灌顶，顿觉耳目一新。此后，洪老还在多个场合强调要重视战后海外华人社会变化的研究，呼吁"把历史与现状有机地结合起来，使我们的研究更好地为四化建设服务"，这为国内侨史研究奠定重要方向，也对我以后的研究工作产生了重要影响。曾记得1989年5月下旬，由中国华侨历史学会、厦门大学南洋研究所、新加坡南洋学会联合在厦门鼓浪屿举办了"战后海外华人变化国际学术讨论会"，我当时担任大会秘书长，负责承办事务，有30多个国家和地区的160多位学者参加会议，盛极一时。会后还结集出版了中英文版的《战后海外华人变化国际学术讨论会论文集》。但遗憾的是，洪老未能出席这次会议，他于会议召开前的5月11日病逝于北京，不禁令人唏嘘叹息。如果九泉之下的洪老知道他所提倡和关心的重大课题研究正方兴未艾，定会感到欣慰。

1981年中国华侨历史学会成立后，响应廖承志同志"把全世界华侨历史写出来"的号召，积极发动组织各地侨史研究者撰写华侨史。作为常务副会长的洪老更是身先士卒、以身作则，很快有《华侨史纲要》《华侨对辛亥革命的巨大贡献》等著述出版。洪老还打算主编一部全面反映华侨历史的大部头，提议由北京的一些归侨学者与厦门大学南洋研究所合作编写。后来，南洋研究所又指派我承担这部书的"华侨出国史"和"华侨对祖国的贡献"两个专章。记得是1983年的冬天，我带着已完成的初稿专程来到北京，听取洪老等侨界老同志的意见。我刚刚入住全国侨联为我安排的招待所，就看见一位戴着皮帽、穿着毛皮领大衣的老人，迎着纷纷扬扬的鹅毛大雪朝我走过来，定睛一看，原来是洪老。他说来看看我，关切地问道："你从温暖的地方来到寒冷的地方，衣服够不够？注意不要冻病了。"我深为这位德高望重的长者的关心、温厚所感动，内心充满感激。接下来的几天，他认真地审阅了我的初稿，还在侨联宣传部召开专门讨论会，对文稿的优缺点以及如何改稿提出很具体的意见，仔细到引文出处、标点符号。他的严谨求实，他的精辟见解、渊博学识，的确令人折服。此后，我还写过几封信向洪老请教，每次都会收到他在百忙中寄来的亲笔回信，从中感受到他对后学者的热情鼓励。虽然洪老计划主编的这部侨史著作，后因种种原因耽搁下来，未能实现其夙愿，但对于一个正在起步的青年侨史工作者来说，却从洪老身上学到了更多做人、做学问的道理，难道还有什么比这更宝贵的吗？

1986年7月3—8日，在北京召开的中国华侨历史学会第二次会员代表大会暨第三次学术讨论会上,洪老就任中国华侨历史学会会长,真乃众望所归。也就是在这次会议上,我又一次有机会直接聆听洪老的教诲,感受长者对后辈的爱护之情。原来,我写了一篇再论胡文虎的文章提交大会,引起洪老的注意。他把我叫到他下榻的房间,就我的文章展开对谈。他先听我讲这篇文章的资料来源,我汇报了去胡文虎家乡永定县下洋镇中川村调查的情况,以及厦门大学南洋研究所资料室有关胡文虎的资料。然后,他很谦和地对我说:"你还年轻,有许多事你没有经历过,我们来交换一下看法好吗?"接下来一个多小时,他谈了许多他在南洋时期所了解的胡文虎,以及现在对华侨历史人物应有的认知和评价。并特别提醒我,对获得的资料一定要有比较鉴别,要分析可信度,不能拿来就用,对有争议的华侨历史人物评价更要有扎实过硬的资料作基础,不能赶潮流。洪老一席话,既令我震动又令我感动。说实在的,自从我跨进侨史研究的这道门槛,还没有一位师长能就我的一篇文章如此语重心长地指出问题所在。这就是洪老,这就是率真求实的洪老,这就是"像春蚕一样,把最后的丝吐出来"的洪老。

(原载于中国华侨历史学会秘书处编印
《中国华侨历史学会30年》纪念刊,2011年,北京)

附

录

侨史结缘　后辈长思

——怀念陈德仁先生

　　我第一次和最后一次见到陈德仁先生，都是缘于赴日进行华侨史研究的学术交流活动，也都是在神户。今天，在缅怀德高望重的陈德仁先生时，作为一名华侨史研究者，尤其不能忘怀他对研究和宣传华侨史所作出的重要贡献。

　　第一次见到陈先生，记得是 1984 年 9 月的一天上午，我作为日本学术振兴会邀请的学者访问神户，如约来到位于海岸通三丁目的神户中华总商会拜访陈先生。我原以为作为著名的侨领，陈先生也该是一副富商大贾的派头吧。然而，出乎意料，我面前的陈先生却是一位温文尔雅的学者、亲切谦和的长者。他的渊博学识，他的平易和善，乃至他一口流利的中国普通话，都给第一次访日的我留下深刻印象。也就是在这次交谈中，他如数家珍地介绍神户华侨历史，并请人陪同参观设在大厦二楼的神户华侨历史博物馆。馆内一尊巨大的白色孙中山半身塑像特别引人注目，使人联想到孙中山与神户华侨历史的不解之缘。馆内布展的精巧、文物资料的珍贵，引起我极大的兴趣。参观过程中，博物馆负责人还应我的要求，破例打开陈列柜，让我翻拍珍贵的历史照片，令我感动。据我所知，作为华侨的祖国，中国大地上当时只有厦门华侨博物院一所侨史陈列馆，而 20 世纪 80 年代中期的神户，华侨人数不过六千余人，竟拥有这样一所系统叙述自身历史的专门博物馆，不能不说是令人称羡的奇迹。奇迹的出现不言而喻凝结了陈德仁先生无数的心血。

　　在此后几年中，因为侨史研究国际学术交流活动的开展，我又有几次机会见到陈德仁先生。接触得越多，越是深切地感受到陈德仁先生对侨史事业的执着和热情，以及他待人处事时的人格力量。1986 年 3 月，陈德仁先生来到我所在的南洋研究所参加"华侨学校教育国际比较研究学术讨论会",报告了神户中华同文学校 80 余年的奋斗历程,并带来该校八十周年纪念刊等资料。长期担任神户中华同文学校理事长、顾问、理事的陈德仁先生,在报告中并不提及自己的建树。他的谦逊之美,更赢得大家的尊敬。会议期间,我陪同陈先生参观厦门华侨博物院,游览鼓浪屿。参观华博后,陈先生主动提出华侨博物院与神户华侨历史博物馆之间应加强联系的意向。回日本后,陈先生给我来过几封信,潇洒的字里行间透露出对华侨博物院和开展侨史研究的关心。也是从这些信中,我才知道陈先生为支持厦门华侨博物院,在神户侨界做了不少具体工作。又记得 1991 年 3 月,我应邀到京都立命馆大学访问,宿泊该校末川纪念会馆。陈先生知道后,赶到会馆,不顾 74 岁高龄,执意要亲自陪同参观京都的博物馆等文化设施。结果,在春暖乍寒的天气里,我们一起奔波了大半天。作为后辈,我内心充满感激之情,当然,也十分过意不去。为支持侨史的研究,陈先生还先后送给南洋研究所和我个人一些侨史著作、文献资料,其中有陈德仁先生编著的《辛亥革命与神户》、陈德仁先生和安井三吉教授合著的《孙中山与神户》两册著作。读后深受启发,感到这是陈先生长期研究神户华侨史的结晶,书中披露了许多鲜为人知的史实,不仅生动地再现了伟大的民主主义革命家孙中山先生的理想、精神和崇高风范,而且让世人对于日本华侨热烈支持孙中山革命活动的业绩有了更详细的了解,可以说是华侨写华侨史的第一手文献资料,是研究孙中山革命活动和日本华侨史、爱国史的重要资料。因此,陈先生也是一位华侨史研究家。

说来也巧,我最后一次见到陈先生也是在神户。1996 年 11 月,我在东京亚洲经济研究所做客座研究期间,有幸出席了在神户举行的"纪念孙中山先生诞生 130 周年国际学术讨论会",再次见到陈先生,并合影留念,谁知这竟是最后的一次会面。

今天,在厦门大学南洋研究院的图书馆,悬挂着"陈德仁先生基金资料库"的匾牌,红字金底,熠熠生辉。陈德仁先生生前向厦门大学捐款建立的基金,仍在为侨史研究、南洋研究发挥重要作用。现在故人已乘黄鹤去,但陈德仁先生的风范犹在,业绩长存,侨史工作者将会永远怀念他。谨以此文聊表寸心,纪念陈德仁先生。

（原载于华侨博物院编《陈德仁先生纪念集》,厦门大学出版社,
2000 年）

怀念师兄赵和曼

　　赵和曼教授走了。他走得那样匆忙，那么突然，同行同事、亲朋好友无不为之震惊，为之伤心和惋惜。他的去世，是国内的东南亚研究和华侨华人研究学界的一大损失。他的去世，也使我从此失去了一位好师兄、好同行、好朋友，令我特别伤感。

　　赵和曼教授和我都曾就读于武汉大学历史系，他比我年长三岁，比我早几届毕业，以学缘而论，我们是师兄弟关系，平时，我也直呼其为师兄。多年来，赵和曼教授和我又都主要从事东南亚和华侨华人问题研究工作，以业缘而论，我们是"同一条战壕的战友"，而且先后都走上了各自供职的研究所的领导岗位。校友加战友，使我们有较多的接触机会，平时的联系亦很频繁。再加上我们性情投缘，都属于那种有话就说的外向型，因此，我们有许多共同语言，几乎无话不谈。无论是学术观点、研究信息，还是家长里短、人生喜忧，我都愿意和他聊聊，从中不仅受益良多，而且真切感受到师兄对师弟的关爱与呵护。的确，他就是我心目中的兄长。

　　赵和曼教授是一个很有追求的人。他和我算是同一时代的人，"文革"十年同样蹉跎了我们的青春年华，是改革开放带来的机遇，让我们能走到同一研究领域，但严格说来，起步并不算早，"先天"不足，研究道路上也障碍重重，但是，赵和曼教授凭着对事业的热爱和使命感，凭着对学术的执着探求精神，克服困难，顽强拼搏，硬是在印度支那和广西籍华侨华人研究领域闯出了一片新天地，不仅写下了许多有价值的东南亚和华侨华人研究的论著，而且也在东南亚研究所、在《八桂侨刊》、在各级学会为这份研究事业的发展立下了汗马功劳，令同代人的我自叹弗如。他的这种追求精神和责任感，在他退休后仍然大放光彩，更是令人钦佩。在知识的积累上，他与时俱进，退休后每年花费两千多元订购学术刊物、著作，以了解最新观点和研究信息；在学术研究上，他笔耕不辍，退休后的第五年出版了代表作《少数民族华侨华人研究》，被评价为有补学术之功的、"一部研究少数民族华侨华人的入门书和小型百科全书"；在推动侨史研究上，他以高度的责任感奔走呼号，为打造学术刊物《八桂侨刊》杂志而呕心沥血，直到生命的最后时刻。的确，他没有豪言壮语，也没有叹老嗟贫，但却一步一个脚印，踏踏实实地在做着他放不下的事情。这也许就是一个普通社会科学工作者的生命价值所在吧。

赵和曼教授也是一位生性达观的人。他的开朗，他的幽默，他的乐观，在圈内是出了名的。大凡学术会议、结伴出行、把酒聚餐，只要有他在场，总会有欢声笑语。人生需要快乐，生活中需要快乐，而快乐往往源于心胸开阔、心态平和。当我遇到烦心事，他总是积极开导，以他的乐观情绪感染我，令我终生难忘。长期以来，他在工作中、在待人处世时表现出的豁达和包容精神，也给我留下深刻印象。他长期任主编的《八桂侨史》《八桂侨刊》杂志以刊载中青年作者的文章为特色，在扶掖青年研究者群体方面功不可没，有目共睹，这里面包含着赵和曼教授的良苦用心和无数辛劳，自然，他也深受青年学子的敬重和欢迎。

赵和曼教授在病重住院期间，与我曾有几次联系，他说话不便，请身边的同志代他发来电子邮件，说他会配合医生积极治疗，上帝会保佑好人平安，并嘱咐我和家人要注意身体健康。他的乐观和情谊，使我深受感动。后来我得知他在手术后的化疗期间已能下床散步，真为他的迅速康复而高兴，就直接打电话到他的病房，告诉他说要多保重，待到 12 月赴南宁参加学术会议时，一定再相聚。电话那头传来"好！好！谢谢，谢谢！"的回答，声音激动而含混，但我听得十分清楚。谁知这次电话竟成了我们之间的诀别，现代医学亦无回天之力啊。

终于没有等到这一天，赵和曼教授还是走了。南宁的会议我还要去，会在赵和曼教授的遗像前献上鲜花，默默祈祷。师兄，安息吧！

（原载于《八桂侨刊》2006 年第 4 期）

附录

丹心照侨史

——怀念周南京教授

用"著作等身"形容周南京教授一生的学术成果之厚重，一点也不为过。望着书架上排列的周教授的多册大作，他的音容笑貌立刻浮现脑际，仿佛就在身边。是的，他的身躯虽然离我们而去，但他的治学精神和人格魅力却深深地激励和感动着我们。作为华侨华人问题研究队伍的一员，对于他在华侨华人研究领域的杰出贡献尤为钦佩和敬重。

在十年"文革"结束不久、改革开放的号角刚吹响之际，国内百废待举，对华侨华人的研究也刚刚酝酿起步，有关学术研究成果甚为罕见，就在这时，我有幸看到周南京教授的两篇重量级论文《中国和菲律宾的历史关系》(《历史学》杂志，1979年)、《菲律宾华侨将军刘亨赙生平事迹考》(《历史研究》1980年第一期，与郑炳山合撰)，顿时感到耳目一新，深受启发，对作者的敬佩之情也油然而生。当时没有复印机，我就全文手抄下来，如获至宝。随着中国改革开放的不断推进，侨史研究工作也迎来了自己的春天，由于"在同一条战壕战斗"，我与周教授有了越来越多的接触，对他的学识和人品也有了更多了解。20世纪八九十年代，侨史研究方兴未艾，华侨华人研究渐趋热门，相关的学术交流日益频繁，无论在国内各地召开的学术会议上，还是在旧金山、马尼拉、台北等地的国际学术研讨会上，都目睹了周教授主持会议或发表论见的风采，他的发言向来观点明确、从不含糊，在学术批评上更是直言不讳、一针见血，而他的印尼口音普通话也是简洁有力、掷地有声，令人印象深刻。这一时期，周教授有关华侨华人研究的著作、论文、译作、资料选辑、词典乃至为他人写的书评、序、跋不断问世，在印尼华侨华人研究和菲律宾华侨华人研究领域建树良多，对华侨华人研究中的融合同化、血统主义、双重国籍等重大理论问题也见解独到，其学术理念和诸多观点在学界具有广泛影响，令我受益匪浅。

进入世纪之交，周南京教授已近古稀之年，最为人称道的是，在一般人退休后去含饴弄孙的年纪，他却扛起大旗，以"拼命三郎"的气魄，以执着的学术追求精神，动员和组织国内外学者编写 12 卷《华侨华人百科全书》。周教授曾嘱我主编第一卷《总论卷》，以"华侨华人学"为主题内容，遗憾的是当时我刚好应邀赴日本名古屋大学和亚洲经济研究所做客座研究，有一年半时间不在国内，主编此卷只好作罢，现在翻看当年与周南京教授的往来通信，不胜唏嘘。《华侨华人百科全书》（以下简称《全书》）在 1999—2002 年间全部付梓出版，1800 万字，前后 10 年时间，300 余人先后参与，在这些数字背后，作为主编的周南京教授是在没有政府组织支持的情况下，蜗居在燕南园 10 多平方米的"自乐书屋"去完成这一浩大学术工程的，其艰难程度绝不是常人能够想象。周南京教授曾自称编纂《华侨华人百科全书》是他的"黄昏之恋"，其实，他是在用洪荒之力为华侨华人研究开拓道路，用生命为华侨华人树碑立传。《全书》出版发行后，受到国内外学术界和华侨华人的诸多好评，甚至被称之为"务实要典，传世之作"，日本学者可儿弘明、斯波义信、游仲勋主编的《華僑華人事典》（弘文堂，2002 年，东京）曾大量引用《全书》资料。周教授并没有满足这些，而是多次坦诚相告《全书》中存在的问题和未能完成的部分，希望后来人能把华侨华人研究的基础工作做得更好。这就是周南京教授，一位将学术造诣和学术良心完美结合在一起的归侨学者，他的学术典范无疑是激励后人认真做好学问的精神财富。

（原载于吕齐颖、梁俊祥合编《你在大海中永生——周南京教授逝世周年纪念》，生活文化基金会出版，2017 年，香港）

附录

后 记

　　这本署名论文集得以出版，离不开同行和同事们付出的辛劳与帮助。从拟定选材提纲开始，直到书稿交付出版社，前后经过了两年多时间。其间有许多细致而又烦琐的工作要做，例如从尘封的书籍杂志中找出旧文，然后改成现在适用的电子版文档，又例如对所选文章的所有正文和注释重新核对校阅，还有因文章的写作年份跨度较大需要作些文字修改等。这些事情对于中青年研究者来说可谓家常便饭，轻车熟路可轻松搞定，但对视力很差的"70后"的我来说，可就犯难了。2014年我的眼睛因黄斑病变动了手术，目前的视力状态只能达到"看书看皮，看报看题"的程度。要依靠一己之力完成论文重新汇编工作，显然是不可能的。在这里，我要特别感谢伸出援手的诸位，有他们的热情相助，这本小册子才能面世，也算了结了作者的一个心愿。特别感谢中国华侨华人研究所副所长张秀明研究员，她的支持和鼓励，使我有"聊发少年狂"的劲头完成编书。衷心感谢中国华侨华人研究所乔印伟副研究员，他在研究和编辑工作的百忙之中，花费许多精力对全书的正文、引文仔细校阅，并提出宝贵的修订意见，他的专业素养和负责精神，令人感佩。还要感谢厦门大学南洋研究院资料室张长虹副研究馆员、张大勇馆员，论文集编辑过程中，得到他们多方面的热心帮助，事无巨细，有求必应，他们的敬业精神值得学习、值得点赞。最后，要对关切、支持本书出版的桂林旅游学院张坚教授、厦门大学南洋研究院范宏伟教授表达我的感激之情，对中国华侨出版社副总编辑高文喆表示感谢。

作者 谨记

2021 年 8 月

《中国华侨历史学会文库》已出版书目

1.《〈华侨华人研究文集〉——纪念中国华侨华人历史研究所成立 20 周年》，中国华侨华人历史研究所编，中国华侨出版社，2005 年 4 月出版

2.《移民、性别与华人社会——马来亚华人妇女研究（1929—1941）》，范若兰著，中国华侨出版社，2005 年 8 月出版

3.《郑和下西洋与华侨华人文集》，林晓东、巫秋玉主编，中国华侨出版社，2005 年 11 月出版

4.《华侨与中国新民主主义革命——兼论民主革命时期华侨与中国共产党的关系》，任贵祥著，中国华侨出版社，2006 年 7 月出版

5.《赤子丹心——武汉合唱团南洋筹赈巡回演出纪实》，叶奇思编著，中国华侨出版社，2006 年 12 月出版

6.《再会吧南洋——海南南洋华侨机工回国抗战回忆》，陈达娅、陈勇编著，中国华侨出版社，2007 年 4 月出版

7.《回首依旧赤子情——天津归侨口述录》，林晓东、张秀明主编，中国华侨出版社，2007 年 4 月出版

8.《风雨人生报国路——山西归侨口述录》，林晓东主编，黄成胜副主编，中国华侨出版社，2007 年 10 月出版

9.《蹈海赴国丹心志——广西归侨口述录》，林晓东主编，陈永升副主编，中国华侨出版社，2008 年 5 月出版

10.《五邑侨彦与故乡今昔》，吴淡初著，中国华侨出版社，2008 年 3 月出版

11.《海外人才与中国发展研究（2006—2007）》，李其荣、谭天星主编，中国华侨出版社，2008 年 6 月出版

12.《椰风蕉雨话侨情——海南归侨口述录》，林明江主编，林晓东副主编，中国文史出版社，2008年8月出版

13.《越南漫笔》，李泰山著，中国文史出版社，2008年9月出版

14.《妈祖文化与华侨华人文集》，林晓东主编，陈永升副主编，中国文史出版社，2008年9月出版

15.《岭南侨彦报国志——广东归侨口述录》，林明江主编，林晓东副主编，中国文史出版社，2008年11月出版

16.《八闽侨心系故园——福建归侨口述录》，林明江主编，林晓东副主编，中国文史出版社，2008年11月出版

17.《海外高层次人才与人力资源建设》，李其荣、谭天星、林晓东主编，中国华侨出版社，2009年9月出版

18.《新马华人历史与人物》，黄东文著，中国华侨出版社，2009年9月出版

19.《侨星》，黄闻新编著，中国华侨出版社，2009年11月出版

20.《赤子丹心——新中国剧团南洋筹赈巡回演出纪实》，叶奇思编著，中国华侨出版社，2009年11月出版

21.《钱江侨杰数风流——浙江归侨口述录》，林明江主编，林晓东副主编，中国华侨出版社，2009年11月出版

22.《燕赵赤子绘宏图——河北归侨口述录》，林明江主编，林晓东副主编，中国华侨出版社，2010年6月出版

23.《印度尼西亚孔教研究》，王爱平著，中国文史出版社，2010年10月出版

24.《洪渊源自传》，洪渊源著，梁英明译，中国华侨出版社，2010年10月出版

25.《报效祖国献青春——吉林归侨口述录》，林明江主编，林晓东副主编，中国华侨出版社，2011年3月出版

26.《旅俄华侨（旅苏、俄留学生）纪念馆史料汇编》，曹明龙主编，中共党史出版社，2013年9月出版

27.《荆山楚水系侨心——湖北归侨口述录》，林明江主编，赵红英副主编，中国华侨出版社，2012年3月出版

28.《徽风皖韵聚侨心——安徽归侨口述录》，赵红英、康晓萍主编，张春旺、吴向明、何晓雄副主编，中国华侨出版社，2012年12月出版

29.《世界视野：走出国门的中国新移民》，赵红英、张春旺主编，中国华侨出版社，2013年10月出版

30.《追逐梦想：新移民的全球流动》，张秀明主编，乔印伟副主编，中国华侨出版

社，2013 年 10 月出版

31.《刘泽荣事迹选编》，王易主编，中国华侨出版社，2013 年 11 月出版

32.《中国侨乡研究》，张春旺、张秀明主编，密素敏副主编，中国华侨出版社，2014 年 9 月出版

33.《陈嘉庚研究国际学术研讨会论文集》，谢小建、张秀明主编，中国华侨出版社，2016 年 2 月出版

34.《铁军侨魂》，黄王奇主编，林卫国、石苏苏、巫秋玉副主编，中国华侨出版社，2016 年 4 月出版

35.《乡情绵绵不尽——华侨华人研究文集》，沈立新著，中国华侨出版社，2016 年 4 月出版

36.《巴蜀侨界文丛》，四川省侨联、四川华侨华人研究会编，中国华侨出版社，2016 年 12 月出版

37.《越南封建时期华侨华人研究 》，向大有著，中国社会科学出版社，2016 年 12 月出版

38.《缅甸华侨华人研究文集》，林清风、张平主编，贾俊英副主编，中国华侨出版社，2019 年 7 月出版